RESEARCH ON LEGAL ISSUES OF EQUITY TRANSFER

RULES REGULATION ADJUDICATION

股权转让法律问题研究

规则 监管 裁判

沈 伟 张 磊／主编

法律出版社 LAW PRESS · CHINA
北京

图书在版编目(CIP)数据

股权转让法律问题研究 : 规则、监管和裁判 / 沈伟,
张磊主编. -- 北京 : 法律出版社, 2022
ISBN 978-7-5197-6769-3

Ⅰ. ①股… Ⅱ. ①沈… ②张… Ⅲ. ①股份有限公司
-股权转让-公司法-研究-中国 Ⅳ. ①D922.291.914

中国版本图书馆 CIP 数据核字(2022)第 091978 号

股权转让法律问题研究
——规则、监管和裁判
GUQUAN ZHUANRANG FALÜ WENTI YANJIU
—GUIZE、JIANGUAN HE CAIPAN

沈 伟 张 磊 主编

策划编辑 沈小英
责任编辑 沈小英 刘雪莲
装帧设计 汪奇峰

出版发行 法律出版社
编辑统筹 法治与经济出版分社
责任校对 王 丰
责任印制 吕亚莉
经　　销 新华书店

开本 710 毫米×1000 毫米 1/16
印张 25.75 字数 567 千
版本 2022 年 8 月第 1 版
印次 2022 年 8 月第 1 次印刷
印刷 固安华明印业有限公司

地址:北京市丰台区莲花池西里 7 号(100073)
网址:www.lawpress.com.cn
投稿邮箱:info@lawpress.com.cn
举报盗版邮箱:jbwq@lawpress.com.cn

销售电话:010-83938349
客服电话:010-83938350
咨询电话:010-63939796

书号:ISBN 978-7-5197-6769-3
定价:116.00 元
凡购买本社图书,如有印装错误,我社负责退换。电话:010-83938349

序

本书主要研究有限责任公司的股权转让及其相关问题,特别是股权转让对公司资产转让的法律效力问题。股权是物权而非债权,因此股权转让事关股东的利益保护和股东的物权保护。《中华人民共和国公司法》(以下简称《公司法》)下的股份转让有许多中国特色的制度安排。例如,有限公司的股权转让不是股份转让。《公司法》下的有限责任公司没有股份,只有股权。这是因为有限责任公司只有注册资本没有股份的概念,因此股东之间转让股权只能签署"股权转让协议"而非"股份转让协议"。又如,《公司法》下股东的有限受让权是强制性的法律规定,而非任择性的法律规定。从理论上讲,这样的制度安排更加有利于股东保护,但是事实上小股东保护一直是《公司法》的薄弱环节。再如,依照《公司法》设立的有限责任公司和依照"三资"企业法设立的外商投资企业的股权转让制度和股东保护机制并不相同。尽管"三资"企业法作为外资法应当给予外国投资者更多的意思自治表示,但是《公司法》给予公司股东更多的意思自治表示权利。凡此种种都说明中国公司的股权转让法律制度有许多法律问题值得研究。按照法与金融理论,一个法域的股东保护制度有效,这个法域的金融市场就更加强劲。从这个角度看,优化股权转让制度对于优化营商环境显然至关重要。

由于股权转让制度涉及许多法律问题,本书只对股权转让中的一些法律问题进行研究。

第一章涉及有限责任公司股东退出制度。公司是市场经济中最重要的经济组织形式,公司的创造者是作为投资者的公司股东。保护全体股东权益有利于公司稳定、健康地运行,进而提高公众的投资活跃性,优化营商环境。股东作为投资者的性质决定了股东在投资方面拥有选择权,因此在一些特定情况下,股东退股的意思表示也理应受到公司和社会的尊重,顺畅的股东退出法律制度是股东利益保护的重要内容之一。此外,有限责任公司的人合性特质决定了股东之间存在的联系和信赖利益会影响甚至决定公司治理成败,当个别股东①的存在导致公司治理成本过高,或者与其他股东之间的信赖利益消失时,个别股东也应当可以自愿或者被强制退出公司,并给予适当补偿。

---

① 有人称为"少数股东",为区分个体数量上的少数和持有股份的少数,本书将个体数量少的股东称为"个别股东",将持股少者称为"少数股东",以下"少数股东"如无特别说明均指在公司中持有股份比例较低的股东。

在商事法领域设计股东退出制度已经成为全球各个国家立法机构的共识,我国自《公司法》制定至今,形成了公司股东退出机制的基本框架。但是,我国有限责任公司股东退出制度的设计较简单,框架尚不完善。同时,这方面研究的热度不够,理论较少。实践中的实用性不强。以上问题可以通过扩大多种股东退出路径的适用要件范围,定义退股“公平价格”及评估程序以及设计较宽松、合理的程序使退出更加顺畅等手段予以解决。本章拟从有限责任公司股东退出制度的相关概念、现实需要和理论基础出发,总结国内外股东退出制度的立法与适用情况,从立法、司法、理论三方面评述我国退出机制设计现状,最后提出相对应的完善建议。

第二章涉及有限责任公司股权转让的限制制度。股权转让发挥着降低资产交易成本、优化资本结构、促进财富流转的重要功能,也是股东退出公司的重要途径。出于保护有限责任公司人合性、促进股权流通的考虑,2013 年《公司法》设置了有限责任公司股权转让双重限制规则。股权对外转让须经除转让股东以外的其他股东过半数同意,且其他股东优先行使购买权。2017 年,《最高人民法院关于适用〈中华人民共和国公司法〉若干问题的规定(四)》(以下简称《公司法司法解释四》)出台,细化补充了同意规则、优先购买权规则的相关规定。遗憾的是,新的规定并没有弥合实践和立法之间的差距,双重限制模式仍然显现出固有的缺陷和弊端。本章的研究旨在重构我国有限责任公司股权转让限制规则,对限制规则的整体框架提出合理化建议,努力为商事交易提供符合商业逻辑、节约交易成本、兼顾公平与效率的股权转让限制规则范本。

股权转让限制规则要求兼顾维护有限责任公司人合性和股权自由流通的目标。公司契约理论、组织交易理论和共同法律行为理论为理解股权转让限制的法理基础提供了不同的视角。

目前,股权转让限制规则存在较多问题,造成问题的原因既有整体规则设计的不足,如股东同意规则和优先购买权规则的重叠导致同意规则流于形式,优先购买权的行使不以同意规则为前置条件,与法律规定不符;亦有具体规则内部的弊端,如股权转让通知内容不明确、“过半数通过”效力不明、异议股东购买环节的缺位、其他股东救济途径的缺失、同等条件判断标准不明、转让股东反悔权等。规则设计的不足违反商业逻辑,提高了股权对外转让的交易成本,降低交易效率,与基本法理不符。

考察域外股权对外转让限制规则的立法模式,法国采用强制性规则,日本采用任意性规范中的缺省性规则,德国、英国、美国均采取了法律授权公司自行设计股权限制转让规则的赋权性立法模式。采用单一规则限制股权转让的立法例中,在同意规则下,人合性的维护借由同意程序实现,股权的流通性借由未获同意的股权购买安排实现;优先购买权规则亦可以满足维护有限责任公司人合性和确保股权可转让性的制度需求。公司法可以提供两种及以上的简单规则供公司选择,而无须设计复杂烦琐的多重限制规则。

立足我国股权转让法律实务和审判实践,采用赋权性股权转让限制规则不仅符合公司法的发展趋势,能够降低股权交易成本,而且有助于减少公司章程效力争议,节约司法资源。基于降低规则拟定、审查和运行成本的考量,赋权性规则的内容设计以拆分原有的同意规则、优先购买权规则之双重限制为基础,从明确通知方式、通知内容、同意效力、增加拟转让股权未获同意购买安排等方面改进同意规则,从引入价格评估机制、限制转让股东的反悔权等方面改进优先购买权规则,从而形成赋权性多种规则的立法模式。

第三章研究有限责任公司章程限制股权转让的效力问题。

中国公司具有股权高度集中和股东异质性严重的特征。但是,我国《公司法》第 71 条第 4 款的规定,存在明显有利于控股股东的倾向和规则漏洞,导致在实际的适用过程中,有限责任公司的控股股东经常利用该条款的漏洞在章程中设置股权转让限制性条款,损害少数股东利益。加之学者对于章程的性质、股权自由转让原则和公司的人合性等问题长期未达成统一的共识,《公司法》在解释股权转让限制性条款效力时呈现出"有法不好用"和"无法可用"的状况。因此,厘清公司章程和决议的性质与效力以及股权转让背后的法律逻辑,是解决股权转让限制性条款效力问题的治本之策。

本章立足公司法改革和营商环境优化的时代背景,以有限责任公司章程中的股权转让限制性条款作为研究的重点,提出当前学界对于人合性、公司契约理论和股权自由转让原则存在错误的解读及运用,从而导致股权限制转让纠纷数量长期居高不下。因此,有必要在对章程性质的契约逻辑、资本多数决的效力和功能以及股权转让的交易逻辑进行重新解构的基础上,基于少数股东权利保护和促进控股股东交易激励的现实要求,运用成本收益分析重新对股权转让限制性条款的正当性和必要性进行分析。

本章的部分结论是,未来的公司法改革应当回归本土化视角,不可忽视股东异质性这个核心问题。对公司法规范应当进行重新定位,形成以赋权性规则为主导的股权转让限制规则。同时,在《公司法》改革之际,顺势引入"股东压制"概念,对公司内部权力进行重新配置,为股权转让限制条款提供事前预防和事后救济的双重救济路径。

第四章聚焦公司股份回购制度。2018 年 10 月 26 日,第十三届全国人民代表大会常务委员会第六次会议通过《中华人民共和国公司法修正案(草案)》(以下简称公司法修正案),该修正案的主要内容是针对《公司法》第 142 条(股份回购条款)在实践中存在的问题,从三个方面进行修改完善:一是补充完善允许股份回购的情形;二是适当简化股份回购的决策程序,提高公司持有本公司股份的数额上限,延长公司持有所回购股份的期限;三是补充上市公司股份回购的规范要求。

法学界对于股份回购的讨论可以追溯到 20 世纪 90 年代,且讨论多主张我国《公司法》向域外靠拢,对股份回购采取更宽松的态度。修正案颁布后,有观点认为其目的在于救市。本章选择股份回购条款修改为切入点,研究发现修改的背后实际上是公司资本理念的转变:我国《公司法》正在发生从资本信用理念向资产信用理念的转变,因为后者更具效率。股份回购立法禁止的缓和背后体现的是资本维持原则的缓和。但相对于域外立法，我国对允许股份回购情形的扩张又是小心翼翼的，仅增加了“安定操作”，而未引入防御性回购。

因为股份回购本身所具有的“双刃剑”特征，对其监管应采取扬长避短的策略。尤其是上市公司在公开市场回购股份，由于信息不对称，极易引发操纵市场、内幕交易等违法行为，对其监管是世界范围的难题。现行比较有效的方法是设置“安全港”，从回购方式、数量、时间、价格四个方面规范股份回购。本章以“安全港”为中心，研究我国对上市公司回购股份的监管措施，发现除了“安全港”包含的要素，我国证券交易所还设置了严格的披露制度、禁止期制度等保护投资者和公司债权人的手段。本章还发现，在资产信用理念下，引入“偿债能力测试”是一项合理和客观的保护债权人利益的方法，在回购方案对债权人利益安排和不对回购资金来源作限制时，可以有效地保护公司债权人利益。

最后，本章为研究股份回购条款在司法领域的实践效果，从搜集所得的617份裁判文书中筛选整理出370份有效文书，并从中总结出三类典型案件。其一，在有限责任公司回购案件中适用股份回购条款进行裁判。这显然适用法律错误，本章一并对《最高人民法院关于适用〈中华人民共和国公司法〉若干问题的规定（五）》（以下简称《公司法司法解释五》）进行了分析并指出关于回购股权的错误。其二，“对赌协议”是否因违反股份回购条款而无效。本章联系《全国法院民商事审判工作会议纪要》（以下简称《九民纪要》）指出除法律强制性规定审查外，还应使用“偿债能力测试”以保护债权人利益。其三，员工脱离公司时，公司是否有权回购其股份。本章指出员工持股计划本身具有福利性，且依其设立的目的而言，也应当肯定公司的回购权。

第五章主要研究外商的隐名股东资格确认问题。引进外资以实现经济发展是我国改革开放的核心方式之一，取得了举世瞩目的成就。我国的改革开放并不是一蹴而就的，经历了由计划经济向市场经济转型的过程。虽然鼓励外商投资是我国改革开放以来的重要政策之一，并给予了一系列优惠待遇或者超国民待遇，但出于维护国家安全、社会公共利益的目的，我国对外商可涉及产业仍有所保留，不是完全开放的。根据《中华人民共和国外商投资法》（以下简称《外商投资法》），我国对外资准入实行的是“准入前国民待遇和负面清单制度”。在市场经济条件下，出于规避法律法规限制性条款的影响，一些外国投资者为了避免各种不利影响其入境盈利的因素和条件，选择以他人名义出资成立公司，而由自己实质获取利益的隐名投资方式。隐名投资，是指公司的实际出资人出于种种原因不以自己的名义成立公司，而选择通过签订协议让他人持股的方式成立、经营公司。随之也引发了许多股权确认与转让相关问题的纠纷。

在司法实践中，隐名投资股东与显名股东之间的纠纷有逐年增长的趋势。特别是在东部沿海地区,外商隐名投资引发的股权相关纠纷数量逐年增加。[①]《最高人民法院关于适用〈中华人民共和国公司法〉若干问题的规定(三)》(以下简称《公司法司法解释三》)第25条、《最高人民法院关于审理外商投资企业纠纷案件若干问题的规定(一)》(以下简称《外商投资企业纠纷规定一》)规制了外商投资企业中的隐名股东与名义股东间的权利义务关系,但没有明确外国隐名投资于内资公司能否参照该规定执行。2020年施行的《外商投资法》及《中华人民共和国外商投资法实施条例》(以下简称《外商投资法实施条例》)也没有提及有关外商隐名股东或者股权代持的相关问题。

本章旨在通过对《公司法司法解释三》和《外商投资企业纠纷规定一》的理论漏洞以及实践困境进行梳理,结合《外商投资法》及《外商投资法实施条例》的适用,力求提出合理方案以解决法律实务与司法实践中的困难。

第六章研究的主题是以股权转让形式转让土地使用权的商事交易行为的法律效力及其治理,研究视角是从法律规避视角对其加以学理分析,认为以股权转让形式转让土地使用权是一种典型的法律规避行为。不同于多数学者运用法解释学方法,片面研究法律规避行为的效力,本章采用法经济学方法和法解释学方法,突破单一学科视角,通过研究以股权转让形式转让土地使用权的法律规避原因,结合民商法、税法和刑法的解释与治理,提出合理的法律规避行为的立法、司法和行政治理方式。鉴于房地产业在我国经济领域的重要地位,研究股权形式下的土地使用权供给方式的合法性对于保障房地产供给,促进房地产市场平稳发展,保障民众的居住权具有重要意义。从更深层次上讲,研究法律规避行为的法律治理,既能促进法律监管作用的有效发挥,又适度保持制度张力。

本章通过对以股权转让形式转让土地使用权的交易模式、法律规定和司法执法实践的解析,提出正是由于差异化的法律制度,才造成法律体系的不完备性,为作为“理性经济人”的市场主体基于成本—收益的考量,通过变换交易形式和交易主体等方式规避法律法规,为达到个人利益的最大化提供了契机和条件。这使游离于合法与违法的灰色地带的法律规避行为增多。本章认为,首先,应该从立法角度,衡量被规避的法律是否属于“良法”。从《中华人民共和国城市房地产管理法》(以下简称《城市房地产管理法》)第39条的成本—收益角度分析,允许以股权转让方式转让房地产能够促进未开发的土地资源流入市场,防止土地资源闲置浪费。《城市房地产管理法》第39条的存在不仅起不到防止“炒地皮”的功能,而且部分司法机关不当适用该条,判定以股权转让方式转让土地使用权的行为构成犯罪,这会对房地产供给起到消极作用。《城市房地产管理法》第39条的实施成本大于收益,应该予以及时废止。其次,在立法不完备的前提下,需要合理配置行政机关和司法机关的剩余立法权,以更好地治理法律规避

① 参见上海市第二中级人民法院:《2014—2018年股权转让纠纷案件审判白皮书》;江苏省高级人民法院:《2012—2016年江苏公司纠纷案件审判情况白皮书》。

行为。当某种法律规避行为预期损害程度极大,并且能够通过行政程序将其行为标准化,行政监管更具有比较优势。最后,无论是在《九民纪要》,还是在《中华人民共和国民法典》(以下简称《民法典》)的立法框架下,“以合法形式掩盖非法目的”将不具有适用余地,注重其所造成的损害后果的“法律、行政法规的强制性规定”和“公序良俗”将成为判定法律规避行为无效的事由。损害后果的判断不仅需要衡量损害大小程度,而且需要考虑法律规避的交易模式可能的创新性、节约交易成本等积极价值。

本章分为五个部分。第一部分,主要介绍以股权转让形式转让土地使用权和法律规避领域已有的研究文献,认为现有研究主要运用法解释学的方法,重点研究法律规避行为的效力,而忽视了综合学科角度和其他研究方法。第二部分,介绍以股权转让形式转让土地使用权是一种典型的法律规避行为,并分析法律规避行为的主观动因和客观条件。第三部分,介绍以股权转让形式转让土地使用权的民商法、刑法、税法的法律规则及其实践,发现在实践中,公私法对法律规避行为的混乱治理现状。第四部分,主要讨论以股权转让形式转让土地使用权的立法规制,认为从稳定房地产供给的角度,认定该行为有害其实是个伪命题,并讨论在保持合法性的前提下,如何对股权转让征收土地增值税。第五部分,主要从司法角度,研究未来司法实践中判定法律规避行为无效的主要事由和考量因素,并提出剩余立法权理论下司法权和行政权在治理法律规避中的合理配置。

第七章主要讨论股权代持有效性问题。代持合同效力的司法审判从有效到无效的转折,反映了近年来司法对监管回应处理,但在通过“损害社会公共利益”判决合同无效的审判路径之下,法院说理论证存在明显的“监管化”倾向,一定程度导致审判独立性的缺失。为达成与监管协调的联动审判,无效处理并非唯一路径,可通过区分合同效力与合同履行,将合同效力问题交由法院评价,将违反监管规定的处罚交由金融监管部门,从而实现监管与审判的独立与统一。本章还分析债权人能否申请股东代持股权的问题,从司法实践考察商事外观主义的司法取向。

第八章聚焦私募交易中的对赌条款。

私募股权投资是资本市场中重要的组成部分。很多企业在发展初期所需的资金都是源于私募股权投资者。2006 年以后,国内私募股权投资市场进入快速发展期,估值调整机制频繁亮相于私募股权投资。2012 年最高人民法院对甘肃私募投资案再审将估值调整机制的探讨和研究推向高潮。

本章首先对私募股权投资的概念加以阐述,并由此引出常见于私募股权投资的估值调整机制,讨论了估值调整机制存在的根源、设计安排、法律关系以及法律属性,并尝试从法经济学视角对估值调整机制进行分析。本章从法理角度阐释估值调整机制合法性,重点分析了海富案的一审、二审、再审判决要旨,同时对法律界和私募界提出的通过约定仲裁来规避法院不认可估值调整机制风险提出了自己的观点。

本章还分析了国内估值调整机制适用面临的法律障碍,如外资私募股权投资面临的审批问题、资本市场关注的估值调整机制对IPO的影响等,分别阐述了障碍形成的原因及可能的法律后果。在此基础上,本章尝试提出适用估值调整机制应当注意的风险防范,包括在可能的情况下对法域选择以及具体设计层面的注意事项。

第九章的主题是《证券间接持有体系立法指南》视角下的账户持有人权利保护研究。证券无纸化时代的到来不断压缩着传统的证券直接持有体系的适用空间,证券间接持有体系开始登上资本市场的舞台,日渐成为当今世界证券持有体系的主流。然而,由于各国关于证券间接持有体系的立法差异性仍然较大,使账户持有人在跨境证券交易中的证券权利和权益难以得到妥善保护,从而影响跨境证券交易的发展。在此背景下,国际统一私法协会(International Institute for the Unification of Private Laws, UNIDROIT)在《中介机构持有证券实体法公约》的基础上又起草制定了《证券间接持有体系立法指南》,对证券间接持有体系下的账户持有人权利保护的各个方面作进一步的详细规定,以期为各国的国内立法提供更为有效的指引和参考,从而尽可能地减少各国在证券间接持有体系的实体法规则方面的差异性,切实保障账户持有人的各项证券权利和权益。本章拟从UNIDROIT《证券间接持有体系立法指南》这一最新国际立法指南的视角出发,首先对我国立法借鉴《证券间接持有体系立法指南》的必要性作详细说明,其后对证券间接持有体系下的账户持有人权利性质、权利内容进行逐层剖析,最后结合中国证券持有体系的现状,将UNIDROIT《证券间接持有体系立法指南》与我国的证券法律法规在账户持有人保护层面作对比研究,分析我国立法的不足之处,并以此为据提出相应的完善建议。

第十章主要讨论虚拟股及其转让问题。虚拟股作为一种员工激励的方式而在实践中被广泛适用。但是,虚拟股在法律性质认定和规制路径等问题上存在诸多不明晰之处。现行法规定下虚拟股无法满足构成股权的相关要件,因而只能被认定为一种基于合同约定的协议安排。在此种"入债"规制路径下,无偿性虚拟股的法律性质为公司对员工附义务的赠与,有偿性虚拟股则被认定为公司与员工的借贷法律关系。

有偿性虚拟股在权利义务构造上的特点决定了"入债"的规制路径在解释上无法实现逻辑自洽,增加了公司组织成本,以及不利于对虚拟股持有者的权利保护,因此虚拟股的规制路径需要得到进一步修正。鉴于有偿性虚拟股与类别股在权利义务构造及实施目的等方面具有一致性,因此其应当纳入类别股规制;无偿性虚拟股可以通过合同路径的整合,完善对虚拟股持有者的保护。

第十一章主要讨论股权转让涉及的税收规避和反避税措施。全球金融危机之后,各国财政趋紧。同时,跨国企业为了扩大利润,通过不同的税收筹划实现避税目标,侵蚀国家税基。全球范围内打击税基侵蚀和利润转移的国际合作重新提上议程,成为国际经济治理的重要议题。但是,由于国家之间的经济竞争和规则主导权博弈,国际税收监管合作多停留在双边范围,多边税收监管合作仅在涉税信息分享方面有所进展。主要国家在后金融危机时代采取的反避税措施呈现国别差异路径和有限国际合作。究其实质,这些差别路径主要是各国国内法域外效力的规则和执行力的竞争。本章讨论反避税领域的主要措施,并从国内法和国际法两个维度分析这些差异路径的形成原因与全球反避税有限合作的法律机理。

本书的写作得到北京仲裁委员会的课题资助,特此致谢!

沈 伟
于风城北湖岸道
2020 年 7 月 30 日
修改于上海清水湾
2021 年 5 月 13 日

目　录

第一章　论有限责任公司股东退出法律制度 …… 1
引　言 …… 1
一、股东退出概述 …… 8
（一）股东退出的内涵 …… 8
（二）有限责任公司股东退出的类型 …… 9
（三）有限责任公司股东退出的现实基础——股东困境的出现 …… 10
二、有限责任公司股东退出制度的法理分析 …… 12
（一）股东退出法律制度的理论依据 …… 12
（二）股东退出制度对效率价值的选择 …… 14
（三）股东退出制度的功能 …… 16
三、国外相关立法例评述 …… 19
（一）国外有限责任公司股东主动退出路径 …… 19
（二）国外有限责任公司股东被动退出路径 …… 26
（三）小结 …… 29
四、我国有限责任公司股东退出制度 …… 30
（一）国内立法评述 …… 30
（二）国内司法实践评述 …… 36
（三）国内对股东退出理论研究现状 …… 41
五、对我国有限责任公司股东退出制度的建议 …… 42
（一）完善我国有限责任公司股东主动退出制度 …… 42
（二）构建我国有限责任公司股东被动退出制度 …… 44
六、小结 …… 46
第二章　有限责任公司股权转让限制规则研究 …… 48
引　言 …… 48
一、限制有限责任公司股权转让的理论基础和现实意义 …… 51
（一）理论基础 …… 51
（二）现实意义 …… 54
二、股权转让限制规则的运行障碍 …… 55
（一）既有规则存在的问题 …… 56
（二）股权对外转让的现实障碍 …… 62

三、股权转让限制规则的域外考察与立法模式分析 …… 63
(一)大陆法系股权转让限制规则立法模式分析 …… 64
(二)英美法系股权转让限制规则立法模式分析 …… 68
四、我国有限责任公司股权转让限制规则的改善 …… 69
(一)选择赋权性立法模式 …… 69
(二)双重规则到多种规则的改进 …… 70
五、小结 …… 76
第三章 有限责任公司章程限制股权转让效力问题研究 …… 77
引 言 …… 77
一、章程限制股权转让案件的司法实践审视 …… 80
(一)章程限制股权转让案件的实证研究 …… 80
(二)理想与现实:第96号指导性案例 …… 86
二、司法实践的反思与理论检讨 …… 89
(一)人合性标准的反思与检讨 …… 89
(二)初始章程与修订章程的二元路径反思与检讨 …… 91
三、章程限制股权转让的解释与路径再造 …… 96
(一)章程性质的契约逻辑重构 …… 96
(二)决议行为的效力构造:从"竞争"到"合作" …… 99
(三)股权利益分离下的股权转让自由与限制 …… 103
(四)迷思破解:章程对股权转让限制的解释路径重构 …… 106
四、营商环境优化视角下司法介入及审查路径之破解 …… 107
(一)司法介入章程自治的基础 …… 107
(二)章程限制股权转让的司法审查路径之破解 …… 109
五、规则到制度:《公司法》改革的回应 …… 115
(一)公司法规范的重新定位:从"被动"到"主动" …… 115
(二)重新配置公司内部权力:事前预防与事后救济 …… 117
六、小结 …… 119
第四章 公司股份回购理论与实践研究——从《公司法》第142条锲入 …… 121
引 言 …… 121
一、公司股份回购静态理论研究 …… 125
(一)股份回购法律理论:概念与功能 …… 125
(二)股份回购法律规制之变:理念、逻辑与内容 …… 128
(三)"维护公司价值及股东权益所必需"而回购的法律内涵 …… 142
(四)合法事由应适度扩张 …… 143
二、公司股份回购动态理论研究 …… 144

(一)回购前监管:决议、方案、资金 …… 148
(二)回购期间监管:禁止期、爬行规则及专用账户、披露规则 …… 151
(三)回购后监管:库藏股、减资、减持 …… 153
(四)其他问题 …… 155
三、股份回购司法实践研究 …… 156
(一)司法案例总览:分类和频数分析 …… 156
(二)有限责任公司回购股权问题 …… 157
(三)依协议而回购股份 …… 159
(四)因职工持股或股权激励而回购股份 …… 162
四、小结 …… 163
第五章　论外商隐名股东资格确认与股权转让风险 …… 165
引　言 …… 165
一、隐名股东的概念与股东资格确认 …… 168
(一)隐名股东的概念及其基本特征 …… 168
(二)实践中隐名股东资格认定 …… 171
(三)国外相类似的概念比较 …… 174
二、外商入境投资隐名股东的概念及其资格确认 …… 175
(一)外商隐名股东的概念及类型 …… 175
(二)外商隐名股东区别于一般隐名股东的法律特征 …… 178
(三)案例数据 …… 178
三、股权代持协议对外商隐名投资者股东资格确认的影响 …… 181
(一)股权代持协议的性质认定 …… 181
(二)现行有效规范汇总以及司法实践 …… 185
(三)涉外股权代持协议的效力认定 …… 191
四、外商入境投资隐名股东股权转让的风险 …… 193
(一)外资企业股权转让相关法律法规 …… 193
(二)行政审批与外商投资企业股权转让合同效力的关系 …… 196
(三)涉外股权转让纠纷与隐名代持交叉领域的典型司法裁判 …… 200
五、小结 …… 201
第六章　以股权转让形式转让土地使用权研究——以法律规避为视角 …… 203
引　言 …… 203
一、以股权转让形式转让土地使用权与法律规避的关系 …… 206
(一)以股权转让形式转让土地使用权属于典型的法律规避行为 …… 206
(二)收益大于成本促成了市场主体法律规避的主观动因 …… 208
(三)法律不完备性创造了客观的规避空间 …… 211

二、以股权转让形式转让土地使用权的法律实践 …… 213
(一)股权转让合同有效的民商法实践 …… 213
(二)以股权转让形式转让土地使用权的罪与非罪 …… 217
(三)管制型的行政法功能难以有效发挥 …… 218
(四)税法的形式和实质之争 …… 219
三、以股权转让形式转让土地使用权的立法规制 …… 221
(一)以股权转让方式转让土地使用权是否有害 …… 221
(二)成本—收益分析指导下的立法回应 …… 223
(三)土地增值税的反避税措施制定 …… 223
四、法律规避行为的司法裁判 …… 224
(一)强金融监管下规避行为的司法裁判新趋势 …… 224
(二)《民法典》下法律规避行为的司法裁判理由变化 …… 227
(三)剩余立法权下合理配置司法权和行政权 …… 228
五、小结 …… 229
第七章 股权代持案件司法审判"监管化"和商事外观主义 …… 230
引 言 …… 230
一、代持效力审判的变迁与问题 …… 231
(一)代持效力审判的前后转折 …… 231
(二)天策案与杨某国案的审判分析 …… 236
二、代持案件司法审判的监管化倾向 …… 238
(一)穿透式监管简述 …… 238
(二)代持审判中的监管化倾向 …… 238
三、代持协议无效审判的替代性路径 …… 240
(一)监管协调与司法独立的矛盾 …… 240
(二)保培案概要 …… 241
(三)区分效力与履行 …… 242
四、债权人申请执行股东代持股权:以最高人民法院"王某岐案"等十四篇判决书为实证 …… 243
(一)案例对比分析 …… 243
(二)审判中的认定标准 …… 244
(三)对于《公司法》第32条的"第三人"的理解与适用 …… 246
(四)对于商事外观主义的理解与适用 …… 249
(五)启示和建议 …… 251
五、小结 …… 251

第八章 私募股权投资估值调整机制法律问题 …… 253
引 言 …… 253
一、私募投资与估值调整机制 …… 254
(一)私募股权投资基本概念——定义、特征、比较 …… 254
(二)私募股权投资中的估值调整机制 …… 257
二、估值调整机制法律效力探析 …… 273
(一)合法性分析 …… 273
(二)甘肃私募股权投资案及其估值调整条款分析 …… 276
(三)选择仲裁替代法院判决的可能性 …… 283
(四)估值调整机制的比较法视角 …… 284
三、估值调整机制的法律障碍 …… 285
(一)美元私募股权投资的障碍 …… 286
(二)A股首次公开发行面临的障碍 …… 287
(三)收购国有资产规管的法律障碍 …… 289
(四)私募交易的税法障碍 …… 291
四、估值调整机制的风险防范 …… 292
(一)通过法域选择防范法律风险 …… 292
(二)具体设计的风险防范 …… 293
五、小结 …… 295
第九章 《证券间接持有体系立法指南》视角下的账户持有人权利保护研究 …… 297
引 言 …… 297
一、证券持有体系之概述 …… 301
(一)证券持有体系的历史发展 …… 301
(二)证券持有体系的参与人 …… 302
(三)证券持有体系的分类 …… 302
二、《证券间接持有体系立法指南》的优势 …… 308
三、证券间接持有体系下的账户持有人权利性质 …… 310
(一)个人所有模式——个人所有权 …… 310
(二)共同所有模式——按份共有权 …… 311
(三)信托模式——信托权益 …… 312
(四)证券权益模式——“证券权” …… 313
(五)合同模式——合同权利 …… 315
(六)透明模式与非透明模式 …… 317
四、证券间接持有体系下的账户持有人权利内容 …… 320
(一)账户持有人的基本权利 …… 320

(二)证券中介机构的义务和责任 …… 321
(三)间接持有证券的转让 …… 322
(四)证券中介机构破产时对账户持有人的保护 …… 326
五、中国证券持有体系的现状及立法完善 …… 330
(一)中国证券持有体系的现状 …… 330
(二)《立法指南》与我国证券法律法规在账户持有人保护层面的比较研究 …… 337
(三)中国证券持有体系下的账户持有人保护规则的立法完善 …… 341
六、小结 …… 343
第十章　虚拟股的法律性质界定与规制路径研究 …… 345
引　言 …… 345
一、虚拟股概述 …… 347
(一)虚拟股概念的界定 …… 347
(二)虚拟股的理论基础与实践运用 …… 350
(三)我国虚拟股的特征与优势 …… 353
(四)我国虚拟股计划的实施的主要问题 …… 354
二、虚拟股的法律性质探究 …… 355
(一)虚拟股定性分析 …… 356
(二)虚拟股债权规制路径的厘定 …… 359
(三)虚拟股的转让 …… 362
三、虚拟股法律规制路径的修正 …… 364
(一)现有法律规制路径的弊端 …… 364
(二)有偿性虚拟股法律规制路径的重构 …… 366
(三)无偿性虚拟股法律规制路径的整合 …… 372
四、小结 …… 373
第十一章　股权转让和反避税措施——国别差异路径和全球有限合作 …… 374
一、增加税收和反避税成为全球税收改革的焦点 …… 375
二、中国的反避税措施和国税函〔2009〕698 号文 …… 377
三、欧盟各国打击避税筹划的措施和实践 …… 382
四、美国的反避税措施 …… 384
五、G8、G20 和 OECD 与全球税制改革 …… 388
六、国际税收监管合作的困境:国内和国际的视角 …… 393

第一章　论有限责任公司股东退出法律制度*

引　言

我国从2005年对《公司法》的修改到2018年针对《公司法》第142条的股权回购条款进行再次修订，加上最高司法机关对《公司法》所作的四次司法解释，贯穿其中的一个显而易见的原则就是减轻作为投资人的股东的出资压力，更好地吸引社会资本和增加公司融资的渠道。提高投资活跃性有两方面的好处：一是将社会上的闲置资本吸引到实体经济中来，为经济社会的运行增添源源不断的资金；二是促进资本的优化配置，从而让资本能够在经济的运行中发挥最大的效益。① 这两个目标的实现都与公司股东的准入和退出制度建设息息相关。完善公司股东的退出制度可以控制股东的投资风险，有效地刺激社会资本所有者的投资愿望。对于投资者而言，投入回报率并非投资的唯一决定因素，每一个资本所有者都会考虑成本，尤其是当公司经营面临困境时、公司的发展与自己的预期或者理念不一致或者有更好的投资机会时的退出成本，因此最终是否投资的隐含决定因素就是投资人能否在需要时顺利撤出公司。只有在"进得去，出的来"的背景下，资本的所有者才敢于作出投资决定。社会资本的配置也不是一成不变的，在市场作用下资本具有流动性的特点，在一次次动态调整中资本配置逐渐趋于最优，流动性越强，资本最优配置的速度就越快，社会资本的效率就越高。资本的流动就是资本所有者操纵资本在企业或其他社会组织中往复的"进""出"过程，股东退出法律制度就是资本"出"的保障。

无论是为投资者创造了一个更加"安全"的投资条件，还是优化社会资本的流动与配置，都可以视为为市场主体创造了更好的外部法治环境，从这个意义上而言，构建有限责任公司退出机制也是优化营商环境的一部分。

除了提高投资活跃性，对股东尤其是中小股东权利的合法保护也是有限责任公司法律规则需要重点考虑的问题。对此，各国法律都有相应的条文，比如普遍规定的少数股东的"日常检查权"。尽管少数派股东有日常检查权，但是该权限能为其提供多少保障，大有疑问。因此真正应该关心的是少数股东在受到不公平对待时，退而求其次的收回其投资的可能。②

---

* 本章撰稿人：程振营。

① 参见王东光：《股东退出法律制度研究》，北京大学出版社2010年版，第7页。

② 参见赖源河、曾宛如：《新修正公司法解析》，台北，元照出版有限公司2002年版，第120页。转引自段威：《有限责任公司股东退出机制：法理·制度·判例》，中央民族大学出版社2013年版，第18页。

按照退出股东的意愿可将股东退出法律制度分为主动退出和被动退出，主动退出的法律制度保障具有离开意愿的股东可以顺畅、有效地收回自己的投资，这不仅是对资本所有者的财产保护，而且保护了投资者的再投资机会。被动退出（或强制退出）的法律制度则是强制不受欢迎的投资者离开公司，以解决公司股东间利益冲突，平衡各方利益或者提高公司运行效率，保障公司业务有序开展进而起到保护公司整体利益的作用。

有限责任公司股东退出制度上关我国社会投资的活跃度，下涉公司的发展前景和每一位股东的切身利益，但相关部门在《公司法》立法和修法层面对此制度仍然缺乏足够的重视与应对措施。表现有二：第一，现有的股东退出法律制度不健全，我国《公司法》仅规定了股权转让（见《公司法》第71条①）、异议股东回购请求权②（见《公司法》第74条③）、司法解散（见《公司法》第182条④）这三种主动退出方式，而被动退出的法律规则处于缺失状态，仅有股东除名（见《公司法司法解释三》第17条⑤）一种，且该条是从司法裁判的视角规定的。⑥ 有学者明确指出，股东权益受到侵害后，任何救济途径都各具特色但也各有局限，一条路径难以适应所有问题。⑦ 所以，多样化的非排他性的路径对于法院灵活处理实践中的特别情形殊为紧要。⑧ 第二，在已规定的规则中，还存在法条脱离实际的情况。比如我国异议股东收购制度的适用事由范围过窄，很多同样会对公司和股东产生重大影响的事由没被列举，造成适用不能；再如对于公司连续五年

---

① 《公司法》第71条规定："有限责任公司的股东之间可以相互转让其全部或者部分股权。股东向股东以外的人转让股权，应当经其他股东过半数同意。股东应就其股权转让事项书面通知其他股东征求同意，其他股东自接到书面通知之日起满三十日未答复的，视为同意转让。其他股东半数以上不同意转让的，不同意的股东应当购买该转让的股权；不购买的，视为同意转让。经股东同意转让的股权，在同等条件下，其他股东有优先购买权。两个以上股东主张行使优先购买权的，协商确定各自的购买比例；协商不成的，按照转让时各自的出资比例行使优先购买权。公司章程对股权转让另有规定的，从其规定。"

② 英美法系国家一般命名为异议股东凭股权或评估权（appraisal rights）。

③ 《公司法》第74条规定："有下列情形之一的，对股东会该项决议投反对票的股东可以请求公司按照合理的价格收购其股权：（一）公司连续五年不向股东分配利润，而公司该五年连续盈利，并且符合本法规定的分配利润条件的；（二）公司合并、分立、转让主要财产的；（三）公司章程规定的营业期限届满或者章程规定的其他解散事由出现，股东会会议通过决议修改章程使公司存续的。自股东会会议决议通过之日起六十日内，股东与公司不能达成股权收购协议的，股东可以自股东会会议决议通过之日起九十日内向人民法院提起诉讼。"

④ 《公司法》第182条规定："公司经营发生严重困难，继续存续会让股东的利益受到重大损失，通过其他途径不能解决的，持有公司全部股东表决权百分之十以上的股东，可以请求人民法院解散公司。"

⑤ 《公司法司法解释三》第17条规定："有限责任公司的股东未履行出资义务或者抽逃全部出资，经公司催告缴纳或者返还，其在合理期间内仍未缴纳或者返还出资，公司以股东会决议解除该股东的股东资格，该股东请求确认该解除行为无效的，人民法院不予支持。"

⑥ 参见孙宏涛：《保险公司股权强制退出与风险防范》，载《新理财》2019年第11期。

⑦ 参见段威：《有限责任公司发展趋势下股东退出机制的设计理念》，载《扬州大学学报（人文社会科学版）》2012年第5期。

⑧ 参见李小军：《论公司僵局的司法干预》，21世纪商法论坛·第六届国际学术会议会议论文，2006年10月于北京。

盈利且不分红才可申请股份回购，时间周期过长，在实践中缺少操作空间，很容易被控制股东以各种方式规避，等等。

此外，在退出制度的研究方面，最为学者所诟病的诸如对公司资本维持等原则的机械理解和强制适用，全方位限制了股东退出法律制度的完善与其作用发挥，导致我国股东退出法律制度的发展在基础理论上存在发展瓶颈。

通过中国知网对"股东退出""退股权""股权回购"等关键词进行文献搜索，可以看出我国学者开始关注股东退出制度的时间较晚，以2002年甘培忠发表第一篇分析有限责任公司股东退股的文章《论有限责任公司股东的退股权》[①]为起点，至今也不到20年，且讨论集中在2005年"新《公司法》"颁行至2015年十年间，[②]近些年讨论较少。

已收集到的有关有限责任公司股东退出法律分析的中文文献中，甘培忠主要对有限责任公司股东退股权的属性、公司法法理依据、体制冲突和行使条件等进行了论述，认为我国公司法对有限责任公司股东退股的规定存在疏漏。[③] 主张退股权是一种固有权，[④]属于小股东的救济权，是自益权的衍生物。小股东行使此权利有两个要件：第一，小股东权益受到大股东侵害，但其他方式难以弥补；第二，退股权的行使必须采用诉讼的方式。[⑤]

傅穹、龚鹏程的《论有限责任公司股东退出制度的完善》认为股东退股不会动摇公司的信用基础，在一定程度上还是对公司人合性的优化。[⑥] 通过与世界主要国家相关制度比较，作者认为我国退股制度存在适用范围过窄、缺少限制条件和操作性规定不足、无程序保障等缺陷。[⑦] 作者进而主张提出退股请求的股东应局限于已足额缴纳出资的股东，当公司因存在债务难以清偿的情况可以免除公司的回购义务，在股份回购价格的问题上主张我国兼采协商价格和评估价格。[⑧]

段威在《有限责任公司发展趋势下股东退出机制的设计理念》一文中，从有限责任公司这一组织形式的发展趋势的角度，强调在有限责任公司个性化、弹性化立法趋势下设计股东退出法律制度，更应当强调自由而非限制，突出自治而非他治、采取途径多样

---

① 参见甘培忠：《论有限责任公司股东的退股权》，载《学术探索》2002年第5期。

② 根据笔者在中国知网上检索到的文献，截至2020年3月19日，讨论有限责任公司股东退出制度的最后一篇法学类核心期刊文章为包颖于2011年发表于《人民司法》上的《有限责任公司股东退股行为的法律性质及效力》，其后虽有学者在其他非核心期刊上发表相关文章，但数量也较少，且大部分为2015年之前。

③ 参见甘培忠：《论有限责任公司股东的退股权》，载《学术探索》2002年第5期。

④ 参见甘培忠：《论有限责任公司股东的退股权》，载《学术探索》2002年第5期。

⑤ 参见甘培忠：《论有限责任公司股东的退股权》，载《学术探索》2002年第5期。

⑥ 参见龚鹏程、傅穹：《论有限责任公司股东退出制度的完善》，载《南京社会科学》2008年第11期。

⑦ 参见龚鹏程、傅穹：《论有限责任公司股东退出制度的完善》，载《南京社会科学》2008年第11期。

⑧ 参见龚鹏程、傅穹：《论有限责任公司股东退出制度的完善》，载《南京社会科学》2008年第11期。

而非单一的理念。① 同时,段威对股东退股的适用要件进行了研究,反对仅在股东会决议投反对票的股东拥有退股资格,建议修正退股权的主体资格要件,并在股东自身和法律明确规定两方面拓宽重大事由要件。②

一些学者对传统上有限责任公司具有人合性所以必须坚持资本维持以及出于保护人合性的核心——信赖利益而反对股东退股的观点提出了批评,他们认为现存的任何能够正常运行的商事形态都囊括了人合性和资合性,只是在程度上有所区别。③ 然而这种区别已经变得越来越不明显,不少股份公司同样具备显著的人合性特征,而有限责任公司甚至合伙企业的资合性也同等重要。④ 亦有学者认为,有限责任公司股东的退出并不当然会导致公司资本充实与资本维持原则受到威胁。⑤ 朱慈蕴表示有限责任公司一直流淌着“自由的血液”,因为较少直接涉及公众利益,所以理应拥有更广阔的自治空间。⑥ 据此,有限责任公司股东的退出诉求只要不对社会和其他相关者的权益造成危害,这种行为就不应当在实践中受到禁止,并且相关的规定也应当在商事法律中得以显现。

从收集到的资料来看,目前我国对股东退出制度的研究存在以下三个特点。

一是国内研究时间短,且近年来对股东退出制度的研究热度不断下降。究其原因很可能是在千禧年之后,股东退出制度刚被介绍到国内,在学界引起了一波新潮流。尤其是2005年《公司法》的颁行及其增加了第74条(异议股东回购请求权)所带来的热度,更是让商法、公司法领域的学者将目光投向股东退出制度的解释论和立法论的分析上。然而,除2011年最高人民法院针对抽逃出资和不履行义务股东出台的《公司法司法解释三》第17条可以视为增加了股东强制退出制度的一条路径之外,无论是2013年还是最近的2018年《公司法》修法均未对股东退出制度有所增添或改动。随着新的法学热点不断涌现,有限责任公司股东退出制度逐渐在法学核心期刊层面淡出了我们的视野。除上述立法不多之外,相关案件较少也是研究热度下降的重要原因,根据笔者统计,自2005年《公司法》修法以来,最高人民法院审结的异议股东退出公司案件仅有

---

① 参见段威:《有限责任公司发展趋势下股东退出机制的设计理念》,载《扬州大学学报(人文社会科学版)》2012年第5期。

② 参见段威:《有限责任公司股东退股适用要件之研究——我国公司法相关制度的检视与完善》,载《扬州大学学报(人文社会科学版)》2015年第1期。

③ 参见吴越:《新〈公司法〉的类型化问题与实践图景》,载赵旭东主编:《国际视野下公司法改革——中国与世界:公司法改革国际峰会论文集》,中国政法大学出版社2007年版,第41~47页。

④ 参见[德]托马斯·莱塞尔、吕迪格·法伊尔:《德国资合公司法》,高旭军、单晓光、刘晓海译,法律出版社2005年版,第128页。

⑤ 参见林承铎:《有限责任公司股东退出机制研究》,中国政法大学出版社2009年版,第89页。

⑥ 参见朱慈蕴、毛健铭:《有限责任公司法修改与提高中小企业竞争力》,载王保树主编:《商事法论集》第8卷,法律出版社2005年版,第30~64页。

七起。[①]

二是我国学界对于股东退出法律制度的讨论缺少体系化,具体性不足。除个别长篇幅文章之外,其他期刊文章对有限责任公司股东退出的讨论对象集中于单项的法律制度,却没有统筹起来对涉及的所有法律制度进行系统化的研究。股东退出是一个比较抽象化的上位概念,涉及多项具体法律制度,如有限责任公司的股权转让、股份回购请求权、公司解散、除名制度等,只有将多项制度综合起来进行系统研究,才能对有限责任公司的股东退出制度有一个全面的了解。[②]

三是我国学者将研究焦点主要放在股东主动退出的法律制度上,如公司内外部的股权转让、股份回购请求权、公司司法解散诉讼等,对于股东被动退出公司的制度研究甚少。笔者认为,这主要是因为学界普遍将对中小股东的保护作为着重点,着力于探讨和强调受到不公正待遇或者有特殊需求的中小股东怎么才能在困境中"脱身",并且保全自己的财产和抽出自己的已投入资金。这也与我们一直以来尽可能地"苛求"公平而忽视其他价值,以及对控股股东形成的偏见有关,这样一来不免忽视大股东的利益遭受损害的情形。实际上,股东退出的研究不能完全被保护"弱势群体"利益的范畴全部涵盖。[③] 在公司的运行实践中,不仅仅有小股东侵害大股东,当然也普遍存在小股东的行为对公司的运行或者大股东的利益构成侵害或"威胁"。实际上,中小股东也可能滥用规则漏洞或法律赋予的权利,让大股东们"一筹莫展"。法律公平往往被视为保护"弱者"的武器,然而正是对"弱者"概念和公平的僵化理解使得股东被动退出的法律制度长期被忽视。再加上法治传统普遍认为,当公平与效率发生矛盾时,公平绝对优先,这也从基本理论上否定了股东被动退出公司的合法性,因此相对于股东主动退出公司的路径,对股东被动退出路径的研究少见得多。

在已收集到的有关有限责任公司股东退出法律分析的外文文献中,存在以下观点。

美国学者韦特海默(Barry M. Wertheimer)指出,当公司从事基本交易时,股东有法定权利对交易提出异议,并获得其股份评估公允价值的报酬。[④] 在过去,公司进行基本的交易活动要取得全部股东的同意,后来出于效率的目的改变了这种规则,单个个人不再具有否决公司变化的权利,而评估权[⑤]就是对股东失去的否决公司变化的权利的补偿。[⑥] 这一补救措施不仅可以发挥流动性功能,而且还可以保护少数股东不会因为章

---

① 案件统计及详情请见本章第四部分"国内司法实践评述"。

② 参见王东光:《股东退出法律制度研究》,复旦大学2008年博士学位论文,第10页。

③ 参见段威:《有限责任公司发展趋势下股东退出机制的设计理念》,载《扬州大学学报(人文社会科学版)》2012年第5期。

④ See Barry M. Wertheimer, *The Purpose of the Shareholders' Appraisal Remedy*, Tennessee Law Review, Vol. 65, No. 3, p.661(1998).

⑤ 类似于我国法律上的"异议股东回购请求权"。

⑥ See Barry M. Wertheimer, *The Purpose of the Shareholders' Appraisal Remedy*, Tennessee Law Review, Vol. 65, No. 3, p.662(1998).

程修订、重组交易,以及最常见的关联方交易而引起的内部人员的过度干预。[①] 帕吉奇(Jelena Pajic)指出,私人公司的股份通常由个别股东持有,而这些股东又是公司的董事,这种股权结构可能会导致公司内部治理的不平衡,有时还会导致对少数股东不利的滥用,可以通过签订股东协议设计退出和转让机制。[②]美国学者布莱克默(Charles B. Blackmar)认为,人们通常在创业之初有两个期望:一是他们的公司会盈利,二是创业者们能够在基本的原则上达成一致,然而事实上他们常常对这两种期望感到失望。[③] 作者认为创业伙伴关系的特征之一就是退出的自由,[④]一家封闭公司的少数股东有权享有与合伙企业中的合伙人同样的退出自由。[⑤]

特尔曼(Andreea Florina Thellmann)认为,股东退出是通过法律上的对称性和结社自由(或合同自由)来运作的。[⑥] 从这个意义上看,法律实践规定,结社自由也包括股东退出公司的自由。[⑦] 股东退出公司是法律规定的一种主观权利,这种权利受法律条件的制约,同时也符合当事人之间(联合)协议的规定。[⑧] 相应地,任何补救措施都难以完美解决在事先没有约定相关合同的情况下发生了公司内难以达成协议的僵局。[⑨] 但实践中又有多少人/公司能在公司成立之时就预知股东退出的情况并为此达成协议呢?又有多少投资者会在投资公司时意识到将来会面临退出困境并提前要求其他股东同意其未知的退出呢?基于创办公司或投资时本来就是拥有获利的信心和期待,能做出这种行为的恐怕微乎其微。所以对于股东的退股行为是否应当受到公共机构监管,罗马尼亚律师协会(Romanian National Bar Association)认为,法律规定的股东退出公司的程

---

① See Barry M. Wertheimer, *The Purpose of the Shareholders' Appraisal Remedy*, Tennessee Law Review, Vol. 65, No. 3, p. 690(1998).

② See Jelena Pajic, *Share Transfer Restrictions and Exit Mechanisms in Shareholders' Agreements*, GSI Articletter, Vol. 7, p. 21(2012).

③ See Charles B. Blackmar, *Partnership Precedents in a Corporate Setting-Exit from the Close Corporation*, Journal of Corporation Law, Vol. 7, No. 2, p. 237(Winter 1982).

④ See Charles B. Blackmar, *Partnership Precedents in a Corporate Setting-Exit from the Close Corporation*, Journal of Corporation Law, Vol. 7, No. 2, p. 238(Winter 1982).

⑤ See Charles B. Blackmar, *Partnership Precedents in a Corporate Setting-Exit from the Close Corporation*, Journal of Corporation Law, Vol. 7, No. 2, p. 262(Winter 1982).

⑥ See Andreea Florina Thellmann, *Shareholder Withdrawal from the Company. Doctrine, Jurisprudence and Practical Issues*, International Conference Education and Creativity for Knowledge-Based Society, p. 252(2013).

⑦ See Andreea Florina Thellmann, *Shareholder Withdrawal from the Company. Doctrine, Jurisprudence and Practical Issues*, International Conference Education and Creativity for Knowledge-Based Society, p. 252(2013).

⑧ See Andreea Florina Thellmann, *Shareholder Withdrawal from the Company. Doctrine, Jurisprudence and Practical Issues*, International Conference Education and Creativity for Knowledge-Based Society, p. 252(2013).

⑨ See Robert W. Hamilton, *The Law of Corporations (West Nutshell Series)*, Law Press, 1999, p. 249.

序可能会影响公司在实践中的业绩，当人们不能有效地使用法定退出程序之外的退出方式和权利，股东退出就完全变成了法定制度。① 因此，该律师协会认为宪法赋予公民的结社自由（或自由缔结合同的权利）能够保障公司最有效率地运行，一个更彻底、结构完备的监管机构可以鼓励律师协会在股东退出实践方面采取行动。②罗马尼亚学者德拉戈斯（Calin Dragos）认为公司股东退出有限责任公司的方式应当区分为股份转让和股东退股，并强调这两种情形导致股东地位丧失的原因分别是为社会权利的让渡和关联人的退伙，这两个原因间存在巨大的差异，拥有不同的背景，因此应当在法律上加以区分对待。③

法国学者帕帕迪马（Raluca Papadima）等人经过对比分析美国、法国和罗马尼亚的股东退出机制，发现在这 3 个国家中，退出权的行使越来越频繁，引起了激烈的辩论、评论和诉讼。④ 与上市公司相比（法国除外），私人公司的股东被给予的合法退出权范围更广，笔者认为这种情况是正常的，因为上市公司的股东如果对公司的管理或计划不满，更有能力在市场上出售他们的股份。⑤ 对有限责任公司股东合法退出权而言，确定公平价格的方法是其关键因素，控制着股东对这些权利的利用和使用。三国对估值专家的规定不同，美国通常由投资银行或评估公司进行估值，法国不要求估值机构正式注册，仅要求专业知识和独立性，罗马尼亚要求必须是罗马尼亚评估师协会（ANEVAR）的会员，表现了过度管制倾向。⑥ 同时，研究还表明，法定退出权的使用频率与股东的诉讼水平并不成正比。⑦

---

① See Andreea Florina Thellmann, *Shareholder Withdrawal from the Company. Doctrine, Jurisprudence and Practical Issues*, International Conference Education and Creativity for Knowledge-Based Society, p. 257 (2013).

② See Andreea Florina Thellmann, *Shareholder Withdrawal from the Company. Doctrine, Jurisprudence and Practical Issues*, International Conference Education and Creativity for Knowledge-Based Society, p. 257 (2013).

③ See Calin Dragos, *Companies. The Right of the Shareholder to Withdraw from the Company. Conditions and Effects*, Societatilor si a Dreptului Comercial, p. 114 (2018).

④ See Raluca Papadima, Mihaela Gherghe, Radu Văleanu, *Shareholder Exit Signs on American and European Highways: Under Construction*, U. of Pennsylvania Journal of Business Law, Vol. 18:4, p. 1129 (2016).

⑤ See Raluca Papadima, Mihaela Gherghe, Radu Văleanu, *Shareholder Exit Signs on American and European Highways: Under Construction*, U. of Pennsylvania Journal of Business Law, Vol. 18:4, p. 1060 (2016).

⑥ See Raluca Papadima, Mihaela Gherghe, Radu Văleanu, *Shareholder Exit Signs on American and European Highways: Under Construction*, U. of Pennsylvania Journal of Business Law, Vol. 18:4, p. 1126 – 1127 (2016).

⑦ See Raluca Papadima, Mihaela Gherghe, Radu Văleanu, *Shareholder Exit Signs on American and European Highways: Under Construction*, U. of Pennsylvania Journal of Business Law, Vol. 18:4, p. 1065 (2016).

意大利学者文托鲁佐(Marco Ventoruzzo)在一篇研究跨境并购中对少数异议股东的保护的文章中指出,当发生跨境并购事宜时,对于少数股东而言,比金钱赔偿更有效的手段是退出公司。① 了解、研究股东退出具备实际重要性,因为它可能会影响实际采购计划的便利性。② 同时,一起跨境并购可能会涉及适用不止一个国家的公司法,因此有必要研究不同法律制度对少数股东在退股决策方面的保护,一方面,这些保护措施可能会对欧洲公司法自由市场的发展产生负面影响,赋予反对监管套利的少数派一种否决权;另一方面,对投资者的保护程度和影响控股股东及经理人的自由程度,则有助于界定特定司法管辖权的相对吸引力。③

股东退出法律制度涉及股东困境、公司资本原则、价值选择以及有限责任公司的特性等问题,本文拟对股东退出法律制度进行体系化的分析和研究,讨论股东退出两大分类中的几种路径选择和适用要件,分析股东退出时各方的利益冲突,总结股东退出法律制度及理论研究,最终对我国有限责任公司股东退出机制的构建和改善提供建议,期待能为立法、司法实践或者相关理论研究提供些许参考。

一、股东退出概述

(一)股东退出的内涵

在公司法诞生之初,股东对特殊的公司事件拥有绝对的否决权,决议需要全体成员一致同意。出于对效率的考量,这种繁重的对所有股东意见的保护逐渐让位于多数表决制度,而股东们被给予了退出权,作为对丧失否决权的一种补偿。④

股东退出制度的本质在于资本以及收益从公司或者以公司为媒介而流向退出股东,是股权转让、股权回购、司法解散、股东除名等数个具备相同结果要素的规则统合在一起而形成的。⑤ 有学者称:“股东退出机制实际上就是在成就了法定或约定的条件时回收投资并退出公司的一种法律行为。”⑥本章所指股东退出是指拥有股东身份的投资者通过有限责任公司公司内外部股权转让、行使股份回购请求权、股东申请公司解散等

---

① See Marco Ventoruzzo, *Cross-Border Mergers, Change of Applicable Corporate Laws and Protection of Dissenting Shareholders: Withdrawal Rights under Italian Law*, European Company and Financial Law Review, Vol. 4, No. 1, p.60(2007).

② See Marco Ventoruzzo, *Cross-Border Mergers, Change of Applicable Corporate Laws and Protection of Dissenting Shareholders: Withdrawal Rights under Italian Law*, European Company and Financial Law Review, Vol. 4, No. 1, p.75(2007).

③ See Marco Ventoruzzo, *Cross-Border Mergers, Change of Applicable Corporate Laws and Protection of Dissenting Shareholders: Withdrawal Rights under Italian Law*, European Company and Financial Law Review, Vol. 4, No. 1, p.75(2007).

④ See Robert B. Thompson, *Exit, Liquidity, and Majority Rule: Appraisal's Role in Corporate Law*, GEO L. J., Vol. 84, p.11-14(1995).

⑤ 参见张辉:《公司资本退出机制思考》,载《政法学刊》2006 年第 2 期。

⑥ 林承铎:《有限责任公司股东退出机制研究》,中国政法大学出版社 2009 年版,第 83 页。

具体的法律制度，主动放弃其股东身份从而退出公司，或者有限责任公司通过股东除名、强制执行等方式使投资者丧失股东身份，被动地退出公司。值得注意的是，有限责任公司退出机制不仅仅为少数股东设置，同样也适用于控制股东。①

此外，本章在讨论股东退出制度时仅限于有限责任公司，因为股份有限公司本身具有完全资合性的性质，所以在股权转让等主动退出方面的自由度之大毋庸讨论，而在被动退出（或称强制退出）方面，2018 年修改的《公司法》第 142 条②已经将上市公司的被动退出制度规定得比较完善。正如国外学者所言："原则上，上市公司的股东比私有公司的股东拥有更少的合法退出权是正常的，因为如果他们对公司的管理或计划不满，他们有能力在市场上出售他们的股份。"③对比股份公司，有限责任公司不能在证券交易所上市，没有公开市场，因此一些小股东无法轻易清算他们在企业中的投资。④ 因为有限责任公司股东之间存在十分紧密的联系和信赖利益，以及股东们通力合作直接治理公司的经验做法，因此其对股东被动退出法律制度的需求更甚，但立法实践对此不甚关注或者由于种种原因未做构建。

（二）有限责任公司股东退出的类型

依据不同的分类依据，国内一般可以将有限责任公司股东的退出分为主动退出和被动退出、⑤法定退出和约定退出、相对退出和绝对退出。⑥ 除这两种最常见的分类方式外，也有国外学者将股东退出分为法律上规定的强制撤资退出和其他退出（包括法律赋予的主动退出的权利和股东大会上决议的退出）。⑦ 本章采用依据股东是否具备退出意思将撤资退出分为主动退出和被动退出的分类方式进行讨论。

1. 股东的主动退出

股东的主动退出，是指由拟退出股东自主决定的，通过法定渠道退出公司的制度。虽然退出股东可能是因为股东压迫、公司僵局等原因迫不得已而采取了退出公司的举

---

① 参见林承铎：《有限责任公司股东退出机制研究》，中国政法大学出版社 2009 年版，第 83 页。

② 《公司法》第 142 条第 1 款规定："公司不得收购本公司股份。但是，有下列情形之一的除外：（一）减少公司注册资本；（二）与持有本公司股份的其他公司合并；（三）将股份用于员工持股计划或者股权激励；（四）股东因对股东大会作出的公司合并、分立决议持异议，要求公司收购其股份；（五）将股份用于转换上市公司发行的可转换为股票的公司债券；（六）上市公司为维护公司价值及股东权益所必需。"

③ Raluca Papadima, Mihaela Gherghe, Radu Văleanu, *Shareholder Exit Signs on American and European Highways: Under Construction*, U. of Pennsylvania Journal of Business Law, Vol. 18:4, p. 1129 (2016).

④ See Pajic, Jelena, *Share Transfer Restrictions and Exit Mechanisms in Shareholders' Agreements*, GSI Articletter, Vol. 7, p. 21 (2012).

⑤ 也有少数学者称为"自愿退出与非自愿退出"，"被动退出"亦可称作"强制退出"，本章统一采用"主动退出、被动退出"。

⑥ 参见张辉：《公司资本退出机制思考》，载《政法学刊》2006 年第 2 期。

⑦ See Marco Ventoruzzo, *Cross-Border Mergers, Change of Applicable Corporate Laws and Protection of Dissenting Shareholders: Withdrawal Rights under Italian Law*, European Company and Financial Law Review, Vol. 4, No. 1, p. 62 (2007).

措,但这种事实上的“被逼迫”并不构成法律意义上的被动,退出是股东根据自身意志所采取的自由选择,主观上处于主动地位。主动退出主要包括三种形式:股权转让、股权回购、司法解散。

主动退出是有限责任公司股东退出的主要途径。笔者借助北大法宝数据库将所收集案例按照不同案由进行归类的功能,对股东主动退出案件进行了统计,检索结果显示,“请求公司收购股份纠纷”类案件有396起,“股权转让纠纷”类案件有123,741起,“公司解散纠纷”类案件有9950起。① 可见,股东退出纠纷在我国广泛存在。

其中,股权转让早在1993年我国《公司法》制定时就已有规定,②其他两种路径最早是在2005年大幅修改《公司法》之后才见诸新法之中,但修改后的《公司法》中关于股东退出的规定并不完善,依然存在股权回购事由列举不全面、实际适用性不强、缺乏价格评估机制等诸多问题。

2. 股东的被动退出

有限责任公司股东被动退出又被称为股东强制退出,即退出的选择并非出于拟退出股东的自由意志,而是当满足一定事由或条件时,“不受欢迎”的股东必须离开公司的制度。不同于事实上的“迫不得已”而主动离开公司,股东在被动退出的全过程中都是处于被动的状态,即股东无权决定是否能够继续留在公司或者是否继续保留手中的股权。国内外商事规则中规定的股东被动退出的形式主要有:公司除名退出、股权被强制执行、股权被强制注销、岗位股的强制转让等。

相比于主动退出,我国法律对股东的被动退出制度的规定较为简单,《公司法》中对此没有规定,仅在《公司法司法解释三》中对滞纳出资股东的除名制度有简单涉及。股东被动退出法律制度对于公司的有序、高效运行非常重要,需要在公司法律中作出规定,我们将在第四部分详细阐述。

（三）有限责任公司股东退出的现实基础——股东困境的出现

有限责任公司股东间的紧密合作关系、股东对公司经营管理的积极参与、股东间自由协商机制发挥重要作用以及对高效灵活的公司自治的需求,都是有限责任公司的先天本性。③

同时,私人公司的股份通常由个别股东持有,而这些股东又是公司的董事,这种股

---

① 参见北大法宝网,http://www.pkulaw.cn。

② 1993年《公司法》第35条规定:“股东之间可以相互转让其全部出资或者部分出资。股东向股东以外的人转让其出资时,必须经全体股东过半数同意;不同意转让的股东应当购买该转让的出资,如果不购买该转让的出资,视为同意转让。经股东同意转让的出资,在同等条件下,其他股东对该出资有优先购买权。”

③ 参见段威:《有限责任公司股东退出机制:法理·制度·判例》,中央民族大学出版社2013年版,第19页。

权结构可能会导致公司内部治理的不平衡,有时还会导致对少数股东不利的滥用。[①]随着时间增长,股东之间的人合性出现衰减的趋势,彼此之间不再信任,矛盾重重,公司成立之初的通力合作成为奢望,此时大股东和小股东之间互成阻碍的情况难以避免。小股东通过股东身份,利用自己手中的表决权和否决权等给大股东的经营增加障碍,导致协调成本增加和“公司僵局”;大股东则可能利用自己的控股身份罔顾小股东的利益诉求,进行“股东压迫”。我们将这些情况统称为有限责任公司股东困境,主要包括以下三个方面。

1. 公司僵局

公司僵局是一种僵持状态,是由于有限责任公司的部分股东由于不满公司采取的某些政策,而利用其影响力阻碍该政策的施行而导致的。当有限责任公司中有管理权或决策权的股东难以达成一致意见,导致决策机制失灵,甚至股东之间原有的信赖利益消失,人合性丧失,进而影响公司的有效治理,公司运行机制瘫痪,没有决策能力的小股东要么利益被忽视,要么只能选择依附于大股东。[②]《最高人民法院关于适用〈中华人民共和国公司法〉若干问题的规定(二)》(以下简称《公司法司法解释二》)第 1 条针对引起解散公司之诉的“公司僵局”细化列举了 3 项情形,[③]该司法解释起草者认为僵局主要体现为“董事僵局”和“股东僵局”所导致的公司“处于事实上的瘫痪状态,体现为公司自治的公司治理结构完全失灵,不能正常进行经营活动”。[④]

2. 股东压迫

美国法院在判例法中对股东压迫提出三种认定标准:一是控制股东违反“公平交易”标准,二是违反信义义务,三是违反股东的合理期待。[⑤] 美国学者罗伯特 · 汉密尔顿将股东压迫定义为控股股东利用其享有的权利排除中小股东参与公司事务管理,并

---

① See Pajic, Jelena, *Share Transfer Restrictions and Exit Mechanisms in Shareholders' Agreements*, GSI Articletter, Vol. 7, p. 21(2012).

② 参见梁上上:《公司僵局案的法律困境与路径选择——以新旧公司法对公司僵局的规范为中心展开》,载《浙江社会科学》2006 年第 2 期。

③ 《公司法司法解释二》第 1 条规定:“单独或者合计持有公司全部股东表决权百分之十以上的股东,以下列事由之一提起解散公司诉讼,并符合公司法第一百八十三条规定的,人民法院应予受理:(一)公司持续两年以上无法召开股东会或者股东大会,公司经营管理发生严重困难的;(二)股东表决时无法达到法定或者公司章程规定的比例,持续两年以上不能做出有效的股东会或者股东大会决议,公司经营管理发生严重困难的;(三)公司董事长期冲突,且无法通过股东会或者股东大会解决,公司经营管理发生严重困难的;(四)经营管理发生其他严重困难,公司继续存续会使股东利益受到重大损失的情形。股东以知情权、利润分配请求权等权益受到损害,或者公司亏损、财产不足以偿还全部债务,以及公司被吊销企业法人营业执照未进行清算等为由,提起解散公司诉讼的,人民法院不予受理。”

④ 参见刘岚:《规范审理公司解散和清算案件——最高人民法院民二庭负责人答本报记者问》,载法律图书馆网,http://www.law-lib.com/fzdt/newshtml/21/20080520152738.htm。

⑤ 参见武胜男:《“股东压迫”救济路径及效果:实证与域外镜鉴》,载《商业研究》2019 年第 8 期。

剥夺他们基于股权的经济回报的行为。[①] 这种行为常出现在股权比例比较悬殊的有限责任公司中。在有限责任公司中，大股东出资较多，囿于资本多数决，大股东不但拥有股东会上的决策权，而且一般兼任公司的管理者、经营者角色。大股东利用自己对公司的控制谋求公司的发展以及自己的利益最大化，但这与小股东的利益诉求未必相符，因为缺乏反制措施，小股东的诉求和意见可能会被忽视。如果小股东想通过转让股权的方式抽回资金，却发现对方给予的远低于实际价值的价格难以接受，而外部转让又缺乏公开的市场寻找受转让人，结果是让小股东陷入两难境地。

股东压迫不仅仅意味着小股东的投资利益无法实现，而且还可能导致前期投入的资金陷入“泥潭”，“无法自拔”。因此设计出小股东退出公司并获得合理补偿的路径尤为重要。

3. 股东自身原因

股东的自身原因有很多，例如，股东长期身在国外、长期患病以及死亡等履职不能的情况，在此情况下股东很难参与公司运营，又或者股东目前可能面临巨大的经济压力而亟须一定的资金回转。[②] 如果股东没有退出公司的渠道，相当于投资者的资金无限期地存入银行，本金难以收回而利息(分红)又难以预期。

二、有限责任公司股东退出制度的法理分析

(一)股东退出法律制度的理论依据

1. 公司契约理论

公司契约理论可以追溯至罗马法时代，经过两大法系不断地演进实践，公司契约理论已经成为公司法领域的奠基性理论。张民安认为，不仅两大法系的法律明确认可公司的契约性质，而且两大法系的学说也都坚持公司契约的理论。[③] 根据公司契约理论，公司并非公司拟制说或者公司实在说所称的法人，而仅仅被认为是一系列契约的联结。[④] 公司中所有的关系都是契约关系，包括股东与股东之间、股东与公司的管理者之间以及公司与政府之间都存在隐形的契约，其中规定着各个主体默示的权利和义务。

公司中的部分股东或者外聘专业人员会成为公司的管理者，而在这一系列契约中，包含了其他股东将授权上述管理者管理、经营自己投入公司的资产和基于资产成立的公司，并要求分配收益的内容。[⑤] 既然公司是股东之间通过合议而成立的市场经济组织，是股东之间意思表示的结果，那么就要求公司的决议是股东真实意思的表达、利益

---

① 参见[美]罗伯特·W. 汉密尔顿：《美国公司法》，齐东祥等译，法律出版社 2008 年版，第 272 页。转引自武胜男：《“股东压迫”救济路径及效果：实证与域外镜鉴》，载《商法论丛》2019 年第 8 期。

② 参见翟宝红：《有限责任公司中小股东退出机制研究——法理·制度·案例》，南京大学出版社 2016 年版，第 4 页。

③ 参见张民安：《公司契约理论研究》，载《现代法学》2003 年第 2 期。

④ 参见罗培新：《公司法的合同解释》，北京大学出版社 2004 年版，第 65 ~ 66 页。

⑤ 参见张民安：《公司契约理论研究》，载《现代法学》2003 年第 2 期。

的需要,而股东在公司营运过程中的行为也要受到协议的约束。这种股东必须遵守的协议以法律的形式表现出来就是公司的章程,章程的普遍遵守性要求公司的章程必须是稳定的,不能够任意修改或变动。[①] 但在现代公司治理结构下,公司经营决策普遍遵守"资本多数决"原则,这时就出现了控股股东和非控股的中小股东的区分,当控股股东利用自己对公司的控制权改变原定的公司章程或者在决议时与中小股东的表决相悖,就出现了违背原来意思表示的情势变迁,此时,按照意思自治和契约自由的原则,应当允许股东对契约的自由退出。[②]

股东要求公司以合理的方式返还其投入的资产,从而退出公司,在公司契约理论的视野下,股东退出实际上就是股东作为合同的当事人,在行使其合同解除权,从而中止"合同"中所约定的权利义务关系。

2. 期待利益落空理论

公司是股东、经营者和政府相互之间的契约的集合,公司章程是契约的载体,其承载着股东的期待利益。在公司成立之初,每位股东都存在共同的期待利益,即公司章程能够得以全面施行、公司能够正常运行。

期待利益落空理论源于公司契约理论。正所谓人所有的行为的背后都存在一定的目的,无论是创始人股东设立公司还是投资者通过投资加入或者受让股份而加入一家公司,都是因为对这家公司抱有一定的期待,期待能够在一段时间后获得足以让自己"满足"的利益。除利益之外,股东心理上对公司的未来发展以及公司的治理结构、经营范围、经营理念、企业的目标和价值追求都有一定的预期,对许多重大事项乃至股东之间的关系也有自己的构想,以上所列事宜也是股东之间能够达成设立公司之协议的重要前提。若不能达成以上条件,股东失去了对公司期待,那么对股东而言,冒着一定的风险去投资这家公司便没有任何意义。

3. 诚实信用原则

诚实信用原则是市场经济法律体系中的一项基本原则,被学者称为私法领域的"稳定器""帝王条款"。[③] 梁慧星认为诚实信用原则是道德标准的法律化。[④] 诚实信用原则不仅可以指导当事人的行为,而且在立法和司法方面也发挥着重要作用。在实践中,诚实信用原则有利于平衡当事人之间以及当事人和社会之间的利益关系,实现交易方预期,最大限度地实现公平。

在公司法领域,诚实信用原则,一般是指作为代理人的董事和高管对公司股东负有

---

① 参见翟宝红:《有限责任公司中小股东退出机制研究——法理·制度·案例》,南京大学出版社 2016 年版,第 4 页。

② 参见翟宝红:《有限责任公司中小股东退出机制研究——法理·制度·案例》,南京大学出版社 2016 年版,第 4 页。

③ 参见杨仁寿:《法学方法论》,中国政法大学出版社 1999 年版,第 138 页。

④ 参见梁慧星:《民法解释学》,中国政法大学 1995 年版,第 14 ~ 15 页。

忠实义务，同时也包括股东之间互相负有的忠实义务，需要维护彼此的信赖利益。尤其是作为公司控制者的大股东（一般也是公司的直接管理者），因其掌握着公司的控制权，所以其经营管理的策略往往能够代表公司经营的方向，因此需要将公司的信息及时向小股东披露。同时，小股东对大股东也负有义务，例如小股东不能利用自己的否决权阻碍公司的正常运营以及通过滥用表决权“捣乱”等方式威胁大股东，以谋取不正当利益。

汉密尔顿认为：“诚信原则具有三个标准：（1）最佳利益原则，（2）无私利原则，（3）无冲突原则。”[①]所以完善股东退出法律制度，无论是在中小股东权益不能实现时允许其退出公司，还是当一些特定事由出现时，小股东的行为损害了公司或者多数股东的利益，强制小股东退出公司并给予其一定补偿是很有必要的。

4. 利益衡平理论

利益衡平理论是公司法解决纠纷的基本理论之一，受到多国公司法的认同。[②] 利益衡平理论认为，在多数人的民主和少数人的权益之间寻求一种平衡是兼顾公平与效率的体现，是法律保障衡平利益使然。[③]

因为公司普遍采用资本多数决原则，大股东的决策权比重增加，小股东由于手中掌握的股份较少，在公司的经营决策中所起的作用有限，这时候大股东的决策就代表了公司的经营方向。孟德斯鸠有名言：“一切有权之人都容易滥用，这是万古不变之真理。”[④]由于每位股东的利益并不一致，股东与公司的利益之间也存在差异，很容易出现大股东在作出决策时忽视小股东利益的情况。有限责任公司存在人合性和封闭性，缺少一个比较公开的股权交易市场，所以想要退出的小股东不能退出，资金滞留在公司内，造成小股东利益的损害。另外，给予小股东太多的自由或者权限也不现实，各股东在进行决策时只追求自己的利益的最大化，决策中缺少“主心骨”来“一锤定音”，协调成本增加且很容易造成公司经营的不稳定，损害其他股东和债权人的利益。因此构建完善的股东退出法律制度，不仅是对小股东权益的救济，也是公司持续稳定、高效运行的保障。

（二）股东退出制度对效率价值的选择

法律具有自由、公平、正义、秩序、效率等价值准则，不同的法律条文对价值追求的

---

① 孙耀胜：《论控制股东对公司债权人的诚信义务及法律责任》，载《行政与法》2009 年第 7 期；［美］罗伯特·W. 汉密尔顿：《公司法概要》，李存峰译，中国社会科学出版社 1999 年版，第 378 页。

② 参见翟宝红：《有限责任公司中小股东退出机制研究——法理·制度·案例》，南京大学出版社 2016 年版，第 5 页。

③ 参见蒋大兴：《异议股东股份收买请求权问题研究——关于〈公司法〉的修订》，人民法院出版社 2001 年版，第 198 页。

④ ［法］孟德斯鸠：《论法的精神》（上），张燕深译，商务印书馆 1982 年版，第 154 页。转引自林晓镍：《股东利益的冲突与衡平——探寻股东关系的基本原则》，载《法学评论》2001 年第 1 期。

侧重点也有所不同，这取决于真实的社会情况和现实的需要，不同的价值准则之间可能互相联系、互为前提，也存在互相对立。公司法是商法的重要组成部分，商法以贸易为本位，以交易效率、交易公平和交易安全为基本价值追求。① 对于有限责任公司股东退出制度而言，效率和公平是最主要的价值指引。

对于社会个体而言，公平确是永恒的价值，但公平并非唯一的价值，在不影响公平或者尽量保持相对公平的前提下，效率是现代公司运营的不变追求。而在特定情形如股权高度集中的情形下，强制部分股东退出公司是提高公司效率的重要途径。我国学者对股东退出制度的公平价值探讨较多，主要表现在正当的理由、公平的价格和法定的程序三方面。本章主要从经济角度探讨退出制度的效率价值。

理论上，股东的转让行为会让公司的股权更加集中，决策更容易达成一致。然而实际上由于股东都期待实现自己利益的最大化，在股东退出的过程中很容易发生矛盾：小股东可能在退出交易中期待远高于股权真实价值的价格，以“不退出”“不妥协”威胁大股东付出更高的交易成本，以此奢求更多的利益；大股东利用自己的控股地位“压迫”拟退出的小股东，以低价收回小股东的股权，使退出股东承担更多的成本。这两种情况都造成了公司交易的不经济。股东退出法律制度，就是通过赋予股东退出的权利或者强制股东退出公司从而避免成本过高的交易，实现效率。

1. 边际效益角度

根据边际效益理论，有限责任公司对其资本的利用存在一个最大化的边际值，超过这个边际值的公司资本的边际效益会降低，甚至因为管理成本增加而产生负效应。② 所以对于一家有限责任公司而言，公司的资本并非越多越好。

如果一家公司缺少资本而股东没有更多的出资入股，势必会欢迎新股东带来更多的资本以满足企业的资本要求，以更好地实现企业目标。可是，当一家公司的大股东已经掌握大多数的股份（如 90% 以上），又希望将剩下的股份全数收购到自己的手中时，可见公司对于资本的需求已经微乎其微，小股东掌握的少数资本已经超过效益最大化的资本边际值。③ 从资本效率最大化的角度看，小股东的退出有助于提高企业资本的效率。另外，小股东将资本从原公司撤回，还可以投入资本尚未达到边际值的其他公司中，这样一来，两家公司的资本都能接近或达到边际值，实现利用效率的最大化。

2. 机构运营成本角度

股东会是公司的权力机关，公司的重要决策（如公司章程的变更，公司经营方向、方式、范围的变化，公司年度计划制订，公司经营者的变化等）都需要股东会的同意，而

---

① 参见胡鸿高：《商法价值论》，载《复旦大学学报（社会科学版）》2002 年第 5 期。

② 参见［美］格里高利·曼昆：《经济学原理》（第 7 版），梁小民、梁砾译，北京大学出版社 2015 年版，第 12 页。

③ 参见王来斌、于景阳：《关于投资的边际收益递减及其对策》，载《黑龙江财专学报》1996 年第 1 期。

股东会的召集和决议等都需要遵守严格的程序。① 因此，对于一家非独资的有限责任公司而言，股东会及相关机构的运营成本不可小觑。

当有限责任公司的股份比较分散地在多个股东的手中持有时，召集股东会表决是比较有效率的方式，由此产生的成本自然可以接受。但是当一家公司的绝大多数股份都掌握在极少数甚至一个大股东手中时，严格依照程序召集股东会并参与表决的必要性似乎很小，毕竟个别大股东完全可以依托资本多数决自己决定绝大多数公司重要政策。此时，再如股权分散公司一般依据法律规定召集和投票表决，产生同样的成本却经常无益于对大股东事先定好的决策有丝毫改良，机构运行的成本就难以令人接受了。即使根据公司内部约定的决议规则，少数股权（如 10%）也能对决议起到决定作用，在一方拥有大部分股权的结构下，这样的程序依然存在不经济问题。② 一旦通过小股东退出实现单一股权结构，股东会及相关机构的运营成本就可以节省，间接提高公司的资本利润率。

3. 经营权和所有权融合的角度

经营权与所有权相分离是现代公司制度的伟大创造，③在股份分散、股东众多的大公司中尤其受用，相较于传统的股权与经营权融合、股东管理公司的方式，专业的经营者更有助于企业的专业化管理，提高经营效率。但是，对于公司所有权高度集中的情形而言，所有权与经营权合二为一反而更有助于公司的发展：一是由于公司是自己的，大股东在管理公司时会更加用心，避免了产生经营者自己的利益；二是可以减少人力成本。所以在实践中，有限责任公司的股东往往通过各种方式直接或间接地参与公司的经营管理，从而使公司所有和公司经营表现出相当程度的一致（alignment）。④

因为大股东掌握了有限责任公司大部分股权，可能会导致小股东的意见分歧及投票表决并不会对大股东决定的经营政策发生重要影响，但大股东在企业经营中必须顾及小股东的利益，不能自由采取行动，或者根据市场发展实际情况或者对手公司的政策而灵活调整措施。不是因为大股东多么善良，而是因为顾忌小股东可能会以诉讼方式对让大股东付出更多的成本。对于提高经营效率，在下文“股东退出制度的功能”部分将会有更详细的阐述。

（三）股东退出制度的功能

1. 保护股东利益

“在某些具有合伙性质的紧密型关系的公司中，如果股东之间的关系恶化，股东之

---

① 参见赵心泽：《股东会决议效力的判断标准与判断原则》，载《政法论坛》2016 年第 1 期。

② 参见尹筑嘉、黄建欢、肖敏：《一股独大不利于公司治理吗？——基于持股模式和两类治理成本的经验证据》，载《广东财经大学学报》2015 年第 6 期。

③ See Oliver E. Williamson, *The Mechanism of Governance*, Oxford University Press, 1996, p. 32.

④ 参见段威：《有限责任公司股东退出机制：法理·制度·判例》，中央民族大学出版社 2013 年版，第 15 页。

间失去了信任和信赖利益,那公司的基础也随之丧失,此时如果不允许股东退出公司,就相当于强制股东去履行那种需要信赖利益和信任关系的合同,这显然不公平。"①

股东的本质是公司的投资者,投资者的投资行为受其自由意志的支配,具有投资选择权。② 一般人们提到自由选择,往往考虑的只有"进去"的自由,而不会考虑"出去"的自由,然而资金"出去"的自由也是投资选择权的重要组成,股东在某些情形下的退股意愿也应当受到尊重。公司的股份应当是一种流动的资产,它的流动性不仅仅表现在转让方面,而且还表现在其对投资的撤回权方面。③

股东从公司退出路径的通畅与否,关系着股东权益的实现和保护,尤其是少数股东权益的保护,因为在有限责任公司中,少数股东作为弱势的一方,其权益更容易受到强权者的忽视和损害,经常存在退股的需求。同时每位股东所处的社会环境的不同、近期遭受境遇不同以及本身资金状态的千姿百态,决定了每位股东对于风险的承受能力千差万别,其投资偏好和对公司的期待也因人而异,所以股东基于对自身情况的判断所作出的退出公司的选择应当得到公司法及相关法律的尊重和保障。除此之外,因为有限责任公司具备较强的人合性,股东退出公司也许并非全是利益或者资金的需求,退股股东对于各股东之间关系的认识可能也是导致退股的诱因。而若是一名股东认为继续持股已经不符合自己的最大利益,那么法律允许其退股无疑是对其利益的保障。包括我国在内的世界主要国家都在宪法中规定私人的财产权受到宪法的保护,私人财产权所有权包括对私有财产的占有、使用、收益和处分,股权是股东享有的对公司股份的剩余追索权(residual rights),本质上是所有权,股东通过抽离股份/资金退出公司是对其股份及其所有权行使处分权。根据宪法对所有权保护的基本原则,法律应当对股东合法的处分权给予保护。

2. 提高公司经营效率

有限责任公司是投资者通过投资和运营组建起来的经济组织,股东投资公司的目的在于充分利用自己所有的资金或其他所有物,实现自己的利益最大化,这也是公司治理的效率价值所在。虽然在涉及中小股东保护的讨论中,普遍认为公平这一永恒的价值更加重要,但过分强调公平的价值以致舍其他所有价值于不顾是不可取的。商法的价值取向是公平、效率和安全博弈后均衡的效果,而不是某种价值优先于其他价值。④ 换言之,公平虽然"永恒",但并不"绝对""唯一",在保证相对公平的情况下,效率更是

---

① 张民安:《公司少数股东的法律保护》,载梁慧星主编:《民商法论丛》第9卷,法律出版社1998年版,第118页。

② 参见刘兴成:《为什么要立法保护投资自由》,载《法人》2011年第6期。

③ 参见甘培忠:《论有限责任公司股东的退股权》,载《学术探索》2002年第5期。

④ 参见万广军:《基于法经济学视角的商法价值取向研究》,载《河南师范大学学报(哲学社会科学版)》2010年第1期。

公司治理过程中不变的追求。①

一般来说，有限责任公司的股东之间存在紧密的合作和互相享有信赖利益，在公司成立之初或公司内部组织规模不大时会经常采用这种公司形式，并且股东之间一般比较熟悉，因为只有公司的股东之间紧密合作，才能保证公司高效和有序地运行，公司才能提高经营效率，从而实现成长或创造更多的效益。因此，合理有效的股东退出法律制度既能够保障股东权益，不至于有"进"无"出"，保护他们的选择权、自主权，又不至于让不受欢迎的股东长期存在公司内部而破坏其他股东们业已存在的信赖关系。出于维护公司整体的利益和社会经济的发展的目的，威胁股东间信任关系和损坏信赖利益的风险必须加以遏制，"离心"股东和"麻烦制造者"必须退出公司。②

有限责任公司股东退出机制还可以通过优化公司的股本结构，间接促进公司治理能力和经营效率的提高。当前，在我国，以家族企业为代表的中小企业的竞争力不强的一个重要因素就是股本结构的不合理，建立大股东股权制衡机制是优化股权结构的可选模式之一。③

3. 促进投资和保障资源的优化配置

第一，完善的股东退出制度可以视为降低了投资的风险成本，投资者的预期利润（完美情况下的利润—风险成本）得到提升，进而转化为资本持有者的投资意愿。投资者的最终决定明面上更多取决于资金的投入回报率，但投入回报率并不是唯一的决定原因。④ 每一个资本所有者都会考虑成本尤其是当公司经营面临困境时或者公司的发展与自己的理念不一致或者有更好的投资机会时的退出成本，因此最终是否投资的隐含决定因素就是投资人能否在需要时顺利撤出，只有在"进得去，出的来"的背景下，资本的所有者才敢于作出投资决定，才能最大限度解放潜在投资者的投资主动性。

第二，社会资本的配置并非一成不变，在市场作用下资本具有流动性的特点，投入社会中的资本会在不同的行业或组织之间进行配置，在一次次动态调整中资本配置逐渐趋于最优。⑤ 流动性越强，资本最优配置的速度就越快，社会资本的效率就越高，企业价值最大化的成本就越低。⑥ 资本的流动就是资本所有者操纵者资本在企业或其他社会组织中往复的"进""出"过程，股东退出法律制度就是资本"出"的保障。

---

① 参见孙咏梅：《从趋利性看资本效率与社会公平的矛盾》，载《当代经济研究》2006 年第 1 期。

② 参见戚枝淬：《股东强制性退出公司法律机制研究》，载《安徽工业大学学报（社会科学版）》2014 年第 2 期。

③ 参见顾宁、孙彦林：《私募股权基金与中小企业股权结构优化研究》，载《经济视角（上旬刊）》2014 年第 9 期。

④ 参见王东光：《股东退出法律制度研究》，复旦大学 2008 年博士学位论文，第 16 页。

⑤ 参见吕行：《对资金流动性的认识和疏导》，载《经济研究导刊》2007 年第 5 期。

⑥ 参见代婧昊：《企业资本结构优化的现存问题及对策研究》，载《现代营销》2009 年第 9 期。

如果缺乏合理有效的股东退出法律制度,会导致现有股东因担心不受欢迎的人进入公司破坏公司有序运行,而提高外部股东的进入门槛,进而阻碍资金流动的“进”的过程。可见,股东退出法律制度的构建和完善,对资本在公司的“进”与“出”两方面都有着重要影响。综上,股东退出法律制度在促进投资、保障资源优化配置方面有着举足轻重的价值。

三、国外相关立法例评述

(一)国外有限责任公司股东主动退出路径

1. 股东因股权转让退出公司

在传统公司法体系下,受制于资本维持原则与人合性特性,除股权转让外的其他股东退出公司方式往往不被允许,股权转让成为股东退出公司的主要途径。股权转让对于保护小股东的投资,促进社会资本的流动和运行效率都有非常重要的作用,时至今日,比起其他退出途径,股权转让仍然是最便捷、最节约成本的退出方式。

(1)德国法

尽管有德国学者认为,德国法所创设的有限责任公司显然受到英国法中封闭公司(private companies)的影响。① 但普遍认为,此类公司形式是德国法学“桌上创造物”“最天才创造物”“立法史上空前伟功”。② 德国《有限责任公司法》第 17 条对股权全部转让和部分转让作了不同的规定:其中转让部分股权必须经过公司批准,并且只能采取书面形式。与此同时,法律授权公司章程可以规定股东间的互相转让以及在股东的多个继承人分别继承一部分股权时可以不经公司的书面认可;与转让部分股权的严格限制不同,法律规定股东转让全部股权采取自由主义,同时规定了公司章程可以附加其他的限制转让条件,尤其是公司章程也可以规定股权转让的行为需要得到公司的批准。③

德国《有限责任公司法》之所以规定部分转让相对全部股权转让更加严格,我们认为可能是基于以下两个方面的原因:第一,股权转让是为有限责任公司的股东创设离开公司的途径,全部转让符合立法的目的,而部分转让并不能实现股东退出公司的法条设计初衷,故而条件更加严格;第二,有限责任公司具有人合性特征,在股权部分转让的情况下,原股东没有退出公司,新股东的加入使公司的人数增加,股东之间的关系更加复杂,导致协调成本增加,彼此之间是否缺乏信赖基础无法确定,也正是因为这个原因,各国公司法都对有限责任公司的股东最多人数有强制性的规定,如我国有限责任公司的

---

① See Mads Andenas and Frank Wooldridge, *European Comparative Company Law*, Cambridge University Press, 2009, p. 112. 转引自段威:《有限责任公司股东退出机制:法理 · 制度 · 判例》,中央民族大学出版社 2013 年版,第 1 页。

② 参见赵东济:《论大陆公司法上有关有限责任公司之概念与特性》,载《东吴大学法律学报》2000 年第 2 期。

③ 参见[德]格茨 · 怀克、克里斯蒂娜 · 温德比西勒:《德国公司法》,殷盛译,法律出版社 2010 年版,第 361 页。

人数限制是50人以下。

股权转让合同的生效并不意味着转让的完成，还需要股权转让的实际履行，一般会涉及公司章程的修改和股东名册的变更。德国《有限责任公司法》第16条①规定了德国有限责任公司股东转让股权采取“申报说”，无须等股东名册变更以及公司章程修改完毕即可完成股权转让行为。对此作出规定的意义在于，在股权实际转让时，利益和风险也随之一并转让，可以确定转让人和受让人的权利与义务交接的时间，以及指导相关纠纷的解决。但该法对部分转让时是否按照比例享受权利、承担义务并无明确规定。

（2）法国法

肇因于有限责任公司的人合性和维护股东之间的信赖利益，法国《商法典》对股权的外部转让专门作了比较严格的限制，该法第223－14条对同意份额的强制性要求是一半以上，公司章程可作更严格的份额限制。该条还规定了当其他股东表决不同意股权转让时，他们必须自拒绝之日起3个月内按照法国《民法典》第1843－4条规定的条件，以确定的价格购买这些股份或者是找人购买这些股份。虽然对外转让限制严格，但这条规定确保了控制股东不能通过多数决来阻碍欲退出股东通过转让股权给第三人的方式退出。同时，这也可能造成控股的大股东“不得不”接受小股东的随意退出或者只能为小股东的退出投入更多的资金，大股东要么付出更多资金要么牺牲信赖利益，这种你的利益却由我“埋单”的制度是否合理尚值得商榷。

为了弥补上述不足，法国《商法典》第223－14条还规定了“指定购买”，即其他股东可以找人购买这些股份，拒绝转让的多数股东未必具有购买这些股份的意愿和能力，通过赋予其他股东指定购买的权利，可以在一定程度上保护大股东或多数股东的信赖利益不被牺牲。同时，不同于我国《最高人民法院关于适用〈中华人民共和国公司法〉若干问题的规定（一）》（以下简称《公司法司法解释一》）第26条中规定的“同等条件”下的“优先购买权”，该条“指定购买”是公平条件下的强制购买，更能保证多数股东不会因此付出超额的交易成本。

相比于普通的外部转让，法国《商法典》第223－13条规定了有限责任公司股东股份在股东与其利害关系人之间的转让规定：“公司股份可以在直系亲属和夫妻之间自由转让，除非公司章程规定上述关系人之间的股权转让需按照向第三人转让的规定进行。”②因为转让人和受让人之间存在特殊关系（父母子女、夫妻、继承人等）。正因为存在此种亲密关系，其他股东和股份受让人之间也可能通过原股东而存在隐性联系，即原股东之间的信任关系能够得以延续，新股东和其他股东也更容易产生信赖利益，所以法

---

① 德国《有限责任公司法》第16条规定：对于出资转让，受让人必须向公司申报出资额并且同时证明出资转让，对于原股东在转让股权之前向公司实施的、或公司向原股东实施的，有关公司法律关系的行为，新股东需要予以承受。

② 《法国公司法典》，罗结珍译，中国法制出版社2007年版，第74页。

律对这种特殊关系人之间的转让的限制比向第三人转让股权要宽松得多。

此外,法国《商事公司法》第282条以及德国《有限责任公司法》第16条都承认未出资或未完全出资的股东也享有股东权,并且这些股权可以依法转让。[①] 股权并不因为股东的出资瑕疵而附带瑕疵,依旧是完全的股权。[②]

(3)美国法

对于股权转让的限制,英美法系与大陆法系不同,例如,美国采用的是自由主义,即法律对于股权转让持自由态度,全部交由公司自治或股东自治。美国《示范商业公司法》[③]第6.27(a)条规定:"公司章程、股东之间的合同或者公司与股东的合同可以对公司股份的转让做出限制性的规定,但该条限制不能约束之前发行的股份,持有之前发行股份的公司的股东作为限制合同的当事人或者赞同此限制合同的除外。"[④]

鉴于有限责任公司人合性的特征,有限责任公司的章程或股东协议或固定于公司之间的协议常常会规定股权转让的限制条件,但该限制条件不能过于严苛乃至达到禁止流通的程度,这样反而与公司的资合性原则相悖。根据规定,公司章程或公司内部其他协议对股东进行股权转让的限制条件是否有效的法定评定标准是"没有不合理的限制或者禁止流通"[⑤]。这样一来,不但直接规定不得转让的章程条款是无效的,那些章程或协议中规定股权转让必须经过董事会批准否则不得转让的限制就可能面临违法无效的风险,这是为了防止董事武断表示"不合理拒绝"而导致实质上禁止转让的可能性。

2. 异议股东因股份回购而退出公司

有限责任公司股份回购是一种均衡少数股东和多数股东利益的措施,是指当公司制定某项政策或实施某项行为时,少数股东表示反对但又没有能力阻止,经异议股东申请,由公司以一定的价格回购异议股东手中的股份,从而达到退出公司的目的的方式。[⑥] 这种方式能够使少数股东和多数股东达到"共赢",既尊重少数股东的反对意见,又保证多数股东对公司的经营决策能够得到实施,提高公司运行效率。

(1)美国法

异议股东股份回购请求权起源于美国的俄亥俄州。[⑦] 早期,州政府无权修改章程

---

① 参见李后龙:《股权转让合同效力认定中的几个疑难问题》,载《南京社会科学》2002年第11期。

② 参见王东光:《股东退出法律制度研究》,北京大学出版社2010年版,第90页。

③ Model Business Corporation Act,亦有人译为"美国标准商事公司法"、"美国示范商事公司法"或"美国模范商业公司法",本章统一称《美国示范商业公司法》。

④ [美]罗伯特·W.汉密尔顿:《美国公司法》,齐东祥译,法律出版社2008年版,第218页。

⑤ 王东光:《股东退出法律制度研究》,北京大学出版社2010年版,第57页。

⑥ 参见王荣康:《股份回购及对债权人和中小股东的保护》,载《现代法学》2002年第3期。

⑦ 参见龚鹏程、傅穹:《论有限责任公司股东退出制度的完善》,载《南京社会科学》2008年第11期。

和基础的权利义务条款,原因是州政府被视为公司成立契约(公司章程)的一方当事人。[①] 所以曾经有段时间,一家公司要进行章程基本条款的变动或公司交易,必须得到股东的一致同意。[②] 每一位股东对公司章程修改或其他重大政策决定的作出拥有了"一票否决权",可想而知,这将极大地造成公司运营的低效率,成为公司发展的障碍。此后法院开始寻求解决之道,对异议股东申请"禁止令"持谨慎态度,转而采用公司向异议股东回购股权并给予公平价格补偿的方式解决这种公司困境。

根据修改后的美国《示范商业公司法》的第13.02节,异议股东可以要求公司回购其股份的情形包括:

①公司合并,包括合并需要征得股东会同意且股东拥有表决权,该公司合并进其母公司;

②股份交换;

③公司资产处分;

④修改公司章程,将股东所有的股份减少至小数位股,如果公司有义务重新回购这些零散股份的话;

⑤其他任何对公司章程,公司合并、公司股份交换、公司资产处置相关文件的修改;

⑥公司完成本土化(或本州化),如果股东没有获得外州(国)股份,但该股份在实质上是有利于股东的;

⑦根据第9章规定变更为非营利企业的;

⑧根据第9章变更为非公司型实体的。[③]

由以上情形可以看出,美国法对于股份回购所规定的适用场景和事由比较丰富,反映了美国法律对于股东退出制度的态度比较自由,注重保护公司中中小股东的权益。事实上,研究表明,股份回购请求权在美国的行使越来越频繁,引起了激烈的评论和诉讼。[④]

股份回购请求权在美国被称为评估权、估价权,有这种称谓的原因在于"公平价格"的确认问题是股份回购请求权的关键所在。[⑤] 美国《示范商业公司法》对公平价格

---

① See Barry M. Wertheimer, *The Purpose of the Shareholders' Appraisal Remedy*, Tennessee Law Review, Vol. 65, No. 3, p. 661(1998).

② See Barry M. Wertheimer, *The Purpose of the Shareholders' Appraisal Remedy*, Tennessee Law Review, Vol. 65, No. 3, p. 662(1998).

③ 参见沈四宝:《最新美国标准公司法》,法律出版社2006年版,第184~185页。

④ See Raluca Papadima, Mihaela Gherghe, Radu Văleanu, *Shareholder Exit Signs on American and European Highways: Under Construction*, U. of Pennsylvania Journal of Business Law, Vol. 18:4, p. 1129(2016).

⑤ 参见刘连煜:《公司合并态样与不通过以股东股份收买请求权》,载《月旦法学杂志》2006年第128期。See Raluca Papadima, Mihaela Gherghe, Radu Văleanu, *Shareholder Exit Signs on American and European Highways: Under Construction*, U. of Pennsylvania Journal of Business Law, Vol. 18:4, p. 1126(2016).

的规定是:确定价格的时间是被反对的公司行为生效的前一天;[①]评估要根据相似业务一贯或通常使用的原理、方法确定;[②]不能因为被回购股权缺少可销售性或者因为少数股东持有而降低价格。

此外,美国法学会(American Law Institute)[③]针对有限责任公司股份缺乏市场以及防止小股东因为地位而被压低价格,规定了价格评估例外情况,若在因合并事由提出回购申请的异议股东若有证据证明"合并收购价格",则以此收购价格为公平价格,但当合并的双方为控股股东和公司或者该合并交易与公司股东及职员之间有利益冲突或交易双方的大股东为同一人时,则此例外规则不能适用。

关于股份公平价格的评估方法,美国采用了"加权平均法",这种股权评估方法将市场价值、盈余价值和净资产价值考虑在内,分别给这三项赋予一定的权重,三种计算结果相加即平均价格。这种方法融合了不同的评估方法的优点,避免了采用某一种评估方法容易产生的偏颇,使得到的结果更接近真实的公平价值。美国《示范商业公司法》第 13 章的第三分章就股权回购价格的司法评估作了程序上的规定:若异议股东不同意公司提出的股权回购价格,可以提出自己的公平价格要求,如果公司不同意此价格须在 60 日以内请求法院裁定公平价格及其利息,法院指定一名估价师来确定公允价值以及"适当的市场利率"。估价师的决定是最终的,对控制股东及退出股东均有约束力。[④]

美国《示范商业公司法》第 13 章的第二分章规定了评估权(股份回购请求权)的行使程序,可以概括为以下几个步骤:

①公司在召开股东会前明示股东拥有股份回购请求权并将涉及的法律条文一并发给股东;

②股东书面告知公司自己是否将行使权利的意图;

③公司向有行权意图的股东发出行使股份回购请求权的通知和表格,股东填好表格一定期限内[⑤]交给公司,超过特定期限视作放弃股份回购请求权;

---

① 相较于股份有限公司,有限责任公司规模较小,缺乏公开交易市场和封闭性、人和性特征,使有限责任公司的股份普遍缺少可销售性,详细确定了估价评估的时间以及不准因为缺少可销售性而降低价格的规定可以更好地保护小股东的利益。

② 一般来说,美国会使用"加权平均法"作为有限公司股权估价方法。

③ American Law Institute 是一个非营利的民间团体,主要宗旨在于将法律体系明确化、简化,使法律更能满足社会需要,由于重述在适用上有相当的权威性,它通常都被视为美国"法律的渊源之一"。参见王昶:《美国法学会》,载《法律文献信息与研究》2012 年第 2 期。

④ Raluca Papadima, Mihaela Gherghe and Radu Văleanu, *Shareholder Exit Signs on American and European Highways: Under Construction*, U. of Pennsylvania Journal of Business Law, Vol. 18:4, p. 1082 (2016).

⑤ 美国《示范商业公司法》规定在通知和表格发出后的 40 ~ 60 日内提交,美国《特拉华州公司法》规定通知和表格发出后的 20 日内提交。

④股份收买请求权可以撤回，交上表格以后的一定期限内书面通知公司撤回该权利，超过期限后需要经公司的同意才能撤回；

⑤公司向退出股东支付价款；

⑥退出股东对支付价款不满，一定期限内书面提出自己的估价，要求公司增加支付。①

股份回购请求权属于法定权利，所以在运用时无论是在实体上还是程序上都应当严格遵守法律的规定，此时公司法应当对该项权利作出比较细致可行的规定，这样不但有助于避免股东和公司在行使该项权利中出现混乱，还有助于司法机关依法行事有个判断的标准。

(2)韩国法

韩国《商法典》规定了在五种情形下可以使用异议股东回购请求权，分别是：①公司合并；②公司分立；③公司受让重要财产；④公司转出重要财产；⑤公司修改章程。法律对异议股东回行使购请求权利的情形设置的限制可以概括为两点：一是要对股东的利益造成重大影响，二是对公司因此情形发生而产生根本变更。由此可见，韩国法律对异议股东回购设置了较大的限制。

值得一提的是韩国对公平价格的评估具有明确的标准，②韩国《商法典》对股份回购公平价格的评估采用会计专家定价模式，这种模式原则上应当由股东和公司之间达成的协议来确定价格，当此路径无法达成一致意见时由会计专家来评估股权回购的价格，并将此价格作为公司回购股份的价格。但若公司或者股东一方或者双方不同意会计专家给出的价格，也可以在30日以内请求法院确定最终的回购价格，异议股东一方需要经其中持30%以上股权的股东同意方可将对会计专家评估价格的不同意提交法院并请求法院决定。

部分韩国学者对这种模式提出了批评，他们认为这种模式有两个缺点：一是该模式将会计专家的价格评估作为向法院请求裁定的前置程序，约束了股东和公司的裁判请求权，因此违宪；二是该程序规定的异议股东须满足持申请股权回购的股东总股权的30%的异议股东同意才能请求法院裁决最终回购价格，这一规则采用了私人间的资本多数决方式，同样剥夺了部分异议股东的裁判请求权，违反韩国《宪法》。③

3. 股东申请司法解散退出公司

股东申请司法解散公司的原因多是因为公司陷入了僵局状态，此时欲退出股东很难通过其他的方式来实现有效、公平地退出公司的目的，只能通过司法解散这一最后的救济途径。我国学者将公司僵局形象地比喻为“电脑死机”，公司这台电脑死机时，电

---

① 参见沈四宝：《最新美国标准公司法》，法律出版社2006年版，第195~196页。

② 大部分国家没有在法律中明确规定公司回购异议股东股份的估价标准。

③ 参见[韩]李哲松：《韩国公司法》，吴日焕译，中国政法大学出版社2000年版，第410~411页。

脑上的一切“按钮”和操作都失去了作用,只能通过“断电重启”或者“重装系统”等途径来拯救。① 但司法解散具有“破坏”的特点,直接摧毁了公司的主体人格,所以各国一般都对股东申请公司司法解散以退出公司的立法和司法抱有谨慎态度,设定“穷尽原则”。

(1)美国法

自密歇根州最高法院在1957年的“黎凡特诉科瓦尔”(Levant v. Kowal)案中针对公司僵局启动司法解散的程序之后,美国联邦和各州的公司立法都有了法院对公司出现僵局时进行司法干预的规定。一开始,法院在考虑使用司法解散公司时,将“重大经济影响”“重大经济利益损失”作为考量的必要因素。随着实践的发展,法官们逐渐开始重视股东之间的关系,如果发生了股东压迫或者显著不公平等情况,司法解散公司将成为少数股东的最后一道救济防线。②

美国《示范商业公司法》没有规定司法解散的形式要件,在该法第14章第30条规定了司法解散的实质要件,根据该法的规定,法院有权力司法解散一家公司,申请解散的条件因为申请人的不同而不同。③ 对于股东申请司法解散而言,有四种情形可以适用:①公司陷入难以打破的僵局,且公司利益和股东利益正在或将受到损害;②公司控制人或董事已经、正在或将要进行欺诈或其他不法活动;③股东会连续两年选不出续任的董事;④公司的资产正在浪费或被滥用。

美国《示范商业公司法》规定的上述解散的实质条件较为明确、客观,不但简化了法官的判断标准,确保了法官在判断是否使用司法解散手段时不致陷入判断困境、争论不休,而且在一定程度上也保证了法官的自由裁量权。

(2)德国法

同其他大陆法系国家的规定一样,德国《有限责任公司法》也对公司司法解散的形式要件作出了规定:只有持10%以上表决权的股东才能向法院提起解散公司之诉。有学者提出,因为司法解散的终局性和破坏性,形式方面的法律规定需要更加严格谨慎,除对股权比例或表决权比例作出限制之外,还应对持股时间作出限制。也有学者认为提出解散之诉的股东应当是有“贡献”的股东,在解散公司之前除了应当持有股份6~18个月,还应该在公司里拥有有形的利益。④

德国《有限责任公司法》第61条规定,公司法定解散的原因中包括公司因为行政法院的裁决或者执行机关的决定而解散,肯定了法院司法解散公司的合法性。该法第

---

① 参见赵旭东:《公司僵局的司法救济》,载中国民商法律网2002年2月16日,http://old.civillaw.com.cn/Article/default.asp? id=8742。

② 参见范黎红:《论司法对公司僵局纠纷的分类介入》,载《政治与法律》2005年第1期。

③ 申请人包括四种,分别是:司法部长、股东、债权人和公司。

④ 参见[加拿大]布莱恩·R.柴芬斯:《公司法:理论、结构和运作》,林少伟、魏旻译,法律出版社2001年版,第497页。

62 条对司法解散的条件和程序作出了如下规定：

①公司的目的不能完成或者公司章程或其他内部协议规定的公司应当解散的重大事由出现；

②公司解散之诉的被告为公司，且只有在持 10% 以上股份的公司股东才能向法院提起解散公司之诉；

③公司解散之诉由公司所在州的州法院管辖。

对此，有学者认为公司的解散之诉应当有更严格的要求或进行缩小解释，尤其是德国法院认可公司股东还拥有退股权和除名权，他们认为公司解散之诉的前提是股东之间的关系出现了恶化，不得不进行解散公司的行为。① 在解散公司之前，还应考虑是否能够通过股东的退股权或者除名权解决公司僵局，如果通过将少数的股东除名就能达到解决问题、挽救企业的目标，公司可以在多数股东的努力之下继续存续经营，此时法官不宜同意少数股东解散公司的请求。

（二）国外有限责任公司股东被动退出路径

1. 德国有限责任公司股份强制注销制度

顾名思义，股份强制注销是指公司未经被注销股东的同意，强制注销其持有的股份并给予相应补偿，使公司部分股份归于消灭的制度，借此将不受欢迎的股东逐出公司。在该项制度诞生之初，并非为了将股东排除出公司，而是用于降低公司资本②和减少进行利润分配的股东的数量，后来才逐渐用于缓解公司股东之间紧张的关系和矛盾，成为将不受欢迎的股东开除出公司，终止公司和部分股东的法律关系的重要工具。③

德国《有限责任公司法》第 34 条是德国有限责任公司股份注销的直接法律渊源，该条第 1 款规定，实施股份注销的前提条件是公司章程中必须作出了相应规定。该款是关于股份注销的一般性规定，无论股份注销是不是强制进行的，若公司章程没有相应规定则不能实施。第 34 条第 2 款规定了有限责任公司股份强制注销的程序条件，即公司章程中关于强制注销的条款必须于被注销股份的股东获得相应的股份之前就已存在，才可以不经股份权利人同意而注销其股份。该款是关于有限责任公司股份强制注销的特别规定，若公司股东大会在股东已经取得公司股份之后修改公司章程、作出股份强制注销的规定，必须取得全体股东的一致同意。根据公司自治原则，股份强制注销规定既可以在公司章程制定时加入，也可以在公司章程修改时加入，但是因为股份强制注销在实施中会严重侵犯公司股东的成员权，导致股东资格的消灭，股东将被迫中止与公司之间的法律关系。因为股东资格和股东地位是

① 参见王东光：《股东退出法律制度研究》，北京大学出版社 2010 年版，第 155 页。

② 德国《股份公司法》同样规定了股份强制注销，但该制度在股份公司的主要目的是用于公司减资，是股份公司减资的法定形式。

③ 参见［德］托马斯·莱塞尔、吕迪格·法伊尔：《德国资合公司法》，高旭军、单晓光、刘晓海译，法律出版社 2005 年版，第 510 页。

股东其他一切权益的基础，是股东与公司之间的法律关系的实质，①所以事后修改公司章程时加入强制注销条款与公司章程的其他变更采用多数决规则不同，必须取得全体股东的一致同意。

关于作出股份强制注销决议的机关，德国《有限责任公司法》在第46条中规定，由有限责任公司股东会作出注销股份的决定，公司章程另有规定的除外。根据该法第45条第2款，公司章程中可以规定股东会可将作出股份注销决议的权利委托给其他公司机关，如董事会、监事会等，但委托在德国有限责任公司的实践中却并不常见。一方面，股份注销决议事关重大，涉及根本利益，股东不愿意假借他人之手；另一方面，一家公司的股份注销决议极少发生，不是公司的经常性事务，没必要进行委托。

此外，在表决程序上，虽然德国《有限责任公司法》第47条第1款规定了股份注销决议经股东会简单多数决即可通过，但实践中各有限责任公司出于慎重考量，基本上都规定了双重多数或者3/4多数表决才得以通过。在“不能做自己法官”的思想的影响下，一般认为被开除股东不参与表决，但与其有紧密关系的利益相关股东是否能够参与表决尚无定论。德国联邦最高法院认为，只有当被开除股东足以对其他利益相关股东的表决产生决定影响时，利益相关股东才不能在该事项上行使表决权。②

作为强制股东退出的路径之一，股份注销制度无疑是非常强力的，在实施过程中有可能成为大股东压制、威胁小股东的工具，所以在公司章程规定股份强制注销条款时，必须有所限制，股东不能仅仅因为意见“不受欢迎”而被强制注销持有股份、赶出公司。根据德国《民法典》第138条所规定的公序良俗原则，如果公司章程的强制注销条款赋予部分股东或股东团体对强制注销其他股东的股份拥有实质上的自由决定权，那么该条款因违反善良风俗而归于无效。

2. 德国有限责任公司股东除名制度

和其他类型的公司组织形式一样，有限责任公司的最终目的也是获取利益，有限责任公司具备人合性特征不是为了保持纯粹的股东之间的亲密关系和信赖利益，而是为了公司发展和利益增长的需要。③ 当股东群体中出现个别不受欢迎的“离心股东”，其存在使公司的人合性难以为继，股东间的关系恶化，阻碍了公司的进一步发展和获取经济利益的能力时，将个别股东除名有利于公司的发展和保障大多数股东的利益，与此同时还要保障被除名股东能够得到合理的补偿。正如我国台湾地区学者杨仁君所言：

---

① 参见黄英、钱滢：《股东知情权纠纷案件的审理思路和裁判要点》，载上海市高级人民法院微信公众号“浦江天平”2020年3月23日，https://mp.weixin.qq.com/s?src=11&timestamp=1587053868&ver=2282&signature=-D-Y659y5ISxgL9G74r2aa9*uK6IWKm69o3jLTGu1ZnPrHa*1JsZSTv8FVmfLQCKoNp5a9SW*fLWki9vt3EHZeBlBl25GWt8B6wAI37YH7tLeKRuIsUFgwL4v-GWRM8E&new=1。

② 参见王东光：《股东退出法律制度研究》，北京大学出版社2010年版，第166页。

③ 参见李劲华：《有限责任公司的人合性及其对公司治理的影响》，载《山东大学学报(哲学社会科学版)》2007年第4期。

“股东除名是公司通过决议解除公司与个别股东之间的关系，消除股东资格，以此来维护公司的持续有效经营，是公司股东的一种集体防卫手段。”①

除名制度始于德国，但最初德国《商法典》上规定的除名制度只适用于无限公司和两合公司，有限责任公司适用除名制度经历了从禁止到逐渐被认可的过程。

20世纪50年代，德国联邦法院通过“法官造法”的司法判例形式最终确定了有限责任公司除名制度，并最终规定于1980年制定的德国《有限责任公司法》第21条。②

从法条可以看出，德国法对有限责任公司股东除名的事由和前置程序（一个月以上的宽限期）作出了规定，但对于股东除名事由的规定较窄，仅仅规定了滞纳出资的情形。作为补充，在实践中德国法院充分发挥了“法官造法”，对股东除名的事由进行了丰富，即将“重大事由”作为一种弹性适用情况，③包括股东主观上作出恶意行为和没有主观因素的非恶意行为的自身原因。其中恶意行为以过错为要件，包括滞纳出资、不履行忠实义务、损害其他股东的权益、危害公司存续的行为等。非恶意行为的自身原因不以主观过错为要件，包括身体长期患有严重疾病或年老体衰、成为限制民事行为能力人或无民事行为能力人等。

此外，也可以在公司章程对股东除名的事由进行规定。根据一些学者考证，在德国有限责任公司实务方面，高达90%的公司章程规定了股东除名条款。④

3. 美国有限责任公司股东除名制度

早期，美国公司法律并不认可股东除名制度，当公司内部的股东之间存在不可调和的矛盾时，往往通过司法解散来进行救济，但司法解散的成本高昂，不利于公司存续和社会经济发展，实践中也经常出现恶意诉讼和小股东滥用司法解散制度等情况，因此，必须找到一种能够避开司法解散的弊端的方式，丰富股东退出的途径。经过不断的理论探索和司法实践，诞生了股权回购制度：当股东成员之间发生矛盾或者信赖利益已经消失的情况下，个别股东申请司法解散公司，不想解散公司的股东可以根据法律规定或公司章程规定，由公司回购意图退出公司的股东持有的股权。⑤ 尽管克服了司法解散的弊端，但股权回购制度仍然局限于股东的主动退出，对股东的被动退出仍然未有涉

---

① 杨仁君：《有限公司股东退股与除名》，神州图书出版有限公司2000年版，第117页。

② 德国《有限责任公司法》第21条规定：（a）股东迟延缴付出资，可以以书面方式催促股东在规定的宽限期内缴付出资，宽限期不少于一个月，并警告股东可能因此没收股东已缴的股份；（b）股东在宽限期届满时仍未缴付出资的，公司可以声明将其股份及已缴纳的款项收回，声明以挂号信方式寄出；（c）被除名的股东应对公司就滞纳款项受到损失或者在追索出资额时所受损失负责。

③ 参见徐翔：《论有限责任公司股东除名规则的基本构造》，载《研究生法学》2011年第3期；李建伟：《有限责任公司的股东除名制度研究》，载《法学评论》2015年第2期；凤建军：《公司股东的“除名”与“失权”：从概念到规范》，载《法律科学（西北政法大学学报）》2013年第2期。

④ 参见李建伟：《有限责任公司的股东除名制度研究》，载《法学评论》2015年第2期；杨仁君：《有限公司股东退股与除名》，神州图书出版有限公司2000年版，第117页。

⑤ 参见［美］汉密尔顿：《美国公司法》，齐东祥等译，法律出版社2007年版，第277页。

及，直至美国1996年《统一有限责任公司法》规定了股东除名制度。

根据美国1996年《统一有限责任公司法》第601条的规定，引起股东除名退出有限责任公司的事件可以概括为以下三种：一是根据公司章程的规定被除名；二是当被除名股东经营公司不合法、股权已被转让、法人股东的人格消失时，其他股东可以经投票一致同意除名；三是当股东行为损害公司或者其他股东的权益，故意不履行对公司或其他股东的忠实义务或注意义务，违反竞业禁止义务，使共同经营公司不现实时，其他股东可以向法院申请，裁定将该股东除名。①

（三）小结

综观各国有限责任公司立法，其中的股东退出规则既有相似之处也有比较大的区别，这里就主动退出和被动退出两方面对上文所介绍的各国较有特色的相关制度列表总结（见表1－1）。

表1－1　各国股东退出制度

退出制度		德国	美国	其他国家
主动退出	股权转让	授权与强制相结合；转让程序	自由主义，但反对限制/禁止流通股份	利害关系人转让；指定购买（法国）
	股权回购	法院判例确定股东拥有退股权，存在“重大原因即可行使”；公司章程可以规定，但不可以限制该权利	丰富的适用场景和事由；股权回购公平价格及其评估程序，加权平均法	回购股权价格评估方法，会计专家定价模式（韩国）
	司法解散	形式要件：持股比例10%；法定原因、条件、程序	规定了细致的实质条件，简化了判断标准	—

① 该条规定：“股东在下列任一事件发生时即退出有限责任公司：……（4）根据公司章程规定被除名；（5）若股东有以下行为，其他股东可以经一致投票出名该股东：（a）继续与该股东一起经营公司不合法，（b）该股东的利益实质上已经全部转让，（c）法人股东已经申请解散，特许证已被撤回，经营商务权限被设立地当局中止，公司已经通知其股东资格将在90天之后终止，期间该股东未撤回解散证书、获得新许可证或者重新经营商务的权利，（d）股东是合东企业或有限责任公司，该股东已被解散或者正在清算；（6）其他股东可以申请法院除名，情形包括：（a）其非法行为对公司利益造成实质上的损害，（b）故意、持续地严重违反公司章程或者本法第409条规定的对公司和其他成员的义务，（c）做出了与公司业务相关的行为，使与该股东共同经营公司业务在情理上不现实……”

续表

退出制度		德国	美国	其他国家
被动退出	强制注销	适用条件严格，比如以公司章程规定为必要条件、股东会作出决议等	现金流出合并	—
	股东除名	滞纳出资股东除名；实践中"法官造法"：恶意行为、自身原因；公司章程可规定	公司章程规定除名；出现法定事由，股东一致同意除名；法院裁定除名	—

经过对比归纳可知，美国、德国等主要国家公司法律中股东退出机制经历了长时间的变迁之后，形成了各自独特的股东退出机制，从两国制度对比而言，普通法系的美国，其有限责任公司股东退出机制的设计也充斥着"自由主义""放任主义"的元素，最明显的表现就是所有退出路径皆可由公司章程甚至股东协议来规定。相比之下，大陆法系的德国则在程序方面的设计较多，在转让股权、强制注销、司法解散方面的强制法色彩要明显更重一些。这是由两国公司法传统、法律体系以及其国民经济结构等要素共同决定的。然而，我们不难发现，美国法中开始出现细致的程序强制规定，而德国法在股东除名和股权回购中也采用章程自由设置以丰富制度适用场景，可见大陆法系和普通法系在公司法方面互有借鉴，表现出融合趋势。

四、我国有限责任公司股东退出制度

按照我国境内有限责任公司的股东为国外投资者或国内投资者的标准，可以将有限责任公司分为两类：外商投资公司和一般意义上的国内有限责任公司（所有股东均为国内的自然人、法人或其他组织），除股东国籍/注册地的差异外，两者在我国适用的准据法也有区别，外资企业除了也要适用我国《公司法》及相关法规之外，还要遵守《外商投资法》的规定。我们的研究范围仅包括后者，对于外商投资公司（合资企业、合作企业、外商独资企业）及其准据法（包括《外商投资法》及其生效后被废止的《中外合资经营企业法》《外资企业法》《中外合作经营企业法》）不作论述。

（一）国内立法评述

1. 立法演进

在我国，股东退出法律制度经历了一个从禁止到逐步放开的过程。确立社会主义市场经济道路以后，我国加快了在公司市场领域的立法速度。1992 年 5 月国家经济体制改革委员会颁布了《有限责任公司规范意见》，该规范意见第20条[①]规定，股东享有"依照法律、法规、本规范及公司章程规定的获取股利、转让出资"的权利，且对其他股东转让的出资享有优先购买的权利，此时股东可以通过转让全部股权完成退出公司的操作。《有限责任公司规范意见》第21条[②]规定，股东负有缴纳所认缴的出资且以此出资额承担公司债务，公司在办理工商登记后不得抽回投资的义务。这条禁止抽回投资的规定强行封锁了股东通过股权转让以外的方式退出公司的可能性，否认了股东拥有退股权。随后，1993年12月29日，全国人大常委会出台的《公司法》第34条[③]以法律的形式延续了1992年《有限责任公司规范意见》中对抽回投资的禁止规定，明确了国家禁止股东退出操作的态度，并且，1993年《公司法》中也没有规定有限责任公司小股东在受到股东压迫时的救济路径和其他对中小股东的保护措施。

2003年11月，最高人民法院制定《关于审理公司纠纷案件若干问题的规定(一)(征求意见稿)》，该征求意见稿第37条[④]第一次提出了有限责任公司异议股东拥有股份回购请求权，允许在"股东会决议公司合并、转让、股份交换、出租公司全部资产、重大变更公司经营范围"或者修改章程时表达异议的股东请求公司收购其股份，并且还规定公司连续5年以上盈利，符合法律规定的分红条件却不分红的，在股东会表示异议的股东可以请求公司回购其股份。虽然该征求意见稿最终未能出台并付诸实施，却代表了我国最高司法机关开始正视有限责任公司股东压迫、中小股东救济等问题并开始构建股东退出制度的态度。与此同时，一些地方法院开始对股东退出制度作出相关规定，例如，上海市高级人民法院于2003年制定的《关于审理涉及公司诉讼案件若干问题

---

① 《有限责任公司规范意见》第20条规定："股东享有下列权利：(一)参加或推选代表参加股东会并根据其出资份额享有表决权；(二)了解公司经营状况和财务状况；(三)选举和被选举为董事会成员、监事会成员；(四)依照法律、法规、本规范和公司章程的规定获取股利、转让出资；(五)优先购买其他股东转让的出资；(六)优先认购公司新增的注册资本；(七)公司终止后，依法分得公司的剩余财产；(八)公司章程规定的其他权利。"

② 《有限责任公司规范意见》第21条规定："股东负有下列义务：(一)缴纳所认缴的出资；(二)依其所认缴的出资额承担公司债务；(三)公司办理工商登记手续后，不得抽回出资；(四)公司章程规定的其他义务。"

③ 1993年《公司法》第34条规定："股东在公司登记后，不得抽回出资。"

④ 最高人民法院《关于审理公司纠纷案件若干问题的规定(一)(征求意见稿)》第37条规定："有限责任公司股东会决议公司合并、转让、实行股份交换、出租公司全部财产、对公司经营范围进行重大变更或者修改公司章程限制股份转让的，在股东会决议表决时投反对票的股东有权请求公司收购其股份。公司连续五年或者五年以上盈利，且符合公司法规定的股东分配利润条件，但不分配利润的，在股东会决议表决时投反对票的股东有权请求公司收购其股份。自股东会决议之日起60日内，股东与公司就收购股份协商不成的，股东可以在该期间经过后30日内，向人民法院提起诉讼；逾期起诉的，人民法院不予受理。"

的处理意见(三)》第7条[①]就规定根据资本维持和公司维持原则,股东一般不能单方面要求退出公司或解散公司,但是当公司确实陷入僵局或者出现控制股东压制小股东利益以及违背公司设立目的等情况,少数股东可以起诉退股和申请司法解散,法院应当谨慎受理,救济过程中充分行使利益平衡原则和穷尽其他救济原则,优先考虑股权的内外部转让,其次考虑公司或控制股东收购欲退出股东的股权,一般不采取司法解散的方式。上海市高级人民法院出台的意见不仅规定了退股权,而且在适用程序方面也作了表述,是地方司法机关根据实际情况作出的针对性规定,是对1993年《公司法》未规定事项的创新与突破。

2005年10月,新《公司法》出台,虽然仍然坚持资本确定、维持、不变三原则,但在维护少数股东权益方面有了长足进步,放开对股东退出的限制。2005年《公司法》第36条将原《公司法》第34条的"股东不得抽回投资"改为"股东不得抽逃出资",一字之差,但比起"抽回"对退股行为的全涵盖,"抽逃"具有股东行为具备隐蔽性且可能会对他人造成严重损害的含义,这样便为股东退股法律制度留下了构建和完善的空间。2005年《公司法》第75条(现第74条)增加了要求公司在特定事由发生时以合理价格回购异议股东股份的退出规定,包括三种情形:一是连续五年盈利却未分红;二是决议公司合并、分立、转让主要财产时投反对票的;三是在出现法定或章程规定的解散事由时,公司决定继续存续,投反对票的。同时,该条还简单规定了异议股东行使回购请求权的程序,欲退出股东在决议作出后60日内不能与公司达成股权收购协议,股东可在决议通过之日起90日内向法院提起诉讼。

对于股东申请公司司法解散而退出公司,2005年《公司法》第183条(现第182条)作出了规定。因为司法解散会直接消灭公司人格,对公司及其所有股东造成重大影响,所以在程序上规定了"穷尽其他救济",并在表决权比例上对申请股东作了限制。2008年5月,最高人民法院出台了《公司法司法解释二》,其中对股东提起司法解散的事由作了比较细致的规定:"连续两年不召开股东会;股东表决权无法达到相应比例,股东会连续两年做不出有效决议;董事常起冲突,无法通过股东会解决;公司存续会让股东利益受到重大损失的其他情形。"上述四条皆要求同时满足公司的经营管理发生严重困难的条件。与此同时,《公司法司法解释二》还规定了股东以知情权和利润分配请求

---

① 上海市高级人民法院《关于审理涉及公司诉讼案件若干问题的处理意见(三)》第7条规定:"根据资本维持与公司维持原则的要求,股东一般不能单方要求退股或者解散公司;但对于确实已经陷入表决僵局和经营僵局、控制股东严重压制小股东利益以及严重违背设立公司目的等情况的有限公司,如果少数股东起诉要求退股、解散公司或者解除合作协议的,人民法院应慎重受理。在具体的救济过程中,应坚持适度行使释明权原则、利益平衡原则和用尽内部救济的原则,即应该要求当事人首先尽量进行内部救济,包括采取内部和外部转让股份解决;即便最终需要判决处理,也要对当事人进行释明,应该尽量通过要求公司或者控制股东收购股份而退出,一般不能采取解散公司的做法。在上述诉讼中,被告应为公司,同时应列控制股东为共同被告或者第三人;当事人未列入的,应告知其追加。"

权受损等提起解散公司之诉,法院不予受理,第5条规定法院在审理解散公司诉讼案件过程中,应当注重调解。由以上可以看出,鉴于公司司法解散造成的严重后果,我国司法实践对于股东申请司法解散始终抱有十分谨慎的态度。鉴于我国立法实践中已经对司法解散退出公司这一路径作出了比较明确的规定,故不再赘述这方面的内容。

我国现行《公司法》缺乏对股东被动退出制度的相关规定,仅在最高人民法院于2011年发布的《公司法司法解释三》的第17条中对于股东滞纳出资规定了股东除名制度,但就该条而言,也存在适用范围过窄的问题。

总体而言,我国现行《公司法》及相关法律法规对于股东退出制度的规定较为简单,在主动退出方面存在3种退出途径:股权转让、异议股东股权回购和股东申请司法解散公司;在被动退出方面仅有股东除名退出一条路径。

2. 有限责任公司股东主动退出制度立法分析

(1)股权转让退出公司的路径

我国现行《公司法》(2018年《公司法》)第71~73条[①]对有限责任公司的股权转让制度进行了规定,与其他大陆法系国家一致,我国法律对有限责任公司股东进行股权转让的态度属于"有限制的自由",即只要符合法律规定的限制条件,原则上股东之间以及股东与股东以外的第三人进行股权转让可以自由进行,同时公司章程可以对股权转让作出更加严格的规定。目前,根据我国《公司法》对有限责任公司股权转让的规定,公司章程的自由权限很高,可以限制甚至禁止股东在一定时期或条件下进行股权转让,公司章程实际上成为《公司法》的替代性规则,[②]但这样可能会带来大股东通过修改公司章程限制小股东资金流出的问题,小股东的资金可能会变成永恒的"死期存款"。[③]

从有限责任公司的特性出发,学界比较重视讨论有限责任公司的人合性,但资合性同样是有限责任公司的重要组织基础。甘培忠、吴韬认为有限责任公司的内部转让属于纯"资合性"问题,但外部转让因为股东间信赖关系变动而产生"人合性"问题。[④]《公司法》第71条规定:"……公司章程对股权转让另有规定的,从其规定。"该条允许

---

① 《公司法》第72条规定:"人民法院依照法律规定的强制执行程序转让股东的股权时,应当通知公司及全体股东,其他股东在同等条件下有优先购买权。其他股东自人民法院通知之日起满二十日不行使优先购买权的,视为放弃优先购买权。"第73条规定:"依照本法第七十一条、第七十二条转让股权后,公司应当注销原股东的出资证明书,向新股东签发出资证明书,并相应修改公司章程和股东名册中有关股东及其出资额的记载。对公司章程的该项修改不需再由股东会表决。"

② 参见钱玉林:《公司章程对股权转让限制的效力》,载《法学》2012年第10期。

③ 参见耿利航:《有限责任公司股东困境和司法解散制度——美国法的经验和对中国的启示》,载《政法论坛》2010年第5期。

④ 参见甘培忠、吴韬:《有限公司股权转让探析》,载《南京大学学报(哲学·人文科学·社会科学)》2005年第1期。

公司章程对有限责任公司股权转让进行禁止性规定或者严重加大股权转让难度规定，如股权转让必须经过董事会和股东会一致同意等。这样一来，股东的投资永远被绑定在公司中，无法进行流动，这与有限责任公司的资合性原则相悖。

(2)股份回购退出公司路径存在的问题

我国2005年《公司法》第75条(现第74条)对异议股东回购制度在实体和程序两方面作了规定，当时被学界视为我国退股制度的开端和有限责任公司小股东保护领域的巨大进步。然而，从今日看来，我国有限责任公司异议股东回购制度却存在原因事由范围较窄、回购价格评估缺乏明确标准、程序规定不够细化、[①]司法实践中容易被规避[②]等问题。

在实体法方面，《公司法》第74条仅规定了公司连续5年不分红，公司合并、分立、转让主要财产，决议公司存续三项适用事由。我国异议股东收购制度的适用事由范围过窄，很多同样会对公司和股东产生重大影响的事由没被列举。有关异议股东回购请求权的条文中没有赋予公司自治、公司章程进行规定的权利，由于法律对于社会经济发展和司法实践的滞后性，使用列举法很难穷尽所有对公司和股东产生重大影响的原因事由。另外，对于公司连续5年盈利且不分红才可申请股份回购，存在时间周期过长，在实践中缺少操作空间，很容易被控制股东以各种方式避开的问题，例如快到5年了决议分红，或是每年都分红但分红极少等情况。并且若小股东在该公司分红的期待破灭，却还要再等5年才能拥有股权回购的请求权，不利于保护小股东的权益。

在程序方面，根据《公司法》第74条的规定，在股东会决议投反对票的股东自决议通过之日起60日内与公司达不成股份收买协议的，可以在决议通过之日起90日内向法院起诉。这一程序规定存在以下三个方面的问题。

第一，行使股份回购请求权的股东不应该参与决议的表决。在表决机制中，合法的表决结果应该对所有参与表决(无论是表示赞同还是反对)以及不参与表决但是弃权的股东生效。[③] 要行使股份回购请求权的股东在其股份被收买之后即退出公司，决议自然对其产生不了效力，该股东的表决行为就为其他留下来的股东增加了风险成本或者其他负担，因为其他股东对该股东表决并共同承受决议的效力是有明确的期待的。

第二，我国并未对申请法院裁决的事项作出规定，也就是只要在决议通过后60日内未能在股份回购价格、支付方式、转移时间、最后年限分红等任一可能事项上达不成协议即可向法院提起诉讼。这样的规定明面上是增加了退出股东的权利，但实际上，在达不成回购协议时，股东就要承担向法院起诉的义务，并且在决议通过之后90日内未

---

① 参见郑远民、赵冰：《异议股东股份回购请求权的程序问题研究》，载《时代法学》2019年第1期。

② 参见陈伟：《有限责任公司规避异议股东行使退股权之反制》，载《河北工业大学学报(社会科学版)》2017年第1期。

③ 参见段威：《有限责任公司股东退股适用要件之研究——我国公司法相关制度的检视与完善》，载《扬州大学学报(人文社会科学版)》2005年第1期。

起诉还要承担未起诉的不利后果。相对于公司和控制股东而言,有限责任公司的异议退回股东在财力、专业法律知识、信息等方面处于弱势,将申请裁定的义务强加在他们身上不利于保护异议股东的权利。

第三,我国《公司法》仅规定了投反对票的异议股东需要在决议达成之后90日内向法院起诉,但并未对逾期不起诉的后果作出明确规定。股东逾期不起诉后是继续与公司协商股份回购事宜还是直接丧失股份回购请求权呢?

异议股东回购制度在司法实践的执行层面也存在成功率低、效果不理想的问题。有学者2015年在研究异议股东回购请求权时所调查的46个案件时发现,竟有一半以上的案件被"驳回起诉"。① 经统计,截至2018年11月1日,可以检索到的异议股东股份回购案件裁判文书仅105份。② 从数量上来说,此类案件偏少,对此,江苏省常州市中级人民法院课题组认为异议股东行使股份回购请求权仍然存在诸多障碍。③

3.有限责任公司股东被动退出制度立法分析

目前,我国关于有限责任公司股东被动退出制度的立法内容,仅涉及股东除名制度。

股东除名,是指当法定或者有限责任公司公司章程约定的特定事由出现时,按照一定的程序剥夺个别股东的股东身份及其身份上所附的股东权利,使该股东被动退出公司的方式。④ 与股东主动退出的方式相比,采用股东除名的方式在保证公司有序、高效运行,以及保护多数股东的权益方面有独特价值。从解决公司僵局的角度出发,我国理论界和实务界一致认为,鉴于司法解散对公司和社会造成的巨大影响,这种规则的适用一定要慎之又慎。⑤ 相对而言,除名"离心股东"的影响较小,所以股东除名制度可以作为司法解散的一种替代措施。⑥

我国《公司法》并未对股东除名制度作出规定,仅在最高人民法院于2011年发布的《公司法司法解释三》第17条中就股东滞纳出资涉及股东除名制度,但李建伟认为股东除名制度并未因此而在我国得以建立,因为该条解释没有从公司和股东的关系视角赋予公司"有权除名股东",而仅仅从法院裁判视角为公司决议除名提供了司法裁判的准则。⑦ 立法者在立法、修法活动中谨遵法律的明确性要求,尤其是在权利义务关系

---

① 参见谭津龙:《公司法体系中的异议股东评股权制度》,法律出版社2015年版,第165~166页。

② 参见郑远民、赵冰:《异议股东股份回购请求权的程序问题研究》,载《时代法学》2019年第1期。

③ 参见江苏省常州市中级人民法院课题组:《现代法律框架内异议股东股份回购请求权的行使》,载《法律适用》2015年第5期。

④ 参见张凡:《有限公司股东除名机制之理论基础与构建》,载《金陵法律评论》2012年第1期。

⑤ 参见赵旭东主编:《公司法学》,高等教育出版社2006年版,第501~502页。

⑥ 参见李建伟:《有限责任公司的股东除名制度研究》,载《法学评论》2015年第2期。

⑦ 参见李建伟:《有限责任公司股东除名制度研究》,载《法学评论》2015年第2期。

的用语上表达清楚,有利于法律适用,形成秩序。[①] 虽然在民商法领域,"法无禁止即自由",但鉴于股东除名是一种严重剥夺股东权益的行为,为了避免股东除名行为的合法性纠纷,还是应当予以明确规定为宜。

(二)国内司法实践评述

除了对国内立法方面存在的问题进行分析,股东退出制度的司法实践也同样值得我们重视,本部分将通过对最高人民法院与地方法院已审结的有限责任公司股权回购案例,探讨国内司法实践对股东退出制度的态度。

1. 最高人民法院对有限责任公司股东退出案件的意见汇总

笔者通过案例检索数据库威科先行与北大法宝对涉及《公司法》第 74 条的案例进行检索,其中最高人民法院审理的有限责任公司股权回购纠纷案例为 9 个,其中公报案例 1 个,其他案例 8 个。下面通过列表(见表 1 - 2)汇总最高人民法院法官在判决书(中国信达资产管理股份有限公司与太西集团有限责任公司请求公司收购股份纠纷上诉案)和裁定书(8 份)中表达的对有限责任公司股权回购案件的意见。

2. 最高人民法院对有限责任公司股东退出案件的分析

(1)异议股东回购请求权适用事由的扩张

通过表 1 - 2 可以看出,我国司法实践总体上遵循了《公司法》对有限责任公司股东退出的相关规则,如股东反对公司连续 5 年盈利且不分红或转让主要财产、延长经营期限时可请求公司回购其股权的规定。同时在一些比较模糊的争议点上有所突破,例如,①认可公司章程或协议规定的股权回购事由的有效性;②认可股东因自身意外原因未参加股东会议投反对票,但对特定决议事项明确表示反对的也可以行使异议股东回购请求权。

以公报案例"袁某晖与长江置业(湖南)请求公司收购股份纠纷案"为例,长江置业(湖南)公司章程中约定:"当公司侵犯股东权利,股东可以请求限期停止并补偿损失,若法院和公司登记机关证实公司未停止侵权活动,则股东有权退股,其股份由其他股东协议摊派或者按照持股比例认购。"[②]最高人民法院认可了这一规定的效力,认为袁某晖有权根据公司章程要求退股。由此可见,最高人民法院在此案中支持了公司章程可以规定股东退股。这可以视作最高人民法院在公报案例中对《公司法》有限责任公司退股规则的突破,突破主要体现在两个方面。

---

① 参见[美]朗·富勒:《法律的道德性》,郑戈译,商务印书馆 2005 年版,第 75 ~ 77 页。转引自裴宏辉:《在价值理想与客观认知之间:法律明确性原则的理论空间》,载《法学论坛》2019 年第 2 期。

② 袁某晖与长江置业(湖南)发展有限公司请求公司收购股份纠纷案,最高人民法院(2014)民申字第 2154 号民事裁定书。本案为公报案例,载《最高人民法院公报》2016 年第 1 期(总第 231 期)。

表 1-2　最高人民法院对股东退出案件的判决意见汇总

案件	年份	程序	最高人民法院相关意见总结	适用法条	结果
袁某晖与长江置业（湖南）发展有限公司请求公司收购股份纠纷案[1]	2014	再审	1. 非因自身过错未能参加股东会的股东，虽未对股东会决议投反对票，但对公司转让主要财产明确提出反对意见的，其请求公司以公平价格收购其股权，法院应予支持。 2. 公司章程可以约定股东权利受到侵犯时，通过请求公司收购股权的方式退出。 3. 有限责任公司人合性不复存在，通过股东退出保障各方利益是合适的方式	《公司法》第74条	驳回再审申请
中国信达资产管理股份有限公司与太西集团有限责任公司请求公司收购股份纠纷上诉案[2]	2016	二审	1. 对延长经营期限的股东会决议，持反对意见的股东可依法要求公司回购其股权。 2. 股东和公司在合同约定的股权退出方式、退出时间（本案为7年）、退出价格（本案为债权方转股债权原值，不采取溢价方式计算）、退出价款支付计划，法院认为有效。 3. 迟延支付回购股权款项，应当相应地给予利息	《公司法》第74条	驳回上诉，维持原判
青岛厚德房地产开发有限公司与杨某请求公司收购股份纠纷上诉案[3]	2016	二审	1. 股东出资情况和公司的股权价值关系到股东会会议能否限制该股东行使回购权。 2. 对于股东虚假出资部分的股权，在股东补足出资之前，公司可以限制其回购权。 3. 单方提供的股权价格认定无法得出公允结论	—	发回重审
周某涛等诉山东鸿源水产有限公司收购股份纠纷案[4]	2017	再审	股东没有证据或证据不足以表明公司连续5年盈利，且符合分配利润条件，且连续5年不分配利润的，以《公司法》第74条相应条款请求公司回购股权的，人民法院不予支持	《公司法》第34条、[5]第74条、第166条	驳回再审申请

续表

案件	年份	程序	最高人民法院相关意见总结	适用法条	结果
龙岩和鑫房地产开发有限公司、卢某光请求公司收购股份纠纷案[6]	2018	再审	1. 股东会在股东未出席且未表决、确认的情况下将股东除名，除名决议无效。 2. 异议股东反对公司转让主要财产的决议，有权请求公司以合理价格回购其股权。 3. 按照公司与股东签订的，但签订程序有瑕疵的《股东结算》认定回购股权价值	《公司法》第32条、[7]第74条	驳回再审申请
黄某、青岛永道国际贸易有限公司请求公司收购股份纠纷再审案[8]	2018	再审	1. 根据工商登记情况和山东省高级人民法院生效判决，确认了黄某的股东资格，黄某是本案适格原告。 2. 一审、二审法院判断黄某不是适格原告，据此作出驳回黄某根据《公司法》第74条申请股权回购的起诉的裁定，上述裁定不当	《公司法》第74条、《民事诉讼法》第119条[9]	撤销一审、二审民事裁定
郭某、魏某广请求公司收购股份纠纷案[10]	2018	二审	上诉人未在指定期限内预交上诉案件受理费	—	自动撤回
曹某平、王某本请求公司收购股份纠纷再审审查与审判监督民事裁定[11]	2019	再审	—	—	和解，撤回再审申请

续表

案件	年份	程序	最高人民法院相关意见总结	适用法条	结果
丹东国贸大厦有限责任公司、丹东意达房地产开发经营有限公司请求公司收购股份纠纷案[12]	2019	再审	在没有反对意见的情况下，二审法院以［2016］第25号评估报告为股权回购价格依据是合适的	—	驳回再审申请

[1]参见袁某晖与长江置业（湖南）发展有限公司请求公司收购股份纠纷案，最高人民法院（2014）民申字第2154号民事裁定书。

[2]参见中国信达资产管理股份有限公司与太西集团有限责任公司请求公司收购股份纠纷上诉案，最高人民法院（2016）最高法民终34号民事判决书。

[3]参见青岛厚德房地产开发有限公司与杨某请求公司收购股份纠纷上诉案，最高人民法院（2016）最高法民终699－4号民事裁定书。

[4]参见周某涛等诉山东鸿源水产有限公司收购股份纠纷案，最高人民法院（2017）最高法民申2154号再审审查与审判监督民事裁定书。

[5]《公司法》第34条第1款规定："股东按照实缴的出资比例分取红利。"

[6]参见龙岩和鑫房地产开发有限公司、卢某光请求公司收购股份纠纷案，最高人民法院（2018）最高法民申793号再审审查与审判监督民事裁定书。

[7]《公司法》第32条第2款规定："记载于股东名册的股东，可以依股东名册主张行使股东权利。"

[8]参见黄某、青岛永道国际贸易有限公司请求公司收购股份纠纷案，最高人民法院（2018）最高法民申4415号再审审查与审判监督民事裁定书。

[9]《民事诉讼法》第119条规定："起诉必须符合下列条件：（一）原告是与本案有直接利害关系的公民、法人和其他组织……"

[10]参见郭某、魏某广请求公司收购股份纠纷案，最高人民法院（2018）最高法民终428号二审民事裁定书。

[11]参见曹某平、王某本请求公司收购股份纠纷案，最高人民法院（2019）最高法民申315号再审审查与审判监督民事裁定书。

[12]参见丹东国贸大厦有限责任公司、丹东意达房地产开发经营有限公司请求公司收购股份纠纷案，最高人民法院（2019）最高法民申1837号再审审查与审判监督民事裁定书。

第一,在《公司法》第74条中,异议退出股东的股权回购请求权的被请求对象是公司,即以合理价格回购退出股东股权的行为主体也理应是公司,本案裁定书认可了公司章程可以规定其他股东作为股权回购的主体。

第二,《公司法》第74条的表述是“有下列情形之一的……”并且在该条中也没有“公司章程另有规定的,从其规定”之类的表述,即原则上不符合所列举的三条退出事由的其他情形皆不能成为异议股东回购请求权的构成要件,但最高人民法院在本案中对公司章程的退股回购规定予以了认可。

同时,在本公报案例中,最高人民法院出具的裁定书中对二审的处理结果有这样的评价:“从本案的处理结果看,长江置业公司股东之间因利益纠纷产生多次诉讼,有限责任公司人合性已不复存在,通过让股东袁某晖退出公司的方式,有利于尽快解决公司股东之间的矛盾和冲突,从而保障公司利益和各股东利益。”①由此可见,在最高人民法院看来,如若有限责任公司股东之间的人合性基础丧失,发生矛盾并可能危及公司和股东的利益时,让股东退出是一种非常恰当的解决思路,这在实践中为相似案件的处理提供了解决思路。

与上述公报案例相似的是,在2016年最高人民法院审理的“中国信达与太西集团请求公司收购股份纠纷上诉案”中,最高人民法院认可了股东和公司在合同约定的股权退出方式、退出时间、退出价格、退出价款支付计划是有效且可执行的。

(2)对股权回购价格的态度

对于一直没有明文规定的股权回购价格评估问题,最高人民法院在“中国信达与太西集团公司收购股份纠纷上诉案”和“龙岩和鑫房地产开发有限公司、卢某光请求公司收购股份纠纷案”表达了支持以公司与股东之前的协议约定的价格作为收购价格。

对于事前没有约定股权回购价格的公司而言,可以参考2019年最高人民法院审结的“丹东国贸大厦有限责任公司、丹东意达房地产开发经营有限公司请求公司收购股份纠纷案”。在该案中,最高人民法院支持了辽宁省丹东市中级人民法院的意见,即以按照《中华人民共和国资产估价法》和《房地产估价规范》的规定,邀请估价师和估价机构凭借专业知识进行估价,估价师和估价机构不能与当事人具有利害关系。② 此案为我们提供了股东退出公司时,回购股权价格计算可以请专业的评估机构按照相关法律规则进行。

(3)对于“五年连续盈利且不分红”的态度

在2005年《公司法》修改中添加的,有限责任公司股东退出规则中一直备受批判

---

① 袁某晖与长江置业(湖南)发展有限公司请求公司收购股份纠纷案,最高人民法院(2014)民申字第2154号民事裁定书。本案为公报案例,载《最高人民法院公报》2016年第1期(总第231期)。

② 参见丹东国贸大厦有限责任公司、丹东意达房地产开发经营有限公司请求公司收购股份纠纷案,辽宁省丹东市中级人民法院(2019)辽06执异191号执行裁定书。

的“符合分红条件，五年连续盈利且不分红”的规定，从相关判决中可以看出最高人民法院严格遵守了该项法律规定。

以周某涛等与山东鸿源水产有限公司请求公司收购股份纠纷案为例，①2014 年 3 月 19 日，原告周某涛等 11 位股东向山东省威海市中级人民法院提起诉讼，请求其所投资的山东鸿源水产有限公司收购其手中的股权。原因是该公司自 2004 年起未召开股东会，同时未分配利润。原告以被告自 2009～2014 年连续 5 年盈利且不分配利润为由，请求判令被告以合理价格（320 万元）收购原告持有的股权。被告鸿源水产辩称原告没有证据表明公司连续 5 年盈利。经法院查明，该公司 2012 年、2013 年应交企业所得税额为 0，税务机关审核的企业所得税年度纳税申报材料记载被告经营处于亏损状态。该规定不符合《公司法》第 74 条连续 5 年盈利且不分红的规定，故驳回原告所请。

随后，一审原告周某涛等向山东省高级人民法院上诉，称本方所提供的证据是山东鸿源公司经审计后提交有关部门的报表中记载的数据，鸿源公司在这 5 年间每年盈利均超过 1 亿元，山东鸿源公司仅有税务局出具的记载“应缴企业所得税额为 0”的孤证。鸿源公司依然辩称 2012 年度、2013 年度纳税证明证实这两年公司严重亏损。山东省高级人民法院于 2016 年驳回了申请人的上诉，维持原判。

2017 年，最高人民法院受理了周某涛等 11 人的再审申请，称公司 2012 年、2013 年的年度报告所描述之亏损与其作为水产行业的龙头企业得到政府大力扶持，无论经营能力还是运营情况处于行业领先地位的相关证据相矛盾，可能存在年度报表作假，偷税漏税等情况。最高人民法院经查认为，再审申请人提供的证据不足以证明 2013 年度存在税后利润，所以驳回了周某涛等人的再审申请。

根据判决结果，此案中的山东鸿源公司虽然不符合连续 5 年盈利要求，但显而易见的是，公司确实存在连续多年盈利却不分红的情况。笔者不由反思，实践中，如果相对强大的公司和控制股东通过各种手段“故意”亏损一年，或者在 5 年中选取一年给付小股东一部分分红的话，以致不符合法律中的“五年”要件，这种操作是完全有可能的。符合分红条件、连续 5 年盈利且不分红，并且小股东需要承担证明责任的要求是否对欲退出的小股东过分严苛？

（三）国内对股东退出理论研究现状

通过对我国有限责任公司股东退出制度现有研究的讨论，可知我国学界对有限责任公司股东退出制度的研究现状可总结为以下 3 点。

第一，我国学界对有限责任公司股东退出制度的研究时间较短，并且近些年的研究

---

① 参见周某涛等诉山东鸿源水产有限公司公司收购股份纠纷案，山东省威海市中级人民法院（2014）威商初字第 11 号民事判决书；周某涛、辛某荣等与山东鸿源水产有限公司请求公司收购股份纠纷案，山东省高级人民法院（2016）鲁民终 791 号民事判决书；周某涛等诉山东鸿源水产有限公司收购股份纠纷案，最高人民法院（2017）最高法民申 2154 号民事裁定书。

热度在不断下降。其原因可能是因为这方面的立法不足，而最高人民法院出台的司法解释和审结案件在股东退出制度方面也没有太多的创新和突破。

第二，我国法学界对于有限责任公司股东退出制度的讨论缺少体系化。已发表的文章或仅作为中小股东保护的一个措施简单提及，或集中于讨论某一具体法条或某一项具体的制度，相对缺少将有限责任公司股东退出制度作为对象，综合相关制度专门进行讨论的文章。

第三，我国学者将研究焦点主要放在股东主动退出的法律制度上。[①] 如公司内外部的股权转让、股份回购请求权、公司司法解散诉讼等，对于股东被动退出公司的制度研究甚少。

五、对我国有限责任公司股东退出制度的建议

针对我国有限责任公司股东退出制度在立法和司法方面存在的问题，我们对我国有限责任公司股东退出法律制度立法方面试提出以下建议。

（一）完善我国有限责任公司股东主动退出制度

1. 对以股权转让方式退出公司的建议

鉴于前文所分析的我国股权转让方面存在未能有效限制公司章程禁止股权转让从而阻碍了股权流通的权利等问题，我们认为，有限责任公司的章程可以规定股权转让的限制条件，但该限制条件不能过于严苛乃至达到禁止流通的程度。

2005 年我国《公司法》修改的主题之一是实现“公司自治”，2005 年《公司法》从强制性法律一跃成为任意性法律，具体就体现在第 72 条第 4 款，但实践中并未厘清对“另有规定”的理解，一味地认为可以规定所有与股权转让相关的事项，甚至与立法理念相悖，是不可取的。[②]

2. 对以股份回购方式退出公司的建议

鉴于上文所分析的我国有限责任公司股份回购制度立法中存在的问题，提出以下建议。

（1）在实体方面作出改进

第一，丰富异议股东股份回购的原因事由，加入对股东权益产生重大影响的公司行为，例如，公司章程的重大修改，主要营业范围的修改等。鉴于单纯的列举不能覆盖所有对股东权益产生重大影响的情况，可以规定在不违反法律规定的情况下，公司章程或者股东与公司约定的对股东利益产生重大影响的股权回购事由对公司和股东产生效力，这一点在最高人民法院“中国信达与太西集团请求收购股份纠纷上诉案”的裁定书中已经有所体现。

第二，明确异议股东股权回购的价格评估方式。确定公平价格的方法是涉及合法

---

① 参见王东光：《股东退出法律制度研究》，北京大学出版社 2010 年版，第 6 页。

② 参见钱玉林：《公司章程对股权转让限制的效力》，载《法学》2012 年第 10 期。

退出权的关键因素,控制着股东对这些权利的利用和使用。① 虽然最高人民法院近几年在审结的案件②中对公司章程或公司与股东间协议约定的股权回购价格或价格评估方式采取支持的态度,以及支持地方法院③在面临公司没有事先约定股权回购价格,使用中立估价机构给出的评估价格的方式作为判决依据。但我国相关法律依旧缺乏对于有限责任公司股权回购价格的评估标准,无法可依的窘境必然引起评估标准混乱的局面。笔者认为,关于股权价格评估标准宜早日明确。

第三,放宽"连续五年不分配利润"的条件要求。正如本章对"周某涛等与山东鸿源公司案"讨论的那样,"连续五年盈利、符合分红条件且不分红"的构成要件确实过于严苛,已经有不止一位学者认为,我国应当放宽"连续五年不分配利润"的条件要求。刘俊海建议将连续5年盈利且不分红的规定修改为3年,或将"连续五年不分配利润"修订为"累计五年"不分配利润,通过降低对时间的要求来使该使异议股东回购请求权得以在实践中广泛应用。④ 也有学者建议将连续5年未分配利润改为占应分配利润比例要件。⑤ 在众多观点中,笔者比较认可放宽年限要求至连续3年,其他条件不变。之所以是3年,原因出于以下两方面。

一方面,根据研究,我国中小企业的平均寿命仅为2.5年,⑥前国家工商行政管理总局局长张茅也在答记者问时提出我国小微企业的平均生命周期仅为3年。⑦ 鉴于此,"连续五年"的规定显然忽视了大部分作为中小企业的有限责任公司及其股东的需求,该规定仅对少数能够存续5年的公司才具有一定意义。法律规则不能厚此薄彼,该款异议股东退出机制规则的时间要件显然不合适。

另一方面,时间过短会造成对公司发展利益的疏忽。其一,规定较长的连续盈利期间考虑了公司维持,使公司资本相对稳定,也利于维持市场秩序;其二,根据马克思主义经济学原理,经济组织的发展都要经历生产和再生产的过程,对一家新公司而言,公司

---

① See Raluca Papadima, Mihaela Gherghe, Radu Văleanu, *Shareholder Exit Signs on American and European Highways: Under Construction*, U. of Pennsylvania Journal of Business Law, Vol. 18:4, p. 1126 (2016).

② 参见最高人民法院2016年审结的中国信达资产管理股份有限公司与太西集团有限责任公司请求公司收购股份纠纷上诉案,案号:(2016)最高法民终34号;2017年审结的龙岩和鑫房地产开发有限公司、卢某光请求公司收购股份纠纷案,案号:(2018)最高法民申793号。

③ 如最高人民法院在"丹东国贸大厦有限责任公司、丹东意达房地产开发经营有限公司请求公司收购股份纠纷案"的裁定书[案号:(2019)最高法民申1837号]中支持了辽宁丹东市中级人民法院以估价机构的评估价格作为依据的判决[辽宁省丹东市中级人民法院执行裁定书,案号:(2019)辽06执异191号]。

④ 参见刘俊海:《新公司法的制度创新:立法争点与解释难点》,法律出版社2006年版,第219~224页。

⑤ 参见窦靖伟、李晓沛:《论封闭性股份有限公司股东股份会购请求权的保护:兼议〈公司法〉第一百四十三条第四款的完善》,载《南阳师范学报》2014年第1期。

⑥ 参见罗旭明:《我国中小企业发展的路径选择》,载《管理研究》2019年第2期。

⑦ 参见《工商总局局长:我国小微企业平均生命周期仅三年》,载央视网,http://news.cctv.com/2018/03/01/ARTIHfIdKuk11HFxvHqfZFk2180301.shtml。

的发展需要不断的原始积累和拓宽业务，如若新生公司股东持股时间过短，即拥有异议股东回购请求权非但不能避免大股东的“钻空子”行为，还为公司的发展壮大人为地设置了障碍。综合以上原因，笔者认为将“连续五年不分配利润且不分红”的时间要求改为3年更加合适。

此外，为避免实践中容易出现的控制股东或公司规避“盈利—分红”规则，可以规定，一旦有证据表明公司或大股东存在以少量分红等方式规避股份回购的行为，其他股东可以上诉至法院，法院可依诚实信用原则进行判决。

(2)在程序法方面作出改进

其一，让公司在异议股东股份回购机制运行中承担更多的责任，公司在作出股东会决议之前告知股东权利，在协商不成时，由公司向法院申请裁定等。

其二，遵守表决机制的规律，公司在作出股东会决议之前向股东征询是否将使用股份回购请求权的意见，或者在决议当场征询意见，若有股东表示将使用异议股东股份回购权利，其他股东再次对该事项进行表决，以保障其他股东对风险和负担的期待。

其三，对与公司就异议股东股份回购事宜协商未成的股东在法定期限内未起诉的后果作出明确规定，就上文中提出的两种后果假设，我们倾向于认为异议股东股份回购请求权归于消灭。

(二)构建我国有限责任公司股东被动退出制度

1. 构建我国股份强制注销制度

股份强制注销，是指未经被注销股东的同意，强制注销其持有的股份并给予相应补偿，公司部分股份归于消灭的制度，当股东持有的公司股份被全部注销，股东得以退出公司。① 股份强制注销是阻止“不受欢迎”的股东进入公司和强制“不受欢迎”的股东退出公司的有效途径，对于公司的发展和多数股东的利益而言，这一制度设计具有极强的效率价值，对于被排除的少数股东而言，被排除的同时可以得到合理的补偿，并可以摆脱公司僵局，也不乏有公平价值。虽然我国《公司法》在修改时已经开始注重丰富股东退出制度的设计(尤其在主动退出方面)，但目前尚未将这一极具价值的被动退出制度引入。

目前，《公司法》第71条对有限责任公司股权转让和第75条对股权继承的规定为有限责任公司股份强制注销留下了设定空间，股权转让和股权继承均规定了“公司章程另有规定的，从其规定”，据此股东们可以通过在公司章程中设定股份强制注销条款。② 例如，对股东较多公司的股权转让，可以规定当股东将其股份转让给其他股东，

---

① 参见戚枝淬：《股东强制性退出公司法律机制研究》，载《安徽工业大学学报(社会科学版)》2014年第2期。

② 参见孙宏涛：《保险公司股权强制退出与风险防范》，载《新理财》2019年第11期。

致该股东持股比例达到全部股份的30%以上,或者股东以高于评估机构50%的“特别高价”将其股份转让给股东之外的第三人,公司有权决定强制将其股份注销并给予合理补偿;在股权继承中,当有证据表明股东的继承人将长期定居国外时,公司有权决定在被继承人死亡时,强制注销被继承人的股份,并给予继承人合理补偿。

仅从股权转让和股权继承的规定来看,上述章程约定股权强制注销的设计似乎可行,但是受制于我国公司法实践中的严格资本维持原则要求,上述约定的股份强制注销的合法性可能会遭受质疑。在资本维持原则下,除《公司法》第74条规定的适用异议股东股份回购的几个事由外,其他行为或事实均不得导致公司回购自身股份。鉴于此,在我国构建有限责任公司股份强制注销制度可以从以下两方面入手。

第一,在不打破严格资本维持原则的基础上,将股份强制注销作为《公司法》第74条的公司回购异议股东股份的例外情形,此例外情形无须股东对股东会决议投反对票,有其自身的适用条件,如因个别股东的原因出现公司僵局。

第二,放宽严格资本维持原则的要求,规定公司可以在公司章程中规定股份强制注销条款。

值得注意的是,股份强制注销作为不经股东同意即可直接剥夺股东身份的措施,会导致被注销股份股东的权益被严重侵犯,所以必须对其规定严格的限制措施。一是在公司章程中设置股份强制注销条款需要征得全体股东的一致同意,否则即使使用高比例的多数决也总会有大股东利用其控股优势肆意侵犯小股东利益的隐忧。二是无论因为何种原因使用了股份强制注销条款导致股东被动退出公司,都要对相关股东进行公平合理的补偿,并规定若双方对补偿未达成协议可以上诉至人民法院。

2. 完善我国股东除名制度

我们在有限责任公司股东除名制度的实体法和程序法两方面提出以下建议。

首先,在实体法部分,丰富我国股东除名的适用范围和事由。一方面,在立法上以列举的方式将极大可能会导致损害公司经营管理效率或严重损害其他股东权益的行为规定在法条中,比如股东违反竞业禁止义务严重损害公司利益的、违反股东对其他股东的忠实义务致其他股东权益遭受重大损失并且还将持续造成较大损害的、侵害公司的财产情节严重的等情形。另一方面,《公司法》承认公司章程对股东除名的特别规定,既可以满足公司个性化自治的需求,还可以在市场发展迅速、侵害方式层出不穷的背景下,减轻公司法律落后于实践的窘境,只要这种章程规定的事由不偏离正义原则和公平原则即可。

其次,除名程序的合理设置有利于制度目的的实现,①我们需要完善程序方面的规定。第一,鉴于股东除名行为造成的后果是个别股东被剥夺股东身份,股东所拥有的所

① 参见段威:《有限责任公司股东退股适用要件之研究——我国公司法相关制度的检视与完善》,载《扬州大学学报(人文社会科学版)》2015年第1期。

有权利均依附于股东身份，剥夺股东身份是从根本上结束了被除名股东与公司的关系，①所以对于上文中提到的章程约定的股东除名条款，无论是在章程制定时约定还是在后续章程添加，都要以法律规定严格的全部股东一致通过程序，以防止为大股东设置侵害小股东利益的方便之门。第二，股东除名的决议一经作出即进入履行程序，何时认定股东资格的消失呢？因为工商登记的公示效力最具权威性，所以对于善意第三人而言，宜以工商登记的时间作为资格消失的时间。而对于公司股东或者知晓股东资格变动的第三人而言，股东名册是股东与公司之间具备法律关系的直接依据，股东名册作出变更即视为股东资格已告消失，所以宜以股东名册变动时间作为股东资格消失的时间点，此时知晓股东资格变动的第三人不能再以未变更工商登记作为抗辩理由。

六、小结

近年来我国经济体制改革获得了巨大成就，投资日益活跃，市场日益兴盛，这些都与社会主义市场法治建设密不可分。随着我国有限责任公司在这些年的爆发式增长，②公司股东之间出现矛盾进而导致公司僵局、股东压迫等问题，股东寻求救济的需求也在扩大，构建有限责任公司股东"进"得去、"出"得来的顺畅渠道是我国公司法制亟待解决的问题。2018 年新《公司法》虽然已经对主动退出路径有简单规定，然而其狭窄的范围和苛刻的条件导致实践中有限责任公司中小股东的权益得不到妥善保护。另外，被动退出制度的难觅踪影也使有限责任公司的运行效率面临挑战。司法实践中虽有对个别规则的改善，然而也难以从成文法层面扭转制度不完善窘境，有限责任公司股东退出法律制度亟待重建。

本章从有限责任公司退出制度的基本概念出发，按照股东意愿将各国法律中出现的退出路径分为主动和被动两部分，分析有限责任公司股东退出制度的原因源于股东困境的出现，即在公司内部和股东之间出现了公司僵局或股东压迫，当然股东自身原因也可能导致股东的退出行为。支持创建有限责任公司股东退出机制的理论依据包括公司契约理论、期待利益落空理论、权利衡平理论等，而这项制度本身也是公平和效率之间的博弈与妥协。不像国内大部分学者提出的这项制度主要是为中小股东利益服务的，我们认为该制度也颇具效率价值，公司的效率利益和大股东利益也同样重要，建议在构建制度时将各方利益并重，将公平原则和效率价值并重。

通过分析我国的具体立法可以得到结论，我国有限责任公司股东退出制度的规定简单且实用性欠佳，存在诸多问题。比如，一方面，在股权转让方面缺乏对有限责任公司股权流动性的保障，在异议股东回购制度上存在原因事由范围过窄、回购价格评估缺

---

① 参见杨信：《有限责任公司名义股东身份辨识》，载《新疆大学学报（哲学·人文社会科学版）》2016 年第 2 期。

② 根据我国国家统计局《2020 年中国统计年鉴》，截至 2020 年年底，我国"有限责任公司法人单位数"为 1,557,067 个，约为 2012 年（1,090,375 个）的 142%。参见《2020 年中国统计年鉴》，载国家统计局网，http://data.stats.gov.cn/easyquery.htm? cn = C01，最后访问时间：2022 年 5 月 10 日。

乏标准、程序规定简陋、司法实践中容易被规避等问题；另一方面，除发生滞纳、抽逃出资之外，有限责任公司也缺乏排除不受欢迎股东的手段。

针对以上这些问题，我们提出的修法建议总体上可以归纳为两部分。第一部分是拓宽有限责任公司股东退出的渠道。包括扩张异议股东回购请求权和股东除名的适用范围，将司法实践中已经认可的公司章程和协议可以约定退出在修法中有所体现，将异议股东回购请求权的“连续五年”要件修改为“连续三年”，构建我国股份强制注销制度等。第二部分是已有退出渠道的完善。包括收缩公司章程对股权转让的自由度，禁止流通条款归于无效，确定退出股权的回购价格评估标准，以及改善股权回购和股东除名的程序性规定，使制度运行能够公平且有效率。

总的来说，虽然分析和建议比较简单，但我们还是希望本研究和建议能够对我国有限责任公司股东退出制度的继续完善有所裨益。

第二章　有限责任公司股权转让限制规则研究*

引　言

股权转让具有降低资产交易成本、依法节税、促进财富流转的重要功能，也是股东退出公司的重要途径。① 股权频繁流转，股权转让纠纷居高不下，②有限公司股权转让制度的完善显得尤为重要。

有限责任公司兼具人合性和资合性的特点，股权转让的限制规则需要在保护公司人合性和促进股权自由流通之间寻求平衡。本章拟讨论的“股权转让”③限于有限责任公司股东与外部受让人意思表示一致、协议转让股权的情况，转让以股东的意思自治为基础，不包括股权作为夫妻共同财产被分割，遗产继承或法院强制执行等情况。

我国《公司法》第71条第2款、第3款设置了限制股权对外转让的股东同意规则和优先购买权双重限制。股权对外转让的过程中可能经历两次通知（通知股权转让事项、通知优先购买权行使的“同等条件”）、两次购买权的行使（不同意股权对外转让的异议股东应当购买股权、同意股权对外转让后其他股东可以行使优先购买权）。④ 第4款虽然规定公司章程可以就股权转让限制规则作出不同的规定，但这一做法在我国公司股权转让实务中并不流行，股东自行拟定的章程时常面临是否合法、有效的争议，并受到公司登记机关的制约。公司法作为“公司章程范本”，是规范公司设立与运作的标

---

* 本章撰稿人：石智媛。

① 参见刘俊海：《论有限责任公司股权转让合同的效力》，载《法学家》2007年第6期。

② 笔者使用“中国裁判文书网”检索，2010～2019年“股权转纠纷”案由下的裁判文书数量分别为51份、52份、267份、825份、4631份、5821份、16，032份、26，175份、36，655份、33，570份，近年来增长趋势迅猛。其中，最高人民法院2015～2019年审结的案件数量也基本呈逐年上涨的趋势。参见《股权转让纠纷大数据报告——最高人民法院案例分析》，载微信公众号“课勤课简案例法”2020年3月26日，https://mp.weixin.qq.com/s/U7mK1w9KDkHGD_nxQnlmEQ。北京市、上海市的数据也显示出股权转让纠纷的重要性。2011年至2014年，北京市各级法院共受理公司类案件5851件，其中股权转让纠纷案件为2138件，比例高达36.5%。参见张双根：《股权让与的意思主义构成》，载《中外法学》2019年第6期。2014年至2018年，上海市第二中级人民法院共审结股权转让纠纷案件339件。其中，2014年39件，2015年58件，2016年68件，2017年92件，2018年82件，整体呈快速增长趋势，且股权转让标的企业性质以有限责任公司为主。参见《上海市第二中级人民法院：《上海二中院发布系列审判白皮书》，载上海市高级人民网2019年9月12日，http://www.hshfy.sh.cn/shfy/gweb2017/xxnr.jsp? pa = aaWQ9MjAxNDA4MTEmeGg9MSZsbWRtPWxtMTcxz&zd = xwxx。

③ 中国法语境下，为与《公司法》保持一致，一般区分使用“股权”和“股份”，股权转让特指有限责任公司而非股份有限公司。在外国法语境下，为与各国法律保持一致，有时亦使用“有限责任公司‘股份’转让”的概念。

④ 参见王军：《实践重塑规则：有限公司股权转让限制规范检讨》，载《中国政法大学学报》2017年第6期。

准合同形式,[①]提供了未约定股份转让限制情形下的"公司章程漏洞填补"规则,通过对股权转让的合理限制可以实现法律对于有限责任公司人合性的默认保护。以 2016 年北大法宝数据库收录的审结案例为样本,统计表明涉及有限公司"章程另有规定"的 5 个法条的 133 个案例中,有 126 例中的公司章程遵循了公司法,偏离章程的 7 例中,涉及股权转让的只有 1 例。[②] 在此背景下,《公司法》第 71 条第 2 款、第 3 款及司法解释相关规定作为补充性规范发挥着至关重要的作用。

由于《公司法》重复的规则设置,现行的有限责任公司股权转让限制制度受到理论界和实务界的双重质疑。理论界认为其违背法理基础,逻辑上难以自洽。实务界则认为不合理的规则提高了交易成本,且由于股权转让具体操作的不规范,或公司章程的另行规定,股东同意规则往往被优先购买权规则吸收。《最高人民法院关于适用〈中华人民共和国公司法〉若干问题的规定(四)》(以下简称《公司法司法解释四》)的出台过程也经历了股东同意规则存废的反复:2016 年 4 月公布的征求意见稿试图实质上修改《公司法》第 71 条的规定,架空股东同意规则,仅保留优先购买权制度;[③]但是 2017 年 8 月正式公布的《公司法司法解释四》反其道而行之,不仅保留了股东同意规则,更细化、补充了这一程序的具体操作。在《公司法司法解释四》坚持同意规则和优先购买权规则双重限制的背景下,司法解释能否弥合法律规范性与可操作性的差距,真正解决《公司法》第 71 条适用过程中产生的问题,对于完善我国的有限责任公司股权转让限制制度,具有重要的研究意义。

有限责任公司股权转让规则限制的研究一直以来颇受国内学者的关注。截至 2020 年 3 月,围绕这一主题发表的期刊论文有百十余篇,其中发表在 CSSCI 期刊上的论文有三十余篇,亦有专著《有限责任公司股权转让限制制度研究》[④]出版。此外,部分公司法教材也对此做了颇具启发意义的讨论。[⑤] 对于有限责任股权转让限制的研究多立足于《公司法》第 71 条(2005 年《公司法》第 72 条、2004 年《公司法》第 35 条),研究重点集中在股权转让合同的效力、股权变动模式、公司章程对股权转让的限制等方面。

《公司法》第 71 条第 2 款和第 3 款规定了股权对外转让的程序。学界尤其关注未经法定限制程序即对外转让的股权合同效力如何。刘俊海认为,就股权转让合同的效力而言,《合同法》与《公司法》系特别法与一般法的关系,股权转让合同效力的认定应

---

① 参见罗培新:《抑制股权转让代理成本的法律构造》,载《中国社会科学》2013 年第 7 期。

② 参见周游:《从被动填空到主动选择:公司法功能的嬗变》,载《法学》2018 年第 2 期。

③ 参见"关于就《最高人民法院关于适用〈中华人民共和国公司法〉若干问题的规定(四)》(征求意见稿)向社会公开征求意见的公告",载最高人民法院网 2016 年 4 月 12 日,http://www.court.gov.cn/zixun-xiangqing-19342.html。

④ 参见陈彦晶:《有限责任公司股权转让限制制度研究》,法律出版社 2017 年版,第 4~89 页。

⑤ 参见王军:《中国公司法》,高等教育出版社 2017 年版,第 405~413 页。

坚持以成立生效主义为原则,批准(或登记)生效主义为例外的司法态度,允许合同当事人依意思自治原则,自行设置合同的生效条件和接触条件,并由此控制合同对双方当事人生效的时间。① 徐强胜则认为,《公司法》第 71 条的规定与股权转让本身是无涉的,其实质在于规范股东如何对外转让股权从而对公司和其他股东产生效力,即规范欲对外转让股权的股东与公司及其他股东之间的关系。② 换言之,直接相关的是股权变动问题。李建伟在比较债权形式主义和意思主义两种模式的基础上,提出应在意思主义模式的框架下嵌入公司受通知和认可程序,以平衡公司、出让人和受让人的利益。③

《公司法》第 71 条第 4 款允许公司章程对股权转让限制作出不同规定。就公司章程对股权转让的限制而言,王建文使用规范分析和比较分析的方法,对有限责任公司章程中离职退股条款、股权强制转让价格的确定条款等股权转让限制的司法适用和公司章程的自治边界进行研究。④ 类似地,宁金成对公司章程限制的股权转让效力进行研究,指出股权转让协议的效力不受公司章程规定的影响,公司章程对于股权转让限制的规定仅影响股权转让合同的履行,合同有效与否应只考虑合同当事人之间的意思形成过程和协议内容。⑤

在对有限责任公司股权转让限制的研究中,虽然研究的主题和切入点有所差异,但学者的讨论不同程度地触及对同意规则和优先购买权规则的评价,争论的焦点具体如下。

第一,同意规则。首先,同意规则是否有存在的必要。叶林、辛汀芷认为,股东并不享有独立于优先购买权之外的同意权,股东同意股权对外转让等同于放弃行使优先购买权,反之,股东不同意股权对外转让即主张行使优先购买权。⑥ 王子正认为,在股权转让实践中,未经其他股东过半数同意而使出资不能转让的情况不会发生,因而同意规则的设置没有实际意义。⑦ 叶金强认为应当删除关于同意权的规定而仅保留优先购买权的规定,建议法律在修改时申明股东享有转让全部或部分股权的自由,同时在优先购

① 参见刘俊海:《论有限责任公司股权转让合同的效力》,载《暨南学报(哲学社会科学版)》2012 年第 12 期。

② 参见徐强胜:《股权转让限制规定的效力——〈公司法〉第 71 条的功能分析》,载《环球法律评论》2015 年第 1 期。

③ 参见李建伟:《有限责任公司股权变动模式研究——以公司受通知与认可的程序构建为中心》,载《暨南学报(哲学社会科学版)》2012 年第 12 期。

④ 参见王建文:《有限责任公司股权转让限制的自治边界及司法适用》,载《社会科学家》2014 年第 1 期。

⑤ 参见宁金成:《有限责任公司设限股权转让效力研究》,载《暨南学报(哲学社会科学版)》2012 年第 12 期。

⑥ 参见叶林、辛汀芷:《关于股权优先购买权的案例评述——北京新奥特集团等诉华融公司股权转让合同纠纷案》,载王利明主编:《判解研究》,人民法院出版社 2006 年版,第 95 页。

⑦ 参见王子正:《有限责任公司出资转让若干法律问题探析》,载《当代法学》2002 年第 6 期。

买权规则下增加指定购买人购买股权的安排,允许指定购买人在同等条件下购买股权。[①] 其次,如果保留同意制度,应当如何完善并与优先购买权制度予以衔接。张其鉴认为,目前《公司法》第71条第2款关于不同意股权对外转让的异议股东“应当购买”股权的制度,实际上是一种优先购买权的安排,股权转让限制单一模式可以将优先购买权规则嵌入同意规则。[②]

第二,优先购买权规则。王军认为,为降低股东创设限制规则的协商成本并提高规则的透明度,出于尊重我国目前商事和审判实践习惯做法的考虑,我国《公司法》可以规定先买权单层架构,或者规定若干种限制措施供股东自主选择。[③] 葛伟军对此提出质疑,认为股东优先购买权可能成为其他股东为发现合适购买价格的一种定价机制,这种机制可能影响其维护有限责任公司人合性的功能,保留优先购买权作为股权转让限制规则的必要性存疑。[④]

已有文献的研究视角多停留在股权转让限制制度的微观层面,如公司章程对股权转让的限制,优先购买权的效力等,或关注与这一制度相关的股权转让合同的效力、股权变动模式等问题,而较少分析更为宏观的整体立法模式的选择。另外,2017年8月《公司法司法解释四》出台后,同意规则和优先购买权规则在一定程度上得到补充和完善,但司法解释实施的有效性有待进一步研究。

一、限制有限责任公司股权转让的理论基础和现实意义

对有限责任公司的股权转让设置公司法层面的限制,是包括中国在内的诸多国家和地区公司法的共同选择。这样的制度设计,一方面,依附坚实的理论基础,公司法理论为限制股权转让提供了有力支撑;另一方面,适应现实需要,平衡了有限责任公司人合性和股权自由流通之间的冲突。

(一)理论基础

1.公司契约理论的解释

“契约成本”的概念最早由罗纳德·科斯提出,后成为公司合同理论的奠基性见解。[⑤] 科斯认为,企业(公司)作为一种社会组织形式之所以存在,是因为其节约了包括

---

① 参见叶金强:《有限责任公司股权转让初探——兼论〈公司法〉第35条之修正》,载《河北法学》2005年第6期。

② 参见张其鉴:《我国股权转让限制模式的立法溯源与偏差校正——兼评〈公司法司法解释(四)〉第16~22条》,载《现代法学》2018年第4期。

③ 参见王军:《实践重塑规则:有限公司股权转让限制规范检讨》,载《中国政法大学学报》2017年第6期。

④ 参见葛伟军:《股东优先购买权的新近发展与规则解析:兼议〈公司法司法解释四〉》,载《中国政法大学学报》2018年第4期。

⑤ 参见罗培新:《公司法的合同解释》,北京大学出版社2005年版,第21页。

谈判、签约等费用在内的交易成本。[①] 在一定限度内，生产要素通过"契约"取得特定的报酬，并因此置于企业家的指挥之下。[②] 此处契约即公司的本质，"公司被视为是一系列合同连锁或一系列明示或默示的契约"。[③]

公司契约理论以经济学上的"代理理论"和"交易成本理论"为基础，将公司视为一系列契约的联结，契约的主体涵盖了股东、董事、雇员及外部供应商和顾客。[④] 股东协商一致达成的契约即公司。[⑤] 公司虽然有独立的财产、法人机关，但其本质是股东之间关于出资认缴和利润分配等意见统一的长期协议。[⑥] 从公司设立之时的发起人协议，到公司成立、存续至终止的公司章程，契约贯穿始终。股东选择成立并维持有限责任公司的形式，通常具有保持公司人合性和封闭性、保持公司治理权力平衡的合理预期。[⑦] 换言之，有限度地限制股权转让是由有限责任公司的性质决定的。因此，如果股东违反了公司章程的规定对外转让股权，应当对其他股东承担违约责任。

2. 组织交易的视角

平行于公司契约理论的视阈，亦有观点认为公司不仅仅是契约的联结，更是公司机构（股东、董事、管理者）的集合，股东通过公司权力机关表达个人层面的意思自治，董事、管理者通过公司决策机关和执行机关实现公司整体层面的意志，权利和义务关系呈现复杂化的趋势。由于股权兼具人身权和财产权双重性质，股东个人意志的自由，包括股权转让的自由仍须受到公司整体意志的限制。[⑧] 在市场交易中，公司作为交易主体有其特殊性，不同于契约交易，组织交易以团体法而非合同法为视角，要求尊重公司作为整体的意思自治，在契约交易的基础形态下进一步强调团体秩序。[⑨]

---

① 参见［美］罗纳德·H. 科斯：《企业、市场与法律》，盛洪、陈郁译，格致出版社、上海三联书店、上海人民出版社 2014 年版，第 32 ~ 33 页。

② 参见［美］罗纳德·H. 科斯：《企业、市场与法律》，盛洪、陈郁译，格致出版社、上海三联书店、上海人民出版社 2014 年版，第 32 页。

③ Jonathan R. Macey, *Corporate Governance: Promise Kept, Promise Broken*, Princeton University Press, 2008, p. 2. 转引自李诗鸿：《公司契约理论新发展及其缺陷的反思》，载《华东政法大学学报》2014 年第 5 期。

④ See Stephen M. Bainbridge, *UNOCAL at 20: Director Primacy in Corporate Takeovers*, Delaware Journal of Corporate Law, Vol. 31, p. 769 - 864 (2006). 转引自李诗鸿：《公司契约理论新发展及其缺陷的反思》，载《华东政法大学》2014 年第 5 期。

⑤ 就公司的性质而言，学界还存在其他学说，代表性的观点有：（1）法律拟制说，认为公司是法律拟制而来的实体；（2）法人实在说，认为公司是现实存在的实体，可以通过权力机构形成意思表示，独立从事商事活动。

⑥ 参见张民安：《公司契约理论研究》，载《现代法学》2003 年第 2 期。

⑦ 参见侯东德：《封闭公司股权转让限制的契约解释》，载《西南民族大学学报（人文科学版）》2009 年第 8 期。

⑧ 参见冯果、段丙华：《公司法中的契约自由——以股权处分抑制条款为视角》，载《中国社会科学》2017 年第 3 期。

⑨ 参见王文宇：《商法新思维——商事合同、商事组织与商事交易的视角》，载王保树主编：《中国商法年刊》（2013 年），法律出版社 2013 年版，第 81 ~ 82 页。

限制有限责任公司股权转让，是组织交易视角下为维护公司组织体的相对稳定，保障公司决策机制正常运行，实现成员之间的和谐相处，稳定公司存续和发展的必然要求。①

3. 共同法律行为理论的阐释

大陆法系民法学者类型化法律行为的传统由来已久，按照成立法律行为所需意思表示的数量和指向的不同，通说认为法律行为可分为：(1)单方法律行为，如抛弃动产；(2)双方法律行为，如双方当事人订立合同；(3)多方法律行为，如公司决议。② 共同法律行为脱胎于传统多方法律行为的定义，仅要求两个以上（含两个）内容一致的意思表示、指向同一方向即可成立共同法律行为。该理论认为，公司的本质是股东实施共同法律行为的产物。③

表 2 – 1　公司契约理论与共同法律行为理论的区别

	契约行为	共同法律行为
意思表示的主体	利益对立，身份对立	利益分享，身份相同
意思表示的数量	2 个	2 个及以上
意思表示的内容	一致	
意思表示的方向	相反	相同
意思表示的指向	不指向特定实体	往往指向特定实体
行为效果	约束双方行为人	约束所有行为人、相关当事人
法律责任	违约责任	法定责任、违约责任

表 2 – 1 对比了契约行为和共同法律行为的区别。区别于公司契约理论，共同法律行为理论强调股东身份的一致性、意思表示指向的目标性和行为效果的涉他性。其中，共同法律行为最根本的属性是意思表示指向的目标性，特定目标或实体不仅是各主体作出意思表示的共同关切，也是意思表示的最终承载者。④ 从法律效果上看，不履行共同法律行为将直接导致特定目标或实体利益遭受损害，其次才是其他共同行为人利益的直接或间接损害。

---

① 参见冯果、段丙华：《公司法中的契约自由——以股权处分抑制条款为视角》，载《中国社会科学》2017 年第 3 期。

② 参见梁慧星：《民法总论》，法律出版社 2007 年版，第 160 ~ 161 页。

③ 参见韩长印：《共同法律行为理论的初步构建——以公司设立为分析对象》，载《中国法学》2009 年第 3 期。

④ 参见韩长印：《共同法律行为理论的初步构建——以公司设立为分析对象》，载《中国法学》2009 年第 3 期。

在限制有限责任公司股权转让的制度设计上，尤其是同意程序效力和权利救济方面，共同法律行为理论较公司契约理论、组织交易理论提供了更有力、更完善的解释角度。

(二)现实意义

1.保护有限责任公司人合性

一般认为，有限责任公司具有人合性和封闭性的特点。基于商业实践的逻辑，有限责任公司的经营活动不仅依赖公司的资产规模，同时以股东个人信用为基础。换言之，人合性表现为一种无限责任承担机制。[①] 但是，由于股东有限责任的限制，在公司外部关系上，有限责任公司的人合性并十分不明确。相反，就有限责任公司内部而言，股东往往身兼数职，担任公司的管理职务，[②]公司与股东之间、股东与股东之间的信赖关系至关重要。

就公司与股东之间的关系而言，保护人合性往往通过采用非资本多数决的表决方式实现。目前，《公司法》对于有限责任公司增资、减资、合并、分立等制度多采用资本多数决的表决方式，显而易见地，在股东进入或退出公司的机制中，大股东居于绝对优势地位。股权转让作为公司股东更新的途径之一，经其他股东过半数同意被认为是维护公司人合性的重要方式。实践中，维护有限责任公司的人合性往往直接或者间接成为影响法院裁判的重要因素，甚至直接出现在判决文书的说理部分。[③]

就股东之间的关系而言，有限度地保护公司的人合性符合所有股东的利益。一方面，公司设立之初，股东之间往往熟悉彼此的品格和能力，具有一定的信任基础，新股东如果不具备同样稳固的信任基础将难以融入公司；在公司运行过程中，股东常常兼任公司董事、经理、监事或其他工作人员，新股东进入公司后可能需要较长的磨合期，甚至存在与其他股东产生冲突的风险，由此导致股东大会决策成本提高、公司经营管理效率降低等弊端。[④] 出于维护股东之间的信赖关系和稳定公司既有治理结构的考量需要限制对外转让股权。另一方面，如果原有的信任关系不复存在，公司日常经营管理陷入困境，所有股东的利益都将面临损失，人合性也要求顺畅的股东退出机制，[⑤]因此，限制股

---

① 参见王湘淳：《股权对外转让限制规则：阐释与再造——〈中华人民共和国公司法〉第七十一条之研究》，载《大连理工大学学报(社会科学版)》2018年第6期。

② 参见[美]弗兰克·伊斯特布鲁克、丹尼尔·费希尔：《公司法的经济结构》，张建伟、罗培新译，北京大学出版社2005年版，第58页。

③ 参见曹兴权、卢迎：《企业人合性的法律因应：被动尊重而非主动强化》，载《重庆大学学报(社会科学版)》；广东省广州市越秀区人民法院(2016)粤0104民初字1995号民事判决书；北京新奥特公司诉华融公司股权转让合同纠纷案，最高人民法院(2003)民二终字第143号民事判决书。

④ 参见虞政平：《中国公司法案例精读》，商务印书馆2016年版，第336～337页；郑云瑞：《公司法学》，北京大学出版社2016年版，第130页。转引自葛伟军：《股东优先购买权的新近发展与规则解析：兼议〈公司法司法解释四〉》，载《中国政法大学学报》2018年第4期。

⑤ 参见叶林、刘向林：《论我国公司法立法结构的变革》，载《政法论丛》2010年第3期。

权对外转让应有适当限度。

2. 促进股权自由流通

现代公司制度以有限责任原则和股权转让自由原则为基石。[①] 股权转让自由体现了股权作为产权的特性。[②] 是否转让股权、选择股权受让人、确定股权转让份额、议定股权转让价格等皆应落入股权转让自由的范畴。[③] 但实践中，有限责任公司股权转让缺少公开、活跃的市场，缺乏公众监督机制，股权价格欠透明化，不能即时、充分地反映出公司的治理水平。[④] 同时，由于信息不对称，在公司外部寻求股权受让人并不容易，外部投资者购买股权的意愿往往低于市场预期。这就要求股权转让的制度设计需要具有现实可操作性，克服有限责任公司股权市场交易的固有缺陷，为股权出让人提供顺畅的退出通道。因此，公司法的制度设计需要达到的目标是，在确保股权可转让性的前提下，股东通过让渡部分股权自由（通常是选择股权受让人的自由）实现其股权流通。

二、股权转让限制规则的运行障碍

按照现行股权转让限制规则的设计，[⑤]股权转让的“理想”合规路径如图 2－1 所示（其中，2013 年《公司法》的规定以实线框架显示；2017 年《公司法司法解释四》的规定以虚线框架显示）：

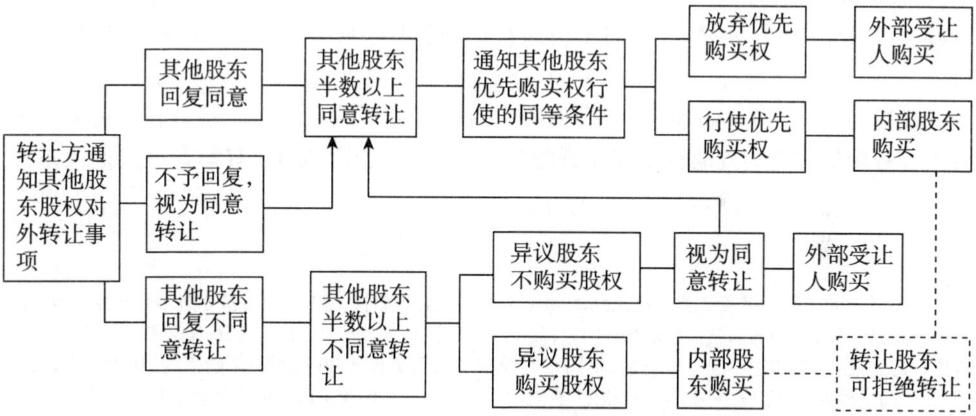

图 2－1　《公司法》《公司法司法解释四》股权对外转让流程

① 参见伍坚：《股东优先购买权制度之比较研究》，载顾功耘主编：《公司法律评论》（2004 年卷），上海人民出版社 2004 年版，第 36 页。转引自于莹：《股权转让自由与信赖保护的角力——以股东优先购买权中转让反悔股东为视角》，载《法制与社会发展》2020 年第 2 期。

② 罗纳德·科斯认为，经济高效的产权应当具有明确性、专有性、可转让性和可操作性。

③ 参见陈立斌主编：《股权转让纠纷》，法律出版社 2015 年版，第 111 页。

④ 参见罗培新：《抑制股权转让代理成本的法律构造》，载《中国社会科学》2013 年第 7 期。

⑤ 参见《公司法》第 71 条第 2～3 款，《公司法司法解释四》第 16～21 条。

（一）既有规则存在的问题

1.同意规则的不足

依据我国《公司法》及相关司法解释的规定，[①]出让人以外的其他股东过半数同意是股权对外转让前置程序。这一规则在先天设计上至少有以下几个方面的缺陷。

（1）股权转让通知内容不明确

同意规则的起点是出让股东应当在产生股权对外转让意向后，“通知”公司其他股东，但通知的时间、通知具体内容，公司法未予明确。从体系解释的角度理解，区别于通知其他股东优先购买权行使的同等条件，同意规则的通知在时间顺序上靠前。就通知的内容而言，体系解释无法得出明确的结论。有观点认为，通知只是作对外股权转让的内部宣告，甚至在具体的股权转让意向达成前，只需要告知其他股东已有对外转让股权的意图。[②] 亦有观点认为，转让通知的内容应当涵盖对外转让股权合同的主要内容，包括拟受让的对象、拟出让的股权种类的数量、出让价格、付款期限及方式等。[③] 2016年《公司法司法解释四》（征求意见稿）亦据此作出了明确通知内容的尝试。[④]

（2）“过半数通过”效力不明

同意规则设计的目标应当实现维护有限责任公司人合性和产权自由流通之间的平衡，目前公司法的规定显然达不到这一目标。其他股东过半数同意并不能实质上决定股权可以对外转让。理论上说，过半数同意意味着其他股东表示愿意接纳外部第三人以股东身份加入公司，已经为保护公司人合性和股权自由流通之间的平衡作出尝试，但同意或视为同意只是中间环节，对其他股东而言并非终局性的结果，股权依然可能因为后续过程中优先购买权的行使仅在原股东之间流转。正因如此，有学者将其他股东过

---

① 《公司法》第71条第2款规定，股东向股东以外的人转让股权，应当经其他股东过半数同意。股东应就其股权转让事项书面通知其他股东征求同意，其他股东自接到书面通知之日起满30日未答复的，视为同意转让。其他股东半数以上不同意转让的，不同意的股东应当购买该转让的股权；不购买的，视为同意转让。《公司法司法解释四》第17条第1～2款规定，有限责任公司的股东向股东以外的人转让股权，应就其股权转让事项以书面或者其他能够确认收悉的合理方式通知其他股东征求同意。其他股东半数以上不同意转让，不同意的股东不购买的，人民法院应当认定视为同意转让。经股东同意转让的股权，其他股东主张转让股东应当向其以书面或者其他能够确认收悉的合理方式通知转让股权的同等条件的，人民法院应当予以支持。《公司法司法解释四》第18条规定，人民法院在判断是否符合公司法第71条第3款及本规定所称的“同等条件”时，应当考虑转让股权的数量、价格、支付方式及期限等因素。

② 参见杜万华主编：《最高人民法院公司法司法解释（四）》，人民法院出版社2017年版，第375～377页。

③ 参见段威：《有限责任公司股权转让时“其他股东同意权”制度研究》，载《法律科学（西北政法大学学报）》2013年第3期。

④ 2016年《公司法司法解释四》（征求意见稿）第25条规定，有限责任公司的股东向股东以外的人转让股权，书面通知其他股东，通知中已经包括受让人的姓名或名称、转让股权的类型、数量、价格、履行期限及方式等股权转让合同主要内容的，其他股东在收到通知后，应当在公司章程规定的行使期间内主张优先购买。

半数同意的规则称为其他股东的“弱同意权”。[①]

(3)异议股东购买环节的缺位

不同意对外转让股权的股东(以下简称异议股东)应当按照《公司法》第71条第2款的规定购买拟转让股权,但是实践中这一环节缺少具有可操作性的规定。首先,关于转让股东是否必须转让股权。异议股东为维持反对对外转让意见的成立,应当购买股权。然而,《公司法》及相关司法解释无法要求转让股东必须转让股权,异议股东购买股权的义务缺少对应的配套规则。[②] 其次,关于转让股权的价格应当如何确定。已有判例否定了按照评估价格确定异议股东购买价格的主张。[③] 更为棘手的是,异议股东购买股权的价格与优先购买权中行使的同等条件在审判实务中没有得到很好的区分,[④]法院将股东主张按照评估价格而非同等条件购买转让股权的主张认定为放弃行使优先购买权。[⑤] 退一步说,即使是在异议股东表示同意按照优先购买权行使的同等条件购买股权的情况下,法院将异议股东购买股权的行为定性为优先购买权的行使亦值得商榷。[⑥] 再次,如果主张购买股权的异议股东的人数超过两人,拟转让股权的分配方式亦不明确。最后,如果应当购买股权同时理解为异议股东的权利,在转让股东越过同意规则对外转让股权的情况下,异议股东的购买权亦无救济途径。

(4)其他股东救济途径的缺失

未经其他股东过半数同意对外转让股权,其他股东无法寻求与损害“同意权”相对应的救济途径。一方面,对外转让股权未征求其他股东意见的,其他股东仅能依据《公司法司法解释四》第21条在一定期限内主张行使优先购买权或基于优先购买权遭损害主张损害赔偿,而不能就未得到表决同意与否的机会本身获得损害赔偿。另一方面,如果对外转让股权变更登记逾一年,转让股东、外部股权受让人跳过同意规则无须再承担任何责任。“无救济则无权利”,在此意义上,同意规则(见图2-2)甚至很难被认为赋予了其他股东任何权利。

---

① 参见杜军:《公司法第七十二条蕴含的商业逻辑及其展开》,载《人民司法》2013年第11期。

② 参见张其鉴:《我国股权转让限制模式的立法溯源与偏差校正——兼评〈公司法司法解释(四)〉第16~22条》,载《现代法学》2018年第4期。

③ 参见王某女、李某村、胡某飞、泾县国华方解石开发有限公司股东资格确认纠纷案,最高人民法院(2016)民申第3118号裁定书。

④ 参见伍坚:《有限公司股权对外转让制度研究》,载《法学杂志》2019年第10期。

⑤ 参见王某女、李某村、胡某飞、泾县国华方解石开发有限公司股东资格确认纠纷案,最高人民法院(2016)民申第3118号裁定书。

⑥ 参见马某玉与郭某胜、广东富广联兴经济发展有限公司等确认合同无效纠纷案,最高人民法院(2015)民申第1593号裁定书。

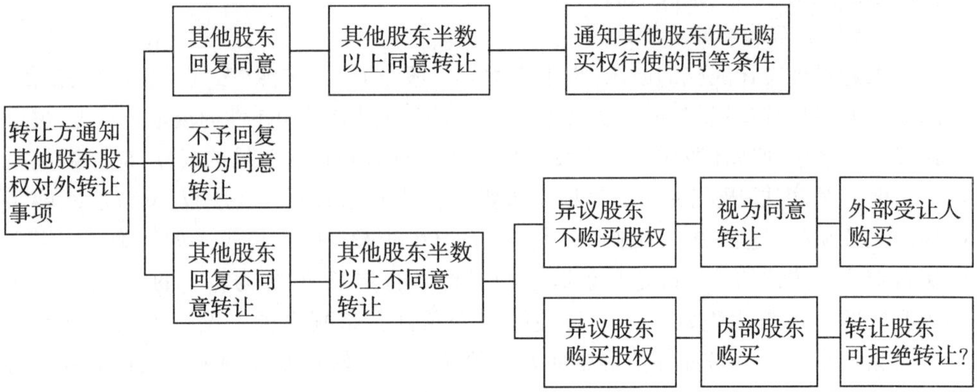

图 2－2 同意规则

2. 优先购买权规则的不足

(1)同等条件的判断标准不明确

尽管《公司法司法解释四》已经明确优先购买权行使的同等条件应考察拟购买股权数量、价格、支付方式及期限等因素。① 除此之外，同等条件也可作更广义的理解，有法院将其表述为“与公司股权相关的合理条件”，②如提供支付股权转让价款的担保、对公司人员安置的允诺等涉及股权转让交易事项和公司经营管理事项的安排。③ 这是一个相当宽泛的认定，基本可以囊括对外股权转让协议的绝大部分内容。在司法实践中，法官更多的是以公平原则为基础，平衡股权转让股东、其他股东和第三人利益，行使自由裁量权。

满足同等条件的首要因素是同等价格。然而，转让股东与外部受让人可以通过虚增交易价格等方式阻却优先购买权的行使。④ 此时，其他股东或放弃优先购买权，公司的人合性受到冲击，或以虚高的价格行使优先购买权，显然已经违背了立法初衷。一方面，如果严格执行同等条件的转让限制，不仅会使股权交易易于落空，还可能落入恶意串通导致其他股东利益受损的窠臼。另一方面，机械地将价格优先奉为圭臬将淡化股权交易背景条件。一般来说，有限责任公司转让股权不仅仅是为了获取利益，还有可能是为了获取受让人的其他资源而降低股权转让价格作为对价，在这种情况下其他股东行使优先购买权无疑会使受让人丧失该权利的取得。

① 参见《公司法司法解释四》第 18 条。

② 参见涂某诉亿企赢网络科技有限公司、宋某等股权转让纠纷案，上海市浦东新区人民法院(2018)沪 0115 民初 12817 号民事判决书。

③ 参见罗培新:《抑制股权转让代理成本的法律构造》，载《中国社会科学》2013 年第 7 期。

④ 参见陈立斌主编:《股权转让纠纷》(第 3 版)，法律出版社 2015 年版，第 112 ~ 125 页。

(2)转让股东的反悔权

依据《公司法司法解释四》之规定,[①]即使其他股东主张行使优先购买权,转让股东依然可以拒绝转让,学界称为"转让股东的反悔权"。[②] 就反悔权的性质而言,有学者将其定性为赋予转让股东一方的法定合同解除权,当其他股东行使优先购买权时,合同解除的法定条件成就,转让股东可以就此拒绝转让股权,[③]但可能因此对其他股东承担损害赔偿责任。[④]

反悔权的行使对股权转让的交易安全和价值取向造成了冲击。就拟行使优先购买权的股东而言,为满足"同等条件"的各项要求,股东势必要在相对紧张的时间内作出包括但不限于资金筹措等方面的相应安排,由此所支出相应费用和成本,[⑤]其收益却在很大程度上取决于转让股东是否行使优先购买权,从而凭空创设了"出让股东与受让股东之间的代理成本",不利于维护交易安全。[⑥] 就转让股东而言,反悔权相对于"同等条件"更进一步,以类似价格拍卖机制的形式最大限度地保护转让股东的利益。值得注意的是,优先购买权的立法设计呈现优先考虑其他股东的考量,转让股东的反悔权无疑破坏了这种利益顺序的安排。[⑦]

(3)定价功能驱逐人合性保护功能

优先购买权通常被理解为是公司法为维护有限责任公司人合性而赋予其他股东的权利。现实交易中,优先购买权作为一种定价机制可能发挥了更明显的作用,成为其他股东探知股权转让价格与其心理价格差异的工具。[⑧] 股东优先购买权的行使以其他股东累计过半数同意为前置程序,但优先购买权行使的主体却包括其他所有股东,不以在

---

① 《公司法司法解释四》第20条规定:有限责任公司的转让股东,在其他股东主张优先购买后又不同意转让股权的,对其他股东优先购买的主张,人民法院不予支持,但公司章程另有规定或者全体股东另有约定的除外。其他股东主张转让股东赔偿其损失合理的,人民法院应当予以支持。

② 参见于莹:《股权转让自由与信赖保护的角力——以股东优先购买权中转让反悔股东为视角》,载《法制与社会发展》2020年第2期;冯果、段丙华:《公司法中的契约自由——以股权处分抑制条款为视角》,载《中国社会科学》2017年第3期。

③ 参见冯果、段丙华:《公司法中的契约自由——以股权处分抑制条款为视角》,载《中国社会科学》2017年第3期。

④ 《公司法司法解释四》第21条第2款规定,前款规定(有限责任公司的股东向股东以外的人转让股权,未就其股权转让事项征求其他股东意见,或者以欺诈、恶意串通等手段,损害其他股东优先购买权的)的其他股东仅提出确认股权转让合同及股权变动效力等请求,未同时主张按照同等条件购买转让股权的,人民法院不予支持,但其他股东非因自身原因导致无法行使优先购买权,请求损害赔偿的除外。

⑤ 参见于莹:《股权转让自由与信赖保护的角力——以股东优先购买权中转让反悔股东为视角》,载《法制与社会发展》2020年第2期。

⑥ 参见罗培新:《抑制股权转让代理成本的法律构造》,载《中国社会科学》2013年第7期。

⑦ 参见胡晓静:《论股东优先购买权的效力》,载《环球法律评论》2015年第4期;赵旭东:《股东优先购买权的性质和效力》,载《当代法学》2013年第5期。

⑧ 参见葛伟军:《股东优先购买权的新近发展与规则解析:兼议〈公司法司法解释四〉》,载《中国政法大学学报》2018年第4期。

同意程序中投反对票为条件。在此机制内,转让股东、其他股东和外部第三人多方参与博弈,①削弱了人合性的保护机制,降低了股权自由转让的效率(见图2-3)。

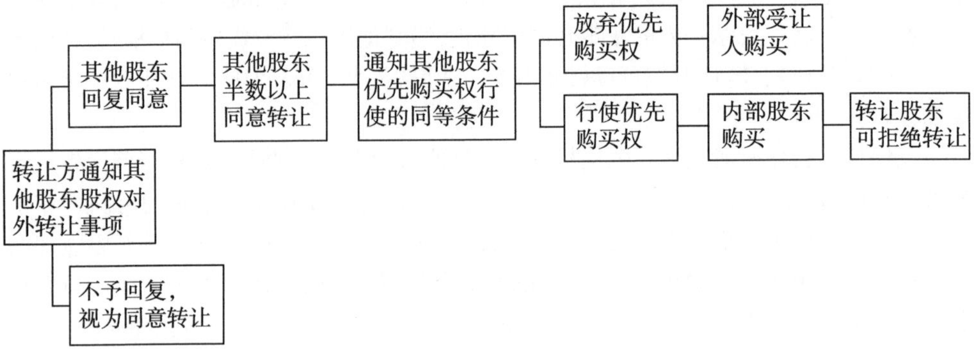

图2-3 优先购买权规则

3. 股东同意规则与优先购买规则的重叠

2017年《公司法司法解释四》作出的诸多明确和完善股权转让限制规则的努力属于细节性的补充,2013年《公司法》原定的股权对外转让限制框架得以维持。由于股东同意规则和优先购买权规则的衔接不当,整体制度设计依然呈现以下内在矛盾和冲突。

(1)异议股东倾向于同意股权转让,同意规则流于形式

其他股东得知股权对外转让事项后,应当就是否同意股权对外转让作出回复。就异议股东而言,异议成立与否因其他股东的意见有所不同:第一,如果其他股东同意人数过半,则异议股东可以依据《公司法》第71条第2款之规定主张优先购买权;第二,如果异议股东人数过半,则异议股东应当依据《公司法》第71条第3款购买转让股权,否则将被视为同意股权对外转让。由此产生的问题是,尽管不同意对外股权转让,但股东倾向于在同意规则中表示同意,以降低表示反对意见的成本。同意规则丧失原本应当发挥的作用,流于形式。

(2)行使优先购买权不以同意规则为前置条件,背离法律规定

从文义解释的角度理解《公司法》第71条第3款之规定,②优先购买权的对象是"经股东同意转让的股权"。换言之,其他股东过半数同意规则适用在先,优先购买权

① 参见蒋大兴:《股东优先购买权行使中被忽略的价格形成机制》,载《法学》2012年第6期。

② 《公司法》第71条第3款规定,经股东同意转让的股权,在同等条件下,其他股东有优先购买权。两个以上股东主张行使优先购买权的,协商确定各自的购买比例;协商不成的,按照转让时各自的出资比例行使优先购买权。

规则适用居后。[①] 同样地,《公司法司法解释四》的起草思路也从侧面肯定了优先购买权的适用以其他股东过半数同意股权转让为先决条件。[②] 然而,股权转让的实践操作往往反其道而行之,同意规则不仅没有成为前置规则,甚至被优先购买权规则吸收。[③]

首先,同意规则中的股权转让事项通知往往被省略。按照《公司法》和《公司法司法解释四》的立法和司法构想,股权转让事项通知和优先购买权行使同等条件的通知发挥着不同的功能,因此有重复的必要。前者为征询其他股东是否同意股权对外转让做准备,后者为其他股东考虑是否行使优先购买权做参考。一方面,其他股东过半数同意规则的效力不明,转让股东缺少依照《公司法》规定履行通知义务的动力,其他股东对参与同意程序亦缺乏热情,对通知与否并不在意。另一方面,虽然同意规则中股权转让事项的具体内容仍有争议,[④]但至少可以得出的结论是,“同等条件”通知内容的丰富和详细程度明显高于“股权转让事项”,甚至可以完全覆盖后者。因此,转让股东和其他股东关注的重点都是同等条件的通知,股权转让事项的通知被省略虽然与法律和司法解释不符,却在情理之中。

其次,过半数同意的表决程序亦被跳过。从立法目的上理解,优先购买权的设计以维护有限责任公司人合性为优先考量,赋予除转让股东以外的其他股东优先于外部投资者购买股权的权利。类似地,同意程序的实现机制也是如此。然而,两种机制的运用并没有产生“1 +1 >2”的效果,反而减损了有限责任公司人合性与股权自由流通之间的平衡功能。看似周密、流畅的制度安排背后,实则存在异议股东购买制度和其他股东优先购买权制度重叠的问题。对于拟购买股权的股东而言,获得股权的途径有二,或行使优先购买权,或作为异议股东购买股权。《公司法》及《公司法司法解释四》对前者的规定相对完备,对后者的规定则相对缺失,其解决思路是将股权对外转让限制问题转化为股权对内自由转让,事实上只能交由股东之间协议安排。因此,股东倾向于选择行使优先购买权。虽然《公司法》明文规定优先购买权的对象是“经股东同意转让”的股权,但视为同意推定(异议股东不购买股权的,视为同意转让)的存在使得经由同意程序满足这一要件非常容易。在某种意义上,可以认为股权转让的事实即优先购买权行使的触点。[⑤] 从股权转让实践来看,律师倾向于在股权转让操作中简化复杂的法律设计,直

---

① 参见朱建军:《我国有限责任公司股份转让法定规则的立法技术分析》,载《政治与法律》2014 年第 7 期。

② 参见杜万华主编,最高人民法院民事审判第二庭编著:《最高人民法院公司法司法解释(四)理解与适用》,人民法院出版社 2017 年版,第 374 ~376 页。

③ 参见王军:《实践重塑规则:有限公司股权转让限制规范检讨》,载《中国政法大学学报》2017 年第 6 期。

④ 参见胡晓静:《再析有限公司股权对外转让中的优先购买权》,载《求是学刊》2019 年第 5 期。

⑤ 参见胡晓静:《再析有限公司股权对外转让中的优先购买权》,载《求是学刊》2019 年第 5 期。

接适用优先购买权规则,相应做法亦得到了包括最高人民法院在内的法院认可。①

(二)股权对外转让的现实障碍

对于股权转让方而言,实践中转让股权的一般出于两种需要:其一,股东融资需求,核心利益诉求是尽快获得尽可能高的股权转让价款。其二,公司经营发展需要,一般有明确的股权受让人,可能通过股权置换等方式优化资本结构。第二种情况往往能够在公司内部达成共识,股权对外转让过程中股东表示同意且不行使优先购买权。股权转让限制主要针对上述第一种情形。

1. 违反商业逻辑

以股权转让限制规则的起点,股权转让事项通知为例。其一,股权转让通知可能成为转让股东试探其他股东的工具。由于股权转让通知的内容缺少法律明确规定,通知的内容信息过多一则可能与优先购买权同等条件的内容重复,二则内容过少使得其他股东无法就是否同意股权转让作出决定。② 其二,为实现股权转让的利益最大化,转让股东一般倾向于将同意规则的结果作为对外转让合同的生效条件或解除条件,或对外先签订包含价格条件在内的意向性协议后再通知其他股东。③ 由此,转让股东和外部受让人的利益得到合同法保护。同意规则和优先购买权规则侧重于维护公司其他股东的利益。现行股权对外转让限制规则框架内,其他股东介入股权对外转让的时间越早,获得的议价空间越充分,这也是"弱同意权"设置的立法考量。④ 然而,转让股东在同意规则的运行下已对潜在的报价有了大致的预期,而这种非对称的谈判几乎排除了其他股东的议价的权利。⑤

2. 徒增交易成本

在整个股权转让的过程中,转让方和受让方均需为达成交易支付费用,包括但不限于搜寻成本、信息成本、谈判成本、决策成本、履约成本、救济成本等。⑥ 对于股权转让方而言,对外转让股权的过程中需要支付搜寻成本、谈判成本。实践中,其他股东明确表示反对对外转让股权、同意对外转让但主张行使优先购买权,却迟迟不与转让方签订书面股权转让协议,将大大损害出让方的期限利益。⑦ 另外,赋予转让股东反悔权,使

---

① 参见王军:《实践重塑规则:有限公司股权转让限制规范检讨》,载《中国政法大学学报》2017 年第 6 期。

② 参见张其鉴:《我国股权转让限制模式的立法溯源与偏差校正——兼评〈公司法司法解释(四)〉第 16 ~ 22 条》,载《现代法学》2018 年第 4 期。

③ 参见闫拥军:《有限责任公司股权转让的基本步骤》,载《投资北京》2011 年第 8 期。

④ 参见杜军:《公司法第七十二条蕴含的商业逻辑及其展开》,载《人民司法》2013 年第 11 期。

⑤ 参见杜军:《公司法第七十二条蕴含的商业逻辑及其展开》,载《人民司法》2013 年第 11 期。

⑥ 参见袁锦秀、段方群:《股权优先购买权研究:交易成本视角》,载《时代法学》2005 年第 3 期。

⑦ 参见奚庆、李雪:《有限责任公司股权外部收购中股东优先购买权的突破》,载中华全国律师协会公司法专业委员会编著:《律师公司法业务前沿问题与案例评析 2 〈公司法解释(四)〉的理解与适用》,北京大学出版社 2018 年版,第 193 ~ 202 页。

得其他股东优先购买权的实现取决于出让股东是否“反悔”，从而凭空创设了“转让股东与受让股东之间的代理成本”。[①] 对于外部股权受让方而言，为达成股权转让协议，确定股权转让的交易方式、股权价格、支付方式、交割时间、付款期限等具体的交易条件，通常需要聘请第三方中介机构进行尽职调查，投入信息成本；然而，一旦其他股东主张行使优先购买权，上述成本只能由股权受让方自行承担。[②] 对于公司其他股东而言，重叠的规则设置明显提高了交易成本，优先购买权规则实质上包含征询股东意见的过程，同意规则中也纳入了异议股东购买股权的设计，股权转让流程中需要几次作出意思表示，对于法人股东而言议事成本的增加相当明显。[③]

3. 降低交易效率

股权对外转让的流程因为公司法的设计更加拖沓烦琐，漠视了商事交易的效率要求。在转让股东通知其他股东股权转让时，如果过半数股东同意股权转让，那么转让流程进入股东优先购买权环节；如果过半数股东不同意股权转让，持否定意见股东就要购买该股权，而同意股东则没有该环节。由此带来的问题是，一旦股东否决了该项转让，持否定意见的股东将会比同意股东多出一个购买机会，在这样的逻辑驱动下，否定意见往往比深思熟虑更加理性，因为潜在的购买机会比起股东更换后带来的不确定性更符合现实考量。但对于转让股东而言，程序的复杂性成为其退出公司的重重阻碍，从通知转让事项到征询其他股东意见，再到异议股东购买，最后等待其他股东行使优先购买权，烦琐的转让程序明显与现代公司法的立法精神背道而驰。[④]

4. 背离法理基础

股权转让的双重限制规则的设置不符合法理基础。首先，股权受让方对转让的期待利益极易被原本已经通过股东同意后的优先购买权拦截，这有悖于诚实信用原则。其次，由于同意规则的结果并不能影响优先购买权的实现，那么第一个规则下股东的同意与否的意思表示成为整个股权流转过程中无关紧要的一环，程序的空转也无疑阻碍了这一过程的顺畅进行。最后，在股东信息不对称的情况下，同意规则运行呈现“劣币驱逐良币”的特点，使得反对票成为没有坚定方向的股东的最好选择。[⑤]

三、股权转让限制规则的域外考察与立法模式分析

总体而言，各国或各地区对于股权对外转让的限制采取不同的立法模式。依据限

---

① 参见罗培新：《抑制股权转让代理成本的法律构造》，载《中国社会科学》2013 年第 7 期。

② 参见奚庆、李雪：《有限责任公司股权外部收购中股东优先购买权的突破》，载中华全国律师协会公司法专业委员会编著：《律师公司法业务前沿问题与案例评析 2　〈公司法解释（四）〉的理解与适用》，北京大学出版社 2018 年版，第 193 ~ 202 页。

③ 参见张其鉴：《我国股权转让限制模式的立法溯源与偏差校正——兼评〈公司法司法解释（四）〉第 16 ~ 22 条》，载《现代法学》2018 年第 4 期。

④ 参见伍坚：《有限公司股权对外转让制度研究》，载《法学杂志》2019 年第 10 期。

⑤ 参见张其鉴：《我国股权转让限制模式的立法溯源与偏差校正——兼评〈公司法司法解释（四）〉第 16 ~ 22 条》，载《现代法学》2018 年第 4 期。

制强度的强弱,可分为依次强制性规则、缺省性规则和赋权性规则。[①] 强制性规则的适用不得由公司章程变更或排除,体现了较强的立法干预,并且为公司章程的司法审查留下空间;缺省性规则在公司章程缺少或省略相关规定的情形下适用;赋权性规则在更大程度上尊重公司自治,充分赋予公司章程设计或选择股权对外转让是否受到额外限制、受到何种程度限制的权力。本部分还将关注各国或各地区对于同意规则或优先购买权规则的具体设计。如果说立法模式的选择性质搭起了股权对外转让限制制度的"骨架",那么同意规则或优先购买权规则的具体设计则填充了股权对外转让限制制度的"血肉"。

(一)大陆法系股权转让限制规则立法模式分析

为维护有限责任公司的人合性,同时满足股份流动性的要求,2004 年法国《商法典》、2005 年日本《公司法》设置了股权对外转让的同意规则,股东或公司的同意成为股权对外转让的前置条件。

1. 法国:强制性同意规则

在法国,股份转让限制被认为是私人有限责任公司(Société à responsabilité limitée)股份和公众公司股份之间最主要的区别,也是有限责任公司维护股东互信的重要体现。[②] 2004 年,法国《商法典》就有限责任公司股权转让限制作出修订,股份对外转让必须经持有公司半数以上股份的股东多数同意。[③] 此处"同意规则"体现出对同意股东人数和持股比例的双重要求:不仅需要过半数股东同意,亦要求同意股东持股比例超过公司股本的一半。[④] 上述规定属于强制性规定,公司章程只能作出更为严格的限制转让规定(见图 2-4)。

---

① See Melvin A. Eisenberg, *The Structure of Corporation Law*, Columbia Law Review, Vol. 89, p. 1461 (1989).

② 参见[挪威]马德斯·安登斯、[英]弗兰克·伍尔德里奇:《欧洲比较公司法》,汪丽丽、汪晨、胡曦彦译,法律出版社 2014 年版,第 98 ~ 99 页。

③ 参见法国《商法典》第 L233 - 14 条第 1 款。法国《商法典》,罗结珍译,北京大学出版社 2015 年版,第 218 页。

④ 参见[挪威]马德斯·安登斯、[英]弗兰克·伍尔德里奇:《欧洲比较公司法》,汪丽丽、汪晨、胡曦彦译,法律出版社 2014 年版,第 99 页。

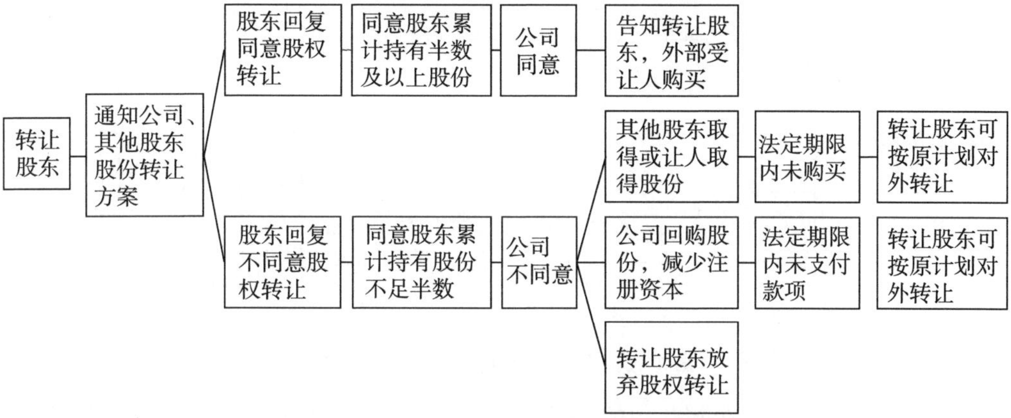

图2－4　法国私人有限公司股权转让限制规则

依据法国《商法典》第L223－14条之规定，股权转让的流程如下：(1)股东应当将股份转让方案通知公司和其他股东，由其他股东作出是否同意股份对外转让的意思表示。(2)如果同意股东人数过半数，且同意股东累计持股比例超过公司股本的一半，股份可以对外转让；反之，如果不满足同意规则的双重要求，股份不得对外转让。(3)就未满足同意规则要求的拟转让股份，其他股东可以在法定期限内(一般为3个月，若经理人向法院提出申请，可能延长为6个月)，按照法国《民法典》第1843－4条关于公司权利价值确定的规则购买或让人取得相应股份，[①]或经转让股东同意由公司购买股份并减少注册资本。(4)如果上述措施在法定期间届满时均未实施，则转让股东可以完成最初被拒绝的转让行为。转让在商事登记处登记备案后可以对抗第三方。[②] 法国严格的股权转让限制模式，对瑞士、比利时等大陆法系国家产生了深远影响，卢森堡也采取了相似的立法模式。

---

① 法国《民法典》第1843－4条规定："在规定股东转让其公司权利或由公司买回此种权利的情况下，此种权利的价值，如有争议，由当事人双方指定的鉴定人确定，当事人之间对鉴定人的指定不能达成协议的，由法庭庭长以紧急审理的裁决指定鉴定人。对此种裁决不得上诉。"

② 参见法国《商法典》第L221－14、L223－17条。

2. 日本:缺省性同意规则(见图2-5)

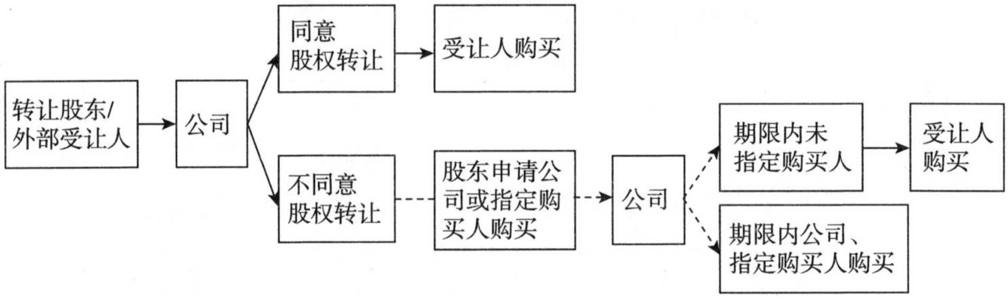

图2-5 日本受限股份转让限制规则

2005年以前,日本公司法中的"有限责任公司"称"有限公司"。限制有限公司股权转让的规定原见于1938年日本《有限公司法》。[①] 2005年,日本《有限公司法》被废止,新的日本《公司法》整合了公司法定类型,"股份转让受限的股份公司"即原"有限公司"。[②]

依据2005年日本《公司法》第136~145条之规定,股份转让须经同意程序。在章程没有另行规定的情况下,[③]股份转让的大致流程如下:(1)转让股东与外部受让人就股份转让事项达成一致,鉴于日本采用意思主义的股权变动模式,[④]外部受让人由此取得股份。(2)转让股东或外部受让人可以请求公司决定是否允许股权对外转让;为确保股份可以转让,转让股东亦可同时申请公司或公司指定购买人购买股份。(3)公司董事会或股东大会(未设置董事会的公司)应当在2个星期之内就股份对外转让事项作出决议,逾期未作出决议的,视为同意转让。(4)如果公司否决转让请求,股东申请公司或指定购买人,公司或指定购买人应当在拒绝股份对外转让之日起40日内发出股份收购通知,按照转让股东与公司或指定购买人协商确定的价格购买股份,否则视为同意转让。(5)如果转让股东与公司或指定购买人无法就股份价格达成一致,可在股份收购通知发出之日起20日内向法院申请确定股权转让价格。[⑤] (6)法院在确定股权转

① 参见1938年日本《有限公司法》(1938年4月5日颁布、1940年1月1日施行)第19条。

② 参见张其鉴:《我国股权转让限制模式的立法溯源与偏差校正——兼评〈公司法司法解释(四)〉第16~22条》,载《现代法学》2018年第4期。

③ 参见张其鉴:《我国股权转让限制模式的立法溯源与偏差校正——兼评〈公司法司法解释(四)〉第16~22条》,载《现代法学》2018年第4期。

④ 参见张其鉴:《我国股权转让限制模式的立法溯源与偏差校正——兼评〈公司法司法解释(四)〉第16~22条》,载《现代法学》2018年第4期。

⑤ 参见[日]近藤光男:《最新日本公司法》(第7版),梁爽译,法律出版社2016年版,第80~82页;《新订日本公司法典》,王作全译,北京大学出版社2016年版,第51~55页。

让价格时,应当考虑包括公司资产状况在内的其他所有因素。①

2005 年日本《公司法》设置的同意规则,公司同意具有真正决定股份是否可以对外转让的效力,②有限责任公司的人合性得到维护。同时,同意规则并不阻碍股份的流通。一方面,如果公司同意对外转让股份,股权确定向公司外部流转,其他股东没有优先购买权;另一方面,如果公司不同意对外转让股份,公司或指定购买人承担购买股份的义务,股份在公司内部实现流转,转让股东可以顺畅地退出公司。由此,限制股权转让的制度目标得以实现。③

3. 德国:赋权性同意规则

有限责任公司的形式起源于德国。这一类型的公司为具有紧密个人联系的小型股东团体设计,意在突破严格的法定限制,并不要求股份易于流转。德国《有限责任公司法》并未规定股份转让必须设置限制措施,相反,明文规定股权可以转让,但股权转让契约须经公证程序。④

德国《有限责任公司法》第 15 条第 5 款规定,公司章程可以设置限制出资转让的条件。特别是可以规定,转让出资需要经公司同意。⑤ 经全体股东同意,修改章程时亦可以设置股份对外转让的限制条件,如经股东会、监事会或特定人批准。⑥ 另外,如果得到股东的同意,根据德国《民法典》第 35 条的规定,章程甚至可以规定限制股份转让的规定仅对部分股东适用。在规定同意规则的情形下,是否同意股权转让属于公司自由裁量的范畴,应当以公司利益为首位,权衡保护公司利益与股东股权转让利益,同时受到比例原则的限制。⑦

法国、日本和德国的立法模式表明,单一的同意规则能够实现维护有限责任公司人合性和实现股权自由流通的目标。其中,人合性的维护借由同意程序实现,股东或公司享有实质意义上的同意权;股权的流通性借由未获同意的股权购买安排实现,公司、其他股东或指定买受人承担购买拟转让股权的义务。

---

① 参见[日]前田庸:《公司法入门》,王作全译,北京大学出版社 2012 年版,第 133 ~ 134 页。

② 参见黄晓林:《日本非公开司股权转让制度立法理念解析——股权转让自由原则的实现》,载《日本问题研究》2013 年第 2 期。

③ 参见伍坚:《有限责任公司对外股权转让制度研究》,载《法学杂志》2019 年第 10 期。

④ 参见[挪威]马德斯·安登斯、[英]弗兰克·伍尔德里奇:《欧洲比较公司法》,汪丽丽、汪晨、胡曦彦译,法律出版社 2014 年版,第 102 页。

⑤ 参见周海博:《有限责任公司股东优先购买权制度重构》,载《西北农林科技大学学报(社会科学版)》2010 年第 10 期。

⑥ 参见[挪威]马德斯·安登斯、[英]弗兰克·伍尔德里奇:《欧洲比较公司法》,汪丽丽、汪晨、胡曦彦译,法律出版社 2014 年版,第 102 页。

⑦ 参见[德]托马斯·莱赛尔、吕迪格·法伊儿:《德国资合公司法》,高旭军等译,上海人民出版社 2019 年版,第 619 页。

（二）英美法系股权转让限制规则立法模式分析

1. 英国：赋权性多种规则

英国私人公司形式多样，以股份有限公司为主。[①] 1980 年后，私人股份有限公司股份对外转让受限的法律规定已经被废止，但法律实务依然表现出限制股份对外转让的传统，公司章程或独立规定保留了相应的限制规定，大体可分为以下两类：[②]（1）赋予公司董事否定权。通过公司章程的赋权性规定，公司董事可以行使登记股东名册的权力。由此，出于公司而非股东个人利益的考量，公司董事可以在其自由裁量的权限范围内，拒绝外部受让人成为公司股东，从而否定对外股份转让的效力。否定对外股份转让的董事仅受信义义务的约束，公司、其他股东无须就否定转让的股份承担购买义务。[③]（2）赋予其他股东优先购买权。公司章程要求转让股东必须首先向其他股东发出转让要约，要约价格为既定方案确定的价格或公允价格。由此，只有其他股东拒绝承诺，股份才会向公司外部流转。同时，由于私人公司的股份不能公开交易及转让可能受限，股东难以为其股份找到购买者，私人公司的章程或者一项独立的股东协议中有时也会出现一些旨在保护少数股东免受不利局面所困的特殊规定。[④]

2. 美国：赋权性多种规则

在股权转让过程中，为保持公司控制权稳定，或用于特殊目的的投资，[⑤]一般而言，有限责任公司股权转让受到相应的限制。

依据美国《特拉华州普通公司法》第 342 条（a）款第（2）项、第 202 条之规定，封闭公司必须从以下限制方式中选择一种及以上的方式限制股权转让：（1）转让股东应向公司、其他股东或任何其他人及其组合，提供在合理时间内优先购买股权的机会；（2）对公司、其他股东或任何其他人及其组合课以强制购买义务；（3）要求公司或股东同意股权转让，或批准受让人持有股权；（4）对持有受限股份的股东课以向公司、其他股东或其他任何人及其组合出售或转让一定数量的股权；（5）在无明显不合理的情况下，禁止或限制向特定人员转让股权，或者禁止或限制特定人员持有股权。任何限制转让的条款均应符合“合理目的”的要求（包括但不限于为获得本地、本州、美国联邦政府或者外国的税收或者监管方面的利益），“明显不合理的”限制条款是无效的；此外，限

---

① 英国私人公司还包括担保有限公司和无限责任公司。其中，非营利组织一般采取担保有限公司的形式，如学校、职业团体，无限责任公司在实践中并不常见。

② 参见［挪威］马德斯·安登斯、［英］弗兰克·伍尔德里奇：《欧洲比较公司法》，汪丽丽、汪晨、胡曦彦译，法律出版社 2014 年版，第 96 页。

③ See Paul L. Davies, *Gower and Davies' Principles of Modern Company Law*, Sweet & Maxwell, 2003, p. 689. 转引自王军：《实践重塑规则：有限责任公司股权转让限制规范检讨》，载《中国政法大学学报》2017 年第 6 期。

④ 参见［挪威］马德斯·安登斯、［英］弗兰克·伍尔德里奇：《欧洲比较公司法》，汪丽丽、汪晨、胡曦彦译，法律出版社 2014 年版，第 96 页。

⑤ 参见邓峰：《普通公司法》，中国人民大学出版社 2009 年版，第 375 ~ 376 页。

制条款必须在公司注册证书、股份凭证等文件上以适当方式显示或注明,否则此类限制不对受让人发生效力。美国《商事公司示范法》第6.27条也采取了类似路径,将各类限制措施设置为赋权性规则。[①] 立法提供包含多项股权转让限制规则的清单,公司可以选择最适合公司经营管理和发展战略的规则,以应对未来各类纷繁复杂的商事活动。[②]

由于允许公司章程对限制条款作出自行设计,因此对各个公司限制条款的合理性审查也无法避免,但限制内容往往无法同各个州法预设的权利边界完全重合,会导致法院审查结果的巨大差异化。例如,股权价值的计算问题,法院常常需要考虑公司的大小、时间和限制程度等,尽管法院尊重公司股东之间的约定,约定价格和实际转让价格的巨大差异在司法实践中往往很难抹去。但无论通过何种方式,禁止股权转让都是不可接受的。[③]

英国和美国的股权转让限制规则表明:一方面,以优先购买权规则为代表的单一限制规则可以应对维护有限责任公司人合性和确保股权可转让性两方面的需求;另一方面,公司法可以提供多种简单规则供公司选入,而无须设计复杂烦琐的多重限制规则。

四、我国有限责任公司股权转让限制规则的改善

结合前述,我国现行公司法采用缺省性立法模式,在同意规则、优先购买权规则及两种规则的衔接上都存在比较明显的问题,造成了股权转让的现实障碍。已有研究表明,缺省性规则实践中很难被排除适用。[④] 换言之,即使公司希望自行设计不同于公司法的限制规则,股权对外转让规则确有改善的必要。

(一)选择赋权性立法模式

目前,我国公司法对于有限责任公司股权转让限制适用缺省性规则的立法模式,在公司章程没有规定或章程无效的情况下,公司法的规定才得以适用,体现了公司法“填补公司合同(章程)漏洞”的功能。[⑤]

我们对于有限责任公司股权转让限制规则的重构拟采用赋权性立法模式,原因如下。

1. 符合公司法发展方向

赋权性规则符合公司法的发展方向。近年来公司法的漏洞填补功能降低了当事人

---

① 参见《最新美国标准公司法》,沈四宝编译,法律出版社2006年版,第54~55页。

② 参见伍坚:《有限责任公司对外股权转让制度研究》,载《法学杂志》2019年第10期。

③ 参见邓峰:《普通公司法》,中国人民大学出版社2009年版,第375~376页。

④ See Yair Listokin, *What Do Corporate Default Rules and Menus Do? An Empirical Examination*, Journal of Empirical Legal Studies, Vol. 6, p.284(2009).

⑤ See Frank H. Easterbrook and Daniel R. Fischel, *The Corporate Contract*, Columbia Law Review, Vol. 89, p.1416(1989).

的参与度,助长了当事人对默认规则的依赖,使得公司自治不断向法律管制的方向滑坡。因此,在充分考虑实践的基础上,公司法应当为公司提供多项选择供其选入,实现从“填空”到“选择”的功能转变,以加强公司的实质自治。① 在股权对外限制领域,立法在放松强制性时应提供必要的规则以供股东“选入”(opt in),而不仅仅是允许其“选出”(opt out)。② 选择赋权性立法模式,建构可供公司选择的多种限制规则,不仅符合公司法的演进趋势,而且对于引导公司选择适合自身情况的限制规则,推进我国公司自治的实质化进程具有深远意义。

2. 降低交易成本

赋权性规则可以降低交易成本。制度设计存在交易成本,公司章程预先作出的股权转让限制措施本身是股东博弈的结果,公司需要为此支付成本,而其他公司无须支付成本,直接效仿已有的成熟示例。在此意义上,股权对外转让限制安排具有公共物品的属性。③ 相对于缺省性规则而言,公司法股权转让限制赋权性规则的设计将为公司提供更为多样化的选择方案,可以满足不同公司不同发展阶段的实际需求,从而有效降低公司自行设计和更新股权转让限制措施的成本。

3. 减少公司章程效力争议

赋权性规则有助于减少公司章程效力的争议,节约司法资源。公司章程如果希望作出限制股权对外转让的制度安排,可以选入公司法提供的某一项规则。经立法者衡量和设计的对外股权转让限制方案已经得到预先认可,并给提供给公司多样化的选择,公司法规定因为当事人的选入而产生效力,法律的明示规定消除了公司作出相应安排时所面对的不确定性,④可以很好地解决目前公司章程“另有规定”的安排首先受到效力争议的问题。

(二)双重规则到多种规则的改进

目前,有限责任公司股权转让限制规则采取缺省性双重规则的立法模式。根据网络外部性理论,规则使用者的人数与商业习惯的形成和规则的确定性呈正相关关系。⑤ 虽然目前同意规则、优先购买权规则双重限制存在诸多问题,但是《公司法》第 71 条及《公司法司法解释四》的规则已经为法学界和法律界所熟悉。因此,基于降低规则拟

---

① 参见周游:《从被动填空到主动选择:公司法功能的嬗变》,载《法学》2018 年第 2 期。

② See Jeffery N. Gordon, *The Mandatory Structure of Corporate Law*, Columbia Law Review, Vol. 89, p. 1549(1989).

③ 参见[美]弗兰克·伊斯特布鲁克、丹尼尔·费希尔:《公司法的经济结构》,张建伟、罗培新译,北京大学出版社 2005 年版,第 39 页。

④ 参见[加拿大]布莱恩·柴芬斯:《公司法:理论、结构和运作》,林华伟、魏旻译,法律出版社 2001 年版,第 269 ~273 页。转引自潘林:《论公司法任意性规范中的软家长主义——以股东压制问题为例》,载《法制与社会发展》2017 年第 1 期。

⑤ See Michael Klausner, *Corporations, Corporate Law, and Networks of Contracts*, Virginia Law Review, Vol. 81, p. 774 - 789(1995).

定、审查和运行成本的考量,我们建议采取相对温和的路径,赋权性规则的内容设计以拆分原有的同意规则、优先购买权规则之双重限制为基础,构建新的有限责任公司股权转让限制规则体系,力求实现有限责任公司的人合性与股东自由转让股权的权利之间的协调,既保留其他股东拒绝不信任的人加入公司的权利,维护有限责任公司的人合性,同时避免使意欲退出公司的股东陷于股权流转不能的境地。①

1. 同意规则的完善

实践中,各级法院、律师,股权转让实践将缺省性双重规则重塑为优先购买权规则。② 然而,优先购买权规则相较于对同意规则的主流地位,并不足以证明优先购买权规则本身一定优于改良后的同意规则。③ 在《公司法》第71条第2款及相关司法解释规定下,同意规则定位于股权转让流程的前置程序;同意规则可以在通知方式、同意主体、表决方式、异议安排等以下几个方面作出改进和完善,转变为独立的股权转让限制规则。

(1)改进通知方式

依据我国《公司法司法解释四》第17条之规定,股权对外转让事项应当由转让股东通知其他股东,以书面或其他可确认收悉的方式进行。比较来说,日本采用意思主义的股权变动模式,股份取得人亦可以请求公司同意股份转让。④ 尽管部分国家法律并无直接规定,股权转让事项的通知仍是同意规则的起点,也是股权对外转让中首先需要处理的问题,同时与股权变动模式、同意主体相关联。现实的考虑是,虽然有限责任公司股东之间的联系较为紧密,但亦存在股东关系相对疏离的情形,股东之间可能并没有准确、有效的联系方式。"转让股东—公司—其他股东"的通知路径,⑤不失为一种更好的选择。

(2)明确通知内容

欲明确征求其他股东同意通知的内容,还须着眼于通知的时点。转让通知的下一环节是其他股东就是否同意对外转让股权进行表决,而股东作出同意与否的决定需要充分的信息。首先,基于维护有限责任公司人合性的需要,股权转让的对象应当被提前披露;其次,拟转让的股权类型和数量可能对公司的治理结构产生直接的影响,亦应属于通知的内容。至于股权转让价格、付款期限和方式,与后续购买流程相关性更强,不是表决程序关注的重点。因此,通知应当至少包括外部受让人的姓名或名称、拟出让股权的种类和数量两方面的内容。

---

① 参见伍坚:《有限公司股权对外转让制度研究》,载《法学杂志》2019年第10期。

② 参见王军:《实践重塑规则:有限公司股权转让限制规范检讨》,载《中国政法大学学报》2017年第6期。

③ 参见伍坚:《有限公司股权对外转让制度研究》,载《法学杂志》2019年第10期。

④ 参见2005年日本《公司法》第136条。

⑤ 参见叶林等:《公司法研究》,中国人民大学出版社2008年版,第227页。

(3)明确同意效力

同意程序之所以流于形式,是因为同意与否对股权对外转让不产生实质影响。有学者指出,《公司法》《公司法司法解释四》语境下的弱同意权,立法考量在于赋予其他股东更多参与股权定价的机会,但商业实践中难以实现。[①] 既然如此,新的规则设计,一方面,无须在弱同意权的路径上继续,转而构建具有实质意义的同意规则;另一方面,仍然需要解决异议股东购买价格的问题(拟转让股权未获同意的购买安排)。就前者而言,两种模式可供参考:第一,强否定权模式,未经股东或公司同意不得转让股权。第二,弱否定权模式,未经股东或公司同意仍有转让股权的可能,但部分转让条件可能受到法律限制。强否定权模式过于绝对,几乎封闭了股东对外转让股权退出公司的途径,过于僵化;比较而言,弱否定权模式更为可取。

(4)拟转让股权未获同意的购买安排

对于经过同意程序但未获得对外转让准许的股权,为实现股权的可转让性,顺畅股东退出机制,应当对拟转让的股权作出适当安排。

第一,购买主体。为维护公司的人合性,当同意规则否决了股权转让时,拥有购买权利的主体不仅局限于反对股东,还囊括了公司及指定购买人。这为我国公司法提供了合理的完善思路。根据权利义务一致原则,购买义务的承担至少需要赋予购买主体是否同意股权对外转让的权利。

综观主要国家的立法实践,适用同意规则的国家中,股权能否对外转让的同意主体既有公司机关,亦有股东个人。制度安排看似相近,实际上分属不同的体系:从经济学的角度来说,前者属于企业科层命令,后者则属于市场合同机制;[②]从法学的角度来说,前者是经由正当程序的共同法律行为,体现意思民主,后者是体现意思自治。日本《公司法》和法国《商法典》以公司为同意主体,德国《有限责任公司法》虽然采取赋权性立法模式,但特别列出股权转让限制可以采取“须经公司同意”的形式;对比而言,我国《公司法》规定股东个人为同意主体。一般地,以公司为同意主体,通常采用股东会的形式,就股权对外转让事项进行表决,[③]强调公司整体的意思表示,但召集股东召开股东会作出决议,需要支付较高的金钱成本和时间成本,由此产生额外的费用;以股东为同意主体,再行累计同意股东的人数和持股比例,形式灵活便捷,效率较高。[④]

购买主体的范围需要考虑对于上述两种同意模式的取舍:在公司同意模式下,股东

---

① 参见杜军:《公司法第七十二条蕴含的商业逻辑及其展开》,载《人民司法》2013 年第 11 期。

② 参见王湘淳:《股权对外转让限制规则:阐释与再造》,载《大连理工大学学报(社会科学版)》2018 年第 6 期。

③ 参见朱建军:《我国有限责任公司股份转让法定规则的立法技术分析》,载《政治与法律》2014 年第 7 期。

④ 参见蒋华胜:《有限责任公司股权转让法律制度研究——基于我国〈公司法〉第 71 条规范之解释》,载《政治与法律》2017 年第 10 期。

会在否决股权转让后作出的公司、其他股东或指定第三人购买的决议，在制度构建上相对较简洁；而采用股东同意制度，一旦同意制度指向否决结果，在立法层级上很难保证对公司的指定购买行为传导顺畅。因此就我国目前的司法实践，公司同意模式或许更为适宜。

第二，购买价格。区别于优先购买权规则，同意规则并不要求其他股东必须按照与外部受让人议定的价格购买股权。对此，法国《商法典》提供了比较务实的方案，股权价格的确定遵循当事人商定——共同指定鉴定人确定——法庭指定鉴定人确定的路径。① 有学者指出，以评估价格或鉴定价格购买会减损转让股东自由议价的权利；而且在获取影响公司控制权股权份额时，以公司净资产为基础的评估价格并不包含控制权溢价，显然对转让股东不公平。② 委托独立专业的第三方评估机构对有争议的价格进行评估，是确定价格和解决争议的惯常做法，且以其他股东视角来看，以转让股东确定的价格取代评估价格进行定价，其他股东或公司也同样失去了购买股权时议价的权利。

第三，购买期限。设定购买期限可以避免其他股东恶意拖延而导致的转让方案的停滞，减少股东之间分歧的进一步扩大，因此规定相关主体必须购买的期限是合理且必要的。鉴于我国现行公司法规定的同意答复期限和优先购买权的行权期限均为 30 日，③购买期限也可以设置为 30 日。

第四，推定同意制度。《公司法》第 71 条规定的推定同意制度包括两项内容，分别是未按期答复视为同意转让和异议股东不购买股权视为同意转让。就前者而言，规定答复期限可以有效缩短股权转让流程中的等待期限，推定同意的保留并无争议。就后者而言，有学者指出，不履行购买义务被推定为同意后，同意股东并无购买义务，因此不存在异议股东不购买股权的情形。④ 在实践中股东因各种原因而排斥强制购买的情况时有发生，⑤如对推定通知制度不作特殊规定，不仅会使股权流动陷入停滞，影响转让股东和外部受让人的利益，甚至还会对公司的长远发展埋下隐患。

2. 优先购买权规则的完善

在《公司法》和《公司法司法解释四》的基础上，优先购买权规则在实务中得到了比较广泛的应用，形成了相对固定的规则，但就同等条件的判断标准（尤其是同等价格）、转让股东的反悔权等问题，还有进一步完善的空间。

（1）完善价格评估机制

同等条件作为优先购买权的核心因素，在优先购买权的制度设计中起到了决定性

---

① 参见杜军：《公司法第七十二条蕴含的商业逻辑及其展开》，载《人民司法》2013 年第 11 期。

② 参见傅穹、尹航：《有限责任公司股权转让的同意权制度研究》，载《学术论坛》2016 年第 8 期。

③ 参见《公司法》第 71 条第 2 款、《公司法司法解释四》第 19 条。

④ 参见甘培忠、吴韬：《有限公司股权转让探析——兼论我国〈公司法〉相关制度之完善》，载《南京大学学报（哲学·人文科学·社会科学）》2005 年第 1 期。

⑤ 参见伍坚：《有限公司股权对外转让制度研究》，载《法学杂志》2019 年第 10 期。

的作用。从法理基础上讲,股东优先购买权可以视为民法上的优先购买权的延伸,在构造上与共有人的优先购买权、[①]房屋承租人的优先购买权别无二致。[②] 在此意义上,股东优先购买权的主张应当以转让股东与外部受让人在先形成的股权转让合同为基础,[③]同等条件是以股权转让合同为基础的转让条件的映照。

目前学界对同等条件的主流分类是绝对同等说和相对同等说。[④] 绝对同等说,是指其他股东必须按照与外部受让人完全相同的条件购买股权;相对同等说则认为,其他股东按照与外部受让人大致相同的条件即可行使优先购买权,不低于受让人的购买条件即视为同等条件。严谨地说,除非股权转让合同的条款非常简单,绝对同等条件过于严苛,在实践中很难达成。如果采取绝对同等说的主张,转让股东可以设定看似无关紧要的转让条款来阻却其他股东优先购买权的实现。相对同等说比较符合实际,但对司法裁判者提出了较高的要求,裁判尺度和标准的统一受到较大的挑战。《公司法司法解释四》第 18 条在一定程度上采取了这种主张,提示法官判断同等条件应当综合考虑的因素,包括但不限于拟转让股权的数量、股权转让价格、支付方式及期限。甚至在《公司法司法解释四》颁布之前,这种做法已经应用于审判实践。[⑤]

就股权的数量而言,实务界基本达成一致意见,股东部分行使优先购买权的主张一般不被支持。[⑥] 就股权的价格而言,其他股东是否应严格按照外部受让人与转让股东议定的价格购买股权,尚存争议。一方面,优先购买权的立法初衷是在同等价格条件下赋予股东优先于外部受让人的购买的权利,内外部股权购买价格的一致性应当坚持;另一方面,因欺诈、恶意串通损害其他股东优先购买权的案件形式多样,将股权对外转让协议价格直接认定为同等价格的做法将损害股东优先购买权。例如,实务中外部投资者为获取股权,先以极高的价格购买较低比例的股权,其他股东由于畸高的价格放弃行使优先购买权;待进入公司后,由于股权对内转让不受限制,再以正常价格持续收购股

---

① 参见原《物权法》第 101 条、《最高人民法院关于适用〈中华人民共和国物权法〉若干问题的解释(一)》第 10 条。

② 参见《最高人民法院关于审理城镇房屋租赁合同纠纷案件具体应用法律若干问题的解释》第 21 ~ 24 条。

③ 参见胡晓静:《再析有限公司股权对外转让中的优先购买权》,载《求是学刊》2019 年第 5 期。

④ 参见葛伟军:《股东优先购买权的新近发展与规则解析:兼议〈公司法司法解释四〉》,载《中国政法大学学报》2018 年第 4 期。

⑤ "股东行使优先购买权的核心是在'同等条件'下优先取得转让的股权。'同等条件'应当综合股权的转让价格、价款履行方式及期限等因素确定。"参见江苏新元国际咨询有限责任公司与江苏远东国际评估咨询有限公司、江苏省金融学会等股权转让纠纷案,江苏省高级人民法院(2015)苏审三商申字第 00398 号民事裁定书。

⑥ "对外出让股权的条件应由出让股权的股东确定,出让股权的股东认为股权整体出让能实现利益最大化,那么股权整体受让也是同等条件之一。"参见瓮安世强公司与夏某股东资格确认纠纷案,贵州省高级人民法院(2013)黔高民申字第 540 号民事裁定书。

权,此时外部投资者已经获得股东身份,其他股东无优先购买权。[①] 虽然《公司法司法解释四》第21条为优先购买权受到损害的股东提供了救济方式,但这种保护并不充分有效。[②] 碍于恶意串通的证明标准较高,法院甚至在举证责任的分配上向优先购买权受损的其他股东倾斜,[③]这从侧面证明了同等价格的认定十分困难。如果价格无法确定,支付方式和期限的同等条件更无从谈起。因此,有必要进一步,在同等价格的认定上引入独立专业的第三方评估机构,适当借助评估价格,例如,规定外部转让价格上限不得超出评估价格的特定倍数,如果转让价格高于评估价格一定比例,其他股东可以以限度范围内的价格受让,以此防止股权转让价格乱序的现状。

(2)限制转让股东的反悔权

依据《公司法司法解释四》之规定,转让股东可以在其他股东行使优先购买权时拒绝转让。[④] 有学者指出,这一制度设计平衡了股权转让自由和信赖利益保护之间的关系,具有正当性,转让股东行使反悔权,如果给其他股东造成损失,承担相应赔偿责任即可。[⑤] 亦有观点认为,赋予转让股东反悔权与优先购买权的立法目的相冲突。[⑥]

笔者认为,转让股东的反悔权应当予以适当限制。首先,在优先购买权的制度中,涉及的直接主体包括转让股东、其他股东和外部受让人,间接主体还包括公司。其中,转让股东的股权转让自由受到限制,其他股东的利益和公司的人合性保护被置于更加优先的位置。转让股东和外部受让人之间的权利义务可以由合同法进行调整,例如,约定股权转让合同以其他股东不行使优先购买权为生效条件。换言之,转让股东的股权转让自由,不是优先购买权制度设计考量的首要因素。其次,转让股东行使反悔权违反诚实信用原则。在股权对外转让时,其他股东对行使优先购买权具有合理的信赖利益,并且随着股权转让流程的进展,经由被通知优先购买权行使的同等条件、主张行使优先购买权等环节,上述信赖的程度不断加深,如果允许转让股东拒绝转让股权,“反悔权”的行使与故意排除其他股东的优先购买权具有相同的效果。[⑦] 反悔权一旦被滥用,不仅其他股东之前为购买股权行使同意制度和优先购买权的努力成为一纸空文,还易成为导致其他股东疲于应对而绕过优先购买权转让的手段。最后,如保留反悔权的设置,至少应当限制反悔权的行使次数和行使期限,一方面遏制转让股东滥用权利,另一方面提高交易效率。在具体设计上,可以借鉴优先购买权的行使期限,允许转让股东和其他

---

① 参见吴某崎与吴某民、吴某磊确认合同无效纠纷案,江苏省高级人民法院(2015)苏商再提字第00068号民事判决书。

② 参见伍坚:《有限责任公司对外股权转让制度研究》,载《法学杂志》2019年第10期。

③ 参见罗福生、邓梅君:《侵害股东优先购买权的股权转让协议无效》,载《人民司法》2014年第24期。

④ 参见《公司法司法解释四》第20条。

⑤ 参见于莹:《股权转让自由与信赖保护的角力——以股东优先购买权中转让反悔股东为视角》,载《法制与社会发展》2020年第2期。

⑥ 参见胡晓静:《再析有限公司股权对外转让中的优先购买权》,载《求是学刊》2019年第5期。

⑦ 参见胡晓静:《再析有限公司股权对外转让中的优先购买权》,载《求是学刊》2019年第5期。

股东协商一致,未能达成一致或超过法定期限的,以法定期限为准。

五、小结

最合宜、最理想的股权转让限制规则立足于对公司内部治理、发展经营战略的个体化、差异化考量。不可否认的是,公司章程的设计和修改在实践中并不总是体现理想的设计思路,同时,法律规定的股权转让限制缺省性规则的黏性持续挤占公司章程自治的空间。[①] 结合公司法功能从“填空”到“选择”的发展趋势,采用赋权性立法模式,由法律提供股权转让限制规则的框架,并在现行双重限制规则的基础上拆分既有规则,为当事人提供可选入的多种规则。“选项”亦不宜过于僵化或多元,否则公司自治和法院司法将分别面临困境,因此,在同意规则和优先购买权规则的具体规定上,要有限度地留有空白,重点解决以往商业实践和审判实践中出现的问题,鼓励公司在确保选入规则合法有效的前提下,对权利的行使期限等内容要素根据自身情况裁量设计。力求为股权转让交易提供符合商业逻辑、节约交易成本、兼顾公平与效率的规则范本。

潜在的问题是,赋权性规则相比缺省性规则可能带来更高的监管成本。同时,赋权性规则可能面临不被选入的风险。一个横向的类比是,虽然各仲裁机构几乎都提供了仲裁示范条款,当事人或律师完全可以在合同中直接援引作为争议解决条款,然而示范条款并未被广泛使用,仲裁条款的式样五花八门,由此产生的仲裁协议效力争议迭出。赋权性股权转让限制规则在应用中是否会遇到新的瓶颈,发挥理想的功能,还有待进一步检验和研究。

---

① See Omri Ben-Shahar, John A. E. Pottow, *On the Stickiness of Default Rules*, Florida State University Law Review, Vol. 33, p. 651(2006).

第三章　有限责任公司章程限制股权转让效力问题研究*

引　言

2019年10月24日，世界银行发布《2020年营商环境报告》，我国营商环境全球排名上升15名，位列全球第31名。其中保护少数投资者指标从2018年的第64名直接上升到全球第28名。① 在过去几年里，我国在保护中小投资者方面虽然有了长足进步，但与其他西方发达经济体相比，制度和规则都依然有待完善。《公司法司法解释五》中涉及关联交易的规定树立了为保护少数股东利益而牺牲公司整体利益的错误理念，严重挫伤了控股股东代表公司进行交易的积极性，形成少数股东的"压制"问题，为后续《公司法》其他规则的修改树立了一个错误的示范。而实务中关于"少数股东权利保护"问题主要集中于有限责任公司股权转让纠纷之中，由于自身股权高度集中的特性，有限责任公司控股股东长期把控着公司，在资本多数决机制下，大股东压迫小股东的现象屡见不鲜，特别是"当投资者行使控制权时，他们便可以自利方式行事，由此产生被代理人冲突成本"。②

我国《公司法》第71条第4款的规定，存在明显有利于控股股东的错误倾向和规则漏洞。在适用逻辑上，《公司法》第71条第4款的任意性规范可以排除第1、2款和第3款的规定，控股股东基于自治的需要可对股权转让进行特殊安排。实务中控股股东常以公司自治为由，在章程制定和修改过程中增添明显有利于自身的股权转让限制性条款，导致少数股东的股权转让自由受到非法的剥夺和限制。加之我国《公司法》并不存在"股东压制"的概念和完善的少数股东权利救济机制，理论和实务中对于章程性质的定义、决议行为效力的探讨及股权自由转让原则的认识并没有触及概念的核心，实践中用以个人自由主义为核心的古典契约理论解释公司自治现象并建构相应的公司法体系，一定程度上加剧了章程限制股权转让纠纷长期居高不下且同案不同判等问题。为了解决上述问题，《最高人民法院关于适用〈中华人民共和国公司法〉若干问题的规定

---

* 本章撰稿人：陈龙。

① 参见罗培新：《世行营商环境评估之"保护少数投资者"指标解析——兼论我国公司法的修订》，载《清华法学》2019年第1期。

② [美]佐哈·戈申、理查德·斯奎尔：《被代理人成本：公司法与公司治理的新理论》(上)，林少伟、许瀛彪译，载《交大法学》2017年第2期。

（四）（征求意见稿）》[①]曾作出相应的尝试，但最后未被最高人民法院正式采纳。2018年，最高人民法院对外发布第96号指导性案例，期望通过指导性案例实现统一裁判标准和法律适用。但是，第96号指导性案例发布至今，被各地法院参照和引用的频率不过4次，无法真正发挥其示范性作用。

公司作为商事行为的重要组织形式，呈现复杂的合作性“经济博弈”特征。因此，软化司法权对公司内部自治事务的干预，协调软法和硬法之间的关系，是公司法发展的必然趋势。而公司自治更多反映在章程自治上，公司章程作为股东自治的基础，在规范公司对外经营活动、公司内部治理活动和保护中小投资者方面发挥着独特的作用。公司章程在一定程度上比公司法更为重要，公司法的改革应建立在公司章程之上，公司章程的研究是公司法研究的基础。对于章程引发的限制股权转让纠纷，必须对公司章程的性质和效力、公司决议行为的功能以及股权自由转让原则作出科学的定义，树立最大化股东收益、降低公司代理成本和提高公司收益的司法审查理念。

综上所述，在营商环境优化的大背景下，在充分尊重公司自治的基础上平衡控股股东与少数投资者之间的利益是我国公司治理的核心问题。章程中的股权转让限制条款背后折射着股东与公司之间以及大股东与少数投资者之间复杂的利益博弈，涉及股东压制和章程自治等复杂的公司治理难题。对章程中的股权转让限制条款作出科学的评判，要回归到公司内部，具体分析和探讨公司章程、决议和股权转让的契约逻辑，实现少数投资者权利保护与控股股东之间权力的动态平衡。

随着股权转让纠纷的频发，学者对股权转让合同、章程限制股权转让条款的效力、股东优先购买权等问题展开激烈的讨论，当前在公司章程的性质、初始章程与修订章程的效力、决议行为的性质和效力、少数股东权利保护以及《公司法》第71条的性质等方面形成了丰富的理论研究成果。实践中出现的股权转让限制，大多通过资本多数决机制修改章程为之，因此，学者普遍从章程视角分析限制股权转让的正当性问题。

对于章程限制股权转让效力的认定，当前主要存在有效说、无效说和分类说三种学说：

第一，持有效说的学者认为，公司自治充分表现在章程自治上，基于章程自治的需要，只要不违反法律、行政法规的强制性规定，不违背公司的本质，限制股权转让条款应当有效。[②]

第二，持无效说的学者认为，股权首先是股东的固有权利，可以视为民法上的所有权，非经当事人同意，不得进行非法剥夺和限制。[③] 从公司治理角度看，股权的自由转

① 该征求意见稿第29条规定：“有限责任公司章程条款过度限制股东转让股权，导致股权实质上不能转让，股东请求确认该条款无效的，应予支持。”

② 参见甘培忠：《企业法与公司法学》，北京大学出版社2006年版，第303页。

③ 参见范健、王建文：《公司法》，法律出版社2014年版，第355页。

让可以有效降低股东与管理层之间的代理成本问题。因此,公司章程中限制股权转让的条款,即使符合资本多数决的要求,但导致股东丧失了退出公司的权利,间接抬高了公司的代理成本。①

第三,不同于有效说和无效说的“一刀切”式做法,坚持分类说的学者认为,应当对限制股权转让的方式、初始章程与修订章程的效力以及章程性质条款和合同性质条款进行分类讨论,并根据个案的具体情形进行分析。钱玉林采用类型化分析的方法,在理论上区分了股权转让程序与股权处分权,主张将章程条款解释为合同,在章程效力解释上引入合同法原理,认为程序性规则对全体股东有效,处分性的规定对同意股东有效,对反对股东无效。② 对于初始章程与修订章程的区别,罗培新认为初始章程的形成须全体股东一致同意,相比较于修订章程,初始章程对股权转让的限制性规定正当性更强。而修订章程采用多数决机制,修订章程不因个别股东反对而导致决议无效。③ 另有部分学者对章程中的章程性质条款与合同性条款进行区分,并提出章程中涉及合同性的条款,应该适用合同法上的合同效力机制进行认定,而涉及公司内部经营管理等事项的条款由公司法进行调整。④

对章程限制股权转让正当性的审查路径,有学者认为章程限制股权转让效力的正当性在于章程条款是否违反了法律、行政法规相关规定以及股东的意思表示是否受限,特别是对修订章程的审查,为避免股东压制,应当重点强调对意思表示的考察,探究股东的合理预期。⑤ 在对章程限制股权转让条款进行合法性审查时,不能拘泥于条款自身的逻辑,而应当从更高的公共政策角度进行解释。在审查标准上,有学者提出了目的性标准和公正度标准,目的性标准主要考察限制性条款是否以增进公司整体福利为目的,而公正度标准则侧重于限制性条款是否公正对待了少数股东与异议股东。⑥ 但也有学者认为,在进行股权转让限制性条款审查时,应当同时兼顾尊重公司自治、不违反股东平等原则、不损害股东核心利益、为股权退出提供合理通道 4 个要件。⑦ 在考察资本多数决效力时,应该结合冲突权利配置理论,尊重公司自治的需要,肯定初始章程和修订章程对全体股东的约束力的同时,关注受损权利的救济问题。⑧

---

① 参见罗培新:《抑制股权转让代理成本的法律构造》,载《中国社会科学》2013 年第 7 期。

② 参见钱玉林:《公司章程对股权转让限制的效力》,载《法学》2012 年第 10 期。

③ 参见罗培新:《公司法强制性与任意性边界之厘定——一个法理分析框架》,载《中国法学》2007 年第 4 期。

④ 参见钱玉林:《作为裁判法源的公司章程:立法表达与司法实践》,载《法商研究》2011 年第 1 期。

⑤ 参见范黎红:《公司章程“侵权条款”的司法认定及救济——以“强制离职股东转让股权”之章程条款为例》,载《法律适用》2009 年第 1 期。

⑥ 参见吴飞飞:《公司章程排除公司法:立法表达与司法检视》,载《北方法学》2014 年第 4 期。

⑦ 参见赵莉:《公司章程限制股权转让的合理性审查》,载《法学杂志》2012 年第 9 期。

⑧ 参见吴建斌:《合意原则何以对决多数决——公司合同理论本土化迷思解析》,载《法学》2011 年第 2 期。

综上所述,公司章程的性质研究是有限责任公司章程限制股权转让条款效力认定的基础,但当前国内学界对于“合同”“契约”“章程”等概念的界分并未达成统一共识,且与域外立场也存在明显的差别。在对章程限制股权转让进行解释时,大部分学者依然沿用民法思维,对公司法和合同法并未进行有效界分,导致合同法的理念进入公司法的领域,引发了公司和章程契约属性的大讨论,导致二者无法在避免矛盾的基础上各自发挥效能。即使国内学者围绕《公司法》第71条第4款、公司章程的性质、公司章程自治的边界、初始章程和修订章程的效力等方面已有激烈的讨论,但由于研究思维的局限性,当前对于章程限制股权转让条款效力的理论研究并未触及问题之根本。

一、章程限制股权转让案件的司法实践审视

我国《公司法》第71条第4款“公司章程对股权转让另有规定的,从其规定”之规定,从立法层面赋予了股东通过公司章程“选掉”公司法规则的权利。出于人合性的维护,允许有限责任公司章程对股权自由转让作出相应的限制,以此满足人合性需求有其逻辑上的正当性。但是,由于规则的漏洞和股东异质性,导致《公司法》关于股权转让的规则非但没有促进股权价值最大化的功能。

(一)章程限制股权转让案件的实证研究

笔者通过威科先行法律案例检索工具,以“有限责任公司”“初始章程”“股权转让”“人合性”“章程另有规定”等为关键词,截至2020年12月31日,共检索650份裁判文书。通过筛选,笔者对其中110份裁判文书进行了整理和统计,并通过筛选从中抽取部分作为研究样本。

1.案例的统计与分析

从时间维度看,在2009~2020年近11年的时间里,有限责任公司章程限制股权转让案件呈现逐年递增趋势,即使第96号指导案例已经公布两年,但相关纠纷依然居高不下(见图3-1)。

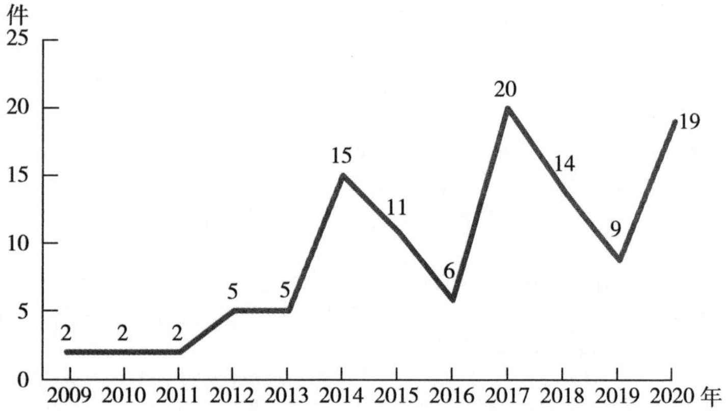

图3-1　样本时间分布情况

从章程限制股权转让纠纷案件涉及的案由来看，与公司有关的纠纷的案由基本都有所涉及，包括但不限于股权转让纠纷、公司决议效力纠纷、股东资格确认纠纷、公司盈余分配纠纷等，其中绝大部分案件都以股权转让纠纷立案（见图3－2）。

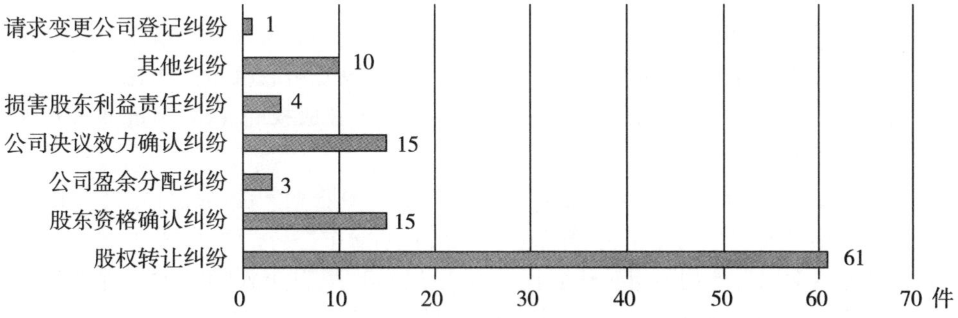

图3－2　案由分布情况

从章程条款的类型来看，涉及禁止股权转让条款共12件，条款有效率达58.33%；涉及对股权转让程序限制的条款共44件，条款有效率88.64%；涉及强制股权转让条款34件，条款有效率94.12%；涉及修订章程限制股权转让的条款共13件，条款有效率69.23%。具体分布情况见表3－1。

表3－1　章程条款类型分析

章程条款类型	案件数量/件	法院认定结果/件	条款有效比例/%
修订章程股权转让	13	有效:9	69.23
		无效:4	
限制转让程序	44	有效:39	88.64
		无效:5	
禁止股权转让	12	有效:7	58.33
		无效:5	
强制股权转让	34	有效:32	94.12
		无效:2	
合计	103	—	84.47

综上所述，从目前各地法院对于章程条款的效力认定来看，出于尊重公司自治的需要，各级法院对章程条款采取包容态度，章程条款有效率达到84.47%。其中，强制股权转让条款的效力有效率最高，高达94.12%。虽然各级法院普通肯定章程条款的效力，但实务中对于章程条款效力的认定标准并不统一，大部分法院对于章程条款效力的

认定简单且粗糙,裁判理由缺乏充分的法理基础,对于章程限制股权转让条款效力认定在实践中依然存在争议。

2. 同案不同判:中国司法实践下的裁判路径演进

在章程限制股权转让案件中,公司章程通常从三个方面对股权转让进行限制:

第一,限制股权转让的价格。在绝大部分案件中,公司章程要求股东以明显偏低的价格转让股权。如在"张某生与株洲市建筑设计院有限公司股权转让纠纷案"①中,涉案章程规定"因辞职离开公司,在辞职后30日内没有转让股权的,由公司董事会按不高于股本原始价格受让股权"。

第二,限制股权转让的对象。在此类案件中,公司章程通常会明确规定公司股权的受让对象,如在"福维尔与李某美、郑某峰股权转让纠纷案"②中,章程规定"职工出资持有股权5年内对内对外均不得转让股权,持有股权5年后,其个人股(不含配股部分)可以在本公司内部职工之间转让"。此外,第96号指导案例"宋文军诉西安市大华餐饮有限公司股东资格确认纠纷案"中的"人走股留"条款,也明确要求职工离职之后将手中的股权转交给工会持有或由公司回购。

第三,限制股权转让的程序。为了维持公司的人合性或出于公司整体利益的考虑,一些公司在章程中往往会对股权转让的程序作出区别于公司法规则的规定,例如明确要求股权对外转让须征得全体股东一致同意或者通过股东会讨论通过,否则股权转让不产生效力。如在"陈某昌男与胡某全、杜某霜股权转让纠纷案"③中,案涉章程规定"股权转让须经股东会讨论通过"。还有部分公司章程在表决程序方面赋予了特定股东一票否决权,如在"奇虎三六零软件(北京)有限公司与蒋某文、上海老友计网络科技有限公司、胡某请求变更公司登记纠纷案"④中,案涉章程赋予了特定股东在股权转让时具有一票否决权。

由表3-2可见,实际纠纷中,以职工股权和普通股权涉及的章程限制转让条款纠纷为主,其中普通股权转让纠纷中,章程限制股权转让的方式更为多样,涉及股权转让是否必须经股东会决议、股权是否可以对外转让以及对外转让的程序、价格和股权回购等问题;而在职工股权转让纠纷中,涉及"人走股留"条款的效力认定和股权回购正当性判断方面问题。

---

① 参见株洲市天元区人民法院民事判决书,(2010)株天法民二初字第135号。

② 参见福建省福州市中级人民法院民事判决书,(2019)闽01民终3675号。

③ 参见广西壮族自治区玉林市中级人民法院民事判决书,(2016)桂09民终2164号。

④ 参见上海市第二中级人民法院民事判决书,(2014)沪二中民四(商)终字第330号。

表 3－2　章程限制股权转让类型及方式

股权类型	章程限制方式
职工股权	离职后公司回购
	离职后全部转让给工会
	限定股权转让价格
	在职时内部定向转让
普通股权	禁止对外转让
	限定股权转让价格
	须经股东会决议
	全体股东一致同意
	强制退股
	公司回购
	需经董事会同意
	向公司书面申请

总体而言，当前的司法裁判路径主要分为条款无效说与条款有效说，而大部分法院对章程中的股权转让限制性条款的效力持肯定态度。

(1)限制性条款无效说

由于章程条款以及章程限制方式的不同，各级法院在否定限制性条款效力时往往基于不同的裁判路径：

第一，对于章程中的禁止股权转让条款，当前主要存在禁止股东对外转让、禁止股东之间转让和禁止股东在特定期限内转让三种情形。对该条款持否定看法的法院一般认为，规定禁止股权转让的章程条款，因严重损害股东对其股权处分的自由而应当被认定为无效。如在“周某桂与卢某泉股权转让纠纷案”①中，浙江省建德市人民法院认为，流通是股权的自然属性，股东转让其股权的权利是应有之义。有限责任公司的章程条款或者全体股东协议限制股权转让必须符合立法目的和法律强制性规定，绝对禁止股权转让的规定无效。

第二，对章程中的股权转让程序的限制，有法院提出，在无法达到章程规定的限制转让程序条件时，应当通过规定其他救济途径以保障股东能自由退出公司，不得损害股东对其股权处分的自由。如昆明市中级人民法院就以涉章程条款因违反法律强制性规

① 参见浙江省建德市人民法院民事判决书，(2020)浙0182民初159号。

定而作出章程无效的判决。① 在“赵某与昆明仟龙营养食品科研开发有限公司等公司决议效力纠纷上诉案”中,法院基于上诉人未参加股东会表决且事后未追认的情形作出否定修订章程中的股权转让限制性条款的判决。②

第三,对于章程中的强制股权转让条款,滁州市中级人民法院认为,章程自治范围应当受限制,而股权作为股东的财产,应当以合理的市场价格转让,或协商确定股权转让价格。但是,强制性条款剥夺了股东的权利,违反法律禁止性规定。③ 福州市中级人民法院指出通过章程限制股权流通,不符合股权转让自由的市场交易规则。④

第四,对于修订章程中的股权转让限制性条款,以合意原则作为裁判路径的法院普遍认为,未经股东合意、以资本多数决方式通过的修订章程不得限制异议股东的股权转让自由。在合意原则下修订章程无效的范围方面,“上海清盈物流有限公司与梁某公司决议效力确认纠纷案”⑤中,上海市第二中级人民法院认为,修订章程条款内容侵犯了异议股东的合法权益,对全体股东均不产生拘束力。而在“付某明与阿克苏市公交有限责任公司公司盈余分配纠纷案”⑥中,主审法院认为该条款仅对异议股东不产生拘束力。但在“天长市中天实业有限责任公司与章某萍股东资格确认纠纷上诉案”⑦中,滁州市中级人民法院则以“人走股留”条款违反《公司法》规定为由否定了全体股东合意达成的修订章程中的股权转让限制性条款。

(2)限制性条款有效说

与否认股权转让限制条款的判决不同的是,绝大部分法院对股权转让限制条款持肯定态度,但对于合理性的解释路径,各级法院出现了不同的做法:

第一,区分初始章程和修订章程的不同效力。在这一裁判路径下,法院对有限责任公司的初始章程和修订章程采用了不同的识别路径。

对于初始章程,绝大多数法院认为,初始章程系由全体股东一致同意而订立,具有合意机制,出于尊重公司自治的需要,应当肯定初始章程中关于股权转让限制的约定。如在“赖某玉与广西贺州市医药有限责任公司股东资格确认纠纷案”⑧中,贺州市中级人民法院认为,公司章程具有自治性,公司章程对每一个股东均产生契约的约束力,股东必须遵守公司章程的规定并对公司负有义务。而股权的本质是财产权,股东或持股职工在不违背法律强行性规范的前提下可以以协议的方式自由处分。最高人民法院于

---

① 参见云南省昆明市中级人民法院民事判决书,(2017)云01民终2233号。
② 参见云南市昆明市中级人民法院民事判决书,(2017)云01民终字第2233号。
③ 参见安徽省滁州市中级人民法院民事判决书,(2016)皖11民终2596号。
④ 参见福建省福州市中级人民法院民事判决书,(2019)闽01民终4692号。
⑤ 参见上海市第二中级人民法院民事判决书,(2018)沪02民终10889号。
⑥ 参见新疆维吾尔自治区阿克苏地区中级人民法院民事判决书,(2014)阿中民二终字第271号。
⑦ 参见安徽省滁州市中级人民法院民事判决书,(2016)皖11民终字第2596号。
⑧ 参见广西壮族自治区贺州市中级人民法院民事判决书,(2016)桂11民终476号。

2018年公布的第96号指导案例,也肯定了这一裁判路径,进而提出初始章程是股东间订立的一份合同,具备合意机制,对所有股东都具有约束力。①

而对于修订章程,有的法院认为公司章程从性质上来说属于契约,按照公司契约理论的契约自由原则,修订章程也应当遵循合同法的解释路径,依照资本多数决的程序通过的修订章程对于反对股东应当无效,修订章程只有全体股东一致同意的情形下方可对所有股东发生效力。② 但在"南京市规划设计研究院有限责任公司与石某珍公司盈余分配纠纷案"③中,南京市中级人民法院则认为,如果依照法定程序修改的章程条款只约束投赞成票的股东而不能约束投反对票的股东,既违背了股东平等原则,也动摇了资本多数决的公司法基本原则。

第二,反对章程效力类型化分析,主张从《公司法》第71条第4款和章程的性质角度把握限制性条款效力。

在"天长市中天实业有限责任公司与章某萍股东资格确认纠纷上诉案"④中,法院认为,在认定股权转让限制条款效力时,无须对初始章程和修订章程作区别分析,而应当关注条款本身是否违反了法律、行政法规等强制性规定。湖南省高级人民法院基于公司章程的性质,提出章程是公司的自治规则,对全体股东具有约束力。⑤ 南京市中级人民法院在"吴某玲与南京扬子信息技术有限责任公司股东资格确认纠纷案"⑥中,也提出修订章程若只对反对股东不产生效力,则明显背离了股权平等原则和资本多数决原则本身的要求,经股东会决议通过的公司章程,应当对全体股东具有拘束力。普洱市中级人民法院在"肖某群、陈某心公司决议效力确认纠纷案"⑦中,对《公司法》第71条和公司章程的契约属性进行分析,提出《公司法》第71条第4款关于有限责任公司的股东转让股权这一规定不是强制性规定,公司章程可以另行进行规定。而股东签署公司章程的行为也不同于传统意义上的单一性合同订立行为,公司章程的签订是否有违反程序或者股东意思表示不真实,不自愿的情形,并不能简单地依据合同法规则来判断其效力。公司章程是公司内部契约,是当事人就公司重大事项的预想,根据实际情况通过多轮反复协商达成的实现其利益最大化的妥协,包含决定公司今后发展方向和权利分配等重大事项,有理由得到尊重。

---

① 参见最高人民法院指导案例96号"宋某军诉西安市大华餐饮有限公司股东资格确认纠纷案"。

② 参见江苏省高级人民法院民二庭:《审理有限责任公司治理结构案件中的三个基本问题》,载《人民司法·应用》2007年第4期。

③ 参见江苏省南京市中级人民法院民事判决书,(2013)宁商终字第1336号。

④ 参见安徽省滁州市中级人民法院民事判决书,(2016)皖11民终字第2596号。

⑤ 参见湖南省高级人民法院民事判决书,(2013)湘高法民申字第150号。

⑥ 参见江苏省南京市中级人民法院民事判决书,(2016)苏01民终字第1603号。

⑦ 参见云南省普洱市中级人民法院民事判决书,(2020)云08民终433号。

第三,基于维护人合性的需要,肯定股权限制转让条款的效力。

在"边某栋与丁某忠股权转让纠纷二审案"①中,成都市中级人民法院认为,公司章程中的股权转让限制是为调动员工的工作积极性而设立,作为创投类公司,对人合性保护的需求更加迫切,因而公司章程对于股权转让时间、方式、价格等多重限制具有合理性。在"上诉人易某忠与被上诉人湖南百利工程科技有限公司及被上诉人陈某柏、陈某龙、李某友、彭某宏、肖某明股权转让纠纷案"②中,岳阳市中级人民法院认为,有限责任公司具有人合性的特殊需求,公司的经营发展依赖于股东之间的互信与合作,若对股权转让不加限制,将导致公司内部的动荡,损害其他股东和公司的整体利益。衡阳市中级人民法院则认为,法律未禁止公司章程对股东对外转让作出限制,考虑到有限责任公司的人合性,公司章程条款不违反强制性规定,亦不损害全体股东的利益和公司利益。③ 在"王某与王甲股权转让纠纷案"④中,徐州市中级人民法院从公司自治角度出发,提出有限责任公司具有封闭性和人合性的特点,由公司章程对公司股东转让股权作出的限制性规定,系公司自治的体现,不违反法律、行政法规的禁止性规定,应属合法有效。

第四,区分股权转让的限制性条款与禁止性条款效力,进而认定股权转让限制性条款并未导致股权实质无法转让,应当依法有效。例如,在第 96 号指导性案例中,主审法院就认为章程中的"人走股留"限制性规定并未导致股权实质上无法转让,该规定并不属于禁止股权转让的禁止性规定。因而,股权转让限制性条款应当有效。⑤

当然,在我国当前的司法实践中,对于有限责任公司章程限制股权转让条款效力的认定,除有效说与无效说之外,也有不少法院出于尊重公司自治的考虑,认为在股东没有对公司章程修正案逐条进行违法说明的情况下,对公司章程的内容是否违反法律规定的情形,不应像审查合同是否无效一样进行逐条审查,应尊重公司自治,对于当事人没有进行详细说明的公司章程修正案是否存在违法的问题,法院不宜直接审查其效力问题。⑥

(二)理想与现实:第 96 号指导性案例

2018 年 6 月 20 日,最高人民法院对外发布第 96 号指导性案例"宋某军诉西安市大华餐饮有限公司股东资格确认纠纷案",试图以指导性案例的形式为章程限制股权转让纠纷案件树立裁判指引。

本案中的被告西安市大华餐饮有限责任公司(以下简称大华公司)属于国有企业

---

① 参见四川省成都市中级人民法院民事判决书,(2015)成民终字第 5778 号。

② 参见湖南省岳阳市中级人民法院民事判决书,(2010)岳中民二终字第 9 号。

③ 参见湖南省衡阳市中级人民法院民事判决书,(2014)衡中法民二终字第 92 号。

④ 参见江苏省徐州市中级人民法院民事判决书,(2020)苏 03 民终 6541 号。

⑤ 参见最高人民法院指导案例 96 号"宋某军诉西安市大华餐饮有限公司股东资格确认纠纷案"。

⑥ 参见云南省普洱市中级人民法院民事判决书,(2020)云 08 民终 433 号。

改制而来的有限责任公司,而原告宋某军是大华公司的员工兼自然人股东。公司成立初期,公司章程第三章第14条即明确规定:“公司股权不向公司以外的任何团体和个人出售、转让。公司改制一年后,经董事会批准后可在公司内部赠予、转让和继承。持股人死亡或退休经董事会批准后方可继承、转让或由企业收购,持股人若辞职、调离或被辞退、解除劳动合同的,人走股留,所持股份由企业收购……”章程生效后不久,宋某军向大华公司提出离职和退出股份的申请。2006年8月28日,经法定代表人同意,宋某军领到退股款。2007年1月8日,大华公司股东大会以资本多数决的方式审议通过宋某军的退股申请。后宋某军以大华公司的回购行为违反法律规定,未履行法定程序且公司法规定股东不得抽逃出资等,请求依法确认其股东资格。

第96号指导性案例的核心争议焦点在于以下两方面:第一,公司章程中关于“人走股留”的限制性条款,是否违反《公司法》的禁止性规定?第二,公司回购股权的行为是否构成抽逃出资?而对于公司章程规定的“人走股留”限制性条款的效力认定问题,第96号指导性案例采用章程效力类型化的视角,围绕初始章程和后续章程的效力差异、有限责任公司的人合性特征以及股权转让的限制性规定与禁止性规定的区别三方面展开论证。

第一,关于公司章程效力认定问题,第96号指导性案例认为,公司章程分为初始章程和修订章程,初始章程是股东间订立的一份合同,具备合意机制,对所有股东都具有约束力。第96号指导性案例以合意机制取代决议机制,在论证章程限制股权转让合法性的审查方面,构建了合同关系决定性的审查标准。

第二,为了进一步论证“人走股留”限制性条款的合理性,第96号指导性案例从有限责任公司自身的特征出发,通过构建人合性法理,论证尊重公司内部自治的必要性。有限责任公司具有封闭性特征,股东之间基于特定的身份关系组成公司,较强的人合性特征使其区别于股份有限公司,出于维护人合性的现实需求,应当充分尊重公司内部自治,允许股东对股权转让作出限制,避免股权转让到外人手中,导致公司无法存续或陷入僵局。

第三,在论证股权转让限制性条款效力时,第96号指导性案例认为应当对限制性条款进行类型化分析,进一步区分限制性规定和禁止性规定。在限制性规定下,股权自由转让虽然受到一定的限制,但并未发生股权实质无法转让的情形。而禁止性规定使得股东被“锁定”于公司内部,股权自由转让完全受限,这与股权转让自由原则相违背,应当无效。

1. 先天不足:第96号指导性案例裁判路径的得与失

在第96号指导案例颁布之前,各级法院对章程限制股权转让条款效力的认定时,往往存在裁判理由过于单一且欠缺说理的问题,而且部分裁判观点因为缺乏相应的法理基础,至今依然饱受诟病。如在“上海清盈物流有限公司与梁某公司决议效力确认纠纷案"[①]中,上海市第二中级人民法院仅以章程"另有规定"的修改内容,侵犯了异议股东的合法权益,从而认定该内容对异议股东无效,但究竟侵犯了异议股东何种权益以及章程的效力问题并未作出明确的回答。又如,部分法院在对章程的性质进行说理时,认为章程是公司的自治规则,对每一个股东均可产生契约的约束力。[②] 但自治规则与契约显然并不是一个等同概念,概念的混淆在某种程度上加剧了有限责任公司章程限制股权转让纠纷的同案不同判的现象。

第96号指导性案例颁布之后,在某种程度上克服了此类案件在论证说理上的不足,通过从章程的效力及构造、有限责任公司的人合性以及限制性规定的效力3个角度展开论证说理,相较于之前的法院判决,论证说明更为完整且充分,就个案而言,该裁判路径就有一定的示范意义。但也正是由于这种"堆砌式"的裁判路径,导致其无法为各级法院提供清晰的裁判路径,不具有普遍适用意义。

遵循第96号指导性案例的裁判路径,最终将得出以下三种存在歧义的裁判结果:

第一,只有初始章程中规定的、维护有限责任公司人合性且属于限制性规定而非禁止性规定的股权转让限制条款方可有效,而修订章程中规定的股权转让限制条款无论是否经过股东一致同意或资本多数决通过,均属于无效的条款。

第二,股权转让限制条款之效力取决于是否满足合意的原则,合意是股权转让限制性条款的决定性因素。因而,对于修订章程即使满足了人合性、限制性规定和经过资本多数决通过,对于反对股东亦不发生效力。

第三,章程中的股权转让限制性条款之所以有效,源于其在维护公司人合性方面的作用。因而,无论是初始章程还是修订章程,只要不破坏公司的人合性,即使导致股权在一定程度上无法自由转让且章程的订立未经全体股东一致同意,均应当有效。

综上所述,第96号指导性案例提出的三个审查标准之间前后逻辑关系并不密切,无法对章程限制股权转让条款的认定问题作出权威的回答,并未清晰地向各级法院展示哪一标准才是决定章程限制股权转让条款效力的决定性因素,在更大程度上造成股东之间、股东与公司之间的利益冲突。章程效力类型化分析的做法也并非我国当前司法实践的主流做法,与《公司法》第11、25条等条文存在诸多的冲突。[③]

2. 有"法"难用:碎片化的第96号指导性案例

为进一步研究第96号指导案例的实际应用情况,笔者采用年度比较分析后发现,第96号指导性案例虽然在理论上具有特殊的法源地位而被各级法院援引和使用,[④]但从被援引的情况来看不容乐观,绝大部分法院并未沿用第96号指导性案例所确立的裁

---

① 参见上海市第二中级人民法院民事判决书,(2018)沪02民终10889号。

② 参见湖南省高级人民法院民事判决书,(2013)湘高法民申字第150号。

③ 参见楼秋然:《股权转让限制措施的合法性审查问题研究——以指导案例96号为切入点》,载《政治与法律》2019年第2期。

④ 参见王建文:《论商事指导性案例的特殊法源地位》,载《兰州学刊》2019年第7期。

判路径,有“法”难用的矛盾依然存在。总体而言,第96号指导性案例司法应用状况呈现以下特点:

第一,指导性案例被应用次数虽然明显增加,但总体被应用率仍然较低。

截至2019年12月31日,第96号指导案例被用于7例案件中,被应用次数明显增加。相较于2018年,指导案例被应用次数一年增加4例,与其他同类指导案例相比,第96号指导案例被应用率明显较低,与每年不断增长的上千件股权转让纠纷案件明显不成比例。

第二,指导案例主要被应用于中级人民法院,应用主体级别普遍不高。

从指导案例被应用的主体来看,截至2019年12月31日,第96号指导案例已经涵盖高级人民法院、中级人民法院和基层人民法院三级。其中,高级人民法院共应用2次,中级人民法院应用6次,基层人民法院应用2次。相比较而言,被应用于中级人民法院的次数较多,而最高人民法院本级在同类案件中并未引用或参照第96号指导案例,指导案例的权威性面临一定的问题。

第三,指导性案例以被法官隐性援引为主,或以裁判理由部分选择性援引为主,当事人直接援引指导性案例获得法院支持概率低。

从第96号指导案例被援引的情况发现,该指导案例主要被法官隐性援引为主,且法官并未全部引用指导案例的所有内容,只是对该指导案例的部分裁判理由予以选择性引用,共有8例案件法官并未在裁判文书中明确说明该裁判理由的出处。其中上诉人主动援引但未被参照的1例,被上诉人主动援引且被参照的1例,第96号指导案例所确立的裁判路径和论证思路并未得到各级法院法官的支持,当事人主动援引第96号指导案例并不能得到法院的支持。

二、司法实践的反思与理论检讨

(一)人合性标准的反思与检讨

1. 人合性标准的由来

对于人合性的理论讨论由来已久。在大陆法系的公司法学者看来,依照公司的信用基础不同,可将公司从学理上分为人合公司、资合公司和人资兼合公司。人合公司以股东个人的信用作为信用基础,并以其个人信用作为对外关系的基础,具有较强的人合因素,表现出明显的合伙性质。资合公司则以公司的资本为信用基础,具有较强的资合属性,股份有限公司就是最典型的代表。而人资兼合公司兼以股东个人的信用和资本信用为信用基础。①

在公司类型的学理分类基础上,学者从不同视角对人合性进行深度解读。当前学界对人合性的探讨主要为两个方面:一是人合性是否仅指股东之间的信任关系?二是人合性是否包含内部表现和外部表现两部分?

---

① 参见范健、王建文:《商法学》,法律出版社2015年版,第87页。

持第一种观点的学者普遍将人合性定义为股东与股东之间的信任关系。从人合性的历史发展来看,人合性最早诞生于商事合伙,人合性体现了合伙人之间强烈的信任关系。[①] 叶林在研究人合性对有限责任公司治理时提出,股东的身份对公司治理意义重大,有限责任公司的组建、管理甚至业务的展开,均是建立在股东间相互信任的基础上。[②] 高永周在此基础上,提出人合性就是股东与股东之间的信任关系,但其与以公司信用为基础和分类标准的人合性存在区别,前者是用于处理公司与股东以及股东之间的内部关系,而后者用来解释公司的债务由股东来承担这一基本规则。[③] 与第一种观点不同的是,部分学者认为人合性不仅是股东之间的信任关系,而且还会产生外部效应,能够同时影响公司的内部关系和外部关系,具有双重属性。林成铎在研究股东退出机制时提出,人合性是公司成立的基础,其体现在股东的资产、信用状况以及个人综合能力各方面,是股东之间最基本的信任关系。有限责任公司的封闭性和所有权与经营权高度统一的特点就是源于人合性。[④]

2. 变革中的中国公司:人合性标准的反思与检讨

人合性强调对股东之间的信任关系的维系,维护公司的人合性,有利于降低公司的经营成本,提升公司自治,更好保护股东的利益。特别是对于一些家族公司来说,一切商业关系的基石建立在亲戚关系或亲戚式的纯粹个人关系上,公司的经营权和控制权只有掌握在股东本人或其亲属朋友的手上,才能使股东放心。一旦股权可以完全自由转让,如果新股东不受其他成员欢迎,则会使公司权力失衡并陷入僵局。即使该股东深受欢迎,公司及其成员之间也可能要花费成本和浪费时间去建立一个新的平衡状态。[⑤] 但是,人合性标准本身在理论和实践上存在诸多问题。实务中出现的以人合性和资合性区别这两类公司的做法,是公司类型划分上的标准混同。人合性和资合性作为大陆法系公司法学者对于公司类型的学理分类,是一种相对理想的假设性概念,实践中公司内部关系错综复杂,人合性与资合性两者之间并非泾渭分明。[⑥] 有限责任公司并不仅仅具有人合性,其是具有"人合性的资合公司",股份有限公司也可以具备人合性。

改革开放40多年来,随着我国公司股东的利益诉求及经营理念的改变,以资合性为主要特征的上市公司也开始章程限制股权转让的实践,而以人合性为本质属性的有限责任公司则高度重视股权的自由转让。在资本泛滥和公司异化的背景下,公司与资

---

① 参见吴高臣:《人合性视角下有限责任公司权力配置研究》,载《烟台大学学报(哲学社会科学版)》2020年第6期。

② 参见叶林、段威:《论有限责任公司的性质及其立法趋向》,载《现代法学》2005年第1期。

③ 参见高永周:《有限责任公司的人合性》,载《北京科技大学学报(社会科学版)》2008年第4期。

④ 参见林成铎:《有限责任公司股东退出机制研究》,中国政法大学出版社2009年版,第19~27页。

⑤ 参见夏旭阳:《家族公司股权转让限制的法律分析》,载《法治研究》2009年第4期。

⑥ 参见李欢:《资合性标准的转向——上市公司章程限制股份转让效力判断》,载《烟台大学学报(哲学社会科学版)》2020年第6期。

本市场之间的联系日益密切,越来越多的有限责任公司开始大规模引入战略投资者,公司经营严重依赖资本和金融,成为资本运营的工具,[①]公司的股权融资规模远超债权融资规模,员工和股东人数也多于先前的有限责任公司,资本成为公司经营的核心要素,股权的价值通过股权的自由流动得以最大化。[②] 而股东向外转让股权受限,最终损害公司的运营效率。[③] 特别是对于一些陷入僵局的公司来说,由于股东之间的互信消失,坚持人合性标准,将使公司成为大股东压迫小股东的工具,使公司的治理成本在管理层和股东长期内耗的情况下不断抬高,严重损害了股东和公司的整体利益。因此,将资本要素和人力要素有机结合起来重新思考中国公司的本质,已经成为中国公司制度变革的必然方向。

综上所述,采用单一的人合性标准并不具备太强说服力,难以有效回应中国公司发展的现状,资合性应当提升到与人合性同等的地位加以综合衡量。大量实证研究早已证明,股权转让限制性条款不仅不会巩固人合性,反而会导致人合性的破坏,提高有限责任公司治理的成本。例如,在“李某平与丁某忠股权转让纠纷案”[④]中,公司章程明确规定除第一大股东外,其余股东在5年内均不得转让股权,但随着公司规模的扩大和股权价值的上升,股权转让限制性条款成为大股东压迫小股东的利器,公司出现严重的股东压制现象,公司的人合性最终遭到严重破坏,公司也因为内耗而陷入严重的经营危机。

(二)初始章程与修订章程的二元路径反思与检讨

1.资本多数决与合意原则的对决:二元裁判路径的由来

由于对公司契约认识的偏差,在我国司法裁判中出现了初始章程与修订章程二元裁判路径,而该路径的核心问题在于资本多数决下修订章程的性质和效力问题。

在公司契约理论看来,公司实质上是一组开放的契约,[⑤]契约自治和公司自由主义构成了公司法的核心精神原则,公司法的作用就在于提供标准的合同条款。初始章程由全体股东共同制定,类似于股东之间订立的一份合同,具备合意机制。[⑥] 初始章程可依合意机制获得“选掉”公司法规则,初始章程中的股权转让限制性条款,因为获得了全体股东的一致合意,具备了法理上的正当性。而对于修订章程来说,其在制定的过程中只需符合资本多数决的要求即可通过。而资本多数决不同于合意,可能出现少数股

---

① 参见范健:《资本泛滥时期的公司治理与金融监管》,载《法学杂志》2019年第2期。

② 参见施天涛:《公司法论》,法律出版社2006年版,第262页。

③ 参见赵尧:《整体主义视角下有限公司对外转让股权的制度重构》,载《哈尔滨工业大学学报(社会科学版)》2016年第3期。

④ 参见四川省成都市金牛区人民法院民事判决书,(2015)金牛民初字第1247号。

⑤ 参见[美]弗兰克·伊斯坦布尔、丹尼尔·费希尔:《公司法的经济结构》,罗培新、张建伟译,北京大学出版社2018年版,第8页。

⑥ 参见[韩]李哲松:《韩国公司法》,吴日焕译,中国政法大学出版社2010年版,第73页。

东反对的情形。在此种情形下，就出现了资本多数决的结果是否对反对股东也产生拘束力的问题。在“滕某青诉常熟市建发医药有限公司股东权纠纷案”中，法院以股权非经权利人的意思表示或法定的强制执行程序不能被变动为由否认公司作出的决议对反对股东的效力。① 江苏省高级人民法院民二庭在此基础上进而提出，章程修订过程中，反对股东并未与公司建立任何的合同关系。因而，以资本多数决原则通过的修订章程并不能约束反对股东。②

资本多数决不具有合同机制的观点在理论与实务界引发了一场关于初始章程与修订章程性质的大讨论。钱玉林在对初始章程与修订章程的性质进行法理分析时提出，修订章程不同于初始章程，由于本身欠缺合同存在的基础，不能将其视为合同，无法产生对反对股东产生拘束力。③ 同时，由于股东机会主义的存在和少数股东理性的冷漠，大股东常利用资本多数决实施压制少数股东的行为，通过排除对反对股东的适用，也可以维护少数股东的利益。④ 但由于公司契约理论中的合同实质上是经济学层面的合同而非法学意义上的合同，经济学上的合同是泛指一切基于当事人意思自治达成的任何安排，重点考察当事人基于自愿进行合作的状态，⑤正如蒋大兴将公司定义为一个精神共同体，而在公司这一精神共同体中，“私利是适度的，合作是受鼓励的”，股东彼此之间维系着一种“团结型情感”。⑥

2. 二元裁判路径的困局与反思

二元裁判路径将公司章程拆分为初始章程与修订章程，导致同一章程得出两种不同的性质，引发了学者对章程契约说正当性的质疑。而二元裁判路径困局的出现，根源在于公司法学界对于公司契约关系的解读存在偏差。诚如反对章程契约说的学者所言，公司契约理论主张通过股东同意之合同机制判断公司限制股权的效力，但从合同即合意的角度来看，修订章程便无法对反对股东产生效力，由此得出初始章程与修订章程具有不同效力，导致章程性质的混乱。⑦ 即便是坚持章程契约说的学者，在解读公司章程的契约结构时，亦将合意原则作为构建公司合同进路的核心基础，进而认为初始章程因为存在股东的一致合意而具有合同关系，但修订章程采用资本多数决的方式产生，因

---

① 参见江苏省常熟市人民法院民事判决书，(2006)常民二初字第335号。

② 参见江苏省高级人民法院民二庭：《审理有限责任公司治理结构案件中的三个基本问题》，载《人民司法·应用》2007年第4期。

③ 参见钱玉林：《公司章程“另有规定”检讨》，载《法学研究》2009年第2期。

④ See Lucian Arye Bebchuk, *Limiting Contractual Freedom in Corporate Law: The Desirable Constraints on Charter Amendment*, 102 Harvard Law Review 1820, p. 1827 – 1829(1989).

⑤ 参见朱慈蕴、沈朝晖：《不完全合同视角下的公司治理规则》，载《法学》2017年第4期。

⑥ 参见蒋大兴：《团结情感、私人裁决与法院行动——公司内解决纠纷之规范结构》，载《法制与社会发展》2020年第3期。

⑦ 参见楼秋然：《股权转让限制措施的合法性审查问题研究——以指导案例96号为切入点》，载《政治与法律》2019年第2期。

不具备合意机制，对反对股东不产生约束力。①

（1）合意机制掩盖了章程的契约本质

公司作为一种特殊的契约，其与合同法中的合同存在显著区别，在公司法这一组织法中完全遵循合同法中的合同解释路径，往往出现“水土不服”的法律适用困境。面对合同法野蛮“入侵”公司法领域的现状，就有学者对于以意思自治原则为核心的公司契约理论提出质疑，认为如果直接以合同法规制公司治理出现的问题，公司法的存在是那么略显多余，我们何不将公司法纳入合同法之中，直接以公司合同法调节公司治理过程中出现的法律问题。②

究其根源，公司契约理论以契约为切入点，降低交易成本作为主要思想线索，通过将公司视为一系列契约的联结方式，对公司治理问题开展全面的成本—收益分析，以实现其追求的效率最大化和利益最大化的目标。在自由主义和契约自治的影响下，伊斯特布鲁克和费希尔将自由主义与契约自治引入公司法研究之中，成功解构出公司法的契约构造，进而提出公司是一系列合约的连结，是一项意思自治的风险事业。但公司契约理论下的契约不同于法学意义上的合同机制，公司契约理论下的契约实质上是经济学意义上的契约。③

公司契约理论在古典契约理论的基础之上衍生而来，而古典契约理论强调个人利益至上和贯彻绝对的契约自由，主张所有市场主体都是经济理性人，行为人理性地从事交易行为，当其利益受损时，行为人会“用脚投票”，以期维护自身的合法利益。因此，法院无权对行为人的交易行为进行公平审查。新古典契约理论在坚持契约自由原则的前提下，进一步提出对契约信赖利益的维护，在契约中引入显失公平和诚实信用等弹性原则，在一定程度上对契约自由加以限制。④ 但无论是古典契约理论还是新古典契约理论，皆主张自由主义至上和契约自由，绝对地认为契约关系是“一个人的增加等于另一个人的减少”的关系，并未赋予公司等组织独立的主体地位，用这样一种理论解释公司治理问题，显然不能真实反映公司的契约逻辑。

综上所述，公司法不同于合同法，契约不自由才是公司法契约逻辑的本质。公司的内部治理过程中，往往采用资本多数决、人数多数决的方式进行决议，决议的方式恰恰是对个人利益和契约自由的限制，决议的效力并不能仅因欠缺合意或有损股东个人利益而招致否定性评价。⑤ 各级法院仅以修订章程不能完全反映出类似初始章程阶段的

---

① 参见钱玉林：《公司章程“另有规定”检讨》，载《法学研究》2009 年第 2 期。

② 参见黄辉：《对公司法合同进路的反思》，载《法学》2017 年第 4 期。

③ ［美］弗兰克·伊斯坦布尔、丹尼尔·费希尔：《公司法的经济结构》，罗培新、张建伟译，北京大学出版社 2018 年版，第 17 页。

④ 刘承韪：《契约法理论的历史嬗迭与现代发展——以英美契约法为核心的考察》，载《中外法学》2011 年第 4 期。

⑤ 参见蒋大兴：《公司法中的合同空间——从契约法到组织法的逻辑》，载《法学》2017 年第 4 期。

合意现象，就否认其不完全契约的性质，从根本上来说是一种逻辑上的谬论，显然是对公司契约理论的僵化解读。况且，公司法中的契约表现为意思拘束、他人决定的色彩，这一特征导致了公司契约是长期性的、不完全性的关系型契约，[①]执意坚持以个人利益之上的合意原则作为章程合同效力判断的核心要件，必然加剧公司内部的道德风险，将公司契约逻辑引向一个错误方向。

(2)章程背后的不完备性遭到漠视

公司本质是契约或合同，公司的治理实质上是契约或合同之治理，但在合同中预见未来所有的可能性，将带来巨大的成本。因此，在哈特、摩尔等人看来，受到人的有限理性和信息不对称的影响，市场交易中的合同与企业内部的合同均是不完备的，在初始合同的基础上的事后重新谈判不可避免，这一观点就是不完全合同理论。[②] 在不完全合同视角下，由于制定完备的初始章程，股东和公司将付出巨大的缔约成本，因此，初始章程从诞生之日起便是不完备的。而章程的修订过程本质上是对初始章程的完善和填补空白的重要环节，是一种富有效率且成本最低的公司治理规则。初始章程实质上是不完全合同的制定过程，而修订章程则是不完全合同的填补阶段，并不能笼统地将公司章程定义为合同或非合同。[③] 只是在初始章程阶段，章程的订立者为全体股东，而在修订章程阶段，章程的订立主体为股东会。因此，对于修订章程而言，由于存在"多数人暴政"的现象，需要对股东会的"意思表示"自由作出相应的限制。但对公司的意思自治的限制，并不是"一刀切"式地肯定或否定，在德国的司法实践中，虽然修订章程对股权转让进行了限制，但如果多数股东认为这一限制是必要的，那从理论上也具有合法性。[④]

综上所述，否认资本多数决对反对股东的效力，过度考虑"多数人暴政"问题，不仅是对章程的契约逻辑的误读，而且也漠视了公司章程本身的不完备性，会招致少数股东机会主义行为的产生，抬高公司治理的代理成本，是一种"不效率"的裁判路径。公司契约属于长期的、不完全性的关系契约，带有明显团体性和关系性色彩，坚持自由、合意为核心的契约解释路径，将无法解释公司治理过程中出现的大量基于公司决议机制而产生的非约定条款的效力。

3. 限制与自由：股权自由转让原则的反思与检讨

(1)股权自由转让原则的司法实践与理论研究

我国《公司法》经历2005年和2013年两次修改之后，基本确立了有限责任公司和股份有限公司两分的立法模式。在股权转让方面，有限责任公司和股份有限公司分别

---

① 参见黄辉：《对公司法合同进路的反思》，载《法学》2017年第4期。

② 参见朱慈蕴、沈朝晖：《不完全合同视角下的公司治理规则》，载《法学》2017年第4期。

③ 参见钱玉林：《公司章程"另有规定"检讨》，载《法学研究》2009年第2期。

④ 参见[德]托马斯·莱塞尔、吕迪格·法伊尔：《德国资合公司法》，高旭军等译，法律出版社2004年版，第24页。

遵循"原则上限制、例外自由"和"原则自由、例外限制"两种不同的理念。[①] 但对于股权自由转让原则究竟是公司法的基本原则还是公司法的原则性规定，目前仍然没有达成统一的共识，限制性规定与禁止性规定如何区分，也不存在统一的裁判标准。因此，要彻底厘清此类案例的裁判路径和统一裁判标准，亟须对股权自由转让原则进行重新审视和检讨。

从目前的研究成果来看，对股权自由转让原则大体分为以下两种观点：

第一，股权自由转让原则是公司法的基本原则，任何人均不得对股权转让作出限制性规定，股权如何转让由股东自主决定。[②] 这一看法得到绝大多数学者的支持，施天涛认为，股权转让自由是公司法的法定原则，股权的流通性越强，股权的价值越能体现出来。[③] 因此，若不考虑人合性或看到资合性的一面，则章程中的股权转让限制性条款，不仅违背了公司法的基本原则，也不利于实现股权交易的效益最大化。

第二，股权自由转让原则作为公司法的原则性规定而存在，公司可以对股权转让另行规定，但对于开放程度不同的公司其自治界限各有不同。[④] 赵旭东认为，股权可以自由转让既是各国或地区公司立法所贯彻的一项基本原则，也是各国或地区公司立法的通例，应允许公司在其章程中规定股权转让限制性条款。但股权转让限制性条款主要适用于非上市型股份有限公司，而不适用于上市型股份有限公司。[⑤]

(2)股权自由转让原则的反思与检讨

对于股权自由转让原则能否作为裁判依据，在理论上仍然存在一些不足。一方面，即便是将股权自由转让原则奉为基本原则的股份有限公司，在实务中也出现了允许对股权自由转让作出限制性规定的情形。例如，当前我国上市公司实施的股权激励计划和国有改制公司的职工持股计划，在一定程度上反映了政策制定者对股权自由转让原则的突破。[⑥] 另一方面，股权自由原则与股权自由转让规则两者之间在概念上存在一定的差别，我国《公司法》中关于股权转让的规定究竟是股权自由转让原则还是股权自由转让规定，在理论上仍然存在一定的分歧。

对于股权自由转让原则是否为公司法上的基本原则以及股东是否可以排除对股权自由转让原则的适用并在章程中规定股权转让限制性条款，最终的本质问题还须回到商法的基本理念和原则角度进行分析与探讨。

---

① 参见蔡元庆：《股份有限公司章程对股权转让的限制》，载《暨南学报(哲学社会科学版)》2013年第3期。

② 参见王保树、崔勤之：《中国公司法原理》，社会科学文献出版社2006年版，第230页。

③ 参见施天涛：《公司法论》，法律出版社2006年版，第262页。

④ 参见吴建斌：《股份转让自由原则再审视》，载《南京大学学报(哲学·人文科学·社会科学)》2015年第3期。

⑤ 参见赵旭东主编：《公司法学》，高等教育出版社2003年版，第349～358页。

⑥ 《公司法》第142条规定："股份公司可为奖励职工目的而收购本公司股份作为库藏股。"

一方面,商法的基本原则贯穿于全部商事法律制度,而对于那些只适用于某一领域的原则,则不能称为基本原则,只能是商法的具体原则。股权自由转让原则作为公司法律制度的重要组成部分,其重要性不言而喻,但其能否上升为公司法的基本原则或商法基本原则的高度,显然从其适用的范围来看,本身带有一定的特定性。因此,股权自由转让原则作为公司法的具体原则或具体规则比作为基本原则更为准确。

另一方面,虽然股权自由转让原则实质上是公司法的具体原则,但其背后所蕴含和体现的商法的基本原则与价值理念导致其又不能像其他公司法具体规则一样被随意"选掉"。当前商法学界虽然对于商法的基本原则存在诸多争议,①但是保障商事交易自由、便捷和维护交易安全这些基本原则已经成为学界的共识。正如学者所指出的,充分利用现有资源追求更大的经济效益的商法价值和理念,是商事活动的本质要求,亦是商法核心价值追求所在。② 因此,股权自由转让原则背后蕴含投资人对利益最大化的诉求,尊重股权的自由转让背后蕴含特定的商事逻辑。

最后,确立股权自由转让在公司法中的原则性地位,也是各国或各地区公司法立法从管制走向自治的一个重要标志,体现了国家或政府对于商人的营业自由和商人的自我决定的尊重,股权的自由转让具有其独特的价值内涵,在立法和司法裁判的过程中不应当轻易地否认股权的自由转让。但是,相较于基本原则,股权自由转让原则又具有可突破性,并非坚决不能动摇。从现实情况来看,我国目前的司法实践存在肯定股份有限公司章程中的股权转让限制性条款效力的做法,更何况比股份有限公司人合性更强的有限责任公司。

三、章程限制股权转让的解释与路径再造

(一)章程性质的契约逻辑重构

1.超越意思自治:从"合意"到"关系"

随着商事交易行为的复杂化,以合意为核心构建起来的契约结构在理论和实务中饱受争议。吉尔莫甚至提出,以合意为核心的古典契约理论正在当代法学中走向消亡。③ 在这种背景下,麦克尼尔从法学和社会学角度出发,对契约的性质进行了重新解读,开创了不同于古典契约理论的关系契约理论,将人们对契约的观察视角从"合意"引向了"关系"。

在麦克尼尔的关系契约理论看来,契约不过是有关规划将来交换过程的当事人之间的各种关系,此时的契约已经不再是当事人之间的合意,而是身份、习惯以及社会功

---

① 参见范健:《民法典编纂背景下商事立法体系与商法通则立法研究》,载《中国法律评论》2017年第1期。

② 参见范健:《论我国商事立法的体系化——制定〈商法通则〉之理论思考》,载《清华法学》2008年第4期。

③ 参见[美]格兰特·吉尔莫:《契约的死亡》,曹士兵、姚宗、吴巍译,中国法制出版社2005年版,第117页。

能等诸多因素和关系的集合。[①] 契约的合法性与否，不在于是否属于当事人之间的意思自治，意思自治只是效力审查的起点，在采用契约理论解释合同效力时，要深入到合同背后的社会关系和共同的社会规则。[②] 契约当事人之间的交易行为也不再是简单地追求个人利益最大化，而是追求契约当事人之间的团结与合作，实现互惠互利和利益平衡。

区别于以往的契约理论，关系契约理论抛弃了以自利为核心的意思自治理论，更多地看到当事人之间为维护契约关系的稳定而呈现出来的合作共赢、相互协作的状态。正如费曼所言："强调合作是对新古典契约法保留古典契约法关于自利核心的矫正。"[③] 关系契约理论也并不回避契约的不完备性和长期性的特点，其看到了弱势方为订立和维系契约关系所付出的"沉没成本"，[④]主张在维系契约关系稳定的前提下进行相应的利益衡量，对弱者进行公平的救济。在关系契约理论视角下，股东之间、股东与公司之间以及股东与公司外部第三人之间不再仅仅是合同法一般意义上的"合同关系"，彼此之间呈现为追求成员间合作共赢、实现利益平衡的价值追求的关系性契约的状态，呈现公司组织利益和个人利益彼此交融状态。

2. 章程性质的识别与修正

当前学界对于章程的性质形成了章程契约说、自治法规说、决议行为说三种学说。在章程契约说看来，公司章程是股东、董事、高管和公司之间订立的契约，章程订立后，成员通过认可章程的内容而与公司建立联系，章程具有契约属性。[⑤] 但也有学者指出，章程的契约属性并非合同法意义上的契约，章程契约的意思自由受到一定的限制，章程契约是一种涉他性、不完全的契约。[⑥] 自治法规说认为章程是公司自己的法律，作为公司内部的法律，具有普遍的拘束力，不因个人成员的意思而改变。[⑦] 决议行为说则认为公司章程本质上是决议，章程的效力来自决议的效力。[⑧] 但决议行为到底是法律行为还是共同行为仍存在很大分歧。

---

① 参见[美]伊恩·R. 麦克尼尔：《新社会契约论》，雷喜宁、潘勤译，中国政法大学出版社 2004 年版，第 4 页。

② 参见刘承韪：《契约法理论的历史嬗迭与现代发展——以英美契约法为核心的考察》，载《中外法学》2011 年第 4 期。

③ Jay M. Feinman, *Relational Contract Theory in Context*, Northwestern University Law Review, p. 94 (2000).

④ 沉没成本是会计学上的一种概念，一般泛指在长期性、持续性合同的履行中，一方当事人相对于另一方当事人常常具有更为优势的地位，为签订和维系合同关系，较弱势的一方当事人需要额外投入大量的成本，这些成本并非合同义务，在合同文本中亦没有明确体现。

⑤ 参见吴飞飞：《论公司章程的决议属性及其效力认定规则》，载《法制与社会发展》2016 年第 1 期。

⑥ 参见朱慈蕴、沈朝晖：《不完全合同视角下的公司治理规则》，载《法学》2017 年第 4 期。

⑦ 参见朱慈蕴：《公司章程两分法论——公司章程自治与他治理念的融合》，载《当代法学》2006 年 9 月。

⑧ 参见吴飞飞：《公司章程"决议说"之提出》，载《人大法律评论》2015 年第 2 辑。

公司章程性质的三种学说各有不足，自治法规说将章程定义为公司内部的自治法规，但自治法规在一国法律体系中的地位仍然没有得到承认，究竟何为自治法规，当前仍然存在较大争议，自治法规说并不能揭露章程的性质，也无法解释章程的效力问题。决议行为说将章程定义为决议行为，但决议的性质究竟是什么，当前并未厘清。蒋大兴在研究决议的性质时发现，决议行为的背后是公司内部关系的合作性博弈，对章程性质的解释最终要回归到契约说中。[①] 章程契约说亦在逻辑上存在一定的问题，由于契约的效力具有相对性，其无法很好地解释章程为什么能够对后加入的股东和公司管理层以及第三人具有约束力。而修订章程以多数决取代合意，突出了合同法理论下的合意机制，在当前中国公司法学界和实务界普遍用合同法原理解释公司组织法问题的背景下，章程契约说陷入了适用的困境。

相较于其他学说，章程契约说在解释章程性质方面更具说服力。公司的契约构造不同于合同法中的合同，公司契约更多体现出组织性与合作性的特点，具有组织法和契约法双重特性，与合同法中侧重强调个人意思自治的合同存在明显的区别。而公司自治集中反映于章程自治之中，作为股东、公司管理层与公司之间关于公司治理方面的合约安排，章程是公司契约的核心部分，其性质和效力的解释应当遵循公司的契约逻辑。

从章程的形成和发展来看，其本质上属于组织型关系契约。在公司的成立期，在对股东权利、公司内部治理规则以及公司的名称、经营场所、资本等问题进行充分协商讨论之后，依据全体股东的一致决定，形成相应的公司章程，但限于对团体意志的考量，章程订立过程中的个人自由又受到组织的限制，带有组织法上的契约不自由的色彩。在公司的生产经营期，公司的独立人格开始显现，公司契约的组织性色彩更加浓厚，章程契约不再单一地考虑股东个人利益，而更加注重股东利益与公司整体利益的平衡。出于公司整体利益的考量，这一阶段可能形成公司章程对股东权利的限制或公司法对股东权利的限制等情形，章程又表现出“治理性契约”的特点。

从公司这一组织的发展史来看，公司章程系商人之间关于设立并经营公司这一组织的特殊“协议”。公司一开始以特许经营的模式出现，后来逐渐由特许设立转变为自由设立。可以说，公司是一种最有效率的商业惯例，而今天的公司法，是对商人所创设的组织规则的确认和许可。[②] 公司章程背后反映着公司这一组织的发展历史和本性，本质上是商人协议的产物，以章程契约说定义公司章程，兼顾了章程的经济逻辑和组织特性。虽然章程的性质本质上属于契约，但章程不但可以在股东、董事、职工以及经理等高级管理人员之间产生约束力，而且也能对政府、交易对象以及第三人等产生约束力，具有一般合同所不具备的涉他性与外部性的特点。即使坚持章程自治法规说的学者以章程需要公示或登记为由否认章程的契约性质，但章程的公示或登记并不导致其

---

① 参见蒋大兴：《重思公司共同决议行为之功能》，载《清华法学》2019 年第 6 期。

② 参见范健：《制度竞争下的中国公司法改革》，载《法治研究》2019 年第 3 期。

丧失契约本性。即便是合同法中一般意义上的合同,在实务中也会出现将双方订立的合同进行公示的情形。可见,将章程进行公示或登记,并不必然改变其原本的性质,章程在订立之时就已经生效,而公示或登记只是赋予其一定的公示力,即便未登记或公示,其依然具有一定的效力。

此外,由于章程的不完备性,章程本质上又是不完全的组织型关系契约,初始章程是不完全契约的制定阶段,而修订章程则属于不完全契约的填补阶段,初始章程与修订章程是同一契约下的两个不同阶段,契约的不完备性导致初始章程与修订章程的"合意"形式略有不同。为了降低股东之间的谈判成本,初始章程只是为事后的谈判提供了一套富有效率的规则安排,以解决事前投资不足或者事后因无效率谈判而退出、僵持的局面。[①] 在章程的修订与填补阶段,股东和公司在初始章程所确立的基本规则之上,对原有的规则进行重新增删,以回应公司变化发展的现实情况。同时为了提高公司治理的效率,降低代理成本,股东会决议通过"一事一议一决"的特殊"合意"方式取代初始章程制定阶段的"合意"原则,成为填补章程不完全性的一种最有效率的制度安排。

(二)决议行为的效力构造:从"竞争"到"合作"

由于公司章程的修订无须征得全体股东一致同意,实践中经常出现大股东滥用资本多数决机制对小股东进行压迫的情形,例如,在股权转让纠纷中,大股东借助资本多数决机制在公司章程中增设不合理的股权转让限制条款,导致小股东的股东权利遭到非法剥夺,这一现象就是资本多数决的异化。

虽然公司法学界早已认识到资本多数决异化现象的存在,但理论上对决议行为的性质、功能和价值等问题并未达成统一共识,也未形成任何行之有效的解决方案。理论研究的不足和公司法规则的漏洞,导致法律适用过程中出现了决议与合意的"对抗"情形,为了保护小股东的利益,规制大股东滥用多数决的行为,部分法院采用"一刀切"式的做法,认为只要多数决的结果未征得全体股东的一致同意,则该决议结果对反对股东不发生效力。但多数决作为一种富有效率的决策机制,背后蕴含中小股东为了追求高效率的公司治理而进行特殊授权的经济逻辑,若不分事由进行全盘否定,亦偏离了资本多数决的本质。这种错误的裁判路径,不仅是对决议的误读,也是长期以来民商不分导致的合同法理念侵入公司法领地的真实反映。

《民法典》第134条第2款将公司的决议行为定义为特殊的民事法律行为,[②]从立法层面肯定了民事法律中的意思瑕疵规则在公司决议效力认定上的适用价值。[③] 部分

---

① 参见朱慈蕴、沈朝晖:《不完全合同视角下的公司治理规则》,载《法学》2017年第4期。

② 《民法典》第134条第2款规定:"法人、非法人组织依照法律或者章程规定的议事方式和表决程序作出决议的,该决议行为成立。"

③ 《公司法司法解释四》第4条规定:"股东请求撤销股东会或者股东大会、董事会决议,符合公司法第二十二条第二款规定的,人民法院应当予以支持,但会议召集程序或者表决方式仅有轻微瑕疵,且对决议未产生实质影响的,人民法院不予支持。"

学者由此提出行为法上的规则可以直接适用于公司决议纠纷,[①]但行为法上的审查方式实质上是一种合同法上的解释路径,其侧重于对意思自治与合意的考察,忽略了公司法的组织法属性,在适用方面存在诸多分歧。例如,反对的学者提出公司法上的决议行为和民法中的法律行为存在诸多差异,行为法不可直接应用于公司决议之中,只有当该规则与公司决议的特征相符合时才可适用。[②] 也有学者从民法和商法的区别角度出发,认为对于公司决议效力的认定,应当运用公司法规则进行认定,公司法没有规定的,则运用公司法精神和原则进行认定,不可将公司法问题向民法问题逃逸。[③]

1. 决议行为的性质及功能之纠正

公司契约集中反映了公司集体成员之间合作共赢的价值追求。因此,对决议行为性质的考察,应当回到公司成员间动态的利益博弈中。公司决议的形成包括两个动态过程,一是股东按照法定或章程的约定,经过谈判、讨论等过程,形成股东个人对某一事项的表示。二是在个人意思表示形成之后,由于集体的意思表示难以涵盖所有股东的看法,出现效率的考虑,个人的意思表示借助资本多数决以代表的决议机制开始集体化的过程,最终形成公司集体的意思表示。决议形成之后,要想获得对全体股东的普遍拘束力,成为公司行为的根本准则,离不开决议的正当化过程,而这一阶段就是决议行为必须符合公司法所规定的程序要件与实质要件。因此,从决议行为的性质上看,公司法中的决议行为本质上属于公司的"公意",而非合同法上的"合意",[④]用合同法中的"合意"规则审视决议行为,就会出现公司内部的分裂。决议行为作为公司的意思形成机制,体现了"团体按照法律和章程的规定,归总团体成员的各类意见,再将多数成员的意思视为团体意思"的过程。[⑤]

在组织行为理论看来,集体决议可以弥补个人决策的不足,借助集体的力量,不但可以降低公司决策的成本,克服有限理性和股东机会主义导致的代理成本过高的问题,而且决议行为通过广泛吸收集体成员的智慧,使决策结果更为理性与科学。但相关研究表明,决议行为并不是一种高效的决策方式,集体决议反而会降低决策的效率,引发资源的浪费和集体成员内部的斗争。[⑥] 随着商业的发展,公司治理正在成为一项专业化程度较高的学问,部分投资人或股东实质上并不了解公司治理之道,对于家族式有限责任公司和国有企业来说,股权高度集中于控股股东手中,公司的董事、高级管理人员

---

① 参见李宇:《基础回填:民法总则中的意思表示与法律行为一般规则》,载《华东政法大学学报》2017年第3期。

② 参见陈甦主编:《民法总则评注》(上册),法律出版社2017年版,第602页。

③ 参见周淳:《组织法视阈中的公司决议及其法律适用》,载《中国法学》2019年第6期。

④ 参见周淳:《组织法视阈中的公司决议及其法律适用》,载《中国法学》2019年第6期。

⑤ 参见叶林:《私法权利的转型——一个团体法视角的观察》,载《法学家》2010年第4期。

⑥ 参见[英]菲利普·鲍尔:《预知社会:群体行为的内在法则》,暴永宁译,当代中国出版社2007年版,第215页。

往往与控股股东高度混同,所有权与经营权并未实现完全分离,中小股东由于持股比例过小且缺少决策所需的专业知识,极易产生理性的冷漠,难以提出富有建设性的提案,公司的最高决策权最终掌握在少数股东手中,导致股东会的大部分决议都很难出现反对的情形。而与之对立的精英决策模式相比较于集体决议反而更为有效,群体中最好的成员经常胜过群体整体。①

既然在现实的运行中,决议行为并未很好地发挥提高效率和高效监督的机制功能,那么,决议为何被公司法广泛吸收和采用？决议的真正目的和功能又是什么？

对于决议行为的功能究竟为何,目前学界并未达成统一的共识。② 一方面,决议本身承担着象征性的礼仪职能,借助公司决议机制,决议为股东提供了彰显其独立价值的场所。在股权高度集中的公司之中,借助这一机制,控股股东可以向中小股东汇报工作并征求小股东意见,即便最终结果更多体现控股股东的意思,但至少小股东可以通过这一机制彰显其在公司中的独立价值。如果缺乏这一机制,中小股东将无法知晓公司的经营情况,也更容易被大股东排除出公司,这并不利于股东之间的团结合作。另一方面,公司的决议也为股东之间的信息传递和交流提供了场所。正如布莱恩·斯坦菲尔德所言"用一个会议去强加一个想法或解决方案是无效的",③这一现象在股权高度集中的有限责任公司中表现得更为明显。由于控股股东长期把持着公司的经营决策,中小股东的"搭便车"现象频繁发生,即便小股东积极主动参与决策,往往也难以对决策结果产生实质性的影响,控股股东和管理层往往出于无人监督的状态。此时的决议"在此之前早就通过董事长或总经理形成和固定"。④ 因此,决议本身往往并不重要,⑤其只是为股东之间、股东与公司之间的信息交流提供了一个场所。

同时,在组织法的框架下,决议蕴含股东之间为提高公司运行效率的价值追求,在公司不完备契约填补过程中发挥着统一共识的功能,即便在现实运行中,决议表现得并不是那么完美,但也不可忽视决议在统一股东之间的共识、化解僵局方面的独特功能,试想没有多数决等决议的存在,在公司谈判过程中股东之间分歧将无从化解。对于有限责任公司而言,公司治理本质上是精英治理的过程,决议侧重于强调发挥股东信息交流、彰显股东独立价值和统一共识的功能。加之人合性特征的突出,决议的过程中股东间的合作关系表现得更为明显,在监督功能方面决议的作用却十分有限,过度强调通过决议对控股股东行为进行监督,不仅难以实现监督效果,而且加大了公司的决策成本。因此,对于有限责任公司而言,除非决议背离了信息交流、彰显股东独立价值和统一共

---

① 参见[美]斯科特·普劳斯:《决策与判断》,施俊琦、王星译,人民邮电出版社 2004 年版,第 186 页。

② 参见蒋大兴:《重思公司共同决议行为之功能》,载《清华法学》2019 年第 6 期。

③ [加拿大]布莱恩·斯坦菲尔德:《共识建导法:从个人创造力到集体行动》,杜文君等译,复旦大学出版社 2005 年版,第 15 页。

④ 蒋大兴:《重思公司共同决议行为之功能》,载《清华法学》2019 年第 6 期。

⑤ 参见蒋大兴:《重思公司共同决议行为之功能》,载《清华法学》2019 年第 6 期。

识的功能,否则,不可因为个别股东反对为由就轻易否决决议的效力。此外,作为控股股东的管理股东更多看到公司的经营治理,而中小股东作为财务股东更关注自身的投资回报,股东之间的利益冲突频发,全体股东共同管理公司成为一件不效率的事情。

综上所述,决议作为股东和管理层管理公司的决策方式,是股东个人意思向集体意思转变的过程。决议从诞生之日起,就带着促进公司治理效率、保障公司成员间互相监督的特殊使命,但决议的使命并非决议的功能,决议行为既充当着公司内部信息交流的平台功能,也是显示股东独立价值的场所,更是化解分歧、统一共识的理想平台。决议本身并不重要,过度干预公司内部决议事项,并不能实现对股东利益保护的目的,反而可能减损决议的功能。

2. 决议的效力:从“法律家长主义”到“软家长主义”

公司决议的特殊性就在于决议过程中成员间的合作性博弈特征,“即使在一些未有过多次交往的人中,也会形成合作意向”。[①] 特别对于有限责任公司而言,受股权高度集中的影响,股东间的合作性博弈表现得十分明显。因此,对决议行为效力的判定,应当摒弃传统的“法律家长主义”做法,软化司法对决议的干预,实行“软家长主义”。[②] 决议本身并不重要,决议既可以是多数决也可以是一致决,决议是合作性博弈的动态过程而非竞争性博弈的静止状态,决议的结果在很大程度上都是符合股东共同的价值追求,只要决议的功能得到有效的实现,决议行为的效力就不应该被轻易否认,对个别股东的表决权效力和公司整体决议的效力应当进行区别对待,决议结果理应对全体股东均产生拘束力。

因此,有限责任公司的决议效力判定应当分为以下三种情形:

第一,有限责任公司内部决议原则上对全体股东均有效,法院应当尊重公司自治,只有当决议违反法律、行政法规等强制性规定时,方可认定决议整体无效。决议作出之后,当个别股东以决议过程中存在意思瑕疵为由提起决议撤销之诉的,法院不应当以个别股东的反对而否认决议的效力,个人股东的反对构成表决权无效或撤销的事由,但决议本身具有法律拘束力。[③] 因此,通过资本多数决修订的公司章程,其中涉及的股权转让限制性条款,股东可以请求撤销其表决权,但表决权撤销之后,如果决议依然符合法

---

① 参见[英]菲利普·鲍尔:《预知社会:群体行为的内在法则》,暴永宁译,当代中国出版社 2007 年版,第 342 页。

② 所谓“软家长主义”,是相对于“法律家长主义”的一种概念。“法律家长主义”要求立法和司法无须考虑他人意志而作出的强制性的权利义务配置。而“软家长主义”不强迫主体作出某种选择,主体可以低成本地作出不同的选择,“软家长主义”的要义在于只有在认知上和意志上没有瑕疵的决定才值得尊重,“软家长主义”不是阻碍公司自治,而是在实际上保护和提升公司自治的能力。参见孙笑侠、郭春镇:《法律父爱主义在中国的适用》,载《中国社会科学》2006 年第 1 期;潘林:《论公司法任意性规范中的软家长主义——以股东压制问题为例》,载《法制与社会发展》2017 年第 1 期。

③ 参见梁上上:《论股东表决权:以公司控制权争夺为中心展开》,法律出版社 2005 年版,第 52 页。

定或章定的票数,决议不因个别股东反对或表决权存在瑕疵而无效,决议应当约束全体股东,否则将形成少数股东拖累公司整体利益的情形。

第二,有限责任公司内部决议的程序与方法应当正当,但微小的程序瑕疵并不成为撤销决议的法定事由。世界各国公司法虽然普遍赋予股东请求撤销决议的权利,但在审查有限责任公司决议效力时,为了更好地反映决议的信息交流功能和礼仪职能,应当弱化对决议效力的否定,除非当决议的结果产生较大的负外部性效应且背离了决议应有的功能或者决议的结果或者程序瑕疵严重违反了法律和行政法规的强制性规定、严重损害社会公共利益和小股东利益时,法院才可认定决议无效,否则,不可因为决议未经个别股东同意或者个别股东表决权存在瑕疵而否认决议的拘束力。

第三,有限责任公司内部决议发挥着信息交流、彰显股东独立价值和统一共识的场所功能,决议本身所体现的合作性博弈特征十分明显。因此,控股股东或董事会提出决议草案之后,应当向中小股东通知决议的内容和时间,主动向小股东报告并说明决议内容可能存在虚假陈述、重大遗漏等事项,避免小股东对决议内容产生误解,否则决议结果损害小股东利益或对股东权利造成实质性影响时,小股东可以决议程序存在瑕疵为由请求撤销决议。

(三)股权利益分离下的股权转让自由与限制

股权是集财产利益和人身利益于一体的特殊权利,股权发生转让时,并非简单将股权这一资产从 A 股东转移到 B 股东或者外部第三人手中,其背后蕴含复杂的利益博弈。股权利益并非不可分离,强行将股权中的人身利益和财产利益捆绑在一起,并以财产法的规则进行处理,是对股权的误读,最终将导致股权与民法中的其他财产权利无法区别开来。因此,股权中的人身利益和财产利益可通过当事人意思表示、公司决议、公司章程以及立法与司法上的利益配置和利益衡量进行剥离。①

公司的契约逻辑表明,公司契约更多呈现组织利益和个人利益相融合的特征,审视股权转让问题,应当回归到公司这一组织内部寻找规范,回归到股权交易这一契约行为背后的社会关系和共同体规范中寻找答案,以简单的意思自治理论或单一的合意原则难以回应股权转让现实问题。

1.“利益分离”:股东财产利益和股东人身利益

股权中的人身利益与股东身份不可分离,专指那些经公司确认的股东资格能够为主体带来与人身不可分离的、没有直接财产内容的利益。② 人身利益的取得需要公司的认可,单纯的转让人与受让人之间关于股权转让的安排,只能产生财产利益的转移,而不能产生人身利益的转移。人身利益的转让会对公司的内部治理产生一定的影响,使公司的管理层和公司的层级制度发生变动,不仅会影响公司的人合性,还可能让“不

---

① 参见周游:《股权的利益结构及其分离实现机理》,载《北方法学》2018 年第 3 期。

② 参见周游:《股权的利益结构及其分离实现机理》,载《北方法学》2018 年第 3 期。

受欢迎的人”进入公司并实际形成对公司的控制，导致公司陷入僵局，动摇公司契约的合作共赢的基石。

股权的人身利益部分涉及公司的投票表决方面的权利、股东的行为自由、股东的信息知情权、股东的参与表达权、股东的自由意志和股东的声誉等权利，①有学者将这一权利称为共益权。② 对于有限责任公司这类人合性较强的公司而言，为了维护公司的人合性，往往对股权中的人身利益保护尤为重视，甚至在公司章程中对涉及人身利益部分的股权作出相应的限制性规定。而股权中的人身利益的保护体现了法律对于公司内部法律关系的尊重和公司自治的尊重，股权中人身利益的保护一般通过公司内部规则进行救济，避免过多诉诸司法的强行性干预。

股权中的财产利益具有财产法的属性，股权财产利益涉及股权交易的价格、股东的投资收益和回报等具有财产性质的利益。在股权的转让过程中，往往涉及股权转让价格的确定，但对于股权转让的价格，往往由市场经济的机制进行定价或者当事人在市场价格的基础上达成相应的协议价，股权的价格不因他人干涉而改变。财产利益与人身利益不同，财产利益具有天然的可流转性，流通性越强，股权的财产利益越能够实现不断的增值。因而，财产利益一般与公司的资合性特征紧密结合，财产权流转的本性，天然要求公司内部具有畅通的股权流通机制，以此实现股权价值的不断增值。

强调对股权进行利益的分离，并不是说股权中的人身利益和财产利益天然对立。实质上，股权是财产利益和人身利益的有机结合。现实中，股东在对股权进行处分时，往往是将财产利益和人身利益一并处分，很少看到只处置一个权利的。因此，股权的转让，不仅要考虑股权自身的流通问题，还要考虑股权转让对公司和其他股东利益的影响，任何股权的转让都须得到公司的认可，并符合公司的整体利益和维护公司契约的安定状态，如果对股东之间的合作共赢的状态产生一定的冲击，导致公司利益严重损失的，股权转让行为可能因为损害了公司利益而无效，在注重股权的弹性和灵活的前提下，要树立一部分股权利益的无效不影响其他股权利益的效力的裁判规则。③

2. 股权转让与有限责任公司特性的法律逻辑

（1）股东人身利益和人合性

公司的契约逻辑处处体现关系性，对于公司的股权转让行为来说也是如此。股权的转让与一般的财产转让不同，股权的变动对公司的内部关系和外部关系都将产生重大的影响。而人身利益具有人身专属性，不同于股东的财产利益，人身利益的随意变动，可能导致“不受欢迎”的人进入公司，破坏公司内部的安定和团结。公司外部第三人之所以愿意与公司发生相应的交易行为，在很大程度上是出于对某一股东的喜爱或

---

① 参见周游：《股权的利益结构及其分离实现机理》，载《北方法学》2018 年第 3 期。

② 参见罗培新：《抑制股权转让代理成本的法律构造》，载《中国社会科学》2013 年第 7 期。

③ 参见周游：《股权的利益结构及其分离实现机理》，载《北方法学》2018 年第 3 期。

与其存在特定的关系,该股东若随意退出公司,可能导致公司交易机会的丧失,带来公司利益的减损。同时,股东之间合作竞争的基石在于彼此的信任和对某一价值的共识,股权转让的自由,也可能引发公司治理危机,导致公司内部合作关系的破裂,并不利于实现公司整体利益。因此,出于维护人合性的需要,公司往往对股东的人身利益的转让设置相应的限制性门槛。

此外,由于股东之间信息的不对称和股东分层的影响,控股股东与少数股东的具体利益并不是总是一致的,甚至少数股东的利益与公司的利益也会出现冲突。而公司契约本质上是一组长期且不完备的契约,为了维系公司契约关系的稳定,股东之间、股东与公司之间在公司的创立期和经营期对于公司的契约内容及利益的分配不断进行磋商、谈判,在少数股东付出相应的“沉没成本”和公司对少数股东进行重新的利益分配之后形成符合公司契约需要的共识。因此,对于股权的变动,不可忽视股权变动背后的公司与股东之间、控股股东与少数股东之间的合作性博弈关系。

综上所述,股权能否自由转让,并非简单的股东合意即可解决。法院在审查涉及人身利益方面的股权转让问题时,应当着重审查限制股权转让的安排是否有利于维护公司的整体利益平衡、降低公司与股东之间以及控股股东与少数股东之间的代理成本并实现控股股东与少数股东在权利和义务方面的平衡,如果某一公司已经陷入僵局或者小股东投资公司已经无利可图,此时股权转让限制性条款就会失去其合理性。

(2)股东财产利益和资合性

股东的财产利益在一定程度反映了资合性的特征,其与公司的资合性具有密切的联系。股东财产利益允许股东对手中的股权进行自由转让并换取相应的利益,往往重视保护股东财产利益的公司,必然存在一个自由且宽松的股权退出机制。财产利益与人身利益有所不同,财产利益重视自由转让,只要能够保障公司的资本充分,对于谁来完成公司的出资义务这一问题并不重要,且只要股东完成出资义务,出资财产就与股东分离成为公司财产的一部分,即便之后股东转让其股权,也不会导致原先的出资财产出逃,此时只是换另一个人进来持有“名义”上的财产。因此,股权究竟是何人持有,在资合性看来并不重要。这也是为什么各国普遍认为股份有限公司以股权自由转让为原则,股权流动性越强,其背后的股权财产价值越高。

在股东财产利益和资合性下,如果股权转让的对象涉及股权中的财产利益时,应当树立股权自由转让为逻辑起点的裁判理念,不应以人合性否定股权自由转让的价值,剥夺股东的财产利益,无论是公司的初始章程还是修订章程,对股权中的财产利益的自由转让,均不能设置不公平的条款,损害股东的财产利益。但股权是人身利益和财产利益的有机统一,在现实的股权转让中,即便出让的股权的财产利益,其也会涉及人身利益的变动。审视股权中的财产利益的转让究竟是限制还是自由,还是要回归到公司的利益关系中去,在股权自由转让的逻辑起点上,统筹考虑自由转让对公司利益造成的损害大小和自由转让所带来的利益,不可以股东个人的利益剥夺公司整体的利益,防范“个人至上”的价值理念。

（四）迷思破解：章程对股权转让限制的解释路径重构

公司章程在本质上属于不完备的组织型关系契约，股权转让限制性条款是否对全体股东产生拘束力，关键不在于限制性条款是否征得股东的同意，限制性条款的正当性来自条款自身的内容是否符合公司的组织利益且维系了公司契约当事人之间的合作共赢状态，其效力的认定重点在于背后的社会关系和公司组织体内部的规范。

笔者认为，法院在对章程限制条款进行效力判定时，应当用以下解释路径替代当前的裁判路径。

第一，摒弃初始章程与修订章程效力二分的做法，章程条款的效力来自其背后的社会关系和公司组织体内部的规范。初始章程和修订章程背后都蕴含“全体”股东的“合意”，合意只是章程订立的引擎，但并不是决定性因素。

第二，多数决行为是股东为维系公司契约关系的稳定和公司治理的完善而进行的填补过程，多数决是特殊的“全体股东合意”。个别股东对决议表示反对或者事后要撤销其对决议的表决，除非反对的股东票数达到了2/3以后多数，否则不可否定决议的效力，只要决议的内容不违反法律、行政法规等强制性规定并产生严重的负外部性，多数决通过的决议应当对全体股东均产生约束力，不因个别股东而无效。但出于保护少数股东权利的需要，对决议持异议的股东，可允许其通过《公司法》第74条的异议股东回购请求权寻求相应的保护，或者通过向法院发起决议无效或撤销之诉寻求司法权的介入，但不可仅以决议未经股东同意就作出对反对股东无效或撤销的裁决，还须进行下一步的具体的成本—收益分析与利益衡量。

第三，在审查股权转让限制性条款效力时，应当针对限制股权转让的对象、价格、来源、章程和决议的效力进行个案分析和综合考察，针对章程限制股权转让的程序和形式不同，在对章程和决议进行判断的基础上，对限制性条款作出不同的评价。

第四，对于禁止股权转让条款来说，即便公司为被限制股东提供其他退出机制和补偿性措施，其效力也应当予以否定。由于公司章程本质上是长期性且不完备的关系契约，少数股东因为“搭便车”现象和信息不对称，在章程的制定和修改过程中无法对未来的事项进行全面的预测，因此，往往低估禁止股权转让条款对其所带来的负面影响，为保护少数股东利益，应当否定禁止股权转让条款的效力。

第五，对于强制股权转让条款的审查，整体上应树立股权转让自由的决凝规则，将股权中的财产利益和人身利益分离看待，运用成本—收益分析法，结合具体的个案进行差异化加权分析，对财产利益限制性条款的无效评价，并不影响人身利益的限制性条款的效力。对于股权转让对象的限制，由于涉及公司的股东资格问题，对人身利益的转让设定相应的限制性条件，具有一定的合理性，但最终还须运用司法权审查限制性措施是否限制股东提供合理且公平的退出机制、少数股东自由转让权利受限与公司整体利益提升之间的成本收益大小等因素，结合个案和公司的具体情况，进行相应的成本—收益分析；对于股权转让价格的限制，应当公平且合理，并交由第三方评估机构进行估价确定。如果章程中规定的价格明显低于市场价格以及股权自身的价值，且该限制性措施明显对被限制股东的个人利益和公司利益造成损害，则应当对限制性条款作出否定性评价。

第六，对于有限责任公司关于股权的强制转让情形，其可以对人身利益作出合理的限制，但不得单独对财产利益的转让作出相应的限制性规定，这一规定损害了股权的自由流动，且出于章程自治的需要，股东可以在公司章程中作出有别于公司法规定的程序规则，但章程自治不得以损害股东利益为代价，不得导致股权无法流动。

四、营商环境优化视角下司法介入及审查路径之破解

（一）司法介入章程自治的基础

1. 规制股东压制和保护少数投资者的价值追求

长期以来，由于对公司自治的误读和公司法规则的不完善，我国的公司自治正在走向极端，有学者甚至提出司法不能干预公司自治范围内的事项。而我国的公司自治大多体现在章程自治上，章程自治的合理性建构在效率和降低代理成本的基础之上，但公司自治或章程自治并不必然能够提高效率并降低代理成本。特别是《公司法》中的股权转让问题，由于《公司法》第 71 条第 4 款在本质上属于缺省性规则，因此为股权转让留下大量的自治空间，但当前公司法并未明确指出章程自治的边界，大股东常利用该漏洞设置限制性条款对小股东进行压制，损害小股东的股权利益。

由于有限责任公司具有封闭性和股权高度集中的特征，控股股东组成并控制着公司的管理层，导致股东压制现象十分突出。在章程修订的过程中，修订章程的草案一般由控股股东提出，由于小股东理性的冷漠，小股东几乎很少对修订章程投反对票。即使小股东对决议进行否决，但由于章程的修订采用多数决，小股东的反对票对决议的通过与否并不会产生实质性影响。当资本多数决发生“异化”之后，①控股股东可能利用“合法”的决议损害中小股东利益。加之缺少完善的股权退出机制，小股东难以“用脚投票”，一旦出现不合理的股权转让限制性条款，小股东常被“锁定”于公司之中，成为任凭大股东宰割的对象。同时，由于信息的不对称，大股东时常凭借信息优势地位，滥用控制权损害中小股东利益。

由于我国《公司法》缺少关于股东压制的规定，司法实践中时常引用《公司法》第 20 条②的规定对少数股东进行救济，但由于《公司法》第 20 条的规定内容过于宽泛，“许多股东压制行为并未得到规制”。③ 因此，为了维护中小股东的利益，在法律不完备

---

① 参见朱慈蕴：《资本多数决原则与多数股东的诚信义务》，载《法学研究》2004 年第 4 期。

② 《公司法》第 20 条第 2 款规定：“公司股东滥用股东权利，给公司或其他股东造成损失的，应当依法承担赔偿责任。”

③ 参见李建伟：《股东压制的公司法救济：英国经验与中国实践》，载《环球法律评论》2019 年第 3 期。

的背景下，事后的司法救济就显得十分必要。

2. 章程自治的涉他性和集体行动

公司自治集中反映于章程自治之中，但过度强调章程自由，反对司法介入，将面临事前谈判的不效率和事后谈判的无效率的问题。[①] 章程的契约自由，并不是简单地追求个人利益的最大化，其要求当事人去关注契约背后的社会关系和共同体的规范。而对于契约背后社会关系和事实的考察，离不开法院事后提供相应的审查机制予以认定。与此同时，公司章程不仅在章程当事人之前发生效力，而且还会对公司外部第三人产生影响，具有涉他性的特点，章程的涉他性决定了章程问题不能仅凭公司内部自治规范予以解决，还需司法权的介入。

此外，集体决策的困境也为司法权的介入提供现实依据。公司治理问题的专业化和小股东“搭便车”现象，导致完全的公司无法提高治理效率和降低代理成本。而股权的高度集中及章程的不完备性，更容易引发大股东机会主义行为，章程自治不但无法实现提高公司治理效率的初衷，而且提高了公司的代理成本。因此，在《公司法》未提供完善的事前预防规则和事后救济机制下，司法的介入成为降低代理成本、解决集体决策困境的重要方式。

3.《公司法》第 71 条的漏洞填补与章程自治的现实需要

公司是复杂利益的组织体，控股股东与少数股东、股东与公司、公司与管理层、公司与债权人以及股东与债权人之间时常发生利益的冲突，要实现对不同利益的协调，需要借助事后的司法审查手段，对控股股东与小股东、股东与公司以及公司与管理层等利益关系进行审查和事后的矫正。

对于章程限制股权转让条款而言，背后涉及控股股东与小股东、股东与公司之间利益的平衡，因此，对限制条款审查时往往需要借助事后的司法审查工具。章程自治虽然要求减少司法对公司内部事项的干预，但没有制约的公司自治会导致不正义。不加约束的章程自治不但无法实现其所追求的目的，而且加剧了股东压制问题的出现，导致市场经济的混乱和公司法中个人主义的盛行。[②] 有限理性人、信息不对称、“搭便车”和多数人暴政等经济现象的存在，导致过度的自由往往带来效率的减损和对公司安定性的破坏。

因此，在《公司法》第 71 条第 4 款对于另有规定的自治范围并未予以明确说明的情况下，通过司法的介入对章程自治的边界进行界定，并对《公司法》第 71 条进行法律解释和漏洞填补，不仅可以以最小的成本弥补《公司法》立法的不足，也在一定程度上为章程自治提供了有效保障，能够避免章程过度自治进而损害公司及股东的利益。

---

① 参见朱慈蕴、沈朝晖：《不完全合同视角下的公司治理规则》，载《法学》2017 年第 4 期。

② 参见梁上上：《论公司正义》，载《现代法学》2017 年第 1 期。

（二）章程限制股权转让的司法审查路径之破解

1.注重优化营商环境与少数股东权利保护的协同

股权转让背后不仅涉及控股股东与小股东之间的利益平衡与配置，也体现着少数股东与管理层之间的权利配置。《公司法司法解释五》蕴含公司整体利益维护和倾斜保护中小投资者的价值理念，其中涉及关联交易的规定对少数股东权利的倾斜保护和资本多数决通过的限制性条款效力的审查产生重要的影响。按照《公司法司法解释五》第1条和第2条之规定，应当对控股股东的股东压制现象进行重点防控，对少数投资者的利益进行倾斜性的保护。即便关于关联交易的决议经过正当程序表决并通过，但如果侵害了公司和小股东的利益，仍应当归为无效。此外，《公司法司法解释五》第5条明确提出公司股权纠纷应当注重调解，在不违反强行法规定和在维护公司整体利益的前提下，注重内部纠纷解决机制的运用。《公司法司法解释五》要求各级法院树立少数股东倾斜保护的裁判理念，在对多数决通过的章程限制性条款审查时，即便决议程序正当，如果存在损害小股东利益和破坏公司整体利益的，亦可进行否决，但司法的干预只有穷尽内部救济机制之后方可进行，控股股东与小股东达成相应协议且不损害其利益的，法院应当尊重公司的自治安排。司法解释体现了法律对弱势群体保护的价值追求和公司正义原则，但这一倾斜性保护，"因未遵循市场的进化规则而形成的本源性权利生态结构，将致使权利配置后的经济效用大打折扣"。①

笔者认为，公司决议过程本质上是一个动态的合作性博弈过程，只有当决议违背了法律、行政法规等强制性规定，产生了严重的负外部性，才可对决议进行否决。此次司法解释树立了程序正当亦可对决议进行否决的裁判理念，为控股股东增设了较高的注意义务，但"精英政治"是公司治理中最有效率的方式，对控股股东增设较高注意义务，可能会打击大股东决议的积极性，徒增公司的代理成本。对少数股东权利的倾斜性保护，虽然具有相应的正当性，但有限责任公司内部的少数股东普遍存在"搭便车"的问题，缺乏相应的股东激励机制，单一强调少数股东权利保护，亦可能出现少数股东压制控股股东的现象，对公司整体利益的维护和股权价值最大化的实现并没有多大益处。

因此，法院在运用司法权审查股权转让限制性条款效力时，应当注重优化营商环境和保护少数股东权利的理念协调，在对少数股东权利进行特殊保护时，应当同时关注公司的整体利益和市场资源的优化配置，不可只谈小股东权利维护而忽视公司作为组织体和商事主体的自身利益。

2.保护少数股东权利与促进控股股东交易激励的内在统一

在优化营商环境的背景下，无论是司法解释还是法院判决，都普遍确立了少数股权

---

① 吴飞飞：《从权利倾斜到责任倾斜的弱者保护路径转换：基于法经济学视角的解读》，载《广东财经大学学报》2013年第6期。

权利倾斜性保护的价值取向。在对章程限制性条款效力进行司法审查时，应当树立少数投资者权利保护与股权转让限制性条款对控股股东和管理层进行公司交易激励的促进作用的二者平衡理念，不可只强调少数股东的权利保护而忽视公司作为经济组织追求效率和利益的经营目标。若过分强调保护弱者，将“压制公司控股股东、董事等依商业判断做出交易的热情”。①

对于有限责任公司而言，由于股权的高度集中和缺乏股权退出机制，导致控股股东垄断着公司的内部经营事项，控股股东依靠资本多数决修订公司章程并作出股权转让的限制性规定，将少数投资者“锁定”于公司内部，形成“大股东压迫”现象。在法律不完备的情形下，司法机关可通过对《公司法》关于决议的规定进行目的性扩张解释，对控股股东、公司管理层增设较高的信息披露义务，在对章程进行修订时，控股股东有义务将章程修订可能涉及的各种问题更详尽地披露，保护少数投资者的信息知情权，发挥好决议作为信息交流的场所功能作用，形成对控股股东的事前预防机制。

因此，在审查股权转让限制性条款效力时，应当注重保护少数股东权利与促进控股股东交易激励的统一，对控股股东个人的行为和控股股东代表公司进行的行为进行区别对待。控股股东的行为若符合公司整体利益、有利于实现团体成员的合作共赢，则该行为不应当视为控股股东对小股东的压迫。

3. 章程自治与司法介入的艺术平衡

司法权的介入，不仅可以填补公司法规则，也有利于矫正资本多数决带来的大股东压迫问题。在优化营商环境的视角下，为了实现司法介入与尊重章程自治的艺术平衡，法院在进行股权转让限制性条款效力审查时，应当本着以下两个基本理念：

第一，当个别股东以控股股东滥用多数决的名义向法院起诉要求否认章程限制性条款效力时，法院应当着重考察限制性条款的通过是否有利于维护公司的整体利益、降低公司的代理成本，注重控股股东与中小股东、股东与公司之间利益的平衡。

第二，司法介入章程自治事项时，应当坚持公司自治优先的原则，尽可能给予公司更多的自治空间，在尊重公司决议效力的前提下，避免对限制性条款采用过高强度的审查。在进行实质内容审查时，应当同时兼顾少数股东权利保护的倾斜与责任的倾斜，注重优化营商环境与少数股东权利保护的协同，在保护少数股东权利的同时，促进对控股股东的交易激励，避免过度对少数投资者权利保护的倾斜，导致权利的闲置和对控股股东公司交易积极性的损害。

但采用不同的司法审查标准，将对裁判结果和少数股东权利的保护产生不同的影响。笔者认为，应当在限制股权转让条款审查中引入成本收益分析法，在合理性标准和比例原则的基础上，重构章程限制股权转让条款效力审查标准。

---

① 梁伟：《营商环境优化视角下少数投资者保护的实践迷思与破解——以〈最高人民法院关于适用《中华人民共和国公司法》若干问题的规定（五）〉为例》，载《改革与战略》2019 年第 9 期。

（1）为何不是成“比例”：比例原则的欠缺

在美国特拉华州的公司法看来，对控股股东行为应当贯彻公平原则，控股股东应当尽到充分的信息披露义务，控股股东所进行的行为应符合公平交易的原则，若违背公平原则，法院有权撤销或要求控股股东赔偿小股东所遭受的损失。美国马萨诸塞州的公司法则对控股股东的行为审查采用了手段和目的相符合的标准。在该审查模式下，控股股东应当提出证据证明其行为符合正当的商业目的，如果符合商业目的，则少数投资者可以通过其他对少数投资者权利侵害最小的方式实现该商业目的否定行为的正当性。同时，法院在审查控股股东和公司行为是否符合正当的商业目的时，通常以公司的利益作为价值尺度，在对手段合理性进行审查时，则无须像目的审查一样，严格地将不得损害少数投资者利益作为前提，但手段与目的合理性审查标准难以将公司利益与控股股东的利益剥离开来，在审查时往往陷入困境。美国纽约州在此基础之上，又提出少数投资者的合理期待标准。在合理期待标准下，少数投资者的期待利益涉及决定加入公司时所持有的合理期待、加入公司后与其他股东达成的关于投资回报和参与公司治理方面的权利义务的安排的合理期待。

域外法下的审查方法，带有一定的“比例”色彩，在现实的操作中，究竟何为目的和手段正当性，往往需要法官借助自由裁量权进行裁判，这会导致审查结果带有更多的主观性色彩，审查结果并不能经受住太大的推敲。而比例原则作为残缺的成本—收益分析法，无法全面回应限制股权转让中涉及的各种成本和收益问题。

在审查某一行为效力时，比例原则主要涉及正当性、适当性、必要性和狭义比例原则四部分。① 首先，正当性原则强调行为目的的正当性，要求被审查行为和对象具有正当且合法的目的；其次，适当性原则强调手段的合目的性，要求作为手段的行为或对象，必须有助于实现其所追求的目的；再次，必要性原则又称权利最小损害原则，要求相较其他手段，被审查的行为对权利所造成的限制和损害是最小的；最后，狭义比例原则强调行为所引发的收益要大于成本，此时需要进行一定的成本—收益的分析，要求被审查行为和对象所带来的收益大于造成的权利损害成本。一般而言，在运用比例原则进行审查时，需要严格按照上述四个原则逐一审视，若一项不符合，行为本身就会因不成“比例”而无效。

比例原则在适用过程中存在诸多不足：首先，比例原则要求审查行为和对象合理性时，将目的正当性审查作为第一步。但其与合理性标准的困境一样，目的正当性的审查带有更多的自由裁量色彩，法官对目的是否正当的判断完全建立在自身的价值确信之上。因此，“只要法官的道德确信足够强烈，在这一环节就可以将许多与合理性判断高

---

① 参见戴昕、张永健：《比例原则还是成本收益分析——法学方法的批判性重构》，载《中外法学》2018年第6期。

度相关的因素排除在其考量范围之外”。[①] 按照这一情况，整个审查步骤基本可以在此完成，后面的3项步骤最终流于形式，而对其他要素并未重点强调。甚至有的学者认为，为了提高比例原则审查结果的准确性，在目的正当性审查时，法官要探究行为背后的“真实目的”[②]并对此严格审查。如果按照学者这一论断，只完成第一步审查的比例原则还是比例原则吗？其次，即便目的正当性审查不存在任何的瑕疵，在适当性原则审查方面，也随时可以使比例原则寿终正寝。适当性原则追求手段的合目的性，所使用的手段是有利于实现其所宣称的目的的，而非“大炮打麻雀”。但遗憾的是，从实际运行效果来看，适当性原则在行为效力审查过程中并未发挥多大的作用，更多时候形同虚设，是个不折不扣的“花瓶原则”。对于章程限制股权转让条款而言，对股权转让作出相应的限制是为了维护公司的人合性，避免因公司人员变动而破坏公司的安定性，设想初始章程中全体股东均同意对股权作出相应的限制性转让，但由于其他原因的出现，公司的人合性遭受巨大破坏，那么按照比例原则，当初的限制性条款因为不能实现人合性的维护而无效。再次，必要性原则要求被审查的行为对权利所造成的限制和损害是最小的，此种审查原则带有一定的成本收益分析的色彩，但必要性审查更加关注行为对公民个人权利所造成的损害，并不关注社会总成本的变化。[③] 因此，在必要性原则审查标准下，重点关注的是限制性条款对被限制股东个人权利所造成损害，但限制性条款所引发的成本，不单单包括被限制的股东，还包括公司和其他股东，片面的成本观念，往往使其审查结果忽视公司整体的成本，容易引发上文所提出的“小股东权利滥用的问题”。同时，在维护公司人合性这一目的上，还存在其他的替代性措施，片面使用必要性原则，可能会导致符合公司经营需求的限制性条款因为没有其他替代性措施对权利损害小而无效，得出所有的限制性条款均是无效的结论。因为现实中毕竟可以找很多比其限制更少的措施，限制性条款的正当性就会取决于另一个替代性措施所造成的成本而非其本身的正当性。最后，狭义比例原则强调行为所引发的收益要大于成本，狭义比例原则的审查建立在前三步审查的基础之上，前三步任何一步出现差错，都可以导致狭义比例原则陷入困境。试想，如果在第三步必要性审查时，法官由于本身水平的限制和追求司法裁判的效率，当限制性条款仅因对股东权利造成损害最小（但实际上仍有其他替代性措施比其更优）就轻易判断其成比例，那么第四步的审查也将忽略对更优的替代性措施的审查。或者，限制性条款虽然符合必要性原则，但因为在第一步和第二步审查过程中，法官基于限制股权就会导致股东压制的道德确信而作出限制性条款目的不正当时，即便该条款本身符合狭义比例原则或者必要性原则，也会失去其正当性。因此，比

---

① 参见戴昕、张永健：《比例原则还是成本收益分析——法学方法的批判性重构》，载《中外法学》2018年第6期。

② 参见刘权：《目的正当性与比例原则的重构》，载《中国法学》2014年第4期。

③ 参见黄昭元：《宪法权利限制的司法审查标准——美国类型化多元标准模式的比较分析》，载《台湾大学法学论丛》2004年第3期。

例原则所建构的四步审查步骤难免陷入逻辑上的谬论,所得出的结论往往并没有太多的说服力,常常将简单问题复杂化,引发司法适用的难题。

(2)成本收益的分析与建构

成本收益分析要求综合考虑对被审查行为所带来的各种可能性成本与收益,同时在与其他替代性措施进行综合比较之后,最后选择一个成本最低、收益最大且最有利于促进社会总福利的方案。长期以来,由于成本收益分析法需要进行量化分析且将被审查行为限定于货币层面而招致法学家的抵触。[①] 但当前在法学领域普遍适用的比例原则,实质上是"半步成本收益分析",比例原则中的狭义比例原则和必要性原则的审查实质上即要求法官进行成本收益分析。

在运用成本收益分析对章程限制股权转让条款进行实质性审查时,必须厘清以下几个问题:第一,成本收益中的成本与收益,并非仅是纸面上所理解的货币层面的成本与收益,公平正义、情感、关系的稳定等都可以作为成本与收益的要素进行考量,今天的成本与收益,早已脱离纯粹的客观层面的成本与收益,主观层面的成本与收益不可忽视。第二,成本收益分析并不必然等于量化分析,对于可以量化的部分,可以进行量化的成本收益分析,但对于主观层面这些无法量化的部分可以进行定性分析。因此,对行为进行成本收益分析时,无须将审查方式限于绝对的量化和精准的前提下,只需在确立统一的审查标准基础上进行全盘考察即可。而对限制性条款的审查核心在于股权转让限制性条款为公司利益和股东利益带来多大程度收益以及引发多少成本。

从收益角度来看,章程限制股权转让条款能够带来以下三方面的收益:

第一,从有限责任公司自身的经济结构来看,由于股权的高度集中,公司的大股东往往组成公司的管理层并参与到公司的内部经营之中,控股股东与公司之间的利益捆绑十分密切,控股股东持有越多的公司股权,股东的自利行为发生的概率就越低,控股股东为公司的利益而奋斗的可能性就越大。因此,通过在章程中规定相应的股权转让限制性条款,能够保障公司管理人员的结构稳定,降低股东与管理层之间代理成本。

第二,有限责任公司并不存在自由流通的股权交易机制,股东在对外转让股权时,往往面临股权价值评估困难等问题,即使允许股东进行股权自由转让,在高额的评估费用面前,股东往往也会望而却步。因此,适当对股权转让作出相应的限制,不仅是有限责任公司自身的缺陷所带来的必然要求,也有利于降低股权对外转让引发的交易成本。

第三,股权限制转让能够有效避免公司股权的分散,避免出现少数股东"压制"大股东的问题,提高公司内部治理效率。同时,有限责任公司内部股东之间的利益冲突相对较少,对股权转让进行相应的限制,能够实现公司内部的团结和稳定,带来正向的情感激励。

---

① 参见戴昕、张永健:《比例原则还是成本收益分析——法学方法的批判性重构》,载《中外法学》2018年第6期。

从成本角度来看,章程限制股权转让将会带来以下几方面的成本:

第一,我国有限责任公司具有股权高度集中的本土化特征,在不存在成熟且完善的股权回购制度下,控股股东压制小股东现象频发。因此,当章程限制股权转让不仅会对被限制股东产生负面的情感激励,反而会加大公司陷入僵局的风险。

第二,由于我国《公司法》关于股权转让的规则存在适用难题,《公司法》第71条存在明显有利于大股东的倾向。因此,实践中出现的章程限制股权转让措施往往超出必要限度,对少数股东产生不正当侵害,强调章程限制股权转让的正当性,极易引发控股股东借限制性条款损害小股东利益的"道德风险",一定程度上加大了股权转让的司法诉讼成本和小股东的维权成本。

因此,在对章程限制股权转让条款进行成本收益分析时,应当树立股权转让自由的决凝规则,将以下四个方面的要素作为成本收益衡量的重要指标:①公司的股东人数与公司规模的大小;②被限制股东是否得到其他方式的救济与补偿;③股权转让限制的时间及苛刻程度;④被限制股东未来的预期利益与被限制利益之间的差值大小。与此同时,法院在对章程限制股权转让条款进行成本收益分析时,应当注意以下四个方面的内容:

第一,如果少数股东与公司之间的合作关系已经破灭,且限制性条款所规定的价格、补偿机制明显低于股东自由转让股权所能获得的收益,原则上应当对限制性条款作出否定性的评价。但考虑到有限责任公司自身的特殊结构,对于章程限制股权转让的决议应当是无效还是可撤销,还须结合特定的情形进行判断,不能一概得出决议有效或无效的结论,可以通过认定限制性条款可撤销的方式,给予少数股东自主选择的权利和体现公司内部自我救济机制的作用。对于股权转让限制性条款内容明显违反法律、行政法规等强制性规定的,即使符合收益大于成本的价值追求,也应当作出无效的认定;对于价格明显过低、决议程序存在瑕疵的,应当充分发挥公司内部纠纷解决机制的作用。若公司内部存在相应的救济机制,应当允许通过内部机制进行瑕疵补正,使其获得有效状态,例如,对股权转让限制性价格进行重新调整、股东会重新表决等,如果重新作出的股权转让限制性条款同时兼顾了股东个人利益和公司整体利益,可以认定章程限制股权转让条款具有效力。

第二,法院还应关注章程限制股权转让背后体现的社会关系与组织内部关系之间的冲突成本,在进行成本收益分析时,要全面考虑可能涉及的各种冲突成本。章程自治与公共利益之间的冲突、股东自治与平等、自由等法律价值之间的冲突在一定程度上减损了章程限制股权转让所带来的社会福利,极易引发全社会公司治理风险的爆发。因此,在对某一章程限制股权转让条款进行审查时,应当重点考虑该条款效力是否有违当前公司经营的核心价值,是否在全社会产生不良影响从而引发新的公司治理风险。

第三,在对章程限制股权转让条款进行司法审查时,如果某一项条款专门针对特定的股东订立,而非普遍适用于全体股东,此时的股权转让限制性条款,并不当然增加公司福利。在进行成本收益分析时，需要结合少数股东所减损的收益、公司整体获得的收益和大股东个人所获得的收益，进行相应的分析对比。如果大股东的获利明显高于少数股东，且股权转让限制性条款导致少数股东利益明显减损的，应当对股权转让限制性条款作出否定性评价。

第四，法院在对上述成本收益进行初步分析之后，还需要根据公司和限制性条款的实际情况考虑是否进行相应的加权调整。如果限制性条款涉及对财产利益的限制，对股权自由流通所造成的成本减损应当进行适当的加权，如果限制性条款涉及人身利益的限制，则对于公司代理成本和人合性问题可进行适当的加权。在完成加权分析之后，如果限制性条款的总收益大于总成本，还须根据公司的现实情况，考察是否存在其他成本最小的替代性措施以实现设置股权转让限制性所追求的目标，如果没有其他措施进行替代，则表明股权转让限制性条款本身符合维护公司利益和股东间合作共赢关系的要求，公司章程中的股权转让限制条款可以获得正当性的评价。

五、规则到制度：《公司法》改革的回应

（一）公司法规范的重新定位：从“被动”到“主动”

1. 缺省性规则的适用

我国公司法经历了从管制到自治，从以强制性规范为主导到以任意性规范为主的制度性变革。按照艾森伯格对公司法规则的分类，公司法规则可以分为赋权性规则、缺省性规则和强制性规则，而赋权性规则和缺省性规则共同构成了公司法中的任意性规则。[①] 赋权性规则要求公司法为公司参与者提供相应的标准条款，并赋予公司参与者“主动选入”的权利。如果公司参与者并未将公司法提供的规则选入公司章程中，则规则不产生效力；缺省性规则虽然未赋予公司参与各方“主动选入”之权利，但允许相关当事人进行“被动排除”。只要公司参与各方没有排除适用，公司法中的规则就对参与各方发生效力。赋权性规则与缺省性规则虽然同属于任意性规则，但两者的逻辑起点却并不相同。赋权性规则强调“主动选入”的逻辑起点，而缺省性规则强调“被动排除”的逻辑起点，从公司自治的程度来看，显然赋权性规则相比缺省规则更能体现公司自治的精神。

《公司法》第71条第4款关于“章程另有规定”的规则从性质上来说属于缺省性规则，股权转让应当遵循《公司法》第71条第1、2款和第3款之规定，但在章程另有规定的情形下，当事人可以“选掉”《公司法》第71条的规定。相比较于2005年之前《公司法》规则关于股权转让的规定，当前的规定显然进一步凸显了股东自治的理念，可以说是我国公司法从管制法到自治法成功转型的一个缩影。

但缺省性规则天然存在一定的缺陷，一方面，缺省性规则强调“被动排除”，立法机关代替公司参与者制定相应的规则，在公司参与者没有作出排除的情形下，该规则具有

---

① 参见黄辉：《对公司法合同进路的反思》，载《法学》2017年第4期。

法定效力。但公司交易背后蕴含特定的商事逻辑，特别是在科技和商业快速发展的今天，商业交易模式更为复杂且多变，在没有引入“商业判断规则”和成本收益分析制度的情形下，立法者所制定的公司法规则在多大程度上能够真正反映现实的商业需要并带来多大的制度收益，显然是一个值得怀疑的问题。另一方面，立法者在制定缺省规则时，虽然看到了规则背后变动的法律关系，并赋予当事人“被动排除”的权利，但“被动排除”的理念并不能实现立法者关于公司自治的价值追求。当公司法的缺省性规则生效之后，由于对缺省性规则进行排除和重新订立不同的规则成本显然高于直接适用缺省性规则，且当缺省性规则被广泛引用之后，社会就会对其形成相应的规则偏好，其他规则很难再与之媲美，现实中公司往往很少进行排除。[①] 因此，在缺省性规则的影响下，无论是法官还是公司参与各方，都会被束缚于规则之中，对于股权转让限制性规定的争论正恰恰反映了这一问题。

2. 构建“菜单式”股权转让“赋权性”规则

由于股权的高度集中和股东异质性日益严重，缺省性规则加剧了“股东压制”现象的出现。因此，在《公司法》改革过程中，有必要对缺省性规则加以改造，以明确的“赋权性规则”来指引公司治理。过去的公司法改革遵循“自上而下”的方式，国家力量在公司制度改革中起到关键作用，这导致了我国《公司法》存在管制有余而创新、自治能力不足的问题。在制度竞争的背景下，通过设置赋权性规则，给予公司参与者更为宽松的自治环境，可以促使中国公司学习国外先进治理规则改造自身的公司内部制度，最终通过“自下而上”的改革方式推动中国《公司法》的变革，这对于未来《公司法》改革来说无疑是成本最小的方式。同时，在赋权性规则的立法模式下，立法将为公司参与各方提供关于股权转让的“菜单式”指导规则，在股东没有“选入”的情形下，公司法中的股权转让规则并不对公司发生效力。[②] “菜单式”赋权性规则为公司参与各方提供了明确的“权利”清单，既能够充分调动公司参与各方的主动性和积极性，也能充分考虑不同类型公司股权转让的特殊需求，形成富有“个性化”的公司法规则，从而能够在商人自治、提高公司法规则的国际化和时代化方面发挥独特的作用。

我国《公司法》在明文规定“优先购买权和半数股东同意”两种法定股权转让限制措施的同时，又通过缺省性规则的方式在《公司法》第71条第4款中赋予章程自主设置限制性条款的权利，但由于《公司法》第71条第4款并未明确列举股权转让限制性措施，导致司法审查中经常出现对限制性措施的限度的争论。

因此，笔者认为，我国《公司法》第71条宜修改如下：“公司章程可以对股权转让作出包括但不限于如下的限制：(1)股东对外转让股权，其他股东享有优先购买权；(2)股东对外转让股权，须经公司股东会以全体2/3以上多数通过；(3)在合理正当情形下，

---

① 参见伍坚：《有限公司股权对外转让制度研究》，载《法学杂志》2019年第10期。

② 参见周游：《从被动填空到主动选择：公司法功能的嬗变》，载《法学》2018年第2期。

公司可以强制或禁止股东将股权转让给特定的股东或指定的个人;(4)公司章程可以规定不同于市场价格的股权转让价格,但是价格必须合理且公平;(5)任何股权转让的限制应当合理且正当,不得导致股权实质无法转让或严重损害少数股东和公司的合法权利。”

(二)重新配置公司内部权力:事前预防与事后救济

1. 假设前提的演进:从“同质化”走向“异质化”

从全球范围来看,公司正在从分散走向集中,而当前我国公司治理的一个核心问题在于,内部控股股东压迫小股东的现象亦非常突出,上市公司的控股股东非法占有公司资金并通过关联交易的方式“掏空”公司的问题频繁出现。因此,在股东异质性的影响下,控股股东更有可能通过操纵股东会通过损害小股东利益的股权转让限制性条款,将小股东控制于公司内部,片面肯定股权转让限制也会为控股股东压迫小股东形成正向激励,加剧“股东压迫”现象。

然后,长期以来,无论是法学还是经济学、管理学的研究,都是基于股东“同质化”的假设前提,①很少看到股东之间“异质化”。在同质化假设下,股东充当履行出资义务的主体,发挥资本功能的作用,在完全理性的假设下,所有的股东都是完全的经济理性人,全体股东的缔约能力、信息获取能力和参与公司经营的能力并没有本质区别。因此,全体股东都可以自由转让其股权并不受任何的限制。同时,在经济理性人的假设下,全体股东都有共同的投资目标,都是为了实现自身投资利益的最大化。最后,股东之间还呈现利益同质的特点,通过公司决议机制,不同的股东利益可以实现整合,公司利益和股东个人利益也可以实现高度的统一。

在股东同质化的影响下,公司治理规则和内部权力的配置也呈现不同于“异质化”的特点。一方面,由于控股股东与少数股东之间、股东与公司之间存在共同的目标和利益诉求,因而,资本多数决和股权平等原则就成为各国公司法立法的基础所在。另一方面,无论是股权平等原则还是资本多数决,在同质化假设下也面临着适用的困境。当前各国对股权平等原则的适用,更多强调形式上的平等,而非实质意义上的平等。虽然各国立法普遍确立了“同股同权”的理念,但是在实际中,小股东依然很难参与公司的决策和经营。另外,在同质化假设下,大股东与小股东具有共同的利益诉求,公司利益与股东利益合二为一。因此,资本多数决由于可以快速地整合不同股东之间的意见而备受欢迎。但不可忽视的是,资本多数决按照出资比例而非人头数量进行表决,对于有限责任公司而言,少数人如果掌控了公司50%以上的资本,就可以成为大股东而控制公司决议,但绝大多数的“小股东”的利益则往往淹没在资本多数决中,出现大股东利用资本多数决压制小股东的现象。

---

① 参见[美]弗兰克·伊斯坦布尔、丹尼尔·费希尔:《公司法的经济结构》,罗培新、张建伟译,北京大学出版社2018年版,第62页。

综上所述,股东同质化假设无法回应当前的中国公司治理问题,应当及时转变思路,将公司法规则和公司权力配置的出发点回到股东“异质性”假设上来。① 而股东异质性假设,需要学者摒弃传统的股东利益与公司利益一致性的观点,要看到不同股东之间利益的冲突以及公司利益与股东个人利益的不同之处。尤其要看到公司的少数投资者在公司内部往往处于弱势地位,资本多数决这一机制并不能完全反映全体股东的利益。因此,在运用资本多数决进行表决时,应当适当加强小股东的参与权,设置相应的激励规则刺激小股东参与公司决议,为小股东参与公司治理提供相应的规则和制度保障,解决“搭便车”现象导致的权力失衡状态。同时,对于传统的股权平等原则应当加以适当的改造,克服同质化下只看到形式平等而忽视实质平等的缺陷,保障全体股东都有相同的参与权利,实现真正的股东平等原则。

2. 股东压制概念与内部权力的重置

过去的公司法立法建立在股东同质化的假设之上,例如,公司法中的股东会中心主义、资本多数决的设置以及对少数股权权利保护和救济机制的缺失,但未来的公司法改革,应当在股东异质性假设之上,进行一场从规则到制度的变革。

我国《公司法》在公司决议中加入资本多数决这一机制,并将资本多数决运用到章程的修订程序之中。但由于《公司法》中大股东权力规制制度以及小股东权利保护机制的缺失,实务中经常出现大股东通过资本多数决在修订章程中设置不合理的股权转让限制性条款以阻碍股权的自由流动。由于我国《公司法》关于股权转让限制的规则采用缺省性规则的立法模式,同时由于《公司法》第 71 条第 4 款不存在明确的限制股权转让的示范性措施,导致实务中对于《公司法》第 71 条第 4 款出现“识别”困难等问题。不同的公司在设置股权转让限制性措施时往往出于不同的目的和诉求,很难用统一标准对股权转让限制性措施作出有效或无效的认定,而股权转让限制又是有限责任公司维护公司内部合作关系、降低公司代理成本的一个有效途径。因此,在立法没有作出示范性的股权转让限制性措施时,事前的预防机制或者为少数股东提供其他途径的替代性救济措施则显得更为经济。

但我国《公司法》第 20 条关于少数股东权利的保护流于形式,股东压制行为并不能依该条规定得到救济。关于“赔偿责任”之规定,在法理上亦存在诸多争议,要想发挥该条的作用还须进行类型化分析。与此同时,我国《公司法》中并没有关于股东压制的概念,只在《公司法》第 20 条第 1 款和第 2 款中②规定了“禁止股东权利滥用”。除《公司法》第 20 条的一般性保护外,我国《公司法》也分别在第 74、182 条提供股份回购

① 参见汪青松、赵万一:《股份公司内部权力配置的结构性变革——以股东“同质化”假定到“异质化”现实的演进为视角》,载《现代法学》2011 年第 3 期。

② 《公司法》第 20 条第 2 款规定:“公司股东滥用股东权利,给公司或其他股东造成损失的,应当依法承担赔偿责任。”

请求权和司法解散权两种股东压制的救济,但实际效果却并不明显。

因此,未来的公司法改革,应当在《公司法》第20条的基础上,完善中国特色的"不公平损害"制度。首先,在《公司法司法解释五》第5条的基础之上,完善事前预防机制,明确股东可以在章程、股东协议中规定相应的纠纷解决方式,扩展《公司法司法解释五》的适用范围,确立章程和协议的内容在不违反法律、行政法规强制性规定的前提下优先适用的原则。同时,建立有效且完善的事后股东纠纷内部化解机制,涉及公司决议、股权转让等纠纷,不宜直接认定决议和股权转让限制性措施无效,对于可撤销的决议和股权转让限制性条款,允许股东通过内部机制进行效力补正,减少司法对公司内部实务的干预。其次,《公司法》第20条第1款宜修改为:"股东不得滥用股东权利损害公司或其他股东作为公司成员应当享有或可以合理期待的权利。"进一步扩大股东权利的概念范围。再次,对于《公司法》第20条第2款关于损害赔偿责任的规定也应当予以修改,充实大股东滥用权力损害小股东的责任承担方式,允许小股东在符合条件的情形下请求司法解散、股权回购,特别是对《公司法》第74条关于股权回购的规定,应当进一步扩大适用范围,为小股东权利的事后救济提供多元路径。最后,完善相应的小股东诉讼程序,允许被侵害股东为了自己的利益以控股股东和公司为被告,请求控股股东承担相应的责任。同时,也要注意预防少数股东借此滥用诉讼权利的可能性,在成文法的传统下,可以借助指导案例制度和公报制度,颁布相应的裁判案例和指引,为法官审查少数股东滥用诉讼权利提供参考。

六、小结

由于我国《公司法》第71条对股权转让限制并未给出明确的指引,导致实务中司法审查成本的加大。从司法实践上看,以人合性作为裁判理由,不仅减损了公司的效率,而且加剧了公司内部"股东压制"。因此,对于有限责任公司章程股权转让限制条款的评价,应当回到有限责任公司真实的经济结构之中,通过引入关系契约理论、股利分离理论以及成本收益分析法,重构章程限制股权转让的解释路径。

首先,关系契约具有超越"合意"的独特价值,章程和决议的效力来自背后的社会关系和公司组织体内部的规范。公司作为"关系"的联结,其真实的契约逻辑在于维系成员间的合作共赢状态以及实现公司的整体利益,初始章程可以视为不完全契约的制定阶段,而修订章程则属于不完全契约的填补阶段,章程不因缺少"合意"而产生不同的效力及性质。公司决议发挥着信息交流、彰显股东独立价值和统一共识的场所功能作用,决议本身所体现的合作性博弈特征十分明显,对资本多数决在内的决议效力之认定,应当软化司法对决议的干预,过多看到股东之间的利益对立或追求股东之间的合意,不仅背离决议应有的功能和目的,反而加大了公司决议的成本。因此,只要修订章程的决议内容不违反强制性规定且不产生任何的负外部性,充分发挥了其应当发挥的功能,决议通过的股权转让限制性条款就不应因个别股东反对而归为无效。个别股东的反对构成表决权无效或撤销的事由,但决议本身具有法律拘束力。出于保护少数股东权利的需要，对于持异议的股东，可以允许其通过《公司法》第 74 条的异议股东回购请求权寻求相应的救济，或者通过向法院发起决议无效或撤销之诉寻求司法权的介入，但不可仅以决议未经股东同意就作出对反对股东无效或撤销的裁决，公司章程中的股权转让限制性条款是否有效，还须依赖法院的司法审查进一步确认。

其次，在运用成本收益分析进行实质性审查时，应当同时树立保护少数股东权利与促进控股股东交易激励的价值理念。在对股权转让进行限制时，不仅需要审查限制行为对股东个人权利造成的损害，还须考察对公司利益和社会关系的破坏，确认损害最小的行为的效力，并针对限制股权转让的对象、价格、来源、章程和决议的效力进行个案审查分析。基于我国股东异质性问题特别突出和《公司法》对少数投资者权利保护的缺失，整体上应当树立股权转让自由的决凝规则，但股权转让的限制不得超出必要的“限度”。对于股权转让禁止性条款，由于其所带来的成本远远大于其所获得的收益，即便公司为被限制股东提供其他退出机制和补偿性措施，其效力也应当予以否定。而对于其他的股权转让限制性条款的审查，应当重点审查限制性条款是否有违当前公司经营的核心价值，限制性措施是否必要，公司有无为被限制股东提供合理且公平的退出机制，股权转让受限与公司利益提升之间是否存在正向收益以及限制性条款是否会在全社会树立不良的影响，进而引发新的公司治理风险和加大司法成本等要素。如果少数股东与公司之间的合作基础已经不复存在，且限制性条款所规定的价格、补偿机制明显低于股东自由转让股权所能获得的收益，则应当对限制性条款作出否定性评价。特别是对于某一项专门针对特定的股东而订立的限制性条款而言，由于该项条款并非普遍适用于全体股东，也无法为公司整体福利带来多大的益处。因此，在没有其他合理的退出机制和被限制股东获得替代性补偿的情形下，若上述要素审查结果明显对小股东不利，那么针对个别股东而设立股权转让限制性条款的正当性则可能受到质疑。

与此同时，如果限制性条款涉及对财产利益的限制，对股权自由流通所造成的成本减损应当进行适当的加权，而在对限制人身利益的条款进行审查时，公司代理成本和股东压制问题可进行适当的加权。在不存在其他成本最小的替代性措施以实现设置股权转让限制性所追求的目标时，股权转让限制性条款因符合了维护公司利益和股东间合作共赢关系的要求，获得效力上的正当性。

最后，未来的公司法改革应当建立在股东“异质化”的假设之上，公司法规范应从缺省性规则转向赋权性规则，充分发挥公司章程在股权转让中的示范和指引作用，形成“菜单式”的股权转让赋权性规则，在进一步释放公司自治活力的同时，顺势引入“股东压制”概念，重构中国公司法的少数股东权利保护和救济机制，为股权转让限制性条款提供事前预防和事后救济机制，减轻司法在审查股权转让限制性条款效力方面的压力与成本，实现控股股东与少数股东在股权行使方面的利益平衡。

第四章　公司股份回购理论与实践研究

——从《公司法》第142条锲入*

引　言

范启其[①]最早对公司取得自己股份进行了系统的法理分析,从对公司回购股份的允许和禁止两方面进行分析,认为公司理论上存在取得自己股份的可能,但基于公司资本维持原则、股东平等原则、股权支配公正原则,以及股份交易公正原则,法律得禁止公司的此类行为;同时,基于调整公司资本结构、保全公司资产、便于筹措资金、防止恶意收购以及公司合并时的客观需要,法律应允许例外情况下公司取得自己股份。

鉴于当时国情,马俊驹、林晓镍[②]提出我国公司法应增设允许公司股份回购的事由,应采取限定列举的方式增设国有股退出、职工持股及异议股东请求回购三种法定事由。此外,他们还提出限制公司用于回购股份的资金来源以及可以回购的股份数量,完善回购的决定程序和债权人保护程序,明确回购方式、规范回购相关信息披露等建议。

1999年上市公司云天化的回购行为被认为是我国市场上首次上市公司股份回购行为,而后引起学术界对定向股票回购的研究。杜惟毅[③]通过介绍美国相关经济理论和实证研究结论,揭示了在定向股份回购中,上市公司董事(或者说管理人员)与公司股东之间的利益并不完全一致,在一些极端情形下董事甚至会滥用其地位,使公司股东利益受损。最后杜惟毅同样建议公司法对允许股份回购的情形、回购的方式、条件及程序详加规定。

华国庆[④]建议当时的公司法增设为实施员工持股、股票期权计划而回购,以及为防止恶意收购而回购两种情形,且回购股份后公司的持股结构应满足公司法的其他强制性规定。对于股份回购的方式,则应采取要约回购、公开市场回购以及协议回购三种方式。同时指出公司回购的股份性质,即回购后的股份应排除表决权(包括委托投票权)、召集临时股东大会的权利,但应享有除新股认购权之外的其他自益权。公司回购股份应属于信息披露的内容,一般可包括股份回购者的名称、住所,回购的目的、方式、

---

* 本章撰稿人:吴启民。

① 参见范启其:《公司取得自己股份的法理分析》,载《法商研究(中南政法学院学报)》1997年第2期。

② 参见马俊驹、林晓镍:《我国股份回购的现实意义与立法完善》,载《法学》2000年第11期。

③ 参见杜惟毅:《论我国股票回购立法的完善》,载《上海大学学报(社会科学版)》2001年第3期。

④ 参见华国庆:《股份回购若干问题探析》,载《政法论坛》2001年第4期。

数量、价格及资金来源等。

实际上公司进行股份回购，违反资本维持原则，潜在地损害公司债权人的利益；同时，该行为违反股东平等原则，潜在地损害公司中小股东的利益。王荣康[①]详细阐述了其中的法律原理，并指出在股份回购过程中，应更加重视股东权实质平等，包括规定控股股东、董事及其他高管的重视诚信义务等；应更加重视债权人保护，包括信息披露、向债权人设立保证金等。此外，引入股东派生诉讼作为事后救济也是保护中小股东的有效方法。

施天涛、孙逊[②]针对我国证券市场尚不成熟的特点，建议我国立法对股份回购采取谨慎、严苛的态度，即"原则禁止、例外许可"的立法模式，用于回购的资金应以盈余金为限，且对公司回购后持有的股份应在一定较短的时间内处分。

与放宽股份回购限制的角度不同，钟明霞、蔡元庆[③]主要研究了公司非法回购的效力及其法律救济。非法股份回购主要是股份回购决定程序有瑕疵，股份回购方式违法，股份回购事由违法，股份回购资金来源违法以及回购数量违法。针对不同违法股份回购类型，不论其名义如何，只要出卖人在股份交易时不存在恶意，即应认可该回购行为的效力，但不论回购行为是否认定为有效，都不能免除公司因该不法行为而应对相关利害关系人承担的赔偿责任以及依法应受的行政处罚。对认定为无效的回购行为的救济，可适用民法中规定的不当得利返还、善意取得等制度，还应追究公司董事的连带赔偿责任。

汪世虎[④]建议在修改《公司法》时应放宽对股份回购的限制，在"公司为实现其权利而有必要回购自己的股份"、公司应异议股东的请求而回购自己的股份以及为职工持股而回购自己的股份三种情况下应当允许公司进行回购行为。此外，公司对其回购的股份不得享有股东权。

顾肖荣、胡钧[⑤]在论及强化对公司中小股东保护的救济措施时专门提到，要建立异议股东的股份回购请求权相关制度，以保证在公司陷入僵局，甚至是控股大股东损害小股东利益时，给予中小股东退出的权利。

王雪[⑥]的研究表明，股份回购分为主动回购和被动回购。主动回购是指公司为减资而回购股份，对这种类型的回购主体法律应严格界定标准，通过考察公司经营业绩或财务状况，只有经营业绩和发展前景都好的公司才允许其回购自己的股份。在考察过

---

① 参见王荣康：《股份回购及对债权人和中小股东的保护》，载《现代法学》2002 年第 3 期。

② 参见施天涛、孙逊：《公司取得自己股份法律问题研究》，载《政法论坛》2002 年第 4 期。

③ 参见钟明霞、蔡元庆：《股份非法回购之法律救济》，载《法学评论》2003 年第 4 期。

④ 参见汪世虎：《〈公司法〉修改若干问题的探讨》，载《西南政法大学学报》2003 年第 3 期。

⑤ 参见顾肖荣、胡钧：《论对公司中小股东保护的救济措施的强化》，载《政治与法律》2004 年第 4 期。

⑥ 参见王雪：《对我国减资股份回购制度的法律透视——兼评"以股抵债"方案的法律问题》，载《云南大学学报（法学版）》2005 年第 2 期。

程中应当充分借助中立第三方,如注册会计师、资产评估师及律师等的专业能力,以保证公司会计资料的客观真实性。

高汉[①]指出在股份回购中形成了对中小股东的价格歧视,通过累积投票制度,表决权排除制度,可以在一定程度上限制“资本多数决”,保障中小股东表达个人意见的权利。

2005年修订的《公司法》对股份回购作出了重大修改,在一定程度上反映了此前学者们的建议。此后,学术界对股份回购的研究更加细致深入,由全面考察股份回购规则转变为分别考察股份回购的相关子课题。高永深[②]对异议股东股份回购做了详尽研究,阐释了异议股东股份回购产生的理论基础、立法现状,对我国异议股东股份回购请求权制度的构建作了具体设想。李晓春[③]对库藏股制度进行了较为全面的研究,包括库藏股股东权益,买回库藏股的资金限制等方面提出了完善制度的建议。朱庆[④]将股份回购目的分为良性、中性和恶性,基于对三种中性股份回购目的的分析,他认为我国应允许概括目的下的股份回购。同时对于良性目的,因其合法性对其限制应予以放宽,所以仍应保留特定目的下的股份回购情形,作出不同的制度安排。李晓春[⑤]提出应在《证券法》中设置联动规范,配合公司法中股份回购制度,遏制股份回购交易中的内幕交易。具体措施包括:将公司纳入内幕人员的范畴,将股份回购决定纳入内幕消息范畴,限制公司内部人交易股份,以及禁止公司的短线交易。

朱庆[⑥]认为,股份回购行为与连续交易型操纵市场行为之间的界限很难区分,除某些完全合规的回购行为外,市场上还存在难以界定是否合法以及表面合法实则存在操纵市场嫌疑的股份回购行为。他建议设置大股东、内部人减持的隔离期,牺牲一部分市场效率来保证市场的“公平”价值。

李文莉[⑦]认为,针对股份有限责任公司异议股东的回购请求权,一方面在适用情形上不能包含股份公司资产重组的多种形式,另一方面其规定为任意性规范而非强制性规范,故而该规则实际功效被严重限制。他认为建立公司股东现金选择权制度可以很好地实现异议股东回购请求权的功能。

张国平、汪亚菲[⑧]则着眼于股份有限公司股东虽然有异议回购请求权,却无相应通过股东直接诉讼来实现该权利,在实际上陷于“有名无实”的困难境地。他们提出异议

---

① 参见高汉:《股份回购及中小股东权益保护分析》,载《甘肃社会科学》2007年第5期。

② 参见高永深:《论异议股东股份回购请求权》,载《河北法学》2008年第4期。

③ 参见李晓春:《论新公司法库藏股制度之缺陷及立法完善》,载《政治与法律》2008年第3期。

④ 参见朱庆:《我国应允许概括目的下的股份回购》,载《安徽大学学报(哲学社会科学版)》2008年第1期。

⑤ 参见李晓春:《股份回购中内幕交易行为之证券法规制》,载《河北法学》2010年第12期。

⑥ 参见朱庆:《股份回购操纵市场“灰色地带”的形态及其法律规制》,载《法学》2011年第9期。

⑦ 参见李文莉:《公司股东现金选择权制度构建探析》,载《政治与法律》2012年第5期。

⑧ 参见张国平、汪亚菲:《论我国股东直接诉讼规则的不足与完善》,载《政治与法律》2012年第9期。

股东回购请求权是保护小股东的制度，不应成为大股东驱逐小股东的工具，因此对股东行使该权利不宜限制过多。

李晓春、李建国①建议我国立法应对公开市场回购和绿邮回购全面禁止，而对自我要约回购取消禁止并使其符合《证券法》对要约收购的规范。

朱庆②认为股份回购是一种高可控度的信息，因其可以引发发行公司股价上涨，且又为公司自主决定发布的信息，而存在被公司管理者滥用以配合优势交易或操纵市场的可能。为限制此类风险，我国应建立充分信息披露规则，再辅之以"安全港"限制交易等规则。

在钟明霞、蔡元庆之后，李晓春③同样注意到，虽然我国《公司法》经过修改，但仍未对公司违法股份回购的效力作出规定，也未设置相应的法律责任，这不利于法律意图的实现。而针对违法回购股份的效力认定应采"相对无效说"为宜，④对其法律责任应设计为出卖方（股东）的责任和公司内部管理人的责任。

李振涛⑤采用比较研究的方法，详细阐释了护盘式股份回购在各法域的治理演进。他认为我国市场上已经存在此类型的股份回购实践，而在《公司法》中并未明确"护盘"可以作为股份回购的合法事由。

叶林⑥认为，2018 年修改《公司法》股份回购条款的主要目的是形成我国股票市场扎实的基础制度，增加公司收购股份的合法事由，便于实施员工持股计划和兑换可转换公司债券。他认为"上市公司为维护公司价值及股东权益所必需"而回购股份的主旨是"安定操作"，而此次修法未将库存股制度纳入《公司法》则是一大遗憾。

冯辉⑦对"维护公司价值及股东权益所必需"而回购从实体法和程序法两方面进行研究后认为，作为资本市场重要的基础性制度安排，该条具有突出的"双刃剑"效应。鉴于"救市"和"鼓励公司回购"的背景，当前该条的配套制度对此情形下回购的负外部性规制不足，存在巨大风险隐患。具体说来，"安全港"制度的设计存在不足，债权人利益的保护考虑不足，回购资金的来源、启动回购的条件等设计对公司和股东利益的保护

---

① 参见李晓春、李建国：《论防御式股份回购的自由与管制之度——以美国法规制为中心展开》，载《法学杂志》2012 年第 10 期。

② 参见朱庆：《证券高可控度信息的相关法律问题——以股份回购为视角》，载《法学》2015 年第 1 期。

③ 参见李晓春：《公司违法买回自己股份的效力认定及法律责任》，载《政治与法律》2015 年第 8 期。

④ "相对无效说"，是指基于资本维持原则而禁止公司买回自己股份，则违反该规定而买回自己股份之行为，是违反法律禁止性规定，其买回行为原则上无效；但在公司以第三人名义为自己之利益而买回自己股份，若出卖人是善意的，可例外认为有效。这样，既能遵守资本维持原则，并能兼顾交易安全。参见柯芳枝：《公司法论》，中国政法大学出版社 2004 年版，第 192 页。

⑤ 参见李振涛：《护盘式股份回购制度的演进及其设计——基于证券市场异常波动应对的视角》，载《政法论坛》2016 年第 4 期。

⑥ 参见叶林：《股份有限公司回购股份的规则评析》，载《法律适用》2019 年第 1 期。

⑦ 参见冯辉：《"维护公司价值及股东权益所必需"而回购的法律规制》，载《东方法学》2019 年第 6 期。

亦存在问题。

前文以时间为线索，考察了我国学术界对股份回购的研究成果，从中可以发现对股份回购的研究是一个由浅及深、从概括研究到分类研究、从纯公司法理论到资本市场基础理论的过程。我国立法对股份回购合法情形的逐步放宽，以及一些配套制度的颁布都是对学界研究的回应。尽管如此，学者们仍然认为我国股份回购制度设计仍存在各式各样的疏漏。本章与已有研究的不同之处在于，较为全面但重点突出地研究股份回购制度。以基础制度设置、运行与监管配套措施设计以及司法实践三个方面全面审视我国股份回购制度。重点以股份回购制度修改的原因为起点，理顺制度变革的理论基础；在此基础上以沪、深两大证券交易所发布的《上市公司回购股份实施细则》为研究对象，剖析我国目前对股份回购监管制度的设计方式；最后对收集的股份回购相关案例分类研究，展示目前股份回购在司法实践中的真实面目。

具体而言，本章以股份回购条款修改为切入点进行研究，首要的任务就是找到改革背后真正的驱动力，其次在于修改的理论意义，最后分析学者指出的漏洞是否实际存在。此外，本章以新出台的股份回购配套制度为研究对象，分析其是否可以起到保护债权人和中小股东的作用。本章通过梳理涉股份回购的案件纠纷，从实证角度研究现实中的股份回购案件争议点是什么，应当如何处理。

为实现本章全面且重点突出地审视股份回购制度的研究主旨，将从基础制度设置、运行与监管配套措施设计以及司法实践三个方面展开。第一节是对股份回购基础制度，即静态理论的研究，主要围绕股份回购合法事由的设置展开，从其概念与功能谈起，考察修改股份回购条款的原因、意义，探究为"维护公司价值及股东权益所必需"而回购的规范含义等内容。本节目的是说明股份回购制度改革的原因、意义、内涵以及不足。第二节是对股份回购动态理论的研究，也即监管理论，其核心是"安全港"制度的设计，研究我国监管部门采取何种手段避免公司利用回购股份操纵市场、控股股东利用回购股份而损害中小股东及债权人权益。第二节的目的是研究这些配套措施是否能起到相应的监管作用，方便公司实施股份回购的同时有效地保护投资者利益，并提出监管建议。第三节是对股份回购司法实践的实证研究，通过对 370 份有效裁判文书的整理和归类，发现三类典型案件，并对它们展开分析。第四节为总结，回顾本章研究过程并重申各部分结论，总结全文不足。

一、公司股份回购静态理论研究

（一）股份回购法律理论：概念与功能

1. 基本概念

学理上，股份回购的上位概念是公司取得自己股份。公司取得自己股份，是指公司取得并持有自己发行在外的股份，一般有三种方式：收回、收买和收质。其中以收买方式取得自己股份是指公司支付一定财产为对价，取得并持有自己发行在外的股份，即股份回购。

股份回购的主体应当是股份有限公司,对象是本公司发行在外的股票。从形式上说,股份是股份有限公司划分资本和表示股东法律地位的最小计算单位,股票是其形式。有限责任公司则无股份或股票之说,而是根据股东出资比例确定其股权。从本质上说,股票作为有价证券,其基本特征之一就是流动性,正是因为流动性才使股份公司有了收购其股份的可能。反观有限责任公司之股权,其转让受到严苛的限制,①因为其具有极强的人合性,使其购买自己股权成为不可能。因此,本章所提"公司"一词,在无特殊说明时均指股份有限公司。

2. 功能

股份回购具有多种功能。第一,配合国家政策改革需要。例如,党的十五届四中全会要求国有经济必须进行战略调整,从非关系到国计民生的行业有序退出。② 股份回购是国有股、法人股等不能自由流通的股份退出的重要途径。③ 再如,为保护国有资产,在B股④和H股回购。⑤

第二,配合公司有关决策的实施。如公司减资时常采用回购股份加以注销的办法。⑥ 又如在公司合并场景下,会存在一公司持有另一公司股份的情况,须通过回购解决"公司做自己股东"的逻辑。再如公司实施员工持股计划或者股权激励计划时,若不允许公司回购股份,则只能采取增发股份的方式,且在员工退出时无法收回股份。此外在债转股情形下,上市公司可以选择回购相应股份用于兑换,否则只能发行新股用于

---

① 以我国《公司法》为例,第71条对有限责任公司股权转让作的规定为:"有限责任公司的股东之间可以相互转让其全部或者部分股权。股东向股东以外的人转让股权,应当经其他股东过半数同意。股东应就其股权转让事项书面通知其他股东征求同意,其他股东自接到书面通知之日起满三十日未答复的,视为同意转让。其他股东半数以上不同意转让的,不同意的股东应当购买该转让的股权;不购买的,视为同意转让。经股东同意转让的股权,在同等条件下,其他股东有优先购买权。两个以上股东主张行使优先购买权的,协商确定各自的购买比例;协商不成的,按照转让时各自的出资比例行使优先购买权。公司章程对股权转让另有规定的,从其规定。"

② 参见中共中央十五届四中全会《中共中央关于国有企业改革和发展若干重大问题的决定》。

③ 参见王华莹:《上市公司中的国有股退出模式比较》,载《中南财经大学学报》2000年第1期。

④ "我国证券市场的股票回购,主要是针对股价长期偏低的B股和非流通国有股、法人股而言。目前B股市场上许多B股股价跌破发行价甚至在每股净资产之下,市场长期低迷。"参见王世平:《关于B股回购的法律探讨》,载《武汉大学学报(人文科学版)》2000年第2期。

⑤ "在1997年10月以来的亚洲金融风暴中,H股公司在香港的股价长期处于低迷状态,不利于公司的发展及国有资产的保值……香港上市公司,可以根据香港《公司条例》及香港联交所有关公司股份回购的有关规范,通过回购股份支持其股价,以避免股价因市场因素的影响而不合理地低廉。"参见乔棣:《H股公司回购股份法律问题的探讨》,载《法学家》2000年第6期。

⑥ 减少注册资本的其他常见形式包括:(1)股东协商一致,作出决议:协商减持股份比例,在履行法定程序后减持部分对应股本返还给相应股东即可;(2)股东无法协商一致,符合异议股东回购请求权的,公司应当回购,回购股份成为库存股或者依法注销减资;(3)实践中股份公司减资常见的手段有:减少股份(包括消除股份和合并股份)、减少股份金额(一般是发起人对股份认购价格过于乐观)、理论上有两种手段都采用的可能,但是实践中基本上没有,因为减少股份和减少金额情形发生的阶段不一样,所以一般不会两个都用。——笔者注

兑换。

第三,调整股本。例如,护盘回购或安定操作。通过回购使发行在外股票的数量和每股净收益的计算基数降低,在盈利速率下降或不增加的情况下,维持或提高每股收益水平和股票价格,减少经营压力,并向市场传递公司认为自己股票被低估的信息,恢复投资者信心。[①] 其源于“信号传递”的经济学假设。[②] 又如,优化公司资本结构。上市公司可用负债回购股份,通过增加负债减少资本的方法提高每股收益,提升股票价值。[③] 其源于“杠杆假说”的经济学假设。[④] 再如,替代现金向股东发放股息。股利分配规模中等时通常采用公开市场回购进行。[⑤] 有关的经济学假说为“个人税赋假说”。[⑥] 除此之外,资本市场常发生敌意收购,[⑦]而目标公司则采用股份回购的方式来对抗,称为“防御式回购”。[⑧]

第四,异议股东退出选择。从理论上而言,有限责任公司具有较强的人合性,其股东转让股权限制较大,因此在公司僵局下,股东可以请求公司收买其股权进而退出公司。而股份公司具有较强的资合性,其股东转让股份受限制较少,尤其在存在市场的情况下,股东可以“用脚投票”,没有请求公司回购的必要。但在实践中,如异议股东所持上市公司股份数量较大,在市场上集中转让会引起公司股价波动,很难保证价格的公允。此外在公司一些决策,如合并、分立决议影响下,公司股价亦会产生波动,难以保证异议股东转让价格的公允。所以,目前的立法和学术研究均认可股份公司异议股东的回购请求权,但此请求权在何种情况下行使仍存在争议。[⑨]

---

① 参见华国庆:《股份回购若干问题探析》,载《政法论坛》2001年第4期;李振涛:《护盘式股份回购制度的演进及其设计——基于证券市场异常波动应对的视角》,载《政法论坛》2016年第4期。

② See Netter, J. M. & Mitchell, M. L., *Stock-Repurchase Announcements and Insider Transactions after the October* 1987 *Stock Marketcrash*, Financial Management, Vol. 18.3, p. 84 (1989).

③ 参见刘葆:《上市公司股份回购研究》,载《深圳大学学报(人文社会科学版)》2001年第2期。

④ See Cornell J. K., *The Causes and Effects of Share Repurchase*, Journal of Corporate Investment, Vol. 16, p. 148 (1997).

⑤ 参见蓝发钦:《浅析股票回购的股利性质及其市场效应——兼论中国公司股份回购的意义》,载《华东师范大学学报(哲学社会科学版)》2000年第1期。

⑥ See Spence A. M. A, *Theory of Share Repurchase*, Journal of Wall Street Finance, Vol. 82, p. 142 (1996).

⑦ 所谓敌意收购,是指收购人意图在收购后,将目标公司资产变卖以获取高出收购成本的利润,而不是为了目标公司的更好发展去管理和经营它。参见高汉:《股份回购及中小股东权益保护分析》,载《甘肃社会科学》2007年第5期。

⑧ 参见李晓春、李建国:《论防御式股份回购的自由与管制之度——以美国法规制为中心展开》,载《法学杂志》2012年第10期。

⑨ 参见顾肖荣、胡钧:《论对公司中小股东保护的救济措施的强化》,载《政治与法律》2004年第4期;另参见高永深:《论异议股东股份回购请求权》,载《河北法学》2008年第4期。

（二）股份回购法律规制之变：理念、逻辑与内容

1. 股份回购立法禁止之缓和

事实上除美国外，少有国家或地区对股份回购采“原则允许，例外禁止”的立法例。传统大陆法系国家对股份回购的法律规制为“原则禁止，例外允许”，原因是：第一，有违资本维持和资本充实的原则；第二，有违股东平等的原则；第三，可因内幕交易及操纵市场而引起对股份交易公正性之损害；第四，会酿成公司经营者以公司之计算竭力维护自己支配权之弊害等。① 如英国、德国、法国、瑞士、欧盟、意大利、日本均只允许公司在例外情形下得回购股份，但细察之下，以上各国或地区均设多种例外情形以满足公司实际需求，此为禁止股份回购之缓和。有学者总结缓和论者观点为企业金融目的、股价政策目的、员工福利目的、企业收购目的，乃至公司重大损害防止目的。②

我国《公司法》对股份回购的规制的变化历程也体现了缓和趋势（见表4－1），其配套措施甚至在某种程度上存在鼓励公司回购的影子。③

表4－1　我国《公司法》禁止股份回购之缓和

历次修法	股份回购法律规制
1993年《公司法》	公司不得收购本公司的股票，但为减少公司资本而注销股份或者与持有本公司股票的其他公司合并时除外。 公司依照前款规定收购本公司的股票后，必须在十日内注销该部分股份，依照法律、行政法规办理变更登记，并公告
2005年《公司法》	公司不得收购本公司股份。但是，有下列情形之一的除外： （一）减少公司注册资本； （二）与持有本公司股份的其他公司合并； （三）将股份奖励给本公司职工； （四）股东因对股东大会作出的公司合并、分立决议持异议，要求公司收购其股份的。 公司因前款第（一）项至第（三）项的原因收购本公司股份的，应当经股东大会决议。公司依照前款规定收购本公司股份后，属于第（一）项情形的，应当自收购之日起十日内注销；属于第（二）项、第（四）项情形的，应当在六个月内转让或者注销。 公司依照第一款第（三）项规定收购的本公司股份，不得超过本公司已发行股份总额的百分之五；用于收购的资金应当从公司的税后利润中支出；所收购的股份应当在一年内转让给职工

① 参见王保树主编、刘俊海：《股份有限公司股东权的保护》，法律出版社1997年版，第322～325页。

② 参见柯菊：《禁止公司取得自己股份缓和论之研究》，载《台大法学论丛》1995年第2期。

③ 参见冯辉：《“维护公司价值及股东权益所必需”而回购的法律规制》，载《东方法学》2019年第6期。

续表

历次修法	股份回购法律规制
2018年《公司法》	公司不得收购本公司股份。但是，有下列情形之一的除外： (一)减少公司注册资本； (二)与持有本公司股份的其他公司合并； (三)将股份用于员工持股计划或者股权激励； (四)股东因对股东大会作出的公司合并、分立决议持异议，要求公司收购其股份； (五)将股份用于转换上市公司发行的可转换为股票的公司债券； (六)上市公司为维护公司价值及股东权益所必需。 公司因前款第(一)项、第(二)项规定的情形收购本公司股份的，应当经股东大会决议；公司因前款第(三)项、第(五)项、第(六)项规定的情形收购本公司股份的，可以依照公司章程的规定或者股东大会的授权，经三分之二以上董事出席的董事会会议决议。 公司依照本条第一款规定收购本公司股份后，属于第(一)项情形的，应当自收购之日起十日内注销；属于第(二)项、第(四)项情形的，应当在六个月内转让或者注销；属于第(三)项、第(五)项、第(六)项情形的，公司合计持有的本公司股份数不得超过本公司已发行股份总额的百分之十，并应当在三年内转让或者注销。 上市公司收购本公司股份的，应当依照《中华人民共和国证券法》的规定履行信息披露义务。上市公司因本条第一款第(三)项、第(五)项、第(六)项规定的情形收购本公司股份的，应当通过公开的集中交易方式进行

1993年《公司法》改变了此前《股票发行与交易管理暂行条例》全面禁止股份回购的局面。两种例外情形的设计虽然排除股份回购制度的其他功能，但可避免该制度的弊端。考虑到当时我国证券市场尚在“婴儿期”，为避免市场操纵、内幕交易等市场乱象而选择严苛的禁止立法无可厚非。

如前文所言，学术界一直以来的观点是扩大股份回购的合法事由。2005年《公司法》修改一定程度上回应了学者们的建议，但其放开仍是小心翼翼的，不过多涉及证券市场。减资与合并两种情形不必赘言。“将股份奖励给本公司职工”的表述虽然存在诸多问题，①但其确为公司实施“职工持股计划”提供了窗口。而第4项“股东因对股东

① 2005年《公司法》第142条第1款第3项限制了所收购股份的激励对象。一方面，原第142条第1款第3项采用了“奖励”的词语，所表达的主要是对本公司职工既往业绩的肯定，未能突出将公司未来发展与职工利益的有机结合，甚至可能被误解为公司只能向职工无偿提供股份。相反，“员工持股计划”和“股权激励”表达了向后激励的内涵，这种机制系将员工与公司的长期利益相互结合，从而更加符合员工激励计划和持股计划的本意。另一方面，原第142条第1款第3项所称“本公司职工”在词义上过于狭窄，常被误解为与公司签订劳动合同的职工，从而排除了公司派往子公司任职的员工以及仅与子公司或者关联公司签订劳动合同的员工。因此，股权激励对象可否扩张至“本公司职工”以外的主体，处于模糊不清状态。参见叶林：《股份有限公司回购股份的规则评析》，载《法律适用》2019年第1期。

大会作出的公司合并、分立决议持异议,要求公司收购其股份的"的规定就是"异议股东回购请求权",其设立的目的是避免中小股东在公司某些决策中被控股股东裹挟而造成权利被倾轧。可见,这4种允许回购的情形在理论上不涉及证券法理论,只是在程序上受证券法调整。

2018年《公司法》对股份回购制度的修改亮点在于:(1)就回购的合法事由而言,规范"员工持股计划或股权激励"的表述;增加上市公司为兑换可转换债而回购,其意义类似于2005年增加"员工持股";增加第6项"上市公司为维护公司价值及股东权益所必需",似乎是一项重大突破,其规范目的后文将作讨论。(2)就回购的决定程序而言,分类型对决定程序作了规定,并增加了公司章程或股东大会授权董事会决定的制度,这无疑会提高股份回购决策效率。(3)就回购后股份的处理而言,将原来1年期改为3年期,此规定是否可看作"库藏股"制度,笔者将在后文给出观点。(4)就理论而言,不再局限于公司法本身,加强了与《证券法》的联动,对信息披露和交易方式作了规定。

2. 信用与效率:资本理念的转变

股东有高风险投资的动机,他们会倾尽全力利用自己对公司的经营控制权向债权人转嫁风险,甚至损害债权人利益。[①] 公司资产分为自有资本和借入资本,分别源于股东出资和债权人出借,二者在理论上存在不可调和的利益风险分配冲突:因为"有限责任"的存在,如果公司经营失败,股东最多损失自己的全部出资,而一旦公司利润剩余,股东则所获颇丰;反观公司债权人,在公司经营失败时"血本无归",在公司利润剩余时也仅有权收取合同约定的本息。所以,严格法定资本制、资本三原则被奉为圭臬,以保护债权人的权益。然而,在实践中,股东仍可通过多种途径向债权人转嫁风险,严厉的资本制度不仅未起到应有的保护债权人的作用,反而丧失了公司资本的灵活性。[②] 现实中,经常发生以下向债权人转嫁风险的非法行为:(1)股东抽逃出资,利用财务制度漏洞、信用体系不健全的特点,抽逃出资只是账目处理难题;(2)利用关联交易,关联交易在我国公司实践中非常广泛,除关联公司直接交易外,还存在股东以公司资产为其关联公司担保的情形;(3)制作假账私分公司资产,如通过折旧计算、虚假利润,增加非经营性收益等手段增加账面利润,获取更多分红;(4)变相分配不当利润,例如股东直接参与经营的情况下为其设置高工资。虽然《公司法》禁止股东的上述行为,有些甚至构成刑事犯罪,但债权人因举证难、信息不畅等因素制约,很难通过证明"股东滥用公司法人独立地位和有限责任"来获得救济。

在这样的现实背景下,严格资本三原则被认为存在公司治理局限。[③] 2013年《公司

① 参见朱慈蕴:《公司资本理念与债权人利益保护》,载《政法论坛》2005年第3期。

② 参见朱慈蕴:《公司资本理念与债权人利益保护》,载《政法论坛》2005年第3期。

③ 参见冯果:《论公司资本三原则理论的时代局限》,载《中国法学》2001年第3期。

法》修改,原则上废除了公司法定注册资本制,采用了约定注册资本制,理论上 1 元也可以注册成立公司。对此激进的批评者认为,如此改革将会打破债权人和股东之间的利益平衡,而若通过伤害债权人利益来刺激经济增长,结果必然是扰乱市场秩序,侵蚀企业信用基础。① 相对温和的批评者,也主张废除法定资本制不宜操之过急,至少须等到建立起运转良好的合约机制之后,而在此之前,公司资本制度作为债权人利益保护机制仍不可或缺。② 而基于法律经济学视角的分析,则认为公司资本制度作为债权人保护机制不仅效果不佳而且成本高昂,③也有学者指出公司资本制度改革的主要原因就是长期以来的资本监管失灵,此次对资本制度的修改实际上破除了企业家对资本信用的迷信和对国家能力的迷信。④ 笔者认为,法学研究不能局限于推理论证,而应立足于现实效果。正如前文所述,在 2013 年《公司法》修法前的 20 年实践中,严格的资本制度并未有效地保护债权人利益,并且严格资本制度是以效率为代价而运行的。基于这两点,我国由资本信用转向资产信用的改革方向是正确的。此外,对取消法定资本的理解应当符合辩证逻辑——一方面,其目的是在产业高度分化的背景下,放松资本条件有利于股东根据本行业需要合理确定公司资本,这提升了公司创设的效率;另一方面,其不必然损害公司信用基础,因为公司注册资本属于法定公开信息,交易对方可轻易获取进而作出合理的商业判断。此外,从现实的角度说,在创设公司时,公司注册资本的主要作用在于启动公司的运行。如果真的存在 1 元公司,则其运行能力尚且存疑,更不用谈它会扰乱市场秩序了。

资本三原则更深层次的理论基础在于:法益平衡的法律理念、信用安全的价值理念稳健经营的经济学观念、社会本位的哲学价值观。其在诞生之初及传统产业商业时代是适宜的,而在新的时代则产生了局限。⑤ 美国学者提出,法定最低资本制度在保护债权人方面至少存在三方面问题:第一,对性质不同的行业和规模不同的公司的债权人而言,同样的法定最低资本无法提供同样的保护;第二,法定最低资本额无法随着经济发展而及时修改,可想而知其保护债权人的功能具有局限性;第三,货币贬值也可能使法定最低资本丧失保护债权人的功能。⑥ 随着经济全球化的发展,无论是大陆法系国家(地区),还是英美法系国家(地区),法律对于资本的管控都呈现不断放宽的姿态,呈现

① 参见甘培忠:《论公司资本制度颠覆性改革的环境与逻辑缺陷及制度补救》,载《科技与法律》2014 年第 3 期。

② 参见蒋大兴:《质疑法定资本制之改革》,载《中国法学》2015 年第 6 期。

③ 参见黄辉:《公司资本制度改革的正当性:基于债权人保护功能的法经济学分析》,载《中国法学》2015 年第 6 期。

④ 参见桑本谦:《法律经济学视野中的公司资本制度改革——聚焦中小微企业》,载《中国法律评论》2017 年第 4 期。

⑤ 参见冯果:《论公司资本三原则理论的时代局限》,载《中国法学》2001 年第 3 期。

⑥ 参见[美]罗伯特·W. 汉密尔顿:《公司法概要》,李存捧译,中国社会科学出版社 1999 年版,第 50 页。

从管制到自治的发展趋势。① 英美法系国家(地区)普遍采用授权资本制。公司设立时发起人仅需每人认购章程所定资本一股以上,即可申请设立公司,不需要全数发行章程规定的资本,其余可发行资本则在公司成立后视公司实际资金需求由董事会决定分次发行。② 授权资本制显然在创设公司方面极具效率,便于公司把握商机。因此德国、日本等大陆法系国家(地区)相继吸纳了该制度,构成这种授权资本制。从 20 世纪 90 年代开始的世界主要国家(地区)公司法改革潮流来看,改革的导向是追求效率,推动企业高效筹资,以提升企业竞争力为目标。③

我国立法增加了公司设立的成本、限制了资本的正常运用、阻碍科技创新。④ 就"资本维持原则"而言,公司虽然存在资本和公积金,如果资产失去流动性的话,公司也可能失去偿付债务的能力。相反,债权人保护更应聚焦现实层面,公司虽然不存在资本和公积金,也不一定失去偿付债务的能力,改革后的资本规则体系配合重构后的债权人保护机制才是股东和债权人利益新的平衡点。例如,在公司设立阶段应当确保股东出资的真实性,在公司运行过程中严控公司资本的不当流失,股东出资加速到期制度,最重要的一点是增加"刺破公司面纱"制度,丰富取证手段便于债权人追究相关股东的责任。此外,债权人保护依靠《公司法》一部法典显然是独木难支。良好的债权人保护机制还包括:可靠的信用评级体系、丰富的担保手段、良好的司法环境。这些方面均可成为我国重构债权人保护机制的他山之石。

公司法现代化改革不仅体现在制度改革方面,更需注意体系改造和精神重塑,⑤而精神重塑的重点在于进一步强化公司自治,按照市场经济的理念逻辑全面推动公司法的自治化和市场化。⑥ 简言之,立法理念由"资本信用"向"资产信用"转移、资本三原则特别是资本维持原则的内涵变化,以及为应对竞争日益提高而产生的效率优先的观念,是 2018 年《公司法》修法时放松股份回购的内在原因。根据世界银行公布的全球营商环境报告,2019 年我国在 190 个经济体中位列第 31 位,名次上升了 15 位。⑦《公司法》修改股份回购条款是这一期间公司法制建设的重大变化之一,客观上起到了提升我国营商环境的效果。

3. 堵或疏:规制的逻辑

有人认为,公司资本制度大致分为设立时的出资制度和运营时的资本维持制度,后

---

① 参见卢宁:《刍议公司资本形成制度的改革与发展——以"认缴制"的定性为起点》,载《法学论坛》2017 年第 3 期。

② 参见朱慈蕴:《公司资本理念与债权人利益保护》,载《政法论坛》2005 年第 3 期。

③ 参见王斐民:《论公司资本制度变革》,载《法学杂志》2004 年第 6 期。

④ 参见杜军:《公司资本制度的原理、演进与司法新课题》,载《法律适用》2014 年第 11 期。

⑤ 参见夏小雄:《公司法现代化:制度改革、体系再造与精神重塑》,载《北方法学》2019 年第 4 期。

⑥ 参见赵万一、赵吟:《中国自治型公司法的理论证成及制度实现》,载《中国社会科学》2015 年第 12 期。

⑦ 载新华网,http://www.gov.cn/xinwen/2019－10/24/content_5444374.htm。

者包括分发股利、股份回购、公司减资和自我持股等问题。[①] 规制的逻辑绝不是一味禁止,而是要扬长避短,类似经济学上的收益成本分析。资本理念的改变为缓和我国股份回购法律规制提供了窗口,但仍须以法律逻辑论证其利弊。在讨论公司问题时经常从内部和外部两个角度分析,具体到本章主题,则须分析允许公司股份回购对公司中小股东的弊端以及对公司债权人和市场的弊端。

(1)中小股东

实证研究已经指出股份回购对公司的诸多正面效应,如股价上升、[②]更优的资产负债比[③]等。对公司大股东或控股股东而言,他们是公司的实际控制人,如果他们认为公司股份回购会损害他们的利益,他们可以利用股份优势在股东会或者董事会上否决股份回购提案。因此仅分析股份回购对中小股东是否存在弊害且该弊害是否可以规避即可。在股份回购中,存在歧视中小股东、利用信息优势操纵股价损害中小股东利益,以及管理人员利用股份回购维持控制权等弊端。[④]

歧视中小股东,是指控股股东可以通过操纵董事会,由董事会作出以高于市价的价格向控股股东、董事回购股份的决议;然后在股东大会上提议以高于市价的价格协议回购控股股东、董事的股份,并利用其持股优势,使股东大会通过决议。实际上,有多种方法可以避免此类歧视,最简单的办法是限制回购方式。公司买回自己股份的方式一般有三种:公开市场收购、要约收购和协议收购。公开市场收购,即在证券市场上采用公开集中交易的方式收购股份;要约收购,是指向全体股东发出平等要约然后达成合意后收购股份;协议收购,是指向特定股东收购股份。三种买回方式中,协议收购方式最能体现上述歧视路径。我国目前法律,对上市公司股份回购明确规定除减资、合并和异议股东请求外,一律采取公开集中交易的方式进行。而非上市的股份公司虽然未明确规定回购方式,但因为允许其回购的合法事由仅限于前 4 款,从根本上已经排除了此种歧视。当然如果日后我国再次放松股份回购合法事由,只需对其回购方式加以确定即可避免此种歧视。

利用信息优势操纵股价损害中小股东,是指公司控股股东或董事利用其知晓的公司信息,甚至通过制造虚假信息,以隐瞒或欺诈的方式在股份回购中损害不知晓该消息或不知其为假消息的中小股东。有研究表明股份回购的结果确实存在财富从小股东及

---

① 参见黄辉:《公司资本制度改革的正当性:基于债权人保护功能的法经济学分析》,载《中国法学》2015 年第 6 期。

② See Vermaelen Theo, *Common Stock Repurchases and Market Signalling: An Empirical Study*, Vol. 9(2), p. 1 – 183 (1981). 此外,公司因实施员工持股计划而回购股份也会出现公司股价上涨的结果。参见梁红英:《员工激励对公司股票的实证研究》,载《西南政法大学学报》2019 年第 6 期。

③ 参见蓝发钦:《浅析股票回购的股利性质及其市场效应——兼论中国公司股份回购的意义》,载《华东师范大学学报(哲学社会科学版)》2000 年第 1 期。

④ 参见王荣康:《股份回购及对债权人和中小股东的保护》,载《现代法学》2002 年第 3 期;另参见高汉:《股份回购及中小股东权益保护分析》,载《甘肃社会科学》2007 年第 5 期。

消息闭塞的股东转向大股东及消息灵通的股东的情况。① 管理层利用股份回购维持控制权，是指公司面临敌意收购时，管理层与公司和其他股东利益存在冲突，为维持其对公司的控制权，管理层可能忽视公司和股东利益。②

首先，应当注意并非只在股份回购中存在这种现象；其次，在笔者看来，加强信息披露和公司董事信义义务、完善股东直接诉讼制度是比较有效的规制方法。例如，在公司作出回购决议时向所有股东披露作出决议的理由，包括会计师事务所出具的审计意见和律师事务所出具的法律意见，此外还应当对本次回购预期达到的目的作一说明。这样的内部范围披露虽不能从源头上禁止控股股东或董事，但可以使信息更加透明，在一定程度上削弱控股股东或董事的信息优势，也能尽可能为中小股东提供线索，用以分析自己的利益是否被“牺牲”，进而决定是否起诉。董事信义义务落脚于《公司法》第147条规定的“忠实义务”和“勤勉义务”，它是股东提起诉讼的实体法依据，但实证研究指出，我国此类司法案件数量不多，③其主要原因是审查标准不明。因此，完善我国公司法上董事信义义务的内涵和审查标准，强化我国股东直接诉讼制度是运用司法手段保护中小股东的一体两面。这个问题学者已有高论，④笔者不再赘述。

综上所述，股份回购对公司中小股东的弊端可以通过规制手段避免。况且就目前我国《公司法》第142条所规定的允许股份回购的六种事由，减资、合并属于股东大会特殊决事项，⑤《公司法》已作出平衡，异议股东请求回购则更是对中小股东利益的平衡；⑥其余第3、5、6项事由则可以通过规定回购方式而避免损害中小股东利益，因此并不存在控股股东运用股份回购损害中小股东的现实风险。笔者之所以对股份回购进行利弊分析，目的是论证我国可以进一步增加允许股份回购的合法事由，这是本章的核心论点之一。

(2)债权人

禁止股份回购是资本维持原则的应有之义。在资本信用理念下，资本维持原则是保护公司债权人的重要制衡手段。前文提到现下我国公司法正跟随国际脚步向公司自

---

① See Michael Brennan, Anjan Thakor, *Shareholder Preferences and Dividend Policy*, Journal of Finance, Vol. 45(4), p. 994 (1990).

② 参见李晓春、李建国：《论防御式股份回购的自由与管制之度——以美国法规制为中心展开》，载《法学杂志》2012年第10期。

③ 参见罗培新：《我国公司高管勤勉义务之司法裁量的实证分析》，载《证券法苑》第3卷，法律出版社2010年版，第402页。

④ 参见梁爽：《董事信义义务结构重组及对中国模式的反思——以美、日商业判断规则的运用为借镜》，载《中外法学》2016年第1期。

⑤ 《公司法》第103条规定：“股东大会作出修改公司章程、增加或者减少注册资本的决议，以及公司合并、分立、解散或者变更公司形式的决议，必须经出席会议的股东所持表决权的三分之二以上通过。”

⑥ 《公司法》第142条第1款第4项规定，股东因对股东大会作出的公司合并、分立决议持异议，要求公司收购其股份。

治、资产信用理念转移，相应地，资本维持原则也随之宽松。

因此，如何更好保护债权人这一课题实际产生于资本制度改革，除利用担保工具外，公司法在保护债权人方面还可以从以下几个方面入手：第一，公司催缴出资，即在股东认购股份后可按约定在规定期限内缴足出资，若涉及以债权人为主的外部第三人利益时，公司有向未足额出资的股东催缴出资的义务。① 第二，贯彻净资产规则、债务结构与前景分析规则，②即在公司披露的财会报告中揭露本公司净资产情况、可以用于偿还到期债务的流动资产的准确情况、公司的债务结构与前景分析，公司债权人可以利用这些信息增强或削弱对该公司的信心，进而决定采取何种手段保证自己的债权。第三，强化公司法人人格否认的适用，也即英美法上“揭开公司面纱”制度，其核心价值就在于当股东滥用有限责任和公司法人独立人格地位损害债权人利益时，债权人可以以此制度提起诉讼。但该规则在我国法院审判实践中未被充分适用，③所以加强其适用也是保护债权人的有效手段。第四，构建系统化范式的债权人保护体系。笔者认为，可以通过以下方法构建对债权人的体系化保护：在公司法上将禁止欺诈债权人扩充进董事信义义务；在合同法上强化受欺诈债权人的撤销权；在证券法上设立证券发行和交易过程中的欺诈责任，现行《证券法》第5条“证券的发行、交易活动，必须遵守法律、行政法规；禁止欺诈、内幕交易和操纵证券市场的行为”规定较为原则；在破产法上限制股东在公司破产申请受理前隐匿、转移财产。

除此之外，还有学者建议构建公司信息公示平台，对公司的出资信息、资产信息和信用信息进行公示，保证市场主体以低廉成本获取交易对象的信息，以利其作出合理的商业判断。④ 笔者则认为，在当前我国公司法下，公司出资信息已经由公司登记机构予以公示，资本实收信息则通过“全国企业信用信息公示系统”定期申报企业年度报告予以公开，而资产信息涉及公司商业秘密保护不便公开，所以并无另设公司信息公示平台的必要。相比之下，引入“看门人”机制，⑤由独立第三方评级机构对公司信用评级，投资者、债权人根据第三方报告作出商业判断更为合理：一方面“看门人”有为公司保密的义务，另一方面其以名誉为代价而出具的相关意见可被交易方信赖。以上这些规制手段均可以为公司资本制度趋于灵活化，公司治理由管制走向自治的背景下的债权人保护提供法律保障。

回归股份回购规则，认为公司回购股份会损害债权人的推论逻辑在于，公司用自有

---

① 参见袁碧华：《“认”与“缴”二分视角下公司催缴出资制度研究》，载《中国法学》2019年第2期。

② 参见王保树：《“资本维持原则”的发展趋势》，载《法商研究》2004年第1期。

③ 参见刘婷：《资本信用≠公司信用：弱资本化理念主导下公司信用法律制度的反思与构建——以新〈公司法〉资本制度改革为视角》，载《法律适用》2015年第6期。

④ 参见黄耀文：《认缴资本制度下的债权人利益保护》，载《政法论坛》2015年第1期。

⑤ 有关“看门人”机制的相关论述，参见［美］约翰·C. 科菲：《看门人机制：市场中介与公司治理》，黄辉、王长河等译，北京大学出版社2011年版。

资金收购自己的股票,等于股东收回其出资,导致公司资本减少。而实际在资产信用理念下,只要公司在偿还到期债务时其账簿上有足够的资产,债权人实现债权就是可能的。资产=负债+所有者权益,笔者发现,股份回购也许会导致所有者权益减少,但其不一定导致公司资产减少。逻辑在于:实证研究表明市场通常将公司发布股份回购计划视为利好消息,会普遍性地为公司带来股价上涨,[①]且股份回购有利于提高公司经营业绩,[②]公司可以凭借这两点在金融部门以更低的利率获得更多的授信。换句话说,股份回购导致公司形象的提升可以帮助公司增加借款,体现在账面上就是资产的增多。由此可见,在理论上股份回购不仅不会损害债权人利益,甚至增多了公司可用于偿还到期债务的资产。

(3)市场安全

股份回购对市场安全的影响主要体现为上市公司利用股份回购进行市场操纵、内幕交易以及证券欺诈。在2018年修改《公司法》前,有学者指出《公司法》增加股份回购合法事由的同时未建立其与《证券法》的"联动规范",在《证券法》上宜将公司规定为内幕人员,将股份回购规定为内幕消息的一种,公司内部人交易股票隔离期,以及禁止短线交易等。[③] 2018年《公司法》第142条修改,增加了"联动规范"。[④] 第十三届全国人民代表大会常务委员会第十五次会议于2019年12月28日修订通过《证券法》(以下简称新《证券法》),自2020年3月1日起施行。新《证券法》基本回应了前文提到的学者建议:新《证券法》第51条规定发行人属于内幕消息的知情人,实际上将公司列入内幕人员;第52条及第80、81条将原有内幕消息的范围扩大并细化,虽然新《证券法》并未直接将股份回购列入内幕消息,但其第80条和第81条都有"公司股权结构的重要变化"这一表述,笔者认为上市公司股份回购当然会引起上市公司股权结构的变化,但是否属于重要变化还应根据回购数量确定;新《证券法》第44条更严厉禁止短线交易;新《证券法》第85条加强了信息披露文件虚假记载、误导性陈述或者重大遗漏的赔偿责任(变化情况见表4-2)。此外,上海证券交易所、深圳证券交易所于2019年1月11日同时发布《上市公司回购股份实施细则》,[⑤]被视为此次资本市场监管体制改革的一大亮点。[⑥]《上市公司回购股份实施细则》第50条规定,"上市公司及相关各方在回购

---

① See David Ikenberry, Josef Lakonishok, Theo Vermaelen, *Market Underreaction to Open Market Share Repurchases*, Journal of Financial Economics, Vol. 2, p. 39 (1995).

② 参见蓝发钦:《浅析股票回购的股利性质及其市场效应——兼论中国公司股份回购的意义》,载《华东师范大学学报(哲学社会科学版)》2000年第1期。

③ 参见李晓春:《股份回购中内幕交易行为之证券法规制》,载《河北法学》2010年第12期。

④ 《公司法》第142条第4款规定,上市公司收购本公司股份的,应当依照《证券法》的规定履行信息披露义务。

⑤ 二者目前在内容上基本相同,笔者以深圳交易所为例,若无特殊提示,本文所称的《上市公司回购股份实施细则》均为深圳证券交易所发布的《上市公司回购股份实施细则》。

⑥ 参见冯辉:《"维护公司价值及股东权益所必需"而回购的法律规制》,载《东方法学》2019年第6期。

股份等信息依法披露前,必须做好内幕信息管理,相关内幕信息知情人不得利用内幕信息从事证券交易”,实际上已经将股份回购列为内幕信息,并且《上市公司回购股份实施细则》第34条规定的公司回购股份方案披露的内容中包括“预计回购完成后公司股权结构的变动情况”。

表4-2　新旧《证券法》相关法律条款

规制内容	旧《证券法》	新《证券法》
内幕消息知情人	**第七十四条**　证券交易内幕信息的知情人包括:(一)发行人的董事、监事、高级管理人员……	**第五十一条**　证券交易内幕信息的知情人包括:(一)发行人及其董事、监事、高级管理人员……
内幕消息范围	**第七十五条**　证券交易活动中,涉及公司的经营、财务或者对该公司证券的市场价格有重大影响的尚未公开的信息,为内幕信息。下列信息皆属内幕信息:(一)本法第六十七条第二款所列重大事件;(二)公司分配股利或者增资的计划;(三)公司股权结构的重大变化;(四)公司债务担保的重大变更;(五)公司营业用主要资产的抵押、出售或者报废一次超过该资产的百分之三十;(六)公司的董事、监事、高级管理人员的行为可能依法承担重大损害赔偿责任;(七)上市公司收购的有关方案;(八)国务院证券监督管理机构认定的对证券交易价格有显著影响的其他重要信息。 **第六十七条第二款**　下列情况为前款所称重大事件:(一)公司的经营方针和经营范围的重大变化;(二)公司的重大投资行为和重大的购置财产的决定;(三)公司订立重要合同,可能对公司的资产、负债、权益和经营成果产生重要影响;(四)公司发生重大债务和未能清偿到期重大债务的违约情况;(五)公司发生重大亏损或者重大损失;(六)公司生产经营的外部条件发生的重大变化;(七)公司的董事、三分之一以上监事或者经理发生变动;(八)持有公司百分之五以上股份的股东或者实际控制人,其持有股份或者控制公司的情况发生较大变化;(九)公司减资、合并、分	**第五十二条**　证券交易活动中,涉及发行人的经营、财务或者对该发行人证券的市场价格有重大影响的尚未公开的信息,为内幕信息。 本法第八十条第二款、第八十一条第二款所列重大事件属于内幕信息。 **第八十条第二款**　前款所称重大事件包括:(一)公司的经营方针和经营范围的重大变化;(二)公司的重大投资行为,公司在一年内购买、出售重大资产超过公司资产总额百分之三十,或者公司营业用主要资产的抵押、质押、出售或者报废一次超过该资产的百分之三十;(三)公司订立重要合同、提供重大担保或者从事关联交易,可能对公司的资产、负债、权益和经营成果产生重要影响;(四)公司发生重大债务和未能清偿到期重大债务的违约情况;(五)公司发生重大亏损或者重大损失;(六)公司生产经营的外部条件发生的重大变化;(七)公司的董事、三分之一以上监事或者经理发生变动,董事长或者经理无法履行职责;(八)持有公司百分之五以上股份的股东或者实际控制人持有股份或者控制公司的情况发生较大变化,公司的实际控制人及其控制的其他企业从事与公司相同或者相似业务的情况发生较大变化;(九)公司分配股利、增资的计划,公司股权结构的重要变化,公司减资、合并、分立、解散及申请破产的

续表

规制内容	旧《证券法》	新《证券法》
	立、解散及申请破产的决定；（十）涉及公司的重大诉讼，股东大会、董事会决议被依法撤销或者宣告无效；（十一）公司涉嫌犯罪被司法机关立案调查，公司董事、监事、高级管理人员涉嫌犯罪被司法机关采取强制措施；（十二）国务院证券监督管理机构规定的其他事项	决定，或者依法进入破产程序、被责令关闭；（十）涉及公司的重大诉讼、仲裁，股东大会、董事会决议被依法撤销或者宣告无效；（十一）公司涉嫌犯罪被依法立案调查，公司的控股股东、实际控制人、董事、监事、高级管理人员涉嫌犯罪被依法采取强制措施；（十二）国务院证券监督管理机构规定的其他事项。 **第八十一条第二款**　前款所称重大事件包括：（一）公司股权结构或者生产经营状况发生重大变化；（二）公司债券信用评级发生变化；（三）公司重大资产抵押、质押、出售、转让、报废；（四）公司发生未能清偿到期债务的情况；（五）公司新增借款或者对外提供担保超过上年末净资产的百分之二十；（六）公司放弃债权或者财产超过上年末净资产的百分之十；（七）公司发生超过上年末净资产百分之十的重大损失；（八）公司分配股利，作出减资、合并、分立、解散及申请破产的决定，或者依法进入破产程序、被责令关闭；（九）涉及公司的重大诉讼、仲裁；（十）公司涉嫌犯罪被依法立案调查，公司的控股股东、实际控制人、董事、监事、高级管理人员涉嫌犯罪被依法采取强制措施；（十一）国务院证券监督管理机构规定的其他事项
短线交易禁止	**第四十七条**　上市公司董事、监事、高级管理人员、持有上市公司股份百分之五以上的股东，将其持有的该公司的股票在买入后六个月内卖出，或者在卖出后六个月内又买入，由此所得收益归该公司所有，公司董事会应当收回其所得收益。但是，证券公司因包销购入售后剩余股票而持有百分之五以上股份的，卖出该股票不受六个月时间限制。公司董事会不按照前款规定执行的，股东有权	**第四十四条**　上市公司、股票在国务院批准的其他全国性证券交易场所交易的公司持有百分之五以上股份的股东、董事、监事、高级管理人员，将其持有的该公司的股票或者其他具有股权性质的证券在买入后六个月内卖出，或者在卖出后六个月内又买入，由此所得收益归该公司所有，公司董事会应当收回其所得收益。但是，证券公司因购入包销售后剩余股票而持有百分之五以上股

续表

规制内容	旧《证券法》	新《证券法》
	要求董事会在三十日内执行。公司董事会未在上述期限内执行的,股东有权为了公司的利益以自己的名义直接向人民法院提起诉讼。公司董事会不按照第一款的规定执行的,负有责任的董事依法承担连带责任	份,以及有国务院证券监督管理机构规定的其他情形的除外。 前款所称董事、监事、高级管理人员、自然人股东持有的股票或者其他具有股权性质的证券,包括其配偶、父母、子女持有的及利用他人账户持有的股票或者其他具有股权性质的证券。 公司董事会不按照第一款规定执行的,股东有权要求董事会在三十日内执行。公司董事会未在上述期限内执行的,股东有权为了公司的利益以自己的名义直接向人民法院提起诉讼。 公司董事会不按照第一款的规定执行的,负有责任的董事依法承担连带责任
信息披露责任	**第六十九条**　发行人、上市公司公告的招股说明书、公司债券募集办法、财务会计报告、上市报告文件、年度报告、中期报告、临时报告以及其他信息披露资料,有虚假记载、误导性陈述或者重大遗漏,致使投资者在证券交易中遭受损失的,发行人、上市公司应当承担赔偿责任;发行人、上市公司的董事、监事、高级管理人员和其他直接责任人员以及保荐人、承销的证券公司,应当与发行人、上市公司承担连带赔偿责任,但是能够证明自己没有过错的除外;发行人、上市公司的控股股东、实际控制人有过错的,应当与发行人、上市公司承担连带赔偿责任	**第八十五条**　信息披露义务人未按照规定披露信息,或者公告的证券发行文件、定期报告、临时报告及其他信息披露资料存在虚假记载、误导性陈述或者重大遗漏,致使投资者在证券交易中遭受损失的,信息披露义务人应当承担赔偿责任;发行人的控股股东、实际控制人、董事、监事、高级管理人员和其他直接责任人员以及保荐人、承销的证券公司及其直接责任人员,应当与发行人承担连带赔偿责任,但是能够证明自己没有过错的除外

新《证券法》第189、191条至第193条还加重了对违规交易、内幕交易、市场操纵以及证券欺诈行为的法律责任(见表4-3)。例如,相比旧《证券法》第204条,新《证券法》第186条扩充了违法依据,将不符合行政法规和证监会有关规定的股票转让行为纳入违法范围,承担法律责任。再如,加重对内幕交易、操纵市场以及证券欺诈等行为的法律责任,以违法所得倍数为基准的罚款,新《证券法》将倍数扩大2至3倍;以固定金额为基准的罚款,新《证券法》在原金额基础上扩大3至10倍。这些配套措施从制度层面上看,足以维护股份回购市场交易的安全。

表 4－3　新旧《证券法》法律责任规定对比

规制内容	旧《证券法》	新《证券法》
扩充违法依据	**第二百零四条**　违反法律规定，在限制转让期限内买卖证券的，责令改正，给予警告，并处以买卖证券等值以下的罚款。对直接负责的主管人员和其他直接责任人员给予警告，并处以三万元以上三十万元以下的罚款	**第一百八十六条**　违反本法第三十六条的规定，在限制转让期内转让证券，或者转让股票不符合法律、行政法规和国务院证券监督管理机构规定的，责令改正，给予警告，没收违法所得，并处以买卖证券等值以下的罚款
加重短线交易法律责任	**第一百九十五条**　上市公司的董事、监事、高级管理人员、持有上市公司股份百分之五以上的股东，违反本法第四十七条的规定买卖本公司股票的，给予警告，可以并处三万元以上十万元以下的罚款	**第一百八十九条**　上市公司、股票在国务院批准的其他全国性证券交易场所交易的公司的董事、监事、高级管理人员、持有该公司百分之五以上股份的股东，违反本法第四十四条的规定，买卖该公司股票或者其他具有股权性质的证券的，给予警告，并处以十万元以上一百万元以下的罚款
加重内幕交易法律责任	**第二百零二条**　证券交易内幕信息的知情人或者非法获取内幕信息的人，在涉及证券的发行、交易或者其他对证券的价格有重大影响的信息公开前，买卖该证券，或者泄露该信息，或者建议他人买卖该证券的，责令依法处理非法持有的证券，没收违法所得，并处以违法所得一倍以上五倍以下的罚款；没有违法所得或者违法所得不足三万元的，处以三万元以上六十万元以下的罚款。单位从事内幕交易的，还应当对直接负责的主管人员和其他直接责任人员给予警告，并处以三万元以上三十万元以下的罚款。证券监督管理机构工作人员进行内幕交易的，从重处罚	**第一百九十一条**　证券交易内幕信息的知情人或者非法获取内幕信息的人违反本法第五十三条的规定从事内幕交易的，责令依法处理非法持有的证券，没收违法所得，并处以违法所得一倍以上十倍以下的罚款；没有违法所得或者违法所得不足五十万元的，处以五十万元以上五百万元以下的罚款。单位从事内幕交易的，还应当对直接负责的主管人员和其他直接责任人员给予警告，并处以二十万元以上二百万元以下的罚款。国务院证券监督管理机构工作人员从事内幕交易的，从重处罚。 违反本法第五十四条的规定，利用未公开信息进行交易的，依照前款的规定处罚
加重操纵市场法律责任	**第二百零三条**　违反本法规定，操纵证券市场的，责令依法处理非法持有的证券，没收违法所得，并处以违法所得一倍以上五倍以下的罚款；没有违法所得或者违法所得不足三十万元的，处以三十万元以上三百万元以下的罚款。单位操纵证券市场的，还应当对直接负责的主管人员和其他直接责任人员给予警告，并处以十万元以上六十万元以下的罚款	**第一百九十二条**　违反本法第五十五条的规定，操纵证券市场的，责令依法处理其非法持有的证券，没收违法所得，并处以违法所得一倍以上十倍以下的罚款；没有违法所得或者违法所得不足一百万元的，处以一百万元以上一千万元以下的罚款。单位操纵证券市场的，还应当对直接负责的主管人员和其他直接责任人员给予警告，并处以五十万元以上五百万元以下的罚款

续表

规制内容	旧《证券法》	新《证券法》
加重证券欺诈法律责任	**第二百零六条**　违反本法第七十八条第一款、第三款的规定，扰乱证券市场的，由证券监督管理机构责令改正，没收违法所得，并处以违法所得一倍以上五倍以下的罚款；没有违法所得或者违法所得不足三万元的，处以三万元以上二十万元以下的罚款。 **第二百零七条**　违反本法第七十八条第二款的规定，在证券交易活动中作出虚假陈述或者信息误导的，责令改正，处以三万元以上二十万元以下的罚款；属于国家工作人员的，还应当依法给予行政处分	**第一百九十三条**　违反本法第五十六条第一款、第三款的规定，编造、传播虚假信息或者误导性信息，扰乱证券市场的，没收违法所得，并处以违法所得一倍以上十倍以下的罚款；没有违法所得或者违法所得不足二十万元的，处以二十万元以上二百万元以下的罚款。 违反本法第五十六条第二款的规定，在证券交易活动中作出虚假陈述或者信息误导的，责令改正，处以二十万元以上二百万元以下的罚款；属于国家工作人员的，还应当依法给予处分。 ……

实际上，如何认定公司在股份回购时存在市场操纵等行为却存在难度。有学者多次撰文分析股份回购与市场操纵的关系及其法律规制，认为因为股份回购在表现方式上与操纵市场行为相似，存在事实上难以认定的情况。① 因此依靠《证券法》的上述改变，在应对股份回购而引发的操纵市场、证券欺诈以及内幕交易时存在现实困境，即如何认定股份回购构成上述违法行为。所以，通过配套制度的建设将股份回购分为“白色地带”（完全合法）、“黑色地带”（完全非法）以及“灰色地带”（个案审查），完全合法的可视为操纵市场的例外情形，②完全非法的则应追究操纵市场责任，而中间地带则应进行个案审查，在审查构成操纵市场之前应认为合法。③ 具体来说，构建“安全港”制度，对股份回购的方式、时间、价格以及数量加以规定，符合要件的股份回购行为免于审查直接认定为合法；对“港外”回购，则须依据基本证据和补强证据对公司的主观意图进行判断，认定其操纵市场、抽逃出资或滥用公司独立人格的责任；而对存在操纵嫌疑的回购，则须通过设置隔离期或者信息披露规则予以规制。实际上，《上市

① 参见朱庆：《股份回购操纵市场“灰色地带”的形态及其法律规制》，载《法学》2011年第9期；朱庆：《论股份回购与操纵市场的关联及其规制》，载《法律科学（西北政法大学学报）》2012年第3期；朱庆：《上市公司股份回购中操纵市场行为认定与豁免探讨》，载《证券市场导报》2015年第4期；朱庆：《证券高可控度信息的相关法律问题——以股份回购为视角》，载《法学》2015年第1期。

② 中国证监会2007年发布的《证券市场操纵行为认定指引（业内试行）》明确将股份回购规定为操纵市场的例外情形。——笔者注

③ 参见朱庆：《股份回购操纵市场“灰色地带”的形态及其法律规制》，载《法学》2011年第9期；朱庆：《论股份回购与操纵市场的关联及其规制》，载《法律科学（西北政法大学学报）》2012年第3期；朱庆：《上市公司股份回购中操纵市场行为认定与豁免探讨》，载《证券市场导报》2015年第4期；朱庆：《证券高可控度信息的相关法律问题——以股份回购为视角》，载《法学》2015年第1期。

公司回购股份实施细则》不仅构建了我国的"安全港"制度,在对"灰色地带"的回购的规制路径上也采用了隔离期与信息披露相结合的方式。以信息披露为例,全文共55条的《上市公司回购股份实施细则》涉及"披露"的就有25个条款,可见其对信息披露的重视。但《上市公司回购股份实施细则》作为行业自律性文件,不在新《证券法》规定的违反法律、行政法规和证监会规定而承担法律责任的范围之内,那么违反《上市公司回购股份实施细则》而回购股份的法律责任如何,笔者将在下一部分进行分析。

通过以上三个方面的利弊分析可以发现,对待股份回购的法律规制逻辑,应在充分释放公司自治能力、发挥股份回购正效应的基础上,加强债权人保护机制和市场监管机制。而这二者涉及制度设计、司法水平以及行政监管水平,则正是我国目前正努力改革的领域。因此不能因为债权人保护机制不足和市场监管失灵而放弃股份回购这一金融工具,反而应该不断扩大股份回购合法事由,向市场发达国家的规定看齐,倒逼完善债权人保护机制和建立高效市场监管手段。

(三)"维护公司价值及股东权益所必需"而回购的法律内涵

不同于学术界主张大刀阔斧地扩张《公司法》股份回购合法事由,我国立法机关对《公司法》的修订是小心翼翼的。2018年股份回购规则修改实际上只为上市公司开了大门,当然上市公司公开市场回购,对其披露要求更高、交易市场更规范,更易于监管,首先放开上市公司股份回购有其合理性。但是股份回购是一项金融工具,根据市场主体平等原则,所有股份公司均应当有为本公司利益使用这一工具的权利。即使是仅面向上市公司,如何理解"维护公司价值及股东权益所必需"也是2018年修法的重点。

早在《公司法》第一次对股份回购条款进行修改,引发我国市场股份回购热潮时,[①]就有学者提出我国应允许概括目的下的股份回购。[②] 因为当时《公司法》限定股份回购合法事由,许多其他目的的回购行为都以减资名义进行,需要更严格的表决程序,公司利用这一工具实现其目的十分不便。而概括条款就是经一定程序决定,公司可无特定目的或具多重目的的实施股份回购。[③]

从立法语言上看,"维护公司价值及股东权益所必需"似乎是一种概括目的,《公司法》也未对其进行补充说明,但增设该款的目的在于稳定股价,[④]《上市公司回购股份实

---

① 参见陈名芹、李吟珍:《对我国上市公司股份回购新政相关问题的探讨》,载《汕头大学学报(人文社会科学版)》2019年第10期。

② 参见朱庆:《我国应允许概括目的下的股份回购》,载《安徽大学学报(哲学社会科学版)》2008年第1期。

③ 参见朱庆:《我国应允许概括目的下的股份回购》,载《安徽大学学报(哲学社会科学版)》2008年第1期。

④ 司法部《关于〈中华人民共和国公司法修正案〉草案(征求意见稿)的起草说明》指出,特别是当市场出现短期非理性下跌,股价普遍被低估时,通过实施回购计划提升每股价值,促进增量资金入市,有利于为股价稳定提供强力支撑,向市场释放正面信号,减少市场恐慌情绪,维护市场稳定健康发展。——笔者注

施细则》的规定也印证了这一目的。《上市公司回购股份实施细则》第 2 条第 2 款明确规定，上市公司实施此目的下股份回购应当满足，“公司股票收盘价低于其最近一期每股净资产”或“连续二十个交易日内公司股票收盘价跌幅累计达到 30%”。这一规定直接将“维护公司价值及股东权益所必需”的法律内涵界定为“护盘回购”或者“安定操作”。“护盘”一词在中文上暗含正义、保护的意思，因法律语言应为客观中性的表述，故将其称为“安定操作”更能体现法律的科学性。

为鼓励上市公司实施“安定操作”，《上市公司回购股份实施细则》对本条目的下的回购规定的监管较为宽松，如回购数量不限；若明确回购后注销股票的，不受回购应满足“股票上市已满一年”的限制，也不受“在上市公司定期报告或业绩快报公告前 10 个交易日内、自可能对股票交易价格产生重大影响的重大事项发生之日或在决策过程中至依法披露后 2 个交易日内、中国证监会规定的其他期间 3 种情形下不得回购”的限制。所以有学者指出，应当防止宽松监管下权利被滥用。① 程序上的设计不属于实体法内容，笔者将在下部分股份回购动态理论中探讨。

当然，《上市公司回购股份实施细则》作为证券交易所发布的行业自律性文件，相对于法律法规更具灵活性，若本条的触发条件发生改变，“维护公司价值及股东权益所必需”的法律内涵即发生相应变化。

（四）合法事由应适度扩张

本部分主要研究股份回购静态理论，主要涉及功能、弊端、规制径路，核心在于合法事由的构建。通过上述三个方面的分析，可以得出结论，股份回购制度的改革其深层次的原因在于公司资本理念的转变。而对于允许股份回购会损害中小股东和公司债权人的利益、扰乱证券市场交易安全的看法，笔者已在前文分析得出，目前而言我国立法所列出的几种股份回购合法事由，其风险是极低的，在一定程度上适应当前我国的实际，相反一些本应存在于概括目的之下的股份回购事由却被 2018 年《公司法》修法排除在外。

世界范围内股份回购合法事由，英国设 5 项：(1) 依据公司章程授权经股东会决议取得；(2) 无偿取得；(3) 为减资取得；(4) 因法院命令取得；(5) 因怠于缴纳股款而被没收、放弃等而取得。其中第 1 项可视为概括目的条款。德国设 6 项：(1) 为避免公司重大且紧迫的损害所必需；(2) 为从业人员持股时；(3) 补偿反对股东时；(4) 为无偿取得已全额缴纳股款之股份时或受托代购股份时；(5) 继受取得时；(6) 减资时。其中第 1 项也可视为概括条款。法国设 7 项：(1) 非以损失为理由之减资时；(2) 为提供从业人员持股而取得时；(3) 股份于公开市场上市之公司，为调整市场行情，经股东会普通决议取得时；(4) 依权利之包括继受取得时；(5) 依法院之决定取得时；(6) 转让受限制股份收买时；(7) 为阻止公司设立无效等无效之诉而收买时。日本设 10 项：(1) 为注销股

---

① 参见冯辉：《“维护公司价值及股东权益所必需”而回购的法律规制》，载《东方法学》2019 年第 6 期。

份而取得;(2)因合并或受让他公司之全部营业而取得;(3)为实行公司权利之目的而有必要取得;(4)因合并、营业让与时反对股东请求收买而取得;(5)因股份转让受限制时,反对股东请求收买而取得;(6)在已发行股份总数1/20以内可将自己股份收买;(7)未满单位股份之请求收买而取得;(8)因端股股东之请求收买而取得;(9)股份有限公司变更组织为有限公司时,反对股东请求收买而取得;(10)子公司于例外情形下取得母公司股份的允许。

笔者认为,我国合法事由至少可以增加如下三种情形:第一,当公司面临敌意收购时;第二,公司股东破产时仅有公司股票作为破产财产时;第三,扩大异议股东异议事由。自2015年"宝万之争"以来,在近两年也出现了不少敌意收购事件,如融创举牌金科、恒大系A股"扫货"、京基进攻康达尔,这些案例也直接促使新《证券法》对大额持股变动提高披露要求,①但笔者认为除了《证券法》规制,法律应当为公司自救提供便利。此外,当破产人仅以公司股票为破产财产,当其持有股票数量较大、转让或公开拍卖被恶意压价时,应当允许公司回购。笔者认为这两种情形都可置于"维护公司价值及股东权益所必需"之下。对于异议股东请求回购,笔者在前文已有论述,其根本目的在于保护中小股东不受大股东倾轧,故其异议事由不应仅限于合并、分立决议,而应扩大至对公司产生重大影响的所有决议,例如公司转变性质、资产重大变化、股权结构重大变化、生产经营重大变化等。

同时,股份回购的功能是否能完全发挥仍须研究,科学的证券法披露规则、完善的债权人保护机制以及有效的中小股东保护机制等须逐步确立,还须建立符合市场需要的公司信用体系。在这些基础制度健全后,股份回购的多功能性才能得到更好地发挥。如何监管股份回购,以及司法在股份回购案件中起到的作用,这是本章第二部分、第三部分的研究内容。

二、公司股份回购动态理论研究

股份回购动态理论,即监管理论,主要是围绕"安全港"(safe harbor)制度展开,研究如何规制股份回购行为趋利避害,充分发挥其功用而避免损害债权人、中小股东利益,并维护证券市场交易安全。

"安全港"制度由美国证券交易委员会(Securities and Exchange Commission,SEC)创设于其规则10b-18(Rule 10b-18),其意义是,只要公司遵照规则10b-18所列的条件进行回购,就可以免除美国《证券交易法》(Securities and Exchange Act)规定的操纵责任。规则10b-18列出的条件包括数量、方式、价格、时间以及在季度报告中披

---

① 参见龚浩川:《论敌意收购中大额持股变动违法之法律责任——基于证券监管与司法裁判的实证研究》,载《当代法学》2019年第2期。

露。[①] 面对美国市场股份回购金额逐年增加——由 1979 年的 4.69 亿美元增长至 2016 年的 7480 亿美元，[②]在 2018 年首次突破 1 万亿美元。[③] SEC 委员研究后认为在公司宣布回购计划后一周内公司内部人出卖其所持有本公司股票的可能性增加 5 倍。[④] 由此，股份回购被用于操纵股票价格、公司内部人获益，以及可能导致公司长期利益受损等弊端令美国学者开始重新审视"安全港"并希望监管趋严，以使美国市场股份回购降温。[⑤]

世界重要资本市场所在国家和地区均设置了自己的监管模式，除上文提到的四个要件外，主要的差别是：第一，回购决议须由股东会而非董事会作出；第二，明确规定除例外情形下，公司不得回购股份；第三，需要及时披露；第四，禁止公司内部人在股份回购期间交易其所持股票。[⑥]

在英国，股份回购决议须股东大会通过而非董事会，且公开市场回购必须立即向金融监管局（Financial Supervisory Authority）报告，报告中必须披露回购的数量及金额。[⑦] 日本东京证券交易所（Tokyo Stock Exchange）从价格、数量和时间等要件约束股份回购，并在回购计划实施交易日闭市之前完成信息披露。还有针对公司内部人的限制，包括限制内部人在回购计划进行期间交易所持股份，制定交易规则以避免利益冲突。[⑧] 在欧盟，股份回购同样需要股东会的批准，且这项授权在 18 个月内有效。法国、德国、意大利、瑞士、荷兰等国都有明确规定，公司回购股份不得超过所发行股份的 10%。[⑨] 在法国，股份回购计划还须监管机构（the Commission des Operations de Bourse）批准。[⑩] 意大利则规定股东会还应批准股份回购的最大数量以及回购价格区间。[⑪] 加拿大多伦多证券交易所（Toronto Stock Exchange）也要求董事会向交易所申请批准并且应当在每

---

① See Lenore Palladino, *The $1 Trillion Question*: *New Approaches to Regulating Stock Buybacks*, Yale Journal on Regulation Bulletin, Vol. 36, p. 89 (2018).

② Id.

③ 参见魏欣：《美国为何要限制上市公司回购股票》，载新浪网，http://finance.sina.com.cn/zl/international/2019-03-01/zl-ihrfqzkc0290380.shtml? cre=zhuanlanpc&mod=g&loc=10&r=0&rfunc=8&tj=none。

④ See Commissioner Robert J. Jackson Jr., *Speech at the Center for American Progress*: *Stock Buybacks and Corporate Cashouts* (June 11, 2018), https://www.sec.gov/news/speech/speechjackson-061118.

⑤ See Lenore Palladino, *The $1 Trillion Question*: *New Approaches to Regulating Stock Buybacks*, Yale Journal on Regulation Bulletin, Vol. 36, p. 89 (2018).

⑥ See Jaemin Kim, Ralf Schremper & Nikhil Varaiya, *Survey on Open Market Repurchase Regulations*: *Cross-Country Examination of the Ten Largest Stock Markets*, 9 Corporate Finance Review, Vol. 29, p. 89 (2005).

⑦ Id.

⑧ Id.

⑨ Id.

⑩ Id.

⑪ Id.

月结束前10日内将回购情况书面备案至交易所。① 在瑞士,回购在二级市场交易中完成且实时披露的,公众可以随时查询。一旦回购计划完成,公司必须立即作出公开声明。② 除此之外,许多国家和地区还规定在公司财报发布前10日内禁止股份回购。③

除此之外,在回购资金来源方面,英国规定公众公司只能使用可分配利润或发行新股所获收益来实施股份回购。④ 世界上其他主要证券市场所在地,如日本、法国、加拿大、荷兰、中国香港特别行政区及英国,都对公司内部人在回购计划施行期间的交易作出限制。例如,日本证券交易所发布的指引要求参与公司股份回购决议的内部人,在回购计划进行时不得交易其持有的公司股份。⑤ 法国规定,实施回购计划的公司需要每月向监管机构(the Commission des Operations de Bourse)披露内部人持股情况。⑥ 加拿大和荷兰则规定,如果持股的个人计划在回购计划期间出售其所持股份,则需要主动披露。⑦

由此可见,股份回购动态理论其实包括回购计划决议程序、资金来源、回购方案的设计(方式、数量、价格、时间)、信息披露、内部人交易隔离期以及贯穿其中的监管理论。本部分试图以上市公司为例,按股份回购计划实施的过程为线索来分析我国的"安全港"及其配套制度。笔者将当前我国有关股份回购的规范性文件整理如下(见表4-4)。

表4-4 我国有关股份回购的规范性文件

序号	名称	发布主体	文件性质
1	《公司法》(2018年修订)	全国人大	法律
2	《证券法》[1](2019年修订)	全国人大	法律
3	《上市公司回购社会公众股份管理办法(试行)》[2](2005年,以下简称《回购办法》)	中国证监会	部门规章
4	《关于上市公司以集中竞价交易方式回购股份的补充规定》[3](2008年,以下简称《补充规定》)	中国证监会	部门规章

① See Jaemin Kim, Ralf Schremper & Nikhil Varaiya, *Survey on Open Market Repurchase Regulations: Cross-Country Examination of the Ten Largest Stock Markets*, 9 Corporate Finance Review, Vol. 29, p. 89 (2005).

② Id.

③ Id.

④ Companies Act 2006, c. 46 (Eng).

⑤ See Jaemin Kim, Ralf Schremper & Nikhil Varaiya, *Survey on Open Market Repurchase Regulations: Cross-Country Examination of the Ten Largest Stock Markets*, 9 Corporate Finance Review, Vol. 29, p. 89 (2005).

⑥ Id.

⑦ Id.

续表

序号	名称	发布主体	文件性质
5	《上市公司以集中竞价方式回购股份业务指引》[4]（深圳证券交易所 2008 年发布，已废止；上海证券交易所 2013 年修订，已废止）	证券交易所	行业自律性文件
6	《关于支持上市公司回购股份的意见》[5]（2018 年，以下简称《意见》）	中国证监会、财政部、国资委	部门规章
7	关于认真学习贯彻《全国人民代表大会常务委员会关于修改〈中华人民共和国公司法〉的决定》的通知[6]（2018 年，以下简称《通知》）	中国证监会	部门规章
8	《全国中小企业股份转让系统挂牌公司回购股份实施办法》[7]（2018 年，以下简称《实施办法》）	全国中小企业股份转让系统有限责任公司	行业自律性文件
9	《上市公司回购股份实施细则》[8]（2019 年，以下简称《细则》）	证券交易所	行业自律性文件

[1]新《证券法》并未就股份回购作出明确规定，但《公司法》第 142 条规定上市公司收购本公司股份的，应当依照《证券法》的规定履行信息披露义务，因此笔者将其列在表中。——笔者注

[2]参见证监发〔2005〕51 号。

[3]参见证监会公告〔2008〕39 号。

[4]参见深证上〔2008〕148 号、上证公字〔2013〕12 号。

[5]参见证监会公告〔2018〕35 号。

[6]参见证监会公告〔2018〕37 号。

[7]参见股转系统公告〔2018〕1503 号。

[8]参见深证上〔2019〕22 号、上证发〔2019〕4 号。

以规范文件适用主体为线索分析，《回购办法》及其《补充规定》主要针对上市公司以减资为目的而回购股份的规制。① 《意见》为《细则》出台提供了依据，以及“安定操作”回购股份不适用《回购办法》及其《补充规定》的相关条款。② 《通知》规定为减资而回购股份，遵守《回购办法》《补充规定》以及证券交易所规则，因其他情形回购股份参

① 《管理办法》第 2 条规定：“本办法所称上市公司回购社会公众股份是指上市公司为减少注册资本而购买本公司社会公众股份（以下简称股份）并依法予以注销的行为。”

② 《意见》第三点“上市公司股价低于其每股净资产，或者 20 个交易日内股价跌幅累计达到 30% 的，可以为维护公司价值及股东权益进行股份回购；上市公司因该情形实施股份回购并减少注册资本的，不适用《上市公司回购社会公众股份管理办法（试行）》第八条关于股票上市已满一年的要求和《关于上市公司以集中竞价交易方式回购股份的补充规定》第九条关于特定期间内不得回购股份的条件限制”。

照适用前述规则。[①] 而其他非上市股份公司的回购程序，目前只有《实施办法》一个文件，且仅适用于在全国中小企业股份转让系统挂牌交易的公司。实践中，有一些非上市股份公司依照国家规定在地方性交易场所进行股票交易，这一类公司若要回购股份，目前尚无依据。笔者认为，鉴于这类公司只能因减资、合并、职工持股或股权激励、异议股东请求4种情形下实施回购，各地方性交易所可以参照《回购办法》及其《补充规定》进行管理。笔者在此仅就《细则》进行分析。

(一)回购前监管：决议、方案、资金

1. 决议机关

《公司法》第142条修改后，使公司回购股份决议由原来的"董事会决议+股东大会表决"模式，[②]改为因减资、合并而回购股份应当经股东大会决议、除因异议股东请求外其他情形的回购可以依照公司章程的规定或者股东大会的授权，经2/3以上董事出席的董事会会议决议，可称为"授权决议"。[③]《细则》规定上市公司股东大会对董事会作出授权的，应当明确授权实施回购股份的具体情形和授权期限。笔者认为，此规定体现股东大会是公司的最高权力机关的原则，公司章程授权以及非上市公司股东大会授权可以参照施行。

收购股份在《公司法》文义上既非董事会职责，也非股东大会职责。在股东大会中心主义下，凡属重大事项者须经股东大会决定。减少注册资本、与其他公司合并属于公司重大事项，是《公司法》明文规定的属于股东大会决议的事项，因此在这两种情形下回购股份的决议自然也应由股东大会作出。而其他情形下回购股份的决议，《公司法》作出"授权决议"的制度安排，体现了商法"效率优先"的理念。但应当注意，《公司法》第142条第1款所列六项情形下回购的股份，其结局均为转让或注销，也即除减资外其他情形回购的股份最后仍然存在注销的可能。笔者认为这会导致公司实际目的是减资，而外部表现为其他目的，从而架空股东大会对减资事项的决定权。因此建议在回购完成后注销该股份前仍然应遵守公司减资程序，由股东大会作出减资决议，并且履行债权人通知程序后才可以注销股份。

基于审慎、从严监管的立场，《公司法》设置了"授权决议"下，董事会须有2/3以上董事出席，严于一般董事会议事规则。[④] 笔者认为，授权董事会履行本应属于股东大会权利时应当更加严格议事程序，可以在决议通过人数上再设"全体董事三分之二以上同意通过"，为董事会就股份回购事项的决议上采取双保险机制，可以使效率和安全达到较好平衡点。

---

① 参见《通知》第二部分第二点。

② 参见《回购办法》第13、16、17条。

③ 参见叶林：《股份有限公司回购股份的规则评析》，载《法律适用》2019年第1期。

④ 《公司法》第111条规定：董事会会议应有过半数的董事出席方可举行。董事会作出决议，必须经全体董事的过半数通过。董事会决议的表决，实行一人一票。

2. 回购方案

回购方案是公司实施股份回购的总说明,也是信息披露的主要文件,是证券交易所审查股份回购是否符合"安全港"规则的主要对象。可以说无论对证券交易所还是普通投资者,甚至是公司债权人,回购方案中包含的信息都是极其重要的。《细则》第34条规定了回购方案的基本内容,大大扩充了《回购办法》的要求,笔者整理如下(见表4-5)。

表4-5　回购方案内容变化

《回购办法》第13、21条	《细则》第34条
回购股份预案至少应当包括以下内容: (一)回购股份的目的; (二)回购股份方式; (三)回购股份的价格或价格区间、定价原则; (四)拟回购股份的种类、数量及占总股本的比例; (五)拟用于回购的资金总额及资金来源; (六)回购股份的期限; (七)预计回购后公司股权结构的变动情况; (八)管理层对本次回购股份对公司经营、财务及未来发展影响的分析。 上市公司回购报告书应当包括以下内容: (一)本办法第十三条回购股份预案所列事项; (二)上市公司董事、监事、高级管理人员在股东大会回购决议公告前六个月是否存在买卖上市公司股票的行为,是否存在单独或者与他人联合进行内幕交易及市场操纵的说明; (三)独立财务顾问就本次回购股份出具的结论性意见; (四)律师事务所就本次回购股份出具的结论性意见; (五)其他应说明的事项	回购股份方案的内容应当包括: (一)回购股份的目的、方式、价格区间; (二)拟回购股份的种类、用途、数量、占公司总股本的比例及拟用于回购的资金总额; (三)回购股份的资金来源; (四)回购股份的实施期限; (五)预计回购完成后公司股权结构的变动情况; (六)管理层关于本次回购股份对公司经营、盈利能力、财务、研发、债务履行能力、未来发展影响和维持上市地位等情况的分析; (七)上市公司董事、监事、高级管理人员、控股股东、实际控制人在董事会作出回购股份决议前六个月内买卖本公司股份的情况,是否存在单独或者与他人联合进行内幕交易及操纵市场行为的说明,以及在回购期间的增减持计划; (八)本次回购股份方案的提议人、提议时间、提议理由、提议人在提议前六个月内买卖本公司股份的情况,是否存在单独或者与他人联合进行内幕交易及操纵市场行为的说明,以及在回购期间的增减持计划(如适用); (九)持股5%以上股东未来六个月的减持计划(如适用); (十)回购股份后依法注销或者转让的相关安排; (十一)防范侵害债权人利益的相关安排; (十二)对董事会办理本次回购股份事宜的具体授权(如适用); (十三)中国证监会和本所要求披露的其他内容

可见,《细则》对回购方案的设计考虑更为全面,第5、6、7、8、9项充分考虑了防范内幕交易和市场操纵的要求,采用充分披露的手段保护投资者。同时第3、5、10、11项则考虑债权人利益的保护。与《回购办法》相比,《细则》前5项包括《回购办法》前7项

的内容,并对之作了扩充。例如,《细则》第2项要求回购方案指明回购股份的用途,这回应了《公司法》对股份回购合法事由的修改。再如,《细则》第6项将《回购办法》第8项规定的管理人员应作的分析扩大,细化公司经营能力的指标:盈利能力、财务能力、研发能力、偿债能力。这些信息便于投资者和债权人判断公司因回购可能发生的商业变化。《细则》第7、8、9项对可能利用公司股份回购而操纵市场的人员,较之于《回购办法》《细则》新增控股股东、实际控制人,这符合实际情况,也符合前文的分析。

此外,《细则》第11项特别指明对债权人利益要作出相应安排,但并未明确具体细节,这里笔者认为至少有3种模式可供选择。第一,单独安排,即公司对每一债务作出具体安排;第二,总体安排,即公司对全部债务作出如约清偿表示;第三,提供担保,单独安排的模式较为烦琐,且涉及商业秘密不适宜在回购方案中公开,所以笔者推荐第二、三种模式。具体来说,总体安排,是指由专业机构(如会计师事务所)依据"偿债能力测试",在不披露公司具体债务的情况下,对公司回购股份后一定时期内的偿债能力作出结论性意见。"偿债能力测试",是指回购需要同时满足两个条件:一是公司买回自己股份后应能在一定期限(如一年)内清偿公司正常经营中的到期债务;二是公司买回自己股份后公司的总资产应大于公司的总负债。[①] 提供担保的方式应当是债权人最乐于见到的,但因为公司债务的庞大,短时间内为公司全部债务提供担保在实际操作中可能存在难度。

不仅如此,《细则》还规定公司须出具独立董事意见,[②]对情况复杂、涉及重大问题专业判断的,还可以聘请财务顾问、律师事务所、会计师事务所等机构出具专业意见并与回购方案同时披露。[③] 为确保回购方案中披露信息的可信度,《细则》规定方案披露后,非因充分正当事由不得变更或终止,确有原因的应当及时披露拟变更或终止的原因、变更后的内容,以及可能对公司生产经营、财务状况及股东权益产生的影响等,并应当按回购方案决策程序由股东大会或董事会审议。[④] 从规则上来看各方利益衡量得当,形式要件方面全面优于原来《回购办法》的规定。

3. 资金来源

在《细则》起草说明中可以看出,"不得通过债务融资实施回购股份"的意见未予采纳。理由是《意见》明确"继续支持上市公司通过发行优先股、债券等多种方式,为回购本公司股份筹集资金。支持实施股份回购的上市公司依法以简便快捷方式进行再融资",鼓励公司通过多种方式筹集资金回购股份。《细则》规定公司可以使用自有资金,发行优先股、债券募集的资金,发行普通股取得的超募资金、募投项目节余资金和已依

---

① 参见李晓春:《论公司买回自己股份之财源限制——比较法考察及我国立法模式之选择》,载《法商研究》2015年第4期。

② 参见《细则》第35条。

③ 参见《细则》第25条。

④ 参见《细则》第33条。

法变更为永久补充流动资金的募集资金,金融机构借款和其他合法资金回购股份。① 可见,公司一切合法资金均可用于回购股份。

与此紧密相关的是债权人利益保护问题。有学者建议对使用债务融资实施回购作出特别限制,②也有学者建议采用“偿债能力测试”来保护债权人利益。③ 笔者认为“偿债能力测试”更符合逻辑,即在资产信用理念下,只要公司在偿还到期债务时其账簿上有足够的资产,债权人实现债权就是可能的。《细则》显然未充分考虑使用借贷资金可能导致的违约问题。④ 故而在不对用于回购股份的资金来源做限制时,需要使用“偿债能力测试”决定是否可以实施回购。

(二)回购期间监管:禁止期、爬行规则及专用账户、披露规则

1. 禁止期

《细则》设置了禁止期,主要目的是防范证券欺诈和市场操纵。第一,特定时间禁止回购股份。上市公司在下列期间不得回购股份:(1)上市公司定期报告、业绩预告或者业绩快报公告前10个交易日内;(2)自可能对本公司股票交易价格产生重大影响的重大事项发生之日或者在决策过程中,至依法披露后2个交易日内;(3)证监会规定的其他情形期间。⑤ 第二,特定时间禁止回购委托。上市公司不得在下列时间回购委托:(1)开盘集合竞价;(2)收盘前半小时;(3)股票价格无涨跌幅限制期间进行回购股份的委托。⑥ 第三,回购期间禁止发行新股。上市公司不得在回购股份期间发行股份募集资金。⑦ 第四,回购期间禁止信息优势内部人减持股份。上市公司董事、监事、高级管理人员、控股股东、实际控制人、回购股份提议人在回购股份期间(自公司首次披露回购股份事项之日至披露回购结果暨股份变动公告期间),不得直接或间接减持本公司股份。⑧

第一、二项目的在于防止公司操纵股价,例如,已知股份回购信息被市场认为是利好消息,公司可以仅靠发布一个廉价信息,无须真金白银即可促使股价上涨,⑨在公司

---

① 参见《细则》第13条。

② “借款合同和债券发行公告中明确了资金的回购用途,除了要求公司提供清偿或提供足额担保的证明,还应限制借贷资金在收购资金中的比例。”参见冯辉:《“维护公司价值及股东权益所必需”而回购的法律规制》,载《东方法学》2019年第6期。

③ “偿债能力测试”,是指美国1984年修正后的《模范商业公司法》第6.40节(c)规定,如果公司进行分配后将产生下列后果,那么不得分配:(1)公司将无法偿还通常经营过程中的到期债务;(2)公司总资产少于总负债加上清算时应支付给优先股东数额之合计额时。参见李晓春:《论公司买回自己股份之财源限制——比较法考察及我国立法模式之选择》,载《法商研究》2015年第4期。

④ 参见冯辉:《“维护公司价值及股东权益所必需”而回购的法律规制》,载《东方法学》2019年第6期。

⑤ 参见《细则》第17条。

⑥ 参见《细则》第19条。

⑦ 参见《细则》第20条,但依法发行优先股的除外。

⑧ 参见《细则》第23条。

⑨ 参见朱庆:《证券高可控度信息的相关法律问题——以股份回购为视角》,载《法学》2015年第1期。

财报披露前回购股份,便可以在财报中体现股价上涨,而这种上涨体现的是财务杠杆的作用并非公司价值的实际增长。

第三、四项目的是防止市场操纵,先回购再增发从逻辑上看存在矛盾,而且容易造成新旧股东的不公平;此外回购股份传递出公司股价被低估的信号,而内部人减持则传递出股价偏高的信号,二者在短时间内应当是不相容的。[①] 例如,海马股份(000572,SZ)在2008年11月4日披露回购预案,至回购计划完成公司股价累计上涨159.5%,而其二股东海马投资集团有限公司连续大规模减持,减持比例超过公司总股本3%,减持总量接近该股东持股量的30%,相反海马股份在回购期间,在多日具备回购条件的情况下,并未实际回购股份。[②]

2. 爬行规则及专用账户

《细则》规定公司应合理安排每日回购股份数量,每5个交易日回购股份的数量,不得超过首次回购股份事实发生之日前5个交易日公司股票累计成交量的25%,但每5个交易日回购数量不超过100万股的除外(爬行规则)。[③] 并且公司应当开立回购股份专用账户,该账户仅限于存放回购的股份。[④] 且回购专用账户中的股份不享有股东大会表决权、利润分配、公积金转增股本、配股、质押等权利。[⑤]

爬行规则的主要目的是避免公司短期大量回购股份而造成的负外部性。美国"安全港"制度中数量要件的要求为发行人每日买回股份数量不超过近4周平均日交易量的25%,或每天可买回合计500股以内的股票。[⑥] 可见二者设计十分相似。回购专用账户则是为交易所便宜监管而设置,且从《回购办法》时期就已经存在。[⑦]

3. 披露规则

《细则》十分重视披露原则,对公司的信息披露要求实际是贯穿股份回购全过程的。除前文提到的回购方案、独立董事意见等披露文件外,《细则》还规定:第一,披露登记在册的前10名股东和前10名无限售条件股东的名称及持股数量、比例。[⑧] 第二,及时披露和定期报告披露:(1)在首次回购股份事实发生的次日予以披露;(2)回购股份占上市公司总股本的比例每增加1%的,应当在事实发生之日起3日内予以披露;(3)每个月的前3个交易日内披露截至上月末的回购进展情况。[⑨] 第三,回购方案规定

---

① 参见朱庆:《股份回购操纵市场"灰色地带"的形态及其法律规制》,载《法学》2011年第9期。

② 参见朱庆:《股份回购操纵市场"灰色地带"的形态及其法律规制》,载《法学》2011年第9期。

③ 参见《细则》第18条,但"维护公司价值及股东权益所必须"情形下回购股份不受此限制。

④ 参见《细则》第21条。

⑤ 参见《细则》第22条。

⑥ 参见朱庆:《上市公司股份回购中操纵市场行为认定与豁免探讨》,载《证券市场导报》2015年第4期。

⑦ 参见《回购办法》第10条。

⑧ 参见《细则》第36条。

⑨ 参见《细则》第38条。

的回购实施期限过半时,仍未实施回购的,董事会应当公告未能实施回购的原因和后续回购安排。[①] 第四,回购结果暨股份变动公告披露,就回购实施情况与方案的差异作出解释,并就回购股份方案的实施对公司的影响作出说明。[②] 第五,公司董事、监事、高级管理人员、控股股东、实际控制人、回购股份提议人在回购股份期间买卖本公司股票的,应当及时向公司报告买卖情况及理由,由公司在回购结果暨股份变动公告中披露。[③] 第六,回购的股份处理结果披露,在注销[④]和减持[⑤]时及时披露。

《细则》设置充分的信息披露规则,其法理在于披露将使市场有机会对发行人可能对其证券的大量购买活动作出反应。[⑥] 股份回购存在明显的信息不对等和可操作性,为维护市场的公开、公平、公正,保护投资者利益,必须加强信息披露。对于股份回购信息披露的强度,《细则》大大优于《回购办法》。

(三)回购后监管:库藏股、减资、减持

1. 库藏股制度

库藏股制度(Treasury Stock),是指公司买回自己的股份后,在尚未注销、转让时由公司持有该股份,进而引发的该股份上权利如何行使的相关制度。美国《示范公司法》第 6.31a 条规定,一家公司可以获取自己的股票,所获得的该股票成为认可发行但还未发行的股票。[⑦] 因此公司持有的自己股份无表决权、优先认股权、现金股利分配权、剩余财产分配权。欧洲大部分国家均不允许库藏股参与配股。《欧共体公司法第二号指令》第 22 条第 1 项规定,公司收回股份的表决权应停止。法国《商事公司法》第 217 条第 3 款规定,公司持有的股份不参加分配股息,以货币认购股份实现增资时,公司自己不得行使优先认购权。[⑧] 德国《股份公司法》第 71b 条也规定,公司对自己的股票不享有权利。[⑨] 日本则允许参与股票股利分配。公司合法取得的自己股份,如果是以注销股份为目的而取得的,应及时办理股份注销手续,未办理相关手续的股份丧失表决权和其他共益权。而在自益权上,由于分割股份或合并股份所得到的股份或金钱,可以说是股份变形物,所以有权得到该股份或金钱,但丧失盈余分配请求权。[⑩] 至于新股认购权,为了避免新股发行时由于市场价格跌落而蒙受损失,即为了维持自己股份的财产价

---

① 参见《细则》第 38 条。

② 参见《细则》第 39 条。

③ 参见《细则》第 40 条。

④ 参见《细则》第 41 条。

⑤ 参见《细则》第 44、47、48 条。

⑥ See Lenore Palladino, *The $1 Trillion Question: New Approaches to Regulating Stock Buybacks*, Yale Journal on Regulation Bulletin, Vol. 36, p. 89 (2018).

⑦ 参见卞耀武:《当代外国公司法》,法律出版社 1995 年版,第 31 页。

⑧ 参见卞耀武:《当代外国公司法》,法律出版社 1995 年版,第 453 页。

⑨ 参见卞耀武:《当代外国公司法》,法律出版社 1995 年版,第 137 页。

⑩ 参见[日]末永敏和:《现代日本公司法》,金洪玉译,人民法院出版社 2000 年版,第 87 页。

值,应当肯定其权利。[①]

但我国《公司法》规定公司持有的本公司股份没有表决权,[②]也不得分配利润。[③]《细则》也相应规定回购专用账户中的股份不享有股东大会表决权、利润分配、公积金转增股本、配股、质押等权利。[④] 可见我国对待库藏股采"休止说",即公司实施回购而持有的股份不能使公司成为自己的股东,该股份所代表的股东权利暂停行使。[⑤]

股权有共益权与自益权之分,库藏股不享有共益权无甚异议,但针对其自益权则存在不同观点,例如为维持库藏股价值而享有某些自益权(新股认购权、配股权)。[⑥] 笔者在此对库藏股是否享有自益权作一分析。第一,应否认其盈余分配权。若承认库藏股盈余分配权,则公司在实际分配后,该分配所得的盈余即成为公司收益,算入次年度可分配盈余中,造成重复计算,易使投资人对公司盈利能力产生误解。相反若否认库藏股盈余分配权,则该盈余将保留在公司账上,不会对价值发生影响。第二,应否认其剩余财产分配权。同理若认可库藏股享有剩余财产分配权,则分配至公司的财产将作为剩余财产继续分配而无休止,其实是不断将剩余财产分配至其他股东手中,不利于债权人保护。第三,分情况承认其新股认购权或配股权。目前我国《公司法》上允许将股份库藏的有3种情形:(1)用于员工持股计划或者股权激励回购的股份;(2)用于转换上市公司发行的可转换为股票的公司债券而回购的股份;(3)上市公司为维护公司价值及股东权益所必需而回购的股份,且库藏最长不能超过3年。承认库藏股拥有新股认购权或配股权的主要理由在于配股时,通常以票面价格为基准,此时原股份价值将因市价与票面价格之间的差距而受到稀释,使库藏股价值受损;在以票价而非市价发行新股时也存在这一情况,因此应当允许库藏股认购新股权或参与配股权以减损。笔者认为,前文提到的第一类库藏股,因其具有公益性和社会性而应当允许参与配股或认购新股以维持库藏股价值,而第二、三类库藏股则不宜享有该权利。理由在于,首先公司发行新股意图融资,而转让库藏股也可获得融资,公司没有理由绕过第二、三类库藏股发行新股;其次即使为避免第二、三类库藏股损失,也应当先转让库藏股再发行新股或配股。第四,库藏股可以转让,这也是《公司法》已经肯定了的。

2. 减资和减持

按照《公司法》的规定,公司回购的股份最终应当注销或转让。《细则》亦作出相应安排,对上市公司回购股份后减资(注销)和减持(转让)给予不同的监管重点。对减资的监管重点在于防范减资增高债权人风险,具体而言,《细则》规定公司回购股份拟予

① 参见[日]末永敏和:《现代日本公司法》,金洪玉译,人民法院出版社2000年版,第81页。

② 参见《公司法》第103条。

③ 参见《公司法》第166条。

④ 参见《细则》第22条。

⑤ 参见李晓春:《论新公司法库藏股制度之缺陷及立法完善》,载《政治与法律》2008年第3期。

⑥ 参见李晓春:《论新公司法库藏股制度之缺陷及立法完善》,载《政治与法律》2008年第3期。

以注销的,依照《公司法》有关规定通知债权人,[①]公司回购的股份未按照披露用途转让的也应及时履行债权人通知义务。[②] 按照《公司法》规定,公司应当自减资决议作出之日起10日内通知债权人,并于30日内在报纸上公告。债权人自接到通知书之日起30日内,未接到通知书的自公告之日起45日内,有权要求公司清偿债务或者提供相应的担保。[③]

《细则》对减持的监管重点在于防范内幕交易和因减持对资本市场的干扰[④]。《细则》对此规定了回购后减持的时间限制且减持只能以集中竞价方式完成,[⑤]价格和数量限制,[⑥]以及一系列信息披露要求,包括减持预披露、[⑦]动态进展报告[⑧]和减持结果公告。[⑨]

(四)其他问题

通过上文的分析可以看出,《细则》的规定总体上较细致和全面,从决议机关选择、回购方案内容设置、资金来源规定等事前监管方面,由禁止期、爬行规则等隔断方法和信息披露方法组成的事中监管,以及回购后股份处理方式的事后监管三个方面,都体现着保护债权人、保护投资者和维护市场交易安全的理念。

但《细则》也存在以下两个明显不足:第一,整体上持鼓励上市公司回购股份的立场,尤其体现在放宽"维护公司价值及股东权益所必需"而回购的限制,如此类回购不受股票上市已满一年的限制、不受"爬行规则"的限制等。背后的原因是监管部门急于希望上市公司主动回购股份以稳定公司股价,进而达到稳定大盘的目的。[⑩] 在这种宽监管政策下,须谨慎防范其负外部性。我国监管部门应当未雨绸缪,警惕回购泛滥导致的负效应。毕竟作为一种金融工具,股份回购仅仅通过减少发行在外股份而使公司股价算术性增长,并不能为公司带来实际价值的提高。[⑪] 第二,脱法行为的法律责任不足。如本章第一部分所述,目前证监会将股份回购的监管权移交给发生回购的交易所,但交易所对公司违规回购只能采取自律监管措施或者给予纪律处分,涉嫌违反法律法

---

① 参见《细则》第30条。

② 参见《细则》第49条。

③ 参见《公司法》第177条。

④ 参见冯辉:《"维护公司价值及股东权益所必需"而回购的法律规制》,载《东方法学》2019年第6期。

⑤ 参见《细则》第43、45条。

⑥ 参见《细则》第45、46条。

⑦ 参见《细则》第44条。

⑧ 参见《细则》第47条。

⑨ 参见《细则》第48条。

⑩ 参见冯辉:《"维护公司价值及股东权益所必需"而回购的法律规制》,载《东方法学》2019年第6期。

⑪ See Lenore Palladino, *The $1 Trillion Question*: *New Approaches to Regulating Stock Buybacks*, Yale Journal on Regulation Bulletin, Vol. 36, p. 89 (2018).

规及证监会有关规定的，将上报证监会查处。[①] 在脱法回购责任的设置上重行政责任而轻民事赔偿责任，且《细则》作为行业自律文件，尚不能作为正式法律渊源，故因公司违规回购而受损的投资者或其他人提起诉讼没有直接的法律依据，应积极推动监管规则与民事诉讼的联动。

目光回到股份回购合法事由，《细则》和《实施办法》对大部分股份有限公司实施回购的程序作出了规定，但应当注意它们的重点在于市场交易监管，因此它们都未规定公司因异议股东请求而回购股份应当遵循何种程序，这造成了法律空白。从"股东因对股东大会作出的公司合并、分立决议持异议，要求公司收购其股份"的表述，我们仅可得出该权利行使的主体是对公司合并、分立决议持异议的股东。但如何定义"持异议"？必须认为投反对票为"持异议"，或者弃权票也可认为"持异议"，抑或作出异议表示而不论其投票均可认定为"持异议"？须履行何种程序？在回购价格方面一般认为应以公平价格回购股份，但"公平价格"如何确定？这些疑问都没有明确的答案。而这一方面主要涉及的是《公司法》问题，因此应当由司法解释或立法解释来对这些问题予以明晰。

三、股份回购司法实践研究

（一）司法案例总览：分类和频数分析

为研究《公司法》股份回购条款[②]在我国司法实践中应用的效果，考察2018年《公司法》修改对司法实践领域是否产生实效，使用实证的方式定量研究无疑是最具说服力的。笔者为尽可能多地搜集相关案例，在"裁判文书网"上使用全文检索的方式，以"公司不得收购本公司股份"为关键词，截至2020年3月9日共搜集到617份法律文书，笔者整理后剔除无关案件，得到399份有效文书。[③] 相关案件中有116例涉及的其实是有限责任公司，其中，法院释明回购条款仅规范股份有限公司回购股份的有21例，法院以回购条款作为裁判依据的有87例，此外有8例为二审纠正一审法律适用错误。法院以股份回购条款作为裁判依据的案件共328例，其中存在的典型情形，如表4-6所示。

---

① 参见《细则》第53条、《实施办法》第60条。

② 2005年《公司法》第143条是股份回购条款，对应2013年《公司法》第142条，在此笔者将其统称为股份回购条款。——笔者注

③ 笔者剔除无关案件的标准为：股份回购非争议点，或法院未对股份回购条款加以评判；同时若一案件存在多级审判，以最终审判结果为准。

表 4-6　相关案件分类表

类别	案件数/件	占比/%[1]
以股份回购条款为裁判依据	370	—
主体错误	87	23.51
依协议回购	106	28.65
员工持股或股权激励	133	35.95
股东请求公司回购[2]	26	7.03
其他[3]	18	4.86

[1]占比按四舍五入计算。——笔者注

[2]此处"股东请求公司回购",是指没有回购协议等合同依据而请求公司回购自己的股份,如(2019)粤0204 民初 104 号案中当事人认为公司多年不分红,(2019)粤 0204 民初 104 号案中存在类似公司僵局的情形,(2016)豫 1082 民初 3792 号案中当事人认为自己因为受欺诈而入股等。

[3]此处其他类型包括,母公司通过子公司持有自己股份,如(2019)渝 01 民终 9527 号案;做市交易,(2019)皖 0222 民初 464 号案;以股抵债,如(2018)湘 12 民终 912 号案;公司买回股份供高管持有,如(2013)含民二初字第 00592 号案;股份合作制企业回购股份,如(2013)鄂武汉中民商终字第 01372 号案。

通过以上统计可以看出,股份回购条款在司法实践中的应用与其金融工具的定位相去甚远。在笔者视野中,并未发现一例因公司回购股份而引起债权人权益受损、投资者权益受损,进而引发诉讼的案件;也未发现证监会对公司回购股份的行为判定为操纵市场进而引发的行政诉讼案件;甚至连涉及上市公司回购股份的案例都没有。形成这样结果的原因是多样的,笔者以为其中一个重要原因可能是:《回购方案》《细则》等一系列文件对上市公司回购股份作出的形式要求较为明确,上市公司在满足形式要件后即被判定合法而免受操纵市场行为的审查;并且在形式要件满足的情况下,即使投资者或公司债权人认为回购行为损害了他们的利益,也不能使用回购条款作为起诉依据。下文笔者将对占比较大的三类典型案件进行分析。

(二)有限责任公司回购股权问题

如前文所述,《公司法》第 142 条仅规范股份有限公司回购行为,该法第 74 条规定的是有限责任公司异议股东回购请求权。司法实践中混用二者非常常见,①即使在股份有限公司案件中,法院亦采用第 74 条进行裁判。② 毋庸置疑《公司法》并未禁止有限

① 如(2019)云 03 民终 269 号案、(2018)川民申 4516 号案、(2018)黑 01 民终 4958 号案、(2018)川0106 民初 2176 号案等。

② 如(2013)虎商初字第 0017 号案。

责任公司回购股权,如有法院认为"对于有限责任公司,法律仅对异议股东能够行使评估权的特定情形作了列举,但并未禁止公司在其他情形下回购股权。有限责任公司股权回购的法律条文显然是充分考虑有限责任公司封闭性和人合性的特征,于异议股东评估权之外,为股东退出有限责任公司留下更大空间"。[①] 但有法院认为,允许其回购是帮助股东抽逃出资,例如昆明市西山区人民法院认为"公司法第一百四十二条关于公司不得收购本公司股份是针对股份公司的强制性规定。而公司法第七十四条关于异议股东可以要求公司强制收购股份的规定则表明,特定条件下有限责任公司可以回收公司股东股份。因此,原告以违反公司法第七十四条、第一百四十二条为由,主张原告收购被告股份的约定无效缺乏充分依据。但是,资本维持是公司法的一项基本制度。《中华人民共和国公司法》第三十五条规定,公司成立后,股东不得抽逃出资。原告依法登记成立,被告的出资成为公司法人财产,公司以其全部财产承担民事责任。原告收购被告部分股份相当于返还被告出资。本案中没有证据表明原告收购被告股份的资金来源于公司的可分配利润或公积金",[②]再如湖南省高级人民法院认为,"回购股权的资金并非公司盈余,即回购股权的资金不是从资产负债表的净财产额扣除资本额、已储备的法定公积金、应储备的任意公积金以及法定税之后的剩余金额。长沙一汽公司在没有盈余的情况下,以流动资金回购股权后,对暂存尚未认购的股权,无偿配送公司股东,其实质为抽逃注册资金,造成注册资金不实,从而害及公司的资本充实,侵害公司债权人的利益,违反《中华人民共和国公司法》第三十六条的规定,即公司成立后,股东不得抽逃出资"。[③]

《公司法司法解释五》第5条规定:"人民法院审理涉及有限责任公司股东重大分歧案件时,应当注重调解。当事人协商一致以下列方式解决分歧,且不违反法律、行政法规的强制性规定的,人民法院应予支持:(一)公司回购部分股东股份;(二)其他股东受让部分股东股份;(三)他人受让部分股东股份;(四)公司减资;(五)公司分立;(六)其他能够解决分歧,恢复公司正常经营,避免公司解散的方式。"

笔者认为,《公司法司法解释五》第5条的规定至少存在以下问题。第一,用词不当。在规范意义上,《公司法》在涉及有限责任公司股东权益份额时使用"出资额"[④]或"股权",[⑤]"股份"一词仅表示股份有限公司股东权益份额。第二,规定过于原则化。如何定义"重大分歧"?笔者认为"重大分歧"在内涵上一定大于《公司法》第74条所设的行使"异议股东回购请求权"的情形,否则没有必要重复规定;但其外延至于何处,《公司法司法解释五》并未明确。第三,也是最重要的一点,作为有限责

① 参见四川省宜宾市中级人民法院民事判决书,(2018)川15民终755号。

② 参见云南省昆明市西山区人民法院民事判决书,(2016)云0112民初7633号。

③ 参见湖南省高级人民法院民事判决书,(2014)湘高法民再终字第200号。

④ 如《公司法》第31、32条。

⑤ 如《公司法》第三章"有限责任公司的股权转让"。

任公司股东退出方式,配套措施远远不够。无论是在资本信用还是资产信用下,都应当考察股东退出对债权人的影响。若以资本维持原则为重,则应规定公司用于回购股权的资金必须来自可分配盈余,或在回购股权后立即减资。若以资产信用理念为重,则应在回购股权前进行"偿债能力测试"。此外,同为股东退出路径,减资比回购在程序上更复杂——不仅要股东会多数决,还要履行债权人通知程序。而回购的决定程序法律未作规定,理论上仅需股东会过半数同意即可,也没有债权人通知程序。作为理性人的公司显然会选择回购而非减资,这样不仅架空了减资路径,对债权人保护亦不利。再分析回购后股权的地位,若允许公司长期拥有该股权,则该股权最终按照出资比例仍然是股东财产。并且《公司法》第103条规定,公司持有的本公司股份没有表决权,这是对股份有限公司而言的,有限责任公司拥有的股权是否有表决权没有规定。如果认可其表决权,也即公司股东会陷入死循环,[①]徒增经营成本。

综上,虽然《公司法》不禁止有限责任公司回购股东出资,但要注意即使在"资产信用"原则下,也应防止公司资本不当流出,因此笔者认为,有限责任公司回购股权只是权宜措施,宜规定有限责任公司在回购股权后一定时间内减资或者转让股权。当然,有限责任公司股权回购非我们研究的重点,笔者不再赘述。

(三)依协议而回购股份

本部分所称"协议"主要指"对赌协议""名股实债"协议,以及其他协议,包括回购协议、[②]股份转让协议、[③]退股协议。[④] 其中"对赌协议"和"名股实债"协议更具典型性,占80%,因此本部分主要分析这两种类型下法院的裁判路径。这两种协议本质上存在不同,简单来说"对赌协议"属于股权融资,而"名股实债"实际是以股权让与担保的债权融资。但二者在司法审判路径上存在相似之处,即法院认为案件争议点在于协议是否因违反股份回购条款而无效。

1."对赌协议"

实践中俗称的"对赌协议",又称估值调整协议,是指投资方与融资方在达成股权性融资协议时,为解决交易双方对目标公司未来发展的不确定性、信息不对称以及代理成本而设计的,包含股权回购、金钱补偿等对未来不确定的目标公司的估值进行调整的

---

① 若公司有表决权,对公司表决权的行使须由股东会作出决议,而公司自己也是股东,这样会无限循环下去。——笔者注

② 参见广东省深圳前海合作区人民法院民事判决书,(2017)粤0391民初2123号。

③ 参见广东省高级人民法院民事判决书,(2017)粤民终6号。

④ 参见广东省佛山市中级人民法院民事判决书,(2017)粤06民终11101号。

协议。[①] “对赌协议”以合同手段重置了公司组织中的利益与风险。[②] 从签约主体的角度看，有投资方与目标公司的股东或者实际控制人“对赌”，[③]投资方与目标公司“对赌”，[④]投资方与目标公司的股东“对赌”同时要求目标公司承担连带责任[⑤]以及投资方与目标公司“对赌”同时要求目标公司股东承担连带责任等形式。[⑥]

在裁判路径方面，如果目标公司的股东或实际控股人为“对赌协议”的回购主体时，法院一般会认为该协议是投资人与股东之间的股份转让协议，合法有效，股东应当依照协议约定履行回购义务。[⑦] 若目标公司为“对赌协议”约定的回购主体，甚至只是“对赌协议”担保人的情形，法院一般会认为该条款因违反《公司法》第 142 条的强制性规定而无效。[⑧]

《九民纪要》关于“对赌协议”的效力及其履行的指导性意见是投资方与目标公司订立的“对赌协议”在不存在法定无效事由的情况下，目标公司仅以存在股权回购或者金钱补偿约定为由，主张“对赌协议”无效的，人民法院不予支持，但投资方主张实际履行的，人民法院应当审查是否符合公司法关于“股东不得抽逃出资”及股份回购的强制性规定，判决是否支持其诉讼请求。投资方请求目标公司回购股权的，人民法院应当依据《公司法》第 35 条关于“股东不得抽逃出资”或者第 142 条关于股份回购的强制性规定进行审查。经审查，目标公司未完成减资程序的，人民法院应当驳回其诉讼请求。这条意见也在后来的案例中被法院适用，例如新疆维吾尔自治区高级人民法院在一起案件中表示，目标公司履行法定减资程序后方可履行回购约定。[⑨]《九民纪要》所体现的“对赌协议”裁判路径如图 4 - 1 所示。

---

① 参见北京市第三中级人民法院民事判决书，(2020)京 03 民终 1420 号。

② 参见潘林：《重新认识“合同”与“公司”——基于“对赌协议”类案的中美比较研究》，载《中外法学》2017 年第 1 期。

③ 参见四川省南部县人民法院民事判决书，(2019)川 1321 民初 3478 号。

④ 参见北京市第三中级人民法院民事判决书，(2019)京 03 民终 14391 号。

⑤ 参见四川省成都市青羊区人民法院民事判决书，(2019)川 0105 民初 12408 号。

⑥ 参见浙江省高级人民法院民事判决书，(2018)浙民终 629 号。

⑦ 参见上海市浦东新区人民法院民事判决书，(2019)沪 0115 民初 28273 号；江苏省苏州市吴江区人民法院民事判决书，(2018)苏 0509 民初 11206 号；上海市高级人民法院民事裁定书，(2017)沪民申 485 号。

⑧ 参见江苏省连云港市赣榆区人民法院民事判决书，(2017)苏 0707 民初 3058 号；广东省汕头市中级人民法院民事判决书，(2017)粤 05 民初 1184 号；江苏省扬州市邗江区人民法院民事判决书，(2015)扬邗商初字第 0685 号等案件。

⑨ 参见新疆维吾尔自治区高级人民法院民事判决书，(2015)新民二终字第 280 号，该案裁判日期为 2019 年 12 月 21 日。类似判决还有北京市第三中级人民法院民事判决书，(2019)京 03 民终 14391 号；江苏省南京市中级人民法院民事判决书，(2019)苏 01 民终 4145 号等。

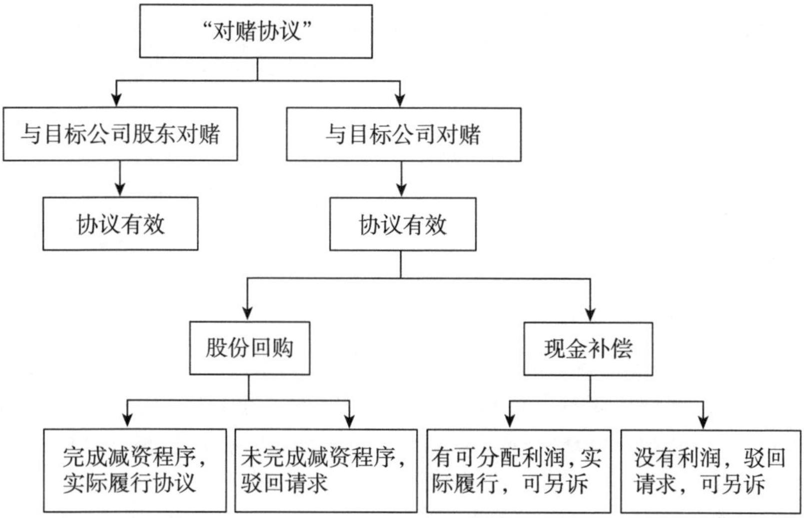

图 4－1　“对赌协议”裁判路径展示

《九民纪要》关于“对赌协议”最大的突破在于，摒弃此前处理相关问题时集中于《公司法》强制性规范（如股份回购条款）对协议效力的影响，不纠结于协议是否有效，而着眼于协议是否可被履行。可见法院为保障企业融资，认可“对赌协议”的效力，并可采取减资的方式回购股份。这也许会改变人们对“公司是股东财产的延伸”的理解，重视公司的组织属性。①

2.“名股实债”

“名股实债”，是指投资人将资金以股权投资的方式投入目标公司，并约定在一定期限届满或者一定条件下收回投资本金和获得固定的利益回报的投资模式。② 对于企业而言，“名股实债”与“对赌协议”都是融资手段，区别在于“名股实债”协议本质上属于债权融资，但是其在外观上具备股权融资的特点，这种刻意模糊债权和股权的界限的做法也体现着一种融资手段的创新。“名股实债”协议存在多种实现融资收益的方式，以固定价格回购股份是一种典型方式（回购性“名股实债”），这也是本部分分析“名股实债”协议的原因。有学者主张法院处理“名股实债”案件时更为公平的做法是，尊重双方商业安排，谨慎认定协议效力，即从经济逻辑尽量探寻双方真实合意，对法律规避行为（如约定回购）坚持监管标准与裁判标准两分的原则，谨慎否定其效力，尽量遵循

① 参见潘林：《重新认识“合同”与“公司”——基于“对赌协议”类案的中美比较研究》，载《中外法学》2017 年第 1 期。

② 参见江苏省扬中市人民法院民事判决书，(2018)苏 1182 民初 849 号。

约定权利义务。[①]

在笔者整理的案例中，一些法院依据股份回购条款直接判决“名股实债”协议无效，[②]还有法院认定协议有效并应采取减资方式实施回购。[③] 笔者认为，就回购型“名股实债”而言，宜采取《九民纪要》对“对赌协议”的裁判路径，若无其他法定无效事由，融资方仅主张股份回购不符合《公司法》规定而无效的，法院不应支持。投资方主张实施回购的，法院应当依据《公司法》第 35 条关于“股东不得抽逃出资”或者第 142 条关于股份回购的强制性规定进行审查，进而作出判断。在回购方式上应采取依法减资后回购股份的做法。

（四）因职工持股或股权激励而回购股份

职工持股类案件占比较大的主要原因是涉案人数多，如广西东泥股份有限公司与其职工系列案件、深圳市康意发贸易有限公司与其职工系列案件。[④] 这些案例中多数涉及国企改制，而这类案件最典型的争议点为职工离职时公司是否有权回购其持有的职工股。

职工持股计划本身具有很强的福利性质，其目的是缓和劳资矛盾，使劳动者拥有所有者身份，共享劳动所得，鼓励劳动者长期积极为企业创造绩效。因此，有必要对职工股的流转（退股、转让和继承）作必要的限制，只有在员工因辞退、死亡等原因离开企业后才允许公司收回股份。[⑤] 此外可以建立备用金制度，用以回购脱离公司的职工所持股份。[⑥]

以笔者整理的案例来看，法院在处理此类案件时，一般会支持依照股权激励方案等持股协议的约定（一般此类协议都会约定对职工股流转的限制，并约定职工离职时公司有权回购其职工股），裁判该回购行为不违反《公司法》第 142 条的规定。例如，北京市第一中级人民法院认为：“《股权认购协议书》从股东限制资格来看，员工与公司解除劳动关系、丧失劳动能力、没达到业绩指标等情况下，汉唐智业公司均有权回购员工股权”，因此该《股权认购协议书》应认定为员工持股计划性质，故“汉唐智业公司回购员工持股计划中的员工所持股份，不违反法律的强制性规定”。[⑦]

综上所述，我国股份回购司法实践中遇到的问题主要有：有限责任公司能否回购股

---

① 参见陈克：《论不完全合同视角下的公司融资》，载《交大法学》2020 年第 1 期。

② 参见河南省郑州市中级人民法院民事判决书，（2015）郑民二终字第 413 号；河南省郑州高新技术产业开发区人民法院民事判决书，（2014）开民初字第 5619 号。

③ 参见北京市朝阳区人民法院民事判决书，（2018）京 0105 民初 80695 号。

④ 如（2017）桂 10 民终 957 号等案件涉及 52 名职工，再如（2013）深福法民二初字第 5475 号等案件涉及 44 名职工。

⑤ 参见蒋大兴：《中国职工持股立法难点问题研究——一个经验、理论和立法的分析》，载《法律科学（西北政法学院学报）》2001 年第 2 期。

⑥ 参蒋建湘：《国企混合所有制改革背景下员工持股制度的法律构建》，载《法商研究》2016 年第 6 期。

⑦ 参见（2019）京 01 民终 10512 号等系列案件。

东出资,“对赌协议”、回购型“名股实债”协议是否因股份回购条款的强制性规定而无效,以及员工离职时公司是否有权回购其持有的职工股。2018年《公司法》修改股份回购条款并未对这些问题给予明确回答,这不得不说是一个遗憾。笔者对三类典型案件进行了分析并给出了相应建议。此外还有一点需要引起注意:《九民纪要》对“对赌协议”的意见,使股份公司可以披着“减资”回购的外衣,实际上因“协议”(包括“对赌协议”“名股实债”协议等)而回购,这可能构成对股份回购合法事由的实际突破。法院处理此类案件时,除审查有无违反法律强制性规定(如股东不得抽逃出资等规定)外,还可引入“偿债能力测试”判断回购是否损害债权人利益,进而判断回购是否可以实际实施。

四、小结

本章以《公司法》第142条为切入点,从静态理论、动态理论和司法实践3个角度系统性地对股份回购相关法律问题进行了梳理和研究。本章突出了债权人保护和市场交易安全两个重点。

在静态理论部分,本章认为,我国《公司法》修改股份回购条款,增加股份回购合法事由,内在原因是公司资本信用理念的转变,即资产信用比资本信用在现代商业实践中更具效率性和现实性,这与我国《公司法》历次修改具有内在的统一性和一致性。本章通过中小股东、债权人及市场三个方面的分析,指出股份回购这一创新金融工具的功能应该得到发挥,应通过完善债权人保护机制和建立高效市场监管手段消除弊端。本章将新增合法事由——“维护公司价值及股东权益所必须”而回购的内涵界定为“安定操作”,并指出该条款将来有外延扩大的可能性。合法事由还应扩大,可以包括对抗敌意收购、公司股东破产时仅有公司股票作为破产财产,以及扩大异议股东异议事由。

动态理论研究主要以“安全港”制度为核心展开,以《细则》为对象详细研究了回购股份事前、事中、事后的监管对策。本章认为在事前监管中应当注意股东会向董事会授权问题,谨防股东会权利被架空。对回购方案中的“债权人利益安排”和不限制回购资金来源的规定,本章建议增加“偿债能力测试”保障债权人权益。在事中监管中,防止市场操纵和证券欺诈最基础的方法包括设置隔离期和加强信息披露,①隔离期会对资本市场效率造成一定损失但其强制性对维护交易安全十分有效,信息披露规则具备效率高的特点但信息的真实性难以保障。本章发现《细则》增强了披露要求,设置了禁止期、爬行规则等防范市场操纵的措施,实际上是采取既设隔离期又加强信息披露的双重方法,对保护市场交易安全十分有利。对回购后股份的处理,本章认为,除实施员工持股计划而回购股份的配股权或新股认购权值得肯定,以保证其价值不被稀释外,其他回购后股份的权利应当暂停。《细则》的规定较全面和具体,但其中鼓励上市公司回购的

---

① 参见朱庆:《股份回购操纵市场“灰色地带”的形态及其法律规制》,载《法学》2011年第9期。

态度,可能引起负外部性,并且其对脱法行为的法律责任规定也存在不足。

司法实践研究以经过搜集370个有效案例为对象进行。本章发现三类较为典型的股份回购案件:主体错误型、回购协议型、员工持股型。其中对有限责任公司适用股份回购条款是法律适用错误,《公司法司法解释五》的颁布也证明有限责任公司可以回购股权,其原因在于我国《公司法》在立法体例上将公司分为有限责任公司和股份有限公司两类,造成一些规则在二者之间不能通用。"对赌协议"型案件争议焦点多为协议的效力判断,《九民纪要》也对该问题作出指导性意见。本章认为回购型"名股实债"协议也宜参照"对赌协议"处理方式进行判断。员工持股型案件争议焦点在于员工股的流动性,基于员工股的福利性质及其设立目的,应当限制其流动,公司在员工脱离后有权回购员工股份用以进行新的股权激励计划。很明显,股份回购条款的修改并未回应这3类典型案件。

据统计,2018年10月26日《公司法》修正案实施前,我国沪深A股发布过的股份回购案(包括实施完毕,停止实施,实施中)共429例。[①] 2014年至2017年的年度回购规模一般在几十亿元或一百亿元。[②]《公司法》修正案实施至今,沪深A股发布的股份回购案(包括实施完毕、停止实施、实施中、董事会预案)多达554例。[③] 有数据显示,自2019年年初至当年8月14日,已实施的股份回购金额突破千亿元。[④] 数据显示股份回购条款的修改起到了十分重要的作用。受新冠肺炎疫情及国际石油价格影响,截至2020年3月16日,国际各大股市下跌,美股更是两周内三次触发熔断,A股自2020年2月3日开盘以来表现也不容乐观。2020年2月3日至3月16日,沪深A股发布的股份回购案(包括实施中和董事会预案)有40例。[⑤] 受异常因素影响而导致公司股价下跌,公司进行安定操作恢复市场信心,这是本章提到的股份回购功能之一,也是立法机关修改股份回购条款时十分看重的一项功能。考察2020年2月3日沪深两市开盘以来的股份回购案是否起到上述作用十分有意义,但由于回购结果尚未显现,本章缺乏足够样本进行实证研究,对股份回购理论与实践的研究只得止步于此,这不得不说是一大遗憾。

---

① 数据来源为东方财富网数据中心:http://data. eastmoney. com/gphg/。

② 参见《A股回购破千亿背后:规模创历史新高 高位操作屡现》,载新浪财经,http://finance. sina. com. cn/stock/relnews/cn/2019 - 08 - 16/doc-ihytcern1371700. shtml。

③ 数据来源为东方财富网数据中心:http://data. eastmoney. com/gphg/。

④ 参见《A股回购破千亿背后:规模创历史新高 高位操作屡现》,载新浪财经,http://finance. sina. com. cn/stock/relnews/cn/2019 - 08 - 16/doc-ihytcern1371700. shtml。

⑤ 数据来源为东方财富网数据中心:http://data. eastmoney. com/gphg/。

第五章　论外商隐名股东资格确认与股权转让风险*

引　言

在世界经济颓靡的背景下，我国经济依旧保持高速增长，其中外资对促进经济持续快速增长和财政收入增加，优化产业结构等方面起着非常重要的作用，因此保护外商利益是趋势也是需求。据商务部数据统计，2019 年 1～11 月，全国设立外商投资企业 36，747 家（未含银行、证券、保险领域数据），同比增长 6.0%；实际使用外资金额 8459.4 亿元（折合 1243.9 亿美元），同比增长 2.4%。①2020 年 1 月 1 日，《外商投资法》及《外商投资法实施条例》正式生效，为持续优化外商投资环境，推进更高水平的对外开放提供了法律保障。

自改革开放以来，外商直接投资（Foreign Direct Investments，FDI）②是我国引进资金的重要渠道。1979 年 7 月《中外合资经营企业法》、1986 年《外资企业法》和 1988 年《中外合作经营企业法》的施行，逐步建立了我国外商入境成立企业的规范管理制度，拓展了外资绿地投资进入我国的企业形态。③但出于国家安全以及公共利益的考量，国家在大力引进外资的同时，也建立了严格的外资入境、外商投资企业审批制度。本章以外商入境隐名投资为研究对象，主要关注与其相关的股东资格确认以及股权转让风险的问题。

有关外商隐名投资的研究分为两大类，第一类具体探讨有关隐名投资股权代持协议效力的问题及"显名化"条件等。第二类探讨的是涉外商的股权转让协议效力问题。

关于外商隐名股东问题，毛海波认为大量的涉外隐名代持并非为了规避法律，因此不能一概认定其代持关系无效。他肯定了《关于审理外商投资企业纠纷案件若干问题的规定（一）》（以下简称《规定一》）第 14 条对于外商隐名股东资格认定，平衡行政审批与司法裁判效力关系的处理方式，同时也认为该规定要求过高，在实践之中很难实施。④而刘贵祥、高晓力认为，《规定一》不但提出了外商隐名股东资格认定的条件，同时

---

* 本章撰稿人：李名素。

① 《2019 年 1－11 月全国吸收外商直接投资快讯》，载商务部网，http://www.mofcom.gov.cn/article/tongjiziliao/v/201912/20191202923875.shtml。

② FDI 是现代的资本国际化的主要形式之一，按照国际货币基金组织的定义，FDI，是指在投资人所属国以外的国家所经营的企业拥有持续利益的一种投资，其目的在于对该企业的经营管理具有发言权。

③ 参见丁丁：《从双轨到并轨：外商投资企业的法律适用之变》，载《法律适用》2019 年第 14 期。

④ 参见毛海波：《外商隐名投资所涉疑难法律问题解析》，载《法制研究》2011 年第 3 期。

也通过分离股东权利与投资收益的方式，创造性地解决了外商隐名股东在无法“显名”时，难以获得收益的困境。①上述两位学者侧重研究法律规制的变化及其存在问题，沈鑫则从实务的角度出发，关注外商隐名投资的风险及其防控方式。②朱立扬使用案例比较分析的方法，对涉及《规定一》第14、15条的裁判文书与案例进行统计分析，认为法院应当对股东出资进行实质性、穿透性审查。同时还提醒外商隐名股东在请求变更登记时应当以股权的确认为基础。③

而对于代持协议的性质，则存在信托说、代理说，以及无名合同说三种理论。葛伟军认为代持协议的性质应当参照英国的“归复信托”合同来认定，④用以解决在代持协议内容没有明示代持目的时，我国《公司法司法解释三》第25条第3款将股权归属与投资权益归属分离的困境。王芳、虞政平则认为，代持协议应当适用民法上的间接代理制度，⑤既能同时适用代理制度中的披露义务对名义股东进行规制，也能将隐名股东“显名化”的标准有效固定下来。丁广宇则认为，股权代持协议应当参照英美法系之中的“以投资权益为核心的无名合同”，⑥旨在适用《民法典》“总则编”及其司法解释的一般规定对协议效力进行规制，最大限度实现商法便商、利商的目的。⑦

最后关于外商隐名股东股权转让协议纠纷。只要是涉外的股权转让合同都必须首先考虑行政审批效力的问题。褚红军、蔡毅认为外资审批的性质在审查范围与方式上属于实质审查还是形式审查，在权属认定上属于确权性质还是证权性质，相关问题在司法实务界存在较大的争议，中央与地方都无明确规定；因此是非常值得关注的领域。⑧刘贵祥认为应当以股权转让协议的具体内容，根据转让协议约定的内容来认定其是否需要以行政审批为生效要件。⑨而2010年《规定一》之中，将未经审批的外商投资企业股权转让协议认定为未生效的合同。未生效合同与无效合同无论是在法理上还是实践

---

① 参见刘贵祥、高晓力：《〈关于审理外商投资企业纠纷案件若干问题的规定（一）〉的理解与适用》，载《人民司法·应用》2010年第17期。

② 参见沈鑫：《思路决定出路——论外商隐名股东投资风险防控》，载《法制博览》2013年第6期。

③ 参见朱立扬：《外商投资中隐名投资纠纷案例比较研究》，载《法制博览》2015年第30期。

④ 参见葛伟军：《有限责任公司股权代持的法律性质》，载《法律科学（西北政法大学学报）》2016年第5期。

⑤ 参见王芳：《隐名投资人股东资格认定问题研究》，载《河北法学》2012年第1期；虞政平：《公司法案例教学》（第2版），人民法院出版社2018年版，第690页。

⑥ 参见丁广宇：《股权代持纠纷的有关法律问题》，载《人民司法》2019年第17期。

⑦ 《民法典》“合同编”未统一列举合同无效情形，而是在第508条规定“本编对合同的效力没有规定的，适用本法第一编第六章的规定”，即按照《民法典》“总则编”第六章“民事法律行为”的规定进行认定。

⑧ 参见褚红军、蔡毅：《外资审批制度对涉外股权民商裁判的实质影响与关系重构》，载《人民司法》2011年第3期；安志健：《外国投资者隐名投资法律问题研究》，载《学理论》2011年第26期。

⑨ 参见刘贵祥：《论行政审批与合同效力——以外商投资企业股权转让为线索》，载《中国法学》2011年第2期。

之中都会带来截然不同的法律效果。[①]陈业红、田玉军关注行政审批制度所带来的股权转让合同"报批义务"的性质问题,认为无论报批义务是否以条款形式出现在股权转让合同之中,都应当是合同义务的范畴。[②]

通过对过去的相关文献进行研读,不难发现学者关心的角度各有千秋,但呈现零散的状态。同时,自《规定一》出台业已 10 年,我国的外商投资环境也出现了巨大的转变。因此,对过去的外资隐名股东资格认定及其转让风险进行梳理,是十分必要的。

以"三资企业法"为基础的外商投资法律制度为我国引进外资、深化对外经济合作作出重大贡献。[③]但以具体商事组织的结构作为调整对象的"三资企业法"在过去的实施之中,也存在诸多问题。随着我国全面深化改革的推进,放开外商投资的诸多限制,以便利外资入境带动技术革新与经济转型,与之相关的领域发生的商事纠纷也越来越多。[④]回顾以往的外商入境组织形式,有限责任公司形式最能适应我国过去的经济发展方式与速度,其数量也是最多的。司法实践也全面覆盖了外商投资企业从"生"到"死"的各个环节。其中外商投资企业股权转让纠纷、隐名投资纠纷等类型的案件增加较快,且与行政审批领域交叉覆盖,问题庞杂难解。"三资企业法"由于制定时间较早,虽经过经过修订,但仍然与现行《公司法》《民法典》等法律相关规定不完全一致。

在威科先行数据库关键词搜索可知,"外商投资""隐名股东"民事类案件自 2001 年至 2019 年共 487 份裁判文书,[⑤]涉及股权代持纠纷的裁判文书共 100 份。[⑥]所涉疑难问题主要围绕外商隐名股东资格的确认以及股权代持协议性质与效力的认定而展开。[⑦] 笔者也将围绕这两个核心问题进行分析,提出有效的建议与方案,以求尽量规避法律实务中可能存在的股权转让风险,促进司法实践中涉外股权转让纠纷的减少。

党的十九大报告提出了对本国境内注册企业要一视同仁、平等对待的新目标。[⑧]立法机构经过几次草案修改,在 2019 年 3 月的全国人大第二次会议上通过了《外商投资法》。2020 年 1 月 1 日新生效的《外商投资法》是以往"三资企业法"的升级版,是全面

---

① 参见刘贵祥、高晓力:《〈关于审理外商投资企业纠纷案件若干问题的规定(一)〉的理解与适用》,载《人民司法·应用》2010 年第 17 期。

② 参见陈业宏、田玉军:《论外商投资企业股权转让的法律问题》,载《学习与实践》2013 年第 5 期。

③ 参见《专访李成钢:制定〈外商投资法〉是中国发展到新阶段的必然要求》,载中国网,http://www.china.com.cn/lianghui/news/2019-03/15/content_74576047.shtml。

④ 参见商务部《中国外商投资报告 2018》。

⑤ 威科先行关键词搜索:隐名股东 + 外商投资。

⑥ 威科先行关键词搜索:外商投资 + 隐名股东 + 代持。

⑦ 参见毛海波:《外商隐名投资所涉疑难法律问题解析》,载《法制研究》2011 年第 3 期。

⑧ 参见习近平:《决胜全面建成小康社会 夺取新时代中国特色社会主义伟大胜利——在中国共产党第十九次全国代表大会上的报告》,载央广网,http://news.cnr.cn/native/gd/20171027/t20171027_524003098.shtml。

深化改革时期管理、鼓励和促进外商投资的基础性立法。①与曾经的“三资企业法”相比，新生效的《外商投资法》将外商投资者与其投资行为作为调整对象，重点体现国家对待外商投资的基础性、原则性和普遍性立场与规范，并预留五年的过渡期，以实现与现有的商事立法的对接和协调。②这标志着外商投资企业的法律适用准则将从特别法转向一般法。③

此外，外资入境涉及行政审批环节而大量存在商务部单独或者联合其他部委定制的部门规章，为弥补部门规章与普通法律之间的适用漏洞，最高人民法院出台了《规定一》，并于2010年8月16日公布实施。而新实施的《外商投资法》会带来法律适用上的何种问题与漏洞，也是笔者关注的问题。

本章以《公司法》及《公司法司法解释三》《规定一》《外商投资法》《外商投资法实施条例》在涉外股权转让纠纷、隐名投资纠纷问题上的司法实践和应用为衔接，尝试回答外商隐名投资者在隐名投资与股权转让上的法律风险与产生纠纷时的法律适用问题。为推进外商入境、全面深化改革、减少相关纠纷提供建设性思路。

一、隐名股东的概念与股东资格确认

（一）隐名股东的概念及其基本特征

在现代商业实践中，基于隐私、关联交易、成本、规避审查等方面的考虑，隐名股东是较为常见的投资方式之一。④ 在我国全面深化社会主义市场经济建设、推进商事活动便利化的大环境之下，此种投资方式依然是经济实践中的热门选择。⑤ 同时，由其引发的股权纠纷越来越多，其中沿海地区尤甚。⑥ 现有的《公司法》及其司法解释已不足以对此类投资方式提供全面的规范和保护。

1. 国内学界对于隐名股东的概念及其法理地位的认识

清晰界定隐名股东的概念及其地位是解决相关股权纠纷问题的基础和关键，也是学界一直探讨的热点，但至今学界未形成理论通说，立法上也未有明确的规定。因此，对隐名股东这一概念进行科学定位，是研究隐名股东及相关股权纠纷的核心。

---

① 参见王晨：《外商投资法明确规定多项促进内外资企业规则统一等内容》，载 http://world.people.com.cn/n1/2019/0308/c1002-30965871.html。

② 参见孔庆江：《〈中华人民共和国外商投资法〉与相关法律的衔接与协调》，载《上海对外经贸大学学报》第3期。

③ 参见孔庆江：《〈中华人民共和国外商投资法〉与相关法律的衔接与协调》，载《上海对外经贸大学学报》第3期。

④ 参见王芳：《隐名投资人股东资格认定问题研究》，载《河北法学》2012年第1期。

⑤ 参见李冀：《司法实践中股权代持协议效力认定问题研究——以〈司法解释三〉出台后最高法股权代持案例为视角》，载《金融发展研究》2017年第12期。

⑥ 参见上海市第二中级人民法院：《2014~2018年股权转让纠纷案件审判白皮书》；江苏省高级人民法院：《2012~2016年江苏公司纠纷案件审判情况白皮书》。

有学者关注隐名出资人的权利与义务，认为隐名出资人须实际出资并享有股东权利；[①]有的学者仅关注隐名出资人是否实际出资、是否在公司章程或者股东名册中予以记载。[②] 也有学者认为隐名出资需要包括两个要件：一是订立协议；二是实际出资。[③] 以上关于隐名股东概念的定义，各有所长：有的概念认为实际享有股东权利是隐名股东的必要条件，有的概念突出了隐名股东与名义股东之间的委托代持关系。虽各有侧重，但其共同强调的基础是"实际出资"。

关于隐名股东是否具有股东资格的问题，理论学说共有三种不同的观点，包括：实质说、形式说和区别说。实质说以实际出资作为获得股东资格的首要标准；[④]形式说将登记作为首要标准；[⑤]而区别说则坚持"双重标准，内外有别"，认为在处理隐名股东与名义股东之间的内部关系上，以出资等实质要件作为标准，在外部关系上，以登记等形式要件作为标准。[⑥]

(1)实质要件说

该学说以履行出资义务作为确定股东资格的标准，认为公司的资本由股东的出资构成，出资作为公司的所有财产是其成立与存续的基础。[⑦] 只要显明股东与隐名股东之间的约定不违反法律的强制性规定，就应当尊重当事人的意思自治。[⑧] 因此隐名出资人的股东资格由其履行出资义务而确定，与显明股东无关。

其理论依据为：其一，我国的《公司法》没有明文禁止"隐名出资"成立公司的形式。[⑨]《公司法》属于私法领域，其核心宗旨是"法不禁止即自由"。因此隐名股东只要能证明其履行了出资义务就应当认定其股东资格。其二，公司的登记材料并没有创设股东资格的效果，工商登记并非设权程序。[⑩] 形式证据可为实质证据所推翻。因此，形式要件不能否定隐名出资人的股东地位。

(2)形式要件说

该说认为，股东资格的取得条件是其名称是否被记载于出资证明书、股东名册、公司章程以及工商登记等名簿之中。[⑪] 因此，法律上被登记的显明股东才是公司的正式股东，隐名出资人一律不应获得股东资格，不能享受法律上的权利保护。

---

① 参见褚红军：《公司法诉讼原理与实务》，法律出版社2007年版，第152页。
② 参见施天涛：《公司法论》（第4版），法律出版社2018年版，第244页。
③ 参见虞政平：《股东资格的法律确认》，载《法律适用》2003年第8期。
④ 参见董景山：《有限公司隐名股东与显名股东法律地位刍议》，载《论界》2009年第3期。
⑤ 参见施天涛：《公司法论》（第4版），法律出版社2018年版，第245页。
⑥ 参见邓峰：《普通公司法》，中国人民大学出版社2009年版，第349页。
⑦ 参见董景山：《有限公司隐名股东与显名股东法律地位刍议》，载《论界》2009年第3期。
⑧ 参见吴高臣：《论隐名股东的身份认定》，载《理论前沿》2008年第23期。
⑨ 参见施天涛：《公司法论》（第4版），法律出版社2018年版，第244页。
⑩ 参见邓峰：《普通公司法》，中国人民大学出版社2009年版，第348页。
⑪ 参见毛海波：《外商隐名投资所涉疑难法律问题解析》，载《法治研究》2011年第3期。

其理论依据为:其一,隐名股东不具备形式要件。① 原因在于依照我国公司法律法规规定,有限责任公司股东确认资格的采取形式要件与实质要件相结合的方式,不但要实际出资,也需要将其姓名记载于工商登记、公司章程、股东名册。其二,公司具有“人合性”,若否认名义股东的股东身份,则可能导致公司诸如股东会决议、董事会决议等团体性行为无效,从而影响公司对内治理与对外交易。② 其三,在许多情况下,投资者采取隐名代持的形式出资,是为了绕过法定程序,规避法定义务。③ 此类行为可能涉嫌违法,会扰乱监管秩序,应当否认其法律上的效果。

(3)区别对待说

区别对待说又称折中说认为,应当区分公司对内与对外关系,适用不同的标准来认定隐名股东的股东地位,做到“内外有别”。④

在不涉及善意第三人的情况下,若纠纷仅发生于隐名出资人与名义股东之间,应当坚持私法自治原则,依据双方的合同约定内容来判断,并根据出资义务的履行来肯定隐名出资人的股东资格;在涉及善意第三人的利益时,则应优先保护善意第三人,直接依工商登记等形式要件来认定名义股东的股东资格,隐名出资人与名义股东之间的约定仅约束合同双方,不能对抗合同外善意第三人。⑤

(4)评析

在实质要件说之中,隐名股东的股东权利能够得到较好的维护,但是对于公司的信赖利益保护以及善意第三人合法权利的保护都是欠缺的。⑥

形式要件说则与实质要件说完全相反,严守着公司外观主义原则,维护了公司的信赖利益和善意第三人的合法权益。⑦ 但商法属于私法领域,贸然“一刀切”地拒绝承认隐名股东与名义股东之间的合意,有违私法自治的原则。

区别对待说则是前两种理论结合之后的产物,在一定程度上取长补短,为很多学者所认同。⑧ 不过该理论割裂了公司的内外一致性,将依附于股份而获得的股东权属和投资权益分离,造成实践之中隐名出资人享有投资收益,却因没有获得其他股东同意而

---

① 参见施天涛:《公司法论》(第4版),法律出版社2018年版,第245页。

② 参见胡晓静、崔志伟:《有限责任公司隐名出资法律问题研究——对〈公司法解释(三)〉的解读》,载《当代法学》2012年第4期。

③ 主要包括:(1)规避我国强制性法律、行政法规关于禁止或限制投资的相关规定(如公务员、外商持股比例等);(2)规避《公司法》关于有限责任公司股东人数或资格的规定;(3)以隐瞒资产、逃避债追索等目的委托他人代持股权;(4)其他情况。

④ 参见董景山:《有限公司隐名股东与显名股东法律地位刍议》,载《理论界》2009年第3期。

⑤ 参见邓峰:《普通公司法》,中国人民大学出版社2009年版,第349页。

⑥ 参见刘俊红、刘英:《隐名投资中的法律关系平衡——兼评〈公司法解释(三)〉对隐名投资的规范》,载《学术论坛》2014年第5期。

⑦ 参见王芳:《隐名投资人股东资格认定问题研究》,载《河北法学》2012年第1期。

⑧ 参见胡晓静、崔志伟:《有限责任公司隐名出资法律问题研究——对〈公司法解释(三)〉的解读》,载《当代法学》2012年第4期。

无法成为公司的股东。①

2. 隐名股东的基本特征

(1)隐名股东与名义股东往往相伴而生

在一个公司中,显名股东与隐名股东对应存在。二者之间可以是一对一的关系,也可以是多对一、一对多的关系。② 但不存在只有隐名股东而没有名义股东,或者只有名义股东没有隐名股东的情况。

(2)隐名股东与名义股东有"内外"两层关系

从外在表现形式上看,虽然在股东名册、公司章程、工商登记中都是显名股东出现,但名义股东名下的权利、义务都由隐名股东行使或承担。③ 在内在关系上,隐名股东与名义股东之间一般会通过口头或书面的协议界定二者之间的权利与义务关系。④ 名义股东在形式上具备了作为公司股东的所有要件,但缺乏出资的实质要件;而隐名股东具有出资的实质要件,而缺乏作为公司股东的形式要件。

(3)名义股东名下的出资形式通常是货币出资⑤

我国《公司法》第 27 条第 1 款规定,"股东可以用货币出资,也可以用实物、知识产权、土地使用权等可以用货币估价并可以依法转让的非货币财产作价出资",⑥但是由于实物中的房产、车船,以及知识产权、土地使用权等出资过程中均存在产权过户、变更登记的问题,以此种资产出资,首先需要隐名股东将产权过户给显名股东,名义股东再将此部分资产过户到公司名下。这种情形一则使出资过程复杂化,二则增加了隐名股东的潜在风险。而货币出资比较容易在隐名股东掌控下进行,因此,名义股东名下的出资形式通常是货币出资。

(二)实践中隐名股东资格认定

现实中许多隐名股东股权转让纠纷皆因隐名股东的地位之争而起。解决隐名股东的地位问题,确定争议各方的法律关系,明确各自的权利义务关系,也就解决了隐名股

---

① 参见葛伟军:《有限责任公司股权代持的法律性质》,载《法律科学(西北政法大学学报)》2016 年第 5 期。

② 参见董景山:《有限公司隐名股东与显名股东法律地位刍议》,载《理论界》2009 年第 3 期。

③ 参见虞政平:《股东资格的法律确认》,载《法律适用》2003 年第 8 期。

④ 参见刘俊红、刘英:《隐名投资中的法律关系平衡——兼评〈公司法解释(三)〉对隐名投资的规范》,载《学术论坛》2014 年第 5 期。

⑤ 参见董景山:《有限公司隐名股东与显名股东法律地位刍议》,载《理论界》2009 年第 3 期。

⑥ 《公司法》第 27 条规定:股东可以用货币出资,也可以用实物、知识产权、土地使用权等可以用货币估价并可以依法转让的非货币财产作价出资;但是,法律、行政法规规定不得作为出资的财产除外。对作为出资的非货币财产应当评估作价,核实财产,不得高估或者低估作价。法律、行政法规对评估作价有规定的,从其规定。

东问题的关键。①

司法实践之中,在《公司法司法解释三》出台之前,我国司法审判对于隐名股东资格确认标准并未作出统一的明确规定。最高人民法院出台的《公司法司法解释三》第25条第2、3款规定了实际出资人与名义股东发生股权纠纷时,主张股权一方应当提供实际出资与其他股东承认这两条证据。② 虽然该条款没有直接规定隐名股东"显名化"的要件,仅规定了主张股权一方的证明责任。《公司法司法解释三》关于隐名股东资格认定的判定,兼顾了投资者的"个体性"与公司的"团体性",是值得肯定的。③ 在审判实践之中,形成了以下两条主要条件。

1. 隐名出资人真正出资

隐名出资人向公司主张股权的,必须首先证明其有出资行为,出资行为是其取得股东资格并享有股权的内心真意的外在表示。④

从法理角度考虑,向公司出资的行为是个体的民事法律行为。按照民法理论,"意思表示是法律行为的核心要素",它由"内在意思"以及"外在表达"两个方面组成。⑤ 隐名出资人"成立公司"的内在意思,是通过出资行为向外表达的。⑥ 因此,在公司内部的隐名股东股权确权纠纷之中,首先需要考察隐名出资人是否有"成立公司"的真实意思,即是否真实出资。⑦

实践中,隐名出资人可以依据其与名义股东之间的代持协议或者其他出资事实证明其已经实际履行了出资义务。⑧ 公司内部文件和工商登记的股东记载,不能单独作

---

① 参见郭兵:《外商隐名投资者股东资格确认及其相关法律问题研究——以台商在大陆投资设立内资公司案例为视角》,复旦大学2013年硕士学位论文,第9页。

② 参见《公司法司法解释三》第25条:(1)有限责任公司的实际出资人与名义出资人订立合同,约定由实际出资人出资并享有投资权益,以名义出资人为名义股东,实际出资人与名义股东对该合同效力发生争议的,如无《合同法》第52条规定的情形,人民法院应当认定该合同有效。(2)前款规定的实际出资人与名义股东因投资权益的归属发生争议,实际出资人以其实际履行了出资义务为由向名义股东主张权利的,人民法院应予支持。名义股东以公司股东名册记载、公司登记机关登记为由否认实际出资人权利的,人民法院不予支持。(3)实际出资人未经公司其他股东半数以上同意,请求公司变更股东、签发出资证明书、记载于股东名册、记载于公司章程并办理公司登记机关登记的,人民法院不予支持。

③ 参见胡晓静、崔志伟:《有限责任公司隐名出资法律问题研究——对〈公司法解释(三)〉的解读》,载《当代法学》2012年第4期。

④ 参见施天涛:《公司法论》(第4版),法律出版社2018年版,第245页。

⑤ 参见[德]迪特尔·施瓦布:《民法导论》,郑冲译,法律出版社2006年版,第294、337页。

⑥ 参见胡晓静、崔志伟:《有限责任公司隐名出资法律问题研究——对〈公司法解释(三)〉的解读》,载《当代法学》2012年第4期。

⑦ 参见曾祥生、苏沂琦:《论隐名股东资格认定法律制度之重构》,载《江西社会科学》2019年第1期。

⑧ 参见董某玲与河南科达置业有限公司、陈某峰、张某、华某葺、河南志达建设有限公司股权确认纠纷案,洛阳市中级人民法院(2010)洛民终字第82号。

为否定隐名出资人显明的。[①]

2. 其他股东承认隐名出资人的股东身份[②]

公司是数人为了共同目的而组成的社团，具有团体性。[③] 所以在隐名出资人股东资格取得不仅需要代持协议双方的合意表示，还涉及团体之中其他成员的合意。[④]《公司法司法解释三》第25条第3款就是以“公司的团体性”为出发点：“实际出资人未经公司其他股东半数以上同意，请求公司变更股东、签发出资证明书、记载于股东名册、公司章程并办理公司登记机关登记的，人民法院不予支持。”

（1）半数以上股东明确作出承认或者同意隐名出资人股东身份的意思表示

其他股东可以作出书面声明，或者在隐名出资人的请求书上签字，也可以与隐名出资人及名义出资人共同签订合同，或者是通过股东会决议确认隐名出资人的股东身份。但法院对于此处的半数以上是否包含本数，并没有形成统一的裁判意见。[⑤]

（2）从行为上推定其他股东是否有承认或者同意隐名出资人股东身份的意思表示

在其他股东并没有明确作出承认或者同意隐名出资人股东身份的意思表示，或者没有相关的书面文件作为其他股东承认或者同意隐名出资人股东身份的依据，也可以通过其他股东的行为进行推断，比如其他股东没有明确反对隐名出资人的存在，并默许了其在公司内部行使股东权利。[⑥] 法院在司法裁判中一般也会灵活处理，没有严格对其他股东同意的时间进行限定，而是以公司成立与存续期间内其他股东是否一直认可

---

① 参见湖北省利用世界银行贷款项目办公室与湖北东方农化中心、襄樊市襄阳区农业开发经济技术协作公司公司股权纠纷案，最高人民法院（2010）民二终字第113号民事判决书。

② 参见胡晓静、崔志伟：《有限责任公司隐名出资法律问题研究——对〈公司法解释（三）〉的解读》，载《当代法学》2012年第4期。

③ 参见邓峰：《普通公司法》，中国人民大学出版社2009年版，第349页。

④ 参见胡晓静、崔志伟：《有限责任公司隐名出资法律问题研究——对〈公司法解释（三）〉的解读》，载《当代法学》2012年第4期。

⑤ 参见李某京与刘某龙及东港鸿丰房地产综合开发有限公司等股东资格确认纠纷案，（2015）辽审一民申字第983号民事裁定书：依照《民法通则》（已废止）第155条的规定：“民法所称的‘以上’、‘以下’、‘以内’、‘届满’，包括本数；所称的‘不满’、‘以外’，不包括本数。”因此，该“半数以上”的法律规定，应包括本数。湖州市中级人民法院（2016）浙05民终468号民事判决书：依据有限责任公司“人合性”的特征，应当准用《公司法》第71条关于股份对外转让时的限制条件，即应当经过其他股东过半数同意。陈某华与荆门市通洋商贸有限公司股东资格确认纠纷案，荆州市中级人民法院（2015）鄂荆州中民四初字第00016号民事判决书：实际出资人未经公司其他股东半数以上同意，请求公司变更股东、签发出资证明书、记载于股东名册、记载于公司章程并办理公司登记机关登记的，人民法院不予支持。王某等股东资格确认纠纷案，北京市第一中级人民法院二审（2016）京01民终6084号民事判决书：实际出资人经公司其他注册股东半数以上同意，请求公司变更股东、签发出资证明书、记载于股东名册、记载于公司章程并办理公司登记机关登记的，人民法院应予支持。

⑥ 参见《中华人民共和国最高人民法院公报》2011年第5期。

作为判断标准。[①]

(三)国外相类似的概念比较

1. 英美法系关于隐名股东的概念

英美法系中的"nominee shareholder"(名义股东)是与我国"隐名股东"(或是"代持股东")相对应的概念,是指以自己的名义代表另一人(受益人)持有股份的人,该受益人具有股份的有效所有权和控制权。因此,被提名人仅是名义上的所有者。他是注册的合法所有人,以受益人的名义信托持有股份,享有衡平法上的利益。[②] 澳大利亚《公司法》对于"股东"规定,[③]代持者因股权登记注册在其名下而成为公司股东,真实受益人的股东资格则有待讨论。[④] 万律网(Westlaw)对于"nominee shareholder"的定义是,"为了他人(受益人)实际注册持有公司股权的注册股东。受益人可能基于以下考虑选择一名名义股东:1. 不想股权注册在自己名下;2. 被要求选择一名名义股东。名义股东可以是一个自然人或者一个企业。经纪人通常创建公司来担任代名人股东的做法,以简化代表其客户买卖资产的管理"。[⑤]

英美法系对"nominee shareholder"的概念明确了两个要求:一是隐名股东对于公司股权享有所有权、控制权以及收益权;二是名义股东只提供"姓名",通常情况下,作为名义股东的主体主要是公司。[⑥]

2. 英美法系规制该问题的思路与制度

英美法系围绕隐名股权的纠纷,普遍情况之下都通过信托制度得以解决。[⑦] 美国

---

① 参见金某洪与长兴金地置业有限公司股东资格确认纠纷案,湖州市中级人民法院二审(2016)浙05民终443号。

② See Blue, M. F, *Nominee Shareholding in Australia*, Adelaide Law Review, Vol. 5, No. 2, p. 188 (1975): A nominee shareholder is a person who holds shares in his own name on behalf of another person—the beneficiary—who has the effective ownership and control of the shares. Thus, the nominee is owner in name only. He is the registered legal owner, holding the shares on trust for the beneficiary, who has an equitable interest.

③ See Companies Act, 1962 - 73 (S. A.), s. 16(5).

④ See Blue, M. F, *Nominee Shareholding in Australia*, Adelaide Law Review, Vol. 5, No. 2, p. 188 (1975): The nominee, rather than the beneficiary, is a "member" of the company in which the shares are held, and only his name is entered in the register of members. It is doubtful whether the beneficiary is a party to the statutory contract constituted by the memorandum and articles of association of the company.

⑤ Westlaw: The registered owner of shares held for the benefit of another person (the beneficial owner). The beneficial owner may choose to appoint a nominee because it does not wish to have the shares registered in its own name, or it may be required to appoint a nominee. A nominee shareholder may be an individual or a body corporate. Brokers adopt the practice of creating a company to act as a nominee shareholder to ease the administration of buying and selling holdings on behalf of their clients.

⑥ See Chaikin, D., *Cracking the nominee in New Zealand*, Commonwealth Law Bulletin, 8(2), p. 815 (1982).

⑦ 参见葛伟军:《有限责任公司股权代持的法律性质》,载《法律科学(西北政法大学学报)》2016年第5期。

《示范商业公司法》有关"股东"定义所指的第二类对象便是股份受益权人,即只要该受益权是在公司存档的股份代管人证书上授予的,[①]或只要该受益权是在公司存档的股份代管人证书上授予的。[②] 而在英国《2006 年公司法》之中,明确了受托人(名义股东)因其成为股东而享有依附于股份的所有权力和特权,影响公司股份的任何信托或者其他安排,都不会否认受托人的股东地位。[③] 同时,在"股东权利的行使"这一部分之中,英国《2006 年公司法》第一次承认了实际出资人的信息权、[④]可以通过名义股东行使公司股东权利的权利。[⑤]

由此可见,英美法在规制隐名股东资格确认与股东权益的问题上,采取了公司外观主义,即肯定了名义股东的公司股东资格。[⑥] 名义股东根据登记注册制度获得公司股权,享有相应的权益;[⑦]同时,依据隐名股东及名义股东之间的协议安排,来规范双方对于因股权所享有的控制权、受益权。

二、外商入境投资隐名股东的概念及其资格确认

(一)外商隐名股东的概念及类型

1. 外商隐名股东的概念

外商隐名股东,是指基于保护隐私、减少成本、规避审查等各种目的,投资于内资企业或者"三资企业",但其名字没有被记载于审批登记机关的外国或者我国香港特别行政区、澳门特别行政区、台湾地区的自然人、法人。[⑧]

涉外隐名投资的基本模式之一是,外商隐名股东通常通过签订股权代持协议的方式,借助境内自然人或者法人的名义,在我国境内从事投资或者与投资有关的商业行为,实际获取公司经营的利益。在企业发展过程中,外商隐名股东与大陆名义股东之间

---

① See *Corporations and Business Associations* (*statues*, *rules*, *materials*, *and forms*), 1999 edition, Foundation Press, p. 493.

② Id.

③ See Companies Act 2006, Part 8, Chapter 2, Supplementary Section 126: Trusts not to be entered on register. No notice of any trust, expressed, implied or constructive, shall be entered on the register of members of a company registered in England and Wales or Northern Ireland, or be receivable by the registrar.

④ Companies Act 2006, Part 9 Information Rights, Section 146: Traded companies: nomination of persons to enjoy information rights (2) A member of such a company who holds shares on behalf of another person may nominate that person to enjoy information rights.

⑤ See Companies Act 2006, Part 9 Exercise of rights where shares held on behalf of others: exercise in different ways, Section 152: Exercise of rights where shares held on behalf of others: exercise in different ways. Section 153: Exercise of rights where shares held on behalf of others: members' requests.

⑥ 参见葛伟军:《有限责任公司股权代持的法律性质》,载《法律科学(西北政法大学学报)》2016 年第 5 期。

⑦ See Blue, M. F., *Nominee Shareholding in Australia*, Adelaide Law Review, Vol. 5, No. 2, p. 189 (1975).

⑧ 参见毛海波:《外商隐名投资所涉疑难法律问题解析》,载《法治研究》2011 年第 3 期。

可能会因信任或者其他问题产生股权确认纠纷。[①]

2. 外商隐名投资的类型

(1)规避投资领域的限制

从我国曾经的“三资企业法”,[②]现行的《外商投资法》《外商投资法实施条例》《外商投资准入特别管理措施(负面清单)2019 年版》《鼓励外商投资产业目录(2019 年版)》等相关法律、法规分析,外商入境我国大陆地区从事投资,需要经过冗长的行政审批过程,而且对投资产业、持股比例有各类特殊约束。

《外商投资法》第 28 条规定,外商投资准入实行负面清单制度,对于负面清单规定禁止或者限制的领域,外商不得投资或者应当符合投资条件;[③]第 29 条规定了需要办理项目核准、备案的,按照国家有关规定执行。[④] 在 2019 年《外商投资法》实施之前,针对外资入境的问题,我国实行的是核准、备案制度。[⑤] 根据《政府核准的投资项目目录》[⑥]《外商投资项目核准和备案管理办法》的规定,项目核准申报材料包括申请报告及

---

① 参见吴晓波、梅慎实:《立法转型期外商投资企业股权纠纷的法律适用》,载《汕头大学学报(人文社会科学版)》2016 年第 3 期。

② 《中外合资经营企业法》第 3 条规定:合营各方签订的合营协议、合同、章程,应报国家对外经济贸易主管部门(以下简称审查批准机关)审查批准。审查批准机关应在 3 个月内决定批准或不批准。合营企业经批准后,向国家工商行政管理主管部门登记,领取营业执照,开始营业。第 4 条规定:合营企业的形式为有限责任公司。在合营企业的注册资本中,外国合营者的投资比例一般不低于 25%。合营各方按注册资本比例分享利润和分担风险及亏损。合营者的注册资本如果转让必须经合营各方同意。

《中外合作经营企业法》第 5 条规定:申请设立合作企业,应当将中外合作者签订的协议、合同、章程等文件报国务院对外经济贸易主管部门或者国务院授权的部门和地方政府(以下简称审查批准机关)审查批准。审查批准机关应当自接到申请之日起 45 日内决定批准或者不批准。

《外资企业法》第 6 条规定:设立外资企业的申请,由国务院对外经济贸易主管部门或者国务院授权的机关审查批准。审查批准机关应当在接到申请之日起 90 日内决定批准或者不批准。

③ 《外商投资法》第 28 条规定:外商投资准入负面清单规定禁止投资的领域,外国投资者不得投资。

外商投资准入负面清单规定限制投资的领域,外国投资者进行投资应当符合负面清单规定的条件。

外商投资准入负面清单以外的领域,按照内外资一致的原则实施管理。

④ 《外商投资法》第 29 条规定:外商投资需要办理投资项目核准、备案的,按照国家有关规定执行。

⑤ 《指导外商投资方向规定》《国务院关于投资体制改革的决定》《国务院关于发布政府核准的投资项目目录》。

⑥ 《政府核准的投资项目目录》:十一、外商投资《外商投资产业指导目录》中总投资(含增资)3 亿美元及以上限制类项目,由国务院投资主管部门核准,其中总投资(含增资)20 亿美元及以上项目报国务院备案。《外商投资产业指导目录》中总投资(含增资)3 亿美元以下限制类项目,由省级政府核准。

前款规定之外的属于本目录第一至十条所列项目,按照本目录第一至十条的规定执行。

十二、境外投资　1. 涉及敏感国家和地区、敏感行业的项目,由国务院投资主管部门核准。2. 前款规定之外的中央管理企业投资项目和地方企业投资 3 亿美元及以上项目报国务院投资主管部门备案。

其附件,[①]项目核准机关自受理核准申请之日起20个工作日内完成核准,最多可以延长10个工作日。[②]《外商投资准入特别管理措施(负面清单)2019年版》之中,禁止准入类共5项,其中第4、5项命令禁止了违规开展金融相关经营活动、违规开展互联网相关经营活动。[③] 我国作为互联网经济、互联网金融的"全球先驱",[④]外资入境从事互联网产业的需求量是巨大的。[⑤]

(2)利用监管漏洞,抽逃出资、逃避债务等

我国《公司法》第3条规定了有限责任公司的股东承担有限责任。[⑥] 外资隐名股东可以利用代持方式,一方面实际获取公司盈利,另一方面将对外负债的风险转嫁于名义股东之上。名义股东则可以利用"有限责任"为理由对外仅承担与出资比例相应的债务。

(3)利用有关优惠政策

根据推进产业升级,支持创业创新的指引,政府对海归、失业人群、残疾人等会给予创业资金以及税收方面的优惠。同时,外商入境我国的待遇在逐步从"超国民""超优惠"待遇逐渐走向"国民待遇"。因此,为了获得特殊营商优惠,外商选择隐名代持的方式。[⑦]

(4)规避外资离岸地对离境投资的限制政策[⑧]

---

① 《外商投资项目核准和备案管理办法》第8条规定:拟申请核准的外商投资项目应按国家有关要求编制项目申请报告。项目申请报告应包括以下内容:(一)项目及投资方情况;(二)资源利用和生态环境影响分析;(三)经济和社会影响分析。外国投资者并购境内企业项目申请报告应包括并购方情况、并购安排、融资方案和被并购方情况、被并购后经营方式、范围和股权结构、所得收入的使用安排等。第10条规定:项目申请报告应附以下文件:(一)中外投资各方的企业注册证明材料及经审计的最新企业财务报表(包括资产负债表、利润表和现金流量表)、开户银行出具的资金信用证明;(二)投资意向书,增资、并购项目的公司董事会决议;(三)城乡规划行政主管部门出具的选址意见书(仅指以划拨方式提供国有土地使用权的项目);(四)国土资源行政主管部门出具的用地预审意见(不涉及新增用地,在已批准的建设用地范围内进行改扩建的项目,可以不进行用地预审);(五)环境保护行政主管部门出具的环境影响评价审批文件;(六)节能审查机关出具的节能审查意见;(七)以国有资产出资的,需由有关主管部门出具的确认文件;(八)根据有关法律法规的规定应当提交的其他文件。

② 《外商投资项目核准和备案管理办法》第15条规定:项目核准机关自受理项目核准申请之日起20个工作日内,完成对项目申请报告的核准。如20个工作日内不能做出核准决定的,由本部门负责人批准延长10个工作日,并将延长期限的理由告知项目申报单位。前款规定的核准期限,委托咨询评估和进行专家评议所需的时间不计算在内。

③ 参见《市场准入负面清单(2019年版)——禁止准入类》,载商务部网,http://images.mofcom.gov.cn/tfs/201911/20191123121406385.pdf。

④ 参见《中国位居国际互联网经济规模指数世界第一》,载搜狐网2019年1月13日,https://m.sohu.com/a/288655076_118392/。

⑤ 参见孙宝文、李涛:《互联网经济蓝皮书:中国互联网经济发展报告(2019年)》,社会科学文献出版社2019年版,第2~3页。

⑥ 《公司法》第3条规定:公司是企业法人,有独立的法人财产,享有法人财产权。公司以其全部财产对公司的债务承担责任。有限责任公司的股东以其认缴的出资额为限对公司承担责任;股份有限公司的股东以其认购的股份为限对公司承担责任。

⑦ 参见赵晓青:《浅析我国台商隐名投资现象若干法律问题》,载《和田师范专科学校学报》2007年第1期。

⑧ 参见李连芳:《规避法律型隐名投资问题浅探》,载《安徽广播电视大学学报》2008年第3期。

(二)外商隐名股东区别于一般隐名股东的法律特征

外商隐名股东具有隐名股东的一般特征:是实际出资人,未登记于公司章程、股东名册和工商登记之中,且在一般情况之下会与名义股东签订股权代持协议。[①] 因其涉及外资,其特殊法律特征主要包括:

1. 隐名的目的会影响以股权代持协议的效力。[②] 根据《规定一》第15条明确规定:“合同约定一方实际投资、另一方作为外商投资企业名义股东,不具有法律、行政法规规定的无效情形的,人民法院应认定该合同有效。”结合《民法典》“合同编”关于合同无效的规定,[③]外商隐名出资人如果以规避法律的目的签订代持协议,则会面临失去股东资格与股份收益权的风险。

2. “显名”程序特殊。[④] 在《外商投资法》实施前,外商隐名投资人的股东资格依旧绕不开行政审批机关的同意。法院只有在《规定一》第14条中所规定的3个条件全部满足,且当事人主张取得股东资格时,才能直接判定其获得股东资格。

在《外商投资法》生效之后,传统“三资企业”进入5年过渡期,同时外国投资者可以依据“原则备案制”与“负面清单下的审批制”成立新公司进行商业活动。因此,在法律环境的变化之下,外商隐名股东的特性也逐渐与一般内资隐名股东同化。但因“负面清单”与指导产业目录等相关部委文件的存在,主体特殊性与显名程序的特殊性并不会完全消除。

(三)案例数据

威科先行关键词搜索可知,2001年至2019年,“外商投资”“隐名股东”民事类裁判文书自2001年至2020年共487份,自2016年起,呈逐年增长趋势。[⑤] 具体如图5-1所示。

其中,涉及股权代持纠纷的裁判文书,一共100份。[⑥] 通过对最高人民法院裁判的4份判决书与上海地区裁判的19份裁判文书整理后,合并同案一审、二审,一共19个案件为样本(见表5-1),进行研究归纳发现,当事人之间的约定能否被认定为“股权代持协议”是隐名出资人获得股东资格的关键。主要的裁判依据是《规定一》第14条。[⑦]

---

① 参见沈鑫:《思路决定出路——论外商隐名股东投资风险防控》,载《法制博览》2013年第6期。

② 参见邓黎:《外商隐名股东法律资格认定探析》,西南政法大学2012年硕士学位论文,第12页。

③ 参见《民法典》第153条。

④ 参见葛伟军:《有限责任公司股权代持的法律性质》,载《法律科学(西北政法大学学报)》2016年第5期。

⑤ 威科先行关键词搜索:“隐名股东”“外商投资”。

⑥ 威科先行关键词搜索:隐名股东+外商投资+代持。

⑦ 《规定一》第14条规定:当事人之间约定一方实际投资、另一方作为外商投资企业名义股东,实际投资者请求确认其在外商投资企业中的股东身份或者请求变更外商投资企业股东的,人民法院不予支持。同时具备以下条件的除外:(一)实际投资者已经实际投资;(二)名义股东以外的其他股东认可实际投资者的股东身份;(三)人民法院或当事人在诉讼期间就将实际投资者变更为股东征得了外商投资企业审批机关的同意。

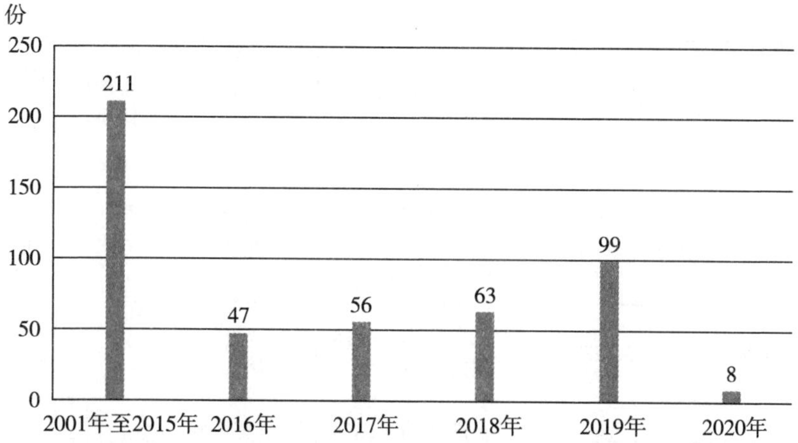

图 5－1　2001 年至 2020 年外商投资＋隐名股东所涉裁判文书分布

资料来源：威科先行关键字搜索。

表 5－1　最高人民法院以及上海地区外商隐名投资纠纷案件

序号	裁判文书号	审理法院	案由	是否构成代持协议	隐名出资人是否取得股东资格
1	(2015)民二终字第 96 号	最高人民法院	股东资格确认纠纷	否	否
2	(2015)民四终字第 41 号	最高人民法院	合同纠纷	否	否
3	(2015)民四终字第 40 号	最高人民法院	合同纠纷	否	否
4	(2012)民二终字第 66－1 号	最高人民法院	损害公司利益责任纠纷	本案不涉及相关问题，另案处理	—
5	(2019)沪 01 民终 9238 号 (2018)沪 0115 民初 33926 号	上海市第一中级人民法院/浦东新区人民法院	与公司有关的纠纷	否	否
6	(2019)沪 01 民终 5357 号 (2018)沪 0104 民初 8650 号	上海市第一中级人民法院/徐汇区人民法院	与公司有关的纠纷	是	不涉股东资格认定
7	(2019)沪 01 民终 7159 号 (2018)沪 0104 民初 8655 号	上海市第一中级人民法院/徐汇区人民法院	与公司有关的纠纷	是	不涉股东资格认定

续表

序号	裁判文书号	审理法院	案由	是否构成代持协议	隐名出资人是否取得股东资格
8	(2019)沪01民终7162号 (2018)沪0104民初8654号	上海市第一中级人民法院/徐汇区人民法院	与公司有关的纠纷	是	不涉股东资格认定
9	(2019)沪01民终11281号	上海市第一中级人民法院	股东资格确认纠纷	否	否
10	(2018)沪0115民初18961号	上海市浦东新区人民法院	股东资格确认纠纷	部分认定	部分认定
11	(2017)沪0113民初10868号	上海市宝山区人民法院	股权转让纠纷	是	是
12	(2017)沪01民终12985号	上海市第一中级人民法院	股东资格确认纠纷	否	否
13	(2016)沪0106民初12140号	上海市静安区人民法院	股东资格确认纠纷	否	否
14	(2016)沪0101民初27599号	上海市黄浦区人民法院	合同纠纷	是	不涉股东资格认定
15	(2016)沪0101民初6598号	上海市黄浦区人民法院	股东资格确认纠纷	否	否
16	(2014)静民二(商)初字第S815号	上海市静安区人民法院	公司设立纠纷	否	否
17	(2014)沪一中民四(商)终字第S2187号	上海市第一中级人民法院	请求变更公司登记纠纷	是	不涉股东资格认定
18	(2014)宝民二(商)初字第429号	上海市宝山区人民法院	合伙协议纠纷	是	是
19	(2013)沪一中民四(商)终字第S190号	上海市第一中级人民法院	股权转让纠纷	是	是

三、股权代持协议对外商隐名投资者股东资格确认的影响

(一)股权代持协议的性质认定

隐名出资人股东资格确权纠纷无论发生在内资公司还是在外资公司,审判机关都会审查股权代持协议。显名股东和隐名股东会在该股权代持协议中约定各类事项,如出资义务、收益归属等,以合同的形式将双方权利义务固定下来。而对于该股权代持协议性质与效力的认定,从目前来看,比较有争议的问题在于:(1)对该协议的性质认定及其对“显名化”的影响;[①](2)行政机关的审批是否是其生效要件。[②]

目前学界对该类协议的法律属性认定,存在三种说法:信托关系说、代理说与无名合同说。对于代持协议的法律属性做不同的认定,则需要适用不同的法律规定来确定其效力。[③] 因此认定股权代持协议的效力,首先需要确定其性质。

1. 信托说

有观点认为,股权代持是信托关系,信托人将自己的股权委托给受托人,股权属于信托财产,独立交付给受托人管理,不受委托人干预。[④] 在我国法律实践中,确有不少股权代持是以信托之名而构建,以信托协议模式而签署。[⑤] 信托关系说认为,将股权代持认定为信托关系可以让信托股权有着更高的独立性,对受托人诚信的法律要求也更高。

如果隐名出资人明确以“信托合同”的方式让受托人代为持有股权,在隐名出资人提出“显名”的诉讼请求时,法院应当首先全面审查该“信托合同”:[⑥]

第一,必须存在一个有效的信托。除了要以书面形式设立,还需要符合《信托法》第9条所规定的必要记载事项。[⑦] 委托人将股权委托于受托人,受托人以自己的名义

---

① 参见丁广宇:《股权代持纠纷的有关法律问题》,载《人民司法》2019年第17期。

② 参见刘贵祥、高晓力:《〈关于审理外商投资企业纠纷案件若干问题的规定(一)〉的理解与适用》,载《人民司法·应用》2010年第17期。

③ 参见李冀:《司法实践中股权代持协议效力认定问题研究——以〈司法解释三〉出台后最高法股权代持案例为视角》,载《金融发展研究》2017年第12期。

④ 参见葛伟军:《有限责任公司股权代持的法律性质》,载《法律科学(西北政法大学学报)》2016年第5期。

⑤ 参见葛伟军:《有限责任公司股权代持的法律性质》,载《法律科学(西北政法大学学报)》2016年第5期。

⑥ 参见葛伟军:《有限责任公司股权代持的法律性质》,载《法律科学(西北政法大学学报)》2016年第5期。

⑦ 《信托法》第6条规定:设立信托,必须有合法的信托目的。第7条规定:设立信托,必须有确定的信托财产,并且该信托财产必须是委托人合法所有的财产。本法所称财产包括合法的财产权利。第8条规定:设立信托,应当采取书面形式。书面形式包括信托合同、遗嘱或者法律、行政法规规定的其他书面文件等。采取信托合同形式设立信托的,信托合同签订时,信托成立。采取其他书面形式设立信托的,受托人承诺信托时,信托成立。第9条规定:设立信托,其书面文件应当载明下列事项:(一)信托目的;(二)委托人、受托人的姓名或者名称、住所;(三)受益人或者受益人范围;(四)信托财产的范围、种类及状况;(五)受益人取得信托利益的形式、方法。除前款所列事项外,可以载明信托期限、信托财产的管理方法、受托人的报酬、新受托人的选任方式、信托终止事由等事项。

行使股东权利,不受委托人干涉。①

第二,一般情况下,在约定信托期限内,或无明确信托期限但信托合同已经生效期间,委托人要求显名的诉讼请求不能得到支持。② 根据合同的相对性,信托合同仅对合同双方即委托人和受托人有约束力,无法约束合同外的第三方(公司)。公司只认定记载于股东名册上的名义股东,即受托人即可。

第三,信托到期。如果约定了信托期限并且该期限已经届满,那么信托股权应当归属信托文件指定的受益人。如果没有指定,信托财产归属依据《信托法》第 54 条规定的顺序确定。③

第四,除信托到期之外的终止事由发生,且出现了信托终止相关争议,那么法院应当考虑该信托是否终止。④ 如果认定信托已经终止,那么按照上述第三条处置信托财产。同样根据合同的相对性,信托终止的发生对于公司及其他股东并无关联。其他股东是否"明知"该信托代持关系,都不会影响该信托合同的性质与效力。⑤

2. 代理论

有观点认为,股权代持是代理关系,即名义股东受隐名出资人委托,以其名义,为隐名出资人之计算而为的法律行为。⑥ 其法律效果分为两个层次,首先对名义股东发生,然后依代理关系,转移于隐名出资人。

在现实之中的股权代持,但凡以书面协议为表现形式的,绝大多数确实以委托、代理之名而签署。按照民法代理关系学说的基本观点,⑦隐名出资人委托名义股东进行投资或者持有股权,此类委托与代理一般应当有效。⑧ 对于构成间接代理的持股,在隐名股东要求"显名"时,应当注意以下几点。

---

① 例如,根据 2008 年中国银监会《信托公司私人股权投资信托业务操作指引》第 2、11 条的规定,私人股权投资信托之中,信托公司必须以自己名义按照信文件约定亲自行使信托计划下被投资企业的相关股东权利,不受委托人、受益人干预。

② 参见李冀:《司法实践中股权代持协议效力认定问题研究——以〈司法解释三〉出台后最高法股权代持案例为视角》,载《金融发展研究》2017 年第 12 期。

③ 《信托法》第 54 条规定:信托终止的,信托财产归属于信托文件规定的人;信托文件未规定的,按下列顺序确定归属:(一)受益人或者其继承人;(二)委托人或者其继承人。

④ 《信托法》第 53 条规定:有下列情形之一的,信托终止:(一)信托文件规定的终止事由发生;(二)信托的存续违反信托目的;(三)信托目的已经实现或者不能实现;(四)信托当事人协商同意;(五)信托被撤销;(六)信托被解除。

⑤ 参见葛伟军:《有限责任公司股权代持的法律性质》,载《法律科学(西北政法大学学报)》2016 年第 5 期。

⑥ 参见王芳:《隐名投资人股东资格认定问题研究》,载《河北法学》2012 年第 1 期;虞政平:《公司法案例教学》(第 2 版),人民法院出版社 2018 年版,第 690 页。

⑦ 参见梁慧星:《民法总论》(第 4 版),法律出版社 2011 年版,第 229 页。

⑧ 参见赵旭东:《隐名出资的法律关系及其效力认定》,载《国家检察官学院报》2011 年第 2 期。

第一,原则上隐名出资人不能要求公司显名。如果“显名化”的裁判标准过于宽松,隐名出资人是登记股东以外的人,会导致代理情况被滥用,而行转让之实,侵犯其他股东的优先购买权。①

第二,在特殊情况下,隐名出资人可以介入。根据民法之中的代理理论,当代理人(名义股东)与第三人(公司/其他股东/公司外第三人)存在合同关系,且名义股东向第三人披露代理关系的,被代理人(隐名出资人)可以介入。② 但名义股东也不能据此免责,其在承担责任之后可以向实际出资人追偿。③

第三,隐名出资人不得介入的情况有三:

(1)名义股东与其他股东或公司之间明确约定,未经披露,隐名出资人不得介入合同。

(2)名义股东与其他股东或公司之间通过默示方式表明,未经披露,隐名出资人被排除在外。④

(3)名义股东具有特殊身份。公司具有团体性,其他股东或公司是因为名义股东个人能力或者技能而同意其成为公司股东,未经披露的隐名出资人则应当被排除在外。⑤

第四,其他因素。其一,产生显名纠纷时,承担显名义务的一方是公司,因此需要考虑公司的意见。⑥ 其二,只要代理关系未经披露,其他股东或者公司不能视为明知。⑦ 其三,一旦其他股东或公司知道了隐名出资人的存在,应当行使选择权,即在隐名出资人或者名义股东之中选定股东权利与义务的承担者;一旦选定,不得更改。如果其他股东或者公司选择隐名出资人,则应当视为已经承认其股东资格,不得反言。⑧

---

① 《公司法》第 71 条规定:有限责任公司的股东之间可以相互转让其全部或者部分股权。股东向股东以外的人转让股权,应当经其他股东过半数同意。股东应就其股权转让事项书面通知其他股东征求同意,其他股东自接到书面通知之日起满 30 日未答复的,视为同意转让。其他股东半数以上不同意转让的,不同意的股东应当购买该转让的股权;不购买的,视为同意转让。经股东同意转让的股权,在同等条件下,其他股东有优先购买权。两个以上股东主张行使优先购买权的,协商确定各自的购买比例;协商不成的,按照转让时各自的出资比例行使优先购买权。公司章程对股权转让另有规定的,从其规定。

② See Roderick Munday, *Agency: Law and Principles*, Oxford University Press, 2010, p. 243 - 245.

③ 《公司法司法解释三》第 26 条规定:1. 公司债权人以登记于公司登记机关的股东未履行出资义务为由,请求其对公司债务不能清偿的部分在未出资本息范围内承担补充赔偿责任,股东以其仅为名义股东而非实际出资人为由进行抗辩的,人民法院不予支持。2. 名义股东根据前款规定承担赔偿责任后,向实际出资人追偿的,人民法院应予支持。

④ 例如,名义股东将其拥有所有权的房屋作为出资投入公司。

⑤ See Roderick Munday, *Agency: Law and Principles*, Oxford University Press, 2010, p. 246 - 247.

⑥ 参见陈自强:《英美法本人不公开代理》,载《月旦民商法杂志》2018 年第 6 期。

⑦ 参见葛伟军:《有限责任公司股权代持的法律性质》,载《法律科学(西北政法大学学报)》2016 年第 5 期。

⑧ See Roderick Munday, *Agency: Law and Principles*, Oxford University Press, 2010, p. 259.

3. 无名合同论

还有观点认为，股权代持属既不构成信托关系，也不构成代理关系，应当归属于无名合同。该观点将股权代持协议定义为“以投资权益为核心的无名合同”。① 隐名股东在公司框架内是出资义务和其他股东权利义务的分离，其他权利义务的取得是通过隐名出资人与名义股东之间的代持协议而实现的。再结合《公司法司法解释三》的规定，②因此认定代持协议应当是以投资权益为核心的无名合同，③可以认定代持协议应当是以投资权益为核心的无名合同。④

代持中隐名出资人提供财产，名义股东为其利益进行投资，其他与公司股东权利相关的内容，如出资所形成的公司经营风险和利益归属、行使股东权利的方式、隐名出资人是否直接参与公司经营管理等，都可以根据双方约定来确定。因此，股权代持协议的本义并不是代理，而是确定代持行为本身。

《公司法司法解释三》基本明确了股东身份与股东权利不得分离的原则。⑤ 股权代持协议的主要内容其实是分配因隐名出资行为所获取的股东资格及其权利义务。因此应当属于债权债务关系。这种无名合同并非对权益的代理或者代行的安排，而是通过设立苛刻的附加条件和/或有债权而将代持人的违约风险降到最低，使隐名股东形成稳固的占有。

同时，代理制度中的被代理人的介入权，司法解释也是持否定态度，隐名出资人即便公开披露自身的出资行为，依据《公司法司法解释三》第 25 条第 3 款的规定，与新股东进入公司履行的程序相同。⑥ 再者，根据《公司法司法解释三》第 26 条的规定，对公司而言，出资义务仍然落在名义股东身上，再通过代持关系可以要求隐名出资人履行出资义务。⑦

---

① 参见李冀：《司法实践中股权代持协议效力认定问题研究——以〈司法解释三〉出台后最高法股权代持案例为视角》，载《金融发展研究》2017 年第 12 期。

② 《公司法司法解释三》第 25、26、27 条。

③ 参见丁广宇：《股权代持纠纷的有关法律问题》，载《人民司法》2019 年第 17 期。

④ 参见丁广宇：《股权代持纠纷的有关法律问题》，载《人民司法》2019 年第 17 期。

⑤ 参见李冀：《司法实践中股权代持协议效力的认定问题研究——以〈司法解释三〉出台后最高法股权代持案例为视角》，载《金融发展研究》2017 年第 12 期。

⑥ 《公司法司法解释三》第 25 条第 3 款规定：实际出资人未经公司其他股东半数以上同意，请求公司变更股东、签发出资证明书、记载于股东名册、记载于公司章程并办理公司登记机关登记的，人民法院不予支持。

⑦ 《公司法司法解释三》第 26 条规定：公司债权人以登记于公司登记机关的股东未履行出资义务为由，请求其对公司债务不能清偿的部分在未出资本息范围内承担补充赔偿责任，股东以其仅为名义股东而非实际出资人为由进行抗辩的，人民法院不予支持。

名义股东根据前款规定承担赔偿责任后，向实际出资人追偿的，人民法院应予支持。

一般情况下，在商业纠纷之中，无名化处理涉纠纷合同在实践中可能更能尊重当事人的意思自治，有利于实现商法“私法自治”“自由创新”。① 毕竟相对于民事法律领域，商事法律更加强调“法无禁止即可为”，以最大限度促进商事活动的发展，实现促商利商的目的。

（二）现行有效规范汇总以及司法实践

1. 现行有效规范汇总

目前，我国与外商隐名投资相关的现行规范主要是《公司法》及《公司法司法解释三》《规定一》。《公司法》规定的股东资格要求形式要件和实质要件。②《公司法司法解释三》第 25 条规定以实际出资作为认定隐名股东的地位的基础。③ 虽然《公司法司法解释三》在法律上肯定了实际出资人的股东身份，但涉外隐名投资却并不能简单地适用《公司法》——外资企业股东资格的取得除进行股东登记以外，还必须通过行政机关的审批。

2005 年、2007 年最高人民法院出台的两个涉外商事审判会议纪要全称中都明确规定，对“三资企业”中的股东资格及其权利份额都应当依据行政审批机关的登记簿中所记载的内容来确认。2010 年 8 月开始施行的《规定一》就“三资企业”之中隐名股东相关纠纷作出了规定。虽然在 2015 年 1 月发布的《外商投资法草案征求意见稿》中，第 149 条明确提到外商投资者代持等规避法律法规行为的责任，④但在正式生效的《外商投资法》及其实施条例中却删除了相关内容。因此对于司法实践中，因外商隐名投资代持内资公司所引发的股东确权纠纷的处理，我国现行法律或司法解释均无明确规定。另外，在公司并购、上市公司股权代持等方面，因保护国家利益、保障交易市场信息透明度的需要，关于代持协议效力的讨论还会涉及具体行业的法规和规章。

---

① 参见丁广宇：《股权代持纠纷的有关法律问题》，载《人民司法》2019 年第 17 期。

② 参见《公司法》第 25、28、29、32、33 条。

③ 《公司法司法解释三》第 25 条规定：有限责任公司的实际出资人与名义出资人订立合同，约定由实际出资人出资并享有投资权益，以名义出资人为名义股东，实际出资人与名义股东对该合同效力发生争议的，如无《合同法》第 52 条规定的情形，人民法院应当认定该合同有效。

前款规定的实际出资人与名义股东因投资权益的归属发生争议，实际出资人以其实际履行了出资义务为由向名义股东主张权利的，人民法院应予支持。名义股东以公司股东名册记载、公司登记机关登记为由否认实际出资人权利的，人民法院不予支持。

实际出资人未经公司其他股东半数以上同意，请求公司变更股东、签发出资证明书、记载于股东名册、记载于公司章程并办理公司登记机关登记的，人民法院不予支持。

④ 参见商务部：《外商投资法草案（征求意见稿）》，2015 年 1 月 19 日。

表 5-2　与外商隐名代持相关的现行法律法规与司法解释

法律法规	具体条文	生效日期
《最高人民法院关于适用〈中华人民共和国公司法〉若干问题的规定(三)》(2020年修正)	第二十四条　有限责任公司的实际出资人与名义出资人订立合同,约定由实际出资人出资并享有投资权益,以名义出资人为名义股东,实际出资人与名义股东对该合同效力发生争议的,如无法律规定的无效情形,人民法院应当认定该合同有效。 前款规定的实际出资人与名义股东因投资权益的归属发生争议,实际出资人以其实际履行了出资义务为由向名义股东主张权利的,人民法院应予支持。名义股东以公司股东名册记载、公司登记机关登记为由否认实际出资人权利的,人民法院不予支持。 实际出资人未经公司其他股东半数以上同意,请求公司变更股东、签发出资证明书、记载于股东名册、记载于公司章程并办理公司登记机关登记的,人民法院不予支持	2021 年 1 月 1 日
	第二十五条　名义股东将登记于其名下的股权转让、质押或者以其他方式处分,实际出资人以其对于股权享有实际权利为由,请求认定处分股权行为无效的,人民法院可以参照物权法第一百零六条的规定处理。 名义股东处分股权造成实际出资人损失,实际出资人请求名义股东承担赔偿责任的,人民法院应予支持	
	第二十六条　名义股东将登记于其名下的股权转让、质押或者以其他方式处分,实际出资人以其对于股权享有实际权利为由,请求认定处分股权行为无效的,人民法院可以参照物权法第一百零六条的规定处理。 名义股东处分股权造成实际出资人损失,实际出资人请求名义股东承担赔偿责任的,人民法院应予支持	
《最高人民法院关于审理外商投资企业纠纷案件若干问题的规定(一)》	第十四条　当事人之间约定一方实际投资、另一方作为外商投资企业名义股东,实际投资者请求确认其在外商投资企业中的股东身份或者请求变更外商投资企业股东的,人民法院不予支持。同时具备以下条件的除外: (一)实际投资者已经实际投资; (二)名义股东以外的其他股东认可实际投资者的股东身份; (三)人民法院或当事人在诉讼期间就将实际投资者变更为股东征得了外商投资企业审批机关的同意	2010 年 8 月 16 日
	第十五条　合同约定一方实际投资、另一方作为外商投资企业名义股东,不具有法律、行政法规规定的无效情形的,人民法院应认定该合同有效。一方当事人仅以未经外商投资企业审批机关批准为由主张该合同无效或者未生效的,人民法院不予支持	

续表

法律法规	具体条文	生效日期
《涉港澳商事审批工作座谈会议纪要》	22. 在内地依法设立的“三资企业”的股东及其股权份额应当根据外商投资企业批准证书记载的股东名称及股权份额确定。 23. 外商投资企业批准证书记载的股东以外的自然人、法人或者其他组织向人民法院提起民事诉讼，请求确认委托投资合同的效力及其在该“三资企业”中的股东地位和股权份额的，人民法院可以对当事人间是否存在委托投资合同、委托投资合同的效力等问题经过审理后作出判决，但应驳回其请求确认股东地位和股权份额的诉讼请求。 24. 在内地设立的“三资企业”的原股东向人民法院提起民事诉讼，请求确认股权转让合同无效并恢复其在该“三资企业”中的股东地位和股权份额的，人民法院审理后可以依法对股权转让合同的效力作出判决，但应驳回其请求恢复股东地位和股权份额的诉讼请求	2008 年 1 月 21 日
《第二次全国涉外商事海事审判工作会议纪要》	87. 外商投资企业股东及其股权份额应当根据有关审查批准机关批准证书记载的股东名称及股权份额确定。外商投资企业批准证书记载的股东以外的自然人、法人或者其他组织向人民法院提起民事诉讼，请求确认其在该外商投资企业中的股东地位和股权份额的，人民法院应当告知该自然人、法人或者其他组织通过行政复议或者行政诉讼解决；该自然人、法人或者其他组织坚持向人民法院提起民事诉讼的，人民法院在受理后应当判决驳回其诉讼请求。 外商投资企业批准证书记载的股东以外的自然人、法人或者其他组织根据其与外商投资企业的股东之间的协议，向人民法院提起民事诉讼，请求外商投资企业的股东向其支付约定利益的，人民法院应予受理。 88. 外商投资企业的股权转让合同，应当报经有关审查批准机关审查批准，在一审法庭辩论终结前当事人未能办理批准手续的，人民法院应当认定该合同未生效。由于合同未生效造成的损失，应当判令有过错的一方向另一方承担损害赔偿责任；双方都有过错的，应当根据过错大小判令双方承担相应的民事责任	2005 年 12 月 26 日

续表

法律法规	具体条文	生效日期
《证券投资基金管理公司管理办法》	第十九条　基金管理公司的股东处分其股权，应当遵守下列规定： …… （三）股东与受让方应当就转让期间的有关事宜明确约定，确保不损害基金管理公司和基金份额持有人的合法权益，股东及受让方不得通过股权代持、股权托管、信托合同、秘密协议等形式处分其股权……	中国证券监督管理委员会令第84号，2012年11月1日
	第三十八条　基金管理公司的股东不得为其他机构或者个人代持基金管理公司的股权，不得委托其他机构或者个人代持股权。基金管理公司的股东及其实际控制人不得以任何形式占有或者转移基金管理公司资产	
《基金管理公司子公司管理规定》	第十二条　子公司的股东不得为其他机构或者个人代持子公司的股权，任何机构或者个人不得委托其他机构或者个人代持子公司的股权	中国证券监督管理委员会公告〔2016〕29号，2016年12月15日
《关于外国投资者并购境内企业的规定》	第十五条　并购当事人应对并购各方是否存在关联关系进行说明，如果有两方属于同一个实际控制人，则当事人应向审批机关披露其实际控制人，并就并购目的和评估结果是否符合市场公允价值进行解释。当事人不得以信托、代持或其他方式规避前述要求	2009年6月22日
《商务部实施外国投资者并购境内企业安全审查制度的规定》	第九条　对于外国投资者并购境内企业，应从交易的实质内容和实际影响来判断并购交易是否属于并购安全审查的范围；外国投资者不得以任何方式实质规避并购安全审查，包括但不限于代持、信托、多层次再投资、租赁、贷款、协议控制、境外交易等方式	商务部公告2011年第53号，2011年9月1日
《首次公开发行股票并上市管理办法》	第十三条　发行人的股权清晰，控股股东和受控股股东、实际控制人支配的股东持有的发行人股份不存在重大权属纠纷	2018年6月6日
《保险公司股权管理办法》	第四十九条　保险公司股东不得利用股权质押形式，代持保险公司股权、违规关联持股以及变相转移股权	保监会令〔2018〕5号，2018年4月10日

续表

法律法规	具体条文	生效日期
《评估机构内部治理指引》	第十四条　评估机构股东不得为他人代为持有股权，也不得委托他人持有自己的股权	中评协〔2010〕121号
《会计师事务所内部治理指南》	第二十一条　股东应当直接持有事务所的股权，不得为他人代为持有股权，也不得委托他人持有自己的股权	会协〔2007〕34号，2008年1月1日

2. 司法实践中的认定原则

(1)《公司法司法解释三》第24条仅明确了股权代持行为的合法地位

《公司法司法解释三》第24条仅明确股权代持行为有合法存在的可能性，并未直接肯定所有的股权代持行为均为合法，而是要求依据《民法典》“总则编”第六章第三节“民事法律行为的效力”来确定股权代持行为是否有效。[①]

从司法实践来看，股权代持的双方因股权代持行为产生争议后，产生的相应的诉讼案件未必会以合同类纠纷或公司类纠纷的形式出现，但对于代持协议的性质依旧是判定其权益、权利归属的基础。[②]

(2)区分股权代持对内与对外的效力

股权代持协议系公司的名义股东和隐名股东双方签订，属于一种内部协议。[③] 股权代持行为的这种内部性决定了其对内和对外效力的不同。[④] 从对内角度来看，既然名义股东和隐名股东在双方之间达成了有效的股权代持协议，那么双方的权利义务应以双方的约定为准。[⑤] 从对外角度来看名义股东和隐名股东达成的股权代持协议系在双方之间产生法律效力，但双方之间的这种约定对外不能对抗双方及公司以外的第三人。[⑥] 对于外部的第三人而言，应以公司对外登记内容为准，以保护第三人的信赖利

---

① 《民法典》第144条规定：无民事行为能力人实施的民事法律行为无效。第146条规定：行为人与相对人以虚假的意思表示实施的民事法律行为无效。以虚假的意思表示隐藏的民事法律行为的效力，依照有关法律规定处理。第153条规定：违反法律、行政法规的强制性规定。但是，该强制性规定不导致该民事法律行为无效的除外。违背公序良俗的民事法律行为无效。第154条规定：行为人与相对人恶意串通，损害他人合法权益的民事法律行为无效。

② 参见最高人民法院(2015)民申字第2889号。

③ 参见荣明潇：《股权代持行为效力的司法认定》，载《法律适用》2019年第2期。

④ 参见荣明潇：《股权代持行为效力的司法认定》，载《法律适用》2019年第2期。

⑤ 参见王晓莉：《公司治理视野下股权代持之若干法律问题(上)》，载《仲裁研究》2015年第2期。

⑥ 参见朱羿锟：《商法学——原理、图解、实例》(第3版)，北京大学出版社2012年版，第17页。

益,维护交易安全。[①] 这一点在《公司法司法解释三》第26条具有直接的体现。[②]

(3)区分代持与借贷关系

在借贷关系中,受贷人除需要返还本金外,仅须返还约定或法定的孳息,因此孳息具有相对固定的特点。[③] 代持行为作为一种委托投资行为,其所获的收益则具有不确定性,与风险相关。因此,在股权代持协议的时候,还须注意协议之中对于收益分配的约定与安排,以区分借贷关系与代持行为。

3. 股权代持协议无效的认定

(1)实践中存在股权代持行为应当认定为无效的情形

股权代持行为的有效性需要根据《民法典》"总则编"第六章第三节来进行判断,实践之中股权代持行为必然会存在有效和无效这两种情况。实践中明显存在《民法典》"总则编"第六章第三节所规定的民事法律行为无效的情形,例如违反法律法规的强制性规定,恶意串通而去损害国家、集体或第三人利益,损害社会公共利益的股权代持行为显然应当被认定为无效。

(2)认定股权代持无效时应注意区分效力性强制规定和管理性强制规定

司法实践中最为常见的无效情形是《民法典》"总则编"第153条第1款的"违反法律、行政法规的强制性规定的民事法律行为无效。但是,该强制性规定不导致该民事法律行为无效的除外"。[④]

根据通说,强制性规定分为效力性强制规定和管理性强制规定,[⑤]因此在对股权代持协议进行效力认定时应当区分效力性强制规定和管理性强制规定,这也是最高人民法院对于合同效力进行司法认定的要求之一。[⑥]

---

① 参见王晓莉:《公司治理视野下股权代持之若干法律问题(上)》,载《仲裁研究》2015年第2期。

② 《公司法司法解释三》第26条规定:1. 公司债权人以登记于公司登记机关的股东未履行出资义务为由,请求其对公司债务不能清偿的部分在未出资本息范围内承担补充赔偿责任,股东以其仅为名义股东而非实际出资人为由进行抗辩的,人民法院不予支持。2. 名义股东根据前款规定承担赔偿责任后,向实际出资人追偿的,人民法院应予支持。

③ 参见刘贵祥:《外商投资企业纠纷若干疑难问题研究》,载《法律适用》2010年第1期。

④ 《民法典》第153条规定:违反法律、行政法规的强制性规定的民事法律行为无效。但是,该强制性规定不导致该民事法律行为无效的除外。违背公序良俗的民事法律行为无效。

⑤ 参见王利明:《合同法新问题研究》,中国社会科学出版社2003年版,第320~322页。

⑥ 最高人民法院在2009年7月7日发布的《最高人民法院关于当前形势下审理民商事合同纠纷案件若干问题的指导意见》(法发〔2009〕40号)第15条中明确提出:"正确理解、识别和适用合同法第五十二条第(五)项中的'违反法律、行政法规的强制性规定',关系到民商事合同的效力维护以及市场交易的安全和稳定。人民法院应当注意根据《合同法司法解释(二)》第十四条之规定,注意区分效力性强制规定和管理性强制规定。违反效力性强制规定的,人民法院应当认定合同无效;违反管理性强制规定的,人民法院应当根据具体情形认定其效力。"

（三）涉外股权代持协议的效力认定

1. 行政机关审批是否是涉外股权代持协议的生效要件

根据曾经的“三资企业法”规定，股东资格须经行政审批。[①]《规定一》第15条规定，只要该股权代持协议没有违反我国法律、法规的强制性规定，人民法院都应该认定其有效，不能因为该协议未经审批机关审批而认定其无效。该条司法解释明确区分了合同“无效”与“未生效”的区别。[②]

2. 涉外股权代持协议效力的认定

在《规定一》出台以前，实务中存在大量的因隐名投资股权代持协议的效力问题相关纠纷案件，且没有相关规定，主要存在有效说和无效说两种分歧。

有效说认为，只要该股权代持协议不违反我国法律、行政法规的强制性规定都应认定为有效。[③] 有效说和《规定一》实际观点一致。

无效说认为，外商隐名委托投资协议本质是外商之间以合法形式掩盖非法目的而签订的，目的是规避我国的审批制度，因此应当根据《民法典》“总则编”第六章第三节的规定，一概认定为无效。[④] 无效说虽然有一定的道理，但说服力不强。

3. 最高人民法院代持纠纷裁判规则

最高人民法院对于代持协议原则上认定其有效，以保护隐名股东的合法权益，但综合最高人民法院最新案例可以看出，其侧重于对社会公共利益的审视。

（1）代持协议若无合同法规定的无效情形，应当认定其有效；但代持合同关系不能对抗破产债权人

在“张某中诉杨某春股权确认纠纷案”中，[⑤]法院认定肯定了这一审判原则。代持协议的效力依据《民法典》“总则编”第六章第三节来判定，隐名出资人有权根据合法协议主张股权归属。如隐名出资人要求“显名”，则需要依照《公司法》第71条进行。而在“王某华诉宜兴申利化工有限公司股东资格确认纠纷案”中，[⑥]法院认为，在名义股东破产后，实际出资人以其为代持股权的实际权利人为由提起诉讼，要求确认股权归其所有的，应优先保护名义股东的破产债权人作为善意第三人依据公示内容对讼争股份的信赖利益，不应支持隐名出资人的诉讼请求。

---

① 《中外合资经营企业法》第3条第1款规定：“合营各方签订的合营协议、合同、章程，应报国家对外经济贸易主管部门审查批准。审查批准机关应在三个月内决定批准或不批准。”《中外合资经营企业法实施条例》第6条第2款规定：“凡具备下列条件的，国务院授权省、自治区、直辖市人民政府或者国务院有关部门审批：（1）投资总额在国务院规定的投资审批权限以内，中国合营者的资金来源已经落实的；（2）不需要国家增拨原材料，不影响燃料、动力、交通运输、外贸出口配额等方面的全国平衡的。”

② 参见赵旭东：《论合同的法律约束力与效力及合同的成立与生效》，载《中国法学》2000年第1期。

③ 参见刘贵祥：《外商投资企业纠纷若干疑难问题研究》，载《法律适用》2010年第1期。

④ 参见刘贵祥：《外商投资企业纠纷若干疑难问题研究》，载《法律适用》2010年第1期。

⑤ 参见张某中诉杨照春股权确认纠纷案，载《最高人民法院公报》2011年第5期（总第175期）。

⑥ 参见王某华诉宜兴申利化工有限公司股东资格确认纠纷案，（2017）苏02民终3235号民事判决书。

(2)代持协议无效的认定情形

法院认定代持协议无效的情形主要有三:

①代持银行股权的协议

代持银行股权的协议曾因“违反我国金融管理制度的强制性规定”而被认定无效。[①] 但《境外金融机构投资入股中资金融机构管理办法》已于2018年8月废止,因此境外金融机构委托内地企业代持中资金融机构股权的,原则上不会再因违反该规定而被认定为无效,但若违反我国金融管理制度的其他相关规定的,仍存在被认定为无效的风险。

②代持保险公司股权的协议

代持保险公司股权的协议因损害社会公共利益,应认定为无效。在该问题上,最高人民法院裁判规则经历了从区分内外关系进行认定,[②]到直接认定代持协议无效的变化。[③] 这一变化与保险业近年来的强监管态势密不可分,针对保险业出现的违规代持、超比例持股的乱象,现行有效的2018年《保险公司股权管理办法》不仅明确规定禁止代持保险公司股权,还进一步规定,有代持保险公司股权记录的投资者不得成为保险公司股东。[④]

③代持上市公司股权

上市公司股权的隐名代持行为损害社会公共利益,代持协议应认定为无效。[⑤] 最高人民法院认为上市公司发行人必须真实,并不允许发行过程中隐匿真实股东,否则公司股票不得上市发行。换言之,上市公司股权不得隐名代持。公司上市前,一方代另一方持有股份,并以其自身名义参与公司上市发行,实际隐瞒了真实股东或投资人身份,违反了发行人如实披露义务,为相关规定明令禁止,并损害社会公共利益,因此代持上市公司股权的协议无效。[⑥]

---

① 参见华懋金融服务有限公司与中国中小企业投资有限公司委托投资纠纷案,(2002)民四终字第30号民事判决书。

② 参见博智资本基金公司与鸿元控股集团有限公司其他合同纠纷案,最高人民法院(2013)民四终字20号民事判决书、(2015)民申字第136号民事裁定书。

③ 参见福建伟杰投资有限公司、福州天策实业有限公司营业信托纠纷上诉案,最高人民法院(2017)民终529号民事裁定书。

④ 2018年《保险公司股权管理办法》第18条规定:投资人有下列情形之一的,不得成为保险公司的股东:……(三)曾经委托他人或者接受他人委托持有保险公司股权……第49条规定:保险公司股东质押其持有的保险公司股权的,不得损害其他股东和保险公司的利益。保险公司股东不得利用股权质押形式,代持保险公司股权、违规关联持股以及变相转移股权。

⑤ 参见杨某国、林某坤股权转让纠纷案,最高人民法院(2017)最高法民申2454号民事裁定书。

⑥ 参见徐佳咏:《上市公司股权代持及其纠纷之处理》,载《中国政法大学学报》2019年第3期。

4. 外商隐名投资者能否直接获得该外资企业的股东资格

《规定一》第 14 条规定，外商隐名投资者请求自己是该外资企业的实际股东或者变更为该外资企业的股东，人民法院不予支持，除非同时满足以下三点：(1)外商隐名投资者已实际出资；(2)名义股东以外的其他股东认可该外商隐名投资者的股东身份；(3)在诉讼期间该外商隐名投资者变更为该外资企业的股东已获得审批机关的认可。第 17 条规定，实际投资者根据其与名义股东之间的约定，直接向外商投资企业请求分配利润或者行使其他股东权利的，人民法院不予支持。

我国曾经外商审批制度要求股东资格的认定需要经过行政审批。因此，为了避免过多干涉、削弱行政审批的效力，法院对于外商隐名股东资格的认定相对严苛。[①] 在上一章抽样案例之中，隐名出资人往往因其无法同时满足第 14 条的三点，而不能直接因法院判决而获得外资企业的股东资格。[②]

四、外商入境投资隐名股东股权转让的风险

(一)外资企业股权转让相关法律法规

在“三资企业法”及其实施细则的法律运行环境之下，我国对于外资企业的股权转让有着严格的行政审批制度。表 5－3 对外资企业股权转让相关法律法规及部门规章进行了梳理。

表 5－3　外资企业股权转让相关法律法规及部门规章

法律法规	具体条文	生效日期
《中外合资经营企业法》	第四条　合营企业的形式为有限责任公司。 在合营企业的注册资本中，外国合营者的投资比例一般不低于百分之二十五。 合营各方按注册资本比例分享利润和分担风险及亏损。 合营者的注册资本如果转让必须经合营各方同意	失效

① 参见刘贵祥：《外商投资企业纠纷若干疑难问题研究》，载《法律适用》2010 年第 1 期。

② 参见上海市第一中级人民法院民事判决书，(2019)沪01 民终 11281 号；上海市第一中级人民法院民事判决书，(2017)沪 01 民终 12985 号；上海市静安区人民法院民事判决书，(2016)沪 0106 民初 12140 号。

续表

法律法规	具体条文	生效日期
《中外合资经营企业法实施条例》	第二十条　合营一方向第三者转让其全部或者部分股权的,须经合营他方同意,并报审批机构批准,向登记管理机构办理变更登记手续。 合营一方转让其全部或者部分股权时,合营他方有优先购买权。 合营一方向第三者转让股权的条件,不得比向合营他方转让的条件优惠。 违反上述规定的,其转让无效	失效
《中外合作经营企业法》	第十条　中外合作者的一方转让其在合作企业合同中的全部或者部分权利、义务的,必须经他方同意,并报审查批准机关批准	失效
《中外合作经营企业法实施细则》	第二十三条　合作各方之间相互转让或者合作一方向合作他方以外的他人转让属于其在合作企业合同中全部或者部分权利的,须经合作他方书面同意,并报审查批准机关批准	失效
《中华人民共和国外资企业法实施细则》	第二十二条　外资企业注册资本的增加、转让,须经审批机关批准,并向工商行政管理机关办理变更登记手续	失效
	第二十六条　名义股东将登记于其名下的股权转让、质押或者以其他方式处分,实际出资人以其对于股权享有实际权利为由,请求认定处分股权行为无效的,人民法院可以参照物权法第一百零六条的规定处理。 名义股东处分股权造成实际出资人损失,实际出资人请求名义股东承担赔偿责任的,人民法院应予支持	
《最高人民法院关于审理外商投资企业纠纷案件若干问题的规定(一)》	第十一条　外商投资企业一方股东将股权全部或部分转让给股东之外的第三人,应当经其他股东一致同意,其他股东以未征得其同意为由请求撤销股权转让合同的,人民法院应予支持。具有以下情形之一的除外: (一)有证据证明其他股东已经同意; (二)转让方已就股权转让事项书面通知,其他股东自接到书面通知之日满三十日未予答复; (三)其他股东不同意转让,又不购买该转让的股权	2010 年 8 月 16 日

续表

法律法规	具体条文	生效日期
《公司法》	第七十一条　有限责任公司的股东之间可以相互转让其全部或者部分股权。 股东向股东以外的人转让股权,应当经其他股东过半数同意。股东应就其股权转让事项书面通知其他股东征求同意,其他股东自接到书面通知之日起满三十日未答复的,视为同意转让。其他股东半数以上不同意转让的,不同意的股东应当购买该转让的股权;不购买的,视为同意转让。 经股东同意转让的股权,在同等条件下,其他股东有优先购买权。两个以上股东主张行使优先购买权的,协商确定各自的购买比例;协商不成的,按照转让时各自的出资比例行使优先购买权。 公司章程对股权转让另有规定的,从其规定	2018 年 10 月 26 日
	第七十二条　有限责任公司的股东之间可以相互转让其全部或者部分股权。 股东向股东以外的人转让股权,应当经其他股东过半数同意。股东应就其股权转让事项书面通知其他股东征求同意,其他股东自接到书面通知之日起满三十日未答复的,视为同意转让。其他股东半数以上不同意转让的,不同意的股东应当购买该转让的股权;不购买的,视为同意转让。 经股东同意转让的股权,在同等条件下,其他股东有优先购买权。两个以上股东主张行使优先购买权的,协商确定各自的购买比例;协商不成的,按照转让时各自的出资比例行使优先购买权。 公司章程对股权转让另有规定的,从其规定	
《第二次全国涉外商事海事审判工作会议纪要》	88. 外商投资企业的股权转让合同,应当报经有关审查批准机关审查批准,在一审法庭辩论终结前当事人未能办理批准手续的,人民法院应当认定该合同未生效。由于合同未生效造成的损失,应当判令有过错的一方向另一方承担损害赔偿责任;双方都有过错的,应当根据过错大小判令双方承担相应的民事责任	2005 年 12 月 26 日

续表

法律法规	具体条文	生效日期
《证券投资基金管理公司管理办法》	第十九条　基金管理公司的股东处分其股权,应当遵守下列规定: …… (三)股东与受让方应当就转让期间的有关事宜明确约定,确保不损害基金管理公司和基金份额持有人的合法权益,股东及受让方不得通过股权代持、股权托管、信托合同、秘密协议等形式处分其股权……	中国证券监督管理委员会令第84号,2012年11月1日
《关于外国投资者并购境内企业的规定》	第十五条　并购当事人应对并购各方是否存在关联关系进行说明,如果有两方属于同一个实际控制人,则当事人应向审批机关披露其实际控制人,并就并购目的和评估结果是否符合市场公允价值进行解释。当事人不得以信托、代持或其他方式规避前述要求	2009年6月22日

(二)行政审批与外商投资企业股权转让合同效力的关系

在我国的公司法司法实践中,有关股权转让的纠纷是比较多见的,无论是外商投资公司还是普通公司都是如此。① 在本章抽样的19个案例中同样也涉及“股权转让协议”。

1.《外商投资法》生效前的法律规制

根据过去“三资企业法”的规定,外资企业向股东以外的第三人全部或者部分转让股权的,应经过合营、合作他方的同意,并报审批机关批准,向登记机管理机关办理变更登记手续,未经批准的外商投资企业股权转让合同将被认定为无效。②

不过,《规定一》在行政审批与外商投资企业股权转让合同效力的关系上,与现行外商投资企业立法所持的态度却截然不同:第1条规定“当事人在外商投资企业设立、变更等过程中订立的合同,依法律、行政法规的规定应当经外商投资企业审批机关批准后才生效的,自批准之日起生效;未经批准的,人民法院应当认定该合同未生效。当事人请求确认该合同无效的,人民法院不予支持”。据此,未经行政审批的外商投资企业

① 威科先行关键词搜索:股权转让纠纷。

② 《中外合资经营企业法实施条例》第20条规定:“合营一方向第三者转让其全部或者部分股权的,须经合营他方同意,并报审批机构批准,向登记管理机构办理变更登记手续。……违反上述规定的,其转让无效。”《中外合作经营企业法》第10条规定:“中外合作者的一方转让其在合作企业合同中的全部或者部分权利、义务的,必须经他方同意,并报审查批准机关批准。”《外商投资企业投资者股权变更的若干规定》第3条规定:“企业投资者股权变更应遵守中国有关法律、法规,并按照本规定经审批机关批准和登记机关变更登记。未经审批机关批准的股权变更无效。”

股权转让合同属于未生效合同,而不属于无效合同。①

2. 股权转让协议无效与未生效

《民法典》第502条第1款规定,依法成立的合同自成立时起生效,②但有两种例外情况:一是附条件或附期限的合同,应自条件成就或期限届至时生效。二是法律、行政法规规定应当经过批准、登记等手续生效的合同,则自批准、登记时生效。③

在法律上,未生效合同与无效合同是两个不同的概念,二者在构成要件、法律约束力等方面均存在显著区别。④ 合同有效是法律对合同的肯定性判断,与之对应的是合同无效。合同无效是因合同在签署时就具有法律规定的无效事由,因此自始无效:既不具有约束力,也不具有可补救性;即使已经履行的也要恢复原状。⑤ 而合同的生效则是属于事实判断,指合同所规定的权利义务开始运行。未生效合同则处于效力不确定状态,具有可补救性。⑥《民法典》之中明确区分合同成立与合同生效,并将行政审批作为合同的生效要件,而非成立要件。⑦ 正因为如此,《规定一》将外商投资企业中未经行政审批的股权转让合同认定为未生效合同。

3. 未生效合同的法律地位

未经行政审批的合同为已成立但未生效的合同,可经行政审批而成为有效合同,此为我国法律的基本立场。合同通常于其成立时,即具有拘束力。⑧ 合同的拘束力包括合同的不可撤回性以及不允许单方面解除合同。⑨ 合同一旦依法缔结,就必须遵守,不

---

① 参见刘贵祥:《论行政审批与合同效力——以外商投资企业股权转让为线索》,载《中国法学》2011年第2期。

② 《民法典》第502条规定:依法成立的合同,自成立时生效,但是法律另有规定或者当事人另有约定的除外。

依照法律、行政法规的规定,合同应当办理批准等手续的,依照其规定。未办理批准等手续影响合同生效的,不影响合同中履行报批等义务条款以及相关条款的效力。应当办理申请批准等手续的当事人未履行义务的,对方可以请求其承担违反该义务的责任。

依照法律、行政法规的规定,合同的变更、转让、解除等情形应当办理批准等手续的,适用前款规定。

③ 《民法典》"总则编"第六章第四节第158条规定:民事法律行为可以附条件,但是根据其性质不得附条件的除外。附生效条件的民事法律行为,自条件成就时生效。附解除条件的民事法律行为,自条件成就时失效。第159条规定:附条件的民事法律行为,当事人为自己的利益不正当地阻止条件成就的,视为条件已经成就;不正当地促成条件成就的,视为条件不成就。第160条规定:民事法律行为可以附期限,但是根据其性质不得附期限的除外。附生效期限的民事法律行为,自期限届至时生效。附终止期限的民事法律行为,自期限届满时失效。

④ 参见赵旭东:《论合同的法律约束力与效力及合同的成立与生效》,载《中国法学》2000年第1期。

⑤ 参见苏永钦:《私法自治中的国家强制》,中国法制出版社2005年版,第42~43页。

⑥ 参见苏永钦:《私法自治中的经济理性》,中国人民大学出版社2004年版,第160页。

⑦ 参见韩世远:《合同法总论》(第2版),法律出版社2008年版,第129~130页。

⑧ 参见王泽鉴:《债法原理(1):基本原理・债之发生》,中国政法大学出版社2001年版,第193页。

⑨ 参见[德]卡尔・拉伦茨:《德国民法通论》(下册),谢怀栻等译,法律出版社2003年版,第668~669页。

得单方面变更或者取消。[①] 我国《民法典》第502条第2款规定："依照法律、行政法规的规定,合同应当办理批准等手续的,依照其规定。未办理批准等手续影响合同生效的,不影响合同中履行报批等义务条款以及相关条款的效力。应当办理申请批准等手续的当事人未履行义务的,对方可以请求其承担违反该义务的责任。"在合同法律规定中,常常将合同的拘束力只是在形式上约束当事人对合同存在的破坏,即不允许当事人随意地撤销或撤回。[②] 既然未经行政审批的合同在效力上为未生效合同,那么,未经行政审批的合同虽然尚未"生效",但已经具有"合同的拘束力"。

4. 报批义务的性质与效力

(1)理论分歧

然而,在须经行政审批合同才能生效的场合,已经成立但未生效的合同是否产生报批的义务呢?有观点认为,合同成立后的拘束力既然仅仅是形式拘束力,自然不能产生实质的权利义务。[③] 与上述观点相反,也有学者持合同的拘束力可以产生报批义务的观点,认为合同的法律约束力,应是法律赋予合同对当事人的强制力,当事人应按照诚实信用原则履行一定的给付义务,如完成合同的报批、登记手续,以使合同生效。[④] 因此,该观点认为只要合同成立,即可发生合同约束力,当事人也应根据诚信原则完成报批义务。[⑤]

(2)报批义务与预约合同

实践之中,很多当事人在进行外商投资企业的股权转让时,会先签订预约合同(母合同),再据此签订一系列用于履行预约合同的本合同(子合同)。例如,在"内蒙古嘉泰投资集团有限公司与中国宝安集团股份有限公司、深圳恒安房地产开发有限公司、深圳市恒基物业管理有限公司、恒丰国际投资有限公司股权转让预约合同案"中,[⑥]最高人民法院肯定了一审法院以股权转让协议的内容所认定为"预约合同"的处理方法,并认为预约合同无须以外商投资审批机关的批准为生效要件,对此类案件有指导性意义。

---

① 参见[日]星野英一:《日本民法概论·Ⅳ·契约》,姚荣涛译,刘玉中校订,台北,三民书局1998年版,第18页。

② 参见耿林:《合同的成立与生效:概念与体系》,载崔建远主编:《民法九人行》第2卷,香港金桥文化出版有限公司2004年版,第309~310页。

③ 参见王泽鉴:《债法原理(1):基本原理·债之发生》,中国政法大学出版社2001年版,第197~198页。

④ 参见赵旭东:《论合同的法律约束力与效力及合同的成立与生效》,载《中国法学》2000年第1期。

⑤ 参见刘贵祥:《论行政审批与合同效力——以外商投资企业股权转让为线索》,载《中国法学》2011年第2期。

⑥ 参见中国宝安集团股份有限公司、深圳恒安房地产开发有限公司等与中国宝安集团股份有限公司、深圳恒安房地产开发有限公司等股权转让纠纷案,最高人民法院(2015)民提字第21号民事判决书。

(3)未约定报批义务

考虑到只有一份股权转让合同,即没有子母合同存在的情况下,且合同之中没有约定报批义务的情况,也需要进行讨论。

须经行政审批的合同实际上就是以行政机关的审批为生效条件。[1] 在须经行政审批才能生效的场合,能够报批而不履行报批义务是对该合同期待权的侵害。[2] 此时,报批义务属于合同义务中的从给付义务,该义务源于诚实信用原则,属于合同的默示条款。[3] 报批义务独立于合同而存在,不能因为合同未生效而否认其存在。[4]

《规定一》第1条第2款也规定:"前款所述合同因未经批准而被认定未生效的,不影响合同中当事人履行报批义务条款及因该报批义务而设定的相关条款的效力。"而在《规定一》生效之前,"南宁百利物业开发有限公司股权转让案"的裁判思路也是如此。[5]

5.行政审批制度存在的必要性

尽管减少或放松对包括股权转让在内的外商投资活动的行政审批已成为一种趋势,[6]如仅对特定资产总数以上或者特定比例股权以上的转让合同进行审查。[7] 但由于我国目前金融监管制度的不完善、互联网产业高速发展的情况之下,加之处于保护国家安全、公共利益的考虑,对外商投资企业的有关环节进行审批是十分必要的。[8] 例如审查是否符合《外商投资准入特别管理措施(负面清单)2019年版》《鼓励外商投资产业目录(2019年版)》中投资要求,审查股权转让的合法性,如转让后是否会构成单方持股的违法情况,审查资金来源及其性质的合法性,防止洗钱行为等。

6.《外商投资法》生效后的法律适用问题

根据2019年《外商投资法》第31条规定,外商投资企业的组织形式、组织机构及其活动准则,适用《公司法》《合伙企业法》等法律的规定。同时其第42条废止了"三资企业法"。[9]

关于股权转让问题,《公司法》第71条对有限责任公司股权转让的条件和程序进

---

① 参见刘贵祥:《论行政审批与合同效力——以外商投资企业股权转让为线索》,载《中国法学》2011年第2期。

② 参见[德]卡尔·拉伦茨:《德国民法通论》(下册),谢怀栻等译,法律出版社2003年版,第699页。

③ 参见[日]美浓部达吉:《公法与私法》,黄冯明译,中国政法大学出版社2003年版,第188页。

④ 参见[德]卡尔·拉伦茨:《德国民法通论》(下册),谢怀栻等译,法律出版社2003年版,第695页。

⑤ 参见南宁百利物业开发有限公司股权转让案,广西壮族自治区高级人民法院(2006)桂民四终字第12号民事判决书。

⑥ 参见余劲松主编:《国际投资法》,法律出版社1997年版,第191页。

⑦ 参见姚梅镇主编:《国际投资法教学参考资料选编》,武汉大学出版社1987年版,第46页。

⑧ 参见马荣伟:《金融监管与司法审查的边界》,载《中国金融》2018年第20期。

⑨ 《外商投资法》第42条规定:本法自2020年1月1日起施行。《中外合资经营企业法》《外资企业法》《中外合作经营企业法》同时废止。

行了具体规定。[①] 同时,《公司法》第 217 条也规定"外商投资的有限责任公司和股份有限公司适用本法;有关外商投资的法律另有规定的,适用其规定"。《规定一》前 12 条,也建立了外商投资企业股权转让纠纷相关的裁判规则。新制度之下,在外资企业股权转让纠纷的问题上,应当适用《公司法》等一般法律,行政审批只有在外资意图进入负面清单之中的禁止性或者限制性行业时,才会成为其股权转让合同的生效要件。

(三)涉外股权转让纠纷与隐名代持交叉领域的典型司法裁判

1. 外商隐名股东受让内资企业股权

外商隐名股东受让内资企业股权,首先应当考虑的就是涉外股权转让合同的行政审批效力问题。而根据最高人民法院的判决,内资公司股东将部分股权协议转让给外资,未经审批不必然无效:在"李某国与中惠公司股权转让纠纷案"之中,最高人民法院认为,李某国与中惠中国公司(港资)之间的《博泰隆公司股权转让协议》约定有效。[②] 协议约定,李某国将其持有的博泰隆公司 60% 股权转让给中惠南京公司(内资),再由中惠南京公司转让给中惠中国公司。最高人民法院认为,该协议并没有直接约定设立外商投资企业,而是属于股权转让预约合同的框架协议安排。且李某国与中惠南京公司已经履行完股权转让协议,办理了工商变更登记。最高人民法院认定李某国与中惠中国公司之间的股权转让协议有效。

该判决没有否定外商企业通过其控股的内资公司受让股权的行为。中惠中国公司与中惠南京公司之间既是控股关系,也有代持关系。在《外商投资法》生效前,内资企业的股东将部分或全部股权转让给外资,会直接导致公司性质的变化。如内资企业股东虽与外资受让方签订股权转让协议,并约定由其他内资受让或代持时,该股权转让协议属于预约合同性质,行政审批不是其生效要件。须注意的是,《外商投资法》运行环境之下,外资可以涉及的行业范围越来越广,[③]但依旧不能忽视每年更新的"负面清单"之中禁止性或限制性行业。外资企业在受让内资企业股份之前,应当充分考虑代持协议与股权受让方式的安排,以规避不必要的风险。

---

① 《公司法》第 71 条规定:有限责任公司的股东之间可以相互转让其全部或者部分股权。股东向股东以外的人转让股权,应当经其他股东过半数同意。股东应就其股权转让事项书面通知其他股东征求同意,其他股东自接到书面通知之日起满 30 日未答复的,视为同意转让。其他股东半数以上不同意转让的,不同意的股东应当购买该转让的股权;不购买的,视为同意转让。经股东同意转让的股权,在同等条件下,其他股东有优先购买权。两个以上股东主张行使优先购买权的,协商确定各自的购买比例;协商不成的,按照转让时各自的出资比例行使优先购买权。公司章程对股权转让另有规定的,从其规定。

② 参见李某国与中惠公司股权转让纠纷案,最高人民法院(2013)民四终字第 1 号民事判决书。

③ 《外商投资准入特别管理措施(负面清单)2019 年版》之中,禁止准入类共 5 项:1. 法律、法规、国务院决定等明确设立且与市场准入相关的禁止性规定;2. 国家产业政策明令淘汰和限制的产品、技术、工艺、设备及行为;3. 不符合主体功能区建设要求的各类开发活动;4. 禁止违规开展金融相关经营活动;5. 禁止违规开展互联网相关经营活动。

2. 外商隐名股东股权的继承转让

继承人继承被继承人被代持的股权时，不能直接要求确认股权归其所有，而应先确认代持关系，然后再为分割继承。在"木崎由美与上海惠之隆商贸有限公司、上海达隆服饰辅料有限公司等股东资格确认纠纷案"中，法院首先依据《公司法司法解释三》第24条的规定，实质审查了被继承人（木崎祐二）与被告人之间的代持关系。在原告提供的证据无法认定代持关系的之下，否认了原告提出的股权继承转让请求。[①]

继承法律关系与股权确认关系并非同一法律关系。在代持股权继承中，继承人须先行确认代持关系。该案与最高人民法院在"钟某、王某与烟台庆铃汽车销售有限公司股东资格确认纠纷再审案"中的裁判思路一致，[②]都是适用《公司法司法解释三》第24条，实质审查出资的同时，尊重公司人合性的特点。

五、小结

外商隐名投资在"三资企业法"运行环境之下，屡见不鲜。究其原因，主要是规避烦冗的行政审批制度、严格的行业限制，同时也缺乏对隐名投资的风险认识。[③]

本章对《外商投资法》生效前的外商隐名股东投资环境进行梳理，并结合学界理论与审判实践的研究得出结论，无论是涉外隐名股权代持协议还是涉外股权转让合同，在审判实践之中都应当首先以合同约定的内容来判断其性质与效力，不应一概认为其无效或者未生效。而在认定涉及外资代持的股东资格时，无论代持的公司是内资有限公司还是外资有限公司，都应当参照《规定一》与《公司法司法解释三》的一般规定进行判定。尤其是在《外商投资法》及其实施条例施行之后，相应的部门规章、各地营商环境的政策都会逐步放开，作出与法律规定相适应的调整。

但《规定一》与《公司法司法解释三》所规定的隐名股东资格认定的条件相对苛刻——主张显名的隐名股东，不但要实际出资，而且还必须获得其他股东的同意。对公司内部而言，该条件的设定，保护了公司的资合性与人合性利益。而对于隐名股东个人而言，增加了其举证责任的负担。另外，审判实践之中往往将股东权利与投资收益区分开来，割裂了股东权益的完整性。

通过梳理可见，随着我国外商审批制度的逐步放宽，"负面清单"制度之下，外商隐名股东只要不违反我国效力性强制规范，都应当认定为未生效合同，处于可以补救的状态。尽管出于保护国家安全、维护公共利益以及市场稳定的考量，行政审批依然存在，相较于10年前《规定一》发布时期，外资营商环境已有了很大的不同。

《外商投资法》2020年1月1日起实施，现有的96万家外商投资企业中的大部分

---

① 参见木崎由美与上海惠之隆商贸有限公司、上海达隆服饰辅料有限公司等股东资格确认纠纷案，上海市静安区人民法院(2016)沪0106民初12140号民事判决书。

② 参见钟某、王某与烟台庆铃汽车销售有限公司股东资格确认纠纷申请再审案，最高人民法院(2015)民申字第497号民事裁定书。

③ 参见甘培忠、周淳：《隐名出资纠纷司法审裁若干问题探讨》，载《法律适用》2013年第5期。

为有限责任公司，进入了五年的过渡期，需要在资本制度、组织架构、公司章程等方面进行调整，以符合《公司法》的一般性要求。这一并轨也会影响公司运营中的合规审查及可能出现的相关案件的司法审判思路和结果。

因此，在从双轨制转化为并轨制度的五年过渡时期内，对于涉外公司纠纷的问题，从实务上股权代持协议的撰写到股权转让协议结构的设计，再到主张诉讼的策略以及审判实践之中法律法规的应用上，对于法学界、实务界都将会一并处于转型适应时期。

第六章　以股权转让形式转让土地使用权研究

——以法律规避为视角*

引　言

以股权转让形式转让土地使用权是一种典型的法律规避行为，规避的是《城市房地产管理法》中对未达到开发程度的土地使用权转让限制以及资产转让中更高的税负成本。民法理论认为法律规避行为的效力取决于法律解释。在司法实践中，股权转让形式转让土地使用权的合同效力普遍认为有效，但是该交易模式却会触发刑法的非法转让、倒卖土地使用权罪，这是司法实践中最令人困惑之处。在以股权转让形式转让土地使用权的税务处理上，严格按照法律规定应当不用缴纳土地增值税，但实践中则有税务机关认为通过股权转让间接实现转让土地使用权的交易应缴纳土地增值税。本章将从法律解释的角度探究实践操作背后的理念，并运用法律经济学中成本—收益分析方法，发现以股权转让形式转让土地使用权是否真的阻碍现有立法目的实现，产生高昂社会成本。

以股权转让形式转让土地使用权是房地产并购中常用的交易模式。不同于直接转让土地使用权及其地上建筑物，收购方采取收购房地产项目公司股权的形式从而间接收购土地使用权及其地上建筑。虽然该种交易模式在刑法、民商法、税法等多个层面引发了司法实务的激烈讨论，但笔者从"中国知网""北大法宝"以"股权""土地使用权"等为关键词检索，发现学术类研究文章十分匮乏。董彪认为，出于股权转让自由与土地市场流转秩序之间利益平衡的要求，对于假借股权转让之名行土地使用权转让之实的行为，应当适用《城市房地产管理法》第 38 条的效力性强制性规范，否定其效力。① 赵磊认为股权式资产转让属于对税收法定原则滥用，导致税收基本职能失效且违背量能课税原则，应当仿照我国反国际避税行为，制定针对以股权转让形式转让土地使用权的有效反避税立法。② 周光权认为，股权转让不影响土地使用权主体的变更，基于法秩序的统一性和体系解释的原理，在民事审判的通行观点认定以股权转让形式转让土地使用权合法的前提下，不宜将该行为以犯罪论处。③ 吴加明从民刑交叉的角度，认为在股

---

* 本章撰稿人：高乐民。

① 参见董彪：《以股权转让方式转移土地使用权行为的效力》，载《中国土地科学》2018 年第 5 期。

② 参见赵磊：《股权式资产转让税收规避行为的法律评价与立法选择》，载《法学杂志》2016 年第 2 期。

③ 参见周光权：《非法倒卖转让土地使用权罪研究》，载《法学论坛》2014 年第 5 期。

权转让形式合法,且没有导致土地使用权的主体变化情况下,刑法应当尊重民商法的独立价值,不能刺破民商事外观将其入罪。① 夏克勤、郭嘉则从实现土地资源优化配置与公私利益衡量的角度出发,认为该交易模式必须予以规制。② 由此可见,学者们都是从单一学科角度论述以股权转让形式转让土地使用权的行为,缺乏多学科的综合视角考察。

法律规避在国际私法中早已有之,是指当事人故意利用冲突法规范,制造或改变连结点所对应的事实,以实现规避对自己不利的准据法的适用。③ 国际私法上的法律规避需要满足主客观要件,主观上当事人必须具有规避法律的意图,被规避的法律原本应当适用的强行性规定,客观上当事人是通过采取制造或者改变连结点来实现的,而且当事人的规避目的已经达到。④ 但我国国际私法并没有规定法律规避行为。实际上,更为广泛的法律规避行为发生在国内法领域。近年来,国内的诸多学者注意到国内法中法律规避行为的普遍存在,对法律规避这种古老的法律命题进行了国内法上的诠释和研究。董淳锷将法律规避的概念界定为"在私法领域,行为人通过借助本不应适用的另一项法律规范,构建形式合法的行为方式来掩盖其真实行为目的,进而绕开某一项强制性法律规范的规制,从事法律本应禁止的行为,或者逃避本应承担的法律义务或责任,或者取得法律本不予授予的资格或利益的行为"。⑤ 董淳锷认为,法律规避处于灰色地带,其效力认定需要法官结合具体的合同条款、立法宗旨、政策导向进行综合判断。⑥ 王军认为法律规避行为是当事人通过改变法律行为的主体、标的物或行为类型等构成要素,使之不符合特定规范的构成要件,逻辑上可实现排除该规范适用效果的行为。法律规避行为不同于"通谋虚伪表示","以合法形式掩盖非法目的"行为,具有价值中立的意义,应当由法官通过法律解释作出认定。⑦ 冉克平认为在立法上,可将"以合法形式掩盖非法目的行为无效"作为避法行为的一般条款,在具体行为的效力判定上,应当结合规避法律条款的立法目的,综合衡量当事人行为可能产生的积极、消极作用和法律条款所欲达到的社会价值,作出妥当的判断,以在一定限度和范围内保障意思

---

① 参见吴加明:《"以股权转让方式转让土地使用权"行为的司法认定》,载《政治与法律》2018 年第 12 期。

② 参见夏克勤、郭嘉:《供给侧改革背景下以股权转让方式——实现土地使用权流转行为之法律规制》,载《法律适用》2017 年第 9 期。

③ 参见许庆坤:《国际私法中的法律规避制度:再生还是消亡》,载《法学研究》2013 年第 5 期。

④ 参见肖永平、邓朝晖:《国际私法中法律规避问题比较研究》,载《法商研究(中南政法学院学报)》1998 年第 3 期。

⑤ 参见董淳锷:《在合法与违法之间:国内法领域法律规避现象研究》,中国政法大学出版社 2015 年版,第 1 ~2 页。

⑥ 参见董淳锷:《合法形式掩盖下的非法合同问题研究——以企业间借贷的法律规避现象为例》,载《华东政法大学学报》2014 年第 2 期。

⑦ 参见王军:《法律规避行为及其裁判方法》,载《中外法学》2015 年第 3 期。

自治。[1] 张新认为,只有违反强行规范意旨的规避属于法律规避行为,其区别于虚伪行为和直接违法行为,可按照类推适用方法和比例原则手段,进行其效力的衡量判断。[2] 由此可见,国内学者对法律规避行为的研究多是通过解析法律规避的构成要件,通过法解释学方法,研究规避行为的民事行为效力。

域外学者对于法律规避也有研究。德国学者迪特尔·梅迪库斯借用罗马法学家的定义,诠释了国内法意义上的"规避法律",认为"为法律所禁止之行为者,即违反法律;未违反法律之文意而避开法律之意义者,即规避法律",并认为法律规避可以用传统的法律解释方法和法律类推予以解决,但是在不同的法律领域,具有的不同的解释尺度,比如在德国刑法中,"超出法律文义而不利于当事人的解释是违法的"。[3] 在美国的研究文献之中,有文章讨论了国内法和冲突法之中的法律规避行为,其将法律规避行为作为法律欺诈行为,其以避税行为为例,将法律规避行为区分危害公共利益和特定个体利益。关于其效力的探讨,指出法律规避行为相当于一种法律上的欺诈行为,法官可以行使自由裁量权来判定其效力。[4] 塞缪尔·比尔认为法律规避行为的广泛存在削弱了法律的实施效果和阻碍了法律监管目的的实现,必须对其予以规制。作者论证了一种规则与原则相结合的治理方式,从当事人行为和心理状态识别法律规避行为,并论证了诚实守信原则在合同法和公司法领域对法律规避行为的防治。[5] 而更多域外学者对于规避行为的研究则集中在税法领域。

综上所述,国内外学者主要运用法解释学的方法,重点研究法律规避行为的效力。尤其是国内学者,主要聚焦于司法机关对现有法律规定的适用和解释,探究法律规避行为能不能被纳入以及如何被纳入现有的合同法体系。这样单一的学科角度忽略了法律规避行为通常涉及多个法律领域的复杂性。以股权形式转让土地使用权即是如此,其涉及民商法、刑法、税法、行政法众多法律领域,需要从多个学科角度剖析这一行为的综合性和复杂性。而且,法律规避现象可能源于立法漏洞,法律规避行为的解释也要做好利益衡量,法解释学无法突破现有法律框架,应该寻找更适合的研究方法,讨论法律规避的治理中立法权、司法权和行政权的合理配置。

---

① 参见冉克平:《"恶意串通"与"合法形式掩盖非法目的"在民法典总则中的构造——兼评〈民法总则〉之规定》,载《现代法学》2017 年第 4 期。

② 参见张新:《论民法视域中的法律规避行为——以"民生华懋案"为例》,载《华东政法大学学报》2019 年第 3 期。

③ [德]迪特尔·梅迪库斯:《德国民法总论》,邵建东译,法律出版社 2001 年版,第 493 ~ 496 页。

④ See *Fraud on the Law-The Doctrine of Evasion*, Columbia Law Review, Vol. 42, No. 6, p. 1015 – 1029 (1942).

⑤ See Samuel W. Buell, *Good Faith and Law Evasion*, UCLA Law Review, Vol. 58, p. 611 – 666 (February 2011).

是什么因素促成了市场主体出现普遍化的法律规避现象，尤其是金融领域，市场主体通过设计和使用一系列复杂的金融交易结构以减少监管成本并获取更大的盈利，被称为“监管套利”行为。发现原因对于治理削弱了法律实施效果和阻碍了法律监管目的实现的法律规避行为具有重要意义。笔者将通过对金融司法中的穿透式审判思维和《民法典》的分析，探讨如何利用合同无效事由规制广泛存在的法律规避行为。并基于不完备法律的法经济学理论，探求在法律制度给予了司法和执法机关自由裁量空间之时，如何配置行政机关和司法机关的剩余立法权，以更好地治理法律规避行为。

一、以股权转让形式转让土地使用权与法律规避的关系

（一）以股权转让形式转让土地使用权属于典型的法律规避行为

从转让标的角度看，“以股权转让形式转让土地使用权”属于股权交易，区别于转让方和受让方签订房地产转让合同，直接转让土地使用权及其地上建筑的资产买卖行为。① 从交易目的角度看，“以股权转让形式转让土地使用权”是一种“间接收购”模式，是指当被收购对象存在上层股权结构时，收购主体通过购买上层公司的股权，取得对被收购对象的实际控制，②这区别于买卖土地使用权及其地上建筑的直接收购行为。由此可见，“以股权转让形式转让土地使用权”该种交易模式实施的前提是土地使用权及其地上建筑等资产为某公司所有，并且该公司的股权便于转让。在房地产开发实操中，为了有效地隔离各种风险和便于融资，如图6－1所示，开发主体会针对单个房地产开发项目成立项目公司，并持有该项目公司的股权，从而间接控制项目公司名下的土地使用权、在建工程等资产。③ 该种结构形成典型的母子公司结构，也构成房地产并购实践中，以股权转让形式转让土地使用权的交易结构和前提要件。无论是采用收购主体向项目公司增资，还是开发主体将项目公司的股权转让的形式，都可通过股权交易达到收购主体控制土地使用权及其地上建筑的目的，但是整个转让过程土地使用权和地上建筑仍然被房地产项目公司持有，并未发生所有权变更。

---

① 《城市房地产管理法》第37条规定：房地产转让，是指房地产权利人通过买卖、赠与或者其他合法方式将其房地产转移给他人的行为。

② 参见彭冰：《股东优先购买权与以股权转让形式转让土地使用权的利益衡量——上海外滩地王案分析》，载《清华法学》2016年第1期。

③ 参见林镥海：《房地产开发法律服务操作实务》，法律出版社2010年版，第12页。

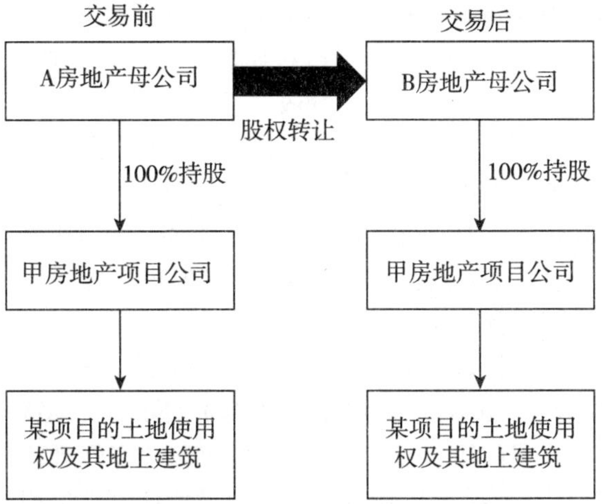

图6－1 以股权转让形式转让土地使用权交易结构

从本章第一部分文献综述中对于法律规避行为的描述，具有几个特点：在主观心态角度，行为人具有规避强制性规范的故意；在客观行为角度，行为人采取多样化的、形式合法的方式绕开强行法的规制；在行为结果角度，行为人实现了其规避的法律效果，实质上造成了立法目的的落空；在行为效力角度，法律规避行为效力取决于法律解释。"以股权转让形式转让土地使用权"中的强制性规定是指《城市房地产管理法》第38、①39条，②对房地产转让的法律限制，尤其是第39条第2款禁止了未达到开发投资程度的土地使用权转让，该款的立法目的在于防止房地产开发商拿地后持有不开发，将土地使用权转出的"炒地皮"行为，"炒地皮"严重扰乱了房地产市场的正常秩序。在该种典型的法律规避行为中，市场主体所采用的是转变行为类型的手段，将原本可以通过直接转让资产的交易模式转变为股权转让。交易完成之后，虽然法律形式上土地使用权的主体未发生变更，但实际上股权受让方已经可以支配项目公司所有的资产，《城市房地产管理法》第39条第2款的立法目的实质上落空。

---

① 《城市房地产管理法》第38条规定：下列房地产，不得转让：（一）以出让方式取得土地使用权的，不符合本法第39条规定的条件的；（二）司法机关和行政机关依法裁定、决定查封或者以其他形式限制房地产权利的；（三）依法收回土地使用权的；（四）共有房地产，未经其他共有人书面同意的；（五）权属有争议的；（六）未依法登记领取权属证书的；（七）法律、行政法规规定禁止转让的其他情形。

② 《城市房地产管理法》第39条规定：以出让方式取得土地使用权的，转让房地产时，应当符合下列条件：（一）按照出让合同约定已经支付全部土地使用权出让金，并取得土地使用权证书；（二）按照出让合同约定进行投资开发，属于房屋建设工程的，完成开发投资总额的25%以上，属于成片开发土地的，形成工业用地或者其他建设用地条件。转让房地产时房屋已经建成的，还应当持有房屋所有权证书。

（二）收益大于成本促成了市场主体法律规避的主观动因

基于市场主体的理性经济人假设，在既有的约束条件之下，其行为目的在于尽可能地实现自身效益的最大化，成本—收益的分析模型为当事人采取何种策略的行为模式提供了框架。① 而且，在只考虑个人成本和收益的情况下，能够确切作出定量的分析。下文中，笔者将以"以股权形式转让土地使用权"为例，衡量该商事交易给市场主体自身带来的收益和为获得该收益必须付出的成本。

对于以股权形式转让土地使用权的模式，收益主要是相对于资产转让的成本而言，避免了资产直接转让模式下必然发生的成本即变相取得获得了利益。第一，如当事人采取直接转让土地使用权及其地上建筑的资产收购模式，必然受到《城市房地产管理法》第38、39条的行政规制，如违反该条的规定，当事人通过该交易所获得的收益将被没收，并将被处以罚款。② 虽然该行政处罚行为能否实际落实，最终取决于执法的严密程度。但如转让项目公司的股权必然不触发《城市房地产管理法》第66条的行政责任，不存在行政处罚问题。第二，即使该房地产项目转让时满足《城市房地产管理法》第39条的规定，从交易程序和税收角度，股权收购的成本也会小于资产收购。不动产转让采取"登记生效主义"，交易双方需要办理土地使用权转让变更登记，就复杂的房地产开发而言，还需要重新申请建设、规划等行政主管部门的审批，涉及项目建设的开发者名称、批文、许可证等事项的变更登记，这需要很长的时间周期。此外，出于融资需要，该房地产项目上一般具有金融机构等债权人的抵押权，在"限制转让说"③的模式下，如该抵押权人不同意转让，除非受让人行使涤除权，则该房地产项目一般无法转让。④ 协调转让人、受让人和抵押权人之间的利益，需要付出较高的谈判成本和时间成本。而房地产项目公司的股权转让，只需要办理股权转让的工商登记即可，抵押权人的抵押权不受影响。从税负成本角度而言，股权转让双方需要交纳印花税（按所载金额0.05%）、股权转让方交纳企业所得税，而资产转让的双方需要交纳印花税（按所载金额0.05%）、受让方需要交纳契税（成交价格3%～5%）、转让方需要交纳企业所得税、增值税、⑤土地增值税，尤其是高昂的土地增值税几乎是转让方不可承受的负担。与资

① See Richard A. Posner, *Economic Analysis of Law*, 6th edition, New York Aspen Publishers, 2003, p.9-18.

② 《城市房地产管理法》第66条规定：违反本法第39条第1款的规定转让土地使用权的，由县级以上人民政府土地管理部门没收违法所得，可以并处罚款。

③ 王利明：《抵押财产转让的法律规制》，载《法学》2014年第1期。

④ 《物权法》第191条规定：抵押期间，抵押人经抵押权人同意转让抵押财产的，应当将转让所得的价款向抵押权人提前清偿债务或者提存。转让的价款超过债权数额的部分归抵押人所有，不足部分由债务人清偿。抵押期间，抵押人未经抵押权人同意，不得转让抵押财产，但受让人代为清偿债务消灭抵押权的除外。

⑤ 根据《增值税暂行条例》及其实施细则、《财政部、国家税务总局关于全面推开营业税改征增值税试点的通知》等规定，股权转让不增收增值税，股票转让则属于金融商品转让，应差额计算缴纳增值税。而"销售不动产"属于增值税纳税范围，税率为11%。

产转让相比较,采用股权转让,转让方需要多缴纳增值税和土地增值税,受让方需要多缴纳契税。因此,采用股权转让方式,不仅有利于转让方,也能降低受让方的税收成本。有律师事务所曾测量,在同一交易背景之下,采取以股权转让形式转让土地使用权的交易结构比直接转让土地使用权节省一半以上的税费,而仅后者的土地增值税就高于前者的整体税负。① 因此,无论从交易程序的便捷化还是税收负担角度,采用股权转让的方式都更为便利和节约。正是基于该等收益,以股权转让形式转让土地使用权成为流行的房地产转让的交易模式。从表6－1中,能够清楚地看出资产转让税收成本远高于股权转让。

表6－1　股权转让和房地产转让税收负担比较

税种		股权转让	房地产转让
印花税	税率	转让合同所载金额的0.05%	转让合同所载金额的0.05%
	纳税主体	转让双方各自缴纳	转让双方各自缴纳
企业所得税	税率	税前利润的25%	税前利润的25%
	纳税主体	转让方	转让方
契税	税率	—	成交价格的3%～5%
	纳税主体	—	受让方
增值税	税率	—	增值额的11%
	纳税主体	—	转让方
土地增值税	税率	—	超额累进税率,增值额的30%～60%
	纳税主体	—	转让方

以股权形式转让土地使用权模式的成本主要体现在交易完成后的事后风险,行政或者司法机关可能动用国家机器将当事人之间的利益予以重新分配或者强制性征收甚至处以刑罚,主要来自税收、刑事司法领域。第一,避税措施的有效性。如今,避税现象

---

① 参见上海和华利盛律师事务所:《关于土地使用权转让交易中不同模式的税务问题分析》,载威科先行网2012年3月25日,https://law.wkinfo.com.cn/professional-articles/detail/NjAwMDAwMDE5MDc%3D?searchId=df0c8aec2660461ca824aae53bcd16cd&index=1&q=%E5%85%B3%E4%BA%8E%E5%9C%9F%E5%9C%B0%E4%BD%BF%E7%94%A8%E6%9D%83%E8%BD%AC%E8%AE%A9%E4%BA%A4%E6%98%93%E4%B8%AD%E4%B8%8D%E5%90%8C%E6%A8%A1%E5%BC%8F%E7%9A%84%E7%A8%8E%E5%8A%A1%E9%97%AE%E9%A2%98%E5%88%86%E6%9E%90&module=。

正在从传统的所得税等直接税避税向增值税等间接税避税扩张,[①]税务机关有可能采取税收自由裁量权,以实质课税原则为出发点,对该交易模式施以反避税措施,仍然征收高额土地增值税。2000 年 9 月,国家税务总局向广西壮族自治区地方税务局作出"国税函〔2000〕687 号"[②]的答复,认为以转让目标公司 100% 股权的形式转让土地使用权、地上建筑物及附着物的,应按土地增值税的规定征税。虽然该答复只是适用于个案,但是不排除仍有地方税务机关采取该种方式征收土地增值税。[③] 但该等税务机关答复或决定并不具有普遍效力。因为没有明文规定对股东以转让股权形式转让房地产的行为征收土地增值税,税务机关会保持一定程度的谦抑性,地方税务机关征收土地增值税的行为多是通过向国家税务总局请示并作出也凸显了这一点。[④] 第二,以股权转让形式转让土地使用权的交易模式最值得困惑之处便是在司法裁判上,民事合同有效,却构成刑事犯罪。如单独根据《刑法》第 228 条、[⑤]《最高人民法院关于审理破坏土地资源刑事案件具体应用法律若干问题的解释》第 1 条,[⑥]似乎难以判断以股权转让形式转让土地使用权是否触发该罪名。但是在司法实践中,曾有多起以股权转让形式转让土地使用权的行为被认定为该罪,下面笔者会对这一现象详细分析。当土地使用权不满足《城市房地产管理法》第 39 条规定的条件时,以股权转让形式转让土地使用权的交易模式下,当事人可能触犯非法转让、倒卖土地使用权罪,将面临刑事风险。

一旦出现刑事和税收中的法律风险,当事人通过以股权转让形式转让土地使用权

---

① 参见翁武耀:《避税概念的法律分析》,载《中外法学》2015 年第 3 期。

② 《国家税务总局关于以转让股权名义转让房地产行为征收土地增值税问题的批复》,国税函〔2000〕687 号:"你局《关于以转让股权名义转让房地产行为征收土地增值税问题的请示》(桂地税报〔2000〕32 号)收悉。鉴于深圳市能源集团有限公司和深圳能源投资股份有限公司一次性共同转让深圳能源(钦州)实业有限公司 100% 的股权,且这些以股权形式表现的资产主要是土地使用权、地上建筑物及附着物,经研究,对此应按土地增值税的规定征税。"

③ 类似的批复或者决定还有:国家税务总局给广西壮族自治区地方税务局的"国税函〔2009〕387 号"的批复、国家税务总局给天津市地方税务局的"国税函〔2011〕415 号"批复、湖南省地税局作出的"湘地税财行便函〔2015〕3 号"。参见《名为"增资扩股"实为"土地转让"的纳税筹划》,载中国税务网,http://www.ctax.org.cn/sssw/swch/201809/t20180905_1080418.shtml。

④ 参见梁靖磊:《以转让股权方式转让房地产,要不要缴土地增值税?》,载税屋网 2019 年 7 月 16 日,http://www.shui5.cn/article/96/127941.html。

⑤ 《刑法》第 228 条【非法转让、倒卖土地使用权罪】规定以牟利为目的,违反土地管理法规,非法转让、倒卖土地使用权,情节严重的,处 3 年以下有期徒刑或者拘役,并处或者单处非法转让、倒卖土地使用权价额 5% 以上 20% 以下罚金;情节特别严重的,处 3 年以上 7 年以下有期徒刑,并处非法转让、倒卖土地使用权价额 5% 以上 20% 以下罚金。

⑥ 《最高人民法院关于审理破坏土地资源刑事案件具体应用法律若干问题的解释》第 1 条规定:以牟利为目的,违反土地管理法规,非法转让、倒卖土地使用权,具有下列情形之一的,属于非法转让、倒卖土地使用权"情节严重",依照《刑法》第 228 条的规定,以非法转让、倒卖土地使用权罪定罪处罚:(一)非法转让、倒卖基本农田 5 亩以上的;(二)非法转让、倒卖基本农田以外的耕地 10 亩以上的;(三)非法转让、倒卖其他土地 20 亩以上的;(四)非法获利 50 万元以上的;(五)非法转让、倒卖土地接近上述数量标准并具有其他恶劣情节的,如曾因非法转让、倒卖土地使用权受过行政处罚或者造成严重后果等。

所获得的收益将付之东流。但是该交易模式仍然流行,原因在于该等风险只是可能转化为现实的成本。首先,执法司法机关的违法和犯罪行为发现途径受限,进入税务和司法机关视野中的案件有限。其次,即使已进入执法和司法程序,基于法律尚不明确,各地税收机关和司法执法关于以股权转让形式转让土地使用权的执法司法观点和尺度并不一致,也会导致该行为不受到规制。当面临确定的收益和不确定的风险,理性的当事人倾向于选择从事该交易。

因此,笔者认为,从当事人角度,法律规避产生的原因在于市场主体永不停歇地追求经济利益的心理。但不同于直接带来收益,法律规避主要减少或逃避了在原有制度框架下从事交易必须承担的交易成本,这也是一种收益。而成本集中体现在事后的法律调整,有权机关可能按照原法律制度重新调整各方的利益关系。

(三)法律不完备性创造了客观的规避空间

不完备法律理论是由经济学家许成钢和法学家卡塔琳娜·皮斯托提出的,他们认为如果法律能对所有可能造成损害的行为都事无巨细地规定,能够预防损害发生或者补偿受损方遭受的损失,法律就是完备的,否则法律就不完备。① 显然,根据该定义,完备性的法律是不存在的,法律的不完备现象反而是普遍存在的。从法律规则逻辑结构讲,如采用我国通说的法律规则"假定条件、行为模式和法律后果"的理论,②法律的不完备性主要体现在对假设条件、行为模式的界定上,如果在二者的内涵以及可能的解释空间不能涵盖可能行为人及其行为类型,即不完备的规则。如果市场主体采取某种方式绕开法律规则中对假设条件、行为模式的界定,则执法机关或者司法机关都不能将该规则的法律后果适用于该主体,从而达到补偿或者惩罚的目的。在以股权转让方式转让土地使用权的场合,《城市房地产管理法》第39条为"转让房地产",其假设的转让标的是"房地产",明显区别于"转让股权"。因此,转让股权的法律形式不适用于该条限定的行为模式,给予了市场主体的规避空间。

但仅有不完备的法律尚不足以构成法律规避的全部前提,市场主体需要为其法律规避行为寻找合法外衣,即其用以掩饰真实经济目的而采取的规避行为可以从其他法律制度中找到"合法"依据。这一般源于立法机关针对同一性质的社会问题,往往会根据不同标准建立不同制度,而这些制度的实施将导致不同的利益结果,这给予了行为人"钻法律空子"的机会。在这种差异化的制度结构当中,单独来看,每一项法律制度本身通常都具备立法层面的合法性与正当性,而且每一项法律制度也未必存在法律漏洞,但是一旦法律适用主体拥有"挑选法律"的现实可能性,那么这种差异化的结构就可能

---

① See Katharina Pistor and Xu Chenggang, *Incomplete Law-a Conceptual and Analytical Framework and its Application to the Evolution of Financial Market Regulation*, Journal of International Law and Politics, Vol. 35, No. 4, p. 931 - 1013(2003).

② 参见赵树坤、张晗:《法律规则逻辑结构理论的变迁及反思》,载《法制与社会发展》2020年第1期。

引发法律规避行为。[①] 其实，这也是法律不完备的一种形式，表现为对同一经济实质的行为制定了差异化的法律规制体系。如穿透当事人的经济目的看，以股权转让方式转让土地使用权与直接转让土地使用权都是为了达到对房地产实际控制权的转让，却适用不同的法律制度。股权转让适用公司法和合同法的规则，在公司法上，有限责任公司的股东转让其股权只受到其他股东优先购买权和公司章程约定的限制，且根据《公司法司法解释四》第21条[②]和《九民纪要》的规定，即使公司股东侵犯其他股东的优先购买权，如该股权转让合同无合同法上的无效事由，则有效。而直接转让土地使用权及其地上建筑则被认为关系到公共利益，因为土地是一种稀缺资源，关系政府、开发商、民众等多方利益主体，其流通受到严密的行政规制，主要有房地产管理法、土地管理法规等行政管理型法律法规。采用以股权转让形式转让土地使用权，其法律形式是一般公司的股权转让，因此不适用土地流通的行政规则制约。

最后，笔者认为，法律的不完备性不仅体现在立法层面，也体现在司法和执法层面。法律的不完备给予了司法和执法机关"剩余立法权"。剩余立法权是在立法不完备的情况下，司法和执法机关如何行使其权限以解释甚至弥补法律。[③] 如果执法或者司法机关能够不拘泥于法律条文的文义，灵活扩张地解释和适用法律甚至创造法律，将会最大限度地压缩立法不完备所形成的避法空间。但是，在大陆法系，法院无权以判例形式造法。更重要是的，有学者通过实证研究表明，我国司法实践中，当法官面临疑难法律问题时，法官倾向于刻板地解释和适用法律条文来处理新情况，为了避免解释错误可能引发的责任，法官趋于保守，常常向上级法院寻求指示。[④] 而行政权的行使更是受到法定主义原则的限制，而且其最终需要接受僵化解释的司法系统的合法性审查。当然，并不是所有的司法和执法机关都是如此，各个地域的尺度并不统一，不排除有限度的扩张性解释，如同上文个别税务机关对股权转让形式征收土地增值税一样。因此，当剩余立法权没有被有效行使时，灰色地带依然处于灰色。实际上，这种广泛的、不受限制的自

---

① 参见董淳锷：《在合法与违法之间：国内法领域法律规避现象研究》，中国政法大学出版社2015年版，第15页。

② 《公司法》第21条规定：有限责任公司的股东向股东以外的人转让股权，未就其股权转让事项征求其他股东意见，或者以欺诈、恶意串通等手段，损害其他股东优先购买权，其他股东主张按照同等条件购买该转让股权的，人民法院应当予以支持，但其他股东自知道或者应当知道行使优先购买权的同等条件之日起30日内没有主张，或者自股权变更登记之日起超过1年的除外。

前款规定的其他股东仅提出确认股权转让合同及股权变动效力等请求，未同时主张按照同等条件购买转让股权的，人民法院不予支持，但其他股东非因自身原因导致无法行使优先购买权，请求损害赔偿的除外。

股东以外的股权受让人，因股东行使优先购买权而不能实现合同目的的，可以依法请求转让股东承担相应民事责任。

③ See Richard A. Posner, *Cost-Benefit Analysis: Definition, Justification, and Comment on Conference Papers*, The Journal of Legal Studies, Vol. 29, No. S2, p.1153－1177(June 2000).

④ See He Xin, *Routinization of Divorce Law Practice in China: Institutional Constraints' Influence on Judicial Behavior*, International Journal of Law, Policy & the Family; Vol. 23 Issue 1, p.83(Apr. 2009).

由裁量权也不存在。法律实施的不完备更是进一步助长了当事人规避法律不受调整的侥幸心态,助长了规避行为。

二、以股权转让形式转让土地使用权的法律实践

(一)股权转让合同有效的民商法实践

法律的生命在于实施,在实践中反思现有法律条文,秉持批判思维和创新精神,才能促进法的不断进步和修改,并达至合理的秩序,[①]尤其是对于灰色地带的法律规避,并无明确法律加以规制。以股权转让形式转让土地使用权的交易模式涉及合同法、公司法、行政法、税法甚至刑法多个法律领域,通过考察多维度考察司法和执法实践,方能提出正当合法的治理策略和方法。

在民商事司法实践中,笔者以“规避”“股权转让”“房地产”“土地使用权”等关键词在“中国裁判文书网”全文检索,截至2020年4月,共检索到7起最高人民法院作出的关于“以股权转让形式转让土地使用权的合同效力”的判决。[②] 7起案件的事实都相对复杂,涉及多个争议点,一般事实为双方当事人签署关于房地产开发公司的股权转让协议,约定转让该房地产公司100%的股权或控股权。股权的定价依据一般与房地产资产的公允价值相关,也不同于一般股权转让款交割以股权的工商登记变更为时间节点,该股权转让协议一般约定的价款交割时间与房地产转移相关。在这7起案件中,最高人民法院均判定股权转让合同有效。虽然最高人民法院作出的判决并不具有普遍性的约束力,但是实际中最高人民法院的判决具有规则形成功能和对下级法院判案的约束功能。[③] 尤其是在“统一裁判尺度”和“同案同判”的司法政策指引下,最高人民法院已经建立了下级法院与最高人民法院判决法律适用存在分歧的解决制度,如果下级法院在审案件时作出的裁判结果可能与最高人民法院生效裁判确定的法律适用原则或者

---

① 参见郑永流:《实践法律观要义——以转型中的中国为出发点》,载《中国法学》2010年第3期。

② 根据笔者统计,涉及的最高人民法院判决的主要有:简阳三岔湖旅游快速通道投资有限公司、刘某良与成都山鼎阳光房地产投资有限公司股权转让纠纷案,(2012)民二终字第22号;马某泉、马某坚与湖北瑞尚置业有限公司股权转让纠纷案,(2014)民二终字第264号;佳隆集团有限公司与香港宏业橡胶轮胎贸易有限公司、烟台中策橡胶有限公司股权转让纠纷案,(2014)民四终字第23号;珠海市盛鸿置业有限公司、珠海祥和置业有限公司股权转让纠纷再审审查与审判监督案,(2015)民抗字第14号;惠阳惠兴实业有限公司、润杨集团(深圳)有限公司与润杨集团(深圳)有限公司、惠阳松涛实业有限公司股权转让纠纷申请再审案,(2015)民提字第209号;刘某书、石某春等与新疆盈科投资集团有限公司股权转让纠纷申诉、申请案,(2015)民再字第2号;付某玲、沙某迪等与周盈岐、营口恒岐房地产开发有限公司等股权转让纠纷案,(2016)最高法民终222号。

③ 参见侯猛:《最高人民法院判决的比较优势》,载《北京大学学报(哲学社会科学版)》2008年第11期。

标准存在分歧的，需要向最高人民法院报送分歧申请，并得到反馈。[①] 随着该制度逐渐推行，迫于报送压力，下级法院主动遵守最高人民法院生效裁判确定的法律适用原则或者标准将成为一项默认规则。不同于指导性案例具有直接作为裁判理由引述的效力，[②]在法律适用分歧解决机制下，最高人民法院作出的生效判决将以一种司法系统内部约束的方式对今后类似案例的司法裁判产生参照和指引作用。尤其是面对疑难案件时，遵守"同案同判"法律义务将逐渐成为司法裁判的本质性内容。[③] 因此，基本可以断定股权转让形式转让土地使用权的合同效力已经不存在争议。

该等判决的主要理由如表 6 – 2 所示。首先所有判决的案由都是"股权转让纠纷"，即法院将以股权转让形式转让土地使用权的合同定性为股权转让合同，而非土地使用权转让合同，从而适用《公司法》的相关规定，即使在不少案件中当事人双方均承认其真实目的是转让土地使用权。但最高人民法院仍然秉持合同的文义解释原理，即以合同文本的词语为基础，探求合同当事人的真实意思，[④]认定当事人的法律效果意思是进行股权转让，而非径直跳过合同文本，以经济目的对合同定性。正是基于此解释方法，最高人民法院才认为合同为股权转让合同而非土地使用权转让合同。其次，最高人民法院认为因为土地使用权的权利主体依然是房地产的开发项目公司，并无变更，只是项目公司的股东变化。这是基于公司人格独立的理念，表明法院也认可公司本身作为合同概括转让的公司载体。这也是公司法人制度产生的理论之一。法经济学家认为公司作为一个法律实体便利了合同群的捆绑转移，节约了当事人交易成本，成为公司产生的动因之一。[⑤] 最后，最高人民法院普遍认为以股权转让形式转让土地使用权系房地产开发中的常见模式，是当事人的真实意思表示，不违反法律的强制性规定，亦未损害国家、集体或其他第三人利益，不存在"以合法形式掩盖非法目的"的情形。这也是间接否认了《城市房地产管理法》第 38、39 条对于股权转让合同效力的影响。除此之外，最高人民法院在个别案件中对该交易模式所涉及的刑事犯罪和税收问题对合同效力的影响做了回应，认为无论该行为是否构成刑事犯罪，其合同效力亦不归于无效，[⑥]且认

---

① 《最高人民法院关于建立法律适用分歧解决机制的实施办法》(法发〔2019〕23 号)。第 2 条规定：最高人民法院各业务部门、各高级人民法院、各专门人民法院在案件审理与执行过程中，发现存在以下情形的，应当向审管办提出法律适用分歧解决申请：(一)最高人民法院生效裁判之间存在法律适用分歧的；(二)在审案件作出的裁判结果可能与最高人民法院生效裁判确定的法律适用原则或者标准存在分歧的。

② 《〈最高人民法院关于案例指导工作的规定〉实施细则》(法〔2015〕130 号)。第 10 条规定：各级人民法院审理类似案件参照指导性案例的，应当将指导性案例作为裁判理由引述，但不作为裁判依据引用。

③ 孙海波：《"同案同判"：并非虚构的法治神话》，载《法学家》2019 年第 5 期。泮伟江：《论指导性案例的效力》，载《清华法学》2016 年第 1 期。

④ 参见韩世远：《合同法总论》(第 3 版)，法律出版社 2011 年版，第 702 ~ 704 页。

⑤ See Henry Hansmann and Kenneth Ayotte, *Legal Entities as Transferable Bundles of Contracts*, Michigan Law Review, Vol. 111, p. 715 – 758(2013).

⑥ 参见付某玲、沙某迪等与周某岐、营口恒岐房地产开发有限公司等股权转让纠纷案，最高人民法院(2016)最高法民终 222 号民事判决书。

为当事人并不需要对股权转让交易缴纳营业税和土地增值税,①不能仅以股权转让和资产转让课税标准存在不同而认定各方存在偷逃税收的合意并进而认定合同无效。②

表 6－2　最高人民法院判断以股权转让形式转让土地使用权的合同效力理由汇总

序号	裁判理由	频率	具体案号
1	以股权转让纠纷为案由	7	全部
2	土地使用权仍登记在原公司名下,土地使用权的权利主体未发生改变,不应纳入土地管理法律法规的审查范畴,而应依据《公司法》中有关股权转让的规定进行审查	5	(2014)民二终字第264号、(2015)民抗字第14号、(2016)最高法民终222号、(2012)民二终字第22号
3	以股权转让为名收购公司土地系房地产开发中的常见模式,是当事人的真实意思表示,协议的形式和内容不违反股权转让的相关法律、行政法规的强制性规定,未损害国家、集体或其他第三人利益	5	(2012)民二终字第22号、(2014)民四终字第23号、(2015)民提字第209号、(2015)民抗字第14号、(2016)最高法民终222号
4	当事人交易目的是通过受让股权并继而对土地实现商业开发,并非直接转让土地使用权	1	(2014)民四终字第23号
5	当事人均没有回避以转让股权方式转让房地产开发项目,不存在以合法手段掩盖非法目的的问题	1	(2015)民抗字第14号
6	股权发生转让时,目标公司并未发生土地使用权转让的应税行为,不需要缴纳营业税和土地增值税	1	(2014)民二终字第264号
7	股权转让和房地产交易应分别课以不同的税收,由税务部门作出具体认定,不能仅以二者课税标准存在不同而认定存在偷逃税收的合意并进而认定合同无效	1	(2015)民再字第2号
8	无论是否构成刑事犯罪,股权转让合同效力并不必然归于无效	1	(2016)最高法民终222号

---

① 参见马某泉、马某坚与湖北瑞尚置业有限公司股权转让纠纷案,最高人民法院(2014)民二终字第264号民事判决书。

② 参见刘某书、石某春等与新疆盈科投资集团有限公司股权转让纠纷申诉、申请案,最高人民法院(2015)民再字第2号民事判决书。

在最高人民法院作出的7起以股权转让形式转让土地使用权的合同有效判决中，曾有4起案件的当事人提出“该合同名为转让股权，实为转让土地使用权，以合法形式掩盖非法目的，应属无效”的诉讼主张，[①]有法院也在判决中回应该合同不构成“以合法形式掩盖非法目的”，但是未展开论证二者之间的关系。以合法形式掩盖非法目的是指虽然合同形式合法，但是缔约目的和内容则违反法律规定。[②] 在我国司法实践中，“以合法形式掩盖非法目的”的适用状态十分混乱，其中即包括“不存在隐匿行为，当事人实施意思表示或订立合同，旨在通过该意思表示或合同之实现，达到规避法律、行政法规的强制性或禁止性规定的目的”的法律规避行为。[③] 甚至有学者认为“以合法形式掩盖非法目的”可作为规制法律规避的一般条款。[④] 那么为什么最高人民法院并没有将该合同解释为“以合法形式掩盖非法目的”？笔者认为，这是对于“非法目的”“非法性”的解释所致。在以股权转让形式转让土地使用权的法律规避交易行为中，交易目的是具有层次的，第一层在于发生股权转让，属于法律效果目的，即当事人希望借助法律形式发生法律规定的法律后果；第二层在于转让目标股权所对应的土地使用权以及地上建筑等资产，属于真实经济目的，即当事人希望借助法律规避行为取得经济效益或降低成本的目的。最高人民法院认为该合同为股权转让合同，土地使用权并未转让，只认定了第一层次的法律效果目的，该交易目的实际合法，并无非法之说。

与达到间接转让土地使用权的交易目的相比，市场主体也可能利用母子公司结构来规避其他规定，比如股权转让中的优先购买权。上海外滩地王案[⑤]即体现了该点，该案中SOHO中国采用以股权转让形式转让土地使用权的交易模式，主要目的是规避复星商业的优先购买权。对此，上海市第一中级人民法院否定了该股权转让合同的效力，

---

① 分别为(2015)民抗字第14号、(2015)民提字第209号、(2012)民二终字第22号及(2015)民再字第2号。

② 参见韩世远：《合同法总论》(第3版)，法律出版社2011年版，第173页。

③ 参见朱广新：《论“以合法形式掩盖非法目的”的法律行为》，载《比较法研究》2016年第4期。

④ 参见杨代雄：《恶意串通行为的立法取舍——以恶意串通、脱法行为与通谋虚伪表示的关系为视角》，载《比较法研究》2014年第4期。梅夏英、邹启钊：《法律规避行为：以合法形式掩盖非法目的——解释与评析》，载《中国社会科学院研究生院学报》2013年第4期。冉克平：《“恶意串通”与“合法形式掩盖非法目的”在民法典总则中的构造——兼评〈民法总则〉之规定》，载《现代法学》2017年第4期。

⑤ 即浙江复星商业发展有限公司与长烨公司、嘉和公司、证大置业公司、长昇公司、绿城公司、证大五道口公司股权转让合同纠纷案。一审上海市第一中级人民法院，(2012)沪一中民四(商)初字第23号民事判决书；二审上海市高级人民法院，(2013)沪高民二(商)终字第27号民事判决书。该案件的基础事实是被告证大置业持有房地产项目公司100%的股权，项目公司持有外滩8-1地块。后续为了合作开发该地块，正大置业(通过正大五道口)、复星商业、绿城公司(通过绿城合升)、上海磐石(通过磐石投资)设立了海之门公司，四方股东签署的协议中明确约定了股东优先购买权条款。之后正大置业将持有的房地产项目公司股权转让给海之门公司。股权转让之时，为了规避海之门公司层面的优先购买权，正大置业将其持有的正大五道口100%的股权，绿城公司将其持有的绿城合升100%的股权转让给SOHO中国控制的公司，SOHO中国从而间接控制了海之门公司50%的股权。复星商业认为SOHO中国与转让方之间的股权收购交易，明显旨在规避其在海之门公司中的优先购买权，诉请其股权转让合同无效。

认为“被告之间关于股权交易的实质，属于明显规避了《公司法》第72条之规定，符合《合同法》第52条第3项规定之无效情形，应当依法确认为无效”。[①] 该案件曾在学术界引发了很大争议，但从法律规避的视角看，并非是法院将优先购买权的效力扩张适用于间接收购的场合，[②]如果属于，实质上是涉案合同直接侵犯了目标公司其他股东的优先购买权，而非规避。实际上，法院以目的解释原理对涉案合同的真实经济目的进行了穿透式解释，认可了涉案合同目的是规避目标公司股东复星商业的优先购买权，认为该规避具有非法性，从而认定合同无效。

（二）以股权转让形式转让土地使用权的罪与非罪

在司法实践中，曾有多起以股权转让形式转让土地使用权的行为被法院认定为触犯非法转让、倒卖土地使用权罪。最具有代表性的当属安徽省芜湖市中级人民法院审理的“章某芳非法转让土地使用权案”，芜湖市中级人民法院认为“在行为人在没有对项目进行投资开发、没有完全支付土地出让金并取得土地使用权证书的情况下，以牟利为目的，采取股权转让、法人代表变更等手段，将竞拍的土地使用权随同公司一并转让的，其行为已触犯《刑法》第228条之规定，构成非法转让土地使用权罪，依法应予惩处”，[③]而且该案例曾被最高人民法院中国应用法学研究所选为2010年度“十佳案例”。此后，法院尤其是基层法院在多起案件中，延续上述判决思路。[④] 该等案件事实类似，被告人在取得土地使用权之后，未按要求进行实际开发或者未达到开发程度，即以股权转让的方式将土地使用权及其地上建筑出售并获利。法院的判决理由一般是认定该股权转让行为形式上虽然符合法律规定，但实质上通过合法手段掩盖其非法倒卖土地使用权的目的，从根本上违反了土地管理法的规定，符合非法倒卖土地使用权罪的构成要件。司法实践中，也有判定该行为无罪或者未予以认定的司法判决，[⑤]该等判决的理由为犯罪嫌疑人转让公司股权并未使土地使用权人权利主体发生改变，也没有具体法律规定转让公司股权即转让土地使用权，故不构成非法转让土地使用权罪。甚至江苏省

---

① 需要注意，根据《公司法司法解释四》第21条和《九民纪要》的规定，如公司股东直接转让股权，侵犯其他股东优先购买权，法院需要区分股权转让合同的效力和优先购买权的行使，其他股东发现优先购买权被侵害，可直接主张按同等条件购买该转让股权，无须过问该股权转让合同的效力。而该股权转让合同如无合同法上的无效事由，则有效。

② 参见郑彧：《股东优先购买权“穿透效力”的适用与限制》，载《中国法学》2015年第5期。

③ 参见章某芳非法转让土地使用权案，安徽省芜湖市中级人民法院（2009）芜中刑终字第178号刑事判决书。

④ 根据笔者统计，类似判决有（2008）沪一中刑初字第312号、（2015）鹰刑二初字第2号、（2014）金义刑初字第2867号、（2015）金武刑初字第628号、（2014）相刑初字第00002号、（2015）金磐刑初字第138号、（2013）金义刑初字第1257号、（2015）绍越刑初字第24号、（2016）浙0727刑初00094号、（2016）浙0324刑初578号、（2016）内2501刑初27号、（2016）浙0602刑初621号、（2018）云3103刑初307号。

⑤ 如（2017）黔2701刑初49号、（2017）赣0483刑初93号、（2017）豫1525刑初92号、（2017）鄂02刑终40号等。

高级人民法院、[1]河南省高级人民法院[2]在两起股权转让的民事案件中也持有该种观点。司法实践中，呈现如此完全相反的两种观点。

根据《刑法》第228条和相关司法解释，并不能确定该罪的罪状，需要引用土地管理法规来确定该罪名的犯罪客观方面。如从文义解释原理而言，《城市房地产管理法》第38、39条规定的是转让土地使用权的行为，并无规定以股权形式间接转让或变相转让土地使用权的行为，后者表现的法律形式是股权转让，因此行为人不存在犯罪行为，会得出无罪的结论。那么，法院是如何解释《城市房地产管理法》第38、39条规定，从而将以股权转让形式转让土地使用权的行为纳入犯罪行为的呢？显然法院适用了不同于文义解释的法律解释方法，即类推解释。在刑法领域，类推解释与遵从文义的扩大解释二者的区分在于解释有没有超过必要限度，扩大解释不超出被解释概念的核心属性，类推解释则会将法律没有明文规定的内容"解释"进去。[3] 判决有罪的法院认为间接转让土地使用权亦属于倒卖土地使用权，显然超出了"转让房地产"的概念所具备的范围，因为间接转让的法律形式属于转让股权。因此，法院是以类推解释的方法，将以股权形式转让土地使用权纳入非法转让、倒卖土地使用权罪的。虽然在法院类推解释的并非刑法条文，而是《城市房地产管理法》的规定，但对于该法第38、39条解释涉及罪与非罪，因此亦应当恪守刑法的解释原理。为了抑制解释滥用，也为了统一司法裁判的尺度，应当尽快出台相关司法解释。

（三）管制型的行政法功能难以有效发挥

《城市房地产管理法》第38、39条和第66条的法条结构明显地体现出管制型立法的特征，第38、39条相结合，构成未缴纳全部土地使用权出让金和未达到开发投资程度的土地使用权不得转让的行政禁止，从而明确市场主体采用资产转让交易模式的权利边界，第66条则是对违反行政禁止性命令的处罚，如果市场主体违规转让，土地管理部门将没收其违法所得，可以并处罚款。这是典型的管制型立法特征，[4]这样的立法结构固然明确了行政机关的权力边界，但是也为市场主体通过轻易变换行为模式，规避第66条的法律责任提供了空间。再者，管制型的行政法律并不会对其所禁止的商事交易合同的效力产生影响。最高人民法院曾在对广西壮族自治区高级人民法院的答复（法函〔2003〕34号）中明确表示"出让方式取得土地使用权未同时具备上述第39条条件，

---

① 参见江苏高成房地产开发有限公司与福中集团有限公司股权转让纠纷案，江苏省高级人民法院(2014)苏商再终字第0006号民事判决书。

② 参见郭某英、张某奇与河南省天冰冷饮有限公司股权转让纠纷上诉案，河南省高级人民法院(2014)豫法民二终字第46号民事判决书。

③ 参见刘志远：《刑法解释的限度——合理的扩大解释与类推解释的区分》，载《国家检察官学院学报》2002年第5期。

④ 参见郭洁：《土地用途管制模式的立法转变》，载《法学研究》2013年第2期。

而进行转让的，其转让合同无效”，①该解释于2013年4月被废止。之后最高人民法院通过多个案例，确定了该规定属于管理性强制规定的裁判要旨，即使未达到该条件转让，土地使用权转让合同亦有效。②

从立法角度讲，行政管制型立法确保了法律的确定性，法律语言具有逻辑上的准确严密性，给当事人提供明确的行为模式，保障当事人的可预期性。《城市房地产管理法》第38、39条和第66条的语言周密完整，构成“假设条件+行为模式+法律后果”的严密法律规则逻辑体系，确保了法律的确定性。在严格遵守法律的形式性要求和“法无授权不可为”的法治理念下，行政机关也无权对以股权转让形式转让土地使用权的法律规避行为实施行政处罚。但由于缺乏灵活性，也使行政机关丧失了自由裁量权的空间，无法针对性地根据实践的变化调整法律的适用，以表现出开放性和张力。③

（四）税法的形式和实质之争

从减轻税负角度，即使转让的土地使用权满足了《城市房地产管理法》第39条规定的条件，当事人仍然会采取股权转让的方式转让土地使用权，主要原因在于规避高额的土地增值税。根据《土地增值税暂行条例》第2条，④土地增值税的纳税对象是转让房地产，股权转让并不用缴纳土地增值税。广东省地方税务局在粤地税函〔1998〕65号⑤的批复中亦认可该种观点。同时，最高人民法院在“马某泉、马某坚与湖北瑞尚置业有限公司股权转让纠纷案”中即认为“由于转让股权和转让土地使用权是完全不同的行为，当股权发生转让时，目标公司并未发生国有土地使用权转让的应税行为，目标公司并不需要缴纳营业税和土地增值税”。⑥ 但实践中，仍有地方税务机关对该行为征

---

① 《最高人民法院关于土地转让方未按规定完成土地的开发投资即签订土地使用权转让合同的效力问题的答复》（法函〔2003〕34号）。

② 参见四川省聚丰房地产开发有限责任公司与达州广播电视大学合资、合作开发房地产合同纠纷案，最高人民法院（2013）民一终字第18号民事判决书；卢某政与四川省齐祥食品有限公司土地使用权转让合同纠纷再审案，最高人民法院（2013）民提字第165号民事判决书；陕西昊雍房地产开发有限责任公司与陕西兴庆熙园物业管理有限公司、陕西功德置业发展有限责任公司其他撤销权纠纷申请再审案，最高人民法院（2014）民申字第719号民事裁定书；王某洋、安阳平安房地产开发有限公司合同纠纷再审审查与审判监督案，最高人民法院（2017）最高法民申1539号民事裁定书。

③ 参见卢秋帆：《法律语言的模糊性分析》，载《法学评论》2010年第2期。

④ 《土地增值税暂行条例》第2条规定：转让国有土地使用权、地上的建筑物及其附着物（以下简称转让房地产）并取得收入的单位和个人，为土地增值税的纳税义务人（以下简称纳税人），应当依照本条例缴纳土地增值税。

⑤ 《广东省地方税务局关于广东省云浮水泥厂转让股权涉及房地产是否征税问题的批复》（粤地税函〔1998〕65号）。“全资企业将其股权转让他人，不属于《中华人民共和国营业税暂行条例》和《中华人民共和国土地增值税暂行条例》规定的征税范围，不予征收营业税和土地增值税。因此，对广东省云浮水泥厂转让股权而涉及的房地产，不予征收营业税和土地增值税。”

⑥ 参见马某泉、马某坚与湖北瑞尚置业有限公司股权转让纠纷案，最高人民法院（2014）民二终字第264号民事判决书。

收土地增值税,根据国税函〔2000〕687 号、[①]国税函〔2009〕387 号、[②]国税函〔2011〕415 号[③]和湘地税财行便函〔2015〕3 号[④]文件,当股权转让具有"股权形式表现的资产主要是房地产""股权转让的定价依据等于房地产的评估值""100% 的股权转让"等典型特征时,转让股权即等同于转让标的公司所有的房地产,应当被征收土地增值税。

与合法节税、逃税不同,避税也表现为一种"灰色现象",其通过民事交易形式的有意滥用,以满足税法的形式要件和字面含义,从而避免被征收税款,但由此取得的税收利益并不符合税收规则的立法意图或规则制度的原则,难以获得税法的肯定性评价。[⑤]以股权形式转让土地使用权即利用了公司独立人格和股权转让的法律形式,避免了被认定为资产转让,从而达到规避税收的效果。目前,为了防止税收流失,税收机关采取逐渐采取实质课税原则,突破法律的形式性,从商事交易的"经济实质"解释税法事实,决定应否对当事人予以课税,以治理越演越烈的避税行为。[⑥] 该种反避税措施渐成普遍化趋势。作为税法的首要原则的税收法定主义要求税种、税率和税收征收管理等税收基本制度都应当由法律明确规定,以规范和防止征税权滥用,保护纳税人财产权。[⑦]反避税措施作为一个特别纳税调整,属于税收征收管理的手段,其适用必须由税收法律明确规定。没有法律授权的反避税则有违税收法定主义。[⑧] 税法法定主义也要求行政机关和司法机关对税法条文的解释持有严苛的态度,遵循文义解释原理,保护法律的形式要求。[⑨] 笔者认为,部分税务机关在没有法定的土地增值税反避税立法的前提下,根

---

① 参见《国家税务总局关于以转让股权名义转让房地产行为征收土地增值税问题的批复》,2000 年 9 月 5 日。"鉴于深圳市能源集团有限公司和深圳能源投资股份有限公司一次性共同转让深圳能源(钦州)实业有限公司 100% 的股权,且这些以股权形式表现的资产主要是土地使用权、地上建筑物及附着物,经研究,对此应按土地增值税的规定征税。"

② 参见《国家税务总局关于土地增值税相关政策问题的批复》,2009 年 7 月 17 日。"鉴于广西玉柴营销有限公司在 2007 年 10 月 30 日将房地产作价入股后,于 2007 年 12 月 6 日、18 日办理了房地产过户手续,同月 25 日即将股权进行了转让,且股权转让金额等同于房地产的评估值。"

③ 参见《国家税务总局关于天津泰达恒生转让土地使用权土地增值税征缴问题的批复》,2011 年 7 月 29 日。"经研究,同意你局关于'北京国泰恒生投资有限公司利用股权转让方式让渡土地使用权,实质是房地产交易行为'的认定,应依照《土地增值税暂行条例》的规定,征收土地增值税。"

④ 参见《湖南省地税局财产和行为税处关于明确"以股权转让名义转让房地产"征收土地增值税的通知》,2015 年 1 月 27 日。"为了规范我省土地增值税管理,堵塞征管漏洞。对于控股股东以转让股权为名,实质转让房地产并取得了相应经济利益的,应比照国税函〔2000〕687 号、国税函〔2009〕387 号、国税函〔2011〕415 号文件,依法缴纳土地增值税。"

⑤ 参见翁武耀:《避税概念的法律分析》,载《中外法学》2015 年第 3 期。

⑥ 参见汤洁茵:《形式与实质之争:税法视域的检讨》,载《中国法学》2018 年第 2 期。

⑦ 参见刘剑文:《落实税收法定原则的现实路径》,载《政法论坛》2015 年第 3 期。

⑧ 参见张婉苏、卢庆亮:《特别纳税调整"一般条款"之法律解读——以税收法定主义和实质课税原则为视角》,载《苏州大学学报(哲学社会科学版)》2010 年第 4 期。

⑨ 参见叶姗:《税收剩余立法权的界限——以成品油消费课税规则的演进为样本》,载《北京大学学报(哲学社会科学版)》2013 年第 6 期。

据实质课税的理念，采取以其以股权转让类推适用土地使用权转让的类推解释方式，增收土地增值税的行为突破了《土地增值税暂行条例》土地增值税的征收范围，是对实质课税原则的滥用，有违税收法定主义理念，而且也难以通过司法审查的考验。

三、以股权转让形式转让土地使用权的立法规制

（一）以股权转让方式转让土地使用权是否有害

在法经济学上，成本—收益分析中的效益并不局限于私人经济效益，还包括难以量化的社会效益和政治效益等其他效益，成本也不仅要考虑私人成本也要考虑社会成本。① 只有综合各种成本和效益，以体现整体效益最大化才能从法经济学上判断该行为是否具有价值，并通过法律制度改革将资源配置到最能发挥效益的程度。② 从该角度考虑，法律规避行为受到责难的原因应当带来的综合社会成本大于收益。具体到股权转让方式转让土地使用权的场合，不禁要问该行为真的带来的综合社会成本大于收益吗？该行为受到指责主要源于两个方面，为规制以股权形式转让土地使用权提供了正当性基础。在土地管理层面，催生以股权转让的形式“炒卖”土地的现象，甚至为权力寻租谋求了空间，不利于房地产市场的健康发展；③在税收方面，利用股权转让税制的漏洞进行非常规的法律安排，造成国家税款大量流失。④ 但真相到底如何？

通常认为，稳定房地产市场，保持房地产经济合理稳定增长，抑制房价的过快上涨，让住房市场回归到基本居住功能都与保障和稳定用地供给具有重大关系。⑤ 房地产市场也需要供给侧改革，意味着政府调控房地产应当将房地产用地作为工作重点，规模较大的房地产企业也可以兼并、收购小的企业，对闲置商品房进行集中处理，以确保房地产行业的良性发展，防止供需失衡所导致的房地产经济变形，保障民众住有所居。⑥ 而允许以股权转让方式转让土地使用权则是盘活了土地使用权及其地上建筑等资产，使具有土地储备却无力开发的房地产企业能够通过出售其房地产公司的股权将其旗下的土地使用权投入市场，让有开发资金和能力的企业接盘。这种二级市场的房地产资源流动有效补充了“招拍挂”的房地产一级市场供给，对促进“人民住有所居”的实现具有

---

① 参见黄辉：《公司资本制度改革的正当性：基于债权人保护功能的法经济学分析》，载《中国法学》2015 年第 6 期。

② See Richard A. Posner, *Cost-Benefit Analysis*: *Definition*, *Justification*, *and Comment on Conference Papers*, The Journal of Legal Studies, Vol. 29, No. S2, p. 1153 – 1177(June 2000).

③ 参见夏克勤、郭嘉：《供给侧改革背景下以股权转让方式实现土地使用权流转行为之法律规制》，载《法律适用》2017 年第 9 期。

④ 参见黄凤羽、黄晶：《股权式资产转让的避税与反避税行为研究》，载《税务研究》2013 年第 10 期。

⑤ 参见《学者解读：房子是用来住的，不是用来炒的》，载人民网，http://theory. people. com. cn/n1/2017/0206/c40531 – 29059847. html。

⑥ 参见沈爱华、王英杰：《房地产市场供给侧改革呈现出的问题及对策研究》，载《中国市场》2019 年第 36 期。

重要意义。这也是法律规避行为具有制度创新的积极意义的体现。①

对于股权的出让方,以股权形式转让土地使用权的确具有避免被增收土地增值税的功能,但并未造成国家税收利益的流失。土地增值税的计税基础是土地增值额,即纳税人转让房地产所取得的收入减除土地取得成本等扣除项目。② 对于税务机关,其可以按照一次转让的征税方式,以房地产最终实现转让的收入与初始扣除项目的差额为增值额征税,也可以按照多次转让多次征税方式征税。但除了纳税主体变化和纳税时间延期,一次征税和多次征税的计税基础并没有发生变化,也就不存在税收流失问题。这与江苏省高级人民法院作出的《江苏高成房地产开发有限公司与福中集团有限公司股权转让纠纷再审民事判决书》的观点相同,即"股权无论经过多少次转让,土地无论如何增值,公司初始受让土地支付对价的成本不变。但是,只要房地产发生了权属流转,公司就需要按最终的实际房地产销售价与最初的房地产成本价之间的增值部分缴纳土地增值税。因此,涉案股权转让实际上并未逃避土地增值税的征收"。③ 而且,一旦在股权转让环节增收土地增值税,最终转让房地产时扣除金额只能以其账簿上反映的可扣除项目金额为准,不能反映股权转让环节已经征收过一次土地增值税的事实,会造成重复征税。④

成本—收益分析的关键是要尽可能准确地界定各项要素的成本与收益。⑤ 目前,可以用以评估立法和政策制定,乃至司法判决的经济效益。⑥ 从某种行为结果中获得的收益完全可以对所受到的损失进行补偿,并且有所剩余,就被认为是有效率的,能够实现社会福利最大化。⑦ 虽然以股权转让方式转让土地使用权所造成的社会、经济的成本和效益难以有效且准确量化,但通过上述分析,笔者认为在目前房地产市场和政策指引下,以股权转让方式促进未开发的土地资源流入市场,防止土地资源闲置浪费显然比阻止开发商"炒地皮"更为重要。稳定供给所带来的市场稳定、人民福祉效益能够对冲"炒地皮"带来的房地产市场损害,其利大于害。

---

① 参见苏力:《再论法律规避》,载《中外法学》1996 年第 4 期。

② 《土地增值税暂行条例》第 4 条规定:纳税人转让房地产所取得的收入减除本条例第六条规定扣除项目金额后的余额,为增值额。第 5 条规定:纳税人转让房地产所取得的收入,包括货币收入、实物收入和其他收入。第 6 条规定:计算增值额的扣除项目:(一)取得土地使用权所支付的金额;(二)开发土地的成本、费用;(三)新建房及配套设施的成本、费用,或者旧房及建筑物的评估价格;(四)与转让房地产有关的税金;(五)财政部规定的其他扣除项目。

③ 江苏省高级人民法院,江苏高成房地产开发有限公司与福中集团有限公司股权转让纠纷再审民事判决书,(2014)苏商再终字第 0006 号。

④ 参见何其昭:《转让股权征收土地增值税政策的可行性评价》,载《税务研究》2015 年第 11 期。

⑤ 参见毕洪海:《作为规制决策程序的成本收益分析》,载《行政法学研究》2016 年第 3 期。

⑥ See Richard A. Posner, *Cost-Benefit Analysis: Definition, Justification, and Comment on Conference Papers*, The Journal of Legal Studies, Vol. 29, No. S2, p. 1153 - 1177 (June 2000).

⑦ 参见蒋银华:《立法成本收益评估的发展困境》,载《法学评论》2017 年第 5 期。

（二）成本—收益分析指导下的立法回应

立法应当积极和理性地回应社会成员和社会整体的需求，这被称为"法的回应性"，这也是贯彻良法善治的必然要求。① 成本—收益分析不仅可用于当事人从事商业行为的动机分析，正如上文所言，收益大于成本促成了市场主体法律规避的主观动因。而且，成本—收益分析为决策者提供了一套数学计算方法，从而能较为准确地量化拟实施的规制可能耗费的成本和可能获取的收益，进而有利于决策者作出能提升经济效率和经济理性的科学决定。② 在立法领域，成本—收益分析是一种综合全面的立法评估工具，对于监管者而言，以成本—收益分析为出发点，能够测量何种监管方式更有效果和效率。③ 以成本—收益为分析工具，经过适当的立法后评估程序，如该法律的实施成本大于收益就应当及时废止或修改，这是贯彻"法的回应性"的必然要求。

不同于对以股权形式转让土地使用权的行为分析，笔者将成本—收益方法适用于《城市房地产管理法》第39条的立法后评估，讨论其存废。目前，以股权转让方式已经成为直接转让土地使用权的替代性措施，采用的直接资产转让的方式少之又少，《城市房地产管理法》第39条实际上已经失去了规制对象，其抑制"炒地皮"经济效益功能无从发挥，无立法效益可言，成为无实际作用的"宣示性立法"。其实施虽无效益，却有成本，部分法院将该条作为适用非法转让、倒卖土地使用权的引证罪状，将以股权转让形式转让土地使用权类推解释为直接转让土地使用权，并纳入该罪。刑事司法的恐吓效果将影响企业家转让土地使用权的积极性，对促进房地产市场供给起到消极作用，抵销民事司法实践中确认行为有效的积极效益。对于已经无效益而有成本的《城市房地产管理法》第39条，没有存在之必要。立法机关应当回应成本—收益分析下社会整体诉求，将其予以废止。

（三）土地增值税的反避税措施制定

虽然以股权转让形式转让土地使用权并没有使国家税收利益流失，但对于股权转让方而言，其的确利用股权转让的形式规避了土地增值税的征收。如对该行为实施反避税措施，满足税收法定主义的要求，有必须在税收法律中规定反避税的一般依据。目前，我国税法中的一般反避税条款规定是《企业所得税法》第47条，④其规制对象是滥用权利的避税安排。⑤ 但该条款的适用范围有限，无法对增值税等间接税避税形成有

---

① 参见江必新、王红霞：《法治社会建设论纲》，载《中国社会科学》2014年第1期。

② 参见刘权：《作为规制工具的成本收益分析——以美国的理论与实践为例》，载《行政法学研究》2015年第1期。

③ 参见赵雷：《行政立法评估之成本收益分析——美国经验与中国实践》，载《环球法律评论》2013年第6期。

④ 《企业所得税法》第47条规定：企业实施其他不具有合理商业目的的安排而减少其应纳税收入或者所得额的，税务机关有权按照合理方法调整。

⑤ 参见叶姗：《一般反避税条款适用之关键问题分析》，载《法学》2013年第9期。

效规制。在现行法律框架之下,税收机关想要突破法律形式和外观,注重交易的经济目的和实质从而以股权转让形式转让房地产的行为征收土地增值税,并且符合税收征收管理的基本制度须有法律加以确定的税收法定主义,就必须扩大反避税措施的适用范围。可行的措施是在《税收征收管理法》中仿照《企业所得税法》第47条,规定"一般反避税条款",从而赋予税务机关在税收征收中对规避土地增值税的行为行使反避税措施权力。在具有立法授权的前提下,面对高度简化的一般条款,也需要税务机关根据具体的避税类型,将其具体化和明晰化,以具有可操作性和遏制自由裁量权的滥用。①

具体而言,在具有一般反避税条款的前提下,对于以股权形式转让土地使用权行为的反避税措施的制度设计可以仿照国税函〔2009〕698号文、②国家税务总局公告2015年第7号③中"对非居民企业间接转让居民企业股权的行为征收企业增值税"的做法。上述两个文件揭开了不具有合理的商业目的的,而只是为了规避企业所得税纳税义务的境外控股公司面纱,将直接转让境外公司股权类比为直接转让中国居民企业股权,从而征收企业所得税。④ 以股权形式转让土地使用权以此高度类似,同为间接转让的结构,也是利用了公司的组织形式。在具体设计上,对以股权形式转让土地使用权增收土地增值税,应当考虑项目公司名下的全部或主要财产为房地产、股权转让价格定价依据为房地产的市场价格、股权转让的比例能够实现受让方对房地产的实际控制、当事人的交易目的是以规避土地增值税为主等特征判断该交易符合"一般规避条款"中"不具有合理商业目的"要件。在计税基数计算上,以股权转让收入计算房地产转让收入,在后续转让中将股权转让中征收的土地增值税计入可扣除项目金额,避免重复征税。

四、法律规避行为的司法裁判

(一)强金融监管下规避行为的司法裁判新趋势

法律规避行为不仅规避立法机关制定的正式法律,还规避行政机关制定的行政规章、规范性文件。尤其是在金融领域,规避金融监管的现象大量存在。由于金融分业监管制度差异所形成套利空间的广泛存在,市场主体设计的一系列复杂的金融交易以减少交易成本或捕获盈利机会。⑤ 比如我国金融交易中收益权买卖、通道业务、明股实债、对赌、回购、代持、结构化设计等交易模式和产品创新正是规避监管的产物。为了应

---

① 参见汤洁茵:《〈企业所得税法〉一般反避税条款适用要件的审思与确立》,载《现代法学》2012年第5期。

② 参见《国家税务总局关于加强非居民企业股权转让所得企业所得税管理的通知》(国税函〔2009〕698号)。

③ 参见《国家税务总局关于非居民企业间接转让财产企业所得税若干问题的公告》,国家税务总局公告2015年第7号。

④ 参见沈伟:《后金融危机时代的全球反避税措施:国别差异路径和全球有限合作》,载《比较法研究》2018年第1期。

⑤ See Frank Partnoy, *Financial Derivatives and the Costs of Regulatory Arbitrage*, The Journal of Corporation Law, 22(2), p.212-256(1997).

对广泛存在的监管套利行为并防范金融风险，目前我国逐渐改革金融监管部门，优化监管职权，加强各金融监管部门之间的协调配合，由单一机构监管向功能监管、行为监管转变。从立法层面讲，改革主要是通过金融监管机关在自身立法权限内颁布行政法规规章的方式实现。

目前，强金融监管的趋势正在向司法领域延伸。最高人民法院和上海高级人民法院关于金融审判的司法文件，①明确要求对于规避金融监管、进行制度套利的金融违规行为，及时否定其法律效力，并以其实际构成的法律关系确定其效力和各方的权利义务。2019 年 11 月，最高人民法院颁布的《九民纪要》"引言"中明确否认了外观主义原则，要求"注意处理好民商事审判与行政监管的关系，通过穿透式审判思维，查明当事人的真实意思，探求真实法律关系"。其中的穿透式审判思维可以视为近年来行政部门在金融领域提出的"穿透式监管"的司法翻版。② 金融司法监管化的具体体现为司法裁判直接以金融监管部门的行政规章作为依据，取代处于上位法的商法，如合同法、公司法、担保法、信托法等。尤其在资管纠纷领域，近年具体的表现为，司法裁判中对符合信托法和合同法的资管交易安排的效力认定会直接适用《关于规范金融机构资产管理业务的指导意见》作为说理依据。金融司法监管化的实质是金融监管权扩张在司法领域的体现。监管套利驱使市场主体设计出复杂的金融产品，尤其是层层嵌套的交易结构，如从法律形式上看，这些复杂的金融产品受到较少监管或不受监管。监管部门无法对其行使监管权限，造成监管失灵，甚至在风险累计的情况下可能引发金融风险。因此，穿透认定金融产品的法律形式，以满足相应监管要求，预防和制止风险成为金融监管的趋势和导向，从金融机构的股东和实际控制人准入要求到功能监管下的资管产品都体现出这一监管思路。而传统的金融监管规章无法对相应的司法审判产生效力。但如金融产品触发行政违法，但司法认定上行为有效，这必将削弱行政监管的效果。因此，为了统一监管效果，金融监管权在司法领域扩张是必然趋势，也是司法部门弱化，服从行政权和监管权的现实体系。

按照穿透式审判的定位，其是作为案件事实发现的手段，以查明当事人真实交易目的和法律关系，并据此认定交易的性质与效力。③ 在该种意义上，搞清穿透式审判中所

---

① 《最高人民法院关于进一步加强金融审判工作的若干意见》（法发〔2017〕22 号）：对以金融创新为名掩盖金融风险、规避金融监管、进行制度套利的金融违规行为，要以其实际构成的法律关系确定其效力和各方的权利义务。对于以金融创新名义非法吸收公众存款或者集资诈骗，构成犯罪的，依法追究刑事责任。上海市高级人民法院：《关于落实金融风险防范工作的实施意见》：审慎处理金融创新产品引发的金融纠纷案件。对不符合金融监管规定和监管精神的金融创新交易模式，或以金融创新为名掩盖金融风险、规避金融监管、进行制度套利的金融违规行为，及时否定其法律效力，并以其实际构成的法律关系确定其效力和各方的权利义务。对于以金融创新名义非法吸收公众存款或者集资诈骗，构成犯罪的，依法移送公安机关处理。

② 参见刘斌：《〈九民纪要〉与私法规制化》，载上海市法学会网 2020 年 3 月 20 日，https://www.sls.org.cn/levelThreePage.html? id = 11582。

③ 参见刘贵祥：《关于人民法院民商事审判若干问题的思考》，载《中国应用法学》2019 年第 5 期。

指的“查明当事人的真实意思”是指法律效果目的还是真实经济目的，将会影响法律关系的性质和效力判断。但当事人的主观状态向来是司法认定的难点，据此判断存在实际操作困难。

《九民纪要》的“关于合同效力”一节明确区分了“效力性强制性规定”和“管理性强制性规定”，并举例加以说明。[①] 二者的区分标准最早源于《关于当前形势下审理民商事合同纠纷案件若干问题的指导意见》（法发〔2009〕40 号），该文确立了“旨在维护国家利益或者社会公共利益”的规定为效力性强制性规定的标准，[②]但在如何确定“国家利益或者社会公共利益”这一问题上造成了司法适用的困难。[③]《九民纪要》并没有改变该原则，只是将其进一步细化，便于司法操作，确立了“保护的法益类型、违法行为的法律后果、交易安全保护”的综合标准。笔者认为其确定的主要区分标准为违法行为的潜在后果是否严重，因为法益类型和交易安全最终也是归属到潜在损害后果的衡量上。在行政规章层面，《九民纪要》也突破了法院不依据效力层级较低的行政规章判定合同效力的传统，认为“该规章的内容涉及金融安全、市场秩序、国家宏观政策等公序良俗的，应当认定合同无效。人民法院在认定规章是否涉及公序良俗时，要在考察规

---

① 《九民纪要》三、关于合同纠纷案件的审理（一）关于合同效力 30.【强制性规定的识别】 合同法施行后，针对一些人民法院动辄以违反法律、行政法规的强制性规定为由认定合同无效，不当扩大无效合同范围的情形，《合同法司法解释（二）》第 14 条将《合同法》第 52 条第 5 项规定的“强制性规定”明确限于“效力性强制性规定”。此后，《最高人民法院关于当前形势下审理民商事合同纠纷案件若干问题的指导意见》进一步提出了“管理性强制性规定”的概念，指出违反管理性强制性规定的，人民法院应当根据具体情形认定合同效力。随着这一概念的提出，审判实践中又出现了另一种倾向，有的人民法院认为凡是行政管理性质的强制性规定都属于“管理性强制性规定”，不影响合同效力。这种望文生义的认定方法，应予纠正。

人民法院在审理合同纠纷案件时，要依据《民法总则》第 153 条第 1 款和《合同法司法解释（二）》第 14 条的规定慎重判断“强制性规定”的性质，特别是要在考量强制性规定所保护的法益类型、违法行为的法律后果以及交易安全保护等因素的基础上认定其性质，并在裁判文书中充分说明理由。下列强制性规定，应当认定为“效力性强制性规定”：强制性规定涉及金融安全、市场秩序、国家宏观政策等公序良俗的；交易标的禁止买卖的，如禁止人体器官、毒品、枪支等买卖；违反特许经营规定的，如场外配资合同；交易方式严重违法的，如违反招投标等竞争性缔约方式订立的合同；交易场所违法的，如在批准的交易场所之外进行期货交易。关于经营范围、交易时间、交易数量等行政管理性质的强制性规定，一般应当认定为“管理性强制性规定”。

② 《最高人民法院关于当前形势下审理民商事合同纠纷案件若干问题的指导意见》（法发〔2009〕40 号）。五、正确适用强制性规定，稳妥认定民商事合同效力。15. 正确理解、识别和适用《合同法》第 52 条第 5 项中的“违反法律、行政法规的强制性规定”，关系到民商事合同的效力维护以及市场交易的安全和稳定。人民法院应当注意根据《合同法解释（二）》第 14 条之规定，注意区分效力性强制规定和管理性强制规定。违反效力性强制规定的，人民法院应当认定合同无效；违反管理性强制规定的，人民法院应当根据具体情形认定其效力。16. 人民法院应当综合法律法规的意旨，权衡相互冲突的权益，诸如权益的种类、交易安全以及其所规制的对象等，综合认定强制性规定的类型。如果强制性规范规制的是合同行为本身即只要该合同行为发生即绝对地损害国家利益或者社会公共利益的，人民法院应当认定合同无效。如果强制性规定规制的是当事人的“市场准入”资格而非某种类型的合同行为，或者规制的是某种合同的履行行为而非某类合同行为，人民法院对于此类合同效力的认定，应当慎重把握，必要时应当征求相关立法部门的意见或者请示上级人民法院。

③ 朱庆育：《〈合同法〉第 52 条第 5 项评注》，载《法学家》2016 年第 3 期。

范对象基础上,兼顾监管强度、交易安全保护以及社会影响等方面进行慎重考量,并在裁判文书中进行充分说理”。[①] 该等条款对法律规避行为的司法认定可能产生影响,如果规避行为规避的是“效力性强制性规定”的法律和行政法规,例如个人、民间非金融机构(如P2P平台或线下资金提供商)或私募类配资公司提供资金给股民炒股的场外配资合同,规避了从事证券融资融券业务所必需的监管限制,[②]属于违反特许经营规定,法院可适用《民法典》第153条“违反法律、行政法规的强制性规定的民事法律行为无效。但是,该强制性规定不导致该民事法律行为无效的除外”否认其效力。如果规避行为规避的行政规章中蕴含重大公共利益,违反公序良俗将成为否定合同效力的理由。虽然《九民纪要》并不等同于司法解释,具有法院作为裁判依据的效力,但是可作为法官裁判说理的依据,对于未来司法裁判的倾向和统一将会产生重大且深远的影响。

上述分析实际体现着,金融监管影响司法效力的两种途径。第一,采用“以合法形式掩盖非法目的”,如将穿透式监管所指的“查明当事人的真实意思”指向当事人所欲达成的规避监管的真实经济目的,而非法律效果目的,即使法律形式合法,行为也将无效。第二,只是将穿透式监管作为事实发现手段,发现金融交易背后可能存在的风险和损害,具体行为的效力将取决于损害的程度。无论采取哪种路径,司法上的合同效力否认将剥夺当事人从该行为中所获得的收益或增加当事人的法律规避成本,从主观上促使法律规避现象减少。但是,如从司法实操难度和法律解释角度,查明当事人的真实经济目的司法操作难度较大,而且需要超出合同文义解释以目的解释探求当事人争议,超越合同解释的阶梯性要求,可能造成司法权的滥用。如从客观损害角度,则司法实操简单容易。更重要的是,穿透式监管的目的是识别可能存在的金融风险,如探究规避监管的真实经济目的,可能脱离该目的,甚至抹杀商事交易存在的创新意义。

(二)《民法典》下法律规避行为的司法裁判理由变化

在原《合同法》第52条合同无效事由的框架下,“以合法形式掩盖非法目的”是司法实践中常用的否定法律规避行为效力的理由。在学理上,诸多学者倾向于将“以合法形式掩盖非法目的”作为法律规避行为司法适用的一般条款。但由于“以合法形式掩盖非法目的”没有明确的立法界定,司法实践混乱不堪,司法适用难度较大,与法律规避行为、通谋虚伪表示、恶意串通相互混淆,难以区分。为了《民法典》的体系性和科学性,现行的《民法典》已经摒弃了“以合法形式掩盖非法目的”规定。因此,需要寻找合理的替代性制度来规制法律规避行为。

---

① 《九民纪要》三、关于合同纠纷案件的审理(一)关于合同效力 31.【违反规章的合同效力】 违反规章一般情况下不影响合同效力,但该规章的内容涉及金融安全、市场秩序、国家宏观政策等公序良俗的,应当认定合同无效。人民法院在认定规章是否涉及公序良俗时,要在考察规范对象基础上,兼顾监管强度、交易安全保护以及社会影响等方面进行慎重考量,并在裁判文书中进行充分说理。

② 参见刘燕:《场外配资纠纷处理的司法进路与突破——兼评深圳中院的〈裁判指引〉》,载《法学》2016年第4期。

现行《民法典》“合同编”并没有规定合同无效的条款，而是将合同无效的规定引申到了“总则编”，即第153条，违背“法律、行政法规的强制性规定”和“公序良俗”的法律行为无效，类似于上文所言《九民纪要》的规定，这两个条款都是从法律行为的后果来判定其效力，不重视当事人交易目的的非法性。与此相反，“以合法形式掩盖非法目的”关注当事人真实经济目的的非法性，比如在上海地王案中，法院关注的重点在于SOHO中国借助上层股权转让的交易结构规避了复星商业的优先购买权。在违背“法律、行政法规的强制性规定”和“公序良俗”之下，司法认定的重点应当在于法律规避行为所造成的法律后果，该法律后果不仅需要衡量损害大小程度，也需要从该交易模式的可能的创新性、节约交易成本等积极价值综合考虑。从比例原则的角度，规避所造成的损害应当与直接违反法律规定达到等量的程度。在具体判定上，可参照上述《九民纪要》，如果规避的是法律、行政法规的效力性强制性规定，比较容易判定。如规避的是行政规章，法官需要慎重考虑，并充分说理，论证该规避行为涉及公共利益损害。

（三）剩余立法权下合理配置司法权和行政权

法律规避行为产生的客观原因在于法律的不完备性，重新制定或修改法律或能压缩避法空间，彻底解决问题。但如果能够通过司法和行政机关对法律不完备前提下剩余立法权的分配达到对法律规避行为的有效治理，何必动用成本高昂、程序繁杂且可能滞后的立法程序。学者的研究普遍忽视了行政执行对于法律规避的治理效果，但准确分析行政程序和司法程序的比较优势和弊端则对于抑制普遍化的规避行为意义重大。

司法程序具有不可避免的局限性，这也是司法本身的特征。首先，司法的被动性特征在一定程度上决定了司法程序对于损害的防治具有事后性，司法对法律规避行为效力的否认也不能完全挽回其已经造成的损害；其次，由于我国法院不受先例判决的约束，即使某种规避法律的交易模式已经被某个法院否定，但是之后的法院完全可以作出相反的判决，这形成了地域之间司法裁判的不一致性，当事人希望规避法律却不受监管的侥幸心理仍然存在，导致司法的预防和恐吓作用削弱；最后，法院的优势在于适用法律，定分止争，保护市场参与者的合法利益，面对市场主体设计的各种复杂的法律规避结构，法院对于市场环境和商业变化的反应速度较慢，难以以商业的眼光衡量该交易的利弊。而行政执法程序则具有主动性，能够开展调查、收集证据和禁止事前的损害性行为，既可以做到事前防范也可以进行事后处罚，而且在立法授权的范围内具有一定的立法权限，对社会经济的变化和法律的漏洞能够及时作出修改和完善。正是基于上述行政程序的比较优势，剩余立法权理论认为对于预期损害程度极大，并且能够通过行政程序将其行为标准化的规避现象，可以通过行政监管加以规制。① 具体而言，当某种法律

① See Katharina Pistor and Xu Chenggang, *Incomplete Law-a Conceptual and Analytical Framework and its Application to the Evolution of Financial Market Regulation*, Journal of International Law and Politics, Vol. 35, No. 4, p.931 - 1013(2003).

规避行为已经成为行业内常用的交易模型，行政机关应当通过广泛市场调研，在科学民主立法原则之下，通过行政立法形式将其加以明确规定，描述其行为特点和危害，在立法权限内设定相应的禁止措施以及违法后果。在实际执法中，统一执法，也能避免地区差异。行政机关对法律规避行为模式及其后果的统一规定，也能为司法机关对相应行为的裁判提供参考。但是，对于新生的法律规避行为，其典型特征和危害尚不明确，只有在具体的司法案件中，法院才能根据其可能产生的预期损害后果判定其效力。

五、小结

以股权转让形式转让土地使用权是一种典型的法律规避行为，但是公私法对该行为的规制现状混乱不堪。最高人民法院秉持合同的文义解释原理，没有穿透性认定该类合同的经济实质，而认定此类合同的法律性质为股权转让合同而非土地使用权转让合同，并不存在“以合法形式掩盖非法目的”“违背法律法规强制性规定”等合同无效事由。刑事司法和税务实践则呈现截然相反的现象，部分刑事司法机关和税务机关以类推解释为方法，突破法律的形式性，注重交易目的的经济实质，对该行为予以征收土地增值税甚至判定该行为有罪。

鉴于上述混乱的法律实践，笔者认为，从成本—收益的法经济学角度分析，允许以股权转让形式转让房地产能够促进未开发的土地资源流入市场，防止土地资源的闲置浪费。《城市房地产管理法》第 39 条的存在不仅起不到防止“炒地皮”的功能，而且部分司法机关不当适用该条判定有罪的行为会对房地产供给起到消极作用。《城市房地产管理法》第 39 条的实施成本大于收益，应该予以及时废止。从税收的角度，以股权转让形式转让土地使用权并未造成国家税收利益的流失，但当事人确实可利用该交易结构规避土地增值税。既要保持反避税的合法性，又要对该行为征收土地增值税，可行的措施是立法赋予税务机关在税收征收中对规避土地增值税的行为行使反避税措施权力，并可由税收机关将土地增值税的反避税措施具体化。

无论是在以股权转让形式转让土地使用权，还是在更为广泛的法律规避中，都需要合理配置剩余立法权项下的司法权和行政权。充分发挥行政权的比较优势，在利益衡量的基础上，运用行政治理的手段来治理预期损害程度极大，并且能够标准化的规避行为。从司法角度，司法要配合行政监管的趋势，尽可能地压缩套利空间，但也要秉持司法规律，坚持文义解释优先原理。从法律规避行为所造成的客观损害后果角度判断行为效力，损害后果不仅需要衡量损害程度大小，也需要从该交易模式的可能的创新性、节约交易成本等积极价值综合考虑。

第七章　股权代持案件司法审判“监管化”和商事外观主义*

引　言

自2017年《关于进一步加强金融审判工作的若干意见》印发以来，以最高人民法院为代表的司法机关在金融商事纠纷案件裁判上，从谨慎干预、有限介入合同效力评价的司法立场，逐渐转向更加积极的干预合同效力的司法立场。在“回应型”的司法政策之下，[①]法院在具体个案中显示出与监管趋同的立场。[②]

最高人民法院2018年审判的两例股权代持案件就体现了这种转向，通过将违反金融监管行政规章与损害社会公共利益相关联，实现个案结果与金融监管“穿透”要求相一致的外观。最高人民法院通过层层推论，将金融监管行政规章解释为与上位的法律法规立法目的一致，内容实质正当和制定程序合法，将违反金融监管行政规章的行为与原《合同法》第52条[③]关于违反公共利益的条款联系起来，从而否定代持协议的效力。

尽管裁判最终依据指向了具体法条，但合法外观之下掩藏不同程度的论证缺失和断裂问题依然明显。最高人民法院对于违反社会公共利益的认定较之下级法院更为严格和狭窄，但相似的裁判思路已经同样体现在下级法院的类案判决之中。[④] 以代持为代表的避法问题的金融审判，已经显示出强监管背景下司法回应穿透式监管的尝试性转向。原则上，金融司法针对合同效力的法律评价与金融监管针对交易行为的认可并不能一概而论，[⑤]而在穿透为主的监管思维引导下，合同效力评价与行政监管的态度逐渐趋于一致，从而可能打破长期以来行政监管与司法效力认定的区分原则和差异实践。

---

* 本章撰稿人：韩乐怡、谭咏卉。

① 如《关于进一步加强金融审判工作的若干意见》（法发〔2017〕22号）强调金融审判与金融监管的衔接，地方层面如《上海市高级人民法院关于落实金融风险防范工作的实施意见》（2018年6月25日）。

② 参见雷继平：《再论司法裁判与监管标准之趋同》，载金杜律师事务所网，https://www.kwm.com/zh/cn/knowledge/insights/re-discussion-on-he-convergence-of-judicial-judgments-20190725。

③ 原《合同法》第52条规定：有下列情形之一的，合同无效：……（四）损害社会公共利益。该款规定现已变更为《民法典》第153条第2款：违背公序良俗的民事法律行为无效。

④ 如（2018）沪74民初585号案例中，上海高院指出本案中，格尔软件公司上市前，龚某代杉浦立身持有股份，以自身名义参与公司上市发行，隐瞒了实际投资人的真实身份，构成了发行人股份隐名代持，违反了证券市场的公共秩序，损害了证券市场的公共利益，故依据原《民法总则》第8条、第143条、第153条第2款和我国原《合同法》第52条第4项的规定认定代持无效。

⑤ 参见周荃：《金融领域中监管与司法的博弈与融合》，载《法律适用（司法案例）》2020年第8期。

根据上海市第二中级人民法院2017年发布的白皮书,股权代持的常见情形包括三类:特定身份主体为规避法律、政策等规定而代持;名为代持实为担保;一般情形的代为投资。本章第一部分以第一种情形的“避法类代持”案件为分析对象,发现在金融监管的穿透思维引导下,以股权代持为典型的避法行为的效力审判存在监管化倾向。本章第一部分主要分析了最高人民法院关于股权代持的典型裁判,然后探究在司法审判与金融监管相协调的背景下是否存在更为妥善的审判思路。本章后半部分对债权人申请执行代持股东权益进行分析。

一、代持效力审判的变迁与问题

(一)代持效力审判的前后转折

股权代持属于典型的变换主体的避法行为,对于这类行为“法院通常不否认挂名者已取得的法律地位,而是审查控制者与挂名者之间约定的合法性”。[①] 和所有合同一样,股权代持协议的效力受制于合同无效的认定规则,于《民法典》生效前的适用规则具体为原《合同法》第52条。对于代持争议,司法解释不否认名义股东的股东资格,而是在审判中根据合同无效规则将问题转换为对代持协议效力的评价。2021年1月1日生效的《民法典》已对原《合同法》的相应条款进行了更新和改造,原合同无效条款目前拆分体现为《民法典》“总则编”第六章“民事法律行为”的不同条款。因本章所讨论的涉及代持效力审判的典型案例发布于《民法典》生效之前,因此下文所述的相关审判案例中仍援引此前适用的原《合同法》规则。为免疑义,以下具体列示了《民法典》生效前后相关条文的规则变化(见表7－1)。[②]

表7－1　《民法典》关于原《合同法》第52条的规则更新

原《合同法》第52条	《民法典》
(一)一方以欺诈、胁迫的手段订立合同,损害国家利益	第一百四十八条　一方以欺诈手段,使对方在违背真实意思的情况下实施的民事法律行为,受欺诈方有权请求人民法院或者仲裁机构予以撤销。 第一百五十条　一方或者第三人以胁迫手段,使对方在违背真实意思的情况下实施的民事法律行为,受胁迫方有权请求人民法院或者仲裁机构予以撤销
(二)恶意串通,损害国家、集体或者第三人利益	第一百五十四条　行为人与相对人恶意串通,损害他人合法权益的民事法律行为无效
(三)以合法形式掩盖非法目的	第一百四十六条　行为人与相对人以虚假的意思表示实施的民事法律行为无效。 以虚假的意思表示隐藏的民事法律行为的效力,依照有关法律规定处理

① 王军:《法律规避行为及其裁判方法》,载《中外法学》2015年第3期。

② 《民法典》对原《合同法》第52条进行了部分继受和改造,对相应条文的对应关系可能存在不同理解,本处列示的条文对比仅供参考。

续表

原《合同法》第52条	《民法典》
(四)损害社会公共利益	第一百五十三条第二款　违背公序良俗的民事法律行为无效
(五)违反法律、行政法规的强制性规定	第一百五十三条第一款　违反法律、行政法规的强制性规定的民事法律行为无效。但是,该强制性规定不导致该民事法律行为无效的除外

根据威科先行检索统计,现有规范中关于代持的限制规定主要存在于金融监管部门发布的部门规章之中(见表7-2),此外在《评估机构内部治理指引》①《会计师事务所内部治理指南》②等行业规定中也明确禁止股东代持,但目前尚未有根据此类行业规定判决无效的案例。避法类代持协议的规避对象尤其以金融监管规定为主,而实践中主要执行的规定的效力层级大部分属于部门规章、规范性文件。

表7-2　现有股权代持的限制性监管规定

序号	名称	具体规定
1	《首次公开发行股票并上市管理办法》	发行人的股权清晰,控股股东和受控股股东、实际控制人支配的股东持有的发行人股份不存在重大权属纠纷
	《非上市公众公司监督管理办法》	公司、承销机构及相关人员不得以代持、信托持股等方式谋取不正当利益或向其他相关利益主体输送利益
2	《保险公司股权管理办法》	保险公司股东不得利用股权质押形式,代持保险公司股权、违规关联持股以及变相转移股权
3	《证券投资基金管理公司管理办法》	股东与受让方应当就转让期间的有关事宜明确约定,确保不损害基金管理公司和基金份额持有人的合法权益,股东及受让方不得通过股权代持、股权托管、信托合同、秘密协议等形式处分其股权。 基金管理公司的股东不得为其他机构或者个人代持基金管理公司的股权,不得委托其他机构或者个人代持股权。基金管理公司的股东及其实际控制人不得以任何形式占有或者转移基金管理公司资产

① 《评估机构内部治理指引》第14条规定:"评估机构股东不得为他人代为持有股权,也不得委托他人持有自己的股权。"

② 《会计师事务所内部治理指南》第21条规定:"股东应当直接持有事务所的股权,不得为他人代为持有股权,也不得委托他人持有自己的股权。"

续表

序号	名称	具体规定
4	《关于外国投资者并购境内企业的规定》	并购当事人应对并购各方是否存在关联关系进行说明，如果有两方属于同一个实际控制人，则当事人应向审批机关披露其实际控制人，并就并购目的和评估结果是否符合市场公允价值进行解释。当事人不得以信托、代持或其他方式规避前述要求
5	《商务部实施外国投资者并购境内企业安全审查制度的规定》	对于外国投资者并购境内企业，应从交易的实质内容和实际影响来判断并购交易是否属于并购安全审查的范围；外国投资者不得以任何方式实质规避并购安全审查，包括但不限于代持、信托、多层次再投资、租赁、贷款、协议控制、境外交易等方式

针对新型金融工具、融资模式、金融科技等问题，出于应急需求而发布监管文件，上述规则很难在短期内上升为行政规章，具备稳定性，从而无法为原《合同法》第 52 条第 5 项的“违反法律、行政法规的强制性规定”所援引，但现实情况是大量合同违反的正是此类文件。[①] 从审判实践来看，“以合法形式掩盖非法目的”的审判思路已经为法院所放弃。[②] 有学者指出，“司法实务多将第 52 条第(三)项‘以合法形式掩盖非法目的’的认定重心放在了‘非法目的’的界定上，要么违反了强制性规定，要么违反了社会公共利益”，适用该条裁判会增加裁决的不确定性和司法适用的不统一，且最终仍需要借助“社会公共利益”“违反法律、行政法规的强制性规定”“虚假表示”等效力规范，因此该条的适用更像是一种手段方式，而非认定合同无效的实质依据。[③] 值得注意的是，现行适用的《民法典》中已“弃用”了“以合法形式掩盖非法目的”作为合同无效的表现形式。有观点指出，这可能是由于该条款在法律规范逻辑结构上的缺陷，在实际适用时与其他条款存在交叉竞合关系。目前，《民法典》对“以合法形式掩盖非法目的”条款的继受可以拆分为两部分：一是分解为第 146 条关于“通谋虚伪”的无效规则；二是分解为第 153 条“违法行为”无效规则以及第 154 条“危害行为”无效规则。[④]

总结目前最高人民法院关于股权代持效力的典型案例，可以发现对于违反部门规章类金融监管规定的避法类代持协议，为避免金融监管规则直接成为司法裁判的依据，

---

① 参见朱慈蕴：《规避法律的股权代持合同应以不鼓励为原则》，载《法律适用(司法案例)》2018 年第 22 期。

② 笔者以“以合法形式掩盖非法目的”及“股权代持”为关键词在“无讼案例”进行检索，结果显示关于确认合同效力的案件中，无一例以该条判决合同无效。

③ 参见李建伟：《行政规章影响商事合同效力的司法进路》，载《法学》2019 年第 9 期。

④ 参见《〈民法典〉对〈合同法〉第 52 条合同无效规则的继受改造》，载微信公众号“民商实务讨论”2021 年 2 月 25 日，https://mp.weixin.qq.com/s/XNCcuPOXEp7mpkuyWQKNLA。

最高人民法院对代持无效的说理主要基于“损害社会公共利益”这一弹性概念展开，这一条款的适用也为股权代持无效提供了一条普适路径。

根据检索，截至2020年，最高人民法院对于代持协议效力认定的案例共6个，如表7－3所示。

表7－3 最高人民法院关于股权代持协议效力认定的案例

案例	类型	判决	涉及文件及具体规定	判决结果
（2002）民四终字第30号	代持银行股权	无效	《境外金融机构投资入股中资金融机构管理办法》［失效］ 第四条 境外金融机构投资入股中资金融机构，应当经中国银行业监督管理委员会批准	案涉代持行为违反了内地金融管理制度的强制性规定，协议双方正是为了规避法律规定，采取“委托投资”的方式使得某金融服务公司的投资行为表面上合法化，双方的行为属于“以合法形式掩盖非法目的”，相应代持协议应认定为无效
（2013）民申字第758号	代持上市公司5%以上的股权	有效	《证券法》等规定持股5%以上股东的股权发生较大变化的应当披露	最高人民法院确认了代持关系对内对外具有不同法律效力的“区别对待”原则，代持已上市公司5%以上的股权，相应代持协议对内有效，对外不产生股权权属变动的效果
（2015）民申字第136号	代持保险公司股权	有效	《保险公司股权管理办法》（2010年） 第二条 本办法所称保险公司，是指经中国保险监督管理委员会（以下简称中国保监会）批准设立，并依法登记注册的外资股东出资或者持股比例占公司注册资本不足25%的保险公司	最高人民法院指出相关部门规章只是对外资持股比例进行了限制性规定，超出比例的应适用外资保险公司管理规定，并未禁止境外企业持有境内保险公司股权，本案不属于“以合法形式掩盖非法目的”。在此基础上，最高人民法院区分了对内委托投资关系和对外股权归属关系，认为保监会的上述限制性规定不影响委托投资协议的效力，但委托人不能依据协议主张股权权属，受托人以自己名义投资股权并经保监会批准，应认定股权归受托人所有

续表

案例	类型	判决	涉及文件及具体规定	判决结果
(2017)最高法民终529号	代持保险公司股权	无效	《保险公司股权管理办法》(2010年) 第四条　保险公司单个股东(包括关联方)出资或者持股比例不得超过保险公司注册资本的20%	《保险公司股权管理办法》虽为部门规章,但从其规范目的、内容实质,以及实践中允许代持保险公司股权可能出现的危害后果进行综合分析,违反该规定将会“损害社会公众利益”,依据原《合同法》第52条第4项,相应代持协议应认定为无效
(2017)最高法民申2454号	代持上市公司股权	无效	《上市公司信息披露管理办法》 第三条　发行人、上市公司的董事、监事、高级管理人员应当忠实、勤勉地履行职责,保证披露信息的真实、准确、完整、及时、公平。 《首次公开发行股票并上市管理办法》 第十三条　发行人的股权清晰,控股股东和受控股股东、实际控制人支配的股东持有的发行人股份不存在重大权属纠纷	案涉代持协议实际隐瞒了拟上市公司的真实股东或投资人身份,违反了发行人如实披露义务,为《证券法》《首次公开发行股票并上市管理办法》等证券监管规定所明令禁止,将损害资本市场基本交易秩序,损害金融安全与社会稳定,从而会“损害社会公共利益”,依据原《合同法》第52条第4项,应认定代持协议无效
(2017)民申5055号	代持上市公司股权	有效	《公司法》 《证券法》	案涉股权虽然在限售期内,但该股权转让及代持行为,既不会引起上市公司股权关系的变化,也不会免除陈某作为上市公司股东所应承担的责任,并不违反相关法律法规的强制性规定,应认定为有效

以保险公司股权代持为代表的(2015)民申字第136号和(2017)最高法民终529号两个案件直接呈现了相反的判决结果,同样为规避保险公司股权比例的限制规定,在后一案件中,通过借道“损害社会公共利益”,最高人民法院认定上市公司股权

代持无效。[①] 一般而言，在合同效力认定上，由于司法裁判规则的独立性，采取远高于监管合规的标准，法院判定合同无效时，一般不需要将效力层级较低的行政规章纳入考量因素，由此形成虽然监管违规但基本民事权益仍能得到司法保护的现状。在最高人民法院自(2017)最高法民终529号案例为分界线，自2018年审判的两例认定代持无效的案件中，最高人民法院在说理部分均用大量篇幅论证了相关监管办法的法律性质和特殊属性。从上述审判变迁来看，很难说司法裁判对于代持的审判转折未受到监管层面的影响，出现了“先以监管政策定性，后以法律规则评价”的趋势。[②]

以下以该两个案例为观察对象，可以发现其中与金融监管趋同的认定思路。

（二）天策案与杨某国案的审判分析

1. 判决概要

最高人民法院在2018年3月几乎是同一时间作出“福建伟杰投资有限公司、福建天策实业有限公司营业信托纠纷案”（以下简称天策案）和“杨某国、林某坤股权转让纠纷案”（以下简称杨某国案）两个判决。这也是目前最高人民法院审判股权代持案件中最新且唯一的两例以“损害社会公共利益”为依据认定代持协议无效的案件。

在天策案中，福建天策实业有限公司原持有正德人寿保险公司20%的股份，为规避当时有效的《保险公司股权管理办法》（2010年）对于保险公司单个股东持股比例不得超过20%的规定，于2011年以信托方式委托某福建伟杰投资有限公司代持部分股权。最高人民法院判决指出，《保险公司股权管理办法》虽为部门规章，但从其规范目的、内容实质，以及实践中允许代持保险公司股权可能出现的危害后果进行综合分析，违反该规定将会“损害社会公众利益”，依据原《合同法》第52条第4项，认定相应代持协议无效。

在杨某国案中，杨某国与林某坤在亚玛顿公司上市前签署代持协议，约定林某坤代杨某国持有亚玛顿公司1%的股权，在亚玛顿公司上市后，该股权继续由林某坤代持。后杨某国起诉要求确认股权，并办理变更登记手续。二审法院认为代持协议有效，支持了杨某国关于确权的诉讼请求。杨某国对二审法院确认的1%股权对应的股票数量有异议，因而提起再审。最高人民法院认为，案涉代持协议实际隐瞒了拟上市公司的真实股东或投资人身份，违反了发行人如实披露义务，为《证券法》《首次公开发行股票并上市管理办法》等证券监管规定所明令禁止，将损害资本市场基本交易秩序，损害金融安全与社会稳定，从而会“损害社会公共利益”，依据原《合同法》第52条第4项，应认定代持协议无效。

---

① 两案都是被告名义上持有保险公司股份，与“实际持有人”之间以信托协议或者委托投资协议为依据，136号案件是意图规避外资股东持股比例的限制，529号案件可能意图规避单一股东持股比例20%的限制。136号案件是委托人尚未持有股份希望通过他人代为投资而持有，529号案件是委托人已实际持有或可实际获得但希望委托受托人以受托人名义持有。

② 参见万子芊：《对资管新规关于通道业务相关规定的理解与思考》，载《金融法苑》2018年第2期。

两案均涉及规避监管规定的代持协议效力认定问题,最高人民法院均通过递进论证的类推方式,意图形成这样的金融商事交易合同效力的司法审查逻辑:首先,论证系争协议均明确违反了部门规章的规定,同时该等部门规章均有法律授权且与立法利益相吻合;第二步则是论证违反该等部门规章一定程度上视为违反法律、行政法规,而该点则是将部门规章引入裁判的关键,相对来看,杨某国案中的表达较为含蓄,"违反公司上市系列监管规定,而这些规定有些属于法律明确应于遵循之规定,有些虽属于部门规章性质,但因经法律授权且与法律并不冲突,并属于证券行业监管基本要求与业内共识";天策案则是直接指出,违反部门规章在一定程度上具有与直接违反《保险法》等法律、行政法规一样的法律后果。

在这两个案例中,法院均直接或间接地提及了部门规章均有法律授权且与立法利益相吻合,违反该等部门规章在一定程度上视为违反法律、行政法规。但最终最高人民法院均直接引用了原《合同法》第 52 条第 4 项的规定即"损害社会公共利益"而非第 5 项"违反法律、行政法规的强制性规定"判定合同无效。

2. 潜在问题

尽管司法审判与金融监管要求通过上述解释路径达成了一致的外观,但是公共利益的说理存在诸多问题。以天策案为例,法院花费大量篇幅分析《保险公司股权管理办法》禁止保险公司股权代持行为条款的效力,但论证《保险公司股权管理办法》的规定合法有效并不能作为得出合同无效这一结论的前提。一个值得思考的问题是,撇开《保险公司股权管理办法》关于代持的规定,是否可以直接通过"损害社会公共利益的合同无效——保险公司股权代持损害社会公共利益——保险公司股权代持合同无效"得出同样的结论?沿着这样的思路,应该理解判决中对于《保险公司股权管理办法》的论述是最高人民法院对社会公共利益在保险公司股权代持领域具体化表现的说明与解释。

纯粹以损害社会公共利益的标准看,若须据此判定该股权代持合同无效,则至少存在一种利益衡量——该案中保险公司股权代持损害的公共利益高于双方的自由合意。但细观该案关于公共利益的论证,主要是两点理由。第一,隐名持股会使真正投资人游离于监管之外,从而"势必加大保险公司的经营风险";第二,保险行业涉及众多不特定被保险人的切身利益,潜在经营风险可能危及金融秩序和社会稳定,进而损害社会公共利益。这一论述的两点理由显然存在颇多质疑之处:首先经营风险是保险公司作为商业主体的一种常规风险,其次案涉公司并非上市公司,因此论证其损害证券市场金融秩序似乎过于牵强。从该案与社会公共利益的关联性上看,股权代持问题与"众多保险法律关系主体在内的社会公共利益"仅有间接关联——保险公司即使产生股权纠纷,与保险公司经营过程中的保险法律关系无论是从行为还是风险角度分析均无直接关联。

反观在杨某国案中,由于当事人代持的是上市公司股权,审判中将"信息披露"与"公共利益"嫁接起来认定合同无效。与天策案不同的是,基于上市公司的特殊性,信息披露本身与不特定参与者的利益存在相对更强的关联。[①] 但依照杨某国案的观点，违反信息披露会导致一系列其他监管举措落空，因此必然损害社会公共利益，这种“无差别化”思路更类似监管思路而非司法审判的个案认定思路。

杨某国案的审判完全逆转了此前司法实践的观点。比如湖南省高级人民法院判决中指出，[②]从法理上讲公司法和其他法律、法规并未明文规定禁止上市公司不得股份代持，更未宣告此类代持协议无效，故参照了《公司法司法解释三》第25条第1款关于有限责任公司代持问题司法解释的精神，认定上市股份代持协议有效。北京市第一中级人民法院也曾在判决中指出，[③]虽然有限责任公司与股份有限公司存在差异，但在股权归属的判断标准上是一致的，因此前述司法解释也同样适用于涉及上市公司股权代持。

二、代持案件司法审判的监管化倾向

(一)穿透式监管简述

穿透式监管最早出现于2016年3月。时任中国人民银行副行长潘功胜在互金协会成立会议上首次提出这一新概念，强调“穿透式监管就是透过互联网金融产品的表面形态看清业务实质，将资金来源、中间环节与最终投向穿透连接起来，按照‘实质重于形式’的原则甄别业务性质，根据业务功能和法律属性明确监管规则”。[④] 从2017年年初中国人民银行的宏观审慎评估考核系统到银保监会、证监会陆续出台的监管文件，穿透式监管逐渐延伸到金融市场的全行业。其中，主体审查无疑是穿透监管中的重要环节，强调穿透金融机构的股权结构，目的在于识别金融机构的实际控制人和关联方，防止不符合监管要求的主体违法违规进入金融业。金融机构的股权穿透式监管作为有效的监管措施，能够有效预防不合规的主体违规进入金融业，帮助金融机构建立更完善的公司治理机制，有效识别金融机构的潜在风险。[⑤] 作为以往规避主体资格限制的主要路径，对代持的限制也普遍出现在各行业的监管文件中。

从2018年的案例可见，穿透监管思维影响代持案件审判主要在两个层面进行：首先在行为审查上贯穿穿透监管“实质重于形式”核心理念，审查合同真实目的，识别违法违规交易和真实权利人；其次是在效力评价上，借助关于公共利益的无效条款达成与监管态度的趋同，具体是将违反金融监管部门规章的金融交易解释为违反社会公共利益，借助于公序良俗的基本原则，否定其合同效力。

(二)代持审判中的监管化倾向

在强监管背景下的代持案件中，法官面临着商法外观主义与真实合同目的探究二

---

① 参见徐佳咏：《上市公司股权代持及其纠纷之处理》，载《中国政法大学学报》2019年第3期。

② 参见湖南省高级人民法院民事判决书，(2017)湘民终104号。

③ 参见北京市第一中级人民法院民事判决书，(2014)一中民初字第1076号。

④ 《对互联网金融产品实施“穿透式”监管》，载新浪网财经频道，http://finance.sina.com.cn/roll/2016-03-25/doc-ifxqsxic3206963.shtml。

⑤ 参见叶林、吴晔：《金融市场的“穿透式监管”纲论》，载《法学》2017年第12期。

者之间的抉择。在穿透监管理念的影响下,司法审判逐渐向实质审查转化。[①] 但是,对于如何在审判中进行实质审查并没有统一的指引。早在2017年8月,最高人民法院就印发了《关于进一步加强金融审判工作的若干意见》,第二点提出“以金融创新为名掩盖金融风险、规避金融监管、进行制度套利的金融违规行为,要以其实际构成的法律关系确定其效力和各方的权利义务”。如对互联网金融纠纷案件,文件提出要“依法认定互联网金融所涉具体法律关系,据此确定各方当事人的权利义务”;针对新类型担保,“除符合合同法第五十二条规定的合同无效情形外,应当依法认定新类型担保合同有效,符合物权法有关担保物权的规定的,还应当依法认定其物权效力”。该文件虽未明确提及“穿透式审判”,但本质就是要求法官在审判时关注交易结构背后的真实目的,穿透当事人意思表示的表象,寻求交易真意,依法对违法违规交易行为给予否定评价。

到2019年《九民纪要》中正式出现了“穿透式审判”的概念,“引言”部分指出“民商事审判工作要树立正确的审判理念……注意处理好民商事审判与行政监管的关系,通过穿透式审判思维,查明当事人的真实意思,探求真实法律关系”。同时,最高人民法院审判委员会专职委员刘贵祥大法官在此次会议的讲话中谈到,“要树立穿透式审判思维,在准确揭示交易模式的基础上,探究当事人真实交易目的,根据真实的权利义务关系认定交易的性质与效力……”[②]“穿透式审判”几乎是伴随穿透监管的盛行应运而生,但一直以来,对于如何穿透、穿透的范围、穿透的原则、穿透方法等穿透性技术问题并没有统一说明,这也导致了实践中“穿透式审判”与“穿透式监管”的趋同处理。

按穿透监管的要求,不论股东有无不当行为,都事前性地排除股东的进入和作为,监管文件中限制代持的各类规定就是典型的对股东准入资格的排除。以天策案和杨某金案为代表的代持审判反映了这种监管层面的操作方式:以相应的规则为基准(尽管此间通过行使解释权避开了监管规则的直接适用),以主体穿透的视角发现主体“违规”后,就进行否定处理。唯一的区别在于,审判中需要进一步通过损害公共利益这一效力审查的通用进路作出无效认定。由于损害社会公共利益条款的范围过于宽泛,该条款的适用要求法院结合具体案情判断是否直接造成公共利益损害。如最高人民法院2009年《关于当前形势下审理民商事合同纠纷案件若干问题的指导意见》就曾指出,如果强制性规定规制市场准入资格,对于此类合同效力的认定应当慎重把握。具体来看,法院在效力审查上直接套用了监管的“一刀切”认定,基本脱离了个案的情景和利益衡量,将代持主体的行为上升到“否认性”普适层面。

以天策案为例,从监管角度看,保险公司资本端一旦发生风险事件,将直接影响公司的治理能力和偿付能力。资本端的穿透式监管侧重于对股东的穿透,因此银保监会

---

① 参见申鸣阳:《强监管背景下的金融司法》,载《北方金融》2019年第12期。

② 刘贵祥:《在全国法院民商事审判工作会议上的讲话》,载搜狐网2019年7月11日,https://www.sohu.com/a/327067059_355187。

对股东持股比例进行了明确规定,不允许出现影响治理有效性的违规代持行为。为有效遏制违规行为,监管往往采取"一刀切"的形式划定红线门槛,而非针对每一例违规行为作股东实质偿付能力的审查和认定。事实上该案中的天策公司本身已是保险公司股东,具备作为保险公司股东的准入资格。有学者指出,"该协议所违反的仅是关于保险公司不得委托持股的规章规定,而不存在无法履行合同或者无法担保保险公司债务的情形,因此不会对社会公共利益产生实质的不利影响,自然不应当否定其效力"。[①]天策公司违反保险公司的股权比例限制问题并非绝对产生对公共利益的不利影响,需要仔细考察相关股东的偿付能力和保险公司的实际经营状况才可得出结论,但显然这会使审判成本大大增加。撇开案情,两个案件中关于经营风险和信息披露的说理部分几乎可以普遍适用于任何一例保险公司或上市公司的代持案件中,不得不令人质疑这种普适裁判的合理性。从这一角度上说,法院借用监管的认定方式得出损害公共利益的结论是一种高效、低成本的裁判方式。

三、代持协议无效审判的替代性路径

(一)监管协调与司法独立的矛盾

金融商事法律关系中存在多种利益冲突,最高人民法院近年来一直强调监管与司法的联动审判理念。在上述两个案例中,最高人民法院展示了这种审判倾向,但配合监管与多年倡导的司法裁判独立性、稳定性又存在矛盾。避法型代持审判面临的困境就在于,一方面,司法审判有与监管协调一致的现实需求;另一方面,目前法院在代持案件的审判路径上仅能通过公共利益条款的适用以进行效力否定,停留于监管规则的审查而缺乏对个案的逐一事实审查,无以体现私法价值。

行政监管与司法审判本就分属不同职能,发挥不同作用。监管规定着眼于事前规范交易行为,灵活性和时效性比较强,能够弥补法律规范的滞后性,在利益倾向上偏重于社会公共利益;而私法审判以契约为依据,目的在于解决事后的个案纠纷,在利益倾向上应偏重于私法效率、合同正义等,而非为了管制目的强行排斥商事主体的理性选择。适用公共利益条款的过程体现私法利益衡量的结果,但由于这一概念本身的模糊性和金融风险判断的难度,[②]实际可操作性较弱,法院在效力判断的说理部分应体现公共利益衡量的价值判断,但基于上述原因也难以实现。公共利益条款在《民法典》中具体体现为第153条第2款"违背公序良俗的民事法律行为无效"的规定,紧跟前款关于违反强制性规定的无效事由。这一立法的变化进一步体现了公共利益条款的"兜底"性。《民法典》施行后,司法实践或将继续以此作为合同无效的兜底事由,适用相同的裁判逻辑对合同效力认定。

---

① 邓刚、吴英霞:《穿透式监管如何嵌入合同治理》,载《安徽大学学报(哲学社会科学版)》2019年第3期。

② 参见郑永流:《中国公法中公共利益条款的文本描述和解释》,载《浙江社会科学》2013年第10期。

司法审判中过度的监管化倾向必然使私法自治的利益失衡，“司法必须保持合理的、足够的独立性……不应跟随某个特殊时期的金融政策而轻易变动”。[①] 完全无视监管取向则会让监管目的落空，法院一方面要尊重金融监管的判断，另一方面要注意维护司法的独立性、稳定性。[②] 商事合同的效力审判应当更多坚持私法自治中的利益，保护意思自治、契约自由和信赖利益，谨慎介入商事自治领域。[③] 分权而治，保持监管与审判的相对独立，对实现公共利益和私法利益是最好的处理方式。[④]

从目前的裁判来看，协调监管的审判路径并不仅仅限于无效处理，从契约的可履行性角度看，不论股权代持本身是否具有合理性，或为迎合监管目的，或的确有损公共利益，均可以通过效力与可履行性二分平衡监管维护市场安全的需求。江苏省高级人民法院在“上海保培投资有限公司与雨润控股集团有限公司与公司有关的纠纷案”（以下简称保培案）中就提供了这样的处理方式。

（二）保培案概要

与天策案类似，保培案中同样涉及保险公司股权代持协议的效力认定问题。保培公司与雨润公司签订股权代持协议，约定保培公司委托雨润公司作为自己对利安人寿保险股份有限公司原始股 1.41 亿股出资的名义持有人，由雨润公司代为行使相关股东权利，保培公司有权要求将股权转移至保培投资名下，雨润集团应无条件同意和承受。后保培公司诉至法院要求确认雨润公司代持利安人寿的 1.41 亿股权，归保培公司所有，并要求雨润公司配合办理工商变更登记手续。《保险公司股权管理办法》第 8 条规定“任何单位或者个人不得委托他人或者接受他人委托持有保险公司的股权，中国保监会另有规定的除外”。一审法院在保培案中论证股权代持协议无效的逻辑进路与最高人民法院在天策案的逻辑进路几乎是一致的，但在完成违反金融监管规章等于或约等于违反金融监管法律、行政法规的推论后，最终指向用以否定股权代持协议的法律依据是原《合同法》第 52 条第 5 项“法律、行政法规的强制性规定”。

作为保培案的二审法院，江苏省高级人民法院对案涉股权代持协议的认定，采取了与一审法院不同的处理方式。二审法院认为关于保险公司股权代持的规定仅限于《保险公司股权管理办法》第 8 条有关禁止股权代持的规范性要求。从法律属性来说，该管理办法属于部门规章的范畴，同时也不属于《立法法》规定的“授权立法”范畴。从法律后果来说，违反该管理办法第 8 条，中国保监会可以依规进行处罚，但不属于原《合同法》第 52 条第 5 项“违反法律、行政法规的强制性规定”的情形。二审法院指出，《保险

---

① 叶林：《股权代持纠纷裁判的司法立场》，载《法律适用》2018 年第 22 期。

② 参见关丽：《强监管背景下的金融商事审判》，载知识法网 2018 年 10 月 18 日，http://www.chinaiprlaw.cn/index.php? id=5380。

③ 参见赵万一：《商法的独立性与商事审判的独立化》，载《法律科学（西北政法大学学报）》2012 年第 1 期。

④ 参见沈心怡：《资管新规第一案评析：规避监管型通道业务中的合同效力认定》，载微信公众号“北京大学金融法研究中心”2019 年 5 月 27 日，https://mp.weixin.qq.com/s/4rTw6K_FcpLW8o4NM2zBFA。

法》《保险公司股权管理办法》对保险公司持股5%以上股东有较严格的要求，但该案争议的股权并未达到5%以上的比例，所以也不符合损害社会公共利益的情形。因此，依法认定股权代持协议有效。

法院特别指出，合同有效与合同履行是两个层面的问题，合同有效不代表一定可以履行，因此在肯定了股权代持协议效力的基础上，结合原《合同法》第110条等规定，进一步论证了股权代持协议不能履行的理由。一方面，案涉股权代持协议违反了《保险公司股权管理办法》禁止股权代持的规定，虽不致代持协议无效，但违反此管理性部门规章的行为，在实践中不会被监管部门认可，保培公司要求办理股权转让手续存在法律上履行不能的情形。另一方面，即使监管部门认可股权代持协议的内容，还有利安公司的公司章程对此进行约束。利安公司的章程规定股权转让须全体股东过半数同意，且同意转让的股东具有优先购买权，雨润公司的股权转让行为不符合利安公司章程规定，存在不能履行的情形。因此，保培公司要求股权变更的诉请不能得到支持。

（三）区分效力与履行

江苏高级人民法院在保培案中的司法见解，实际上代表了司法对股权代持等金融商事交易行为效力判别和处理的另一种方案。在认定保险公司股权代持协议的效力方面，司法者的立场更多是传统的"法条主义"的，即严格遵循立法精神和文义，以违反法律和行政法规的强制性规定，作为认定合同无效的刚性制度条件。法院一方面肯定了保险公司股权代持协议的有效性，认为违反作为金融监管行政规章的《保险公司股权管理办法》，并不属于导致合同无效的情形。另一方面，通过论证股权代持协议违反监管规定，属于法律上履行不能的情形，以及案涉股权转让协议违反保险公司章程规定，进一步说明了合同有效不代表一定可以履行的司法立场，对保培公司要求实际履行协议的诉请不予支持。

法院延续了司法谨慎干预市场主体意思自治，以及合理区隔金融司法权和金融监管权职能分工的立场。从法律逻辑来看，认定股权代持协议有效，属于金融司法针对金融商事交易行为效力的法律评价；对违反禁止股权代持的监管规定进行行政处罚，属于金融监管针对金融商事违法行为的行政监管范畴。认定协议有效，本身并不会产生架空金融行政监管的后果。认定协议有效，是尊重市场主体意思自治，严格按照法律逻辑进行法律评价的必然结果。金融商事交易行为在民商法意义上的有效，并不会产生冲击金融行政监管，损害社会公共利益的后果。协议有效与协议履行，还需要监管部门的批准，还需要受到公司章程的制约。也正是因为确认了股权代持的有效性，保监会最后作出了撤销原来准许持股、变更注册资本等行政许可，并要求利安人寿完成变更手续，[①]由此

---

①　参见保监许可〔2018〕35号《撤销行政许可决定书》，撤销2015年12月23日作出的《关于利安人寿保险股份公司变更注册资本的批复》（保监许可〔2015〕1260号）中雨润控股集团有限公司增资入股利安人寿的许可。

在效力和效果中均实现了利益平衡，没有使得名义股东因代持无效反而获利。

四、债权人申请执行股东代持股权：以最高人民法院“王某岐案”等十四篇判决书为实证

债权人申请执行股东代持股权问题是一个由来已久的问题。实践中，显名股东的债权人申请强制执行登记的股权，而隐名股东作为实际权利人通常提起执行异议之诉，以自己是实际权利人为由主张异议。在处理案件时，是适用商事外观主义原则，优先保护债权人；还是类推适用民法的规定，优先保护隐名股东的权益？理论和实务届众说纷纭，也产生同案不同判的现象。

结合最高人民法院近年来对相关案件的裁判，本节分析不同的审理模式背后的原因，并从制度本身出发，阐明背后的裁判规则，最终为平衡债权人和隐名股东的利益提出相关建议。

（一）案例对比分析

1. 案例选择方法及综述

为厘清“债权人申请执行股东代持股权”这一问题的裁判思路，通过“北大法宝”这一检索工具，选定案由为“执行异议之诉”，选定法院为“最高人民法院”，选定关键词为“隐名股东”和“代持”，两次分别得到案件 15 个及 24 个。阅读筛选无关案例后，穷尽相关案例共 14 个，作为进行参考的案例。

2. 判决时间

通过对案例的判决时间进行筛查，可以看出虽然这一问题于 2016 年首次进入最高人民法院的视野，但随着时间的推移，最高人民法院审理相关争议案件的数量在不断增多（如图 7－1 所示）。①

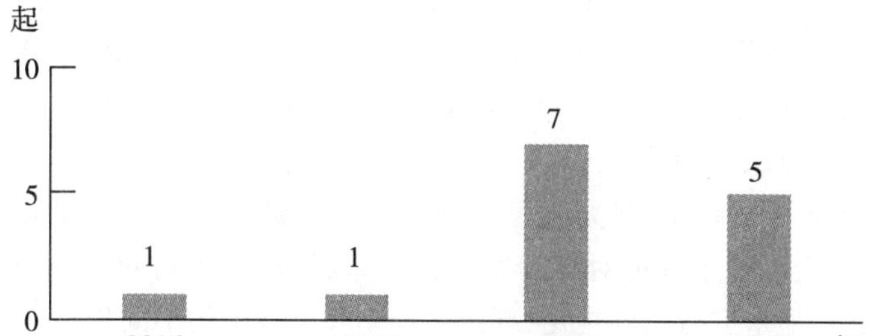

图 7－1　判决时间

3. 案件结论的对比

在法院息诉判决中，认定的结论共有三种。第一种认为，股权代持协议属于内部约

① 关于为何执行异议之诉从 2016 年开始首次进入最高人民法院，可能由于执行异议之诉的数量自 2015 年从几乎为零到开始井喷有关，参考 http://lawv3. wkinfo. com. cn/topic/61000000886/index. HTML。

定，根据商事外观主义原则，只要第三人的信赖合理，都需要保护（全部债权人胜诉）。[①] 第二种认为，基于对民法和公司法的体系解释理解，“第三人”应当被限缩为“基于对登记外观信任而作出交易决定的第三人”（交易债权人胜诉）。[②] 第三种认为，显名股东只有登记外观，有股东之名而无股东之实，因而不得对抗作为隐名股东的实际权利人（隐名股东胜诉）。[③]

在最高人民法院的裁判结果中，共有 13 起案件支持债权人胜诉，仅 1 起案件，即“易某萍案”中，隐名股东的主张得到支持（如图 7－2 所示）。[④]

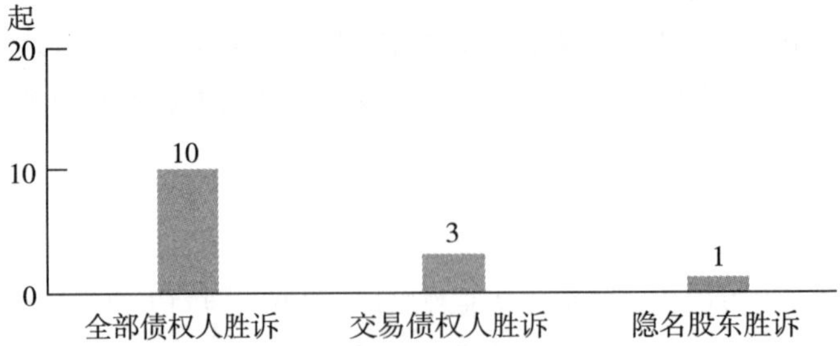

图 7－2 案件结论对比

“易某萍案”具有特殊性。该案中，易某萍与太红洲公司的债权债务关系发生于萍乡农商行成立之前，太红洲公司所持有的萍乡农商行的股份尚未对外公示，并不存在易某萍对太红洲公司所持股权的信赖问题。而在通常案情中，隐名股东与显名股东完成股权代持安排后，第三人与显名股东进行交易，若显名股东怠于履行义务，而第三人申请强制执行显名股东名下的代持股权时，会信任登记的股权为显名股东所有。

排除“易某萍案”后，可以得到的初步结论是，最高人民法院支持第三人的权利应当优先于隐名股东的权利受到保护。但是，对于第三人范畴的认定，即第三人是否仅限于与隐名股东进行股权交易的第三人，最高人民法院的意见仍不统一。

（二）审判中的认定标准

对于债权人范畴的认定，最高人民法院的内部意见也存在不同的认定标准。《公司法》第 32 条规定了股东登记对抗的制度，即“未经登记，不得对抗第三人”。但是对于第三人的范畴，却未进行明确规定，导致了理论和实践中的不同理解。

---

① 参见肖建国：《执行标的的实体权属的判断标准》，载《政法论坛》2010 年第 3 期；司伟：《有限责任公司实际出资人执行异议之诉的裁判理念》，载《人民法院报》2018 年 8 月 22 日，第 7 版。

② 参见张勇健：《商事审判中适用外观主义原则的范围探讨》，载《法律适用》2011 年第 8 期。

③ 参见易某萍、萍乡市富新节能服务有限公司案外人执行异议之诉再审案，（2018）最高法民申 3511 号。

④ 参见易某萍、萍乡市富新节能服务有限公司案外人执行异议之诉再审案，（2018）最高法民申 3511 号。

1. 关于《公司法》第 32 条的“第三人”的认定问题

“王某岐案”中，王某岐与詹某才所签订的《委托持股协议》，委托詹某才代持中汇公司的股权，后债权人刘某某根据经公证的执行证书申请法院查封冻结该股权。王某岐以案外人的身份提出执行异议，认为查封的詹某才持有的股权应系其所有。法院认为，“第三人并不限缩于与显名股东存在股权交易关系的债权人”，“与公司交易的善意第三人及登记股东之债权人有权信赖工商机关登记的股权情况并据此作出判断”。[①] 支持这一观点的学者认为，股权代持不为债权人所知，因而不具有对第三人的效力；权利外观理论具有广泛的适用空间，具体到执行程序中同样适用。[②] 相反，在“林某青案”中，“第三人”的范畴被法院严格限定为“基于登记外观信任而作出交易决定的第三人”。[③] 支持这一观点的学者认为，外观主义的宗旨仅在于保护交易安全，因而应当被严格限定在交易第三人范畴。[④] 换言之，“隐名股东”的金钱债权人，并非针对“隐名股东”的股权进行交易，而仅仅因为债务纠纷而寻查“隐名股东”的财产还债，并无信赖利益保护的必要。

2. 关于商事外观主义的适用问题

进一步而言，两种分歧是关于商事外观主义的适用范围的分歧。换言之，商事外观主义的适用范围，到底是仅适用于“交易第三人”，还是所有的外部“善意第三人”均能适用商事外观主义呢？

对这一问题的处理，理论和司法实践存在“肯定说”和“否定说”两种分歧。[⑤] “肯定说”认为，股东名册与工商登记具有对外的公示公信效力，申请执行人基于该权利外观产生信赖利益。[⑥] “否定说”认为，商事外观主义的目的在于维护商事交易的稳定和安全，因而只有交易第三人才有值得保护的利益。[⑦]

3. 认定冲突的原因

造成“肯定说”和“否定说”学说不同理解的原因有以下几点。其一，《公司法》及相关法律、司法解释并未作出明确规定。现有的立法中，均没有明确说明显名股东的债权人是否属于对抗的第三人范畴。其二，最高人民法院内部没有形成统一规则。最高人民法院曾连续作出结论相反的判决。例如，在 2019 年的“林某青案”中，最高人民法

---

① 参见王某岐与刘某苹等案外人执行异议之诉再审案，(2016)最高法民申 3132 号。

② 参见尹田、尹伊：《论对未经登记及登记不实财产的强制执行》，载《法律适用》2014 年第 4 期。

③ 参见林某青、林某全案外人执行异议之诉再审审查与审判监督民事裁定书，(2019)最高法民申 2978 号。

④ 参见张勇健：《商事审判中适用外观主义原则的范围探讨》，载《法律适用》2011 年第 8 期。

⑤ 参见陈笑莉：《债权人申请执行显明股东代持股权的司法考察与法理研究》，载《海南金融》2018 年第 2 期。

⑥ 参见赵忠奎：《公司实际出资人执行异议之诉理论检视与裁判路径选择》，载《江西财经大学学报》2020 年第 3 期。

⑦ 参见钱玉文、周运宝：《论执行异议之诉中隐名股东资格的确认》，载《常州大学学报》2015 年第 1 期。

院采“否定说”;但在同年的“徽世达物流公司案”中,却采纳“肯定说”。[①] 其三,对于商事外观主义的适用范围,理论界的观点也存在较大分歧,尚未存在主流观点。[②]

4. 认定冲突造成的实际后果

对于同类型的案件,由于没有形成审判共识,使法官在审判时获得了较大的裁量权。在证据、事实类似的情况下,法官采用不同的学说将直接导致案件裁判结果的不同。不同的法院、不同的法官审理该类案件会产生不同的结果的现状,不仅不利于当事人权益的保护,还可能导致司法裁决不公。

司法判决的不稳定性也会损害相对人的预期,无论是隐名股东还是债权人都面临着不确定性。对于隐名股东而言,增加了股权代持的风险。对于债权人而言,面临法院支持“隐名股东”的执行异议之诉而导致标的无法执行的风险。为保证“显名股东”有足够多的责任财产可供执行,债权人与“显名股东”进行交易时,不能仅仅依靠工商登记的外观作出交易决定,还需要付出更多的注意义务,尤其是确保不存在股权代持(实际上是难以做到),影响交易效率,长远来看也会对经济的发展造成损害。

(三)对于《公司法》第 32 条的“第三人”的理解与适用

1. 对于法律文本的理解

《公司法》第 32 条第 3 款规定,“未经登记或者变更登记的,不得对抗第三人”。从文本的字面含义来看,“第三人”的含义是具体明确的。任何不属于签订股权代持协议的人,即所有隐名股东和显名股东指协议之外的人都是“第三人”。全体债权人当然属于第三人的范畴。但有学者提出了相反观点,认为“第三人”应当限缩为交易债权人。[③]

从体系解释的角度出发,《民法典》第 65 条规定,“法人的实际情况与登记的事项不一致的,不得对抗善意相对人”。该条没有使用“第三人”这一概念,而是使用的“善意相对人”概念。特别值得注意的是,沿着立法脉络出发,在原《民法总则》立法过程中,其一审稿的表述为“信赖登记的善意第三人”;但在最终的审议稿中,改为了“善意相对人”;《民法典》则完全沿用了原《民法总则》的规则。[④] 可以推知,立法者的意图是明确的,即商事登记对抗的对象只能是交易的“相对人”。由此,将《公司法》与《民法典》进行体系解释,可得出《公司法》中的“第三人”真实含义是指“相对人”,只不过《民

---

① 参见林某青、林某全案外人执行异议之诉再审审查与审判监督民事裁定书,(2019)最高法民申 2978 号;北京徽世达物流有限公司、项书传案外人执行异议之诉再审审查与审判监督民事裁定书,(2019)最高法民申 4710 号。

② 参见肖建国:《执行标的的实体权属的判断标准——以案外人的异议为审查中心的研究》,载《政法论坛》2010 年第 5 期。

③ 参见李建伟、罗锦荣:《有限公司股权登记的对抗力研究》,载《法学家》2019 年第 4 期;陈希国、彭震、李宁:《委托出资引发的法律问题探讨》,载《山东法官培训学报》2019 年第 4 期。

④ 参见李适时主编:《中华人民共和国民法总则释义》,法律出版社 2017 年版,第 188 ~ 189 页。

法典》的表述更加具体确切。

体系解释的路径有明显缺陷。虽然《民法典》采用了民商合一的立法模式,同样适用于对于商事活动的调整,但针对同一事项上,《民法典》和《公司法》属于一般法和特别法的关系,《民法典》对《公司法》具有补充适用和漏洞填补的功能。如果公司法具有特别规定,应当适用公司法的规定,因此,不能用《民法典》“第三人”的理解去解释《公司法》。

《民法典》第 65 条规定的事项为“法人的登记事项”,而《公司法》第 32 条第 3 款规定的事项为“有限责任公司的股东登记”。《公司法》仅对有限公司的股东登记效力进行规定,而《民法典》不仅适用于全部法人,而且适用于除股东登记之外的其他登记事项。《民法典》第 11 条规定:“其他法律对民事关系有特别规定的,依照其规定。”根据特别法优于一般法的适用原则,《公司法》第 32 条第 3 款优先于《民法典》适用。

另外,将民法中“动产物权优先于债权”的原则类推至公司法的股权领域,也有不妥。对于已完成交付的动产物权而言,买受人已经取得所有权。此时,物权可以对抗一般债权人,体现了物权相较于债权的优先性。但是,股权不是物权,我国理论和实践均未承认“股权”优于“债权”的规则。同因信赖显名股东的股权登记而同股东进行股权交易的第三人一样,申请强制执行的债权人也有信赖保护的必要。因此,从解读法律文本的角度来看,“非交易债权人”属于《公司法》第 32 条的“第三人”。

2. 将“非交易债权人”纳入“第三人”范畴的利益衡量

“非交易债权人”可以纳入“第三人”的范畴。在债权人申请执行股东代持股权的问题中,涉及债权人和隐名股东两方的利益。从根本上而言是在要判断法律没有明确规则的情况下,如果保护“非商事交易债权人”的利益,会不会产生不利影响?尝试分别对债权人和隐名股东的利益层次结构进行分析(见表 7－4)。①

表 7－4　债权人申请执行股东代持股权的利益衡量

选择保护对象	当事人具体利益		群体利益			制度利益	社会公共利益
	隐名股东利益	债权人利益	隐名股东群体	显名股东群体	债权人群体	工商登记制度等利益	社会经济利益的最大化实现等利益
隐名股东	√	×	√	0	×	×	×
债权人	×	√	×	0	√	√	√

注:表格中的“√”表示得到保护;“×”表示没有得到法律保护;“0”表示没有影响。

从隐名股东和债权人的具体利益来看,隐名股东享有的权利和债权人享有的债权

① 关于“利益衡量的层次结构”相关研究,参见梁上上:《利益衡量论》,法律出版社 2016 年版;孙莹:《价值与逻辑之间:利益衡量裁判方法在民事审判中的运用》,载《法律适用》2017 年第 13 期。

都是作为财产性权利存在，两者在受到法律的保护程度上没有优先级之分。从隐名股东和债权人两者背后的群体利益来看，无论是隐名股东还是债权人，都在市场上从事商业活动的商主体，自担风险而无须倾斜保护。

从制度利益方面看，隐名股东代表的制度利益是对于财产权的保护；债权人代表的制度利益是对工商登记制度的信赖。两者利益存在冲突，需要进行衡量取舍。从隐名股东的角度而言，隐名股东完成了对股东的出资，法律赋予隐名股东对于股权投资收益的请求权。如果强制执行股权，既会损害隐名股东的财产权利，也损害了隐名股东将来可以通过主张显名化而享有的股东的身份权利。从债权人的角度而言，其背后的制度利益是对于工商登记制度的信赖。具体而言，工商登记是对公司股权情况的公示，登记股东的债权人有权信赖工商机关登记的股权情况，该信赖利益应当得到法律的保护。商事登记的理论基础在于商事外观主义，即通过登记的情形来确定股东资格，而需要探求股东的实际出资情况。这样的制度设计，能够最大限度地保证商事交易的效率得到实现。①

相较而言，债权人代表的制度利益更应当得到保护。第一，代持法律关系本质上属于一种债权债务关系，受合同相对性原则的约束，隐名股东就该债权仅得以向名义股东主张，对合同当事人以外的第三人不产生效力。也就是说，合同当事方以外的第三人有权信任商事登记的内容，并依此进行交易决策。

第二，在执行案件中的债权人与被执行人（“显名股东”）发生交易行为时，申请执行人和其他与被执行人进行股权交易的主体一样，也是对被执行人的总体财产能力进行衡量后与之进行交易，同样具有信赖利益保护的必要。而一旦被执行人进入强制执行程序后，被执行人名下的所有财产均是对外承担债务的一般责任财产与总体担保手段，因此不能认为强制执行程序中的申请执行人就不存在信赖利益保护的问题。② 更需要强调的一点是，法律明文否定超标的查封。③ 也就是说，债权人为了实现对某项特定财产（“显名股东”的股权）的查封，必须放弃对其他财产的查封，如果对该查封利益不予保护，对申请执行人有失公允。此时，申请执行人将会错过查封其他财产的机会。

第三，基于“风险自担”原则，应当由风险的创设者承担风险更为妥当。此时的风险是由隐名股东创设的，即因隐名股东与显名股东签订代持协议，导致股权在外观上由

---

① 参见孙宏涛、刘梦：《显名股东股权强制执行中的利益冲突与平衡》，载《天津法学》2019 年第 4 期；王聪：《案外人执行异议之诉中异议事由的类型化研究——以“足以排除强制执行的民事权益”为中心》，载《法治研究》2018 年第 4 期。

② 参见中信银行股份有限公司济南分行、海航集团有限公司执行异议之诉再审民事判决书，（2016）最高法民再 360 号。

③ 《最高人民法院关于人民法院民事执行中查封、扣押、冻结财产的规定》（以下简称《查封规定》）第 21 条第 1 款规定，查封、扣押、冻结被执行人的财产，以其价额足以清偿法律文书确定的债权额及执行费用为限，不得明显超标的额查封、扣押、冻结。

“名义股东”持有，被显名股东的债权人认为属于名义股东的责任财产而申请强制执行。作为风险的创设者，由股东承担此时的风险更为合适。在签订代持协议时，就应当考虑代持安排可能带来的一系列风险。由于股权被登记在显名股东名下，隐名股东将股权转让或者被强制执行均应在属于隐名股东在进行代持安排时应当预见的风险。而此风险对于债权人来说，是难以预见的。或有观点认为，风险由债权人创设。与显名股东合同签订合同时，债权人没有要求显名股东提供担保，从而创造了显名股东无力清偿的风险。[①] 这一说法未必没有瑕疵。第一，法律并没有要求债权人签订合同时必须提供担保。而签订担保协议是交易双方在谈判时进行磋商的结果，非仅凭债权人一人之力得以实现。因未签订担保，就将风险归因于债权人，对于债权人太过苛责。第二，即使签订了担保合同，如果质押的标的就是争议股权本身，还是会产生案件争议情形。因此，从根本而言，风险由隐名股东而非债权人创设。

社会公共利益，是指社会经济效益的最大实现。[②] 相较而言，侧重于对债权人的保护更有助于实现社会公共利益。保护债权人，维护债权人的信赖利益，更有助于保护交易安全，提高交易效率，促进交易繁荣。相反，保护隐名股东，则可能会在客观上造成变相鼓励股权代持的不良后果，增加社会管理的成本。此时，对于隐名股东而言，其通过股权代持的安排，能够获得规避监管、逃避股东责任的收益，同时就风险而言，其承担的风险极低，债权人也无法申请对名义股东的债权执行。因此，在无形中造成对于股权代持行为的鼓励。另外，公平正义也是社会公共利益的追求。对于债权人倾斜保护，并不意味着对于正义价值的舍弃，也不意味着作为实际股权权利归属者的隐名股东得不到任何救济。隐名股东有权通过股权代持协议追究显名股东的侵权或者违约责任，以弥补所遭受的损失。

（四）对于商事外观主义的理解与适用

1. 商事外观主义的构成要件

商事外观主义是一项商法的基本原则，且已广泛直接运用于司法裁判中。[③] 根据外观主义的法理，只要外观事实致使对方主体对此产生信赖，并从事相应的行为，即使外观事实与真实事实并不一致，仍然依照外观认定行为的法律效果。

通说认为，商事外观主义的构成要件包括：（1）外观事实；（2）善意第三人的合理信赖；（3）可归责性；（4）外观事实与第三人的信赖具有因果关系。具体结合本案分析：首先，在债权人申请执行股东代持股权的问题上，隐名股东和显名股东达成股权代持安排，故意将股权登记为显名股东所有，以规避法律或债务，具有虚假的外观事实。其次，

---

① 参见李建伟、罗锦荣：《有限公司股权登记的对抗力研究》，载《法学家》2019 年第 4 期。

② 参见赵忠奎：《公司实际出资人执行异议之诉理论检视与裁判路径选择》，载《江西财经大学学报》2020 年第 3 期。

③ 参见刘胜军：《论商事外观主义》，载《河北法学》2016 年第 6 期；石旭雯：《外观主义在商事裁判中的适用》，载王保树主编：《中国商法年刊》（2013 年卷），法律出版社 2013 年版，第 280～285 页。

考虑善意第三人的信赖是否合理。考察善意与否，需要判断第三人是否明知或应知股权代持事实。进一步考察信赖的合理性，需要通过理性人标准加以判断。① 再次，隐名股东和显名股东的积极行为引发了虚假的外观，具有可归责性。最后，债权人基于对外观事实的信赖与显名股东进行交易。因此，债权人是否能够强制执行股权，主要看债权人是否具有善意的合理信赖。

2. 商事外观主义适用于“非商事交易债权人”

最高人民法院有判决认为，②显名股东的债权人如果是金钱债权人而非交易债权人，则并不存在需要保护的信赖，不适用外观主义。值得一提的是，《九民纪要》“引言”中提到“特别注意外观主义系民商法上的学理概括，并非现行法律规定的原则……总之，审判实务中要准确把握外观主义的适用边界，避免泛化和滥用”。这是否意味着最高人民法院目前更倾向于采取限缩性的解释，认为“非交易债权人”不适用商事外观主义原则呢？

可能否定看法更为合适。首先，在执行案件中，显名股东的申请执行人（债权人）也存在信赖保护的必要。其次，逐句考察《九民纪要》引言的语义内涵，得不出法院否认商事外观主义适用于“非商事交易债权人”这一观点。最高人民法院首先指出，从法律地位来看，商事外观主义并非我国法上的原则，而是学理通说，因此在裁判时应当首先以规则为依据，而将商事外观作为辅助论证手段。法院又提到，“实际权利人与名义权利人的关系，应注重财产的实质归属，而不单纯的取决于权利外观”，这是指在处理隐名股东和显名股东的关系时，应当注重对于隐名股东权益的保护。此时不涉及外部第三人，应当更侧重对公平价值的维护。最后作为结论，最高人民法院认为，需要避免外观主义的泛化适用。在总结部分，法院并不反对对商事外观主义的正确适用，同时结合前面部分的论述，法院这句话意图强调在涉及实际权利人与名义权利人关系的处理上，需要谨慎使用商事外观主义，而不是在认定，非交易债权人不能适用外观主义。最新司法实践也印证了这一点。

最高人民法院于 2019 年 12 月 27 日对“河南寿酒集团有限公司案”进行判决。③该案是在《九民纪要》出台后，最高人民法院最新审判的隐名股东执行异议之诉案件，因此该份裁判的说理部分充分体现了《九民纪要》引言所传达的精神。在案件中，法院认为：“从信赖利益角度分析，应当保护执行程序中债权人的信赖利益。商事法律具有公示原则和外观主义原则，公司公示的对外效力具有一定强制性。股权代持的风险不应由债权人负担，债权人对名义股东的财产判断只能通过外部信息，股权信息是可获得

---

① 参见石旭雯：《商事外观主义的构成》，载《河北法学》2009 年第 5 期。

② 参见黄某峰与李某等案外人执行异议之诉纠纷再审案，(2018)最高法民申 5926 号民事判决书。

③ 参见河南寿酒集团有限公司与韩某、第三人新乡市泓锡金属制品有限公司、孙某河、河南三力炭素制品有限公司、侯某泷、河南辉县农村商业银行股份有限公司案外人执行异议之诉案，(2019)最高法民再 99 号民事判决书。

的，但代持关系却无从得知，属于债权人无法预见的风险，不能苛求债权人尽此查询义务，风险分担上应向保护债权人倾斜。”换言之，隐名股东不能够排除名义股东的债权人非基于交易行为对股权的强制执行。

（五）启示和建议

1. 平衡隐名股东和债权人的权益

在债权人申请强制执行显名股东的股权时，需要注意平衡隐名股东和债权人的权益。虽然隐名股东应当礼让债权人，但也存在例外情形。《公司法》第 32 条的“第三人”虽未明确主观意图，但结合立法目的以及商事外观主义的构成要件来看，是为了督促机关履行登记义务，保护不知情的第三人。因此，只有当“第三人”主观上具有善意时才属于《公司法》第 32 条的“第三人”。换言之，当债权人明知或应知股权代持关系，或者没有尽到应有的注意义务，不能够受保护。

另外，虽然仅凭股权代持协议这一隐名股东和显名股东之间的内部约定，无法对抗外部债权人，但是隐名股东可以通过“显名”的方式成为真实权利人，从而获得对抗债权人的权利。针对隐名股东的“显名”，《九民纪要》也从保护实际权利人的角度，打破实际出资人行使权利时所遇到的不必要的障碍，这也为隐名股东显名提供了更加具体的法律支撑。

2. 隐名股东应采取风险预防措施

在股权代持关系中，隐名股东面临着股权被强制执行的风险。因此，需要采取相关风险防范措施。例如，在签订代持协议时，可以同时让公司其他股东在代持协议上签字，表示对代持知情。① 一旦需要“显名”，即可作为证据适用。

在隐名股东发现显名股东偿债能力下降时，可以及时提出办理股权变更登记或提出股权确权之诉，以防止债权被强制执行。根据《九民纪要》第 123 条确认的“案外人依据另案生效裁判对非金钱债权的执行提起执行异议之诉”规则，在案外人（本案为隐名股东）根据确权之诉提出执行异议的情况下，当且仅当债权人的执行生效裁判也是确权文书，才能排除案外人的执行请求。因此，在执行异议之诉中，相较于仅仅拿出股权代持协议作为证据而言，若隐名股东能够拿出生效的确权文书，其获得有利结果的可能性大大增加。

3. 隐名股东的救济

最后，若因股权被强制执行而给隐名股东带来损失的，隐名股东也可以依据代持协议的约定或《公司法》的规定，让名义股东承担相应责任。

五、小结

对避法类股权代持效力的审判转折很难说没有受监管层面的影响，本章对于股权

---

① 《九民纪要》28.【实际出资人显名的条件】 实际出资人能够提供证据证明有限责任公司过半数的其他股东知道其实际出资的事实，且对其实际行使股东权利未曾提出异议的，对实际出资人提出的登记为公司股东的请求，人民法院依法予以支持。

代持典型案例的考察也发现审判的监管化倾向。对于以代持为代表的避法类合同,公共利益条款的适用虽然提供了一条普适的路径,但也对法院在效力判断时提出了更高的价值判断要求,法院判断过程中至少需要解释两个问题,一是针对"公共利益"在不同案件情形下的说明;二是对案涉代持协议直接影响该公共利益的说明。而从本章对最高人民法院两个案例的分析来看,就第一个问题而言,"公共利益"的具体化表现直接依赖于金融监管管理办法,就案涉代持协议是否影响前述特定公共利益,至少在该两个判决中并未充分说明。总结来说,这一审判路径在实践中具有较强的可操作性和普适性,除代持之外的其他避法类问题的审判也可参照适用,同时"公共利益"内涵模糊的问题也通过对监管办法的说明而得以具体化适用。但对于监管规定的过度引用和依赖导致司法审判直接向金融监管靠拢,虽实现与监管的协调统一,但脱离了个案的情景和利益衡量,审判结果显得缺乏一定的合理性。

监管与私法应保持相互独立而在商法体系下实现统一,实现监管协调的审判路径并不仅仅限于无效处理,相比无效审判中的种种问题,区分合同效力与履行审判的审判方式是实践中更为协调的路径。保培案中江苏省高级人民法院肯定了代持金融商事交易层面的效力,并将监管权和处罚裁量权交由金融监管部门,将实际履行交由监管和目标公司进行,是另一种值得借鉴的审判思路。

显名股东的债权人申请强制执行股权时,名义股东往往希望通过提出执行异议的方式阻却执行。对于这个问题,理论和实务界多有争议。本章通过对新近最高人民法院判决的14篇文书进行实证分析,认为问题的背后,体现了对《公司法》第32条第3款关于"不得对抗第三人"的不同理解。从法条解释和利益衡量的角度出发,认为所有的善意债权人都属于"第三人"的范畴。同时,对商事外观主义的内涵进行梳理,认定争议案情可以适用商事外观主义原则,优先保护债权人利益。最后,针对股权被强制执行的风险,隐名股东在事前、事中和事后也应采取相应防范措施。

第八章　私募股权投资估值调整机制法律问题*

引　言

公司融资从本质上说有两种途径：一是股权融资，包括公司向股东发行新股、私募股权融资、公开上市发行股票等；二是债权融资，如银行贷款、发行债券等。处于发展期的中小企业是最需要资金的，却又难以获得资金。银行不愿意贷款给缺乏信用和足额担保的中小企业，而资质较差的中小企业在资本市场直接发行股票、债券融资更加困难。私募股权投资则成为中小企业重要的资金来源。私募股权投资机构将承受风险程度高的社会闲置资金归集起来以股权的形式输送给市场资金缺乏者——中小企业，最终其通过转让被投资企业股权赚取价值增值部分实现投资收益。

私募股权投资者最终实现的投资收益等于"持有企业股权的卖出价扣除持有企业股权的买入价和其他相关费用"，持有企业股权的买入价即根据投资时点被投资企业价值得出。因此，在私募股权投资中最重要的环节之一便是投资时点对被投资企业价值进行估值。私募股权投资者往往采用被投资企业的历史数据进行估算，而被投资企业基于对自己未来发展的信心，偏好使用当年或者未来几年的预计业绩进行估算。显然被投资企业提交给私募股权投资者的商业计划书中的预计业绩高于甚至有时候远高于历史数据，这导致了私募股权投融资双方在企业价值上产生分歧。另外，中小企业财务制度的不健全以及私募股权投资者处于信息不对称的位置均让其对被投资企业估值的准确性大打折扣。

从2006年1月8日分众传媒以3.25亿美元收购聚众传媒，私募股权投资机构凯雷退出，到上海凯赛生物控股获得高盛等投资机构注资5200万美元，2006年被称为风险投资最"疯投"的一年。这种股权投资形式获取被投资企业资本溢价的模式在华夏大地盛行开来。估值调整机制，泛指一类因对被投资企业的价值或经营业绩不确定而对投资行为进行调整并让投融资双方达成一致意愿的交易结构安排。这种制度设计能够在投资时点让私募股权投融资双方达成合意，并且在约定的时间按照调整标准成就与否通过股权转让、现金补偿、回购等方式进行估值调整。

2009年甘肃世恒公司与苏州海富公司就私募股权投资估值调整机制产生纠纷，并诉诸兰州中级人民法院。该案经过一审、二审及最高人民法院再审历时3年多，其在私募股权投资圈和金融法律圈内已经人尽皆知、影响深远。估值调整机制是否有效、如何

---

* 本章撰稿人：杨立龙。

设计估值调整机制以实现双方权利义务对等、私募股权投资者应当和谁约定估值调整机制等一个个疑问等待权威的解答。最高人民法院再审判决可以说一定程度上是对估值调整机制效力的肯定,体现了意思自治和相关方利益保护的衡平精神。

本章的结构如下,第一节对私募投资和估值调整机制的基本概念进行阐述,并尝试用法经济学理论对估值调整机制进行分析。第二节重点探讨了估值调整机制的法律效力。首先,从私法意思自治与效力受限角度和社会公用角度分析了估值调整机制的合法性来源。其次,重点对甘肃对赌案案情及一审、二审、再审法院观点进行分析,并通过三个法院判决结论及法律依据的比较,并就理论与实务界争议的问题逐一分析,如估值调整机制是否属于"名为联营、实为借贷"、能否援引司法解释确定合同无效以及估值调整机制的签署对象选择等。最后,笔者对业内提出的仲裁作为争议解决替代方式的可行性进行了探讨。鉴于仲裁的执行仍须得到法院的认可,笔者认为仲裁并未实际解决估值调整机制效力认定问题。第三节选取当前私募股权投资实务中讨论较多的主要法律障碍进行分析。如美元私募由于其外资背景面临的障碍、估值调整机制是否是A股首次公开发行的实质性障碍、被投资企业涉及国有资产面临的审批困境以及私募交易潜在的税法障碍等。鉴于法律修正的期限之长,这些障碍的解决并非一蹴而就的。审慎的解决思路就是对投资个案进行前置性分析——是否涉及本节所述之障碍,其可能的法律后果是否能够为被投资企业所接受。最后,笔者浅析了现行法律框架下可行的估值调整机制法律风险防范的要点,包括通过法域选择,将估值调整机制的设计以及执行在中国法法域外完成,以及估值调整机制具体设计时须注意的要点,如明确估值调整机制签署对象、设置双向调整机制调整以避免合同显失公平之主张、注意利润分配方式、选择合理的估值调整标准以及设计重复博弈结构等。

一、私募投资与估值调整机制

(一)私募股权投资基本概念——定义、特征、比较

1. 私募股权投资基本概念及比较

(1)私募与公募

从融资者角度,现代社会主要有三种类型角色,以企业、政府为代表的资金需求者、以居民为代表的资金提供者以及以银行为代表的金融媒介。通过狭义的证券交易所市场以及更广义的场外市场,不同社会角色通过金融通道或者金融产品实现了自己的目的,完成了融资和投资的过程。

就融资角度而言,实体企业、政府支持企业、政府、金融机构等在发行证券或者其他金融凭证,可以选择不同的投资者作为发行对象。法律上,鉴于不同投资者的风险承受能力不同,基于对不同投资人利益的保护,对不同募集方法作了区别规制。公募(public offering),是指通过中介机构由发行人向社会不特定公众广泛地发行股票或者债券等有价证券,发行人公开向没有特定限制的对象营销并募集资金的方式。公募没有起点金额和合同份数的限制,以满足广大投资者的需求。私募(private placement)不

向社会不特定公众发行，这是其区别于公募的最大差别。

对比公募和私募，我们发现公募有以下特点。第一，推介对象是不特定的潜在投资者。投资银行帮助发行人通过向不特定人发放宣传资料，在公开场合路演，吸引投资人的兴趣和投资，以达到吸纳普通公众资金的目的。第二，公募的派生结果是证券在内含有国家金融体系和信任基础之上的交易所交易，所以各国金融监管当局会对公募实施比较严厉管制，要求其就相应的投资及变动情况作定期披露等。第三，投资者接受的是格式合同（standard-form contract），无法就发行价格等交易要素与发行人或者接受发行人委托的投资银行议价。

而私募则有着不同的特征。第一，它向特定的投资者募集资金，往往是面向机构投资者或者高净值客户。第二，投资者的风险偏好及风险承受能力较高。股权类的投资不像债权类投资附有担保条件，如不动产抵押或者其他公司保证等，往往要求投资者是风险承受能力高的适格投资者。第三，基金管理人会直接与有实力的投资人沟通，并且投资人可在一定范围内就交易进行谈判，甚至对投资行为、投资标的施加影响。第四，私募股权投资行业往往有范式合同，这被视为业界行规。如美国风险投资协提供私募股权投资的范式合同，并向社会公布。①

（2）私募证券投资基金与私募股权投资基金

本质上，私募证券投资基金（private securities investment fund）或私募股权投资基金（private equity fund，PE）都是集合投资、专家理财的制度设计，而两者的主要区别在于投资对象的不同。私募证券投资基金的投资对象在于各种流动性好的有价证券，通过低买高卖获取差价利润或获得股息、利息等资本孳息；而私募股权投资基金则主要投资于成长中的未上市企业（private company），采用财务投资策略，一般不谋求长期控制权，未来通过这些企业的上市（Initial Public Offering，IPO）或者其他方式来实现退出（如并购、管理层收购等）并且盈利。②

2. 私募股权投资的分类

私募股权投资贯穿于企业发展的各个时期，如种子期、初创期、扩展期、成熟期以及公开发行上市前时期等。③ 就这个角度而言，我们把首次公开发行前的各个成长阶段所进行的股权性质投资统称为私募股权投资。若针对投资方向的侧重点不同，广义私募股权投资又可分为：风险投资（Venture Capital，VC）、杠杆收购（Leveraged Buyouts，LBOs）和夹层资本（Mezzanine Capital）等。更广意义上，还包括其他通过私募方式募集

---

① 美国风险投资协会（NVCA）在其官方网站提供私募股权投资的范式协议（model legal documents），如 Term sheet、Stock Purchase Agreement、Investor Rights Agreement 等。载 https://nvca.org/model-legal-documents/。

② See Jack Levin, *Structuring Venture Capital*, *Private Equity and Entrepreneurial Transactions*, *Wolters Kluwer Law & Business*, Vol. 3, p.43(2009).

③ 参见盛立军：《私募股权与资本市场》，上海交通大学出版社2003年版，第7页。

资金进行投资的上市后私募基金(Private Investment in Public Equity ,PIPE)、组合基金(Fund of Funds)、不动产基金(Real Estate)以及财务困境基金(Distressed Debt)等。[①]不同类别的私募股权投资差异很大,本节的探讨限于狭义的私募股权投资。

狭义的私募股权投资则主要指在风险投资后期的私募股权投资——是对企业已经形成一定规模且同时产生了稳定的现金流后进行的投资,其区别于早期的风险投资的显著特点是进入企业时间点不同。但是,理论上所谓的"早期"这一时间点在实务中很难确定。另外,在我国相关规范性文件对风险投资的表述中并没有明确体现"早期"。如国务院办公厅转发的由科技部、计委、经委、财政部、人民银行、税务总局、证监会联合发布的《关于建立创业风险投资机制若干意见》中对风险投资的表述是"向主要属于科技型的高成长性创业企业提供股权资本,并为其提供经营管理和咨询服务,以期在被投资企业发展成熟后,通过股权转获取中长期资本增值收益的投资行为"。该表述类同限定条件是"高成长性创业企业",而没有对企业是否处于早期进行规定,故而类同于私募股权投资的定义,未提及其与私募股权投资理论上的差异或言之区别。本章所探讨的私募股权投资同样没有与风险投资进行明确划分,而是将风险投资与私募股权投资作为类似概念同时加以阐述。

3. 私募股权投资的特点

相较于其他投资方式,私募股权投资有自己的一些特点。

第一,在法律关系上是一种所有权。私募股权投资有普通股、优先股、可转债、附购股权债等多种方式,但是一般而言即使采用后面几种方式最终也会转化为被投资对象的股权类权益。但是,这种所有权与普通股所代表的所有权有差别。

第二,国外私募股权投资通常采用认购优先股的方式进行投资。优先股相较于普通股的特点在于其在利润分配和剩余财产分配上的优先权以及优先股可以转换成普通股或者要求发行人回购,同时也会对优先股股东表决权作出限制,如不出席股东大会决议、不享有表决权等。2014 年颁布的《优先股试点管理办法》明确规定:"上市公司可以发行优先股,非上市公众公司可以非公开发行优先股。"上述规定为上市公司及非上市公众公司发行优先股扫清了法律障碍。但是对于非公众公司(普通公司)能否发行优先股,目前仍缺乏法律依据。囿于此,在国外私募股权投资中普遍适用的优先股方式并不适用于中国的非公众公司。中国的私募股权投资采用普通股的形式完成投资。

第三,私募股权投资对象多为新兴的、有成长性的中小型企业或者经营处于困境的价值被低估的企业。这些中小型企业往往具有潜在发展价值,诸如创始人的创新能力和市场敏锐的嗅觉,或者有某一领域的核心技术及知识产权。投资人通过其提供的资金,推动企业在较短时间内高速发展。价值被低估的中大型企业往往处于发展的困境

---

① 参见肖金泉:《国际私募——企业通往国际资本市场的桥梁与跳板》,中信出版社 2008 年版,第 6 ~ 7 页。

或者资金链处于断裂的边缘，若及时对其救助，投资人日后可获得不菲的溢价。

第四，私募股权投资成功的前提是顺利退出。私募股权投资周期包含尽调谈判、协助重组、股权投资、估值调整机制、激励与业绩提升、退出。[①] 只有成功退出才能实现对私募股权投资资金提供者的回报，故而私募股权投资在投资初始点即考虑相应的退出机制。[②]

第五，投资的高风险性。私募股权投资对象多为中小型企业，基于波特五力模型(Porter's Five Forces Model)[③]中"竞争者之间的竞争"的影响，中小企业在资金、渠道、产品种类等方面与同作为竞争者的大型企业相比劣势明显。故而，投资中小企业的风险大于大型企业。

第六，投资对象估值的复杂性。中小型企业的财务制度往往不健全，难以从财务角度直接对其作出较准确的估值。[④] 处于困境的企业其账面价值或者现阶段的市场价值往往处于低估的状态，若按照此价格交易很难获得公司股东的认可，甚至从远期来说有不公允之嫌疑。同时，业界对传统的基于财务数据对公司估值的准确性提出了质疑。[⑤] 专利、商标、商誉等无形资产均难以准确量化在财务报告中。

(二)私募股权投资中的估值调整机制

投资对象估值的复杂性导致私募股权投融资双方往往难以就公司价值达成一致，而这种估值又是股权投资对价的依据。如何对投资对象进行准确的估值对于私募投资来说至关重要，[⑥]鉴于投资时点估值的困境，投资银行家寻求建立一种估值调整机制，即弱化当前的企业估值作用，而通过投资后投资对象业绩表现对投资额进行奖励性或惩罚性调整。

1. 估值调整机制的概念

估值调整机制(valuation adjustment mechanism)，业界俗称对赌协议或者估值调整协议，作为一种投资工具常见于国际资本市场，但其并不是一个明确的法律概念。[⑦] 一

---

① 参见任栋:《玩味对赌》,载《并购大时代》2006 年第 2 期。

② 一般而言,私募股权投资在投资时点通过法律文件中设定"上市安排""回购条件""出售条件"等,在被投资企业按照业绩承诺实现企业发展目标时,投资人将推动被投资企业完成公开发行上市,并通过在二级市场出售其持有的股权获得高额回报;或者寻求通过将企业出售(Merger or Acquisition,M&A)或者要求大股东回购或者管理层回购(Management buy-out,MBO)等方式实现退出。

③ See http://en. wikipedia. org/wiki/Porter_five_forces_analysis。

④ 以公司估值常用的净现金流折现法(NCF)为例,首先基于过去的现金流数据对将来的现金流进行预测,再将预测的现金流折现成企业现时点的价值。对于中小企业而言,出于避税或者其他目的,财务报告上的数据真实性值得商榷。另外现金流折现所采用的折现系数的确定对最终估值结果影响很大。

⑤ 参见刘燕:《从财务造假到会计争议》,载《证券法苑》2012 年第 7 期。

⑥ 参见贺韶辉:《一种创新的融资安排:对赌协议》,载《会计之友》2009 年第 2 期。

⑦ See Stephen D. Prowse, *The Economics of the Private Equity Markets*, (1998) Economic and Financial Policy Review, available at http://www. dallasfed. org/assets/documents/research/er/1998/er9803c. pdf.

般认为,其泛指一类因对被投资企业的价值或经营业绩不确定而对投资行为进行调整,并让投融资双方达成一致意愿的交易结构安排。① 也有学者对此有不同的理解,②认为对赌协议属于期权的一种表现形式,即对赌协议双方均享有一种权利,能否行使权利取决于协议约定条件的完成情况,因投资方与融资方对于企业未来经营前景并不确定,故在协议中设置业绩目标,并根据企业实际完成情况决定投融资双方行使的权利,若企业完成约定目标,则融资方可行使一定权利,若企业未能实现业绩目标,则由投资方行使一定权利。

2. 私募股权投资中估值调整机制存在的根源性

私募投资资金进入投资对象,无论采用受让原股东份额还是增发新股的方式都需要对投资对象进行价值评估。2006年9月20日,时任央行副行长吴晓灵在出席中国私募股本市场国际研讨会时指出,企业价值评估在私募股权投资中非常关键。③ 未上市企业的价值评估非常复杂而且难以得出准确结论,而私募股权投资须依企业在投资时点价值入股,估值调整机制作为解决这一潜在矛盾的方式应运而生。本部分笔者试图从根源处对私募股权投资估值调整机制的存在进行分析。

首先,当事人获取的信息具有不对称性。私募股权投资一般采用财务投资方式,投资方仅向目标企业投入资本,并不实际参与企业的经营管理,对企业内部治理情况缺乏了解,因此,处于信息占有的劣势;而企业管理层一般是企业的创始人或者享有控制权的大股东,他们对企业各项信息都了如指掌,并且迫于融资的需求,管理层可能会故意隐瞒或不如实披露一些关键信息,因此,他们处于信息占有的优势。其次,被投资企业发展前景具有不确定性也是潜在缘由之一。私募股权投资中,当事人根据对企业未来发展前景的预期综合评价企业价值,但市场经济风云变幻,存在诸多不确定性因素,很难对企业未来的经营业绩作出准确判断。受到上述两方面因素的影响,投资方和企业管理层很难就企业估值达成一致:管理层为了迅速获得巨额融资往往乐观估计企业未来的盈利能力,高估企业价值;而投资方考虑到市场环境的不确定性和投资的高风险性,一般保守估计企业的盈利能力,低估企业价值。不难看出,"市场缺乏做价的尺度,所谓公平的价格,最终就是买卖双方的心理均衡"。④ 再者,被投资企业原股东和私募股权投资者承担的风险不平衡。⑤ 信息不对称导致私募股权投资者实际上承担了比原

① 参见程继爽、程峰:《"对赌协议"在我国企业中的运用》,载《中国管理信息化》2007年第5期。

② 参见姚泽力:《"对赌协议"理论基础探析》,载《理论界》2011年第8期。

③ 参见吴晓灵:《私募股权基金已有法可依》,载财新网,http://finance.caixin.com/2006-09-21/100064802.html。

④ 郭琼:《资金供给充裕 私人股权基金投资中国难在何处》,载新浪网财经频道,http://finance.sina.com.cn/fund/jjpl/20050909/14031956145.shtml。

⑤ 参见张鸣:《"对赌协议"相关法律问题初探》,载北大法宝网,https://www.pkulaw.com/specialtopic/c05e991ad56c5583ebcb3b9eaa940b8ebdfb.html,最后访问时间:2022年5月12日。

股东更多的风险。此外,由于我国《公司法》对设置优先股的障碍,投资方注入资金大部分计入资本公积金,但资本公积金不能任意支付给股东,投资方需要估值调整机制平衡投资风险。估值调整机制实际成为投资者应对不利法制环境下保护自己投资的契约工具。[①] 若未来未实现投资时点约定的估值调整标准,则原股东应当向私募股权投资者履行补偿义务或者其他约定的义务。该行为可以视为对私募股权投资者承担的风险的平衡。[②] 故笔者认为估值调整机制可以理解为对私募股权投融资双方的风险再平衡。最后,对融资方股东和管理层的激励作用。私募股权投资资金进入企业后,原股东因为溢价进入已经实际获益,而管理层在所有权和经营权分离后与股东方的利益不一致。[③] 需要设立一种激励机制督促股东和管理层为企业创造出更好的业绩。[④]

总而言之,估值调整机制存在的根源除了当事人对企业估值的分歧,还包括风险平衡、激励机制两方面的考量。通过签订估值调整协议,对企业未来的业绩指标作出约定,根据企业是否实现预期目标对当事人之间的权利义务作出重新安排,以调整因企业估值过高或过低而造成的利益失衡,保证投资交易的合理性与公平性。

解决企业估值难主要有两个思路:一是事前通过引用更多的指标数据完善估值结果,二是事后通过估值调整协议解决企业估值不准确问题。[⑤] 第一种思路下有多种引入更多指标数据方法,常见的如在估值中引入博弈模型,将与企业经营相关的因子引入估值模型,并充分考虑各种因子变化对估值的影响,[⑥]又如,考虑企业所处产业链整合因素,分析企业所拥有的资源能否为这一企业所独有或能否进行优化,产业可能的横向整合或者纵向整合给企业带来的优势或者壁垒,并由此派生对估值的影响等。[⑦] 理论上,该思路一定程度上提高了企业估值的精确度,但是援引数据是否真实可靠且能否容易获取皆存在不确定性,其实务操作性存在质疑,多探讨于学术界。事后通过估值调整协议解决企业估值不准确这一思路无须大量援引数据,而仅需设定估值调整标准即可,程序上更加简便,在实务中也应用广泛。相较于引用更多的指标数据完善估值结果这

---

① 参见李有星、冯泽良:《对赌协议的中国制度环境思考》,载《浙江大学学报(人文社会科学版)》2014年第1期。

② 参见倪心田:《司法判决与金融创新——以法院裁判对金融合同条款的影响为例分析》,载《山东行政学院学报》2013年第3期。

③ 参见关于管理层和股东的利益不一致在本章第二节"法经济学视角下分析估值调整机制"部分进行详细探讨。

④ 参见黄嵩:《中国首例PE对赌案判决:明确对赌协议合法有效》,载黄嵩资本记网博客2013年1月9日,http://huangsong.blog.caixin.com/archives/51452。

⑤ 参见何梦杰、汪进:《中国私募股权投资估值困境的产生机理及解决思路》,载《学术月刊》2009年第5期。

⑥ 参见李爱民、王海静、杨凡:《基于对赌协议的公司绩效估值讨价还价博弈分析》,载《会计之友》2013年第22期。

⑦ 参见国泰君安:《双向防御 上下求索 产业链利润重新分配新格局》,载《证券导刊》2005年第14期。

一思路，估值调整机制解决企业估值难问题在实务上具有更强的可操作性。

如前所述，由于企业发展前景的不确定性和当事人之间信息的不对称性，对赌双方难以就企业估值达成一致。签订对赌协议可以最大限度降低因企业估值过高或过低给当事人带来的经济风险，有利于消除企业估值分歧，顺利达成投资合意。另外，对赌协议在一定程度上对投资方具有投资保障作用，根据对赌协议的一般约定，无论企业业绩是否达到预期指标，投资方都能够通过资本增值或受让股权等取一定的投资收益；同时，对赌协议的签订有利于被投资企业拓宽融资渠道、降低融资成本，解决融资难问题，推动企业迅速成长壮大。此外，需要关注我国估值调整机制实践操作的一些负面现象，即投资方尽职调查不充分甚至不以尽职调查为基础给出对企业的超高估值，转而依赖“对赌条款”控制投资风险，背离对赌条款投资定价的辅助价值。①

3. 估值调整机制的设计与安排

在私募股权投资者（或曰代表投资人的基金管理者等）在投资时和原公司的大股东或者管理层就公司预期发展达成一致意见，如净利润在未来两年翻一番、市场占有率达到30%、未来3年内实现企业上市等。2013年双汇收购美国最大猪肉生产商史密斯菲尔德时设定的估值调整机制约定，“如果史密斯菲尔德与双汇解除兼并协议，以寻求在与双汇签订兼并协议的30天内与两个‘既存竞标人’之一达成交易，史密斯菲尔德付给双汇的解约费为7500万美元。另外，兼并还规定若由于双汇方面的原因导致收购不成功，需支付给史密斯菲尔德2.75亿美元‘反向分手费’”。② 国内关于估值调整机制的经典案例也很多。如飞鹤乳业在引入红杉资本时约定，“如果飞鹤乳业2009～2010年每股收益未完成预期目标，要向红杉资本再次增发最多不超过52.5万股股份”；太子奶与英联、摩根士丹利等约定，“以3年为期，如果太子奶业绩增长超过50%，投资方就调低股权；若增长低于30%，李某纯（太子奶董事长、大股东）将失去控股权”。③ 理论上，任何一个未来不确定的合法约定事项均可以作为估值调整机制的触发条件。若到期未实现上述约定事项，则按照双方约定之内容由估值调整一方向另一方承担现金补偿、股份转让等调整性义务，并由此实现对投资对象估值的调整。

一般来说，估值调整机制的设计与安排包括以下几个方面。其一，估值调整机制参与主体。常见的参与主体一方为私募股权投资者，另一方为被投资企业自身、被投资企业大股东、被投资企业管理层等。其二，估值调整机制参照系的选择和公式。触发条件一般情况下有以下几种：经营性财务绩效、经营性非财务绩效、与上市有关的要求、企业行为等。第一，常见的经营性财务绩效有销售增长率（growth rate）、净利润（net

① 参见潘林：《金融创新与司法裁判：以我国“对赌协议”的案例、学说、实践为样本》，载《南京师大学报（社会科学版）》2013年第3期。

② 赵超霖：《推动PE对赌立法保护为“对赌协议”正名》，载《中国经济导报》2014年5月29日，B07版。

③ 张贾龙：《太子奶破产重整方案难产》，载华财网，http://www.cnfina.com/company/20110628_21253.html。

profit)、息税前利润(EBIT)、息税前利润及折旧摊销(EBITDA)等。如一些对赌协议约定,“如目标公司核心管理团队能在2008年、2009年、2010年连续三年保持30%的销售增长率,投资人将向管理团队每人奖励100万元”“目标公司须保证在投资人完成投资后未来3年公司净利润按15%以上的增长,其中2011年度公司经审计的年度利润总额不少于7000万元,2012年度公司经审计的年度利润总额不少于9000万元,否则须进行现金或股份补偿。该补偿金额为:[1－(实际利润/各年度保证利润)]×投资总额(人民币9000万元)＝补偿金额”以及“如果目标公司在未来3年内年盈利复合增长率若未达到50%,目标公司管理层应将所持9%的公司股权转让给××股东”。第二,对于互联网等TMT行业的公司,私募股权投资估值调整机制往往采用经营性非财务绩效,如市场占有率、用户占比、用户体验好评度、某项创新性知识产权、某项新型的商业盈利模式等。常见的估值调整机制条款有,“如目标公司获得超过10万顾客购买指定产品并得到正面反馈,则管理层获得期权认购权”“如目标公司未来3年内在该细分市场的市场占有率达到30%,则管理团队每人奖励100万元”“如目标公司在未来2年内取得×专利,则投资人进行第二轮注资”等。第三,与上市有关的标准也是常见的估值调整机制的触发条件。最为常见的是约定上市时间以及上市所必备的条件,如连续三年盈利、年均增长率、清理股权结构等。如某估值调整协议约定,“如果至2010年10月20日,由于甲方的原因造成无法完成上市,则乙方有权在任一时刻要求丙方回购届时乙方持有之甲方的全部股权,丙方应自收到乙方书面通知之日起180日内按以下约定回购金额向乙方一次性支付全部价款。若自2008年1月1日起,甲方的净资产年化收益率超过10%,则丙方回购金额为乙方所持甲方股份对应的所有者权益账面价值;若自2008年1月1日起,甲方的净资产年化收益率低于10%,则丙方回购金额为(乙方的原始投资金额－补偿金额)×(1＋10%×投资天数/360)”“如果截至2015年10月20日,由于目标公司自身原因无法上市,则投资人有权要求目标公司原股东回购投资人持有目标公司之全部股权。回购金额约定为:若目标公司年化收益率高于10%,取其所有者权益账面价值;否则取原始投资额加10%的年利率”等。[①] 其三,估值调整机制的法律后果。往往是基于触发条件(调整目标或者调整标准)是否实现,合同当事人履行相应的奖励性义务或者惩罚性义务。上述在对第二点触发条件分析时,已涉及相应的法律后果。基于私募股权投资者立场,奖励性义务有:无偿转让一定比例的股权给原股东或者管理层、向管理层授予期权、支付一定数额的奖金,惩罚性义务包括要求原股东对私募股权投资者所持有的股份全部或部分溢价回购、无偿受让原股东一定比例股权等。

通过梳理对赌协议的相关案例,估值调整机制的法律后果可按以下类型分类:

---

① 参见秦茂宪、李锐:《PE“对赌”的主要形式及在中国法下的障碍与实现》,载百度文库2012年6月30日,https://wenku.baidu.com/view/3614187ba26925c52cc5bfb7.html。

(1)股权调整型。融资方无法达成约定目标时无偿将部分股权转让给投资方。典型案例是中国动向集团与摩根士丹利的对赌,2006年摩根士丹利向中国动向集团发出投资入股邀约,双方签署了对赌协议约定:如2008年中国动向的净利润超过5590万美元,中国动向大股东无偿受让摩根士丹利持有的其1%的股份,否则中国动向大股东无偿转让其1%股份给摩根士丹利。其操作原理为摩根士丹利在不改变投资金额的情况下,通过无偿转让股权的方式来调整其对中国动向集团的估值。① (2)股权回购型。融资方无法实现业绩目标时以约定价格回购投资方股份。2009年8月,飞鹤乳业宣布以30美元/股的价格,向红杉资本定向增发210万普通股融资6300万美元。红杉资本与飞鹤乳业对赌协议约定:如飞鹤乳业2009年到2010年每股收益未完成预期目标(今年收益达到3美元/股,明年达到4.43美元/股),将要向红杉资本再次增发最多不超过52.5万股股份;从本次融资协议执行的第三年后15个交易日中,如果飞鹤乳业流通股的平均收盘价低于每股39美元,红杉资本将有权要求飞鹤乳业将这部分股份全部赎回;如果2009年到2010年公司达到协议规定的盈利目标,将可以原先的认购价来回购;如果未实现盈利目标,则回购价格必须是原始认购价格的130%。最终飞鹤乳业因业绩不佳向红杉资本增发52.5万股,而2012年红杉资本提前要求股份回购,在飞鹤乳业偿还6300万美元投资款后退出。② (3)现金补偿型。融资方无法达成约定目标时给予投资方现金补偿。“对赌第一案”甘肃私募股权投资案即现金补偿型。③ (4)追加投资型。约定追加投资取决于业绩目标是否达成。“追加投资型”引入了重复博弈制度设计,是美国估值调整机制常见的分期融资机制。在分期融资机制下,PE/VC的投资分为若干轮次,每一轮次都确定企业应达到的目标(称为里程碑事件),PE/VC是否继续下一步注资取决于前期目标的实现情况。投资者的出资分批注入公司,如业绩不佳则停止注入,不存在“海富案”下的“股东资金先全部注入公司,而后公司又向股东返还一部分”的情形。④ 追加投资型对赌通过多重博弈降低投资者风险,但在我国对赌协议实践中并不普遍。典型案例是2005年凯雷基金与徐工集团及其子公司徐工机械约定,凯雷以相当于20.69亿元人民币的等额美元购买徐工集团所持有的82%的徐工机械股份。凯雷须在交易完成的当期支付6000万美元;如果徐工机械2006年的经常性EBITDA达到约定目标,凯雷还将为此股权再支付6000万美元。⑤ (5)股权或现金激

① 参见孙黎、梁昊、李炜文:《棘轮机制:国际私募资本在中国的治理模式》,载《吉林大学社会科学学报》2014年第6期。

② 参见王先知:《没有赢家的对赌》,载华夏时报网2012年4月27日,https://www.chinatimes.net.cn/article/29341.html。

③ 参见杨宏芹、张岑:《对赌协议法律性质和效力研究——以“海富投资案”为视角》,载《江西财经大学学报》2013年第5期。

④ 参见刘燕:《对赌协议与公司法资本管制:美国实践及其启示》,载《环球法律评论》2016年第3期。

⑤ 参见张凯:《股权投资中运用对赌协议的风险管理问题研究》,载《经济问题》2018年第8期。

励型。约定达成业绩目标时投资者以现金或股权形式奖励公司管理层。其性质与"股权调整型"类似,以 2003 年蒙牛乳业与英联投资、摩根士丹利对赌协议为例,如果蒙牛乳业在 2004 年到 2006 年间未实现约定业绩,投资机构无偿受让蒙牛乳业原始股东所持的 6000 万～7000 万股份;反之投资机构将拿出 6000 万～7000 万股份奖励蒙牛乳业原始股东。[①] (6)控股转移型。约定如无法达成目标则融资方出让股份,导致控股权丧失;典型案例是太子奶集团与摩根士丹利、英联投资、高盛投资对赌,2007 年年初太子奶集团控股股东李某纯与投资方签署对赌协议,约定公司控制人以控制权为对赌标的,如业绩增长不低于 30%,否则丧失控制权。2008 年太子奶集团经营弊端显现,盈利下滑,陷入严重的债务危机。最终太子奶集团对赌失败,公司控制人李某纯失去对企业的控制权。[②] (7)特殊股权型。约定如融资方无法达成目标,投资方获得剩余财产分配优先权、超比例表决权等。[③] 由于我国《公司法》对有限责任公司优先股相关的投票权、分红权、协议回顾权、股权期权等缺乏相关规定,一般默认有限责任公司不能设置优先股。[④]

4. 估值调整机制法律关系

无论估值调整机制如何设计触发条件以及相应结果,其法律形式是一份或者一系列民事合同。传统民法观点认为,民事法律关系是由主体、客体、内容及变动等要素组成。[⑤] 下面主要基于民法原理对估值调整机制的法律关系进行分析。

(1)估值调整机制之法律关系主体

估值调整机制的常见参与主体包括私募股权投资机构、被投资企业、被投资企业股东、被投资企业的管理层等。在我国私募股权投资发展的初期,[⑥]采用估值调整机制的往往都是外资投资银行和私募股权投资管理机构,如高盛、凯雷、摩根斯丹利、鼎晖等。而后,本土的私募股权投资机构逐渐崭露头角并纷纷效仿之,如弘毅、昆吾九鼎、金石、深创投、复星、新沃等。

它们在整个估值调整机制运行中都扮演重要的角色,由于它们在谈判中所处的优势地位,它们往往是估值调整机制的主要制定者和执行者。但是就法律角度而言,须依照私募股权投资方式分情况探讨它们是否是估值调整机制法律关系主体。

私募股权投资进入被投资企业有两种方式:一是私募股权投资者溢价受让原有股

---

① 参见张凯:《股权投资中运用对赌协议的风险管理问题研究》,载《经济问题》2018 年第 8 期。

② 参见徐睿:《以目标公司作为对赌义务人的合同效力研究》,载《证券市场导报》2015 年第 5 期。

③ 参见吴子瑶:《私募股权投资中对赌协议的法律风险——对中国十大典型 PE 对赌案例的分析》,载《金融理论探索》2017 年第 6 期。

④ 参见李有星、冯泽良:《对赌协议的中国制度环境思考》,载《浙江大学学报(人文社会科学版)》2014 年第 1 期。

⑤ 参见梁慧星:《民法总论》,法律出版社 2001 年版,第 56 页。

⑥ 一般认为 2008 年之前我国私募股权投资以外资为主。

东股份进入,二是通过增发新股的方式进入。第一种方式常见于我国私募股权投资。这种方式下,估值调整机制的法律关系主体是私募股权投资者和被投资企业原股东。同时,企业原股东对该交易负有陈述与保证(representations and warranties)义务。所谓陈述与保证是指合同双方当事人在订立合同前或订立合同时所承诺的有关事实的保证性合同概括。[①] 无论资本市场还是国际经贸活动,陈述与保证广泛适用于商事活动中,其法律化则是保证陈述与保证具有约束力和强制执行力的方式。美国招股说明书中的陈述与保证,如关于发行人事实和信息的披露,其准确性和真实性是投资者是否投资以及投资量大小的重要判断条件,其法律效果与正文中的表述完全一致。[②] 在国际经济与贸易中,陈述与保证普遍通过纳入合同范围实现其法律化。如在国际贷款行为中,往往贷款合同载有陈述与保证条款,对借款人在贷款协议签署时或之前的"相关事实"的真实性和准确性进行承诺与保证。[③] 在私募股权投资中,原股东的陈述与保证主要包括所持有股权的合法性、完整性等,如有瑕疵须如实披露。

第二种方式常见于国外私募股权投资,即私募股权投资者购买投资对象发行优先股完成投资。这种方式下,估值调整机制的法律关系主体是私募股权投资者和被投资企业自身,即被投资企业承担陈述与保证义务。被投资企业作为对该交易最熟稔的一方,必须对交易或者交割所依据的现实状况作出说明,并且保证这种说明是真实的。企业的陈述与保证主要包括两个方面,第一是对企业自身情况的如实说明,如企业的财务状况、资产状况、是否存在潜在或有负债等,第二是对企业股权情况的说明,如股权的类型、优先股的优先受偿权、转换权、回购权以及表决权限制等。囿于我国对非公众公司的优先股缺少法律支持的现实,私募股权投资者无法通过优先股的方式进入非公众公司。目前该种方式在国内不具有可行性。

同样,私募股权投资机构为了最大限度地控制风险,往往要求在被投资企业内部处于关键岗位的高级管理人员也签署该协议。高级管理人员就自己应当知道的信息范围内,对交易或者交割所依据的企业状况作出承诺与保证。

需要特别指出的是,现实案例往往存在一种可能,即部分同时是企业股东的高级管理人员也是参与估值调整协议的股东。但是,在法律上这并不矛盾,因为同一人具有两种身份,需要明确的是该人是作为被投资企业股东这一特定身份参与了估值调整机制协议。

(2)估值调整机制之法律关系内容

法律关系的内容,是指法律关系主体所享有的权利和承担的义务,即法律权利和法

---

① 参见刘道远、王晓锦:《招股说明书要约性质研究——兼论缔约前陈述与保证法律化》,载《时代法学》2007 年第 6 期。

② 参见高如星、王敏祥:《美国证券法》,法律出版社 2000 年版,第 25 ~ 27 页。

③ 参见董安生:《国际货币金融法》,中国人民大学出版社 1999 年版,第 106 页。

律义务。估值调整机制的法律关系内容与估值调整机制的设计与安排具有一致性。国外估值调整机制的内容包括财务绩效、非财务绩效、赎回补偿、股票发行、管理层方面等。[①] 在我国,近几年私募股权投资和风险投资中常见的法律关系内容主要包括财务业绩(如净利润、EBITDA 等)、非财务业绩(市场占有率、客户好评度等)、返售条款、企业上市时间等。其中财务业绩、返售条款、上市时间较多见。财务业绩在估值调整中往往具有较精准的标准,利于双方达成一致意见,如设定第三年的净利润为 5000 万元。返售条款则是对私募股权投资者的一种保护,即在某一时间点未达到相应的业绩条款时,被投资企业股东或者其他人应当按照初始投资额加算指定比率的投资溢价,向私募股权投资者溢价回购其投资时点取得的股份,实现私募股权投资者获益退出。私募股权投资者退出的一种重要方式是推动被投资企业上市。一方面这为私募股权投资者创造了很好的退出途径,另一方面企业上市后的数十倍甚至数百倍的市盈率为私募股权投资者带来了丰厚的投资溢价,这远超过其他退出途径。因此私募股权投资者也常将上市时间作为估值调整的重要内容。

(3)估值调整机制之法律关系客体

估值调整机制的核心是"调整",即估值调整机制设计完备后,在约定的"估值调整时间点"进行重新估值——价值重新调整。重新调整的表现形式无外乎估值调整一方按照新的估值支付另一方新旧估值方法下的差额。民事法律关系的客体即民事权利和民事义务所指向的对象,包括物、行为、智力成果、人身权益等。[②] 按照债的客体二元结构说,估值调整机制的对象是一种给付行为及其给付行为的标的。[③] 通过这种给付行为实现了价值的重新调整,且通过给付行为的标的,或是现金或是股份等,完成了价值调整的过程。

5. 估值调整机制法律属性

估值调整机制在法律上的体现是投资人与融资人就融资过程中对被投资企业估值的调整,一般而言是双方当事人于合同签订时真实意思的体现。根据我国《民法典》之规定,若不属于无民事行为能力人、行为人与相对人以虚假的意思表示、违反法律及行政法规的强制性规定(该强制性规定不导致该民事法律行为无效的除外)、违背公序良俗、行为人与相对人恶意串通并损害他人合法权益的民事法律行为,估值调整协议就是有效的。[④] 在当前的法律实践中,考虑到我们私募股权投资行业起步较晚,国内无论在

---

① 参见张兰田:《企业上市审核标准实证解析》,北京大学出版社 2011 年版,第 60 页。

② 参见梁慧星:《民法总论》,法律出版社 2001 年版,第 57 页。

③ 参见贺旭红:《债的客体问题新探》,载《北京交通大学学报(社会科学版)》2006 年第 4 期。

④ 《民法典》第 144 条规定:无民事行为能力人实施的民事法律行为无效。第 146 条第 1 款规定:行为人与相对人以虚假的意思表示实施的民事法律行为无效。第 153 条规定:违反法律、行政法规的强制性规定的民事法律行为无效。但是,该强制性规定不导致该民事法律行为无效的除外。违背公序良俗的民事法律行为无效。第 154 条规定:行为人与相对人恶意串通,损害他人合法权益的民事法律行为无效。

投资、法律实务界还是理论界研究尚不充分,且估值调整的方式众多,很多情况下难以界定是否存在"行为人与相对人以虚假的意思表示、违反法律及行政法规的强制性规定",但笔者认为,这一情况会随着私募股权投资司法案例的增多以及最高人民法院进行相关司法解释得到缓解。本部分笔者试图阐述估值调整机制在法理上如何对其法律属性加以界定。

(1)估值调整协议是否是射幸合同

"射幸"一词起源于拉丁语中的alea(中文意思"死亡")和aleator(中文意思"赌博者"),可见"射幸"一词与风险、赌博关联紧密。《牛津词典》对射幸的界定则集中于风险与偶然性,认为射幸是"取决于不确定的偶然性"。

我国法律对于射幸合同并没有明确的规定,除保险合同等少数合同被明确界定为射幸合同以外,大多数此类合同处于法律的边缘地带。民事法律效果的不明确给当事人带来了较大的法律隐患,也导致司法实践中类似案例出现不同甚至截然相反的判决结果,损害了法律的权威。学术界对于射幸合同的界定标准也不尽相同。如有的学者认为,交易对象是"幸运"或"希望",交易标的物实际出现与契约成立无关;缔约人对交易风险独自承担责任;缔约双方从开始便应当完全知晓契约之风险和交易规则。① 有的学者则认为,射幸合同需要具备射幸性和机会性的相对性;一般为附合合同;严格的适法性和最大诚信性。② 有的学者则综合了上述两种观点,认为它们均是射幸合同的特征或者说界定标准。另外,也有学者认为,合同生效与条件成就的不相干性也是射幸合同的特征,尤其是相较于附延缓条件合同。③ 综合各国学术界和立法实践来看,射幸合同的典型特征是,合同标的是主观上对结果具有预判性和客观上结果发生具有偶然性的事项。具体而言,双方当事人于合同订立时日对于合同后果并不明确,并且由于这种不明确使任意一方当事人均具有获益或者承担风险的可能性。

有一类观点否认估值调整协议是射幸合同的理由是合同一方私募股权投资人透过估值调整协议没有实际承担风险。该种观点认为,若预定时间达到了双方估值调整约定的条件,如企业净利润达到某个数值,被投资企业的价值显著上升,私募股权投资者通过企业的增信获益。同时,若预定时间没有达到双方估值调整约定的条件,如企业未实现盈利等,私募股权投资者有权无偿受让企业原股东一定比例的股份,或者承担差价补足的义务。因此,无论企业未来经营状况如何,在约定时间是否达到双方估值调整约定的条件,私募股权投资者都获得了收益,并没有承担风险。

这种观点是值得商榷的。私募股权投资者对企业注资,并不是一劳永逸的行为。

---

① 参见黄风:《射幸契约与衍生金融工具交易》,载杨振山:《罗马法·国法与民法法典化》,中国政法大学出版社2001年版,第594页。

② 参见黎明:《射幸合同探析》,载《广西政法管理干部学院学报》2002年第6期。

③ 参见陈传法、冯晓光:《射幸合同立法研究》,载《时代法学》2010年第3期。

一般来看,增资后伴随着帮助企业股改、内部治理机制改革、调整企业经营策略及发展战略、优化财务制度和公司决策机制等。在蒙牛与摩根士丹利对赌案中,由于双方签订的“可转股文据”之价值调整机制取决于蒙牛公司在约定时间的业绩,为了激励预期业绩能够完成,摩根士丹利与蒙牛管理层(管理层以牛根生为中心,故而参与对赌的合同另一方是股东牛根生的关联方)签署估值调整协议,约定到2006年公司的年复合增长率不得低于50%,否则管理层无偿划转6000万至7000万份公司股份。若实现该目标,摩根士丹利同样要划转等额的股份给管理层。此后,摩根士丹利并非不再过问蒙牛的经营管理,而是一直在帮助蒙牛优化经营管理。在此期间,摩根士丹利帮助蒙牛完成企业重组,实现财务管理、决策过程的规范化;同时利用了其所持有的重大决策否决权否决了一些对企业经营不利的计划方案,让企业更加专注于主营业务。此外,摩根士丹利还帮助蒙牛设计了清晰的、容易为资本市场所接受的商业模式,这为其随后在我国香港特别行政区资本市场上市融资奠定了良好的基础。另外,知名投资银行和私募股权投资机构的进入提高了企业的知名度,并且能够帮助其获得作为一家民营企业难以获得的政府资源和支持。[①] 由此可以看出,私募股权投资者并非在注资进入企业后一劳永逸,而是持续性地帮助企业发展、完善。相较于估值调整协议中所设定的“具有保本性质的收益”,在此过程中私募股权投资者支付的成本可能更高,综合来看其实私募股权投资者并没有取得所谓的“保本收益”,实际承担了投资的风险。符合射幸合同之“不明确使得任意一方当事人均具有获益或者承担风险的可能性”的要求。

另一种观点否认估值调整协议是射幸合同的理由是对估值调整协议“合同后果不确定性”的质疑。该种观点认为,估值调整协议在约定时间进行估值调整实际上对于私募股权投资者来说可以视为“确定性合同后果”,因为无论是否达到估值调整协议约定的条件,对于私募股权投资者来说都不会亏损。笔者认为,该种观点错误地将经济学角度“保本收益”和法律后果的“确定性”等同。从经济学角度上看,估值调整协议具有对投资收益的保本效益,一定程度上避免了投资出现亏损。但是从法律角度上说即使取得保本性收益也并不意味着合同后果的确定性。私募股权投资者、企业自身、企业原股东的意愿是一致的,即希望企业能够实现价值增值。但是,即使私募投资者尽力帮助企业股改或者内部改革、调整企业战略及经营策略等,融资方尽心竭力去经营运作企业仍然有达不到合同订立时设定之标准。这种标准往往代表着私募股权投资者和企业都希冀实现的企业价值增值,这样私募股权投资者往往获得了不菲的投资收益。而没有达到估值调整机制设定的标准,则意味着私募股权投资者仅仅获得了免于亏损或者按照一定公式计算所得的投资收益,这往往远低于前述达到估值调整机制设定标准下的企业增值所得投资收益。因此,笔者认为估值调整协议具备射幸合同所要求的法律后

① 参见德邦证券、投中集团:《中国私募股权投资年度报告(2012年)》,江苏人民出版社2012年版,第208页。

果的不确定性。

(2)估值调整协议是不是附条件合同

附条件合同,是指在合同中规定了一些条件,并且将该条件的成就与否作为当事人确定的合同权利与义务发生法律效力或者丧失法律效力的根据的合同。[①] 附条件合同一般有两类:一种是附生效条件的合同,另一种是附解除条件的合同。附生效条件的合同在合同中约定了延缓条件(合同生效条件),若约定的延缓条件成就,则合同发生约定的效力;如果约定的条件没有成就,该合同没有生效。本处主要探讨附生效条件的合同。附生效条件的合同确立的原因在于当事人基于交易行为的复杂性不愿意在作出意思表示的当时就赋予合同生效之效力,而是希望当自己期望合适情形出现后才使合同生效。[②]

估值调整协议约定的调整标准和附生效条件的合同的延缓条件看上去类似,但是其对合同效力的影响不同。笔者认为,可以从合同的生效时间、约定调整标准的性质、法律后果三个方面加以比较。第一,两者的生效时间不一致。估值调整协议自双方订立合同时即发生效力。实际表现为私募股权投资者已经实际享有对企业所拥有的股东权利,并且开始行使该权利。如前述蒙牛与摩根士丹利对赌案中,摩根士丹利实际动用授予其的否决权去否决一些企业决策。融资方也在通过竭尽所能经营管理企业来实现企业增值。合同双方均已实际履行合同,不存在合同未生效之问题。而附生效条件的合同仅仅当约定的延缓条件成就方生效。所以,估值调整协议不是附条件合同。第二,估值调整协议约定的调整标准和附生效条件的合同的延缓条件的性质不同。按上述第一点所述,估值调整协议约定的调整标准具有明显的射幸性。而附生效条件的合同中延缓条件并不具有射幸性,其所对应的不确定性仅仅是决定合同是否生效的条件。第三,估值调整协议的法律后果不同于附生效条件的合同。附生效条件的合同必须按照事实发生或者不发生的客观规律,任其自然地发生或者不发生,由此来确定合同的生效或者解除,不得人为地加以干预。[③] 换言之,附生效条件的合同之条件成就应当自然发生,而不可通过外力加以改变。但是在估值调整协议中,无论是私募股权投资者还是企业自身都在努力通过改变治理机制、优化经营管理、提高企业价值等手段来使得企业在合同约定的时间内达到约定的调整标准。从上述三个方面可见,虽然估值调整协议表象上类似于附生效条件的合同,但是在实质上与附生效条件的合同存在诸多不同,笔者认为估值调整协议不是附生效条件的合同。

(3)估值调整机制的附属性

若两个或两个以上的合同之间存在主从关系,则将其中可以独立存在的合同定义

---

① 参见杨立新主编:《合同法》,北京大学出版社 2013 年版,第 141 页。

② 参见傅穹:《对赌协议的法律构造与定性观察》,载《政法论丛》2011 年第 6 期。

③ 参见杨立新:《债与合同法》,法律出版社 2012 年版,第 418 页。

为主合同,而附属于可以独立存在合同的合同则称为从合同。从合同具有附属性,不能离开主合同而单独存在。如抵押合同、保证合同等是主债权合同的从属合同,具有附属性。

估值调整机制依赖于私募股权投资者与被投资企业所签订的私募股权投资协议。该协议确定了私募股权投资者和被投资企业及其股东均承认的企业资产价值,并依据该价值计算出认购股份相应的投资额。但是因为私募股权投资者与被投资企业间存在信息不对称问题,难以在投资时点对被投资企业做准确的价值评估,故而其有内在动机与被投资企业股东签订估值调整协议,在约定的时间对企业的价值进行调整,进而对投资额调整。因此,在远期具有调整企业价值作用的估值调整协议附属于双方投资时点签订的私募股权投资协议。

依据民法基本原理,一般情况下私募股权投资协议的附属——估值调整机制的效力并不影响主合同效力。若估值调整机制作为独立的协议存在,该协议存在违反强行法规定而被法院宣判无效不当然影响双方的股权投资协议,股权投资行为仍受到法律认可和保护。若估值调整机制是以合同条款形式存在于私募股权投资协议中,则须分析导致估值调整机制无效的原因是否影响合同的其他部分。一般而言,估值调整协议属于合同的可分割部分,该部分的无效不当然影响合同的其他条款的效力。① 综上所言,作为私募股权投资协议的附属的估值调整机制,无论是以单独协议形式存在还是作为合同条款存在于私募股权投资协议或者散落于相关协议中,估值调整机制的无效并不当然影响私募股权投资协议的效力。

(4)估值调整协议的担保性

传统民法上对于担保的界定往往是指债之担保。如我国《民法典》第387条有对担保行为加以表述,但局限在债权领域。② 传统民法对担保的表述一般是为了确保债务人履行债务,债权人要求债务人自身或者第三方提供财产或者是信用的方式保证债权人之债权的实现的安排。这与本章论述的估值调整机制相差甚远。但是若跳出债法的领域,估值调整机制所设计的通过补偿或者其他给付行为等重新调整的安排一定程度上也具有担保的性质,因为如果在约定的期限内没有达到预估价值则合同一方需按照估值调整机制设计支条款返还相应的股份或者补偿款。即这种估值的重新调整,如按照约定的计算公式算得投资收益的给付,可以视为对被投资企业在约定时间达到调整标准的担保。如果没有在约定时间达到调整标准,则估值调整协议另一方(往往是企业的股东)负有给付义务以满足私募股权投资者的"保本收益"。估值调整机制实际

---

① 无论是单独协议的形式存在还是作为合同条款形式存在,估值调整机制只有在违反法律、行政法规中的强制性规范才被认定无效。

② 《民法典》第387条规定:"债权人在借贷、买卖等民事活动中,为保障实现其债权,需要担保的,可以依照本法和其他法律的规定设立担保物权。第三人为债务人向债权人提供担保的,可以要求债务人提供反担保。反担保适用本法和其他法律的规定。"

上构成了对私募股权投资者的“保本收益”的担保。

估值调整协议与传统债之担保的区别主要体现在以下几个方面。

第一,两种担保的法律性质的区别。传统债之担保是对主债权的担保,即该担保具有从属性,仅当主债权有效时方可谈及担保的有效性,同时担保无效并不影响主债权的效力。估值调整协议虽然一般作为股权投资协议的从属协议,但是并不是债法中的“从债权”。[①] 股权投资协议的合同双方并不存在债权债务关系。笔者认为,估值调整机制类似于传统民法中的瑕疵担保。瑕疵担保起源于罗马法上的追夺担保制度。[②] 狭义上瑕疵担保仅是对所卖之物具备买卖合同当事人约定或者应当具备之功用的保证,广义上瑕疵担保还包括对所卖之物权属的完整和清晰之担保。[③] 估值调整协议对应的股权投资协议一般是私募股权投资者溢价购买原股东所持股份,类似于买卖合同。估值调整机制视同被投资企业对企业价值的承诺,类似于买卖合同卖方对所卖之物具备功用、权属完整清晰的承诺。笔者认为估值调整机制类似于瑕疵担保。

第二,两种担保的对象区别。传统债之担保所担保的对象是主债权,即若债务人到期未及时履行债务,债权人有权执行担保物(物的担保)或者向第三人求偿(人的保证)。而估值调整机制所担保的对象是企业价值,即被投资企业向私募股权投资者承诺的企业价值,若到期没有达到,则合同一方负有向私募股权投资者给付义务,以实现私募股权投资者的“保本收益”。

第三,两种担保的合同标的区别。传统债之担保中,担保合同的标的主要是担保物物权(物的担保)、向第三人追偿的债权(人的保证)等。而估值调整协议是对企业价值进行调整,笔者认为合同标的是实现价值调整所须履行的给付。

第四,两者的责任承担方式区别。传统的债之担保中,若担保合同没有对担保责任承担方式作出明确的约定,保证人的责任是连带责任。在多个股东参与的估值调整协议中,若合同没有对责任承担方式作出具体约定,那么这种合同责任应当采用怎样的承担方式呢?参照债之担保中保证责任有连带责任和按份保证责任两种。一般而言,连带担保责任相较于按份保证责任更重。[④] 若法律没有明文规定且合同无明确约定适用连带担保责任,推断估值调整适用连带担保责任会加重股东的责任。在法律实践中,对于此类问题存在两种方案,一种是按照出资比例承担责任,另一种则是在各个股东间平

---

① 在传统民法中,从债权是与主债权相对应的说法。在两个相互关联的债权中处于从属地位的债权被称为从债权,它以主债权的产生为前提,也随主债权的灭失而灭失。参见魏振瀛主编:《民法》,北京大学出版社、高等教育出版社 2010 年版,第 337 页。

② 参见胡江峰:《出卖人的权利瑕疵担保制度研究》,载《福建政法管理干部学院学报》2004 年第 4 期。

③ 参见郁宏军、周斌:《权利瑕疵担保制度立法研究》,载新浪网,http://news.sina.com.cn/o/2005-09-02/11436846462s.shtml。

④ 参见袁伟:《两种保证方式的区别》,载《河南金融管理干部学院学报》1997 年第 6 期。

均分配。[①] 笔者认为,公司价值无论是增值还是减值,各股东均按照自己所拥有的份额享有增值收益或者承担减值损失的。达到估值调整协议所约定的调整标准,所有的股东都按照自己所拥有的份额享受到公司增值收益。同样,没有实现调整标准,作为估值调整协议一方的股东们按照自己所持份额比例承担对私募股权投资者的给付义务更符合民法的基本原则——公平原则。

6. 法经济学视角下分析估值调整机制

从法经济学角度审视私募股权投资交易,估值调整机制存在的根本原因在于私募股权投融资双方的信息不对称,这种不对称可能会导致"逆向选择"和"道德风险"。

乔治·A. 阿克洛夫(George A. Akerlof)于1970年发表的《柠檬市场:质量的不确定性和市场机制》一文,[②]通过二手车市场交易揭示了信息不对称导致市场失败问题。文中指出,二手车市场中只有卖家知道车的真实质量,而买方仅仅知道市场的平均质量,仅愿以中等价格购买平均质量。这样高于均价的二手车逐步退出了市场。市场的平均质量下降,买家只愿意更低的价格购买二手车。这样高于更低价格的二手车继续慢慢退出市场。由此恶性循环致使极端情况下市场仅存破烂到不能再破烂的车,没有车辆能够成交。二手车市场变化的过程即市场不断"逆向选择"的过程。

在私募股权投资领域,就如同二手车市场,同样存在信息的不对称,这将导致可怕的"劣币驱逐良币"效应。[③] 私募股权投资者与被投资企业的信息不对称、被投资企业发展前景的不确定性,都可能导致市场失败。[④] 私募股权投资者对被投资企业的价值无法作出准确的衡量,他愿以均价去投资中等的企业,这样优质的企业逐步在私募股权投资市场上销声匿迹。市场上企业均价逐步降低,私募股权投资者只愿出更低的均价。最终市场上只剩下劣质企业,交易近乎为零。估值调整机制的存在让私募股权投资者敢于投资那些价值高于均价的企业,因为在远期若企业没有达到约定的调整标准,则可以重新对企业估价,免于遭受损失。私募股权投资者没有必要仅以市场均价进行投资。故而在私募股权投资领域,估值调整机制可以有效解决双方信息不对称导致的逆向选择,避免市场失败。

---

① 参见谢海霞:《对赌协议的法律性质探析》,载《法学杂志》2010年第1期。

② 参见[美]乔治·阿克洛夫:《柠檬市场:质量的不确定性和市场机制》,载《经济导刊》2001年第6期。

③ "劣币驱逐良币"效应,是指若两种法定比价相同的货币在一个国家内流动,实际价值高的货币会因被融化、收藏等而最终退出市场,市场上剩下的是实际价值低的劣币。劣币用于交易时,因另一方对货币真实情况的不了解,所以交易效果与良币一致,这种双方信息不对称是该现象存在的根本原因。参见赵奉军:《论激励问题与激励机制的设计》,载《经济体制改革》1999年第3期。

④ See William A. Sahlman, *The Structure and Governance of Venture Capital Organizations*, Journal of Financial Economics, Vol. 27, p. 473(1990).

现代公司治理所推行的公司所有权与经营权分离虽然具有其进步的地方,①但是同样带来了“道德风险”问题。② 公司的职业经理者(代理人)可能会利用信息不对称,最大化自己的利益,导致股东(委托人)利益受损,委托代理问题逐步凸显。经营权拥有者与所有权拥有者在本质上存在利益分歧,职业经理人作为经营权拥有者追求的是自己收入最大化、付出最小化,而股东作为所有权拥有者追求的是财富最大化。现代公司治理规则对委托代理问题有诸多探讨。如美国公司股权分散、负债率低、多从证券市场融资,其防止代理风险的治理机制主要有股东权利行使间接化、对代理人进行激励、引入独立董事制度。③ 就学术角度而言,现代公司治理对于解决代理问题主要有两个思路,第一种认为企业内部激励约束机制可有效解决代理问题,持这一观点的代表人物有罗伊·拉德纳(Roy Radner)、本特·霍姆斯特罗姆(Bengt Holmstrom)、让·梯若尔(Jean Tirole)等;第二种认为主要依照市场机制解决代理问题,持这一观点的代表人物主要有尤金·法玛(Eugene Fama)、奥立佛·哈特(Oliver Hart)、哈罗德·德姆塞茨(Harold Demsetz)、佛雷德利·迈克尔·施勒(Frederic Michael Scherer)等。④ 内部激励约束机制是解决代理问题的主要方式之一。在过去的30年,委托代理理论也一直研究如何设计最优结构从而激励代理人,让代理人与委托人的利益相容。估值调整机制正是让代理人与委托人利益相容的一种设计。私募股权投资者通过和企业的管理层签订估值调整协议,一方面实现了双方就企业估值取得一致,更重要的是解决了私募股权投后的道德风险问题。前述蒙牛摩根士丹利对赌案中,若企业在约定的时间内实现年复合增长率大于50%,公司管理层可无偿获得6000万至7000万股股份的奖励。这份估值调整协议融合了私募股权投资者作为股东的利益和公司管理层利益,既约束了管理层懒惰自利行为,也督促了管理层为企业价值增值尽心竭力。

法经济学不仅可以分析估值调整机制的合理性,而且也揭示了估值调整机制普遍运用于私募股权投资领域的原因。⑤ 估值调整机制有效解决了私募股权投资领域投融资双方信息不对称所导致的逆向选择问题和作为股东的私募股权投资者和公司管理层间的道德风险问题,避免了出现市场失败之情形。

---

① 现代公司治理的逻辑起点是委托代理理论。该理论认为企业所有权人兼经营者存在很大的问题,生产力的极大发展导致社会分工的细化,应当让更专业的职业经理人(代理人)代替所有权人经营企业。参见冯根福:《双重委托代理理论:上市公司治理的另一种分析框架——兼论进一步完善中国上市公司治理的新思路》,载《经济研究》2004年第12期。

② 参见[美]阿道夫·A.伯利、加德纳·C.米恩斯:《现代公司与私有财产》,甘华鸣、罗锐韧、蔡如海译,商务印书馆2005年版,第313页。

③ 参见荣朝和:《委托代理理论及其在中国国企改革中的实践》,载百度文库,https://wenku.baidu.com/view/11910112cbaedd3383c4bb4cf7ec4afe04a1b1d9.html,最后访问时间:2021年1月31日。

④ 参见张跃平、刘荆敏:《委托—代理激励理论实证研究综述》,载《经济学动态》2003年第6期。

⑤ 参见罗青军:《对赌协议:内涵风险收益及其决策模式》,载《证券保险》2009年第6期。

二、估值调整机制法律效力探析

(一)合法性分析

在私募股权投资领域,估值调整机制已经作为一种普遍使用的设计去协调、融合投融资各方的关系和利益。但在我国民法典框架下估值调整协议属于无名合同,现行立法对于估值调整机制的合法性没有明确的规定。这给私募股权投资带来了很大的法律风险隐患,一旦估值调整机制没有被司法当局认可,则可能导致私募股权投资者权益得不到充分保障。同时,上文述及估值调整机制是一种射幸合同。射幸性让人们有动机通过各种方式,甚至是违反公序良俗、法律法规的方式,去博取不确定的合同后果。若不对其加以约束,射幸性往往会产生不良的社会后果。如赌博在世界大多数国家被禁止,彩票的发行往往附有诸多限制性条件。① 因此,在学理上对估值调整机制的合法性进行探讨显得尤为必要。

1. 私法自治与效力受限角度

(1)私法自治

私法自治是近代大陆法系民法的基本原则,是现代民法的基础。私法自治赋予民法上的个体按照自我意愿形成私法上权利义务关系的权利,保障其实践个人决定的权利和人格权利。私法自治广泛体现在私法的各种制度之中。法律在私法领域内仅仅是一般性规定,由民法上的个体决定私事,去签订合同、结婚、结社、设立遗嘱等,这就是私法赋予公民的合同自由、婚姻自由、遗嘱自由、结社自由。② 在契约法中,任何民法主体可以自由地订立合同、自由地选择合同另一方、自由地决定合同约定的权利义务内容、自由地选择合同形式等。

合同自由起源于查士丁尼《民法大全》中对于诺成契约的规定,其中认为当事人的合意是契约效力的源泉,当事人的意志决定了契约的成立。这一原理即后世广为援用的契约自由。③ 契约自由也得到了我国立法的认可,我国《民法典》第4、5条可视为对包括合同自由原则在内的民事活动自由的体现,同时在合同的缔约、合同内容、合同补救措施、合同裁判等具体法条处也充分体现了合同自由,这同时也是促进社会主义市场经济发展的必要条件。具体到估值调整协议,双方当事人真实表达自己意愿,在规定的时间依照约定的调整标准对企业价值进行调整,是对合同自由的体现。因此,无论追溯私法自治原理还是依据我国民法典明确的合同自由,私募股权投融资双方订立的估值调整协议具备清晰的合法性来源。

合同自由并不是绝对的,一份合同至少要确保其不违背国家法律法规的强制性规定以及社会道德框架下的公序良俗。我国《民法典》第144、146、153、154条都对合同自

---

① 例如,我国彩票发行的批准权集中在国务院,这体现了国家对这种行为的谨慎性和限制性。

② 参见刘士国:《科学的自然法规与民法解释》,复旦大学出版社2011年版,第23页。

③ 参见斯奇巴尼等:《罗马法:中国法与民法法典化》,中国政法大学出版社2011年版,第345页。

由作出限制，要求包括订立执行合同在内的民事法律行为应当尊重公序良俗、法律法规，不扰乱社会经济秩序和国家经济运行。根据法律法规的强制性程度划分一般将我国的法律法规分为强制性规范和任意性规范两类。强制性规范以刑法为代表的公法为主，其义务性明确且不得拒绝履行，且人们无法加以变更。任意性规范则以民商法律为主，该类法律规范更多具有示范意义，当事人可以按照自己意愿另行约定。

估值调整机制是私募股权投融资双方就企业估值事项所设计的制度安排，它是双方的妥协，也是双方意志一致的体现，即约定时间按照调整标准对企业价值进行重新调整。私募股权投资估值调整是合同双方主体通过"给付"实现的价值平衡。关于强制法规定以及公序良俗需要深入具体分析被投资企业的领域以及具体的投资程序等。如国家发改委颁布《外商投资产业指导目录》将产业分为鼓励类、限制类、禁止类，若外资私募股权投资者拟投资限制类和禁止类行业的企业，则违反强行法的规定。又如，根据我国《贷款通则》规定企业直接不能直接或变相进行借贷融资，若私募股权投资者以股权投资的名义却行企业贷款之实，则违反强行法的规定。若从估值调整机制制度本身而言，其并无违反强行法规定或者社会公序良俗之问题。因此，从私法意思自治角度，无违反强行法规定或者社会公序良俗的估值调整机制是双方主体"合同自由"的体现，当然具备合法性。

(2)效力受限

论及估值调整机制效力则不仅应受民法典等一般民事法律规范的调整，还应遵循公司法等商事法律规范的规制。

第一，资本维持原则。资本维持原则要求公司在存续过程中应当保持与公司资本额相当的现实资产。公司资本是公司取得独立人格的必备要件和营运发展的物质基础，是股东对公司的出资义务和承担有限责任的物质基础和范围，是债权人实现其债权的重要保障。注册资本记载于公司对外公示的公司章程上，债权人在判断公司的信用程度时，公司资本额就成为衡量公司信用的基本尺度。① 目标公司以现金补偿投资者或回购投资者股权，实质是公司与股东之间的资本性交易。② 公司资产减损将使维持经营与满足债权的资产减少，因此法律禁止股份公司的股票发行价格低于票面金额、抽逃出资、公司回购自己的股份、母子公司之间以股抵债等行为。③

第二，股权回购限制。在公司持有本公司股份上，大陆法系历来坚持"原则禁止，例外允许"的原则，即公司原则上不得收购自己的股份或将其收为质物。如果允许公司随意回购自己的股份，弊端在于：①引发公司资产向股东不当流动，公司资产不当减

---

① 参见朱慈蕴：《公司法原论》，清华大学出版社 2011 年版，第 185 页。

② 参见刘燕：《重构"禁止抽逃出资"规则的公司法理基础》，载《中国法学》2015 年第 4 期。

③ 参见刘俊海：《现代公司法》，法律出版社 2008 年版，第 180 ~ 181 页。

损，损害公司债权人利益；②公司利用现金换回自己的股份，降低公司资产的流动性，从现金流的角度对公司运作和债权人保护构成威胁；③公司选择购回部分股东所持有的股份，违反股东平等原则，即使通过交易市场公开回购，也会因取得价格的高低而在股东间产生不平等结果；④危害公司支配权的公正配置，控股股东利用非等比例回购强化自己的支配权，间接损害小股东利益；⑤回购股份交易主体之一是公司本身，在信息不对称的市场中出于明显强势地位，容易滋生内幕交易和操纵市场等问题，损害投资者利益。[①] 因此，对股份回购进行必要的法律规制是各国公司法的通例。

第三，我国法律限制。《民法典》第153条规定，违反法律、行政法规的强制性规定的民事法律行为无效。《公司法》(2018年修订)第35条规定了禁止抽逃出资，第37条规定了减资须经法定程序，第74条规定了股东请求公司回购股权的法定情形，《公司法》(2018年修订)规定了第141条发起人股份、公开发行股份转让限制，第142条规定了公司回购股份的四种情形及程序、数量、处置规则，第177条规定了公司减少注册资本的程序等属于强制性法律规定中的效力规范。估值调整协议如果违反上述效力性强制性规定，应当归于无效，对目标公司没有法律约束力。

2. 社会功用角度

任何一种社会现象、制度设计的出现背后都有其存在的原因和必然性。只要其社会功用符合社会规范存在的目的，就应该得到社会规范的认可，法律这一特殊的社会规范同样应当赋予其合法性。

就估值调整机制的社会功用可从私募股权投资者和融资方两个角度分别加以分析。对于私募股权投资者而言，在一项私募股权投资活动中，最关键并且也是最难判断的就是如何给被投资企业合理估价。前文基于法经济学角度对私募股权投资分析可知，私募股权投资者面临的是一个信息不对称的市场，其无法对企业准确估价，如果任由市场恶性循环下去，则会导致优质企业逐步退出私募股权投资市场，直至市场失败。这种逆向选择会毁灭私募股权投资市场。估值调整机制通过在远期设计估值调整机制——未达到投资时点设定的调整标准，则合同相对方通过给付义务完成企业价值调。该制度成功解决了逆向选择，同时对私募股权投资者有担保作用——估值调整协议中约定的收益(如按照特定公示计算的投资收益)让私募股权投资者避免了重大投资损失。估值调整机制的社会功用已经引起了监管当局的注意并且在资本市场相关法规规章制定时进行了有益的借鉴。中国证券业监督管理委员会于2020年修订的《上市公司重大资产重组管理办法》第35条中明确了“估值调整机制”，其要求符合条件的交易对手应当与上市公司签订补偿协议，约定若重组资产实际盈利数额低于预测数，则交易对手承担补足差额的义务。这种估值调整机制的设定有效解决了并购重组市场信息不对

---

① 参见朱慈蕴：《公司法原论》，清华大学出版社2011年版，第172页。

称引发的逆向选择问题。①

对于融资方被投资企业而言，私募股权投资给公司带来了资金，并且估值调整机制可以减少企业管理层的道德风险问题。私募股权投资的对象多是处于初创期或者成长期的中小型企业。这类公司整体实力和规模都较小，缺乏抵押物和信用从银行寻求资金，更无力发行信用债券从一级市场筹措资金。私募股权投资是其获得资金的重要渠道，很多知名的企业的成功都离不开早期私募股权投资，如红杉资本对思科、甲骨文的投资，软银中国对阿里巴巴、盛大的投资等。私募股权投资市场为中小型企业拓宽了融资渠道，并且提供的是低成本、没有偿付本金要求的资金。代理人理论下，公司所有权和经营权分离后，拥有经营权的管理层利益与股东的利益并不一致，其追求的是更少的工作付出同时获得更多的个人利益。私募股权投资者与被投资企业管理层之间的估值调整协议可以融合股东利益和管理层利益，减少管理层道德风险问题。

（二）甘肃私募股权投资案及其估值调整条款分析

1. 甘肃私募股权投资案案情介绍②

2007 年 11 月，私募股权投资者苏州工业园区海富投资有限公司（以下简称苏州公司）与被投资企业甘肃世恒有色资源再利用有限公司（以下简称甘肃公司）、被投资企业股东香港迪亚有限公司（以下简称香港公司）、甘肃公司法定代表人兼总经理兼香港公司总经理陆波签署《甘肃众星锌业有限公司增资协议书》（以下简称《增资协议书》）。③ 其中约定苏州公司向甘肃公司增资人民币 2000 万元，增资后持有甘肃公司 3.85% 股份，投资额中 114.77 万元列为公司注册资本，剩余 1885.23 万元是投资溢价。上述资金用途约定为收购锌冶炼厂、开发峨边县牛岗矿山、研究循环冶炼技术等。同时协议也约定企业改制上市事宜，争取快速实现企业上市。在《增资协议书》第 7 条第 2 项中约定 2008 年甘肃公司的净利润要达到 3000 万元，否则苏州公司有权要求甘肃公司向其支付按照协议约定公式计算出的补偿款，若甘肃不履行该义务，则有权向香港公司追偿该笔补偿款。苏州公司与香港公司签订了合资协议，公司变更为中外合资企业，并修改了公司章程。2008 年甘肃公司未能达到上述约定之调整标准，其净利润不足 3 万元。苏州公司有权根据《增资协议书》要求甘肃公司支付补偿款 1998 万余元。但是，甘肃公司和其股东香港公司均拒绝了苏州公司的求偿要求。2009 年 12 月，苏州公

---

① 《上市公司重大资产重组管理办法》第 35 条规定：采取收益现值法、假设开发法等基于未来收益预期的方法对拟购买资产进行评估或者估值并作为定价参考依据的，上市公司应当在重大资产重组实施完毕后 3 年内的年度报告中单独披露相关资产的实际盈利数与利润预测数的差异情况，并由会计师事务所对此出具专项审核意见；交易对方应当与上市公司就相关资产实际盈利数不足利润预测数的情况签订明确可行的补偿协议。

② 参见兰州市中级人民法院民事判决书，（2010）兰法民三初字第 71 号；甘肃省高级人民法院民事判决书，（2011）甘民二终字第 96 号；最高人民法院民事判决书，（2012）民提字第 11 号。

③ 甘肃世恒有色资源再利用有限公司更名前公司名是甘肃众星锌业有限公司，该变化对本案判决没有影响，以下均用甘肃公司加以指代。苏州公司投资前，香港公司持有甘肃公司 100% 股权。

司在兰州市中级人民法院提起诉讼,要求甘肃公司等履行合同义务向其支付补偿款1998万元。一审判决结束后,苏州公司对一审结果不满,上诉至甘肃省高级人民法院。甘肃公司等不满二审判决,该案最终由最高人民法院再审。

2. 法院判决核心观点综述

一审法院认为,本案争议点是《增资协议书》第7条关于估值调整机制的约定效力。其主张该条款的约定涉及公司利润的分配,是对合营企业利润分配方式的确定。一审法院援引案发时尚未被废止的《中外合资经营企业法》①第8条之规定认为,苏州公司注资后,甘肃公司变成中外合资企业,而中外合资企业应当按照注册资本比例分配企业利润。并且认为该种行为违反了《公司法》第20条,存在滥用公司有限责任制度去损害甘肃公司及其债权人利益之嫌。同时,该条款与甘肃公司《公司章程》相关规定不一致,是对公司利益及公司债权人利益的损害。根据案发时尚未被废止的《合同法》第52条第5项规定,违反法律、行政法规强制性规定的合同无效。② 最终一审法院在判决书中认定《增资协议书》第7条关于估值调整机制的约定因违反了法律、行政法规的强制性规定而无效。③

二审法院观点与一审法院迥异。二审法院认为,《增资协议书》第7条关于估值调整机制的约定仅仅是对目标企业盈利能力的约定,并没有约定利润的具体分配方式和比例。并且,假使双方约定的调整标准实现,苏州公司和甘肃公司均能够按照相应的注册资本比例获得各自的收益,也不存在损害债权人利益的可能。二审法院认为,该条款让作为股东的苏州公司没有"共享收益、共担风险",而是至少能够取得协议公式算出的补偿款收益。二审法院将2000万元的投资理解为114.77万元是股权投资行为,剩余1885.23万元则视为股东贷款行为。法院援引早在1990年11月12日颁发的《最高人民法院关于审理联营合同纠纷案件若干问题的解答》(案发时尚未被废止)第4条第2项认定1885.23万元属于"名为投资,实为借贷"。④ 同样依据我国案发时尚未被废止的《合同法》第52条确定了该约定无效。最终,二审法院在判决书中认定《增资协议书》第7条关于估值调整机制的约定是"名为投资,实为借贷",违反了强行法的规定,故而约定无效。⑤

二审法院的观点完全不同于一审法院,同时判决结果也从一审有利于甘肃公司转变为二审有利于苏州公司。甘肃公司于2012年向最高人民法院请求再审。最高人民法院肯定了一审法院、二审法院援引《公司法》和案发时尚未被废止的《中外合资经营企业法》认定苏州公司通过协议约定的公式取得固定数额收益损害了甘肃公司自身及

---

① 《中外合资经营企业法》已于2020年1月1日废止。

② 《合同法》已于2021年1月1日废止。

③ 参见兰州市中级人民法院民事判决书,(2010)兰法民三初字第71号。

④ 《最高人民法院关于审理联营合同纠纷案件若干问题的解答》已于2021年1月1日废止。

⑤ 参见甘肃省高级人民法院民事判决书,(2011)甘民二终字第96号。

其债权人利益。但是，最高人民法院同时纠正了二审法院对1885.23万元属于“名为投资，实为借贷”的认定，认为其没有法律依据。最高人民法院认为，《增资协议书》签订时香港公司对甘肃公司补偿款的承诺是真实意思表达，且没有违反我国法律法规强制性规定，故2009年在甘肃公司利润未达到约定调整标准时，香港公司应当按照《增资协议书》承担向苏州公司支付补偿款的义务。最终，最高人民法院在判决书中认定《增资协议书》第7条关于估值调整机制的约定部分有效，甘肃公司向苏州公司支付补偿款无效，香港公司向苏州公司支付补偿款有效，最终由香港公司履行向苏州公司支付1885.23万元补偿款之义务。① 本案三审法院观点见表8－1。②

表8－1　海富案一审、二审、再审法院观点汇总

	一审法院	二审法院	最高人民法院
援引法律	1.《中外合资经营企业法》第8条 2.《公司法》第20条 3.《合同法》第52条	1.《最高人民法院关于审理联营合同纠纷案件若干问题的解答》第4条 2.《合同法》第52条	1.《中外合资经营企业法》第8条 2.《公司法》第20条 3.《合同法》第52条 4.《合同法》第56条
观点总结	1.估值调整条款是对企业利润分配方式的约定 2.法律对中外合资企业利润分配方式有明确规定——按照注册资本比例 3.估值调整条款与公司章程不一致，存在损害公司及债权人利益的情况 4.综上，估值调整条款违反了法律、行政法规的强制性规定，该约定无效	1.估值调整条款不涉及企业利润分配 2.假使双方约定的调整标准实现，苏州公司和甘肃公司均能够按照相应的注册资本比例获得各自的收益，也不存在损害债权人利益的可能 3.苏州公司不论甘肃公司业绩如何均可获得约定收益而不承担任何风险，是“名为投资，实为借贷” 4.综上，估值调整条款违反了法律、行政法规的强制性规定，该约定无效	1.苏州公司从甘肃公司取得相对固定的收益脱离了甘肃公司的经营业绩，损害了公司及债权人利益 2.“名为投资，实为借贷”没有法律依据，予以纠正 3.香港公司对苏州公司的补偿承诺是股东之间的约定，不损害公司及债权人利益，不违反法律禁止性规定，是当事人真实意思表达，该约定有效 4.综上，甘肃公司对苏州公司补偿承诺无效，香港公司对苏州公司的补偿承诺有效

3.法院判决观点分析

一审法院、二审法院的判决存在一定的瑕疵。最高人民法院的判决一定程度上更多考虑了案件的社会影响力，一方面，实际认定了估值调整机制的合法性；另一方面，由

① 参见最高人民法院民事判决书，(2012)民提字第11号。

② 表格为作者根据一审、二审、再审法院判决书自行设计。《中外合资经营企业法》已于2020年1月1日废止，《合同法》已于2021年1月1日废止。

于香港公司仅是壳公司，其无法实际完成支付 1885.23 万元补偿款之义务，并未对甘肃公司有实质性影响。

(1)估值调整机制是否涉及企业利润分配

一审法院事实认定存在一定问题。各方缔结《增资协议书》的核心在于期望甘肃公司能够实现企业价值增值，苏州公司更是希望甘肃公司能够良性发展，最终甘肃公司以较高的市盈率上市后退出，通过股权增值获取高额投资收益。而《增资协议书》第 7 条关于估值调整机制的约定仅仅是对股权投资价值的担保，不涉及公司利润的分配。2008 年净利润实现 3000 万元是企业估值的调整标准，若未实现则按照《增资协议书》约定的方式对私募股权投资人苏州公司所持有的股权价值进行补偿。另外，补偿金额的计算公式"(1 - 2008 年净利润/3000 万元) × 2000 万投资金额"与净利润并不是正相关，且可能高于净利润，[①]不属于对企业利润分配的行为。因此，《增资协议书》第 7 条不涉及企业利润的分配，一审法院存在事实认定错误。

(2)估值调整机制是否属于"名为联营，实为借贷"

二审法院将私募股权投资行为认定为联营行为是值得商榷的。按照案发时尚未被废止的《民法通则》第 53 条关于合同式联营的规定，各方当事人是独自经营并且各自独立承担民事责任。[②] 本案中，苏州公司和甘肃公司没有联营的任何迹象，即使认定为合同联营，各方当事人也是独自承担民事责任，不存在"共担风险、共享收益"的问题。[③]而二审法院认定其破坏风险共担机制与其认定的联营存在自相矛盾之嫌。笔者认为二审法院认定苏州公司获取的是固定利润同样值得探讨。一般来说，银行在贷款行为中取得的收益被认定为固定收益利润，因为其计算公式是根据已经确定的本金乘以确定的年利率所得。在金融市场中，固定收益主要有两类：一种是固定的利率，无论支付方式是按季支付、按年支付还是折现到时点的零息债券；另一种是以固定利率为基础，引入市场上主流的利率波动指标(如 LIBOR、[④]SHIBOR[⑤])实现浮动。[⑥] 这两类的收益在一个特定区间内可视为固定的。反观本案《增资协议书》第 7 条约定的公式"(1 - 2008

---

① 根据计算公式"(1 - 2008 年净利润/3000 万元) × 2000 万元投资金额 > 2008 年净利润"可知，当 2008 年净利润低于 1200 万元时，补偿金额大于净利润。

② 《民法通则》已于 2021 年 1 月 1 日废止。

③ 根据已于 2021 年 1 月 1 日废止的《民法通则》第 51、52、53 条之规定，我国联营的法定类型有法人联营(联营各方设立法人资格主体从事经营活动)、合伙联营(联营各方设立合伙企业从事经营活动)和合同联营(联营各方通过合同实现联营行为)。本案中并无设立法人主体或者合伙企业之情形，故不可能是法人联营、合伙联营。第 53 条明文规定，企业之间或者企业、事业单位之间联营，按照合同的约定各自独立经营的，它的权利和义务由合同约定，各自承担民事责任。

④ LIBOR 即伦敦同业拆借利率，是大型国际银行之间拆借人民币资金的报价利率，常常用作商业贷款、债券发行、抵押担保等参考利率。

⑤ SHIBOR 即上海银行间同业拆放利率，是国内银行之间拆借资金的报价利率，在中国广泛使用。

⑥ 参见[美]弗兰克·J. 法博齐编著：《固定收益证券手册》，范舟等译，中国人民大学出版社 2005 年版，第 4 ~ 15 页。

年实际净利润/3000 万元）×本次投资金额”，其计算结果取决于实际净利润，并不是一个固定的数值，且波动范围较大，不能简单将其类比为固定收益利润。

（3）能否援引司法解释作为合同无效依据

二审法院在法律适用上同样存在问题。二审法院援引的《最高人民法院关于审理联营合同纠纷案件若干问题的解答》不能作为认定合同无效依据。《合同法》第 52 条关于认定合同无效情形明确为“违反法律、行政法规的强制性规定”①。最高人民法院审判员杨兴业法官在 2013 年 3 月最高人民法院对赌案研讨会上指出，认定合同无效只能依据单行的专门法律法规，并不包括二审法院援引的上述司法解释。② 二审法院属于自行创设合同无效之情形，依据无效。

另外，合同无效则应当自始无效，法院应当确定其法律后果是恢复原状，而非判决甘肃公司、香港公司返还被认定为贷款的 1885.23 万元及孳息。二审法院最后的判决与当事人最初的诉讼请求有出入。私募股权投资者苏州公司向一审法院的诉讼请求是要求甘肃公司、股东香港公司、实际控制人陆波向其支付补偿款 1900 万元，并且请求返还最初的投资款。而最终二审判决书要求甘肃公司等返还投资款超出了苏州公司最初的诉讼请求。

（4）《合同法》第 52 条与《公司法》第 20 条绑定适用争议③

最高人民法院再审判决的逻辑，在于将《公司法》第 20 条“不得滥用股东权利损害公司或者其他股东的利益；不得滥用公司法人独立地位和股东有限责任损害公司债权人的利益”的强制性规定与案件发生时尚未被废止的《合同法》第 52 条绑定适用，进而得出否定投资方与公司对赌协议效力的结论。本案再审法官显然具有一定政策性考量，目的在于限制投资者过于依赖回报补偿条款的简单设计而规避投资风险的投机行为，引导投资者谨慎、理性投资，完善融资体系和金融市场体系。④

该结论推断过程引起学术界讨论与争议，主要原因在于：一是签订协议时投资方尚未成为公司股东，不存在行使股东权利的行为。⑤ 二是滥用股东权利等是控股股东或大股东利用持股优势地位，恶意损害公司、其他股东和债权人的行为。本案投资方持股比例仅 3.85%，不具备滥用股东权利能力。⑥ 三是合同履行的撤资、减资行为不构成对

---

① 《合同法》已于 2021 年 1 月 1 日废止。依据《民法典》第 153 条规定：违反法律、行政法规的强制性规定的民事法律行为无效。但是，该强制性规定不导致该民事法律行为无效的除外。

② 参见杨兴业：《对赌案研讨会会议笔记》，载新浪博客，http://blog.sina.com.cn/s/blog_75e47c09010117iz.html。

③ 《合同法》已于 2021 年 1 月 1 日废止，但《合同法》第 52 条部分条款在《民法典》第 144 条、第 146 条第 1 款、第 153 条及第 154 条中仍有所体现。

④ 参见罗东川、杨兴业：《“对赌协议”纠纷的法律规制及裁判规则》，载《人民司法》2014 年第 10 期。

⑤ 参见杨明宇：《私募股权投资中对赌协议性质与合法性探析——兼评海富投资案》，载《证券市场导报》2014 年第 2 期。

⑥ 参见俞秋玮、夏青：《对赌协定效力之争及其评价》，载《法律适用》2015 年第 6 期。

公司法基本原则的动摇,法律应关注股东从公司取得财产是否存在法律依据及履行必要程序,而投资方要求的补偿请求权类似于结算差额请求权。[①] 四是从合同法角度看,应当隔离合同效力判断与履行判断,不应认为资本维持等“履行不能”的障碍即“合同无效”的障碍。[②] 如果认为被投资公司业绩承诺兑现之前,投资溢价款是公司对投资方的负债,投资方股权也并非公司法意义上的股权范畴,从而应适用合同法而非公司法原理对合同效力予以判断。[③] 但有学者认为估值调整机制中的核心要素在多数情况下是通过股权调整变动实现的,往往涉及公司资产变动以及股权转让、减资、清算等权益调整途径,除受案件发生时尚未被废止的《合同法》调整外仍应遵循《公司法》等商法规范的规制。[④]

(5)私募股权投资估值调整协议签署对象的选择

最高人民法院的再审最大价值,在于将私募股权投资者与被投资企业之间的估值调整机制和私募股权投资者与被投资企业股东之间的估值调整机制的效力分别加以明示。根据中国公司法理论,在公司有效存续期间应遵循公司资本维持原则和法人财产独立原则,[⑤]股东从公司获得财产的途径仅为依法从公司获取分配利润或者减资方式退出公司,股东无权以其他方式从公司获取财产,否则视为对公司及其债权人权益的损害。按照《增资协议书》第 7 条约定,若被投资企业甘肃公司 2008 年业绩低于 3000 万元,苏州公司有权按照协议约定的公式获得补偿收益。该收益与甘肃公司的经营没有关系,也就是说无论被投资企业经营盈利状况如何,作为股东的苏州公司均可以获得一定数额的收益。根据《公司法》第 20 条及案发时尚未被废止的《中外合资经营企业法》第 8 条之规定,上述约定损害了公司的利益以及公司债权人的利益。

同时,最高人民法院认可了公司原股东香港公司与私募投资者苏州公司之间的约定的法律效力。其认为,原股东香港公司与新进入股东苏州公司的估值调整补偿约定是股东间的约定,不损害公司的利益以及公司债权人的利益。该约定是原股东与新进入股东的真实意思表示,也不违反强行法的相关规定,其具有法律效力。

有学者认为,“甘肃公司未能履行补偿义务时,苏州公司有权要求原股东香港公司履行补偿义务”是香港公司承担连带责任保证。[⑥] 而案发时尚未被废止的《担保法》第 5 条明确规定:“主合同无效时担保合同也无效。担保合同被确认无效后,若债务人、担

---

① 参见季境:《“对赌协议”的认识误区修正与法律适用》,载《人民司法》2014 年第 10 期。

② 参见秦涛、张旭东:《对赌协议裁判的理想进路:合同法与公司法的嵌入与并存》,载《学习与实践》2018 年第 2 期。

③ 参见季境:《私募股权投资中股权价格调整条款法律问题探究》,载《法学杂志》2014 年第 4 期。

④ 参见俞秋玮、夏青:《对赌协定效力之争及其评价》,载《法律适用》2015 年第 6 期。

⑤ 参见刘俊海:《公司法学》,武汉大学出版社 2010 年版,第 59 页。

⑥ 参见王云霞:《中国法律环境下对赌协议的法律性质及效力分析——兼评苏州海富诉甘肃世恒案》,载《行政与法》2013 年第 4 期。

保人、债权人有过错的,应当根据其过错各自承担相应的民事责任。”[①]香港公司并无过错,理应当不承担责任。笔者认为,将估值调整机制视同《担保法》中保证责任有待商榷。估值调整机制有担保之属性,却不是《担保法》及后续制定的《民法典》中规定的“保证”。保证是第三方主体对两方之间的债务承担的代偿责任,对债务人有追索之权利。本案中,甘肃公司与苏州公司之间并无债务关系,并且香港公司对甘肃公司无追索权,不符合上述保证之界定。因此,原股东香港公司与新进入股东苏州公司的估值调整补偿约定是股东间的约定,不是《担保法》及后续制定的《民法典》中保证行为,不损害公司的利益以及公司债权人的利益,具有法律效力。

最高人民法院通过甘肃私募股权投资案传递了司法态度:私募股权投资者估值调整机制签署对象应当选择被投资企业股东,而不建议直接与被投资者企业签署。[②]

私募股权投资者与被投资企业股东间对赌协议普遍被认定有效,[③]主要理由是:对赌协议是当事人意思自治范畴,不违反法律法规的禁止性规定,未损害公司债权人及其他股东利益。[④] 在部分案件中,法院还考量了商事交易的公平正义,认为对赌协议中投融资双方作为商事交易主体均具有较高风险识别和判断能力,被投资者企业股东方在信息获取能力等方面更具优势,不存在因信息不对称导致显失公平的情形;风险和收益分配也在合理范围内,协议内容等价有偿,并未违反权利义务不相一致原则。[⑤] 被投资者企业股东方给予的补偿应是正当的损失补偿,应视为系根据事前自主商业判断所自愿负担的责任后果。[⑥]

私募股权投资者与被投资企业对赌协议效力认定存在困境。司法当局的核心逻辑是资本维持原则,认为如果公司股权回购、现金补偿违背公司资本维持原则,损害公司持续运营能力和债权人利益保护,则最终判决对赌无效。《九民纪要》对此予以明确:投资方与目标公司订立的“对赌协议”在不存在法定无效事由的情况下,目标公司仅以存在股权回购或者金钱补偿约定为由,主张“对赌协议”无效的,不能成立。该类协议虽然不是当然无效,但是在实务操作中存在合同履行角度诸多不确定性因素,如不能违反法律强制性规定、回购股权以目标公司完成减资程序为前提、现金补偿以目标公司存

---

① 《担保法》已于2021年1月1日废止。《民法典》第388条规定:“担保合同是主债权债务合同的从合同。主债权债务合同无效的,担保合同无效,但是法律另有规定的除外。担保合同被确认无效后,债务人、担保人、债权人有过错的,应当根据其过错各自承担相应的民事责任。”

② 我国地方法院一般会沿袭最高人民法院审判逻辑。

③ 参见环球律师事务所:《对赌在中国的司法实践研究报告》,载百度文库,https://wenku.baidu.com/view/ee3be0c890c69ec3d4bb7556.html,最后访问时间:2021年1月31日。

④ 参见最高人民法院民事判决书,(2014)民二终字第111号。

⑤ 参见上海市第一中级人民法院民事判决书,(2014)沪一中民四(商)终字第730号;上海市奉贤区人民法院民事判决书,(2014)奉民二(商)初字第422号;广东省深圳市宝安区人民法院民事判决书,(2015)深宝法民二初字第4637号。

⑥ 参见俞秋玮、夏青:《以上市为条件的“对赌”协议的效力》,载《人民司法》2015年第21期。

在未分配利润为前提等。

此外,部分案例存在私募股权投资者与被投资企业股东签署对赌协议,但约定被投资企业为保证人情形。对此,首先,应当从公司提供担保角度进行效力判断。如果担保行为符合公司法和公司章程规定,则担保有效。其次,担保有效后被投资企业担保行为可视同承担了“对赌义务”,其合同效力和履行则和上述私募股权投资者与被投资企业对赌协议保持一致。

(三)选择仲裁替代法院判决的可能性

1. 选用仲裁解决争议的优势

仲裁作为和法院诉讼平行的争议解决方式广泛运用于民商事争议领域。就私募股权投资领域的特殊性,笔者认为估值调整机制所致的争议约定仲裁解决有诸多优势。

其一,相较于法院审判二审终审制,仲裁采用一裁终局原则,效率更高。甘肃公司案自2009年在兰州市中级人民法院一审至2013年最高人民法院再审近乎四年,对于重视货币时间价值的私募投资机构而言,过长的周期无疑影响其资本的营利性。

其二,仲裁员对估值调整机制的态度普遍倾向于支持且仲裁结果不会被法院撤销。多起仲裁案表明,仲裁员对商业实践更为了解,在不违反强制法的前提下,估值调整机制发生纠纷仲裁解决更容易得到其支持。[①] 在部分仲裁案件中,仲裁庭认为“投资中心是基于本案协议约定的投资估值调整而取得被投资制药公司的资产,而不是基于《公司法》的规定以股东身份获取公司资产,《公司法》有关股东取得公司资产的法律途径与本案支付投资补偿款在法律上是不相关的问题”,认定投资方与目标公司间的业绩补偿条款合法有效,目标公司应向投资人支付现金补偿。[②]

2018年北京仲裁委有三份仲裁裁决认定与目标公司对赌有效,而相关当事人向北京市第四中级人民法院撤销仲裁,北京市第四中级人民法院均认为与目标公司对赌不涉及公共利益,不予撤销。[③]

其三,仲裁解决的保密性更好。估值调整机制纠纷多涉及被投资企业不公开资料和数据,而法院采用公开审理方式容易导致企业内部信息泄露,选择仲裁解决可避免信息外露。对于一些有社会影响力或者争议较大的案件,仲裁的保密性决定了其更能够

---

① 王雷蒙:《“对赌协议”的中国实践》,载钛媒体网2013年6月9日,http://www.tmtpost.com/42563.html。

② 参见于晖:《最高法院世恒对赌案后的“逆转”裁决》,载微信公众号“大成律师事务所”2014年5月8日,https://mp.weixin.qq.com/s?src=3&timestamp=1652334681&ver=1&signature=UfeEw8Fh9ynGcAA3tYV9H83pKKBrcvNfYJmcdT0v-K97px1VAPfcMqX8kKUDDdZL3rI6NfP4eup6YpNCB6COqKoE308QETlR9qKYl7eP2uz1vjqK61gfOFFSGEcH7VwNKyK7qxdjFaKd7Ts-jVdXGg==,最后访问时间:2022年5月12日。

③ 这三起申请撤销仲裁案当事人存在一定关联,分别是:上海庸拓网络科技有限公司与上海人人游戏科技发展股份有限公司申请撤销仲裁裁决案,上海沐田网络科技有限公司与新余人合厚信投资合伙企业等申请撤销仲裁裁决案,上海沐田网络科技有限公司与被申请人新余人合安瑞投资合伙企业等申请撤销仲裁裁决案。

保护当事人的声誉。

2. 选择外国商事仲裁机构仲裁以及适用外国法的探讨

鉴于目前国内法律制度对估值调整机制缺乏有效支持和认可，有人提出能否通过约定选择外国商事仲裁机构仲裁并且适用支持估值调整机制的英美法系法律作为准据法加以适用。

根据我国《民事诉讼法》第278条、《仲裁法》第65条之规定，涉外经济纠纷可以选择外国仲裁机构仲裁，但未对无涉外因素的经济纠纷是否可以选择外国仲裁机构作出规定。有人认为无涉外因素的经济纠纷提请外国仲裁机构仲裁存在逃避我国法律适用之嫌，有悖于我国主权管辖，应当认定仲裁条款无效。也有人根据私法自治原则反驳上述观点，认为约定仲裁属于私法范畴，应当由当事人自行选择。笔者认为，约定外国仲裁机构仲裁涉及中国司法管辖问题，并不能由双方当事人任意选择。即使约定选择外国商事仲裁机构仲裁，而仲裁的执行仍然要在中国法院进行，最终仍然取决于中国法院对估值调整条款的认定，并没有实际解决估值调整机制在境内面临的法律问题。私募股权投资中被投资企业在中国，主要资产也在中国，最后裁决的执行也需要中国法院的支持和配合，因此适用外国法和在外国仲裁不能完全绕开中国法和中国法院的司法裁决。

根据《民法典》第12条之规定，中国领域内的民事活动，适用中国法律；法律另有规定的，依照其规定。《民法典》第467条明确，在中国境内履行的中外合资经营企业合同、中外合作经营企业合同、中外合作勘探开发自然资源合同，适用中国法律。可见，无涉外因素的估值调整机制争议以及涉外的中外合资经营、中外合作经营等情形均明确适用中国法。希望通过仲裁方式选择外国法无疑违背了我国法律规定，仲裁条款应当认定无效。

（四）估值调整机制的比较法视角

1. 比较范畴

从司法当局和学术界普遍观点来看，对于私募股权投资者与被投资企业股东间估值调整机制有效性争议较小，目前争议声音主要集中于私募股权投资者与被投资企业估值调整机制设计。具体而言是私募股权投资者与被投资企业之间股权回购和现金补偿对赌的效力争议。如估值调整机制涉及被投资企业向投资方支付财产，为保护债权人利益和公司经营维持，无论是对初始出资的现金补偿还是退出时的股份回购，均涉及资本维持原则。因此，本处比较法讨论聚焦于私募股权投资者与被投资企业估值调整机制有效性。

2. 比较法讨论

此类案例的核心争议应当是当事人之间达成的合意是否能够履行以及如何履行，

而并非估值调整机制相关条款的效力。[①]

对赌协议股权回购、现金补偿涉及的资本维持原则在美国《修订示范商业公司法》中体现为清偿能力限制，要求公司对股东的任何分配行为不得导致公司丧失清偿能力。由于资本维持原则的潜在影响，美国 PE/VC 实践通常利用分期融资机制（staged finance）分期出资、及时止损的安排调整企业估值，而不是海富案中的股权回购和现金补偿。即便约定 PE 退出时由公司赎回 PE 持有的优先股，美国风险投资协会编写的《风险投资示范合同》对此仍有专门的赎回权条款（redemption rights provision）予以约定。[②] 赎回权条款规定为"经至少【 】% A 序列优先股股东的选择，自交割五周年后的任何时间开始，以相当于原始购买价的价格，（公司）应以依法可用于分配的资金回赎 A 序列优先股"，即 PE 合同回赎条款有"合法可用资金"的限制，以防止公司出现持续经营危机、损害债权人利益。

美国对赌协议股份回赎的代表案例是 Thought Works 案，其基本案情为：2000 年原告 SV 以优先股形式向 Thought Works 公司注资 2660 万美元，公司章程赋予 SV 注资五年后要求公司回赎股份的权利。由于 Thought Works 公开上市目标失败，SV 于 2005 年主张回赎股份。Thought Works 董事会计算可用于回赎义务的"合法可用资金"，在 16 个季度中累计回赎 410 万美元优先股。2007 年 SV 起诉要求强制公司赎回全部股份。2010 年特拉华州法院明确"合法可用资金"不仅指向法定资本或溢余（公司净资产大于股本面值的部分）限制，而且包括清偿能力限制（清偿能力强调资产负债表下的"资不抵债"和破产法意义下的"清偿能力"的双重审查），并且在确定公司溢余和清偿能力时倚重公司董事会决策并提供商业判断规则的保护。

通过比较美国 PE/VC 股份回赎实践"合法可用资金"限制和 Thought Works 案判决，笔者认为，甘肃私募股权投资案涉及的现金补偿、股权回购的安排必然落入公司法资本维持原则范畴，但对赌协议的现金补偿和股权回购并非直接无效，而应经资本维持原则检验、重点审查合同履行的可行性和方式。[③]（美国合同履行可行性审查的标准在 Thought Works 案中为"溢余"和"清偿能力"，这涉及更多财务及法律标准的讨论，学者们并未给出充分意见。但在一起仲裁案中，原告以"净利润"作为回购具有履行性的理由获得仲裁庭支持。[④] 无论如何，不应是海富案缺乏财务状况分析的宣言式结论）

三、估值调整机制的法律障碍

估值调整机制除法律效力备受争议外，其在国内适用所面临的法律障碍也不可小

---

① 参见刘燕：《对赌协议与公司法资本管制：美国实践及其启示》，载《环球法律评论》2016 年第 3 期；潘林：《对赌协议第一案的法律经济学分析》，载《法制与社会发展》2014 年第 4 期。

② 美国风险投资协会：《美国风险投资示范合同》（中英文对照本），北京市大成律师事务所、北京市律师协会风险投资委员会组织编译，法律出版社 2006 年版，第 22 页。

③ 参见刘燕：《对赌协议与公司法资本管制：美国实践及其启示》，载《环球法律评论》2016 年第 3 期。

④ 参见于晖：《"甘肃世恒对赌案"后的一起"逆转"裁决》，载 http://m.1she.com/b-33232.html。

觑。除司法机关外，我国发展改革委员会、证券业监督管理委员会、国有资产管理委员会、税务总局等多个政府部门的部门规章甚至是窗口指导意见也对估值调整机制的实际适用产生影响。法律法规以及各种部门规章、指导意见、通知等已经实质成为我国私募股权投资中估值调整机制适用的障碍。

（一）美元私募股权投资的障碍

我国目前的美元私募股权投资机构主要有四种形式。其一，根据《关于外商投资举办投资性公司的规定》以及《商务部关于外商投资举办投资性公司的补充规定》设立的投资性外商投资企业；其二，经商务部和科技部批准，根据《外商投资创业投资企业管理规定》成立的外资创业投资企业；其三，有限合伙人为美元投资者的有限合伙企业；其四，服务类外商投资企业实际从事股权投资业务。

无论是上述何种形式的美元私募股权投资者，一旦其对国内的企业完成股权投资，那么被投资企业变更为外商投资企业。根据《外商投资法》第37条、[①]《公司登记管理条例》第31条[②]及第34条[③]之规定，外商投资企业在股东及注册资本发生变动时，需要向有权主管部门提交办理备案登记涉及的相关材料，如《公司章程》《投资协议》等材料，也就意味着估值调整协议需要经过主管部门的备案登记。鉴于目前国内主管部门一贯审慎之惯例，含有估值调整机制的材料可能无法获得主管部门的备案登记。这样，美元私募股权投资者只能选择解除估值调整协议或者在提交材料中隐去估值调整机制相关内容。在提交材料中隐去估值调整机制相关内容相当于对监管者的欺瞒行为，美元私募股权投资者须承担该操作导致的法律后果，如果将来因之发生纠纷，其基于估值调整机制所应有的权利可能无法得到保障。

假设美元私募股权投融资双方签署了估值调整协议，约定若在某一时间点若被投资企业未达到净利润××××万元（或者其他标准），原股东须无偿转让20%股份给私募股权投资者。到约定时间点，实际业绩未达到投资时点约定的调整标准，原股东向美元私募股权投资者转让股份同样面临主管机关备案登记的问题。

一方面，和采用溢价受让原企业股东股权的形式投资一样，股权转让根据《外商投资法》第37条、《公司登记管理条例》第31条及第34条之规定进行工商备案登记。另一方面，根据商务部联合国资委、国税总局、工商行政管理总局、证监会、外管局颁布

---

① 《外商投资法》第37条规定：外商投资企业的登记注册，由国务院市场监督管理部门或者其授权的地方人民政府市场监督管理部门依法办理。

② 《公司登记管理条例》第31条规定：公司增加注册资本的，应当自变更决议或者决定作出之日起30日内申请变更登记。公司减少注册资本的，应当自公告之日起45日后申请变更登记，并应当提交公司在报纸上登载公司减少注册资本公告的有关证明和公司债务清偿或者债务担保情况的说明。

③ 《公司登记管理条例》第34条规定：有限责任公司变更股东的，应当自变更之日起30日内申请变更登记，并应当提交新股东的主体资格证明或者自然人身份证明。

《关于外国投资者并购境内企业的规定》第14条之规定，[1]美元私募股权投资者或者被投资企业应当聘请国内资产评估事务所对拟转让的股权进行资产评估，并将合理的资产评估结果作为交易价格的重要依据，并且明文禁止以低于市场评估价值的交易价格转让的行为。在估值调整阶段，原股东往往是无偿或者是以象征性价格转让其股份，这显然属于第14条中所述的低于市场评估价值之情形。

这样，估值调整机制的执行——采用无偿或者象征性价格转让股份因违反《关于外国投资者并购境内企业的规定》无法实际履行，美元私募股权投资者与被投资企业股东签署的估值调整协议成为一纸空文。

（二）A股首次公开发行面临的障碍

私募股权投资者退出的重要途径之一是被投资企业首次公开上市后转让其持有股份。因为公司上市后的高市盈率能够给私募股权投资者带来丰厚的投资收益。2011年首次公开发行的企业中有165家中国企业有私募股权投资者背景，其中在A股上市的企业为144家，占比高达87.27%，可见A股首次公开发行上市已经成为我国私募股权投资者最主要的退出渠道。[2] 但是，对于签订有估值调整协议的私募股权投资者来说，通过首次公开上市退出之路并不是一帆风顺的。

从上市公司东方财富信息股份有限公司（以下简称东方财富）上市招股说明书可知，[3]东方财富曾经与私募股权投资者签署估值调整机制，约定公司上市时间为2008年，否则大股东将向3家私募股权投资机构和4位自然人无偿转让4.7%股份。保荐机构中金公司及发行人律师国浩律师事务所就历史沿革中该部分出具的意见认定："《投资框架协议》、《承诺函》、《股权转让合同》内容真实、合法、有效；其履行未损害发行人或其它股东的合法权益、不存在违反相关法律、法规及规范性文件的情形。"2009年证监会核准东方财富公开发行股票，其于2010年在深圳证券交易所创业板上市。上述估值调整机制设定公司上市时间，到期未实现则大股东向私募股权投资者无偿转让股份，该种类型常见于估值调整协议。证监会的态度证明其主观上认可估值调整机制的合法性。但是认可估值调整机制并不等于证监会同意签署有估值调整机制的企业可以直接上市。上述案例是发生在公司历史之中，且在上市前估值调整标准已经成就且大股东已经实际履行协议。

---

① 《关于外国投资者并购境内企业的规定》第14条规定，并购当事人应以资产评估机构对拟转让的股权价值或拟出售资产的评估结果作为确定交易价格的依据。并购当事人可以约定在中国境内依法设立的资产评估机构。资产评估应采用国际通行的评估方法。禁止以明显低于评估结果的价格转让股权或出售资产，变相向境外转移资本。

② 参见德邦证券、投中集团：《中国私募股权投资年度报告（2012年）》，江苏人民出版社2012年版，第49~55页。

③ 参见东方财富公开发行股票披露资料，载巨潮资讯网，http://www.cninfo.com.cn/new/disclosure/detail? plate = szse&orgId = 9900010488&stockCode = 300059&announcementId = 57633077&announcementTime = 2010 - 03 - 01%2006:29。

上市公司广东金刚玻璃科技股份有限公司(以下简称金刚玻璃)在上市前同样与私募股权投资者签署了估值调整机制。查询金刚玻璃的招股说明书以及其公布的《关于公司设立以来股本演变情况专项说明》可知,[①]金刚玻璃在引入私募股权投资者时,公司大股东金刚实业与新进入私募股权投资机构约定公司的经营业绩,若到期未实现,则无偿向私募股权投资机构转让一定份额的股份。[②] 2009年公司拟向证监会申请公开发行股票,并对估值调整协议进行了清理。2009年及2010年,金刚玻璃以及股东金刚实业和私募股权投资者重新签订《增资扩股协议之补充协议》,各方同意终止到期未实现约定经营业绩则无偿向私募股权投资者转让股份的相关约定。发行人律师北京市竞天公诚律师事务所认为,上述补充协议是各方当事人真实意思表示,其内容真实合法有效。签署补充协议后,各股东不存在其他引起发行人股权变更的协议。保荐机构中国民族证券认为,签署补充协议后不存在其他影响金刚玻璃股权稳定的安排。尽管如此,证监会就金刚玻璃申请公开发行股票反馈意见第1条要求其补充披露估值调整协议相关安排的具体协议内容以及其对公司股权控制权稳定性的影响。金刚玻璃按照证监会要求补充披露相关材料,发行人律师竞天公诚律师事务所发表意见认定其股权结构稳定,上市后无股权发生重大变更之可能。

从金刚玻璃案可以看出,证监会对于估值调整机制相当谨慎。在金刚玻璃已经终止估值调整协议后,仍然在反馈意见里要求其披露估值调整机制具体合同条款。笔者认为,证监会的立场更多是保护上市公司及上市后的中小股票投资者。

一般而言,估值调整机制根本上体现是对被投资企业的一种激励,通过设定一个目标来督促企业的发展。但是其可能的负面影响是让企业发展过于强调短期利益,往往导致决策层为了短期利益不惜牺牲公司的长期利益以满足设定的估值调整标准。而被投资企业上市后变成公众公司,监管层则希望它能够长久地良性发展,伴随资本市场共同成长,而非维持两三年的骄人业绩背后潜伏着的急功近利、盲目扩张的作风。公司上市融得资金后急速扩展产能,一旦市场发生变化,则可能导致公司被扩展的产能拖累,盈利下降甚至亏损。[③] 证监会为了维护证券市场的稳定,要遏制估值调整机制所致之投资冲动带来的恶性证券市场波动。

另外,估值调整协议的成就可能导致上市公司股权的不稳定。股权不稳定可能导

---

① 参见金刚玻璃公开发行股票披露资料,载巨潮资讯网,http://www. cninfo. com. cn/new/disclosure/detail? plate = szse&orgId = 9900012451&stockCode = 300093&announcementId = 58071433&announcementTime = 2010 - 06 - 18%2006:30。

② 参见金刚玻璃:《关于公司设立以来股本演变情况专项说明》,载 http://www. cninfo. com. cn/new/disclosure/detail? plate = szse&orgId = 9900012451&stockCode = 300093&announcementId = 58071542& announcementTime = 2010 - 06 - 18%2006:30。

③ 参见种昂、胡怡琳:《光伏企业扎堆上市　圈钱比拼产能无异抱薪救火》,载经济观察网,http://epaper. eeo. com. cn/shtml/jjgcb/20070528/25848. shtml。

致公司的实际控制人发生变化，进一步可能影响公司生产经营决策，轻则出现波动，甚者可能对公司经营造成较大改变，经营出现大幅波折。尤其是创业板中小型上市企业，管理层容易出现波动，实际控制人的稳定是企业稳健发展的基石。公司股权的不稳定还可能导致恶性争夺企业实际控制权，这对企业的发展同样是不利的。①

另外一个私募股权投资者和公司管理层之间的估值调整协议却得到了证监会的认可。上市公司沈阳新松机器人自动化股份有限公司（以下简称机器人）上市招股说明书显示，②公司核心团队与私募股权投资机构约定，选取2007年净利润为基数，2008年至2010年3年净利润复合增长率超过27%时，核心团队最高有权转让其当时所持有的公司股份25%；若未实现，则核心团队不得转让其所持有股份；若上述业绩实现且公司上市，私募股权投资者向核心团队成员各授予20万元奖励。证监会在机器人申请公开发行股票反馈意见中仅要求中介机构核查股份转让安排是否符合股票限售的规定以及国有企业的员工从私募股权投资者处领取奖励是否合法。发行人律师辽宁同泽律师事务所在《补充法律意见书（三）》就证监会上述意见均认定合法有效。2009年机器人登录深圳证券交易所创业板上市。该估值调整机制的特点在于其不会引起发行人股权的不稳定。③

从上述上市公司招股说明书来看，证监会对于估值调整机制的态度综合而言是，原则上承认其法律效力，但是一般要求拟上市企业在上市前完成对估值调整机制的清理。估值调整机制并不是一个法律概念，而是泛指一类广泛运用于私募股权投资领域的制度设计。笔者认为，证监会对于估值调整机制的态度是建立在其可能带来的后果之上——其关注的焦点更多的是该机制的可能结果而不在意其具体的制度设计。证监会本身承认估值调整机制的合法性，但是其的存在不能影响公司的股权稳定、不能损害股票市场中小投资者的利益。同样，正是这种不确定性让载有估值调整机制的被投资企业上市之路扑朔迷离。笔者认为，对于拟上市公司的估值调整机制要个案分析——其可能带来的后果是否会损害公司的股权稳定、证券市场稳定、股票市场中小投资者的利益。如果有潜在的风险，建议在上市前将估值调整机制清除；如若保荐机构及发行人律师认为不存在上述风险，估值调整机制并非A股上市必须清理的障碍。

（三）收购国有资产规管的法律障碍

优质的国有企业是私募股权投资市场非常抢手的投资对象。如上文提到的机器人

---

① 参见杜海：《无实控人上市公司AB面　青鸟华光控制权谜局》，载新浪网财经频道，http://finance.sina.com.cn/stock/s/20131121/225917397233.shtml。

② 参见机器人公开发行股票披露资料，载巨潮资讯网，http://www.cninfo.com.cn/new/disclosure/detail?plate=szse&orgId=9900004062&stockCode=300024&announcementId=57119273&announcementTime=2009-10-09%2006:30。

③ 参见《辽宁同泽律师事务所关于公司首次公开发行股票并在创业板上市的补充法律意见书（三）》，载巨潮资讯网，http://www.cninfo.com.cn/new/disclosure/detail?plate=szse&orgId=9900004062&stockCode=300024&announcementId=57119258&announcementTime=2009-10-09%2006:30。

是中国科学院沈阳自动化研究所投资组建的股份公司。在著名的凯雷收购徐工案中，徐工机械也是国有企业。国有企业由于其特殊性，在立法上存在诸多保护措施。《企业国有资产法》第54条确立了国有资产转让的原则——等价有偿以及公平、公正、公开。此外，国有股权的转让往往须经历复杂的审批、交易、确价流程，这可能构成估值调整标准成就后股权转让的实质性障碍。

根据《企业国有资产法》第53条之规定，[①]若被投资企业是国有企业，其股权转让须经履行出资人义务的机构决定，若转让使得国家丧失控制权的还须报请履行出资人义务机构本级政府批准。《金融企业国有资产转让管理办法》第12条对金融类企业股权转让也作了相似的规定，根据金融企业的级别分别由国务院、财政部、省市级财政部门等行使审批权。[②]

政府在审批此类事务时往往持谨慎意见。估值调整机制下股权转让往往是无偿的或者以象征性价格转让，与资产的实际价格相差甚远。政府当局认为这种股权转让有国有资产流失之嫌，同时担心会引发民众的不良反应。如凯雷收购徐工案中，最后双方签署了《合资合同》修订协议，取消了争议较大的估值调整机制。[③] 由于该案的广泛影响，笔者担忧其他地方政府可能会因此更加谨慎对待估值调整机制。

根据《企业国有资产法》第55条、[④]《拍卖法》第28条、[⑤]《国有资产评估管理办法》第3条之规定可知，[⑥]国有资产交易价格需要经过资产评估程序，并且评估结果作为重要的参考依据。估值调整机制下股权转让往往是无偿的或者象征性价格，这与股权的评估价值相去甚远。

根据《企业国有资产法》第54条、《企业国有产权转让管理暂行办法》第4条、《金融企业国有资产转让管理办法》第11条之规定可知，国有企业股权转让有3种形式：其一，是国家规定可以直接通过协议转让；其二，在产权交易机构交易；其三，通过“招拍

---

① 《企业国有资产法》第53条规定，国有资产转让由履行出资人职责的机构决定。履行出资人职责的机构决定转让全部国有资产的，或者转让部分国有资产致使国家对该企业不再具有控股地位的，应当报请本级人民政府批准。

② 《金融企业国有资产转让管理办法》第12条规定，国有及国有控股金融企业转让一级子公司的产权，应当报财政部门审批。除国家明确规定需要报国务院批准外，中央管理的国有及国有控股金融企业转让一级子公司的产权应当报财政部审批；地方管理的金融企业国有资产转让的审批权限，由省级财政部门确定。

③ 参见周国洪：《凯雷—徐工并购案独家调查》，载《瞭望新闻周刊》2006年第5期。

④ 《企业国有资产法》第55条规定，国有资产转让应当以依法评估的、经履行出资人职责的机构认可或者由履行出资人职责的机构报经本级人民政府核准的价格为依据，合理确定最低转让价格。

⑤ 《拍卖法》第28条规定，拍卖国有资产，依照法律或者按照国务院规定需要评估的，应当经依法设立的评估机构评估，并根据评估结果确定拍卖标的的保留价。

⑥ 《国有资产评估管理办法》(2020年修订)第3条规定，国有资产占有单位(以下简称占有单位)有下列情形之一的，应当进行资产评估：(一)资产拍卖、转让；(二)企业兼并、出售、联营、股份经营；(三)与外国公司、企业和其他经济组织或者个人开办外商投资企业；(四)企业清算；(五)依照国家有关规定需要进行资产评估的其他情形。

挂”方式进行。协议转让需要符合国资委的规定并且得到国资委的批准。国资委基于审慎考虑可能不会批准该项交易。估值调整机制中的股权转让是特定两个主体之间的行为，理论上可以行进交易所交易之名，通过设定交易条件实现实际上仍然是两个主体之间转让。但是产权交易机构信息披露机制会要求就转让股权设定价格，若按照象征性价格仍然难逃公众国有资产流失之质疑。通过“招拍挂”的方式转让，转让价格同样也会引来质疑。

上述从国有资产转让的审批、确价、交易三个角度分析，估值调整机制中无偿或者象征性价格获取股权补偿的方式面临难以实现的困境。这让估值调整机制变成无法实际执行的一纸空文。

（四）私募交易的税法障碍

估值调整机制中的股权转让在税法上如何处理，目前国内立法及税务总局的相关解释并未明确。综观世界上税法对于投资课税行为，无外乎分为以下三类：一是债权投资；二是股权投资；三是衍生品投资。我国税法体系对投资的界定目前仍局限于债权投资和股权投资两种。① 复杂的交易结构最终通过拆分的方式予以课税。

根据《企业所得税法实施条例》（2019 年修订）第 16 条和《个人所得税法实施条例》（2018 年修订）第 6 条之规定，股权转让所得列属于转让财产所得，即被投资企业股东无论是个人还是法人，均应当按照实际转让所得缴纳所得税。但是估值调整机制中股权转让往往是以无偿的或者象征性的价格（如 1 元）进行。参考《股权转让所得个人所得税管理办法（试行）》第 11、13 条及第 14 条之规定，若申报的股权转让收入明显偏低且无正当理由的，主管税务机关可以核定股权转让收入。税务机关应当依次按照净资产核定法、类比法及其他合理方法核定股权转让收入符合下列条件之一的股权转让收入明显偏低，视为有正当理由：能出具有效文件，证明被投资企业因国家政策调整，生产经营受到重大影响，导致低价转让股权；继承或将股权转让给其能提供具有法律效力身份关系证明的配偶、父母、子女、祖父母、外祖父母、孙子女、外孙子女、兄弟姐妹以及对转让人承担直接抚养或者赡养义务的抚养人或者赡养人；相关法律、政府文件或企业章程规定，并有相关资料充分证明转让价格合理且真实的本企业员工持有的不能对外转让股权的内部转让；股权转让双方能够提供有效证据证明其合理性的其他合理情形。

估值调整机制中股权转让是否属于“股权转让双方能够提供有效证据证明其合理性的其他合理情形”存在较大不确定性。若按照公允价值核定，无疑给原股东增加了

① 巴特：《关于对赌协议的税法规制》，载微信公众号“税捷”2017 年 6 月 11 日，https://mp.weixin.qq.com/s?src=11&timestamp=1652333333&ver=3793&signature=r1e*utgwqPN8MauEde6X998gdf1ErvhcWOEtZSIqfnG3oyiiCKGce-WyvVa-mMpk7gFz-4SzHbfO4Q3wbmUP-MgOhJGclPTTzrd1braPZN-24Ind-YNj1FP1qbi0Qc6T&new=1，最后访问时间：2022 年 5 月 12 日。

不轻的课税负担。

同时,作为股权受让方的私募股权投资者同样存在课税不明确的问题。有的观点认为,无偿受让或者以象征性低价受让股权可以视为对私募股权投资者的捐赠。私募股权投资者应当按照捐赠股权的公允价值纳税。有的观点提出该交易结构是一种期权,可以运用B-S模型进行定价,并以此计算出应纳税额。① 笔者认为B-S模型是一个复杂的数学模型,需要设定大量的参数,这些参数的确定更困难,此举实际可行性较差。有的观点认为股权受让其实质是对第一次投资成本的调整,其仅需要在会计上调整长期股权投资及其税收成本,无须实际纳税。②

潜在的巨额税赋或者无须纳税给交易双方来带巨大的反差,估值调整机制股权转让课税不明确已经成为估值调整机制运行的障碍。笔者认为,估值调整机制已经在一定程度上得到司法机关的认可,且并不鲜见于资本市场,税收当局应当明确其税法处理,以促进交易的顺利进行。

四、估值调整机制的风险防范

(一)通过法域选择防范法律风险

通过在海外设立离岸公司,并在离岸公司之间设立估值调整机制。③ 离岸公司,是指为了规避国内法律在本国法域外,往往是实施宽松经济政策和监管政策有意吸引外国投资者设立公司的国家或地区,如英属维尔京群岛、开曼群岛、我国香港特别行政区等,④依据特定的离岸公司法设立的投资公司。⑤ 如蒙牛与摩根士丹利对赌案中,蒙牛在英属维尔京群岛(BVI)设立代表管理层利益的离岸公司,并以此公司与摩根士丹利签署估值调整协议。

按照我国法律之规定,法人国籍依据其注册登记地。在国外设立的离岸公司仅适用于离岸国法律,并不受我国法律监管。离岸国家多为英美法系国家,其法律制度对估值调整机制有完善的支持,⑥从消极角度而言实现了对我国法律的规避,就积极角度而言,完善的法律体系下交易双方可以设计多种估值调整机制来实现双方合意。

---

① B-S模型是二叉树期权定价的一种经典模型,其基本假设条件至少包括:(1)已知无风险利率;(2)欧式期权,只有到期日才能行权;(3)交易过程没有税费;(4)可以自由卖空等。一种观点认为,估值调整机制会计处理上可视为一种期权,估值调整的对价视为远期期权实现的收益。

② 李利威:《听资本市场故事,学并购重组税政系列之五:以海富投资案话对赌税务》,载新浪博客,http://blog.sina.com.cn/s/blog_5d1478050101gnir.html。

③ See Peter Fuhrman, *The End of the Line for Old-Style PE Investing in China*, Seeking Alpha (Jan. 4, 2010), https://seekingalpha.com/article/180786-the-end-of-the-line-for-old-style-pe-investing-in-china。

④ See Arturo Requenez Ⅱ and Timothy S. Shuman, *U. S. Private Equity Funds Making Cross-border Investments-Primary Tax Considerations*, Journal of Taxation, Vol. 106, No. 6, p. 354(2007).

⑤ 参见张诗伟:《离岸公司法理论、制度与实务》,法律出版社2004年版,第57页。

⑥ See James A. Wooten, *International Regulation of Foreign Investment*, Cornell International Law Journal, Vol. 207, p. 37(2001).

此外,通过海外设立离岸公司方式更利于公司上市退出。国内A股市场对拟上市公司有严格的盈利要求和清晰的权属状况要求,附有估值调整机制的企业在A股上市前要求终止估值调整协议。证监会在保荐代表人培训中多次明确在上会前必须终止执行估值调整协议,其中上市时间要求、业绩要求、股权对赌、优先受偿协议、董事会一票否决权安排五类是明确的禁区。① 相较而言,海外上市程序更加便捷、条件更加灵活、门槛并不高。② 如纳斯达克证券市场无须清理估值调整机制并且对拟上市公司无明确的盈利要求,这样公司也不会为了满足上市要求而虚增利润。进入中国的美元私募股权投资基金很大一部分都是在离岸公司注册的。③ 对于美元私募股权投资者而言,设立离岸公司海外上市规避了中国外汇管理局的外汇管制,投资收益支付给基金LP更加便捷。

需要注意的一点是,估值调整协议双方应当在海外有足够的资产来完成估值调整所需的补偿或给付义务。估值调整机制的设计以及执行应当全程在海外实现,否则一旦涉及境内资产,又将面临中国法下估值调整机制争议主张能否得到司法当局认可的困境。

综上所述,选择离岸公司设立估值调整机制能够有效地规避国内法律的监管,让当事人能够在成熟的法律制度下设计合适的估值调整机制,同时海外上市的便利性也为私募股权投资者退出提供便捷的通道。笔者认为,对于美元私募股权投资者而言,选择离岸公司设立估值调整机制除上述优点之外,还可以有效规避我国的外汇管制。

(二)具体设计的风险防范

估值调整机制的具体设计中要注意对潜在风险进行规避,此类风险可以通过优化设计加以防范。这一机制既包括法律上符合国内相关法律法规,也包括企业经营角度上在估值调整标准制定上更加科学合理。估值调整机制并不是零和博弈,实现企业价值增值是双方当事人共同的意愿。

1. 明确估值调整协议主体

在整个估值调整机制设计中有包括私募股权投资者、被投资企业、被投资企业股东、公司管理层等多个主体参与。他们在估值调整机制中扮演不同的角色。估值调整机制的订立主体只能有两种:一是私募股权投资者和公司原股东签订;二是私募股权投资者和公司管理层签订。

若由私募股权投资者与被投资企业直接签订估值调整协议,则存在滥用股东权利以致被投资企业利益以及其债权人利益受损之嫌。若被投资者企业签署估值调整机制,则由其承担潜在的无偿转让股份补偿或者现金补偿之义务。被投资企业向私募股

---

① 参见杨冬:《触及IPO高压线　五类PE对赌协议成审核禁区》,载全景网2010年11月8日,http://www.p5w.net/fund/smjj/201011/t3283458.htm。

② See William A. Sahlman and Howard H. Stevenson, *Capital Market Myopia*, Journal of Business Venturing, Vol. 1, p. 23(1985).

③ Takeshi Jingu and Tetsuya Kamiyama, *China's Private Equity Market*, Nomura Capital Market Review Vol. 11, No. 3, p. 26(2008).

权投资者无偿转让股份或者支付现金补偿均可能构成对被投资企业自身利益的损害，同时也可能损害公司的债权人利益。根据《公司法》(2018 年修订)第 20 条之规定，公司股东应当遵守法律法规及公司规章，不得滥用股东权利损害公司或其他股东权利，也不得滥用公司法人有限责任制度损害债权人利益。据此，作为股东的私募股权投资者存在滥用股东权利以致被投资企业利益以及其债权人利益受损之嫌。

如果私募股权投资者顾虑被投资企业股东的履约能力，则建议仍与被投资企业签订估值调整协议，并追加被投资企业提供保证担保。该担保事项须符合公司法和公司章程要求。

2. 设置双向调整条款

国内估值调整机制常见设计往往在未实现估值调整标准时，授予私募股权投资者一项权利同时约定原股东的义务。该设计可能被投资企业以合同显失公平为理由主张无效。根据《民法典》第 151 条之规定，一方利用对方处于危困状态、缺乏判断能力等情形，致使民事法律行为成立时显失公平的，受损害方有权请求人民法院或者仲裁机构予以撤销。

为了规避潜在的“显失公平”风险，在估值调整机制设计时应当体现双方均享有权利。实现估值调整标准时，私募股权投资者同样无偿转让一定份额股权或者现金方式对原股东进行奖励；未实现估值调整标准时，方由被投资企业股东对私募股权投资者无偿转让股份补偿或者现金补偿。

3. 注意利润分配方式

私募股权投资者要求对被投资企业净利润分配作出特殊约定，如指定将部分利润先行分配给自己或者特定股东，并不一定无效。根据《公司法》(2018 年修订)第 34、166 条之规定，股份公司和有限责任公司均可以通过公司章程约定公司利润的分配方式，没有强制性要求按照注册资本比例分配。因此，私募股权投资者若通过法定程序修改公司章程即可对被投资企业利润分配作出特殊约定。

4. 选择合理的估值调整标准

估值调整机制存在的根源之一在于私募股权投资投融资双方对于企业价值难以达成一致意见。通常私募股权投资者习惯于使用企业过去的业绩(如过去 3 年的利润)作为基准去估测企业价值，而被投资企业股东则为了证明自己的发展前景，对当年以及未来几年的业绩很有信心，往往选用当年或者未来几年的承诺业绩去估值。这样双方对于企业价值评估出现分歧。此时往往约定未来的业绩目标作为估值调整标准。

笔者认为，双方在投资时点应当更多地冷静谈判、去展开详细的尽职调查、去商议恰当的估值，而不是将风险控制都寄托在估值调整机制上。同时也可以对企业业绩目标实现方式予以细化，是希望被投资企业用过常规经营方式实现还是并购整合方式实现。①

---

① 参见徐玮：《国际投行与国内企业对赌演绎大开大合故事》，载《中国证券报》2007 年 8 月 25 日，第 9 版。

合理的估值调整标准，可以保证被投资企业以恰当良性的发展去实现，最终实现企业价值增值的共同目标，而盲目激进的估值调整标准只会让估值调整机制脱离目标公司的实际经营状况和真实价值，进一步加大投资风险，为"对赌"失败埋下隐患，甚至投资变成"赌博"。

5. 设计重复博弈结构

估值调整机制本身可以理解成双方当事人之间的博弈。所谓重复博弈，是指重复多次相同结构的博弈，其间每一次博弈称为阶段博弈。① 私募股权投资者与被投资企业之间存在信息不对称，并且对被投资企业前景也不确定。重复博弈结构每一次博弈都可根据之前博弈的结果进行调整，这样通过设计重复性博弈结构可以缓解信息不对称问题。以蒙牛与摩根士丹利对赌案为例，其估值调整机制设计了多层博弈，第一阶段是约定 2002 ~ 2003 年的业绩增长，第二阶段约定了 2003 ~ 2006 年的业绩增长。实务中，采用重复博弈的估值调整机制是在不同时间段设定多个估值调整标准。且下一阶段的估值调整标准可以根据之前的博弈表现加以修正或者调整。② 重复博弈结构下，私募股权投融资双方可以根据每一阶段博弈的表现调整下一阶段估值调整标准，有效避免恶意博弈，将双方当事人的目标都锁定在企业价值增值上。

在重复博弈设计中，需要授予私募股权投资者终止博弈的权利。在出现不适宜继续博弈的情形下可以终止博弈，避免无谓的博弈造成的损失。如蒙牛与摩根士丹利对赌案中授予摩根士丹利更换公司管理层的权利，通过管理层的更换来实现终止博弈。

五、小结

本章从私募股权投资的概念特征及运作流程导出估值调整机制存在的根源性，并且分析了常见的估值调整机制设计思路。一方面，笔者基于理论法学视角阐述估值调整机制的法律关系和法律属性；另一方面，运用法经济学对估值调整机制进行了分析。文中对甘肃私募股权投资案的一审、二审、再审判决书进行了分析，试图厘清争议焦点及背后法律适用的正确性及准确性。并且就界内提出的运用仲裁规避风险的想法提出自己的意见。

本章的核心在于对估值调整机制法律障碍的讨论和对估值调整机制风险防范的探讨。估值调整机制在国内的运作不仅面临是否具有法律效力的争议，在实务操作中更是存在诸多施行的障碍。笔者选取一些有代表性的问题加以具体阐述，如美元私募股权投资在中国面临的审批问题、估值调整机制与 A 股上市是否不相容性、涉及国有资产面临的障碍、税法对交易结构暂未准确规定等问题。笔者通过对私募股权投资估值调整机制适用的法律障碍的探讨，一方面，希望私募股权投资者在实务操作中能够事先意识到潜在的法律风险；另一方面，希望能够引起理论界和国家立法部门的重视，通过

---

① 参见关伟、陈文虎：《"对赌"博弈，融资中的双刃剑》，载《资本市场》2009 年第 6 期。

② 既可以对业绩标准进行修正，也可以直接采用其他业绩标准。

法律制度的不断完善来为私募股权投资创造良好的法律环境。

法律法规的修改和完善不是一蹴而就的,往往需要经历很长一段时间。在当前的法律框架下,笔者就估值调整机制运行提出了一些风险防范的建议。如可以尝试进行法域选择来完成估值调整机制,但其中需要注意的是估值调整机制的设计及执行整个流程应当均在海外完成,双方应当在海外有足额的资产来完成估值调整。否则若想通过对国内资产的执行来实现估值调整,又将面临司法当局对估值调整机制不认可的潜在风险。在具体的估值调整设计层面,笔者结合甘肃私募股权投资案以及蒙牛与摩根士丹利案等提出了一些具体的规避风险的建议,诸如估值调整机制主体的选择、设置双向调整条款、利润分配方式的确定、估值调整标准的选择、推荐重复博弈结构等。通过这些安排的妥善设计,能够有效地提升我国司法当局对估值调整机制的认可和支持,降低私募股权投资估值调整机制的潜在不确定性。

第九章 《证券间接持有体系立法指南》视角下的账户持有人权利保护研究*

引 言

2008年9月1日至13日，国际统一私法协会（以下简称UNIDROIT）在瑞士日内瓦主持召开了包括中国、美国、法国、英国、印度、德国、韩国等30多个国家参与的、旨在统一世界上主要国家证券实体法的“讨论采用《中介机构持有证券实体法公约》的外交会议”。此次会议讨论的主题是UNIDROIT多年来努力协调证券持有、转让和担保法律的成果——《中介机构持有证券实体法公约》（以下简称《公约》）。① 2009年10月5日至9日，外交会议于日内瓦正式通过了《公约》，并建立了国际统一私法协会新兴市场委员会。该委员会于2010年至2017年共举行了四次会议，专门讨论UNIDROIT《证券间接持有体系立法指南（草案）》。2017年5月10日至12日，该草案经UNIDROIT理事会第96届大会讨论通过，②正式被批准实施。UNIDROIT《证券间接持有体系立法指南》（以下简称《立法指南》）的实施和推广致力于解决《公约》实施过程中所遭遇的困难并补充其不足之处，有助于进一步化解不同法律体系之间的证券实体法冲突，切实保障账户持有人的各项证券权利和权益，从而增强和协调各国证券持有体系在账户持有人权利保护层面的法律确定性和统一性。③

其中，新兴市场委员会第四次会议于2017年3月29日至30日由中国证监会会同中国证券登记结算有限责任公司在北京召开。此次会议明确指出，尽管中国的资本市场目前仍是以“直接持有”这一透明持有体系为主，但是在金融全球化的大背景下，证券间接持有在跨境证券交易中的重要性日益凸显，值得中国证监会和证券行业的高度重视。④ 当前，我国在证券法律中虽然明确规定了证券只能直接持有，但是由于国外众多发达国家都允许间接持有证券，所以我国在对外进行跨境证券交易时，例如境外投资人持有B股，合格境外机构投资者（Qualified Foreign Institutional Investors，QFII）、人民

---

* 本章撰稿人：夏晶晶。

① 参见沈朝晖：《直接持有体制和证券统一实体法——中国的视角》，载《国际经济法学刊》2009年第1期。

② UNIDROIT Governing Council, 96th session, 10 – 12 May 2017, Rome, Italy.

③ 参见《证监会举办国际统一私法协会证券持有体系专题会议》，载中国证券监督管理委员会网，http://www.csrc.gov.cn/pub/newsite/zjhxwfb/xwdd/201703/t20170331_314506.html。

④ 参见《证监会举办国际统一私法协会证券持有体系专题会议》，载中国证券监督管理委员会网，http://www.csrc.gov.cn/pub/newsite/zjhxwfb/xwdd/201703/t20170331_314506.html。

币合格境外机构投资者(RMB Qualified Foreign Institutional Investors,RQFII)投资于中国证券市场而持有证券,合格境内机构投资者(Qualified Domestic Institutional Investors,QDII)、合格境内个人投资者(Qualified Domestic Individual Investor,QDII2)投资于境外资本市场而持有证券以及中国存托凭证制度(Chinese Depository Receipt,CDR)下,我国实际上也已经局部性地采用了证券间接持有体系。由此形成了我国独特的以直接持有为主、间接持有为辅的证券持有体系。

然而,由于在我国证券间接持有仍然不是主流,所以目前只有少数的行政法规、规章有涉及,对 QFII、RQFII、QDII、QDII2、CDR、境外投资 B 股这些适用证券间接持有体系的跨境证券交易暂时还没有一个系统、全面的证券法律法规监管,故而对这些跨境证券交易中的账户持有人的保护力度也相对不足,因此存在诸多法律争议和漏洞,缺少全面有效的法律保障。在当前世界各国纷纷采用证券间接持有体系的金融全球化大背景下,我国的跨境证券交易也越来越频繁,尽管现在还是以直接持有为主,但未来间接持有在我国的地位和作用将会逐渐提高和增强,日前 CDR 制度试点推广工作的正式展开也凸显了这一趋势正势不可当地向我国蔓延。而这一发展趋势势必要求我国尽快完善关于证券间接持有的相关法律法规,明确账户持有人权利性质和权利内容,加强对间接持有体系下的账户持有人的保护力度。而《证券间接持有体系立法指南》作为国际统一私法协会 UNIDROIT 为统一各国对证券间接持有体系的法律监管和账户持有人保护规则而制定的立法指南文件,对照《立法指南》,有助于找到我国对适用证券间接持有体系的跨境证券交易的法律法规监管目前还存在哪些不足之处,可以朝哪些方向改进,由此起到一个指引和借鉴的作用。

因此,为解决好跨境、跨业和跨市场的金融市场国际性法律问题,减少账户持有人在进行跨境证券交易以及其他间接持有证券的情形下面临的法律风险和法律不确定性,避免潜在的经济损失,充分保护境内外账户持有人的合法权利和权益,跟踪研究和认真借鉴关于证券持有的国际立法新趋势——UNIDROIT《立法指南》就具有十分重要的现实意义。

当前,尽管有一部分学者已经开始关注关于证券间接持有的国际立法趋势,如对首部系统化调整证券间接持有体系的国际公约——UNIDROIT《公约》的研究。① 但是,学界对《公约》的后续完善与发展,即 UNIDROIT《立法指南》的关注仍显不足,目前仅

---

① See Hideki Kanda, Charles W. Mooney, Luc Thévenoz, *Official Commentary on the UNIDROIT Convention on Substantive Rules for Intermediated Securities*, Oxford University Press, 2012; Pablo Iannello, *The Harmonisation of Securities Law in the Geneva Securities Convention—A Latin American Perspective: the Case of Argentina*, 19 Uniform Law Review, p. 61 – 87(2014);参见牛文婕:《证券市场创新的法律思考——兼议〈日内瓦证券公约〉的借鉴意义》,载《证券法苑》2013 年第 1 期。

有少数文章[①]对《公约》所遗留的问题作了一定的研究,并对之后《立法指南》的起草工作提出了建议。然而,对目前 UNIDROIT 关于增强证券间接持有体系下账户持有人权利保护的法律确定性和统一性而提出的最新立法建议尚未有及时且较为系统的研究分析。

迄今,国内外的大多数研究仍着眼于证券间接持有体系的宏观概述,或其法律适用即冲突法的适用问题,或证券登记结算制度等,具体如下。

部分学者是对证券间接持有体制中的法律问题进行宏观的概述和总结,对厘清证券间接持有模式的法律概念,核心法律制度架构,相关当事人的法律地位及相互之间的法律关系,相关证券权益的概念及类型,间接持有证券的交易活动流程等提供了有益的支持[②]。

大多数学者则是专注于证券间接持有体系下的法律适用即冲突法问题,主要探讨间接持有体制下证券权益的法律性质的识别,相关中间人所在地原则(PRIMA 原则)的特征、适用以及合理性等问题。譬如,廖凡的《间接持有证券的权益性质及法律适用初探》一文,[③]萧凯的《间接持有制中跨国证券交易的冲突规则》一文,[④]苏颖霞和王葆莳的《国际证券抵押物权关系法律适用原则初探——兼评〈关于由中间人持有证券若干权利的法律适用公约〉》一文。[⑤]

此外,也有少数学者就证券间接持有体系下的登记结算制度作了专门研究。比如,吴志攀教授在《证券间接持有跨境的法律适用》一文中专门探讨了间接持有框架下的证券登记结算制度,其结合国际统一私法协会的相关公约对我国证券登记结算制度的现状进行了分析,找出我国存在的问题并提出完善建议。[⑥] 尚彩云在《证券间接持有与集中登记、存管和结算法律制度——兼论对〈证券法〉第七章的修改》一文中则对证券间接持有体系下的集中登记、存管与结算体系作了详细介绍,并由此提出了构建我国中

---

① José Ângelo Estrella Faria, *Sphere of Application of the UNIDROIT Convention on Substantive Rules for Intermediated Securities and Future Work by UNIDROIT on a Legislative Guide for Emerging Financial Markets*, 15 Uniform law review, p. 357 – 365 (2010); Michel Deschamps, *The Geneva securities convention-selected issues left to law outside the Convention*, 15 Uniform law review, p. 703 – 712 (2010).

② See Louise Gullifer, Jennifer Payne, *Intermediated securities*, Hart, 2010; Joanna Benjamin, *Interests in Securities: A Proprietary Law Analysis of the International Securities Markets*, Oxford University Press, 2000; 赵威、仲伟光:《证券间接持有法律问题研究》,中国检察出版社 2008 年版;张晓凌、杨月萍:《QFII 制度下跨境间接持有证券的法律问题研究》,载《国际金融研究》2004 年第 10 期。

③ 参见廖凡:《间接持有证券的权益性质及法律适用初探》,载《环球法律评论》2006 年第 6 期。

④ 参见萧凯:《间接持有制中跨国证券交易的冲突规则》,载《法学》2007 年第 12 期。

⑤ 参见苏颖霞、王葆莳:《国际证券抵押物权关系法律适用原则初探——兼评〈关于由中间人持有证券若干权利的法律适用公约〉》,载《时代法学》2005 年第 3 期。

⑥ 参见吴志攀:《证券间接持有跨境的法律问题》,载《中国法学》2004 年第 1 期。

央登记结算制度的相应建议。①

综上所述，目前国内外学者研究证券间接持有体系的主要着眼点仍然在于对UNIDROIT《公约》的研究，或者对证券间接持有体系的宏观概述，或者对其法律适用即冲突法的适用问题加以分析，或者对其证券登记结算制度作介绍和阐释。对证券持有体系，尤其是证券间接持有体系下的账户持有人权利保护的关注度明显不足，研究这一方向的文献资料较少，而结合最新国际立法趋势——UNIDROIT《立法指南》来研究账户持有人权利保护规则的就更为少见。因此，本章选择以《立法指南》为视角，重点且系统地阐述和分析关于证券间接持有体系下账户持有人的权利性质和权利内容的最新国际规则和立法指导原则，以期为后续其与我国证券法律法规的比较研究奠定基础。本章视角独特新颖，一方面有助于填补目前学界对证券间接持有体系下的账户持有人权利保护以及最新国际立法趋势 UNIDROIT《立法指南》的研究漏洞，另一方面也有助于我国学习借鉴《立法指南》以解决我国证券法律法规中所存在的问题，从而妥善保护境内外账户持有人的证券权利和权益，为我国未来正式推行证券间接持有体系提前打好基石。

账户持有人是证券持有体系中最广泛但是最核心的参与主体，直接关系到证券交易等各项金融活动能否顺利开展。因此，如何切实保障证券间接持有体系下账户持有人的证券权利和权益就成为一项十分重要的课题。

本章的研究对象为账户持有人，是指“其名下的证券账户是由证券中介机构维护的主体，无论其是为自己抑或是为他人而行为”。② 一方面，账户持有人这一概念仅存在于证券间接持有体系之下。只有存在证券中介机构，才能在证券持有链上产生相应的账户持有人，故直接持有体系下并不存在账户持有人的概念。另一方面，根据该定义，账户持有人不仅包括证券账户的实际投资人，还包括在上一层中介机构处开立证券账户的下一层证券中介机构。对此，如果将权利保护的主体仅仅限定为实际投资人，那么那些下层证券中介机构对自己在上层中介机构处所开立的证券账户中的相应证券权利和权益就很难得到保护。因而，本章选定账户持有人作为权利保护的研究对象，以期使所有对证券账户享有证券权利和权益的主体都能得到妥善的保护和高度的重视。

本章从最新国际立法指南——UNIDROIT《立法指南》的视角出发，对证券持有体系中最为特殊的间接持有体系下的账户持有人权利保护进行逐层剖析。本章首先对证券持有体系进行了概述，分析其历史发展、参与人以及分类，其后对借鉴《立法指南》的必要性作详细说明，逐渐将关注点引入《立法指南》视角下的账户持有人权利保护上

---

① 参见尚彩云：《证券间接持有与集中登记、存管和结算法律制度——兼论对〈证券法〉第七章的修改》，载《证券法律评论》2014 年第 2 期。

② See the UNIDROIT Legislative Guide on Intermediated Securities (10 - 12 May 2017), p. 33, at https://www.unidroit.org/instruments/capital-markets/legislative-guide.

来。接着对间接持有体系下账户持有人权利的性质加以分析，然后结合 UNIDROIT《立法指南》来具体论述账户持有人在间接持有证券时所享有的权利内容，最后为中国有关法律法规的完善提出相应的建议。

一、证券持有体系之概述

（一）证券持有体系的历史发展

从证券出现到20世纪70年代证券成交量的飞速增长，国际证券市场也随之发生了一场巨大的变革。早期国际证券市场上的主流是直接持有体系（direct holding system）。在直接持有体系下，投资人直接从证券发行人处获得实物证券，而不需要其他证券中介机构在投资人和证券发行人之间作连接两者的桥梁。发行的如果是无记名证券，投资人只要持有实物证券就是受益人，并据此表明其证券所有人的身份，享有相应的权益。发行的如果是记名证券，只有证券发行人在发行的实物证券和证券持有人名册上记载有投资人的姓名，该投资人才能具有证券所有人的身份和权益。① 总而言之，直接持有体系下，证券发行人和投资人两者间的法律关系十分清晰，投资人对于证券的各项权利和权益享有直接的所有权，证券发行人也可以明确知晓其有哪些投资人，而不需要其他证券中介机构的辅助。②

然而，证券交易中，若采用直接持有体系进行交易，则交易双方要么需要交付实物证券，要么需要在证券持有人名册上变更之前的记载，这不仅费时费力，而且成本颇高。同时，实物证券在交易过程中极易出现遗失、盗窃、损坏等情形，可能会增加交易的成本或影响交易的完成。随着证券成交量的不断增加，对降低交易成本和提高交易效率的要求也随之增强，直接持有体系已无法满足交易的需求。因此，证券间接持有体系应运而生。

在证券间接持有体系出现的早期阶段，由各国的中央证券存管机构（Central Securities Depositary，CSD）或国际性中央证券存管机构（International Central Securities Depositary，ICSD）统一保管证券发行人存放在这里的实物证券，证券交易模式也由之前的实际交付转变为账簿的簿记划拨，从而实现证券的非移动化，交易成本有所降低，交易效率也有了很大的提高。③

此后，由于计算机的出现和网络的普及，证券交易又开始进入无纸化时代。投资人自行或通过证券中介机构在 CSD 开立电子证券账户，并通过证券账户进行交易和主张权益。投资人的身份和持有信息只记录于为其开立账户的证券中介机构处，而不记载于 CSD 的簿记或发行人的证券持有人名册之中。证券中介机构作为名义持有人

① See generally Joanna Benjamin, *Interests in Securities: A Proprietary Law Analysis of the International Securities Markets*, Oxford University Press, 2000.

② 参见沈朝晖：《直接持有体制和证券统一实体法——中国的视角》，载《国际经济法学刊》2009年第1期。

③ 参见廖凡：《间接持有证券的权益性质及法律适用初探》，载《环球法律评论》2006年第6期。

(nominee)为实际投资人持有证券资产。[①]

(二)证券持有体系的参与人

证券持有体系中有3个关键的参与人,分别是证券发行人、中介机构、投资人,他们在证券持有体系中发挥着不同的作用。

证券发行人,是证券持有体系链上的发起者,如发行债券的政府、发行债券或股票的公司。

中介机构,处于证券持有体系链上的中间位置,如负责保管、维护实物证券和保存、管理电子记录的CSD,以投资人的名义或以自己的名义持有证券账户的银行或其他金融机构。

投资人,位于证券持有体系链的末端,如个人、公司、持有证券的养老基金和集体投资基金等。[②] 在证券间接持有链上,投资人作为末端的账户持有人,正如前文所述,与在上一层中介机构处开立证券账户的下一层证券中介机构共同组成了证券间接持有体系下的账户持有人,这也正是本章的研究对象。

(三)证券持有体系的分类

1. 证券直接持有体系

在传统的证券直接持有体系中,发行人与投资人之间不存在证券中介机构。此直接持有体系主要有以下三种表现形式:第一种是投资人直接持有发行人所发行的有效实物证券(见图9-1),第二种是持有证券的投资人直接被记载在发行人的证券持有人名册上(见图9-2),第三种则是两者的结合(见图9-3)。[③]

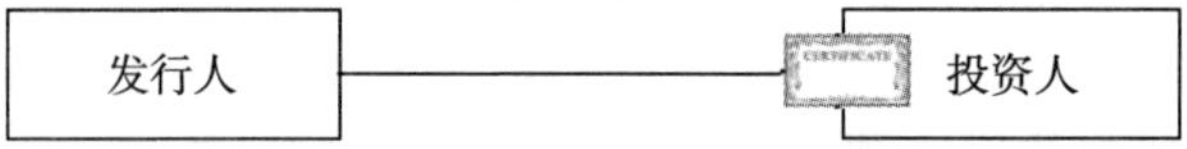

图9-1 投资人直接持有发行人所发行的有效实物证券

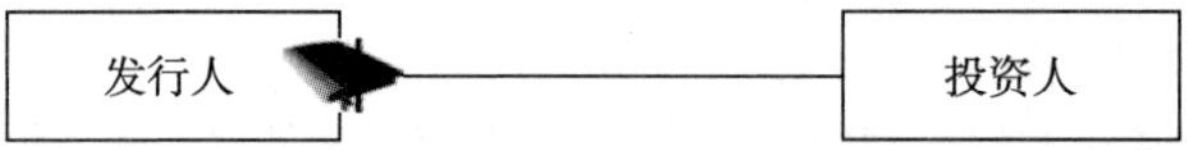

图9-2 持有证券的投资人直接被记载于发行人的证券持有人名册

---

① 参见廖凡:《间接持有证券的权益性质及法律适用初探》,载《环球法律评论》2006年第6期。

② See generally Louise Gullifer, Jennifer Payne, *Intermediated securities*, Hart Publishing, 2010.

③ 除特别说明外,本章图表均源自UNIDROIT Legislative Guide on Intermediated Securities,系笔者在原图的基础上整理、翻译绘制而成。

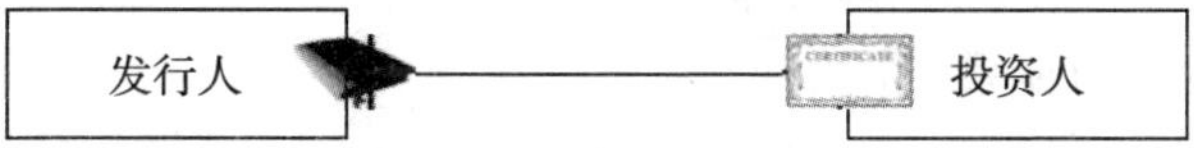

图9-3 两者的结合

从上述表现形式可以看出,发行人与投资人之间的法律关系在证券直接持有体系下相对比较清晰,而这一点的主要优势就在于发行人可以清楚地知道其有哪些投资人(但是无记名证券除外),投资人也能够直接行使与证券相关的各种权利(如分红派息权、表决权、获取必要信息权等)。此外,在无证券中介机构参与的直接持有体系下,投资人无须承担中介机构破产的风险。①

2. 证券间接持有体系

在证券间接持有体系中,至少有一个或多个证券中介机构存在于发行人和投资人之间。此间接持有体系主要涉及两类证券,一类是由 CSD 统一保管的非移动化实物证券(见图9-4),另一类则是记载于 CSD 电子簿记中的无纸化证券(见图9-5)。而无论是非移动化实物证券还是无纸化证券,其都是由 CSD 或者其他证券中介机构作为名义上的持有人被记录于发行人的证券持有人名册之中。如果是实物证券,则将这些实物券存管于 CSD 或其他证券中介机构;如果是无纸化证券,则将这些证券记载于 CSD 或其他证券中介机构的电子簿记中。②

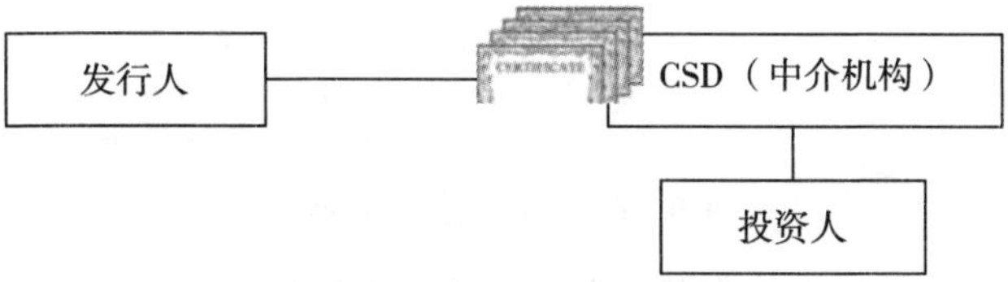

图9-4 由 CSD 统一保管的非移动化实物证券

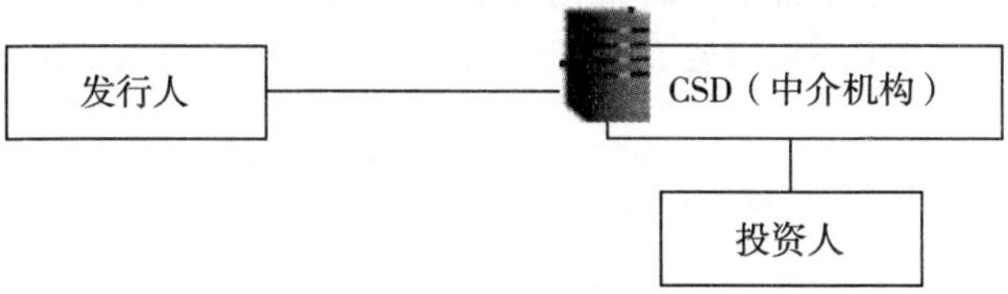

图9-5 记载于 CSD 电子簿记中的无纸化证券

① See the UNIDROIT Legislative Guide on Intermediated Securities (10 - 12 May 2017), p. 8 - 9, at https://www.unidroit.org/instruments/capital-markets/legislative-guide.

② See the UNIDROIT Legislative Guide on Intermediated Securities (10 - 12 May 2017), p. 9 - 10, at https://www.unidroit.org/instruments/capital-markets/legislative-guide.

间接持有体系在国内和国际具体的表现形式如下。

(1)国内间接持有体系

国内间接持有链在理论上一般相对简单。如图9－4和图9－5所示,CSD可能是发行人和投资人之间唯一的证券中介机构,除CSD外没有其他中介机构,投资人直接通过CSD持有证券。

但是,在实践中,国内间接持有链可能会更加复杂,发行人和投资人之间可能存在若干个证券中介机构。在此种情形下,投资人位于证券间接持有链的末端,他们的证券账户由上述证券中介机构作为名义持有人[①]持有。例如,投资人委托某一证券中介机构来管理其与CSD的相关事务(该中介机构就作为投资人与CSD之间的技术纽带存在)。如图9－6所示,投资人选定了证券中介机构#2,那么该证券中介机构#2就是投资人证券账户的名义持有人,代表投资人管理其与CSD之间的相关事务。而在发行人处的证券持有人名册上,又是CSD作为证券中介机构#2的名义持有人被记载于此证券持有人名册之中。[②]

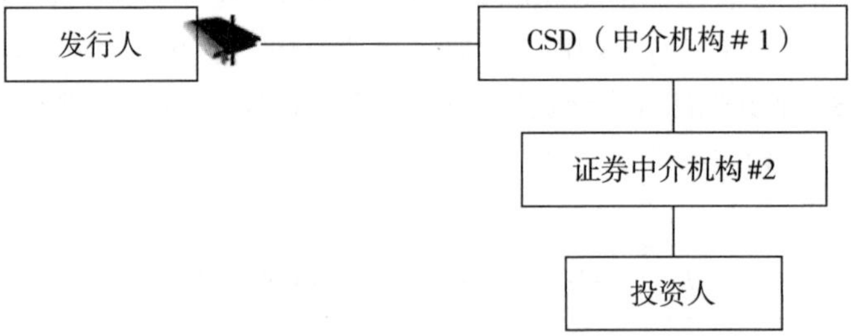

图9－6 国内间接持有链1

然而,随着证券中介机构数量的增多,国内间接持有链也变得更为复杂。如图9－7所示,投资人最初选择的是由证券中介机构#3代表其在CSD处持有证券账户,而证券中介机构#3又选定了证券中介机构#2作为其在CSD处证券账户的名义持有人,最后由CSD作为证券中介机构#2的名义持有人被记载于发行人处的证券持有人名册之中。

① 所谓名义持有人,是指受他人委托代表他人持有证券的主体。

② See the UNIDROIT Legislative Guide on Intermediated Securities (10－12 May 2017), p. 10－11, at https://www.unidroit.org/instruments/capital-markets/legislative-guide.

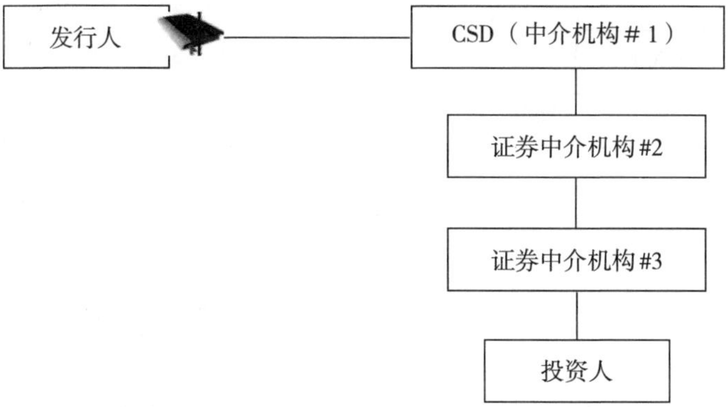

图 9－7 国内间接持有链 2

CSD 是为证券中介机构#2 持有并维护其证券账户，而证券中介机构#2 则是为证券中介机构#3 持有账户，证券中介机构#3 则是为投资人持有账户。这种现象在电子簿记系统中极为常见。

因此，对证券中介机构进行有效的规制就十分必要。中介机构的出现意味着发行人与投资人之间没有直接联系。即使是在国内，如果缺少合理的法律法规来确定谁有权来行使与证券相关的权利，那么投资人的证券权利和权益就极易出现无法行使或被侵权等问题，例如是由位于证券间接持有链末端的投资人直接向发行人行使其权利，还是顺着这条持有链即通过层层的证券中介机构来行使相应的权利。①

(2)跨国间接持有体系

在今天的资本市场上，账户持有人不再局限于国内。相反，账户持有人经常会购买来自其他国家和地区的发行人所发行的证券。这种跨国间接持有链通常会涉及多个乃至多国的证券中介机构。

在一些跨国证券间接持有体系下，CSD 与发行人位于不同的国家。如图 9－8 所示，一家在 A 国注册成立的公司出于种种原因最后却选择由 B 国的 CSD 登记和存管其所发行的证券。在此种情况下，A 国的发行人在 B 国的 CSD 登记和存管证券，CSD 作为证券间接持有链上的第一个中介机构。证券中介机构#2 在 CSD 设有账户，并将证券贷记到该账户中。证券中介机构#2 再将这些证券贷记到其为证券中介机构#3 而持有的证券账户中。最后证券中介机构#3 又将这些证券贷记到自己为投资人而持有的证券账户中。

① See the UNIDROIT Legislative Guide on Intermediated Securities（10－12 May 2017）, p. 11－12, at https://www.unidroit.org/instruments/capital-markets/legislative-guide.

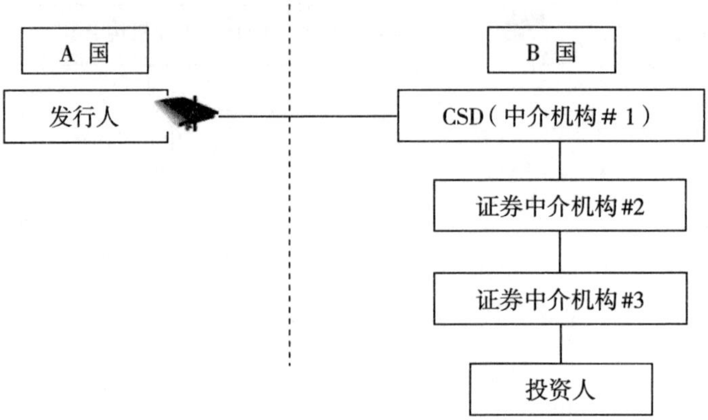

图9-8 跨国间接持有链1

然而,在大多数跨国证券间接持有体系下,CSD与发行人多是同处于一个国家的。正如图9-9所示,在A国注册成立的一家公司在本国发行证券,并由本国的CSD(中介机构#1)登记和存管上述证券。在A国,还有一家当地的投资公司(证券中介机构#2),在CSD设有账户并将证券贷记到该账户中。之后,该投资公司又将这些证券发往海外,贷记到其为位于B国的一家国际银行(证券中介机构#3)而持有的证券账户中。最后,这家国际银行(证券中介机构#3)再将这些证券贷记到B国投资人的证券账户之中。①

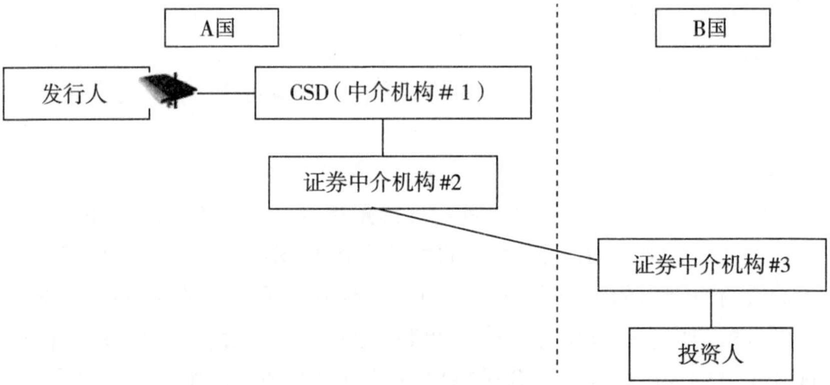

图9-9 跨国间接持有链2

在实践中,也存在更为复杂的跨国间接持有体系。如下图9-10所示,跨国间接持

① See the UNIDROIT Legislative Guide on Intermediated Securities (10-12 May 2017), p. 12-14, at https://www.unidroit.org/instruments/capital-markets/legislative-guide.

有链可以横跨多个国家。在图 9-10 的例子中,证券由一家在 A 国注册成立的公司发行。在该国的法律体系下,所有公司发行的证券都必须由 A 国的 CSD(中介机构#1)登记和存管,此 CSD 作为跨国间接持有链上的第一个中介机构,具有该国证券登记和存管的市场垄断地位。在 A 国还有一家当地的投资公司(证券中介机构#2)在 CSD 设有账户并将证券贷记到该账户中。接下来,该投资公司又将这些证券发售海外,贷记到其位于 B 国的一家国际银行(证券中介机构#3)而持有的证券账户中。最后位于 C 国的一家当地银行(证券中介机构#4)代表 C 国的投资人从 B 国的国际银行处获取了这些证券。当 B 国的国际银行(证券中介机构#3)将这些证券贷记到 C 国当地银行(证券中介机构#4)的证券账户中时,这家当地银行就会将这些证券相应地贷记到 C 国投资人的证券账户之中。①

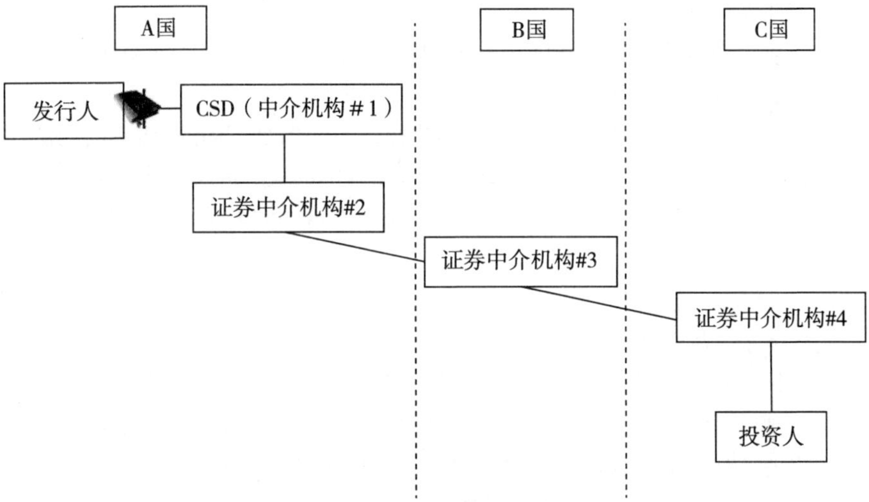

图 9-10 跨国间接持有链 3

在上述跨国间接持有证券体系的例子中,对于海外的账户持有人而言,行使证券的相关权利将会变得十分困难。例如,某特定的国内法规可能会不承认其他国家账户持有人的证券权利和权益,或者阻止证券中介机构代表其账户持有人来行使权利,或者不能有效地帮助账户持有人通过证券间接持有链来实现其证券权利和权益。此外,跨国证券中介机构之间的关系还要受到相互之间合约的约束。在证券法律法规体系的管控下,一般合约本身会规定跨国证券中介机构之间的权利和义务。但是,如果合约没有写明证券中介机构负有代表其账户持有人行使权利等必须要履行的具体义务,那么账户

① See the UNIDROIT Legislative Guide on Intermediated Securities (10 - 12 May 2017), p. 14 - 15, at https://www.unidroit.org/instruments/capital-markets/legislative-guide.

持有人,尤其是末端的账户持有人即投资人的合法权益就无法得到有效的保障。而且,上述几个例子仅仅只涉及了简单的静态证券持有体系,还并未涉及证券的转让等动态交易。在实践中,证券间接持有链每天都在发生变化,并且涉及许许多多的证券中介机构和投资人,以及间接持有链上每个连结点所适用的不同法律,这些变化都会对账户持有人的证券权利和权益产生一定的影响。①

二、《证券间接持有体系立法指南》的优势

当前,尽管证券间接持有体系已经成为各发达资本市场的主要证券体系,但是,该体系在实际运行过程中,账户持有人的权利仍然存在难以实现甚至是无法实现等问题,亟待厘清间接持有体系下的账户持有人权利性质和权利内容,从而进一步化解不同法律体系之间的实体法冲突,增强和协调各国证券持有体系在账户持有人权利保护层面的法律确定性和统一性。②

即使是在两个内部证券体系健全稳定的国家之间,通过证券中介机构来完成的跨国证券持有也会带来各种各样的问题。主要原因如下。

第一,账户持有人在不同的国家所处的法律体系大多是不同的,而不同的法律体系对账户持有人权利性质的界定又各有迥异。这使各国的证券间接持有体系在实际运行中很可能会发生账户持有人权利性质的冲突,从而造成账户持有人无法正常行使权利的不利后果。③

第二,一些国家最初是在资本市场的传统模式和物权法概念的基础上建立了相应的证券法律体系。尽管此类传统模式在法律的层面已经得到了一定的完善,但是它们和日益现代化、各参与主体密切联系,以及无纸化的资本市场所要求的标准仍然有很大差距。因此,目前部分国家的证券法律体系对账户持有人在间接持有体系下的权利内容尚未作清晰、明确、全面的规定。故而其很难对现代化程度较高的证券间接持有体系进行有效规制,账户持有人的权利也就难以得到妥善的保护。④

第三,在确定特定的市场参与者以及证券间接持有链上的各个环节所应适用的法律时,由于各国的冲突法规定不一,故很可能会发生法律适用的纠纷,进而给账户持有人权利的顺利实现带来诸多不便。⑤

例如,如图 9 – 11 所示,证券中介机构#2 在 A 国持有证券,而 A 国采用的是透明的

---

① See the UNIDROIT Legislative Guide on Intermediated Securities (10 – 12 May 2017), p. 15, at https://www.unidroit.org/instruments/capital-markets/legislative-guide.

② 参见《证监会举办国际统一私法协会证券持有体系专题会议》,载中国证券监督管理委员会网,http://www.csrc.gov.cn/pub/newsite/zjhxwfb/xwdd/201703/t20170331_314506.html。

③ See the UNIDROIT Legislative Guide on Intermediated Securities (10 – 12 May 2017), p. 26 – 27, at https://www.unidroit.org/instruments/capital-markets/legislative-guide.

④ Id.

⑤ 参见萧凯:《间接持有制中跨国证券交易的冲突规则》,载《法学》2007 年第 12 期。

个人所有权模式。因为该证券持有体系在国内是健全可靠的,所以证券在A国国内的法律框架下运行良好。然而,一旦这些证券通过证券中介机构#3(位于实行信托模式的B国)和证券中介机构#4(位于实行共同所有权模式的C国)进入海外市场,部分证券权利和权益的界定就会开始变得复杂,从而使这些证券权利和权益的实现也变得十分困难。

具体而言,图9-11中的每一个账户持有人,包括证券中介机构#2、#3、#4和投资人,在证券间接持有链上他们每个人都分别在上一层证券中介机构处开立有证券账户,并且在对应的国内法律体系下取得了相应的法律地位。因此,不同国家的不同法律体系(如证券法、物权法、商法、破产法等)很可能会适用于同一证券间接持有链的不同环节,从而出现账户持有人权利性质和内容难以确定和兼容的问题。①

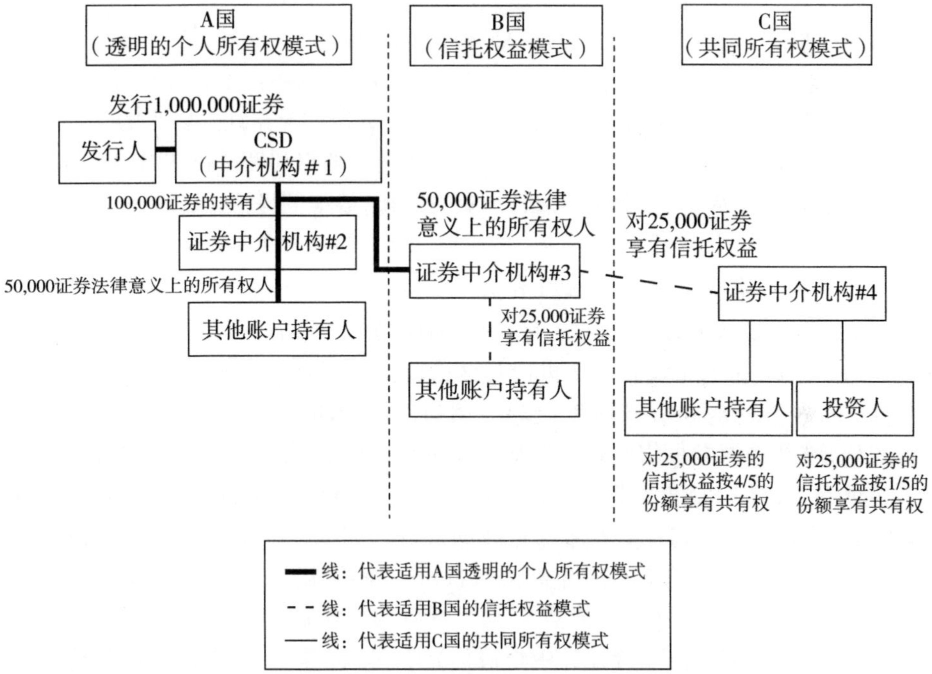

图9-11 复杂的证券间接持有链

第四,之所以要借鉴《证券间接持有体系立法指南》(以下简称《立法指南》)对账户持有人专门进行保护,是因为在证券间接持有体系下,账户持有人很难获得如直接持有体系下投资人所具有的发行人股东的地位,故而很难受到作为发行人股东所享有的

① See the UNIDROIT Legislative Guide on Intermediated Securities (10-12 May 2017), p. 27, at https://www.unidroit.org/instruments/capital-markets/legislative-guide.

保护。在证券间接持有链上,发行人处的证券持有人名册上一般是记载着某国的CSD或其他证券中介机构,账户持有人无法被证券的发行人所识别和知晓,所以也并不会出现在此证券持有人名册之上,因而其并不具备发行人股东的身份和地位。对此,各国的国内法在证券法律法规中应当对间接持有体系下的账户持有人作专门保护,予以特别关注。

综上所述,各国应学习借鉴《立法指南》与《中介机构持有证券实体法公约》(以下简称《公约》)关于证券间接持有体系下的账户持有人权利性质和权利内容等重要的实体性规定,使账户持有人的证券权利和权益在不同的国家也能得到同等的保护,减少跨国证券间接持有体系下兼容性问题的发生。

三、证券间接持有体系下的账户持有人权利性质

当前,世界上主要发达国家和地区的证券市场采用的都是间接持有体系。同时,各国在其证券间接持有体系的实际运行中又根据本国国情的不同发展出了6种不同的持有模式,而在这六种持有模式下,对账户持有人权利性质的界定也有所不同。

正如前文所述,账户持有人包括在上一层中介机构处开立证券账户的下一层证券中介机构和证券账户的末端投资人。由于末端投资人的权利性质在不同的持有模式下相较于证券中介机构区别更为显著且性质更为突出,故本节将结合这六种持有模式,逐一阐述不同持有模式下的账户持有人,尤其是投资人的权利性质。

(一)个人所有模式——个人所有权

在个人所有模式下,投资人对直接在自己证券账户下的所有证券享有全部的证券权利和权益,CSD或其他证券中介机构对这些证券不享有所有权,故此模式下的投资人权利性质为个人所有权(见图9-12)。例如,在法国的证券持有体系下,对在本国发行的证券(在法国发行的所有证券都是无纸化证券),或者对在国外发行的非移动化实物证券,由其CSD负责将这些证券记载于电子簿记中,CSD对发行人而言仅仅是登记人,而体系中的其他参与者则是帮助发行人完成证券发行和交易等证券行为的人。因此,CSD或其他证券中介机构对投资人证券账户中的证券不享有所有权,而是投资人对这些证券享有法律意义上的所有权。投资人可以通过与其有直接关联的中介机构(投资人的直接证券中介机构)来存取证券,而不需要通过其他证券中介机构。[①]

当CSD或其他证券中介机构破产时,投资人作为其证券的所有权人,有权以投资人自身的名义要求对这些证券重新作登记。而证券中介机构,包括CSD,都无权处分投资人的这些证券,但是,证券权益约定由中介机构享有的除外。[②] 一些采用个人所有

① See the UNIDROIT Legislative Guide on Intermediated Securities (10 - 12 May 2017), p. 17 - 18, at https://www.unidroit.org/instruments/capital-markets/legislative-guide.

② Id.

权模式的证券间接持有体系也被称为透明模式，关于透明模式，将在下文与非透明模式进行比较阐述。

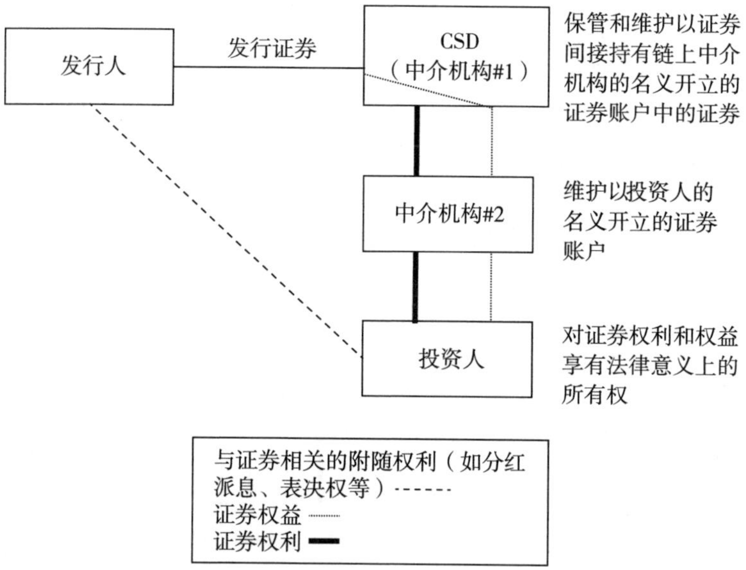

图 9－12 个人所有模式——个人所有权

（二）共同所有模式——按份共有权

在共同所有模式下，发行人将证券交由 CSD 以证券池这种特殊的形式登记和存管。其后，CSD 再将证券贷记到相应参与者的证券账户中。在此模式下，就 CSD 所持有的证券池中的一系列证券而言，每个投资人对这些证券只拥有一定份额的所有权，换句话说，投资人享有的是一种按份共有的证券权利和权益。投资人可以通过其直接证券中介机构来存取证券。但同时，由于证券是以证券池的形式存在，CSD 和位于间接持有链上投资人的直接证券中介机构上层的其他证券中介机构可能无法识别出特定投资人具体的证券持有情况（见图 9－13）。①

如果将证券池中的一系列证券视为一个整体，作为全部投资人共同享有所有权的共有物，那么每一个投资人在此模式下都按照其份额对共有物享有法律意义上的所有权，为按份共有。但是，需要注意的是，共同所有模式下投资人对一系列证券享有的按份共有权与我国民法层面的按份共有权并不完全一致。因为我国民法层面的按份共有人尽管有权要求将自己的份额分出或者转让，但是按份共有人在转让其共有份额时必须通知其他共有人，其他共有人在同等条件下享有优先购买权。然而，在间接持有证券

① See the UNIDROIT Legislative Guide on Intermediated Securities（10－12 May 2017），p. 18－19，at https://www.unidroit.org/instruments/capital-markets/legislative-guide.

的实际情况中，投资人在转让证券时是不可能通知其他投资人的，也不可能使其他投资人顺利行使优先购买权。因此，将我国民法层面按份共有权的理论运用于证券间接持有体系是有局限性的，只是适用了按份共有权中按份共有人对于共有物按其份额享有共有权的特性，而并不适用按份共有人转让其共有份额时的限制性规定。

当CSD或其他证券中介机构破产时，投资人的证券不会被纳入破产财产的范畴之中，因为CSD或其他证券中介机构对这些证券并不享有法律意义上的所有权，而是由投资人按其份额共同享有所有权。投资人有权行使以及在必要的情形下强制执行与证券相关的权利和权益。

奥地利、德国以及其他一些大陆法系国家的证券间接持有体系采用的就是共同所有模式。①

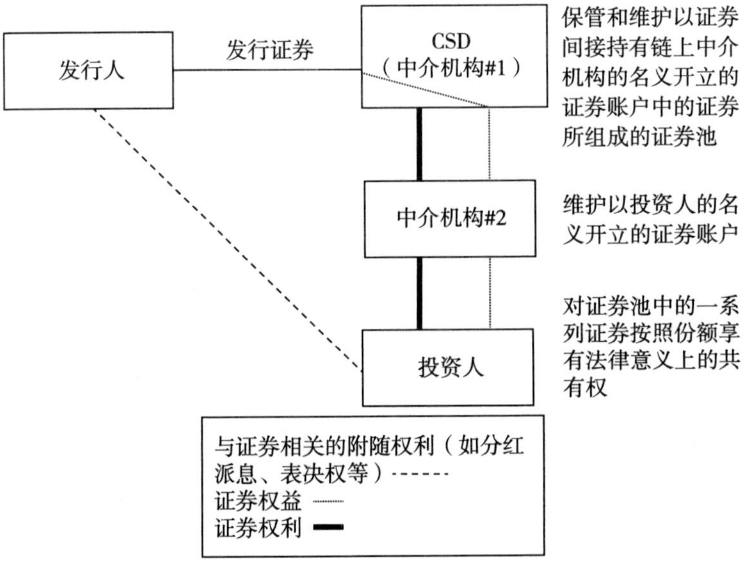

图9－13　共同所有模式——按份共有权

（三）信托模式——信托权益

在信托模式下，发行人将证券交由CSD登记和存管，CSD作为发行人的登记人，对证券不享有任何法律权益。而证券间接持有链上的中介机构，尤其是银行、其他金融机构等中介机构，才是这些证券法律意义上的所有权人（也被称为名义所有人），对证券享有名义上的所有权。当上述中介机构把这些证券贷记到他们投资人（也被称为实际持有人）的证券账户中时，他们就成为信托关系中的受托人，而投资人则成为信托关系

① See the UNIDROIT Legislative Guide on Intermediated Securities (10－12 May 2017), p. 18－19, at https://www.unidroit.org/instruments/capital-markets/legislative-guide.

中的委托人同时也是受益人,从证券中获得相应的信托权益,即对证券享有实质所有权或实益所有权。①

当证券间接持有链上的某一中介机构破产时,投资人作为受益人,对证券享有相应的信托权益,而这个权益是中介机构的债权人所不具有的。例如,英国的信托法就明确规定,证券中介机构名义上持有的证券与证券中介机构的自有证券相区分,不受证券中介机构债权人的追索,亦不属于其破产清算财产的范围。同时,英国的信托法还规定了证券中介机构作为信托关系受托人必须承担的信赖义务,不得挪用或者随意处置其名下的信托证券以损害投资人的利益(见图 9 - 14)。②

澳大利亚、英格兰和威尔士以及爱尔兰的证券间接持有体系均采用信托模式。

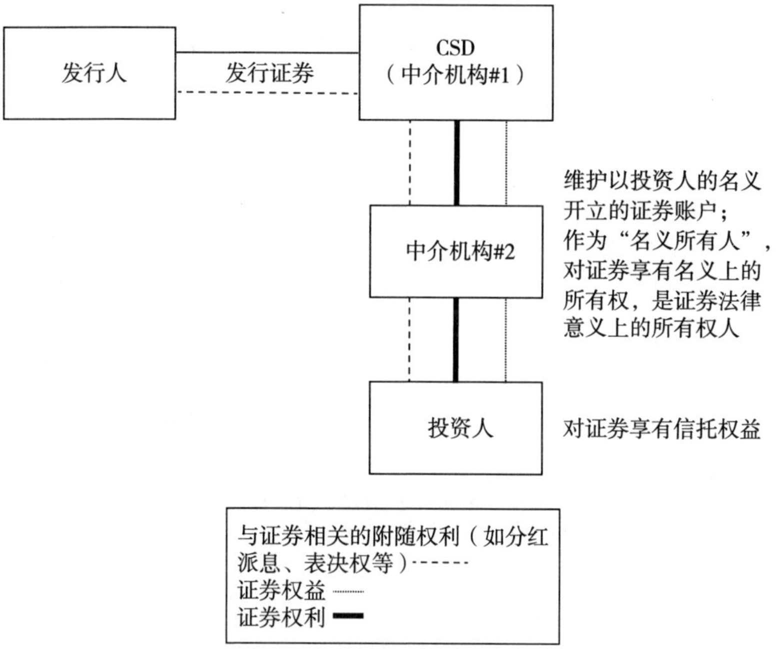

图 9 - 14 信托模式——信托权益

(四)证券权益模式——"证券权"

在证券权益模式下,每个证券账户的持有人都可以从与其相关的证券中介机构处获得相应的证券权益。尽管这些获得证券权益的账户持有人无权直接对发行人持有的金融资产行使经济或其他权利,但是,中介机构有义务在获得与证券相关的权利和权益

① See the UNIDROIT Legislative Guide on Intermediated Securities (10 - 12 May 2017), p. 19 - 20, at https://www. unidroit. org/instruments/capital-markets/legislative-guide.

② 参见周翼、王昊译著:《信托法》,法律出版社 2004 年版,第 68 页。

之后将它们转移给账户持有人,并且代表该持有人行使相关权利。因而,每一个账户持有人都是从其直接证券中介机构处获得相应的证券权益,换句话说,账户持有人对自己的直接证券中介机构享有"一揽子"与证券相关的权利和权益,即"证券权"。①

采用"证券权"来界定证券间接持有体系下的账户持有人证券权益这一做法是由美国《统一商法典》开始的(见图9-15)。不同于大多数国家在原有的法律与理论框架之下界定证券权益的性质,美国的这一做法另辟蹊径,摒弃了传统的信托、共有、个人所有等法律理论,独创性地采用了"证券权"这一概念。美国《统一商法典》第八编第五章第8-503条对"证券权"的具体内涵作了详细规定,可以概括为以下5点。

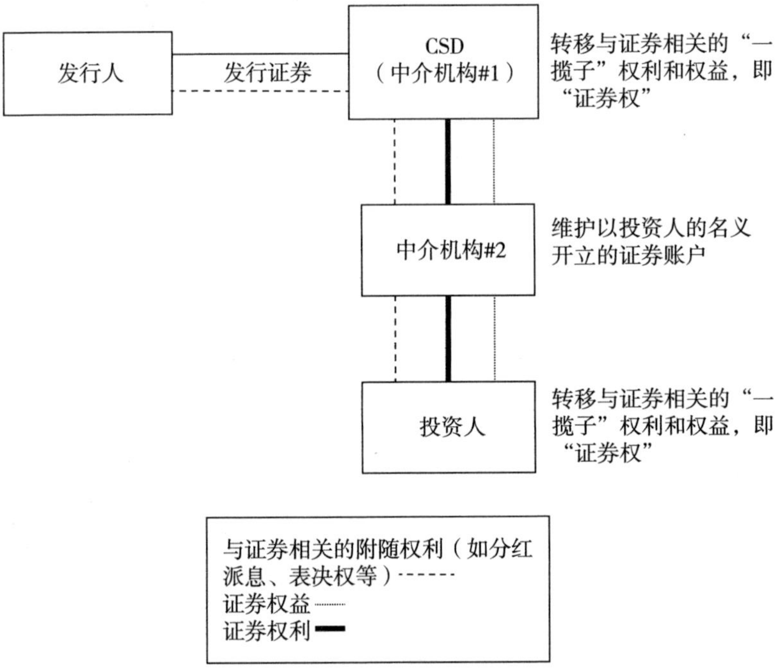

图9-15 证券权益模式——"证券权"

1.除第8-511条②另有规定外,证券中介机构代表账户持有人所持有的金融资产项下的全部证券权益,均归属于账户持有人(包括投资人),不属于证券中介机构的财产,独立于中介机构的债权人。因此,当中介机构破产时,由于证券权益是独立于中介机构所持有的资产的,故账户持有人能够获得相应的保护。

2.账户持有人依据(a)对某项特定的金融资产享有的证券权益,是就证券中介

---

① See the UNIDROIT Legislative Guide on Intermediated Securities (10-12 May 2017), p. 20-21, at https://www.unidroit.org/instruments/capital-markets/legislative-guide.

② 美国《统一商法典》第八编第五章第8-511条规定的是担保权益和权益持有人之间的优先权问题。

机构对该项金融资产享有的全部证券权益按照份额享有证券权益,并不受账户持有人取得证券权益的时间或证券中介机构取得对该项金融资产的证券权益的时间的影响。

3. 由于账户持有人才是证券权益的所有者,故账户持有人依据证券中介机构的法定义务条款第 8 – 505 条到第 8 – 508 条行使权利时,可以对证券中介机构寻求强制执行。

4. 账户持有人就其对某项特定金融资产享有的证券权益,可以对该项金融资产或其中的证券权益的购买者寻求强制执行,只要符合下列条件之一:证券中介机构的破产程序已经启动;证券中介机构对该项金融资产享有的权益不足以满足该项金融资产的全部账户持有人享有的证券权益;证券中介机构违反其法定义务条款,把该项金融资产或其中的证券权益转让给了购买者,并且该购买者依据(e)也不受保护。

5. 账户持有人不能基于其对某项特定金融资产享有的证券权益而向善意购买者提出权利主张。账户持有人无论是以侵占、留置、返还财产、信托或是其他理论为由,对支付了对价、取得了对该项金融资产的控制,且未与违反第 8 – 504 条规定的维持金融资产义务的证券中介机构通谋的善意购买者,不得提出权利主张。①

综上所述,“证券权”是为证券间接持有体系量身定制的一种独创性权利,是界定账户持有人权利的一个新概念。账户持有人的证券权利和权益只能通过自己的直接证券中介机构来实现,而无权对其他证券中介机构直接主张权利;相应地,账户持有人的直接证券中介机构也有义务确保账户持有人能获得其所有的证券权益。②

加拿大和美国采用的就是此种证券权益模式。③

(五)合同模式——合同权利

在合同模式下,账户持有人不再通过持有证券获得权益,而是从自己的直接证券中介机构处获取合同权利,即账户持有人权利在此种模式下的性质可以被界定为合同权利。合同模式下的整个证券间接持有链由不同的市场参与者(从 CSD 一直向下延伸到投资人)之间的双边合同组成。CSD 或履行 CSD 职能的其他证券中介机构作为证券的“名义所有人”,是证券法律意义上的所有权人。其后,根据各层级之间的双边合同,相关的证券权利沿着间接持有链在各个中介机构之间层层传递,最后传到实际投资人的手中,由投资人根据自己与直接证券中介机构之间的双边合同来获取相应的合同权利(见图 9 – 16)。

---

① See the Uniform Commercial Code (“UCC”) 8 – 503, 1994, at https://www.law.cornell.edu/ucc.

② See the UNIDROIT Legislative Guide on Intermediated Securities (10 – 12 May 2017), p. 20 – 21, at https://www.unidroit.org/instruments/capital-markets/legislative guide.

③ Id.

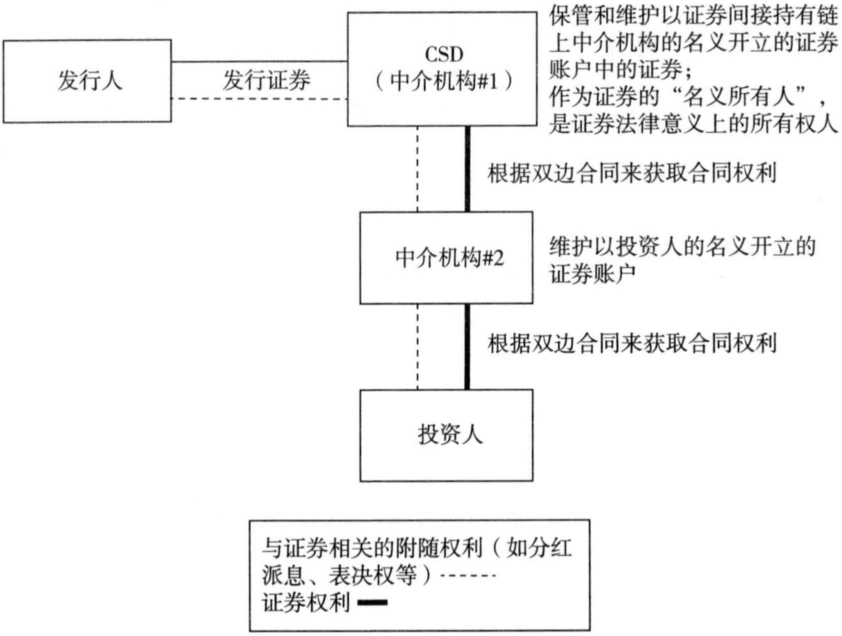

图9－16　合同模式——合同权利

一般而言，市场参与者之间的双边合同中的有关条款会规定有间接持有体系下各种问题的法律框架，包括账户持有人如何行使权利、中介机构破产所产生的后果等。其中，对于中介机构破产后如何处理这一部分，需要特别关注。这是由于在一些国家的证券间接持有体系下，证券中介机构一般不会遭遇破产的风险，因为它只负责证券的保管，而不进行任何其他活动，遭遇破产的风险相对较低，所以由市场参与者自行订立的双边合同往往会不甚重视甚至是直接忽略掉中介机构破产的相关条款。正因如此，对于采用本合同模式的证券间接持有体系而言，在进行跨国证券交易时，一旦他国的证券中介机构遭遇破产，相关账户持有人所享有的合同权利本身可能无法为其提供足够的保护。因而，存在一部对账户持有人加以保护的破产法律是十分必要的。各国国内的破产法，对涉及证券的情形，也需要明确确定账户持有人在证券中介机构破产时对其资产享有哪些权利和索赔要求，以充分保障账户持有人的合法权益。①

① See the UNIDROIT Legislative Guide on Intermediated Securities (10－12 May 2017), p. 21－22, at https://www.unidroit.org/instruments/capital-markets/legislative-guide.

(六)透明模式与非透明模式

1. 透明模式

正如前文所述,一些采用个人所有权模式的证券间接持有体系也被称为透明模式。在此类模式下,因为保管证券账户的工作是由 CSD 和账户的实际操作人(通常是投资人的直接证券中介机构)共同承担的,所以 CSD 能够识别出特定投资人的证券持有链,从而明确投资人对证券权益的个人所有权。透明模式一般分为三类,具体如下。

(1)当投资人直接在 CSD 持有账户时

正如图 9－17 所示,CSD 会将每一个投资人的证券账户和中介机构自己所有的证券账户分离开,证券中介机构仅作为 CSD 与投资人之间技术层面的连接者存在,投资人才是证券权利和权益的所有权人。①

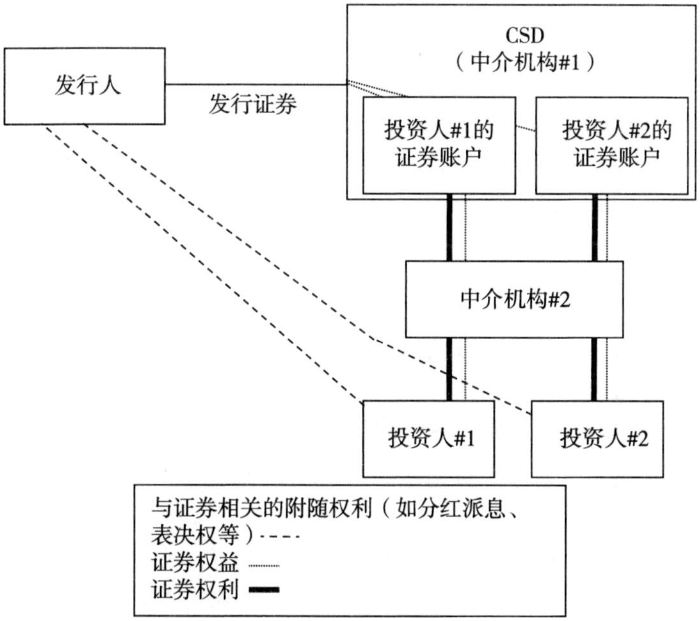

图 9－17 投资人直接在 CSD 持有账户

① See the UNIDROIT Legislative Guide on Intermediated Securities (10 － 12 May 2017), p. 22 － 24, at https://www.unidroit.org/instruments/capital-markets/legislative-guide.

(2)当投资人在证券中介机构持有的账户被CSD识别时

正如图9－18所示,CSD仍然是为证券中介机构而持有证券账户,然后再将这些账户划分成相应的子账户分给中介机构的每一个客户即投资人,从而识别每一个投资人的证券持有链,证券权利和权益的所有权仍然是归属于投资人。①

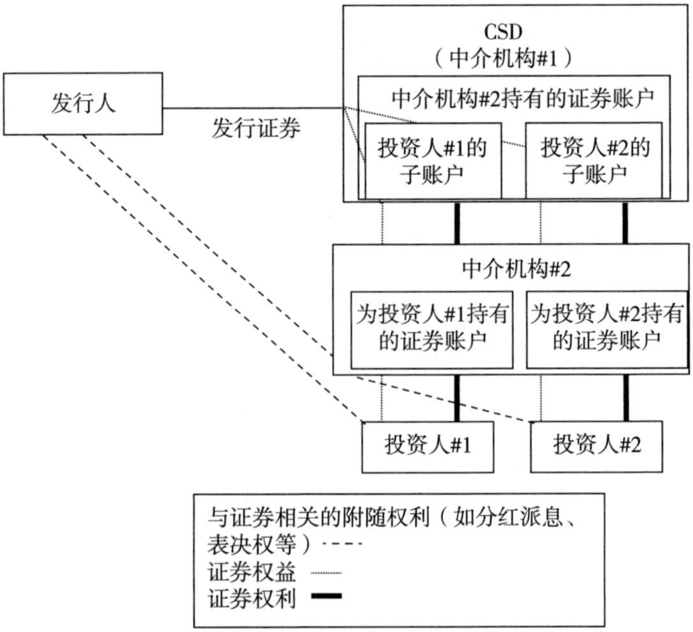

图9－18　投资人在证券中介机构持有的账户被CSD识别

(3)当投资人通过证券中介机构在CSD的证券综合账户中持有证券,并且账户信息定期登记时

正如图9－19所示,CSD会为证券中介机构而持有一个证券综合账户,而这些账户是由中介机构为其客户即投资人登记的各个独立的账户组成的。所有独立账户的信息都会在CSD和中介机构间定期整合,从而使CSD能够识别出中介机构的客户即投资人的证券持有链,投资人仍然是其独立账户的所有权人。②

① See the UNIDROIT Legislative Guide on Intermediated Securities (10－12 May 2017), p. 22－24, at https://www.unidroit.org/instruments/capital-markets/legislative-guide.

② See the UNIDROIT Legislative Guide on Intermediated Securities (10－12 May 2017), p. 24－25, at https://www.unidroit.org/instruments/capital-markets/legislative-guide.

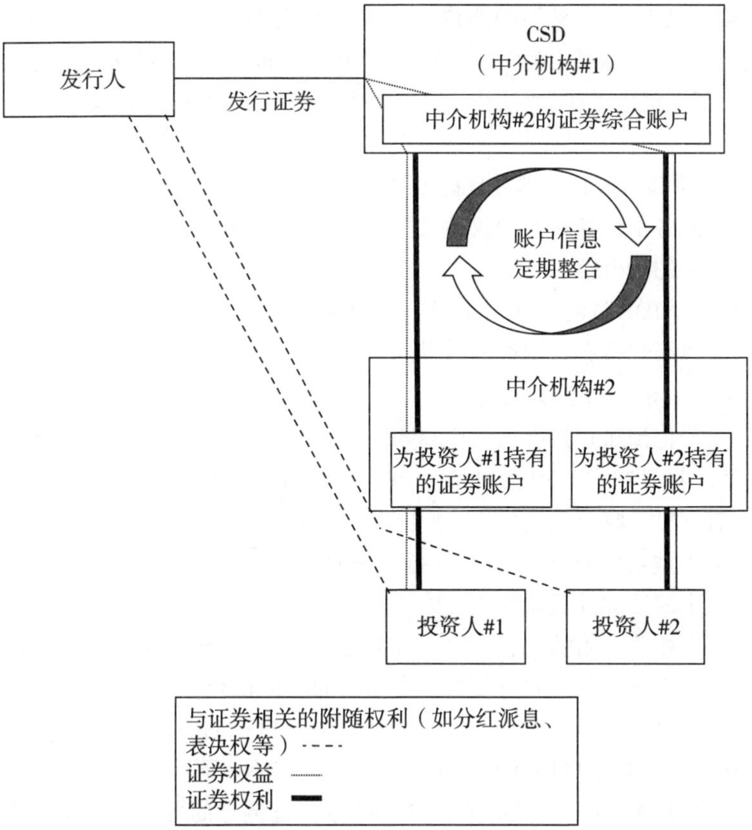

图 9－19 投资人通过证券中介机构在 CSD 的证券综合账户中持有证券

上述三类情形的共同点就在于，CSD 能够识别出投资人以及投资人的证券持有链，且投资人是其证券权利和权益的所有权人。这也是透明模式的主要特点。

2. 非透明模式

反之，在非透明模式中，CSD 无法知晓和识别投资人及其证券持有链，而只有投资人的直接证券中介机构才能够知晓和识别。而且，在证券间接持有体系的实践中，证券持有模式往往会十分复杂，一般不会是单一的透明模式或非透明模式，而是混合的，持有链上的一部分采用的是透明模式，另一部分则采用非透明模式。

此外，大部分透明模式在涉及跨国证券间接持有时都会变得更为复杂，一旦跨出国境线通常就会变得不再透明。这些复杂的情形也使得关于账户持有人权利性质的界定变得更为困难，需要具体情形具体分析，难以一概而论。[①]

---

① See the UNIDROIT Legislative Guide on Intermediated Securities (10 – 12 May 2017), p. 25, at https://www.unidroit.org/instruments/capital-markets/legislative-guide.

四、证券间接持有体系下的账户持有人权利内容

为解决证券持有体系中的一系列法律不确定性问题，UNIDROIT 在《公约》的基础上，起草制定了 UNIDROIT《立法指南》，从账户持有人的基本权利、证券中介机构的义务和责任、间接持有证券的转让、证券中介机构破产时对账户持有人的保护这四个方面分别总结了《公约》的核心规则并且提出了相应的立法指导原则，以充分落实并积极保障账户持有人的各项证券权利和权益，进一步协调不同证券法律制度中的实体法冲突，增强资本市场中的投资信心。

本章将以 UNIDROIT《立法指南》这一最新的国际立法指南为视角，从上述四个方面逐一分析阐释账户持有人的权利内容。

（一）账户持有人的基本权利

当证券被贷记到账户持有人的证券账户中时，《立法指南》就赋予该账户持有人与证券相关的“一揽子”证券权利和权益。基本权利内容如下。

一是占有、使用、收益及处分权。所有账户持有人对贷记到其证券账户中的证券享有占有、使用、收益及处分权，并且有权指令证券中介机构依据相关规定占有、使用、处分其证券账户中的证券并获取收益。①

二是与证券相关的附随权利。除享有上述权利外，位于证券持有链末端的账户持有人即投资人还应有权获得并行使与证券相关的附随权利，如分红派息、表决权等。投资人，处于证券持有链的末端，其并不同时具有中介机构的身份，故而是末端的账户持有人，也被称为最终的账户持有人。在证券间接持有体系下，证券是通过借贷的方式流转到各个证券账户中，而这些证券账户又由证券持有链上的各级中介机构来持有和保管。账户持有人因证券借贷的发生会产生两类基本证券权利，一类是由最终的账户持有人即投资人单独享有的权利，也就是与证券相关的附随权利，如分红派息、表决权等，只能赋予最终的账户持有人，而不能再赋予证券持有链上的各级中介机构；而另一类则是可以由所有账户持有人享有的其他普遍性权利，如占有、使用、收益及处分权等。②

三是各国国内法赋予的其他附加权利。各国的国内法赋予账户持有人的其他附加权利，可以是与证券相关的权利和权益，也可以是证券之外的其他权利和权益。③

对前两项账户持有人的基本权利，各国的国内法应当予以明确规定，赋予所有的账户持有人以占有、使用、收益及处分等普遍性证券权利，以及单独赋予最终的账户持有人即投资人分红派息权、表决权等与证券相关的附随权利。根据各国证券间接持有的实际情况的不同，各国的法律也可以对这两类基本权利的内容及范围作相应的扩展。

---

① See the UNIDROIT Legislative Guide on Intermediated Securities (10 - 12 May 2017), p. 38 - 39, at https://www.unidroit.org/instruments/capital-markets/legislative-guide.

② Id.

③ Id.

此外,各国的法律应当同时赋予账户持有人一定的其他附加权利,以确保账户持有人的法律地位和法律权利能够得到有效落实和保障。①

(二)证券中介机构的义务和责任

在证券间接持有体系下,证券中介机构作为证券账户的保管人和证券权益的管理人,有义务和责任保证账户持有人的证券权利和权益得以顺利实现。对此,《立法指南》明确规定了证券中介机构对其账户持有人负有一项普遍义务和四项具体义务。

第一,证券中介机构的普遍义务。证券中介机构必须采取一切合理的措施来帮助账户持有人获得并行使他们的证券权利和权益,这是中介机构对其账户持有人负有的普遍义务。换句话说,证券中介机构必须向账户持有人提供一切合理且有效的帮助,以协助账户持有人及时获得并顺利行使与证券相关的权利和权益,这也是所有证券中介机构都应承担的普遍义务。②

第二,维持充足证券的义务。证券中介机构在保护账户持有人的证券权利和权益时所承担的具体义务有很多,例如对其保管的证券账户作及时准确的簿记记录等。但是,其中最为重要的一项义务是中介机构必须持有充足的证券,以确保其所持有的证券的数量等同于贷记到其客户的证券账户中的证券数量。中介机构有义务保证账户持有人证券的充足性,并在账户持有人需要时按其指令提供相应的证券数额。如果中介机构未能履行这一义务,致使两者的证券数量不一致时,中介机构有义务采取适当的措施并在各国国内法规定的时间期限内弥补差额,从而防止其客户遭受损失。③

第三,不得挪用证券的义务。证券中介机构应当将其直接持有或间接持有的证券按账户持有人进行权益分配,不得将其客户的证券及证券权益归入其自有资产,更不得将这些证券用于偿付自身的债务。④

第四,遵循授权指令的义务。证券中介机构应当勤勉地遵循账户持有人或者有权的第三人关于处分间接持有证券的授权指令。在未得到授权指令前,中介机构不应擅自处分贷记到其任一客户的证券账户中的证券。⑤ 中介机构通常情况下不应执行除账户持有人之外的其他人下达的关于处分该证券账户内的间接持有证券的指令,但下述四种情形除外:(1)经账户持有人许可,或账户持有人与中介机构订立的账户协议授权许可的;(2)执行司法机关、行政机关或其他有权机关作出的生效判决、裁定或决定等;(3)中介机构依据证券交收系统的统一业务规则执行相关业务操作的;(4)各国的国内

① See the UNIDROIT Legislative Guide on Intermediated Securities (10 - 12 May 2017), p. 40, at https://www.unidroit.org/instruments/capital-markets/legislative-guide.

② Id.

③ Id.

④ Id.

⑤ Id.

法有其他特殊规定的。①

第五,定期传达必要信息的义务。证券中介机构应当向投资人定期传达有关行使权利、分配红利或股息等必要信息,以确保投资人与证券相关的附随权利能够得以实现。②

上述义务即证券中介机构对其账户持有人负有的一项普遍义务和四项具体义务。《立法指南》虽然并未明确规定账户持有人行使哪些证券权利和权益时必须要通过证券中介机构(通过证券间接持有链)来完成,以及又有哪些证券权利和权益是账户持有人可以直接通过发行人来完成的,但是,即使是在账户持有人可以直接通过发行人来行使相关证券权利和权益的情况下,这个过程通常也需要在证券中介机构的支持下才能完成。换句话说,在证券间接持有体系下的诸多方面,必须要有证券中介机构的协助,账户持有人才能顺利行使其权利和权益。因而,证券中介机构需要承担的义务范围很广,而上述义务只是其中较重要的一部分。在证券中介机构须承担的义务领域,《立法指南》为各国的国内法律留下了广阔的空间。各国的国内法应当根据本国证券间接持有体系的实际情况,对上述普遍义务和具体义务的内容及范围作适当的拓展和延伸,并对证券中介机构履行义务的条件进行补充规定,以规制和督促中介机构严格履行其义务,协助账户持有人行使证券权利和权益。③

此外,关于证券中介机构的责任,由于《立法指南》并未详细规定在何种条件下证券中介机构应对其账户持有人或其他人承担法律责任,而只是笼统地规定了证券中介机构在故意或重大过失不履行义务时须承担法律责任。对此,各国的国内法应当明确中介机构违反上述义务的条件和后果,明确中介机构应承担的法律责任的适用条件和范围,以及责任是否可以根据中介机构和账户持有人之间的账户协议被免除。只有明确了证券中介机构不履行义务时须承担的法律责任,才能确保账户持有人行使证券权利和权益时能够得到中介机构及时且高效的协助,从而切实保障账户持有人的合法权益。④

(三)间接持有证券的转让

间接持有证券交易的顺利开展以及证券间接持有体系下证券权利和权益的顺利实现对于资本市场的良好运行起着十分关键的作用。在证券间接持有体系下,尽管账户持有人有权将其间接持有的证券予以转让,但是其转让权应受到一定的限制,以保护受让人和其他账户持有人的合法权益。对此,各国的国内法律应当学习借鉴 UNIDROIT《立法指南》就间接持有证券的转让,在获取和处分间接持有证券的方式、未经授权的

---

① See the UNIDROIT Legislative Guide on Intermediated Securities (10 – 12 May 2017), p. 48, at https://www.unidroit.org/instruments/capital-markets/legislative-guide.

② Id.

③ Id.

④ Id.

证券借贷及撤销、善意第三人保护制度这三个方面所总结的核心规则和提出的立法原则，并以此为据，对各国的国内法加以修改和完善，合理限制账户持有人的转让权，从而进一步保障资本市场的良好运行。

1. 获取和处分间接持有证券的方式

间接持有证券以及间接持有证券中的限制性权利（如担保权益）的转让方式有若干种。其中，最为普遍和常用的转让方式有贷记和借记的方式、指定簿记进入的方式等，且这些转让方式均依赖于证券账户的簿记记录。然而，并非所有的转让方式都要求有簿记记录。下文详细分析了间接持有证券获取和处分的不同方式。

（1）贷记和借记的方式

《立法指南》在《公约》的基础上，进一步明确规定了账户持有人的转让权。账户持有人有权以贷记和借记的方式获取与处分间接持有的证券，并且以此种方式所为的证券转让具有法律效力，能够有效对抗第三人，而不需要为任何其他行为，如公开或登记等。此外，《立法指南》还就获取和处分间接持有证券的担保权益的方式作了规定。账户持有人也有权以贷记和借记的方式获取与处分间接持有证券中的担保权益及其他限制性权益。

由于间接持有证券主要是以簿记记录的方式存在于证券账户中的，故以贷记和借记的方式进行证券转让对整个证券间接持有链而言都有着十分重要的影响。而且，虽是以簿记记录的方式存在，但是以此贷记和借记的方式进行的间接持有证券转让并非没有现实影响。其是建立在转让人与受让人之间达成的转让交易的基础之上，并且通常是依据转让人和受让人对他们各自的中介机构下达的指令来完成转让的。因而，以现实中的转让交易为基础进行的贷记和借记就代表了间接持有证券中的全部证券权利和权益或限制性权利的转移。

当前，贷记和借记已经成为世界范围内账户持有人转让间接持有证券的一种普遍方式。对此，《立法指南》要求各国的国内法将贷记和借记明确列为所有账户持有人转让其间接持有证券的一种方式，以此明确保障账户持有人的转让权。①

（2）其他方式

除了明确规定账户持有人有权以贷记和借记的方式转让其间接持有证券，《立法指南》还明确认可以账户协议、指定簿记进入、控制协议这三种额外方式进行的间接持有证券的转让或间接持有证券中的限制性权利（如担保权益）的转让。账户持有人有权依据其与自己的直接证券中介机构之间的有效账户协议，或指定簿记进入受让人的证券账户，或依据其与证券中介机构之间的有效控制协议以准许受让人对其证券账户中的证券实施控制，从而完成证券权利和权益的转移。

---

① See the UNIDROIT Legislative Guide on Intermediated Securities (10 - 12 May 2017), p. 55 - 56, at https://www.unidroit.org/instruments/capital-markets/legislative-guide.

在上述方式中,贷记和借记,作为最为普遍和常用的转让方式,账户持有人无须为任何其他行为即可使间接持有证券的转让产生法律效力,且能够有效对抗第三人。同样地,以其他三种额外方式进行的证券转让,除了必须具有账户协议、指定簿记进入或控制协议的相应授权,也是无须为任何其他行为即可具有法律效力并且能够对抗第三人。

除了《立法指南》规定的四种转让方式,各国的国内法律可以根据本国国情的不同,规定其他获取和处分间接持有证券的方式。该规定是将通过《立法指南》规定之外的其他方式转让间接持有证券的效力的认定权授予给了各国的国内法律。①

2. 未经授权的证券转让及撤销

《立法指南》规定,证券账户的借记贷记、指定簿记进入、指定簿记进入的撤销或者其他对间接持有证券的转让行为必须具有账户持有人或可能因该转让行为而受到不利影响的其他权益持有人的合法授权,否则该转让行为视为无效。各国的国内法也应将账户持有人或其他权益持有人的合法授权规定为间接持有证券的转让行为的生效条件。同时,《立法指南》还规定,违反各国国内法律或其他禁止性规定的证券转让行为也应视为无效。②

然而,《立法指南》与《公约》都未详细规定证券账户的借记、贷记、指定簿记进入、指定簿记进入的撤销等证券转让行为的无效或撤销的具体条件、后果等问题,而是留给各国的国内法来进行补充规定。具体包括以下问题:(1)证券账户的借记、贷记、指定簿记进入、指定簿记进入的撤销等证券转让行为在哪些情况下是有效的;(2)证券账户的借记、贷记、指定簿记进入、指定簿记进入的撤销等证券转让行为在哪些情况下应当予以撤销;(3)当证券账户的借记、贷记、指定簿记进入、指定簿记进入的撤销等证券转让行为应当被撤销时,撤销的法律后果如何,以及能否对抗第三人;(4)证券账户的借记、贷记、指定簿记进入、指定簿记进入的撤销等证券转让行为在哪些情况下应当被认定为无效,以及无效的法律后果如何;(5)证券账户的借记、贷记、指定簿记进入、指定簿记进入的撤销等证券转让行为的成立是否取决于某一条件,以及在哪些情况下取决于该条件;(6)当证券账户的借记、贷记、指定簿记进入、指定簿记进入的撤销等证券转让行为的成立取决于某一条件时,在该条件成就前其能否对抗第三人,以及该条件成就或不成就的法律后果如何。③

此外,需要特别注意的是,各国国内法对未经授权的指定簿记进入的法律后果的规

---

① See the UNIDROIT Legislative Guide on Intermediated Securities (10 – 12 May 2017), p. 59 – 60, at https://www.unidroit.org/instruments/capital-markets/legislative-guide.

② Id.

③ 参见李瑞强:《谈谈中介持有证券实体法公约草案的几个基本问题》,载中国结算网,中证登公司 http://www.chinaclear.cn/main/07/0702/1199696531874.pdf,最后访问时间:2018 年 3 月 15 日。

定仍须遵循善意第三人保护制度,受该制度的制约,以保护善意第三人的合法权益。[①]

3. 善意第三人保护制度

在证券间接持有体系下,投资人作为证券持有链末端的账户持有人,其证券间接持有链的上方可能存在多个中介机构。在证券交易中,这些中介机构作为账户持有人的证券保管人和管理人通常是以自己的名义为账户持有人进行证券的买卖,故交易双方一般无法知晓对方的真实身份,与善意第三人进行证券交易的对手方很可能并不是真正的证券投资人。因此,《立法指南》与《公约》在保护账户持有人的证券转让权时,也同时对账户持有人的证券转让权施加了一定限制,明确规定了善意第三人保护制度,对善意第三人予以特别保护。[②]

《立法指南》与《公约》都明确规定,第三人在获取间接持有证券(包括间接持有证券中的限制性权利,如担保权益)时如满足以下条件,即为善意取得,应当免于他人的不利诉求:

(1)第三人是善意的,并不实际知晓或应该知晓其获取的证券存在他人的在先权利或在先的瑕疵簿记进入,并且此证券转让行为会侵犯该在先权利人或权益相关人的证券权利和权益。对于"实际知晓或应该知晓"的判断标准,应结合证券间接持有体系的特点,以及间接持有证券市场交易的具体情形等来综合判断,但是,第三人并不负有一般意义上的查询或者调查义务。此外,需要特别注意的是,如果第三人为一个组织,并非自然人,那么其"实际知晓或应该知晓"的判断标准则略有不同。当该组织的相关事项负责人注意或应当合理注意该组织获取的证券存在他人的在先权利或在先的瑕疵簿记进入时,即可认定为该组织已实际知晓或应该知晓此证券转让行为很可能会侵犯在先权利人或权益相关人的合法权益。

(2)第三人在获取间接持有证券(包括间接持有证券中的限制性权利,如担保权益)时,支付了合理的对价,即通过有偿途径获取了相关证券权利和权益。[③]

对善意第三人的保护根据第三人获取的证券存在瑕疵的不同,又可以分为存在他人的在先权利、存在在先的瑕疵簿记进入这两种情况:

(1)存在他人的在先权利时对善意第三人的保护。第一,善意第三人不需要对该在先权利人承担责任;第二,善意第三人不受该在先权利人权益的限制;第三,善意第三人获取的证券权利和权益不因该他人的在先权利的存在而当然无效或被撤销。

(2)存在在先的瑕疵簿记进入时对善意第三人的保护。第一,善意第三人不因该在先的瑕疵簿记进入的无效或被撤销而对任何权益相关人承担责任;第二,善意第三人

---

① See the UNIDROIT Legislative Guide on Intermediated Securities (10 – 12 May 2017), p. 65 – 66, at https://www.unidroit.org/instruments/capital-markets/legislative-guide.

② See the UNIDROIT Legislative Guide on Intermediated Securities (10 – 12 May 2017), p. 68 – 72, at https://www.unidroit.org/instruments/capital-markets/legislative-guide.

③ Id.

获取的证券权利和权益不因该在先的瑕疵簿记进入的存在而当然无效或被撤销。第三,前述两项对善意第三人的保护需要受到各国的国内法律、证券交收系统规则以及账户协议的相关规定的制约。

各国的国内法可以借鉴《立法指南》与《公约》的上述规定对证券间接持有体系下的善意第三人予以特别保护,并且可以根据本国证券体系的实际运行情况,对善意第三人的保护范围、保护程度以及保护措施等进行相应的拓展。

(四)证券中介机构破产时对账户持有人的保护

在证券间接持有体系下,证券中介机构为了账户持有人的证券权益而保管和管理其证券账户中的证券,中介机构在证券间接持有链上发挥着十分关键的作用。而且,证券间接持有链通常是由多层级的证券中介机构和末端的账户持有人(投资人)组成,上层中介机构一旦破产,势必会对下层的中介机构和末端的账户持有人(投资人)造成多米诺骨牌般的连锁效应。因而,在证券中介机构发生破产时对账户持有人给予适当的保护就非常有必要。

《立法指南》在《公约》的基础上,进一步明确了账户持有人在证券中介机构的破产程序中享有的特殊权益和禁止越级追索制度,以及规定了中介机构破产时账户持有人在证券短缺情形下的损失分担规则,从而尽可能地减少账户持有人在中介机构破产时可能遭受的损失。

1. 账户持有人的特殊权益

根据《立法指南》与《公约》的规定,在证券中介机构或履行中介机构职责的其他人的破产程序中,账户持有人通过贷记和借记、账户协议、指定簿记进入、控制协议或各国国内法规定的其他方式获取的证券权利和权益仍然是有效的,不仅能够对抗第三人,而且能够对抗破产管理人以及债权人。从该项规定中可以看出,当证券中介机构或履行中介机构职责的其他人发生破产时,账户持有人享有的证券资产并不属于破产财产,免受债权人的追索。但是,该规定也受到一定的限制,即对账户持有人根据账户协议、指定簿记进入、控制协议授予给证券中介机构或履行中介机构职责的其他人的相关证券权益,仍然应纳入破产财产的范畴,并不适用该规定。①

此外,上述规定并不影响证券中介机构破产程序中其他实体或程序规则的适用,如对防止优先权交易或债权人欺诈交易的处理、破产管理人对其监管下的财产的执行程序规则、破产财产的分配顺序等,这些实体或程序规则的适用仍然应遵循各国国内法的相关规定。②

---

① See the UNIDROIT Legislative Guide on Intermediated Securities (10 – 12 May 2017), p. 96 – 97, at https://www.unidroit.org/instruments/capital-markets/legislative-guide.

② Id.

2. 证券短缺的损失分担规则

证券短缺,是指证券中介机构现在所持有的客户证券账户中的证券权利和权益少于客户应当获得的证券权利和权益。证券短缺的情形通常发生在中介机构将证券贷记到账户持有人的证券账户后,该账户持有人依据此簿记记录获取了相应的证券权利和权益。然而,中介机构在此时却因为种种原因并不持有等额数量的证券权利和权益,可能是因为中介机构将证券贷记给账户持有人时尚未从其他账户持有人处接受证券,也可能是因为向中介机构转让证券的出让方没有及时足额交付证券,还可能是因为中介机构发生破产等异常情形,因而造成了证券短缺。①

证券中介机构在保护账户持有人的证券权利和权益时所承担的一项重要义务就是中介机构必须持有充足的证券,以防止证券短缺的情形发生。因此,当证券短缺的情形真的发生时,根据此义务,证券中介机构应当采取适当的措施并在各国国内法规定的时间期限内弥补差额,例如采用从中介机构的自有账户中调取,或者在证券交易市场上买入相应的证券等措施来补足差额。但是,需要特别注意的是,如果证券短缺发生时,证券中介机构已经破产或者正在进行破产清算,那么对于该差额,就很难再要求中介机构予以补足。对此,《立法指南》明确规定了账户持有人之间的损失分担规则。

当证券中介机构破产时,如果划拨至其账户持有人个人证券账户(见图9-21)或其账户持有人集合证券账户(见图9-22)中的证券权利和权益,以及其自有的证券账户(见图9-21、图9-22)中的证券权利和权益的总额,仍然少于贷记到该账户持有人个人证券账户和该账户持有人集合证券账户中的证券权利和权益的总额(见图9-20),②那么证券短缺的差额将根据一定规则由账户持有人分担。

中介机构的账户持有人个人证券账户+中介机构的账户持有人集合证券账户+中介机构自有的证券账户中的证券权利和权益的总额<贷记至该账户持有人个人证券账户+贷记至该账户持有人集合证券账户中的证券权利和权益的总额

图9-20 证券短缺损失分担规则的适用情况

① See the UNIDROIT Legislative Guide on Intermediated Securities (10-12 May 2017), p. 98-100, at https://www.unidroit.org/instruments/capital-markets/legislative-guide.

② Id.

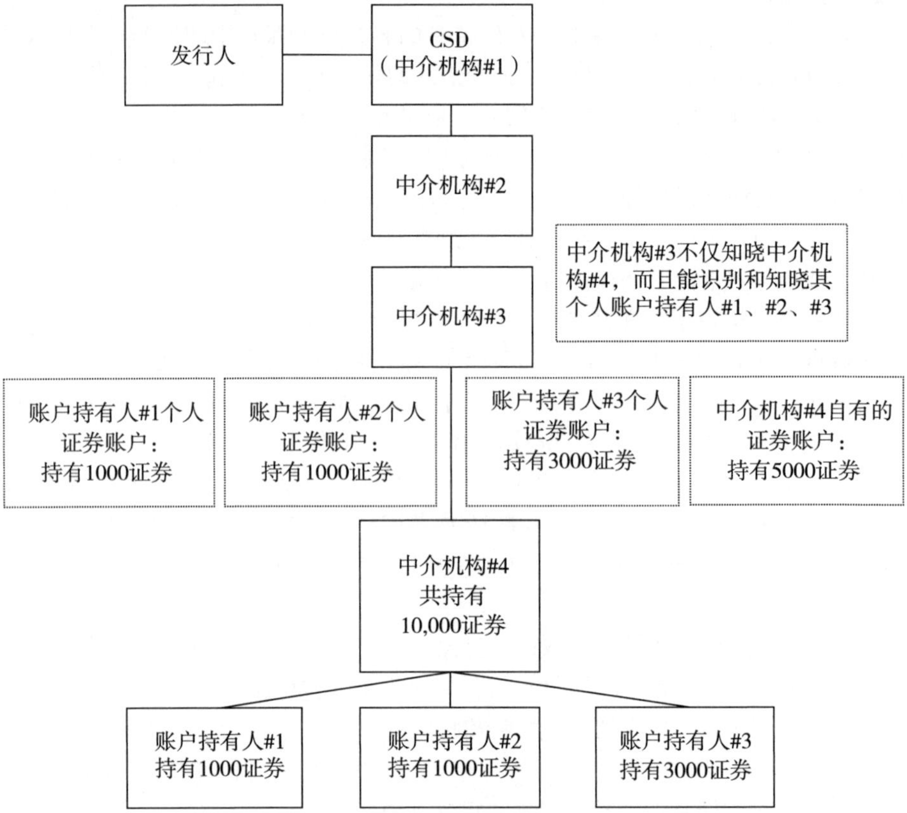

图9－21　账户持有人个人证券账户

分担规则具体如下：

（1）当证券已经被划拨至中介机构的某一账户持有人个人证券账户中时，则由该账户持有人承担短缺的损失；

（2）当证券已经被划拨至中介机构的账户持有人集合证券账户中时，则由该集合证券账户的各账户持有人根据贷记到账户的各自证券数额的比例来承担短缺的损失；

（3）当证券已经被划拨至中介机构自有的证券账户中时，则由该中介机构承担短缺的损失。①

① See the UNIDROIT Legislative Guide on Intermediated Securities (10 – 12 May 2017), p. 98 – 100, at https://www.unidroit.org/instruments/capital-markets/legislative-guide.

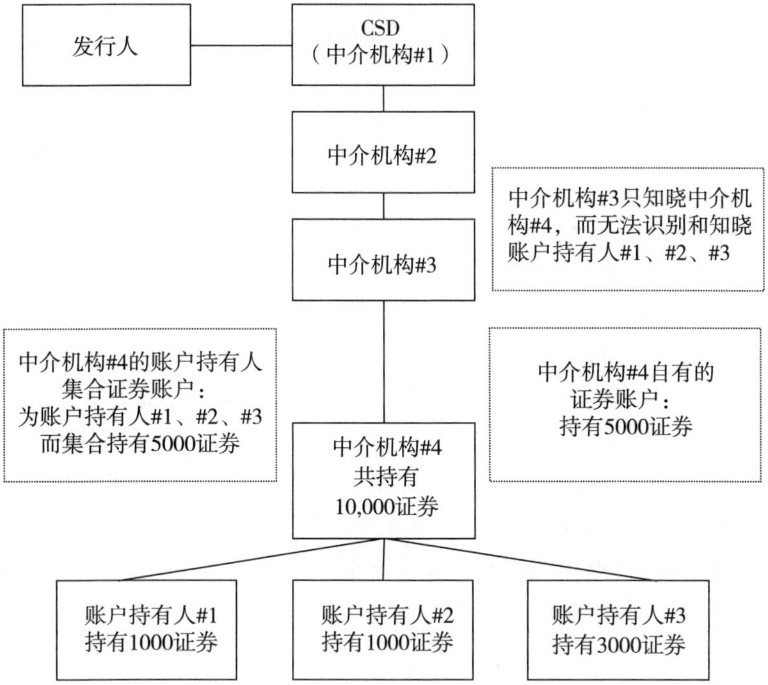

图 9-22　账户持有人集合证券账户

但是，上述规则又存在如下例外情形：

（1）如根据各国的国内法，中介机构为证券交收系统的操作人且证券交收系统规则对证券短缺情形下的损失分担另有规定的，那么适用相关规定，不适用上述 3 项规则；

（2）如果各国的国内法关于中介机构破产程序的相关规定与上述 3 项损失分担规则存在冲突的，那么适用该国关于破产程序的相关规定，不适用上述 3 项规则；

（3）上述 3 项规则仅适用于证券中介机构破产的情形。通常情形下，中介机构应严格履行保持充足证券的保护义务，而不是由账户持有人对证券短缺的差额进行损失分担。①

3. 禁止越级追索制度

《立法指南》与《公约》一脉相承，继续对债权人对其债务人（账户持有人）的追索作了一定限制，规定了“禁止越级追索制度”。在证券间接持有体系下，债权人在追索其债务人（账户持有人）的债务时，只能要求该账户持有人以其在直接证券中介机构处

① 参见王进：《日内瓦证券公约下账户持有人权利保障制度研究》，载《武汉理工大学学报（社会科学版）》2012 年第 3 期。

持有的证券账户中的证券资产来承担债务,而不能越过其直接证券中介机构,要求以该直接证券中介机构的上层中介持有的证券资产来承担债务。对账户持有人在其直接证券中介机构处持有的证券采取查封、扣押、冻结等任何司法、行政或其他行为时,不得影响其他账户持有人即非债务相关方的证券账户中的证券,更无权对证券发行人提出追索要求。①

之所以规定"禁止越级追索制度",是因为上层中介机构保管和维护的通常是一个多证券账户集合的混同账户,其下层中介机构的客户(账户持有人)的具体信息和账户明细无法体现在这一多证券账户集合的混同账户中。因而,当账户持有人的债权人直接向法院申请查封、扣押、冻结等执行令时,如果允许债权人越级追索,那么上层中介机构在接到法院的执行命令后,就不得不查封、扣押或冻结整个证券集合账户。此做法虽然在一定程度上保护了债权人的债权,但是危害却更大。它将与该债权债务争议毫无关联的许多其他账户持有人也牵连了进来,一并查封、扣押或冻结了这些非债务相关方的证券资产,妨碍了他们正常的证券交易,给其他账户持有人造成了损失。正因如此,《立法指南》与《公约》才对债权人的追索权作出了明确限制,禁止其越级追索,以保护作为非债务相关方的其他账户持有人的证券权利和权益。②

五、中国证券持有体系的现状及立法完善

(一)中国证券持有体系的现状

在我国的证券市场中,上海证券市场实行的一直都是直接持有体系,投资人以自己的名义对其持有的证券在证券登记结算机构进行登记,并且直接被记载在发行人的证券持有人名册上。③ 深圳证券市场则略微有些复杂,初期实行的是直接持有体系与间接持有体系相结合的方式,但自 2001 年中国证券登记结算公司成立后,提供集中登记、托管、结算服务并同时确认证券簿记记录是证券所有权的法定依据,我国自此全部确立了以直接持有为主的证券持有体系。④

我国对证券持有体系的设计仍是以直接持有体系为主,只有境外投资人持有的 B 股、合格境外投资者(Qualified Foreign Institutional Investor,QFII)和人民币合格境外机构投资者(RMB Qualified Foreign Institutional Investor,RQFII)投资于中国证券市场而持有的证券、合格境内机构投资者(Qualified Domestic Institutional Investor,QDII)和合格境内个人投资者(Qualified Domestic Institutional Investor,QDII2)投资于境外资本市场而持有的证券、中国存托凭证(Chinese Depository Receipt,CDR)制度等才可适用间接持有体系。由此可见,我国证券市场实行的是直接持有为主,间接持有为辅的证券持

① See the UNIDROIT Legislative Guide on Intermediated Securities (10 - 12 May 2017), p. 77 - 78, at https://www.unidroit.org/instruments/capital-markets/legislative-guide.

② 参见沈朝晖:《直接持有体制和证券统一实体法——中国的视角》,载《国际经济法学刊》2009 年第 1 期。

③ 参见赵威、仲伟光:《证券间接持有法律问题研究》,中国检察出版社 2008 年版,第 116 ~ 117 页。

④ 参见张建:《跨境证券持有的法律思考——兼议〈中华人民共和国证券法〉修订前沿》,载《行政与法》2015 年第 11 期。

有体系。[①]

1. 直接持有体系为主

我国证券市场上主要实行直接持有体系,2014 年《证券法》[②]第 166 条(现为 2019 年《证券法》第 157 条)为直接持有体系的确立提供了明确的法律依据。该条明确了证券登记结算机构是直接以投资人本人的名义,而非证券中介机构的名义开立证券账户,并且证券登记结算机构对每个投资人所持有的证券的种类、数量以及价格等与证券相关的信息都有详细记录。同时,从 2014 年《证券法》第 160 条(现为 2019 年《证券法》第 151 条)可以看出,证券登记结算机构应当向发行人提供投资人名册及相关资料,然后由发行人根据证券登记结算机构提供的名册及资料再将投资人的持股情况详细记载于证券持有人名册之中,从而使证券发行人能够清楚地知晓并识别投资人持有证券的相关情况,因此属于典型的证券直接持有体系。

综上所述,根据 2014 年《证券法》的相关条款,我国境内居民进行 A 股、B 股等证券投资时实行直接持有的证券持有体系。持有证券的投资人能够直接被记载在发行人的证券持有人名册上,发行人与投资人之间的法律关系十分清晰。发行人可以清楚地知道其有哪些投资人(但是无记名证券除外),投资人也能够直接通过发行人行使与证券相关的各种权利和权益(如分红派息权、表决权、获取必要信息权等)。

2. 间接持有体系为辅

尽管 2014 年《证券法》确立了我国证券市场上主要实行直接持有体系,但是相关证券法律法规也作了少量例外规定,例如中国证券监督管理委员会(以下简称中国证监会)第 65 号令《证券登记结算管理办法》第 18 条就引入了名义持有人的概念,并将证券间接持有体系明确列入例外情形,从而为我国实行间接持有体系留下了可操作的空间。我国证券间接持有体系的实践主要存在于境外投资人持有的 B 股、CDR 制度、QFII 和 RQFII 投资于中国证券市场而持有的证券、QDII 和 QDII2 投资于境外资本市场而持有的证券这四大类证券交易之中。

(1)境外投资人持有的 B 股

B 股,是指人民币特种股,俗称境内上市外资股。目前,我国 B 股分为两种,一种是境外投资 B 股,另一种是境内居民投资 B 股。对于境内居民投资 B 股,和 A 股一样,在我国证券市场上适用的都是证券直接持有体系。而对于境外投资 B 股,2014 年《证券法》第 225 条(现为 2019 年《证券法》第 225 条)规定:“境内公司股票以外币认购和交易的,具体办法由国务院另行规定。”因此,境外投资 B 股不适用《证券法》,而是由国务

---

① 参见罗成:《证券间接持有国际法规制研究及我国之借鉴——以投资者保护为视角》,华东政法大学 2016 年硕士学位论文,第 27 页。

② 《中华人民共和国证券法》根据 2014 年 8 月 31 日第十二届全国人民代表大会常务委员会第十次会议《关于修改〈中华人民共和国保险法〉等五部法律的决定》第三次修正。

院另行规定。根据国务院《关于股份有限公司境内上市外资股的规定》的规定,[①]境外投资人对其投资持有的B股,作为证券权利和权益的持有人,可以将其股份登记在名义持有人名下,即承认证券间接持有体系可以适用于该境外投资B股。

(2)CDR制度

为了让更多的“新经济”[②]企业能够回归境内资本市场,增强我国资本市场的国际化程度和全球影响力,使国内的投资人也能参与分享新时代的经济发展成果,中国证监会于2018年3月30日发布了《关于开展创新企业境内发行股票或存托凭证试点的若干意见》,正式开始推行CDR制度的试点工作。

CDR制度,是指允许达到要求的红筹企业[③]按照规定的程序和条件在我国境内资本市场发行股票或存托凭证上市的一项制度安排。在CDR制度下,在境外(包括我国香港特别行政区、澳门特别行政区及台湾地区)上市的红筹企业将其已在境外发行的基础证券托管于当地的托管机构。由红筹企业选定某一境内的存托人,将自己在境外发行的基础证券交由该存托人持有,并委托该存托人在境内签发存托凭证或发行股票上市。境内上市所发行的股票或存托凭证均应交由我国的证券登记结算机构集中登记存管和办理结算。[④] 具体操作流程如图9－23所示。

从上述概念和操作流程可以看出,CDR制度是以红筹企业在境外发行的基础证券为制度基础的,境内存托人依据其与红筹企业签订的存托协议代为持有境外的基础证券,并在此基础之上签发存托凭证。取得存托凭证的持有人(境内投资人)据此享有存托凭证所代表的境外基础证券权益,并按照存托协议的约定,通过存托人行使其权利。尽管境内上市所发行的股票或存托凭证是交由我国的CSD集中存管和结算,但是,由于CDR制度的基础为红筹企业在境外发行的基础证券,所以该证券持有链必然会跨出我国的国境线。对境外的CSD或履行CSD职责的证券中介机构和该红筹企业来说,其并不确切知晓境内实际投资人的相关证券账户信息,也无法识别我国境内投资人的证券持有链。因此,CDR制度也属于证券间接持有体系的范畴。

(3)QFII、RQFII投资于中国证券市场而持有的证券

自2000年以来,随着金融全球化趋势的不断增强,我国资本市场显现诸多问题,例如投资理念和机制尚不成熟、公司治理模式有待改进、境内投资者规模较小且竞争力水平较低等。为解决上述问题,中国证监会同国家外汇管理局、中国人民银行等有关部委经过反复斟酌,决定引入外国的资金进入我国的资本市场,并于2002年年底正式公布和实施《合格境外机构投资者境内证券投资管理暂行办法》,开始在我

---

① 参见国务院1995年《关于股份有限公司境内上市外资股的规定》第22条。

② “新经济”企业,是指代表新技术、新产业、新业态、新模式的创新企业。

③ 红筹企业,是指注册地在境外、主要经营活动在境内的企业。

④ 《国务院办公厅转发证监会关于开展创新企业境内发行股票或存托凭证试点若干意见的通知》,载中国政府网,http://www.gov.cn/zhengce/content/2018－03/30/content_5278689.htm。

国试点推行 QFII 制度。

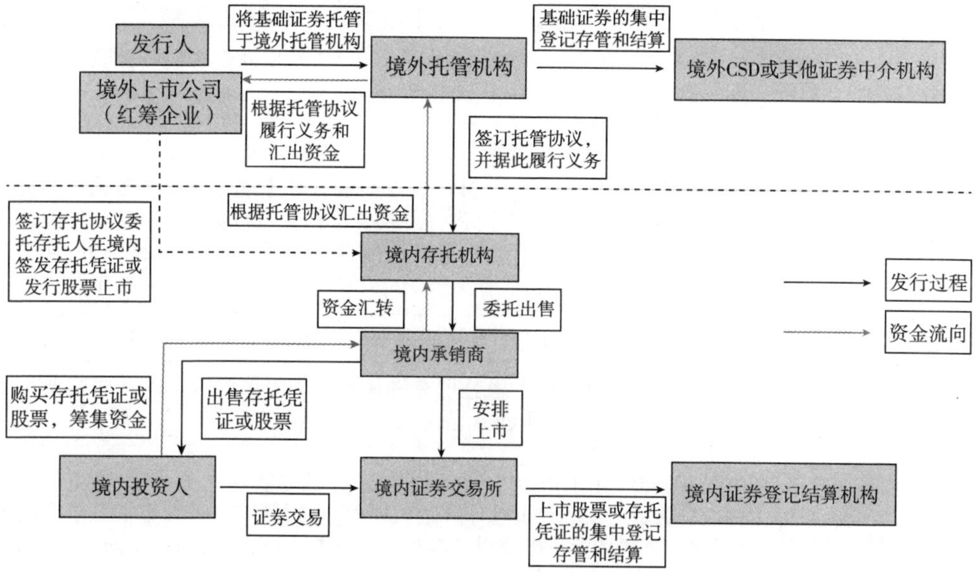

图 9－23 CDR 制度的操作流程

资料来源:《中国存托凭证(CDR)——“独角兽”回归的序幕?》,载《博京律师事务所》微信公众号 2018 年 4 月 4 日,https://mp. weixin. qq. com/s? ——biz = MzIwNTE5MDQ3Mw = = &mid = 2660365313&idx = 1&sn = 810db93e2b3b3ecf729e187bde3b2563&chksm = 8c51f027bb267931e8ec94fbf7e8a11721d35d6ffc843a734a27ac98e959eb35f369932476b5&mpshare = 1&scene = 23&srcid = 04082Y91TpAQuYcvV4iUMqVM#rd。

QFII 制度,是指允许符合条件的合格境外机构投资者,在相关规定和限制下汇入一定额度的外汇资金,并转换为我国货币,通过严格监管的专门证券账户来投资我国的证券市场,其资本利得、股息等经过批准后可转换为外汇汇出的一项制度。① RQFII 制度,允许合格境外机构投资者以人民币为投资方式按规定和限额投资于中国的证券市场。该制度是在 QFII 制度的发展过程中结合我国资本市场的现状演变而来。② 表 9－1 概述了 QFII、RQFII 制度的主要发展进程。

---

① 参见张晓凌、杨月萍:《QFII 制度下跨境间接持有证券的法律问题研究》,载《国际金融研究》2004 年第 10 期。

② 参见罗力强、李彦:《论 RQFII 制度下的我国离岸金融业务创新发展路径》,载《特区经济》2016 年第 8 期。

表 9－1　QFII、RQFII 制度的主要发展进程

时间	发展进程
2002 年 11 月 7 日	中国证监会和中国人民银行联合发布了《合格境外机构投资者境内证券投资管理暂行办法》，并于 2002 年 12 月 1 日起正式施行，标志着我国 QFII 制度试点推行工作的开端
2003 年 3 月 19 日	中国证监会进一步明确了 QFII 制度实施细则，放宽了申请人范围和投资人范围，明确境外信托机构和政府投资机构也可成为 QFII，投资品种从挂牌交易的 A 股股票、国债、可转换债券、企业债券等扩展到基金，且无比例限制，还可参与股票增发、配股、新股发行、可转换债发行的申购
2003 年 5 月 26 日	瑞士银行成为我国证券市场上首家获得 QFII 资格的境外机构
2003 年 7 月	瑞士银行和花旗环球金融公司有选择地对中国境内股市的一些股票进行了首笔投资，标志着 QFII 已进入实质性操作阶段
2006 年 8 月 25 日	中国证监会、中国人民银行和国家外汇管理局联合发布了《合格境外机构投资者境内证券投资管理办法》，同时，中国证监会还发布了关于实施《合格境外机构投资者境内证券投资管理办法》有关问题的通知，对 QFII 的投资监管行为进行细化和完善
2011 年 8 月 17 日	时任国务院副总理的李克强在港出席论坛时提到，将允许以 RQFII 方式投资境内证券市场，起步金额为 200 亿元人民币。RQFII 制度初见端倪
2011 年 12 月 16 日	中国证监会、中国人民银行和国家外汇管理局联合发布了《基金管理公司、证券公司人民币合格境外机构投资者境内证券投资试点办法》，允许符合条件的基金公司、证券公司香港子公司作为试点机构开展 RQFII 业务，标志着 RQFII 制度在我国的试点正式开始
2013 年 3 月 6 日	中国证监会公布了《人民币合格境外机构投资者境内证券投资试点办法》和《关于实施〈人民币合格境外机构投资者境内证券投资试点办法〉的规定》
2013 年 5 月 2 日	中国证监会发文明确了 RQFII 在境内开立银行账户、投资银行间市场等方面内容，为 RQFII 的扩大试点扫除了技术层面的障碍，标志着 RQFII 扩容将进入实质性阶段
2016 年 9 月 30 日	中国证监会取消了对 QFII、RQFII 资产配置比例的限制，改为由其自主决定；同时加强对其投资活动的持续监管

2006 年 8 月 25 日，中国证监会、中国人民银行、国家外汇管理局联合发布了第 36 号文《合格境外机构投资者境内证券投资管理办法》，明确了 QFII 投资于中国证券市场时适用的是证券间接持有体系。根据该办法第 16 条，合格境外机构投资者可以在证券

登记结算机构申请开立证券账户,该证券账户可以是实名账户,也可以是名义持有人账户。所谓的“合格境外机构投资者”,是指符合该办法规定的条件,经中国证监会批准投资于中国证券市场,且取得国家外汇管理局额度批准的中国境外基金管理机构、保险公司、证券公司以及其他资产管理机构。从上述条款可以看出,QFII 并非实际的境外投资人,其只是境外投资人的上层证券中介机构(包括可能是直接证券中介机构的情形),其证券持有链的下方很可能还存在其他证券中介机构,QFII 作为境外投资人的名义持有人为该实际的境外投资人保管和维护证券。综上,QFII 投资于中国证券市场而持有的证券属于证券间接持有体系。

根据国家外汇管理局 2018 年 3 月 30 日公布的数据,截至 2018 年 3 月 29 日,286 家 QFII 累计获批投资额度 993.59 亿美元,较 2 月环比上涨 2 亿美元;196 家 RQFII 累计获批投资额度 6123.62 亿元人民币,较 2 月环比增加 30 亿元人民币。[①] 从上述数据可以看出,我国 QFII、RQFII 制度所涉数额正在持续增长。这同时也说明在当前金融全球化的大背景下,我国与国外资本市场的对接进程和对外开放的步伐已势不可当,我国须尽快完善证券间接持有体系的相关法律法规,如此才能切实保障跨境证券交易中的境内外账户持有人的证券权利和权益,从而推动我国的资本市场良性稳步前进。

(4)QDII、QDII2 投资于境外资本市场而持有的证券

为进一步开放资本市场,产生更多的外汇需求,推进人民币的国际化进程,推动更多的企业走出国门,我国于 2006 年开始推行 QDII 制度。QDII 制度,是指在人民币资本项下不可兑换、资本市场尚未完全对外开放的情形下,在某国境内设立,依据有关规定由该国相关部门审批,有条件地允许合格的境内机构投资者投资于境外资本市场的一项制度。[②]

为在 QDII 制度的基础上继续扩大开放,我国于 2015 年开始在部分城市开展 QDII2 制度的试点工作。QDII2 制度有条件地允许合格的境内个人投资者投资于境外资本市场。[③] 表 9-2 概述了 QDII、QDII2 制度的主要发展进程。

---

① 《QFII、RQFII 投资额度审批情况表》,载国家外汇管理局网,http://www.safe.gov.cn/wps/portal/sy/glxx_jwjgmd。

② 参见黎四奇:《QDII 制度与我国证券监管新问题的法律分析》,载《法律科学(西北政法大学)》2008 年第 1 期。

③ 参见《首批试点 QDII2 的城市共有六个》,载东方财富网 2015 年 6 月 19 日:http://finance.eastmoney.com/news/1622,20150619519078490.html。

表 9－2　QDII、QDII2 制度的主要发展进程

时间	发展进程
2006 年 4 月 17 日	中国人民银行、中国银行业监督管理委员会、国家外汇管理局共同发布《商业银行开办代客境外理财业务管理暂行办法》,标志着 QDII 制度的开端
2006 年 8 月 21 日	中国证监会发布通知,批准华安基金管理公司正式启动合格境内机构投资者试点
2007 年 6 月 18 日	中国证监会正式公布《合格境内机构投资者境外证券投资管理试行办法》以及关于实施有关问题的通知,标志着 QDII 制度在我国全面展开
2014 年 11 月 5 日	中国人民银行第 331 号文发布了《关于人民币合格境内机构投资者境外证券投资有关事项的通知》,境内的合格机构投资者可采用人民币的形式投资境外的人民币资本市场,标志着 RQDII 制度正式推出
2015 年	QDII2 制度在上海、天津、重庆、武汉、深圳和温州开展首批试点工作,标志着 QDII2 制度的正式启动
2015 年 12 月 10 日	中国人民银行业已暂停机构申请新的 RQDII 相关业务

所谓合格境内机构投资者,是指于一国境内设立,并获得该国相关部门的批准,从事境外资本市场的证券投资业务的资产管理机构。我国的 QDII 制度首见于 2006 年 4 月 17 日由中国人民银行、中国银行业监督管理委员会、国家外汇管理局联合发布的《商业银行开办代客境外理财业务管理暂行办法》,该暂行办法首次引入"代客境外理财业务"的概念,为合格境内机构投资者制度的正式形成奠定了基础。① 其后,2007 年 6 月 18 日由中国证监会第 46 号文发布的《合格境内机构投资者境外证券投资管理试行办法》正式确立了合格境内机构投资者制度,为该制度的确立提供了法律依据。②

与 QFII 制度相似,QDII 并非是实际的证券投资人,而只是募集及管理实际证券投资人资金的资产管理机构。QDII 以自己的名义在境外资本市场上进行证券投资,境外的 CSD 处并不能体现境内实际投资人的任何信息。因此,当 QDII 投资于境外资本市场时,其属于证券间接持有体系。

但是,QDII 制度与 QFII 制度也有所不同。前者适用的证券间接持有体系的设计取决于 QDII 所投资的境外资本市场,而与我国的证券市场是否已建立间接持有体系并无很大关联。与此相反的是,后者适用的证券间接持有体系的设计主要取决于 QFII 所

① 参见《商业银行开办代客境外理财业务管理暂行办法》第 2、19 条和第 24 条。

② 参见《合格境内机构投资者境外证券投资管理试行办法》第 2、3、18 条和第 19 条。

投资的中国证券市场,故而我国证券市场上是否已建立间接持有体系就会对QFII制度的实施产生一定影响。①

(二)《立法指南》与我国证券法律法规在账户持有人保护层面的比较研究

1.证券间接持有体系下的账户持有人权利性质尚不明确

在传统的证券直接持有体系下,投资人对其持有的证券以自己的名义在证券登记结算机构处进行登记,投资人的证券持有情况也会被记载于发行人的证券持有人名册中。投资人对其持有的证券享有独立的所有权,依据是法定的登记记录。因此,我国证券直接持有体系下的投资人权利性质已经有了明确的法律依据,权利性质已经得到了法律确认,即独立的所有权性质。

然而,在证券间接持有体系下,证券是以CSD或者证券中介机构的名义记载于发行人的证券持有人名册之中,发行人并不知晓实际投资人的证券持有情况等信息。在此情况下,一方面,若证券间接持有链上的任一证券中介机构未尽职履行义务或有其他不当行为,位于持有链末端的账户持有人(投资人)就很难向证券发行人顺利行使其相关证券附随权利,如分红派息权、表决权、获取必要信息权等。另一方面,若账户持有人的直接证券中介机构不当处分自己为账户持有人所持有的证券,甚至是发生破产等异常情形时,由于法律并未明确账户持有人在证券间接持有体系下的权利性质,故账户持有人只能依据普通的债权请求权来要求中介机构偿付相同种类和数量的证券,而这显然不利于证券权利和权益的保护。②

以最典型的QFII制度为例,由于证券是以证券中介机构的名义在证券登记结算机构处进行登记,证券中介机构作为境外投资人的名义持有人为该实际的境外投资人保管和维护证券,发行人的证券持有人名册无法体现中介机构所持有的境外投资人的任何信息。因此,发行人、证券登记结算机构以及上层的证券中介机构很可能并不知晓实际境外投资人的证券持有情况,更无法区分中介机构证券账户中的证券资产哪些是其自有资产,哪些又是其作为名义持有人为实际的境外投资人所持有的资产。③ 这将对实际境外投资人的证券权利和权益产生下列不利影响。

第一,当证券间接持有链上的任意一个证券中介机构有违法、违规等行为时,根据《合格境外机构投资者境内证券投资管理办法》的规定,④监管机构可以依法对相关证券账户执行强制措施。而在我国的QFII制度下,由于无法对中介机构的证券账户中的证券资产进行区分,因此,对证券账户执行强制措施,很可能在对违法者施加处罚的同时,也伤害其他无辜的实际投资人。

---

① 参见何迎新:《我国QFII和QDII制度实施现状及政策建议》,载《金融会计》2011年第2期。

② 参见赵威、仲伟光:《证券间接持有法律问题研究》,中国检察出版社2008年版,第137~138页。

③ 参见张晓凌、杨月萍:《QFII制度下跨境间接持有证券的法律问题研究》,载《国际金融研究》2004年第10期。

④ 参见《合格境外机构投资者境内证券投资管理办法》第33条。

第二,当QFII合格境外机构投资者因违法或错误等行为而导致破产时,由于我国的证券法律法规并未明确界定实际境外投资人在通过QFII间接持有证券时的权利性质,是个人所有权、按份共有权、信托权益,抑或是“证券权”、合同权利等,因而,只能将实际投资人与QFII的普通债权人一视同仁,而这显然是不公平的,实际境外投资人的证券权利和权益很难得到有效的保障。①

这一问题在实践中也已有端倪可循。在“王某斌与协鑫集成科技股份有限公司证券虚假陈述责任纠纷案”中,一审和二审法院均将证券投资人(此案中包括境外投资人如QFII、RQFII)在该公司进入破产程序后对公司资产的债权界定为普通破产债权,将证券投资人直接视为普通的债权人对待,这样的保护力度很显然是不足的。此外,判决书中也并未提及对境外投资人,如QFII、RQFII等的证券权利和权益的保护及善后措施,这种对境外投资人的忽视也很可能会滋生新一轮的权利纠纷。② 尽管该案件和证券间接持有体系并非直接相关,但是由于我国的司法实践中与证券间接持有体系直接相关的账户持有人权利保护案例极其少见,所以我们只能从诸如上述案件的普通证券纠纷案例中去发现和分析我国目前对间接持有证券的境内外账户持有人的保护所存在的问题,从而起到一个提前示警和率先预防的作用。

由于我国尚未对证券间接持有体系下的账户持有人权利性质作清晰的界定,因此,为保障账户持有人的合法权益免受证券中介机构的破产、违法、违规以及被强制执行等风险的影响,亟待相应的法律法规对账户持有人的权利性质加以明确。

2. 账户持有人的基本权利方面

《立法指南》在《公约》的基础上进一步明确了所有账户持有人均享有的占有、使用、收益及处分权等普遍性证券权利,以及最终的账户持有人即投资人单独享有的分红派息权、表决权等与证券相关的附随权利,上述权利即账户持有人享有的基本证券权利和权益,已为大多数国家的法律所认可,也已为我国的立法和实践所认可。

因此,在账户持有人的基本权利方面,《立法指南》与我国的相关证券法律法规的规定并不冲突。③

3. 证券中介机构的义务和责任方面

我国的相关证券法律法规明确了证券中介机构对账户持有人应负有的法定义务,这些法定义务与《立法指南》规定的义务所体现的精神基本一致。

---

① 参见赵威、仲伟光:《证券间接持有法律问题研究》,中国检察出版社2008年版,第137~138页。

② 参见协鑫集成科技股份有限公司与王某斌证券虚假陈述责任纠纷上诉案,载http://www.pkulaw.cn/case/pfnl_a25051f3312b07f3769e6477a5e6f2d286dcb0c1b9910b17bdfb.html? keywords = QFII&match = Exact,最后访问时间:2018年4月8日。

③ 参见李瑞强:《谈谈中介持有证券实体法公约草案的几个基本问题》,中国证券登记结算有限公司2008年工作论文,载中证登公司网,http://www.chinaclear.cn/main/07/0702/1199696531874.pdf。

第一,对证券中介机构负有的必须持有充足证券,并且在账户持有人需要时按其指令提供相应的证券数额的义务,我国法律法规虽然没有明确规定该义务,但是,对于保护账户持有人证券资产安全和完整的立法精神与《立法指南》是一致的。2014年《证券法》第159条(现为2019年《证券法》第150条)和中国证监会第65号令《证券登记结算管理办法》第39条的规定均体现了我国法律法规赋予证券中介机构对账户持有人证券资产安全和完整性的保护义务。

第二,对证券中介机构负有的将证券按账户持有人进行权益分配,不得将客户的证券及证券权益归入其自有资产,也不得用于偿还自身债务的义务,我国法律法规也有相似规定。根据2014年《证券法》第139条第2款(现为2019年《证券法》第131条第2款)和第159条第2款(现为2019年《证券法》第150条第2款)的规定,证券中介机构不得将客户的证券资产归入其自有资产,也不得挪用客户的证券资产。

第三,对证券中介机构负有的遵循账户持有人或者有权的第三人关于处分间接持有证券的授权指令的义务,尽管我国的法律法规并未明确规定证券间接持有体系下的中介机构遵循授权指令的义务,但是2014年《证券法》[①]笼统地规定了证券中介机构在进行证券买卖时,应当勤勉地遵循客户的委托来从事证券交易,不得擅自违背客户的委托。

第四,对证券中介机构负有的向投资人定期传达必要信息的义务,我国2014年《证券法》中也规定有相似的信息披露制度,并且规定了违反该信息披露义务所应承担的法律责任。

第五,关于证券中介机构不履行相关义务的责任,我国2014年《证券法》第十一章法律责任章节作了详细规定,在国内法层面上补充了《立法指南》责任部分的内容。

4. 间接持有证券的转让方面

根据《立法指南》的规定,账户持有人有权以贷记和借记的方式获取和处分间接持有的证券,且以此方式所为的证券转让具有法律效力,能够对抗第三人。我国的相关法律法规虽然没有明确提及贷记和借记是证券转让生效的方式之一,但是实践中以"记增"和"记减"来代替《立法指南》中的"贷记"和"借记",故而这一点与《立法指南》的规定并不相悖。同时,从2014年《证券法》第120条(现为2019年《证券法》第117条)的规定也可看出,证券转让行为在证券交易和结算完成后即产生法律效力,受让人就此对受让的证券享有相应的证券权利和权益,并可以有效对抗第三人。由此可见,我国实际上已经承认了以贷记和借记方式进行的证券转让行为的法律效力。此外,《立法指南》还规定,以贷记和借记的方式获取和处分间接持有证券中的担保权益及其他限制性权益也是具有法律效力的,能够对抗第三人。对担保权益及其他限制性权益的获取

---

① 参见《中华人民共和国证券法》第79条、第112条、第141条(现为2019年《证券法》第57条、第108条、第133条修改)。

和处分，根据我国的民法原理和《民法典》“担保物权分编”的规定，担保权益及其他限制性权益属于从权利，随主权利的产生、消灭而产生、消灭。因而，若被贷记或借记的证券中设定有担保权益或其他限制性权益的，该担保权益或其他限制性权益也附随被转让的证券而转让。[①] 故这一点与我国的相关证券法律法规的规定也并无冲突之处。[②]

然而，对于《立法指南》规定的其他方式，即以账户协议、指定簿记进入、控制协议这三种额外方式进行的间接持有证券的转让或间接持有证券中的限制性权利（如担保权益）的转让，我国的相关证券法律法规目前仍未涉及。

对未经授权的证券转让及撤销，《立法指南》规定，证券账户的借记贷记、指定簿记进入、指定簿记进入的撤销或者其他对间接持有证券的转让行为如果没有账户持有人或可能因该转让行为而受到不利影响的其他权益持有人的合法授权，那么该转让行为视为无效；违反各国国内法律或其他禁止性规定的证券转让行为也视为无效。这一规定与一般的法律原理和我国的相关证券法律法规并不相悖。根据我国《证券登记结算管理办法》第36条的规定，投资人买卖证券，应当与证券公司等证券中介机构签订“证券交易、托管与结算协议”，即要求证券中介机构在代表投资人为证券交易之前先获得投资人的授权。同时，根据我国的法律，该“证券交易、托管与结算协议”只有在不违反我国《民法典》“合同编”或其他法律的禁止性规定的情形下才产生法律效力，否则将被视为无效。因此，《立法指南》对未经授权或违反各国国内法律禁止性规定的证券转让行为的效力的规定与我国的相关法律法规的规定并不矛盾。[③] 但是，我国2014年《证券法》等相关法律法规并未就证券转让行为的无效或撤销的具体条件、后果等问题（本章前述具体问题）作出详细规定，对这一部分仍须作进一步的补充规定。

关于证券间接持有体系下的善意第三人保护制度，虽然我国民法层面上的“善意取得制度”与该善意第三人保护制度两者都体现了保护善意第三人的合法权益的基本精神，但是，我国对证券间接持有体系下的善意第三人保护仍然没有明确的规定，对善意第三人在取得具有权利瑕疵的证券的合法性以及是否能对抗原账户持有人等问题上仍然是无章可循。

5. 证券中介机构破产时对账户持有人的保护方面

在证券间接持有体系下，证券中介机构破产时，账户持有人享有的证券资产并不属于破产财产，免受债权人的追索，这是《立法指南》中账户持有人破产保护的核心原则。我国的证券法律法规也基本确立了该原则。根据2014年《证券法》的相关规定，[④]证券

---

① 参见杨振山等：《民商法律评论》，中国方正出版社2004年版，第131～133页。

② 参见宋相林：《间接持有模式下跨境证券交易中投资者权益保护》，上海交通大学2008年硕士学位论文，第43页。

③ 参见宋相林：《间接持有模式下跨境证券交易中投资者权益保护》，上海交通大学2008年硕士学位论文，第43页。

④ 参见2014年《中华人民共和国证券法》第139条（现为2019年《证券法》第131条）。

中介机构发生破产或清算时,其客户的交易结算资金和证券资产独立于破产财产或清算财产,从而不受中介机构债权人的追索。

然而,由于我国的证券间接持有体系目前仍然仅处于辅助地位,尚未建立起一系列完善的间接持有证券的破产保护规则体系。对于证券短缺情形下的账户持有人损失分担等破产保护的具体规则仍然尚未涉及。

关于证券间接持有体系下的"禁止越级追索制度",我国也尚未明确规定。对此,我国应尽快将该制度纳入证券法律法规体系,以保障作为非债务相关方的其他账户持有人的证券权利和权益。

(三)中国证券持有体系下的账户持有人保护规则的立法完善

UNIDROIT《立法指南》在《公约》的基础上,进一步明确了账户持有人权利保护在证券间接持有体系中的重要性。作为关于证券持有的国际立法最新趋势,跟踪研究和认真借鉴《立法指南》中的账户持有人保护规则,对完善我国的证券法律法规,解决好我国在国际资本市场上进行证券交易时所产生的一系列跨境法律问题和争端,减少账户持有人所面临的法律风险和法律不确定性,避免潜在的经济损失,充分保护境内外账户持有人的证券权利和权益有着十分重要的意义。

1. 明确证券间接持有体系下的账户持有人权利性质

《立法指南》并未对证券间接持有体系下的账户持有人权利性质作统一的规定,而是采用了列举式的起草方法,总结了当前世界各国主要采用的6种证券持有模式和对应的账户持有人权利性质类别,允许各国根据本国证券持有的实际情况选择适用其中一种持有模式和权利性质定性。尽管我国的国内法在账户持有人的基本权利方面与《立法指南》的规定已基本一致,然而并未对账户持有人的权利性质作明确的界定。

相比于信托制度,我国的所有权制度确立时间更早,发展也更完善。由于我国目前已全面推行无纸化证券,所有的证券均以证券登记结算机构处记载的电子簿记记录存在,不再使用实物证券。故我国可以将投资人的证券所有权界定为对记载于电子簿记的虚拟证券池中的证券按照其份额享有的共有权。[①] 但是,需要特别注意的是,将我国民法层面的按份共有权理论运用于此共同所有模式是有局限性的,仅能适用我国按份共有权理论中按份共有人对于共有物按其份额享有共有权的特性,而并不能适用按份共有人转让其共有份额时的限制性规定。

2. 明确证券间接持有体系下的禁止越级追索制度

我国的2014年《证券法》第139条(现为2019年《证券法》第131条)虽然笼统地规定了"非因客户本身的债务或者法律规定的其他情形,不得查封、冻结、扣划或者强制执行客户的交易结算资金和证券",但是对适用证券间接持有体系的境外投资B股、

① 参见陈盛:《国际统一私法协会〈中介持有证券的实体规则公约〉研究》,华东政法大学2009年硕士学位论文,第55页。

QFII、RQFII、QDII、QDII2、CDR等制度下如何禁止债权人越级追索等规则却没有明确规定。

鉴于《立法指南》已经明确提出了将"禁止越级追索制度"纳入各国国内法的立法建议，我国也应当顺应国际立法趋势，在我国的境外投资B股、QFII、RQFII、QDII、QDII2、CDR等证券间接持有体系下明确纳入该制度。一方面，在债权人追索其债务人(账户持有人)的债务时，只能要求该账户持有人以其在直接证券中介机构处持有的证券账户中的证券资产来偿付债务，而不能越过其直接证券中介机构，要求以该直接证券中介机构的上层中介持有的证券资产来偿付债务。另一方面，对账户持有人在其直接证券中介机构处持有的证券采取查封、扣押、冻结等任何司法、行政或其他行为时，不得影响其他账户持有人即非债务相关方所持有的证券，更不得对证券发行人提出追索要求。

3. 明确证券间接持有体系下的转让规则

目前，我国在证券交易实践中以"记增"和"记减"来代替《立法指南》中的"贷记"和"借记"，即实际上已经承认了以贷记和借记方式进行的证券转让行为的法律效力。但是，对《立法指南》中的其他三种额外方式，即以账户协议、指定簿记进入、控制协议的方式进行的间接持有证券的转让或间接持有证券中的限制性权利(如担保权益)的转让，我国的证券法律法规尚未有明确规定。对此，我国可借鉴《立法指南》的相关规定，将账户协议、指定簿记进入、控制协议这三种额外方式也纳入间接持有证券转让方式的范畴之中，从而更好地与国际证券市场接轨。

尽管我国的证券法律法规与《立法指南》对未经授权或违反各国国内法律禁止性规定的证券转让行为的效力的规定基本一致，但是，我国2014年《证券法》等相关法律法规并未就证券转让行为的无效或撤销的具体条件、后果等问题作出详细规定。对此，我国可以结合《立法指南》关于无效或撤销证券转让行为的五个立法方向，对证券转让行为，尤其是对适用间接持有体系的境外投资B股、QFII、RQFII、QDII、QDII2、CDR等制度下的证券转让行为在哪些情况下是有效的；在哪些情况下应当予以撤销；应当被撤销时，撤销的法律后果如何，能否对抗第三人；在哪些情况下应当被认定为无效，无效的法律后果如何；行为的成立是否取决于某一条件，在哪些情况下取决于该条件；在该条件成就前其能否对抗第三人，以及该条件成就或不成就的法律后果如何等问题在我国的相关法律法规中作出补充规定。①

4. 明确证券间接持有体系下的善意第三人保护制度

在我国，尽管民法层面的"善意取得制度"与该善意第三人保护制度都体现了保护善意第三人的合法权益的目的和基本精神，但是我国的证券法律法规仍然没有明确规

① See the UNIDROIT Legislative Guide on Intermediated Securities (10 - 12 May 2017), p. 65 - 66, at https://www.unidroit.org/instruments/capital-markets/legislative-guide.

定证券持有体系,尤其是证券间接持有体系下的善意第三人保护制度。在当前我国尚未对证券间接持有体系下的账户持有人权利性质作明确界定的情况下,如果仍然不对证券交易中的善意第三人保护规则加以明确和细化,那么善意第三人在取得具有权利瑕疵的证券的合法性以及是否能对抗原账户持有人等问题就没有具体且明确的规则可循,善意第三人的合法权益就很难得到确切的保障。

因此,我国可以借鉴《立法指南》中关于认定善意第三人的具体条件以及对其保护的程度等相关立法建议(具体请见前文所述),结合我国民法层面的"善意取得制度"理论,对善意第三人的认定标准以及如何保护、保护程度等规则加以明确和细化,在我国建立起间接持有证券的善意第三人保护制度。

5. 明确证券短缺情形下的账户持有人损失分担规则

在证券间接持有体系下,证券短缺的风险不可忽视,各国的国内法均应提高对此风险的重视程度,对该情形下的损失分担规则加以明确。目前,我国的相关证券法律法规并未规定有证券短缺情形下的账户持有人损失分担等破产保护的具体规则。

对此,我国可以借鉴《立法指南》中的损失分担规则(具体请见前文所述),先对中介机构的账户持有人个人证券账户、账户持有人集合证券账户,以及中介机构自有的证券账户这三类证券账户进行区分,再在上述三类证券账户中的证券权利和权益的总额小于贷记至该账户持有人个人证券账户和账户持有人集合证券账户中的证券权利和权益的总额时,即发生证券短缺的情形下,根据证券划拨的不同情况以及证券账户的不同种类,最后分别规定账户持有人应如何分担损失以及例外情形,从而尽可能地降低证券短缺对账户持有人产生的不利影响。①

六、小结

当前,世界资本市场正处于大发展大变革的阶段,各方面的变化层出不穷,而证券持有体系从直接持有体系向间接持有体系的转变就是其中的重要变化之一。随着经济全球化的不断深化,资本市场国际化的程度也越来越高,跨境证券交易也变得日渐频繁,规模和范围不断扩大。而跨境证券交易主要适用的是证券间接持有体系,不同国家、不同地区关于证券间接持有体系下的账户持有人权利保护的规则又各有迥异。保护规则的差异性使得账户持有人的证券权利和权益处于一个不稳定状态,缺乏统一的立法保障。在此背景下,UNIDROIT 在《公约》的基础上又起草制定了《立法指南》,进一步统一了证券间接持有体系下的账户持有人权利保护的实体法规则,为各国的国内法提供了更为明确的立法指引。作为目前世界上最新的国际立法指南,《立法指南》对各国的国内法而言具有很高的借鉴和参考价值。

本章正是从这一最新的国际立法指南的视角出发,对证券间接持有体系下的账户

① See the UNIDROIT Legislative Guide on Intermediated Securities (10 - 12 May 2017), p. 98 - 100, at https://www.unidroit.org/instruments/capital-markets/legislative-guide.

持有人权利保护进行逐层剖析。重点阐述和研究账户持有人在间接持有体系下的个人所有模式、共同所有模式、信托模式、证券权益模式、合同模式、透明模式与非透明模式这6种持有模式中不同的权利性质，以及账户持有人在其基本权利、证券中介机构的义务和责任、间接持有证券的转让、证券中介机构破产时对其的保护这四个方面的主要权利内容。其后，本章则结合中国证券持有体系的现状，将UNIDROIT《立法指南》与我国的证券法律法规在账户持有人保护的各个层面，即账户持有人的权利性质、账户持有人的基本权利、证券中介机构的义务和责任、间接持有证券的转让、证券中介机构破产时对账户持有人的保护这五个方面进行对比研究，最后据此提出相应的应对建议。

期盼未来我国有更多的专家学者加入对证券间接持有体系的研究之中，加入对账户持有人权利保护领域的研究之中，借鉴UNIDROIT《立法指南》，从而尽可能地减少我国在跨境证券交易中的账户持有人权利保护方面与其他国家之间的实体法冲突，充分保障境内外账户持有人的证券权利和权益，为我国未来推行证券间接持有体系打下坚实的基础。

第十章 虚拟股的法律性质界定与规制路径研究*

引 言

当今世界正处于知识经济的时代,物质资本的重要性在逐步下降,人力资源的重要性在逐步提高。① 因此,现代企业为提高经济效益,已经悄无声息地开始打响一场争夺和吸引优秀人才的战争。

虚拟股是上述背景下公司探索员工激励新模式的产物,它并不对应实际的公司股权,持有者亦不经章程公示、工商变更登记为公司股东,而是根据与公司签订的虚拟股协议,以契约约定的方式分享企业的利润收益。这一模式在实践中已经得到了广泛的使用,华为技术有限公司、上海贝岭股份有限公司及许多非上市公司②均采用虚拟股计划来实现员工激励。此外,中华全国律师协会制定的《中华全国律师协会律师办理风险投资与股权激励业务操作指引》以及上海市律师协会制定的《律师办理非上市公司股权激励法律业务操作指引》亦把虚拟股票列为与限制性股票、股票期权等并列的一种股权激励模式。可见虚拟股作为一种员工激励模式在国内已经得到了广泛的应用以及相关行业规范的认可。

国内实践中,虚拟股与其他员工激励模式具有相似的作用。通过将员工个人利益与公司长期利益挂钩的形式,虚拟股持有者与企业成为利益共同体。对员工来说,员工从仅仅获得工资薪酬的分配方式,转变为与企业所有者共同分享企业的分红收益和约定的增值收益;对企业来说,企业降低了监督成本,增加了对人力资本的利用,③降低和避免人力资本所有者凭借自身信息优势导致的道德风险,从而促进企业长期利益的发展。

虚拟股具有其他员工激励模式不具有的独特优势。例如,赋予实际股票等股权激励不可避免地分散了企业的控制权;④若涉及境内公司对海外员工的股权激励,则存在

---

* 本章撰稿人:杨潇潇。

① 参见朱慈蕴:《职工持股立法应注重人力资本理念的导入》,载《法学评论》2001 年第 5 期。

② 根据笔者检索非上市公司的诉讼案例、新三板公司的公告信息等,众多非上市公司也开展了虚拟股计划用予员工激励。

③ 参见杨欢亮:《职工持股在中国的发展——理论、实践与对策》,四川大学 2004 年博士学位论文,第 169 页。

④ 限制性股票在股票授予日即赋予了激励对象实际股东地位,股票期权在激励对象行权之后赋予了激励对象股东地位,上述股权激励模式都对导致公司控制权的分散。

外资准入等方面的问题及负担。[①] 虚拟股不经登记,不会改变公司的股权结构,涉及海外员工激励时,亦不会被认定为境内投资行为,因此,能够适应不同企业的不同需求。

但是,目前我国立法并没有对虚拟股这种员工激励模式制定相应的规范性文件,且企业实施该项计划多为自发实施,虚拟股计划自成章法,呈现不同的特点。虚拟股制度的法律规范的缺失以及实施过程的企业自发性导致虚拟股计划在实践中引起了不少纠纷。例如,2003 年华为的核心技术人员刘平和黄灿就因为虚拟股回购价格的问题起诉华为公司,与老东家对簿公堂。[②]

因此,为了发挥和扩大虚拟股独有优势,使其能够发挥降低代理成本,灵活适用的优势,对虚拟股这一公司治理制度进行分析,明确其法律属性,梳理其法律构造,从而完善虚拟股的保护路径显得越发重要。

当前,国内外对于虚拟股的研究方兴未艾,但大多都是从管理学视角对虚拟股是否能促进企业业绩进步予以研究,对于虚拟股法律定性及法律保护上的研究总体上并不深入。本章从虚拟股的内涵及应用中的典型案例出发,对虚拟股的基本特点及优劣势进行分析,并重点探讨虚拟股的法律定位及保护路径的构建,以期探索出适合中国公司治理现状的虚拟股规制路径。

有关虚拟股法律分析的已有外文文献中,美国学者[③]介绍了虚拟股的定义和实践案例,并介绍了各州法院对于虚拟股实施有效性争议的案例、联邦证券法规的适用、蓝天法案的适用、税务筹划等方面的内容,系统性地介绍了虚拟股票的实际适用情况和适用效果。拉尔德·K. 兹(Gerald K. Konz)[④]介绍了虚拟股的实践案例以及虚拟股计划的特点和变体模式,同时通过与实际股权的比较,分析虚拟股的优势和劣势,确认虚拟股票计划是一种灵活的补偿机制,可用于公司管理激励。另外,D. 凯尔·桑普森(D. Kyle Sampson)[⑤]就董事对虚拟股股东是否应当承担信义义务等专题进行了分析,并认为虚拟股协议的背景下,合同法应优先于公司法、信托法,信义义务的保护不应当延伸至虚拟股股东,否则将导致虚拟股股东的过度保护和其他公司治理问题。

虚拟股法律分析的已有中文文献中,薛前强[⑥]从虚拟股协议的共同构造出发,指明

---

① 国家发展和改革委员会、商务部发布的《外商投资准入特别管理措施(负面清单)(2020 年版)》《自由贸易试验区外商投资准入特别管理措施(负面清单)(2020 年版)》对外商投资限制类、禁止类行业进行了明确列示。因此,若境内公司涉及外商投资限制类、禁止类行业,则海外员工的股权激励可能面临障碍。

② 参见《解析华为的虚拟股权》,载搜狐网,2017 年 5 月 20 日,http://www.sohu.com/a/142181273_618578。

③ See Anonymous, *Phantom Stock Plans*, (76) Harvard Law Review, p. 619 - 634(1963).

④ See Gerald K. Konz, *Phantom Stock Compensation Plans*, Taxes, p. 320 - 325(1978).

⑤ See D. Kyle Sampson, *The Fiduciary Duties of Corporate Directors to "Phantom" Stockholders*, The University of Chicago Law Review, p. 1295 - 1299(1995).

⑥ 参见薛前强:《虚拟股的定性观察与规则探微——以虚拟股股东保护为中心》,载《证券法苑》2015 年第 1 期。

了虚拟股的优势和劣势，并提出了虚拟股制度对于公司及被激励对象的风险。同时，分析了虚拟股本质应当为债权。在虚拟股入债模式下，合同保护路径应当遵循协商、博弈和救济的路径，员工就特殊条款与公司之间协商、博弈，在并通过劳动法、比附利益相关者及优先股、强化合同原则的统领作用、引入声誉资本等方式，碎片化修正合同保护路径的弊端。薛前强亦提出有偿购买虚拟股的股东，应当纳入类别股的保护，赋予其在相应情况下复活表决权的制度等相关建议。但是薛前强并未就该等制度纳入类别股制度的原因、作用、实现机制等进行深入研究。陈一新①从虚拟股定性分析出发，确定了虚拟股是债权，并从利益相关者的观点，说明应当突破传统董事只对公司承担信义义务的路径依赖，提出董事应当对虚拟股股东承担信义义务。

上述学者从各方面就虚拟股的实施机制、持有者保护等问题上进行了有益探讨，但相关探讨并未解答何谓虚拟股及虚拟股应当如何规制等基本问题。实践中，面对形形色色的“虚拟股”，如何对其进行分类，并明确其相应的规制路径仍然值得进一步讨论与研究。

虚拟股的激励模式的应用在国内层出不穷，虚拟股激励模式能有效促进企业业绩提升。目前学界对于虚拟股的研究大多集中在管理学领域，从法律视角对虚拟股性质的研究和规制路径的研究较少，这使得虚拟股的在国内企业的实践推广面临一定的障碍。

本章通过对虚拟股与股权、债权的性质的对比，结合我国《公司法》及《公司法司法解释三》、《民法典》的规定及司法实践现状，对虚拟股的法律性质予以明确的界定，有利于填补以往学者在虚拟股定性研究方面探讨的遗漏，并为解决目前虚拟股法律性质的争议，明确当前虚拟股持有者的法律保护路径提供帮助。

同时，本章提出目前的虚拟股规制路径下的缺点，由此引发了有偿性虚拟股规制路径的重构建议，上述观点具有一定的创新性，并能够切实解决虚拟股规制路径的困境，为虚拟股计划发挥其员工激励的独特优势建立制度基础，有利于虚拟股计划的进一步推广实践。

一、虚拟股概述

（一）虚拟股概念的界定

1. 虚拟股的基本概念

虚拟股是一种根据合同约定赋予员工获取企业利润分红或约定增值收益的权利的一种长期激励机制。之所以被称为“虚拟股”，是因为员工实际上不持有实际股票或股份，而仅仅享有与股票、股份价值相关的收益。② 虚拟股并不影响公司股权结构，虚拟股持有者不能被视为公司股东。从现行法律规定和司法实践来看，虚拟股仅能认定为

---

① 参见陈一新：《刍议公司董事对虚拟股股东的信义义务》，载《南方金融》2017 年第 9 期。

② See *Black's Law Dictionary*, Thomson West Press, 2004, p. 3636.

基于虚拟股协议而产生的合同之债。

虚拟股常被用于员工激励计划,该计划通过向公司核心员工提供与股票或公司净资产相挂钩的经济利益的形式,激励员工在职期间尽职尽责地提高公司的业绩,由此员工才可享有公司股票或净资产增值所带来的虚拟股收益。[①]

虚拟股与股票期权、限制性股票、员工持股计划等概念具有一定的相似性,但是虚拟股因其独特的“似股”又“似债”的构造,又无法归入上述任一概念中,成为一种“非标准化”的激励模式。[②] 为了更准确地界定虚拟股的内涵,我们需要进一步明确虚拟股与上述制度之间的区别。

2. 虚拟股作为非标准化的员工激励模式

广义的员工股权激励,是指“对员工进行长期激励的一种方法,通过授予经营者公司股权的形式给予企业经营者一定的经济权利,使他们能够以股东的身份参与企业决策、分享利润、承担风险,从而勤勉尽责地为公司长期发展服务的一种激励方法”。[③] 狭义的员工股权激励,仅指以公司股票、股权为标的对公司员工进行的长期性激励。员工持股计划、股票期权、虚拟股、股票增值权都属于广义的员工股权激励的一种模式。其中,员工持股计划,主要指企业的员工认购企业股份来分享企业利润和企业增长效益的一项制度,员工获得公司股票一般将长期持有,并由专门机构进行集中管理代为行使股东权利,员工对股份的处分权亦有所限制。[④] 股票期权是公司给予公司员工以优惠的价格购买一定数量的公司股份的选择权,[⑤]在公司股票价格上涨时,员工可以以原先约定的价格购买股票,从而实现个人收益的增长。股票增值权,指的是公司授予员工的一种权利,如果公司股价上升,员工可通过行权获得相应的股价升值收益,员工不用为行权付出现金,行权后员工可获得现金或等值的公司股票,其实质上是一种期权。

虚拟股计划作为广义股权激励中的一种形式,具有与员工持股计划、限制性股票、股票期权、股票增值权等概念所不同的特征。

限制性股票,是指事先授予激励对象一定数量的公司股票,但对股票的来源、出售条件作出限制,激励对象只有在工作年限或业绩目标符合股权激励计划规定的条件后,才可出售限制性股票并从中获益,[⑥]但虚拟股实质上并不对应公司真实的股票。

在员工持股计划中,参与计划的员工享有与公司真实股权所对应份额收益,即员工

---

① See Anonymous, *Phantom Stock Plans*, 76 Harvard Law Review 619(1963).

② 中国证监会发布的《上市公司股权激励管理办法》对上市公司以限制性股票、股票期权实行股权激励计划进行了规定;《关于上市公司实施员工持股计划试点的指导意见》对上市公司实施员工持股计划进行了规定。相对于上述具有规范性文件进行法律规制的股权激励制度而言,虚拟股计划尚未被纳入标准化的股权激励计划的范围,因此其具有“非标准化”的特点。

③ 参见上海市律师协会2018年3月6日发布的《律师办理非上市公司股权激励法律业务操作指引》。

④ 参见梁慧瑜:《中国员工持股法律制度研究》,厦门大学2007年博士学位论文,第36页。

⑤ 参见颜延、张文贤:《我国推行股票期权制度的法律问题》,载《中国法学》2001年第3期。

⑥ 参见上海市律师协会2018年3月6日发布的《律师办理非上市公司股权激励法律业务操作指引》。

参与了对公司所有权的分配，具有劳动者和所有者的双重身份。[①] 但在虚拟股计划中，虚拟股并不对应实际的公司股权，员工即使持有再多的虚拟股份额，也不能因此获得公司所有权。

与股票期权相比，员工通过持有虚拟股份额所获得的经济利益是一种可持续的分红收益或升值收益，由公司直接发放。而后者是指企业所有者授予员工购买本公司股份的选择权，[②]具有这种选择权的员工可以通过"选择"行使权利，以约定的较低价格从企业获得股权，并通过二级市场交易获得差额收益。期权的经济价值在于行权价与股权实际价值之间的差额，该差额收益的取得并不直接来源于公司，无关企业收益的分红，且不具有持续性。

同样，股票增值权作为股票期权的变种，权利人同样不享有分红权，其实质是企业奖金的延期支付。

因此，虚拟股计划并不能归入上述任一概念内，而是与其并列的一种"非标准化"的激励模式。

表 10－1 对五种激励模式进行对比分析，以说明虚拟股计划的特殊性，应当被归为一种全新的股权激励模式。

表 10－1　虚拟股计划与其他股权激励模式的对比

内容	类型				
	虚拟股计划（Phantom Stock Plan）	员工持股计划（Employee Stock Ownership Plan）	限制性股票（Restricted Stock）	股票期权（ Stock Option）	股票增值权（Stock Appreciation Rights）
是否实际持有股票	否	是	是	是（行权后）	否
价值计算	根据虚拟股协议约定计算公式确定	依公司公布或双方协商的计算公式确定	市场决定	市场决定	市场决定
是否稀释股权	否	是	是	是（行权后）	否
是否享有公司所有权	否	是	是	是（行权后）	否

① 参见梁慧瑜：《中国员工持股法律制度研究》，厦门大学 2007 年博士学位论文，第 31 页。

② 参见上海市律师协会 2018 年 3 月 6 日发布的《律师办理非上市公司股权激励法律业务操作指引》。

续表

内容	类型				
	虚拟股计划（Phantom Stock Plan）	员工持股计划（Employee Stock Ownership Plan）	限制性股票（Restricted Stock）	股票期权（Stock Option）	股票增值权（Stock Appreciation Rights）
获取方式	有偿购买或无偿赠与	有偿购买或无偿赠与	有偿购买	有偿购买（行权时）	无偿赠与
是否具有债务属性	是	否	否	否	是
是否具有持有期限限制	是	是	是	否	否
持有人的权利	部分利润分配请求权、增值收益权	实际股权（通常委托专门机构集中行使）	实际股权	行权前具有以约定的行权价格购买股票的权利，行权后拥有实际股权	增值收益权
持有人的义务	虚拟股协议约定的义务、缴纳虚拟认购款（如有）	员工持股计划约定的义务、缴纳股权认购款（如有）	股票授予协议约定的义务、缴纳股权认购款（如有）	期权授予协议约定的义务、行权时缴纳股权认购款（如有）	增值权授予协议约定的义务

（二）虚拟股的理论基础与实践运用

1. 虚拟股的理论基础

虚拟股背后的经济学原理中，比较有代表性的理论为委托代理理论与人力资本理论。[①]

（1）委托代理理论

委托代理理论是由于现代商业社会所有权和经营权分离而产生。企业的所有权与控制权分离导致了管理者经营公司却由股东享有公司的利润的局面。委托人和代理人

① 虚拟股作为一种股权激励措施，与股票期权等激励措施的经济学理论基础具有相似性，主要涉及的理论包括委托代理理论、双因素理论、分享经济理论、人力资本理论、利益相关者理论等。委托代理理论及人力资本理论是最具代表性的理论。参见陈文：《股权激励与公司治理法律实务》，法律出版社 2006 年版，第 26～37 页；苏郁涵：《深剖华为股权激励》，载《中国国际财经》2017 年第 21 期。

之间的目标和利益不一致,导致代理人可能凭借自己拥有的信息优势背离委托人的要求,作出与委托人利益相反的选择;管理者可能产生机会主义行为,通过卸责与转移等诸多途径,降低公司价值,从而产生了代理成本。①

激励问题的产生实质即为了减少代理人机会主义行为的问题。② 代理理论认为授予经理人员(或代理人)一定数额的股权是激励代理人的一种有效方法,它能使代理人利益与公司的利益更趋一致,与委托人的目标更靠近。股票期权、员工持股计划等股权激励计划均是在委托代理关系的背景下产生。而虚拟股通过将员工个人经济利益与企业税后利润相挂钩,形成了经营者与所有者利益的绑定,能够有效缓解企业两权分离带来的代理成本问题。

(2)人力资本理论

依亚当·斯密之说,资本的表现形式既可以是物力的,也可以是人力的,物力资本和人力资本都应获得利润收入。③ 诺贝尔经济学奖获得者美国经济学家西奥尔多·W. 舒尔茨在其《论人力资本投资》一书中同样论述了资本两种存在形式,第一是物质资本形态,即通常所使用的主要体现在物质资料上的那些能够带来剩余利润的价值;第二是人力资本形态即凝结在人体中的能够使价值迅速增值的知识、体力和价值的总和。在知识经济时代,知识成了一种主要的生产要素。技术、管理、个人智力作为人力资源的具体体现,在企业财富创造中越来越居于主要地位,具有比传统的人力资本更高的营运增值能力。④

虚拟股计划的实施能够使企业内部人力资本所有者的个人收益与企业的经营成果直接联系起来,有利于调动员工的工作积极性,从而提高企业的盈利水平和竞争水平。

2. 虚拟股计划的实践

1993 年我国《公司法》的通过为我国现代化企业的发展与运行提供了初步的法律依据。但是由于我国当时处于资本市场起步阶段,公司法制度的设计也未尽完善,为了完善企业内部治理结构,促进企业效益发展,许多企业进行了一些有益的探索。对于股权激励方面的探索,中国企业在此时期进行了一些较有益的尝试。例如,1997 年上海仪电控股集团公司率先在国有企业中实行期股计划,开创我国股票期权模式的先河。⑤ 而上海贝岭股份有限公司的虚拟股计划也在此时期成功运用,成为国内实施虚拟股计划的一个典型案例。

---

① 参见[美]佐哈·戈申,查理德·斯奎尔:《被代理人成本:公司法与公司治理的新理论(上)》,林少伟、许瀛彪译,载《交大法学》2017 年第 2 期。

② 参见梁慧瑜:《中国员工持股法律制度研究》,厦门大学 2007 年博士学位论文,第 32 页。

③ 参见[英]亚当·斯密:《国民财富的性质和原因的研究》上卷,商务印书馆 1972 年版,第 257 ~ 258 页。

④ 参见朱慈蕴:《职工持股立法应注重人力资本理念的导入》,载《法学评论》2001 年第 5 期。

⑤ 参见刘爽:《我国推行股权期权制度的法律构想》,载《法律适用(国家法官学院学报)》2001 年第 11 期。

(1)上海贝岭股份有限公司虚拟股计划

上海贝岭股份有限公司(以下简称上海贝岭)于1999年7月正式推出虚拟股票期权计划。上海贝岭的虚拟股计划实施过程采取了与国际惯例的期权计划的变通模式,绕开了股票来源、行权障碍等问题,①主要通过公司与虚拟股计划参与者签订合约来约束,合约中约定了虚拟股票的数量、兑现时间表、兑现条件等。该计划主要实施要点如下:

第一,公司根据公司经营状况提取一定比例奖励基金作为后续实施虚拟股票奖励的实施基础。第二,综合公司的股价波动状况及公司的现金支付能力,从"奖励基金"中提取部分金额作为当年实施虚拟股计划的具体金额。第三,根据公司的股票于二级市场上的价格,以事先计算的比例系数确定虚拟股价格。以此使虚拟股价格与公司二级市场的股票呈正相关的关系。第四,以具体奖励金额与每股虚拟股票价格,计算出当年拟实施的虚拟股计划的总股数。第五,确定虚拟股票的授予对象。上海贝岭以公司的高级管理人员以及核心技术人员为虚拟股票授予的对象。第六,根据考核结果确定各个拟激励对象当年应得的虚拟股。第七,获得虚拟股份额的员工,可以在持有虚拟股满一定期限后,逐步兑现虚拟股,获得虚拟股增值收益。在可兑现年限未满时,员工仅享有虚拟股分红权。②

通过上述计划,上海贝岭可以将员工个人人力资本价值与公司二级市场的股票价值相关联,员工无须实际向公司出资,只须尽职完成工作,提升公司净利润及公司股价,从而公司的奖励金额及虚拟股价格将同比例上升,员工由此可获得相应个人收益的提高。通过该种股权契约的形式,上海贝岭将公司激励的稳定性与弹性相结合,并体现了对公司人力资本的重视。③

(2)华为公司虚拟股计划

华为技术有限公司(以下简称华为公司)的虚拟股计划为我国虚拟股实践的典型案例。根据公开的工商登记信息,华为投资控股有限公司工会委员会(以下简称华为工会)通过华为投资控股有限公司(以下简称华为控股)间接持有华为公司99.19%的股权。④ 华为工会高比例持股华为公司的背后,依托的正是虚拟股计划。在该计划下,持股员工并不实际持有华为公司股票,而是通过与公司签订的合同的形式确定其所享有的虚拟股份额。

---

① 参见朱婧晔:《上海贝岭的虚拟期权计划》,载《中外管理》2001年第1期。

② 参见杨顺勇、雷鹏、蓝先德:《上海贝岭虚拟股票期权激励计划的实证研究》,载《管理案例》2001年第3期;参见朱婧晔:《上海贝岭的虚拟期权计划》,载《中外管理》2001年第1期。

③ 参见蒋华:《分配与激励制度的创新——上海贝岭股份有限公司薪酬制度改革方案分析》,载《财务与会计》2001年第4期。

④ 笔者通过天眼查(https://www.tianyancha.com/company)查询华为投资控股有限公司的结构比例,发现华为工会出资比例为99.19%,任正非出资比例为0.81%。最后访问时间:2021年4月18日。

华为虚拟股的取得具有有偿性，员工须支付相应对价。拥有虚拟股的员工，可以获得一定比例的分红，以及虚拟股对应的公司净资产增值部分的收益，但没有所有权、表决权，也不能转让和出售。在员工离开企业时，虚拟股只能由华为工会回购。①

(3)王者公司虚拟股计划

根据笔者检索虚拟股计划的公开案例，在有限责任公司的虚拟股计划中，还有一类虚拟股计划呈现出与上海贝岭及华为公司的虚拟股计划不同的特征。以王者公司的虚拟股计划为例，②王者公司的员工出资并认购公司发行的虚拟股份，但是该等虚拟股份并未计入公司的注册资本，员工根据双方签订的《虚拟股认购协议》享有对应份额股份数量的分红权。

因此，该种虚拟股计划的获取具有有偿性，但相应出资并不计入公司注册资本，员工根据与公司之间的协议享有公司一定的分红权。与王者公司虚拟股计划相似的案例在有限责任公司的虚拟股计划中较常见。

从上述案例中，我们可以看到虚拟股有利于发挥员工的人力资本价值，提升企业业绩的显著优势、激励与约束员工的显著优势。国内实践的案例进一步说明了我国当前特殊经济环境、立法环境下中，不同企业间的虚拟股计划因实施目的、对象范围、策略方式的不同而呈现个性化的特征。

(三)我国虚拟股的特征与优势

1. 虚拟股的特征

根据前文的虚拟股实践案例，虚拟股计划虽然在具体实施方式上各有特色，但总体来说，虚拟股具有以下四点特征：

第一，股份虚拟性。虚拟股激励模式与狭义股权激励模式的最大不同，即在于虚拟股持有者非经章程明示、工商登记为公司股东。员工持有的股份并不是以真实股权，而是企业以合同形式授予员工的与企业股价或企业税后利润相关的"虚拟股份"。

第二，权益受限性。虚拟股持有者仅享有收益分红权，即有权按照其持股比例参与公司税后利润分配的权利。主要表现为公司业绩达到约定标准时员工可获得税后利润的分红权和虚拟股票升值后的增值收益。公司一般会在虚拟股协议中明确虚拟股持有者非公司股东，不享有基于股东地位而享有的表决权及其他共益权。虚拟股持有者仅享有部分收益权。

第三，人身依附性。公司虚拟股计划中的虚拟股授予对象必须是公司雇员，且须达到一定职位等级或者满足特定服务年限，授予对象在获得分红奖励时，其必须保持受雇于公司。若员工离职、辞退、退休或者因其他原因与公司解除劳动关系的，虚拟股份一

① 参见《解析华为的虚拟股权》，载搜狐网2017年5月20日，http://www.sohu.com/a/142181273_618578。

② 参见广西壮族自治区柳州市中级人民法院民事判决书，(2016)桂02民终3785号。

般由公司回购或者无偿归公司所有。此外,虚拟股因其依附于员工个人人力资本价值而存在,通常公司与员工约定虚拟股不得私自转让。

第四,兼具有偿性和无偿性两种模式。其一,若公司仅仅出于激励与约束员工的目的,与员工形成利益共同体的需求而实施激励计划的,虚拟股份额的授予是根据公司员工的贡献值综合计算后,无偿授予拟激励对象,该种情况下,虚拟股获得具有无偿性,虚拟股持有者无须缴纳认购款;其二,若公司实施虚拟股计划亦包含融资之需求,则在实施虚拟股计划时,公司往往会根据净资产与虚拟股数量,确定每股虚拟股的价格,根据员工的贡献值计算出员工可认购的股份数量以及虚拟股持有者需要缴纳的认购款数额。该种情况下,虚拟股获得具有有偿性,虚拟股持有者只有根据公司的要求缴纳了认购款后,方可被授予虚拟股。

2. 虚拟股的优势

正是由于虚拟股的独特属性,相较于其他的股权激励模式而言,虚拟股计划具有以下几点优势:

第一,有益于公司控制权的集中安排。虽然股票期权等股权激励模式亦能够形成员工个人收益与企业价值相联系的联动机制,是解决所有权与经营权分离所导致的股东与经营者利益不同的矛盾的良好路径,①但是,实施股票期权等激励将改变公司股权结构比例,打破公司原有的控制权均衡的状态,而虚拟股计划下,虚拟股持有者仅根据公司的利润情况与虚拟股计划的约定,享有一定经济分配利益,并不会影响公司的所有权结构、总股本。虚拟股的特殊设计实现了控制权与公司经济利益相分离,既符合激励对象希望通过获得股权激励,提高经济利益收入的需求,又能避免公司控制权的变化、分散。因此,虚拟股计划在许多非上市的民营企业中广受欢迎。

第二,有益于加强公司对员工的"深度捆绑"。虚拟股计划通过合同安排双方的权利义务,公司可以就该计划自行设置相关兑现条件,员工只能等待约定的兑现条件成就时,方可获得相应经济收益。国内外虚拟股计划实例中,企业一般均设置了员工虚拟股兑现的最低期限。因此,虚拟股计划避免了套现风险,实现了公司对雇员的深度捆绑,使虚拟股计划成为员工的"金手铐"。

第三,有益于公司激励方式的个性化安排。相较于股票期权、限制性股票模式而言,虚拟股计划的实施方式更为灵活。由于虚拟股计划更多是双方契约式的合意,因此企业能够灵活设定现金兑现的时间、设定支付模式、设定标准筛选出希望激励的员工等,②使企业能够根据实际情况设定计划的实施模式。

(四)我国虚拟股计划的实施的主要问题

虽然虚拟股计划的优势和特征显而易见,但是其在适用过程中依然存在不少问题。

---

① 参见陈文:《股权激励与公司治理法律实务》,法律出版社 2005 年版,第 40 页。

② See Ray Russ, *Phantom Stock: Deferred Compensation without Ownership*, Journal of Deferred Compensation, p. 31(2001).

1. 虚拟股法律性质不明确

虚拟股无论是名称还是内容,均与公司股份有着必然联系,但是“虚拟股股东”却不经章程公示,不经工商管理部门备案。[①] 因此,对于虚拟股是否为股权、虚拟股持有者是否具有股东资格的争议层出不穷,且具有债的合同中心主义以及股的公司中心主义两种进路。[②] 笔者认为,出现该种纠纷的原因是虚拟股兼具“股”与“债”的双重属性。其一,虚拟股与公司法上的“股权”具有很强的相似性,例如虚拟股持有者具备一定的分红权和可期待的股票增值收益,有偿性虚拟股计划中,虚拟股持有者向公司缴纳了类似于“出资款”性质的虚拟股认购款;其二,虚拟股与合同之债具有很强的相似性。虚拟股持有者通过协议的途径取得公司股东的部分权益,双方权利义务主要通过合同约束,较符合合同之债的外观。[③]

2. 虚拟股法律规制路径不明确

目前,我国在立法层面并未对虚拟股这种广泛应用的激励模式作厘定法律规制路径。而在司法实践中,与虚拟股有关的争议案件却不胜枚举,法院对虚拟股案件争议的处理亦有各种不同的解释路径。法院一般根据虚拟股持有者是否符合股东资格的实质特征和形式特征确定虚拟股持有者是否具有股东资格。考察司法实践的现状,在虚拟股股东仅提供虚拟股入股协议,而无法具有其他认定虚拟股持有者股东地位的证据的情况下,法院难以认定虚拟股持有者的股东资格,并大致存在以下两种解释路径:其一,认为虚拟股争议属于劳动关系中的薪酬争议的范畴,应当归属于劳动法和劳动合同法调整;[④]其二,认为虚拟股合同属于附义务的赠与合同,属于合同之债有关的法规的调整范围。[⑤]

总结而言,虚拟股法律性质与规制路径上的不明确加剧了虚拟股发展的困境。虚拟股计划在企业内部运作与开展上的不规范,不仅可能导致原有激励目的难以实现,更可能产生劳资关系纠纷,使得激励计划的实施呈现负面效应,影响公司治理的发展。

有鉴于此,下文将首先探究虚拟股的法律性质,并明确虚拟股于目前我国立法环境下的法律规制路径,最后提出该种路径的弊端及修正模式,以期对虚拟股未来的合法、合理发展提出若干建议。

二、虚拟股的法律性质探究

虽然虚拟股字面上含有“股”字,但在实质上又不登记为公司股东,因此理论与实务界对于其法律性质的界定众说纷纭。

有学者认为,虚拟股“标的为公司的盈余,其实质为公司与雇员间签订的以公司盈

---

① 参见张钦润:《虚拟股股东权益路径探析》,载《黑龙江省政法管理干部学院学报》2017 年第 5 期。

② 参见陈一新:《刍议公司董事对虚拟股股东的信义义务》,载《南方金融》2017 年第 9 期。

③ 参见张钦润:《虚拟股股东权益路径探析》,载《黑龙江省政法管理干部学院学报》2017 年第 5 期。

④ 参见上海市徐汇区人民法院民事判决书,(2012)徐民五(民)初字第 255 号。

⑤ 参见河北省廊坊市经济技术开发区人民法院民事判决书,(2016)冀 1091 民初 1223 号。

余为标的的分红协议”，所以虚拟股是“源于契约的分红权”。[①] 有学者认为，虚拟股是公司未来分红的凭证或权利，其持有者的收益是现金或等值的股票。[②] 但是，上述界定仅是对虚拟股外观特征的总结性描述，并未从法学视角上对虚拟股的法律性质予以清晰界定。

笔者认为，确定虚拟股的法律性质，应当回到股权与债权的区分界限，从虚拟股计划的外在表现形式和虚拟股所关涉的核心利益出发，将其放置于公司内部的治理环境中，从虚拟股持有者与公司建立的法律关系及虚拟股权利内涵之视角对虚拟股性质予以界定。

（一）虚拟股定性分析

1. 虚拟股不是股权

关于股权的法律属性的探讨，我国目前具有不同的理论学说，[③]因此从股权属性出发界定虚拟股性质似乎并不能得出一个确切且统一的结论，而由于“股权的性质受制于股东与公司的关系”，[④]我们可以暂从虚拟股持有者是否具有股东资格出发对虚拟股的性质予以窥探。

（1）虚拟股持有者不具备股东资格

目前，关于股东资格认定的学说大多将股东资格的认定分为实质特征和形式特征。[⑤] 其中，实际出资义务履行，股东权利行使，出资证明书的获得为股东资格认定的实质特征；而章程记载，登记机关的登记，以及股东名册的记载为形式特征。[⑥] 具备实质特征是获得股东资格的必要条件，形式特征是实质特征的外在表现，主要起到公示效力，是股东资格被他人认识和识别的基础。如若股东资格纠纷为公司内部的争议，则实

---

① 参见薛前强：《虚拟股的定性观察与规则探微——以虚拟股股东保护为中心》，载《证券法苑》2015 年第 1 期。

② 参见肖民赞：《我国上市公司股权激励效应的实证研究》，江西财经大学 2009 年博士学位论文，第 31 页。

③ 目前学说理论对股权性质的界定大体上可归纳为社员权说、股东地位说、债权说、独立民事权利说等。社员权说主张股权是股东基于其营利性社团的社员身份而享有的权利，属社员权的一种。股东地位说主张股权是股东因拥有股份或出资而在公司取得的成为各种权利基础的法律地位，以此法律地位为基础所确认的权利（股东的具体权利）是股权的内容。债权说主张股权本质上是以请求利益分配为目的的债权或称附条件债权，请求权以外的其他权利均非附属于股东的根本性权利；独立民事权说认为股权不同于社员权，是一种自成一体的独立权利类型，股权是作为股东转让出资财产所有权的对价的民事权利。参见孔祥俊等：《论股权》，载《中国法学》1994 年第 1 期。

④ 参见邓峰：《普通公司法》，中国人民大学出版社 2009 年版，第 355 页。

⑤ 关于股东资格认定的主要学说，参见虞政平：《股东资格的法律确认》，载《法律适用》2003 年第 8 期；范建：《论股东资格认定的判断标准》，载《南京大学法律评论》2006 年秋季号；周友苏：《试析股东资格认定中的若干法律问题》，载《法学》2006 年第 12 期。

⑥ 参见范建：《论股东资格认定的判断标准》，载《南京大学法律评论》2006 年秋季号。

质要件用以确定股东之间的权利义务,在解决股东间争议之时的意义大于形式特征。[①]

虚拟股持有者是否享有股东地位的争议,是公司内部关于股东认定及股权所属的争议,因此,应当以实质要件为主要认定因素,其余因素为推定因素。在股东资格实质特征的3项要素中,股东权利的履行是可以分割行使或者分割享有的。因此,股东即使在一定期限内不行使股权,对其股东地位的认定并非具有实质性的影响。[②] 而出资证明书是附属于出资行为而存在,仅仅是一种物权性凭证,并不具有设权性效力。[③] 因此,出资义务的履行是股东资格认定最核心的判断要素。《公司法司法解释三》第23条[④]同样确认了这一观点。

根据虚拟股计划的主要特点及实施模式,本章认为虚拟股持有者并不具备股东资格的形式特征和实质特征,在当前立法、司法审判实践状况下,虚拟股持有者无法被认定为公司法意义上的股东。主要分析如下。

第一,虚拟股持有者不具备股东资格的形式特征。虚拟股计划属于公司自治的范畴,因此在实际实施过程中,各个公司根据公司实际情况、持股计划开展的目的、拟激励对象的覆盖面等而有不同的执行规范、效力文件、实施程序。但根据虚拟股特征的虚拟性内涵,公司或公司实际控制人在实施该计划时并不会将虚拟股持有者纳入实际股东的范围,不会将其记载入公司章程、股东名册或进行工商登记,因此,虚拟股持有者不满足股东资格获得的形式特征。

第二,虚拟股持有者不具备股东资格的实质特征。前文论及,我国虚拟股计划分为无偿性和有偿性两种模式。对于无偿性模式而言,虚拟股持有者未向公司投入"资本",不具有出资的表现,因此不具备认定公司股东的实质特征;对于有偿性模式而言,虽然虚拟股持有者向公司缴纳了"认购款",但是认购款的性质仍然不能视为《公司法》意义上的出资款。这是由于公司具有兼具人合性及资合性的特点,若出资者仅仅有实际出资行为并不能当然确认为公司股东,而仍须考察出资时双方的真实意思是否包括了该出资款具有"股权型出资"的内容。[⑤] 结合虚拟股计划的目的及特征,在意思表示层面,公司通常会在虚拟股入股协议中明确约定该等出资不构成"股权型出资"。因此,双方实质上形成了非股权性出资的意思表示,即使虚拟股持有者"入股"时缴纳了

---

① 参见范健主编:《商法教学案例》,法律出版社2004年版,第71页。转引自周友苏:《试析股东资格认定中的若干法律问题》,载《法学》2006年第12期。

② 参见虞政平:《股东资格的法律确认》,载《法律适用》2003年第8期。

③ 参见范建:《论股东资格认定的判断标准》,载《南京大学法律评论》2006年秋季号。

④ 《公司法司法解释三》第23条规定:当事人之间对股权归属发生争议,一方请求人民法院确认其享有股权的,应当证明以下事实之一:(一)已经依法向公司出资或者认缴出资,且不违反法律法规强制性规定;(二)已经受让或者以其他形式继受公司股权,且不违反法律法规强制性规定。

⑤ 参见杨心忠等:《公司纠纷裁判精要与规则适用》,北京大学出版社2014年版,第4页。

认购款,因双方入股合意的缺失,虚拟股持有者仍不满足股东资格获得的实质特征。[①]

(2)虚拟股与我国《公司法》中规定的股权内涵不一致

明确虚拟股持有者非股东地位后,再结合虚拟股"股权"内涵来进一步推导,更能明确虚拟股的非股权性质。

大陆法系一般将股权分为自益权与共益权,自益权,指股东为自身利益行使的权利,一般指财产利益;共益权,指股东为自身利益兼具为公司利益行使的权利,一般指股东参与公司经营的权利。[②] 我国《公司法》确立了同股同权和一股一权的股权原则,公司股东平等享有股权,不可分割行使。[③] 而虚拟股持有者仅享有税后利润分配权及可期待的股票增值收益,该种权利与自益权中的股利分配权相似,但是虚拟股持有者无法享有其余自益权和共益权。因此虚拟股与我国《公司法》中的股权有着较大差异,不能被认定为股权。

2. 虚拟股是债权

上述分析确认了虚拟股与我国《公司法》规定的股权有着本质的差别,因此不能纳入股权的范畴。那么,虚拟股的法律属性是否自然归结为债权呢? 答案应当是肯定的。

(1)"非股即债"得到司法实践的确认

随着资本市场的发展,股权与债权的差异在资本化的公司中已经逐渐变小,资本化的公司中,优先股、可转债等兼具股、债形式特征的金融工具的出现使得债、股之分越来越困难,传统理论试图通过固定收益、固定风险、固定期限等外部特征界定股权与债权很难经得起推敲。[④] 从我国司法实践来看,股权与债权的区分以登记作为界定原则,法院在确认股权之诉中,若通过形式标准和实质标准的结合,确认争议主体应当被认定为公司股东的,即其享有的权利就是股权,若认为争议主体并未达到被认定为公司股东的标准的,在争议主体已经向公司缴付"出资"的情况下,该等出资被认定为债权。[⑤] "债权"实际上起到了兜底的作为。从这个角度来看,对于虚拟股股权性质的否认,即对其债权属性的确认。

(2)虚拟股符合合同之债的特征

虚拟股计划中公司与虚拟股持有者通常通过协议确定利益分享机制,符合合同之债的特征。

---

① 司法实践中,若公司向虚拟股持有者发放了股权证书等类似于"股权型投资"的合意的证明,则法院可能会结合其他相关证据,认定虚拟股持有者为公司股东。参见江苏省无锡市中级人民法院民事判决书,(2012)锡商终字第 0430 号。

② 参见刘惠明、安钰:《共益权与自益权的主体偏离刍论》,载《高等财经教育研究》2014 年第 2 期。

③ 我国公司法的同股同权及一股一权原则体现在《公司法》第 126 条。

④ 参见邓峰:《普通公司法》,中国人民大学出版社 2009 年版,第 285 页。

⑤ 参见邓峰:《普通公司法》,中国人民大学出版社 2009 年版,第 285 页;《向公司投入资金行为性质不明情况下的股东资格确认问题——王某剑等诉上海知音琴行有限公司股东资格确认纠纷案》,载上海法院网,http://shfy.chinacourt.org/article/detail/2014/03/id/1235378.shtml。

"债者,指特定当事人间得请求一定给付的法律关系。"①虚拟股计划的实施过程中,双方通过协议确定虚拟股持有者及公司的权利义务。在达到协议确定的业绩或其他兑现标准时,虚拟股持有者可以向公司请求支付相关经济利益,即虚拟股持有者对公司享有基于合同产生的盈余分配请求权。双方根据合同即可实现各自的目的,未曾涉及公司股权架构、资本配置等内容,虚拟股纳入债权范畴并无逻辑上的障碍。

（二）虚拟股债权规制路径的厘定

前文论述确认虚拟股为基于双方虚拟股协议产生的债权债务关系。但是在债权范畴下的具体规制路径选择上,理论与实务亦存在不同的观点。

由于有偿性虚拟股计划与无偿性虚拟股计划与存在员工是否履行"出资"义务的区分,由此将导致虚拟股持有者的法律地位具有一定的差别,因此其规制路径的构建原理亦有所区分,下文将对其分别论述。

1. 无偿性虚拟股为公司向员工附义务的赠与法律关系

（1）无偿性虚拟股应受《民法典》"合同编"保护

无偿性虚拟股计划中,虚拟股持有者与公司形成附义务的赠与法律关系,应当受《民法典》"合同编"的保护。分析如下:

首先,赠与合同原则上是一种单务无偿合同,仅赠与人一方需要履行义务。之所以为原则上,是因为在附义务的赠与合同中,受赠人也应承担相应的义务。但应予明确的是,附义务赠与中受赠人所负义务,并非受赠财产的对价,不要求此种义务与受赠财产具有价值上的对等性。② 例如,可以要求受赠人达到一定的要求、不为一定的行为等。而考察无偿性虚拟股计划的情形,员工在受赠虚拟股的同时,通常须承担一定的不作为义务,如不在一定期限内离职或不违反公司规章制度等。此外,也可以约定对员工的业绩考核要求,如约定员工须在受赠虚拟股后的一定年限内保持个人业绩的增长等。从外观表现形式来看,上述所应负担的义务与受赠虚拟股之间并不具有价值上的对等性。从这个角度看,无偿虚拟股的法律性质非常接近于附义务的赠与。

其次,在无偿性虚拟股计划中应当如何认定赠与合同标的物的性质?根据我国《民法典》第657条的规定,③赠与合同的标的物限于财产。此处的"财产"应当解释为一种财产性利益,即"凡是能够在客观上给受赠人带来经济利益,而受赠人此种利益之取得与赠与人利益之所失又有对应关系"的,④均可成为赠与合同的标的物。正如前文所述,在无偿性虚拟股计划中,员工所受赠的虚拟股在性质上属于一种债权,即请求公司支付相应分红款项的权利。该种债权请求权客观上为受赠与人即受赠员工带来了经

---

① 参见王泽鉴:《债法原理》(第1册),中国政法大学出版社2001年版,第4页。

② 参见张新宝、龚赛红编著:《买卖合同与赠与合同》,法律出版社1999年版,第233页。

③ 《民法典》第657条规定:赠与合同是赠与人将自己的财产无偿给予受赠人,受赠人表示接受赠与的合同。

④ 参见薛文成:《关于赠与合同的几个问题》,载《清华大学学报(哲学社会科学版)》1999年第4期。

济上的利益,且这种经济利益的获得与赠与人即公司的利润减少相互对应,因此可以作为赠与合同的标的物。

最后,既然无偿性虚拟股计划为一种附义务的赠与,自然存在受赠人不履行约定义务的可能性,此时应当考虑赠与人撤销权的行使问题。根据我国《民法典》第663条和第665条的规定,受赠人不履行赠与合同约定义务的,赠与人可以撤销赠与,赠与人撤销赠与后可向受赠人要求返还赠与的财产。在无偿性虚拟股计划的实践中,当获赠人不履行约定的义务时,赠与人并不当然行使这种法定撤销权,通常而言,公司只会在员工未履行相应的不作为义务时行使撤销权。例如,无偿性虚拟股赠与合同中一般会约定员工在离职或严重违反规章制度时,公司会要求员工退出虚拟股计划,即撤销赠与其的"债权"。

应当注意的是,在约定员工业绩考核要求的情形,员工未达相应标准的,公司通常不撤销该赠与。虽然从效果上看,员工未达业绩要求即无法获得虚拟股所对应的分红款项,与赠与撤销情形类似。但应当认识到,此种情形下的虚拟股实为一种附条件民事权利,所附条件既可以是赠与人作为义务的履行,也可以是其他客观条件的达成,例如,公司当年的净利润达到一定数额。而在所附条件成就前,受赠员工虽无经济利益上的分配,但享有一种期待权,即得因当事人约定的其他要件的实现而取得特定权利的受法律保护的地位。[①] 而于赠与人行使撤销权的情形,受赠员工不享有该等期待权。

总结而言,公司与虚拟股持有者之间的关系为赠与合同之间的赠与方和受赠方的关系,受《民法典》"合同编"的规制。若双方因虚拟股计划发生争议,应当通过双方协议确定的合同作为定分止争的依据,该合同所约定的双方权利义务关系受到《民法典》的保护。

(2)无偿性虚拟股不受劳动法保护的原因

有观点认为,股权激励计划中如存在服务期限与违约金绑定的类似安排,应属于公司与激励对象间劳动合同的组成部分,由此引发的纠纷应按劳动合同纠纷对待,[②]实践中,亦有法院支持将虚拟股争议纳入劳动争议范畴。[③]

在虚拟股计划中,被授予虚拟股的对象必须符合公司员工的身份要件,因此,被授予虚拟股的员工兼具公司雇员、虚拟股持有者两种身份。员工作为公司雇员的劳务价

---

① 参见王轶:《期待权初探》,载《法律科学(西北政法学院学报)》1996年第4期。

② 参见周龙杰:《"金手铐"股权激励合同的法律性质》,载中国法院网,https://www.chinacourt.org/article/detail/2014/01/id/1205127.shtml。

③ 在"肖某宇与上海市相互广告有限公司公司盈余分配纠纷案"中,法院指出"原告向被告主张虚拟股权对应公司利润的现金奖励,双方间应属劳动关系争议"。参见上海市松江区人民法院民事判决书,(2014)松民二(商)初字第783号。在"××诉上海××信企业信用征信有限公司追索劳动报酬纠纷案"中,法院指出"虚拟股权赋予员工的分红权应属于公司薪酬体系的组成部分,故此类股权激励制度是劳动合同的重要组成部分,由此引起的纠纷应当属于劳动争议范畴",参见上海市徐汇区人民法院民事判决书,(2012)徐民五(民)初字第255号。

值通过含有薪酬条款的劳动合同予以体现。而在该员工加入公司虚拟股计划之后,叠加了虚拟股持有者的身份,其对于公司的价值并非仅仅是“劳务”所体现的效用活动,更多的是在于超过“劳务”行为本身的,凝结在员工人体中的“知识、体力、价值的总和”的奖励。因此,对于推行虚拟股计划的公司来说,一般并不会面对全体员工实施虚拟股计划,而是根据其内部的衡量方式(如根据职位高低、能力水平等),对员工价值进行综合评定。

综上所述,员工从公司获得劳动报酬,以其为公司所提供的劳务为对价。而员工参与虚拟股计划所获得虚拟股份额,是公司对其超出“劳务”行为范畴的一种“奖励”,并通过虚拟股赠与合同的签订予以确认。因该种合同关系所引发的纠纷适用于《民法典》“合同编”的相关规定,而非适用《劳动合同法》的规定。

2. 有偿性虚拟股为公司与员工之间的借贷法律关系

相比于无偿性虚拟股计划,有偿性虚拟股计划的法律性质认定存在一定的混乱与争议。

有偿性虚拟股计划与无偿性虚拟股计划最根本的区别在于,前者要求员工根据计划内容事先向公司支付一定数额的虚拟股认购款。对于该种虚拟股计划,公司在实施激励目的的同时,实质上亦附含融资的目的。相较银行贷款、发行股票、债券等外部融资方式而言,直接向员工募集资金的程序更加简便,利益冲突更小,因此,对于企业和员工来说,有偿性虚拟股计划可以实现员工未来可期待收益增长与企业当下融资需求满足的双重目的。

正如外部融资有股权性融资与债务性融资之分,有偿性虚拟股计划的法律性质同样因募集资金性质的不同而有所区分,不能一概而论。

对于募集资金用途为股权融资性质的,该虚拟股计划实质上是一种员工持股计划,华为公司的虚拟股计划即典型案例。在华为公司的股本构成中,并不存在外部股东出资,员工通过认购有偿性虚拟股所缴付的资金最终全部转化为公司股本。虽然华为公司的持股员工并未被直接登记为公司股东,但通过员工持股会的形式间接持有了公司股份。[①] 司法实践中,若员工通过向职工持股会出资,由职工持股会向公司出资的,员工与公司之间并不具有直接持股关系,员工与持股会之间的权利义务通过持股会章程确定,实质上员工和职工持股会形成了由职工持股会代持员工股份的法律关系,[②]因此该种持股模式的法律关系的保护应当通过隐名股东与显名股东的相关规定予以规制。

---

① 参见《解析华为的虚拟股权》,载搜狐网 2017 年 5 月 20 日,http://www.sohu.com/a/142181273_618578。

② 参见北京市第二中级人民法院民事裁判书,(2011)二中民终字第 19721 号;新疆维吾尔自治区乌鲁木齐市中级人民法院民事裁判书,(2015)乌中民二终字第 128 号。

但应当认识到，华为的虚拟股计划具有特殊的时代背景，①在当前实务中，有偿性虚拟股计划均为债务融资性质，即向员工筹集的资本不纳入公司注册资本，而是直接用于公司日常运营的情况。

对于募集资金为债务融资性质的有偿性虚拟股计划，其性质认定的争议点在于，应当如何认定员工所缴付的认购款性质。司法实践中，有判决将虚拟股的认购款认定为一笔金钱借贷。例如，在“广西王者国际旅行社有限公司合同纠纷案”中，二审法院认为“鉴于《虚拟股份认购协议》约定的主要权利义务为张某惠将50,000元交付给王者公司，王者公司承诺张某任惠享有分红权并保证按原价回购股份的事实，双方签订合同的主要目的是王者公司向张某惠融通资金，张某惠获取分红，双方之间符合借贷法律关系的特征”。②

但若认定员工所缴付的认购款为一笔金钱借贷，则应当如何解释分红款的法律性质？在金钱借贷的场合，债权人可获得的收益应当仅限于利息。但虚拟股计划中的分红款来源于企业当年的营业利润所得，是否支付以及支付多少具有较大的或然性，更接近投资收益的性质。反观金钱债务产生的利息，不论利率是否固定，均具有固定收益的特征，与分红款的性质具有显著的差异。此外，公司实施虚拟股计划可以兼具融资及员工激励的双重目的，若将分红款认定为借贷利息，则虚拟股计划将沦为一种融资手段，并且分红款的数额也将受民间借贷利率上限的规制，与员工激励的本质相违背。

上述疑问产生的根源在于，有偿性虚拟股在“非股即债”的原则下只能将其归为一种债权。但是在权利义务的构造上，有偿性虚拟股却是依照股权的模式设计的。鉴于债权与股权在权利义务的构造上存在显著的区别，当用债权保护的思路来对有偿性虚拟股进行规制时，就会不可避免地出现法律解释上的困难。

（三）虚拟股的转让

如前文所述，在我国，无偿性虚拟股和有偿性虚拟股的持有者都难以依据《公司法》《公司法司法解释三》的规定而获得实际的股东资格。无偿性虚拟股不满足《公司法司法解释三》第23条规定的履行出资义务的实质要件；有偿性虚拟股虽然有实际出资行为，但虚拟股协议或虚拟股方案中“激励对象没有虚拟股权的表决权、转让权和继承权，只有激励基金分配权”“虚拟股权的授予不影响公司的总股本和股本结构”等类

---

① 华为公司的虚拟股计划实为一种员工持股制度，相关方案经过了深圳市体改办的特别批准，并以深圳市2001年颁布的《深圳市公司内部员工持股规定》为其适用法律依据。参见《你信吗？任正非在华为持股仅1.42%！华为轮值CEO徐直军全面剖析华为》，载虎嗅app 2012年12月3日，https://www.huxiu.com/article/6640/1.html。

② 参见广西壮族自治区柳州市中级人民法院民事判决书，(2016)桂02民终3785号。

似表述①以及虚拟股持有者未经出资证明书、股东名册记载,经公司登记机关登记等,②亦反映了出资款不具有"股权型出资"的真实意思,司法实践中无法认定虚拟股持有者具备了股东的实质要件及形式要件。

虚拟股是持有者与公司之间基于合同约定所作的一系列协议安排,③因此,当涉及虚拟股的转让问题时,无论其为无偿性或有偿性,法律实质均为一种债权的转让。债权作为一种财产权,全依赖债务人给付而实现其价值。这种债务人的给付具有经济上的财产价值。因此,债权的买卖、清偿、让与担保、收取授权在日常生活中并不少见。④ 立法上,债权让与亦为各国法律所普遍承认。⑤ 从我国现行立法来看,《民法典》第545条明确了在保持债权同一性的前提下,债权人无须债务人协助就可将债权转让他人,债权也在实质上成为可流通的重要财产。⑥

存有疑问的是,《民法典》第545条虽然蕴含了债权自由让与的原则,但该条的但书规定同样明确了"根据债权性质不得转让"、"按照当事人约定不得转让"以及"依照法律规定不得转让"的债权让与三种受限情形。那么,虚拟股的转让是否属于上述受限情形?

首先应予明确,现行法律法规并不存在关于虚拟股转让的禁止性规定,因此不涉及上述"依照法律规定不得转让"的情形。其次,在虚拟股实践中,公司往往会在虚拟股协议、虚拟股激励方案中约定"不得私自转让""不能转让和出售、在离开公司时自动失效"⑦等条款,禁止员工私下转让虚拟股。否则,若员工借转让套现,虚拟股的员工激励效果就会大打折扣。因此,若存在类似禁止性约定的,虚拟股属于"按照当事人约定不得转让"的情形。

问题在于,若不存在上述禁止性约定的,虚拟股可否转让?换言之,虚拟股的转让是否属于"根据债权性质不得转让"的情形?本章认为,虚拟股的授予对象具有特定性,如担任公司的高级管理人员或符合一定任职资历要求等。对于员工所持有的虚拟股,其合同权利义务关系的成立均以债务人(公司)与债权人(特定员工)间的人身信赖关系为基础,债务人仅限于对该等债权人始愿负给付义务,且以对该等债权人为给付之

---

① 参见《河北博岳通信技术股份有限公司虚拟股权激励计划管理办法公告》《北京精冶源新材料股份有限公司虚拟股权激励方案》《中赟国际工程股份有限公司首期虚拟股权激励实施公告》。

② 《公司法》第25、31、32条说明股东身份应当经章程公示,经出资证明书、股东名册的记载,经公司登记机关登记。

③ 参见程晓峰:《关于股权性质的法律思考》,载《山东法学》1998年第6期。

④ 参见杨明刚:《合同转让论》,中国人民大学出版社2006年版,第39～48页。

⑤ 参见[德]海因·克茨:《欧洲合同法》上卷,周忠海、李居迁、宫立云译,法律出版社2001年版,第383页。

⑥ 参见庄加园:《〈合同法〉第79条(债权让与)评注》,载《法学家》2017年第3期。

⑦ 参见《北京精冶源新材料股份有限公司虚拟股权激励方案》《中联橡胶股份有限公司股权激励办法》等公司披露的相关公告内容。

目的而订立合同。[①] 对虚拟股而言,债务人向特定的债权人给付或由特定的债权人行使债权,其本身具有重要的意义,债权人变更会使权利的行使发生显著的差异。[②] 因此,虚拟股债权作为一种人身约束型债权"根据债权性质不得转让"。例外的情况是,如果公司对于虚拟股的自由转让作出了明确承诺,则"解释上宜认为此类债权仍然是可以让与的",[③]但债权人需履行《民法典》第546条所规定的通知义务。

总结而言,在公司未作出"虚拟股可以让与"等明确承诺的情形下,虚拟股或因存在禁止转让的约定不得转让,或因债权的性质不得转让。

三、虚拟股法律规制路径的修正

(一)现有法律规制路径的弊端

上文对虚拟股的法律性质进行了梳理,并得出了虚拟股在当前立法模式下,应为一种合同之债,受到《民法典》的规制。但是上述法律规制路径具有以下弊端。

第一,增加了公司的组织成本。根据科斯的论述,企业之所以存在,是因为企业可以通过成立组织的形式来支配资源,从而了节约交易成本。[④] 因此,若企业的组织成本不断抬升,企业所节约的交易成本就越有限。虚拟股债权保护的路径下,虚拟股持有者与公司之间的权利义务关系仅能通过双方签署的合同予以确定,该种合同关系取代了公司契约,导致公司需要与员工通过个别合同的形式,一一确定的双方权利义务。尤其是对于人力资本价值较高的雇员,其具有更大的谈判优势地位,公司将花费巨大的谈判成本,公司实施虚拟股计划时,可能面临较多的谈判对象时,其组织成本更将成倍增加。此外,若公司与多名雇员形成了非一致性的谈判结果,则后期执行过程的成本耗费仍是巨大的,公司内部组织成本将因此而增加,不利于企业效益的增长以及企业规模的扩大。

第二,通过个别合同替代了公司合同,为了公司治理的便利性安排,牺牲了公平性。根据公司合同理论,由于个人的有限理性、外在环境的复杂性以及信息的不对称性,若仅通过个别契约的方式,很可能出现契约激励约束机制失灵的状况。[⑤] 相对于公司法人机构而言,大多数员工与公司的议价能力较低,虚拟股持有者的弱势地位以及其与公司的信息不对称的情况,导致债权保护路径无法使虚拟股持有者得到基本的保障,虚拟股持有者可能面临着谈判地位不平等及董事违反信义义务的损害:

其一,合同谈判地位不平等的损害。除个别高级管理人员可能具有较强的与公司议价的能力外,其余员工作为公司雇员难以掌握与公司谈判的主动权。而雇员与公司及主要经营者之间的信息不对称将加剧双方之间的信息地位不平等,虚拟股持有者对

---

① 参见郑玉波:《民法债编总论》(第15版),台北,三民书局1996年版,第466页。

② 参见韩世远:《合同法总论》(第3版),法律出版社2011年版,第466页。

③ 韩世远:《合同法总论》(第3版),法律出版社2011年版,第466页。

④ 参见[美]罗纳德·哈里·科斯:《企业市场与法律》,盛洪、陈郁译,上海三联书店1990年版,第7页。

⑤ 参见罗培新:《公司法的合同路径与公司法规则的正当性》,载《法学研究》2004年第2期。

公司业绩业务能力的了解和预测性都远远低于公司，若公司设置严苛的条件降低了虚拟股持有者的利益分配权限或者未曾于合同中约定相关的基本的知情权限，则“激励”将完全变成“约束”，此时，在债权保护的路径下，雇员仅可以基于我国《民法典》民事法律行为无效或可撤销事由的规定，要求法院确定合同的不正当性，从而保护自身的权益，该种路径在举证要求上难免过高而不具有切实的可行性及便利性。

其二，董事违背信义义务的损害。董事对公司和公司股东承担信义义务，这要求董事基于公司及公司股东的利益谨慎行事，履行职责，若因董事未尽到信义义务导致的股东权利受损的，股东有权要求董事承担责任。但是虚拟股股东由于不具备股东地位而无法要求董事对其承担信义义务。如果董事未能在公司管理中谨慎尽职地行事，或者董事以牺牲公司利益为代价来实现自己的财富最大化时，虚拟股持有者面临的损失因其股东地位的缺位而无法得到妥善保护。例如，在公司被兼并收购时时，董事会若违背忠实义务将公司低价出售给自己的关联方，公司股东、虚拟股持有者的股份或虚拟股价值都将大大降低，他们的权益均受到了董事违反信义义务的侵害。在该种情形下，公司股东可以根据《公司法》的规定，要求董事承担违反信义义务的责任。① 而虚拟股持有者却无法享有《公司法》赋予股东的权利。此外，虚拟股持有者还可能面临公司的估值和公司内部交易的损害。②

其三，有偿性虚拟股的债权保护路径难以实现逻辑自洽。在“非股即债”的模式下，有偿性虚拟股仅能通过合同之债的路径予以保护，但是该种保护路径将难以解释分红款及认购款的法律性质，出现规则之间的不协调。

综上所述，虚拟股仅通过合同之债的保护可以最大限度地赋予公司与虚拟股持有者自由谈判的空间，但是该谈判和博弈必须建立在双方信息对称，员工对协议内容与性质充分明知，且员工有能力与公司进行条款谈判的基础上。③ 虽然虚拟股计划因契约式安排而具有强大的便利性，符合企业追求市场效率的目标，但是该等便利性是牺牲虚拟股持有者的应有的权益的基础上的不平等构造，尤其是对于有偿性虚拟股计划而言，虚拟股持有者一方面投入了较大的物质资本，将个人劳动收入转换成与公司业绩利益相关的“资本”投入，与公司内部的小股东具有很强的相似性，但是其无法具备股东资格，无法借助公司法中的公法属性实现自身权利的妥善安排，为了平衡公司与虚拟股双方的利益关系，降低交易成本，虚拟股制度的保护路径需要进一步予以修正。

---

① 在我国《公司法》的规定下，董事违反信义义务时应当如何具体承担责任尚有探讨的空间，但是董事应当承担对公司的责任已经得到立法的明确。

② See D. Kyle Sampson, *The Fiduciary Duties of Corporate Directors to "Phantom" Stockholders*, The University of Chicago Law Review, p. 1295 – 1299 (1995).

③ 参见薛前强：《虚拟股的定性观察与规则探微——以虚拟股股东保护为中心》，载《证券法苑》2015 年第 1 期。

（二）有偿性虚拟股法律规制路径的重构

有偿性虚拟股持有者较之无偿性虚拟股持有者而言，其向公司交付了“资本”，所享权利与公司的净资产增长或股票表现具有密切关系。有学者认为，虚拟股为财产类种类股的特色创新。[①] 诚然，虚拟股与无表决权的类别股均限制了持有者参与公司决策管理等权利股权，着重于的公司利润分配等财产权利，两者具有一定的相似性。经过对比与分析，笔者发现有偿性虚拟股在形式上与利润分配权限上有所扩张的类别股具有一致的法律构造、实施目的，实质上虚拟股是公司在法律未为明确规定的情况下，寻求法外空间的无奈之举。因此，如我国公司法建立类别股制度后，应当将有偿性虚拟股纳入类别股保护。

值得注意的是，正如前文所述，现实中实施的虚拟股计划，部分为股权融资性质的虚拟股计划（如华为），该种计划实质上应当纳入员工持股计划的范畴。因此，本小节中探讨的有偿性虚拟股，为债务性融资性质的虚拟股计划，即员工集资款项并未由工会或类似组织持有，未转化为公司的股本的情形。

1. 有偿性虚拟股本质上为类别股

（1）类别股的构造

①类别股的概念

类别股的概念相对于普通股而产生。在公司的股权设置中，存在两个以上不同种类、不同权利的股份，普通股完整地具有股权的各项权能，股东无差别地享有平等权利。类别股是在利润及剩余财产分配、表决权行使、选任董事等权限设置了不同内容的股东权利，较之普通股而言，类别股股权在部分股东权利上有所扩张或限制。[②]

②类别股的理论基础

类别股的理论基础在于股权的各项子权利可相互分离，重新组合。[③] 典型案例为1971年斯特罗诉黑鹰控股公司案（Stroh v. Blackhawk Holding Corp.）。该案中，黑鹰控股公司为了规避当地禁止无投票权普通股发行的法律规定而发行了两种股票：第一种股票具备完整权利，第二种股票仅仅具有投票权而不拥有财产性权利，并由管理人员持有，价格极低。以上述安排，该公司使管理人员可以以较低的价格获得对公司的控制权。原告起诉公司，认为股份应当是公司所有者的利益。法院提出，股权中含有参与公司管理及控制权利、公司经营盈余及公司利润分配的权利，取得分配资产的权利，该三种权利可以分离，一个股份并不必然要求以上三者是完整和对称的。[④]

类别股背离了同股同权的公司法原则，至今未得到我国《公司法》的明确肯定，但

---

① 参见郭青青：《类别股法律制度研究》，西南政法大学2016年博士学位论文，第87页。

② 参见李海燕：《建立我国类别股制度的构思》，吉林大学2014年博士学位论文，第13页。

③ 参见朱慈蕴、沈朝晖：《类别股与中国公司法的演进》，载《中国社会科学》2013年第9期。

④ 参见邓峰：《普通公司法》，中国人民大学出版社2009年版，第365页。

《优先股试点管理办法》以及科创板、创业板注册管理办法中关于特别表决权股份企业的特殊规定等规范性文件的出台说明我国已经在类别股制度的探索方面开展了有益的尝试。

我国理论界对于系统性引进类别股制度有较多支持的声音。综合各学者的观点，笔者认为类别股应当得到我国公司法的确认，主要理由如下：第一，同股同权并非自始便是公司法中的一般性原则，仅是一个阶段性原则。事实上，英国东印度公司、美国公司法特许制时代，均未要求公司遵守同股同权的原则。直到公司设立的准则主义时期，同股同权才由于其维护股东民主、股东平等的立法考虑，而被列为公司法的一般性原则。① 第二，对于同股同权作为公司契约理论的内容之一在当今环境下应当适度变更。根据公司的契约理论，公司法将通过设定"标准模板"的形式，降低交易成本，平衡各方利益，并较好地发挥拾遗补阙的作用，填补合同参与方的合意空白，②同股同权原则可避免股东利益异质而产生过高的表决成本，因此被纳入公司法的一般原理中。③ 但是，如今并购风波、敌意收购以及公司日益扩大的融资需求，导致同股同权该种制度模式并不能适应当今时代的公司资本扩张的需求，因此，出于满足公司利润最大化的根本目的的需要，股东应当有权自行选择放弃对形式平等的坚持，从而去追求可获得性利益。④ 综上，同股同权原则于公司法中应当为一种缺省规则，其具有默认适用，但可经股东特殊约定而放弃适用的特点。类别股制度对于股东权利的扩张和限制，出于私法自治的要求，若是公司股东平等协商的结果，股东应当有权处分该等权利，这亦是私法自治的要求。⑤

③类别股的国内外实证法依据

欧美、日韩地区等多国法律中已明确规定了类别股制度。目前，类别股的立法模式在全世界范围内主要分为两种，第一，英美法系的自由模式，即公司法对类别股的发行不予限制，由公司通过章程确定类别股有关利润分配、剩余财产分配、表决权及董事选任等方面权利内容不同的各种类型的类别股。第二，以日本为代表的法定模式，即公司只能在法律规定的范围内设计具体的类别股内容。⑥ 日本法对于类别股的发行采取了法定形式，日本《公司法》第 108 条规定了 9 种可以发行的类别股。

虽然类别股已经获得了其他多国立法的确认，但我国公司法未对种类股份制度作出具体规定。我国《公司法》第 131 条规定了国务院可以对公司发行其他种类的股份

---

① 参见商鹏：《双重股权结构的制度价值阐释与本土化路径探讨》，载《河北法学》2016 年第 5 期。

② 参见罗培新：《公司法的合同路径与公司法规则的正当性》，载《法学研究》2004 年第 2 期。

③ 参见罗培新：《公司法的合同解释》，北京大学出版社 2004 年版，第 244 页。

④ 参见商鹏：《双重股权结构的制度价值阐释与本土化路径探讨》，载《河北法学》2016 年第 5 期。

⑤ 参见任尔昕：《关于我国设置公司种类股的思考》，载《中国法学》2010 年第 6 期。

⑥ 参见李海燕：《建立我国类别股制度的构思》，吉林大学 2014 年博士学位论文，第 81 页。

另行作出规定;[①]2013年国务院发布的《国务院关于开展优先股试点的指导意见》确定了优先股试点的具体规定;2014年,中国证监会发布的《优先股试点管理办法》确定了优先股发行、股东权利行使、发行程序等规定。2019年3月,为推进股票发行注册制改革,中国证监会发布的《科创板首次公开发行股票注册管理办法(试行)》中特别明确了存在特别表决权股份的境内科技创新企业申请首次公开发行股票并在科创板上市的特殊规定,即认可了存在特别表决权的企业在符合条件的情况下亦可以上市。随后,优刻得科技股份有限公司在其上市的招股说明书中明确披露其存在特别表决权的特殊公司治理结构,[②]从优刻得科技股份有限公司披露的股权结构安排来看,该等特别表决权安排实质上系适用了表决权这一子权利有所扩张的类别股形式。

上述类别股的试点说明,我国正在探索和酝酿着建立类别股制度。虽然目前推出的优先股制度在发行主体、发行条件、股息率等须明确规定,制度设计目的上更倾向于使其成为有利于上市公司融资安排的金融工具,而忽视了优先股的股权性质和对股东的保护。[③] 而目前运行特别表决权制度的公司申请上市需要符合更多的信息披露要求,在适用主体等方面亦具有一定的特殊性,但是,类别股制度的引进有利于激发企业自治的活力,改变目前资本市场“准类别股”制度盛行的混合安排,可以提高公司治理结构和治理水平,是资本化社会发展的必然选择。

(2)有偿性虚拟股与类别股法律构造的一致性

李燕、郭青青等考察了日本、美国对于类别股制度的规定,发现无论是自由模式抑或是法定模式下,均重合性地存在利润分配权、剩余财产分配权及表决权这3项“常规的股权子权利”。其余诸如股东或公司发起的回赎权、类别股东大会的董事监事选任权等权利则为“特殊股权子权利”。由“常规股权子权利”与“特殊股权子权利”进行搭配重组,可以创造出种类纷繁的类别股。[④] 虽然在我国类别股的立法取向上,国内学者一直以来存在章程自治及法定主义的两种争论,[⑤]但是不论何种路径,就利润分配权上有所扩张的该种种类股,基本都得到了学者的共识。

考察有偿性虚拟股计划,其主要权利义务关系是,员工向公司投入资本并勤勉尽责地完成应尽之劳务,发挥人力资本的价值,公司因此与员工分享税后利润分红权。虚拟股持有者所享有的经济利益以公司实股股份的增长或公司净资产的增值为标的,员工

---

① 《公司法》第131条规定:国务院可以对公司发行本法规定以外的其他种类的股份,另行作出规定。

② 根据“优刻得”的招股说明书披露,公司共同实际控制人持有的股份每股拥有的表决权数量为其他股东每股拥有的表决权的5倍。优刻得科技股份有限公司经过交易所多轮问询以及中国证监会的注册程序后,于2020年1月20日成功上市,其系我国注册制试行后,第一家适用特别表决权制度于境内A股上市的公司。

③ 参见王作全:《论日本股份公司的种类股份制度》,载《青海师范大学学报》2015年第6期。

④ 参见李燕、郭青青:《我国类别股立法的路径选择》,载《现代法学》2016年第2期。

⑤ 李海燕、朱慈蕴、沈朝晖等学者支持法定主义,参见李海燕:《建立我国类别股制度的构思》,吉林大学2014年博士学位论文;朱慈蕴、沈朝晖:《类别股与中国公司法的演进》,载《中国社会科学》2013年第9期;任尔昕等学者支持自治主义,参见任尔昕:《关于我国设置公司种类股的思考》,载《中国法学》2010年第6期。

因此与公司的股份产生了利益关系。笔者认为，该等分红权股权与股权中的利润分配请求权具有一致性，主要原因如下：其一，员工与普通股股东一同履行了出资义务，一同承担了公司经营亏损的风险。从意思表示层面来看，虚拟股持有者投入资本之时，就有了将自己的财产用于公司经营管理，与公司一同承担风险预期心理。虚拟股协议中一般仅约定了虚拟股持有者仅在公司盈利后享有相应份额的利润分配权限，但是并未就公司亏本或破产时的受偿权进行约定。对于雇员来说，其因对公司治理及制度安排的当然性理解，更偏向于理解为其承担了投资款亏本的风险。其二，虚拟股持有者享有的利润分红以公司当年盈利为分配标的，并可先于普通股股东分配利润，即虚拟股在利润分配该项股权子权利上有所扩张。其三，虚拟股持有者对公司经营事务的管理无表决权，即在表决权该项股权子权利上有所限制。

因此，虚拟股持有者承担了股东的义务，在意思表示层面同样具有"出资"并承担亏损风险的预期，因此所享有的权利是利润分配权限的扩张及表决权的限制，在表征构造上与利润分配优先股具有一致性。

虚拟股与利润分配权的类别股具有相同的法律构造，从技术层面及法律逻辑层面来说，虚拟股应当纳入类别股规制。

(3)有偿性虚拟股与类别股实施目的的一致性

我国《公司法》中的同股同权和一股一权的股权原则，[①]通过将公司的财产利益和表决权进行份额切分和标准化，将股份中的财产权和投票权进行捆绑，克服了合同的不可转让性。但是该种方式导致的弊端是公司无法通过股权内容的分割形成自治性的配置，不能满足投资者的差异化需求，[②]因此，为了满足金融投资工具创新的要求，改善公司的融资质量，促进各类企业尤其是创业企业的发展，引进类别股制度的讨论一直不绝于耳。[③] 有偿性虚拟股计划既是公司员工激励计划安排，同时承担了融资的功能，与类别股制度的满足类别化的投资者的融资需求的目的不谋而合。

此外，利益分配等财产权利上，如在分配盈余、分配公司剩余财产等方面享有优先权，除特殊情况下，优先股股东无任何表决权。[④] 虚拟股计划的产生的缘由之一亦是公司股东或实际控制人对于控制权集中的要求，因此虚拟股与优先股这一利润分配权上有所扩张的种类股在主要优势上亦互相契合。

如前文所述，虚拟股持有者在出资时，更偏向于理解为其所交付的出资存在由于企

---

① 《公司法》第126条规定：股份的发行，实行公平、公正的原则，同种类的每一股份应当具有同等权利。同次发行的同种类股票，每股的发行条件和价格应当相同；任何单位或者个人所认购的股份，每股应当支付相同价额。

② 参见朱慈蕴、沈朝晖：《类别股与中国公司法的演进》，载《中国社会科学》2013年第9期。

③ 参见任尔昕：《关于我国设置公司种类股的思考》，载《中国法学》2010年第6期。

④ 参见袁锦秀：《优先股股权优先级其相关问题透析——以法律为视角》，载《湖北社会科学》2006年第1期。

业经营失败而不可回收的风险；虚拟股持有者与普通股股东一样享有领取薪酬红利和获得增值收益的合理期待，在面临公司被收购、破产等重大变动事项时，若董事违反信义义务，虚拟股持有者亦同普通股股东一样容易受到侵害，①因此，虚拟股持有者面临的主要问题更类似于股权所有者，是由于委托—代理关系的存在导致的“不充分的风险承担问题”，而非债权人面临的“分享问题”和“风险改变问题”。②

有鉴于此，笔者认为，有偿性虚拟股计划的诞生是在当今我国对股权激励的相关规定并不清晰明确的情况下，公司基于员工激励及融资双重目的的出发点，形成的一种“融资＋激励”的创新模式，实质上亦是公司在法律未明确规定的情况下，追求效率目的与公司自治安排的产物，是公司在法律规定不尽完善的情况下，寻求法外空间的无奈之举。

2. 有偿性虚拟股纳入“类别股”规制的现实意义

有偿性虚拟股归入类别股能够解决当今虚拟股规制路径情况下的矛盾和缺点。

第一，降低公司的组织成本，完善对虚拟股持有者的保护。根据各国立法，公司发行类别股均在章程中明确记载。通过章程的公示，一方面，可以使公司利用类别股制度给予的公司章程自治的合法空间，设置适用于公司实际情况的虚拟股计划，并使全体员工按照章程的安排进行虚拟股的认购、虚拟股分红及增值价值的实现，以此降低公司与员工一一谈判的组织成本。另一方面，章程的公示可以增加股份信息的透明度，同时使之对公司、公司普通股股东、全体公司内部组织人员产生明确效力，使得对公司合虚拟股持有者均产生更强的保障效力，若股东会会董事会作出违法章程公示或者法定的类别股制度的内容，均可以追究侵犯类别股股东权益的董事的责任。③ 同时，虚拟股股东能依据公司法享有股东知情权，享有董事信义义务相关制度的保护。

第二，解决了债权保护路径中，分红款与认购款的法律性质难以实现逻辑自洽的矛盾。有偿性虚拟股的分红款本质上是公司的盈余和利润分配，更接近于股权融资中的“股息”的概念。此外，员工通过缴纳认购款所换取的虚拟股份的价值会随着公司业务的发展而获得相应的增值，同样也可因公司业绩的下降而贬值，这种或然性是以到期还本付息为特点的债务融资工具所不具有的。因此，有偿性虚拟股的认购款的性质更接近于对公司的“出资”。因此，若试图用债权保护路径下的权利义务关系来解读有偿性虚拟股的性质，则难以实现逻辑自洽。而纳入类别股进行规制后，有偿性虚拟股的“股

---

① 参见陈一新：《刍议公司董事对虚拟股股东的信义义务》，载《南方金融》2017年第9期。

② “不充分的风险承担问题”，是指由于委托—代理关系的存在导致的董事和高管人员的管理风险，其不利后果是股东承担的，但股东对其的监控，无论是信息，意愿还是能力都是有限的；“分享问题”，指至债权人担心的有优先权利的其他债权人来分享其有现货的债权实现的权利；“风险改变问题”，指借款给公司后，公司将自己的财产和债权人的财产一同去冒险，从而改变了预期的风险。参见邓峰：《普通公司法》，中国人民大学出版社2009年版，第285页。

③ 参见傅赵戎：《私募股权投资契约的公司法解读》，西南政法大学2015年博士学位论文，第149页。

权”性质能够得到承认，在认购款、分红款等概念的法律性质解读上也不必强行借助于债法的相关适用规则，更具合理性。

3. 有偿性虚拟股纳入“类别股”规制的制度建议

若将虚拟股制度纳入类别股规制，建议通过以下几种方式对虚拟股计划予以明确：

第一，虚拟股公示制度。类别股创设需要公示已经成了各国立法的通例。各国立法中一般都认同类别股至少需要清晰地载入公司章程，其类别股地位才可以被认可，日本等国家要求仅可发行法律规定种类的类别股。目前有偿性虚拟股入债规制的情况下，多数企业并未在章程中公示虚拟股计划的情况，该种情况，一方面，导致了虚拟股持有者和公司之间的协议条款将产生诸多的不确定性，虚拟股持有者受到公司侵害的可能性较大；另一方面，虚拟股协议的隐蔽性导致外部第三人、债权人无法就公司股权的内容、归属及现状予以充分了解，可能侵害公司债权人和后续投资者的利益。① 因此，在有偿性虚拟股制度重构后，相关学者的观点，②要求公司通过章程将虚拟股计划予以披露和公示。

第二，类别表决机制。类别表决制是设立类别股制度的国家为事先防范大股东压迫而产生的公司治理机制。③ 虽然虚拟股股东仅具有利润分配请求权等经济性权益，公司日常经营的表决权受到了限制。但是，对于与虚拟股股东相关的议题时，应当赋予其类别表决权限。英美法系和大陆法系国家公司法均规定了类别股股东的类别表决权。以日本公司法为例，日本《公司法》明确列举了 13 种变更、限制或取消类别股股东权利的行为，授予类别股股东对这些行为以表决权，所列举的公司行为非经类别股股东会表决通过不发生效力。④

第三，转让和退出应当遵循章程自由主义原则。

其一，因为类别股的内部转让没有破坏公司的人合性以及该类别股内部人员的内部人合性，所以不需要法律对其进行过多干预。采取章程自治赋予公司内部治理的权限的做法较为合理。一般来说，由于虚拟股与员工身份及员工人力资本价值相附着，公司往往试图限制员工自由转让的空间，以减少员工套现的风险。对此，公司可以在章程中约定虚拟股具有限制转让的属性。例如，日本公司法中约定了限制转让股，该种类别

---

① 参见朱慈蕴、沈朝晖：《类别股与中国公司法的演进》，载《中国社会科学》2013 年第 9 期。

② 沈朝晖学者具体考察构成股份在何种情况下构成一个类别：其一，该股份附于股份之上，凭借着股份而生。只要是章程明确规定的，授予的部分具有股东功能的利益，均应当是类别股。其二，该种股份具有某种优先权利或者某种权利的限制，从而不同于其他类别的权利。其三，通过章程或其他方式进行公示。参见沈朝晖：《公司类别股的立法规制及修法建议——以类别股股东权的法律保护机制为中心》，载《证券法苑》2019 年第 3 期。

③ 参见汪青松：《股份公司股东异质化法律问题研究》，光明日报出版社 2011 年版，第 195 ~ 196 页。

④ 参见刘胜军：《类别表决权：类别股股东保护与公司行为自由的衡平——兼评〈优先股试点管理办法第 10 条〉》，载《法学评论》2015 年第 1 期。

股的转让需要经过公司的同意,否则转让行为不具有效力。[①] 其二,虚拟股的退出一般来说应当分为虚拟股股东权益实现的退出和虚拟股股东违反了相关义务的公司的回购。参照实际股权激励,若员工出现了离职、与公司解除劳动关系等违反股权激励计划的行为时,公司可以回购注销已经授予的股份。[②] 因此,公司在实施虚拟股计划时,可以实现通过公司章程及虚拟股方案公布虚拟股股东权益实现以及股权回购的方式。参照国内现行的实股激励的一般方案,建议约定:(1)在虚拟股股东离职等情况出现时,公司有权回购虚拟股,回购价格根据双方事先确定的回购价值确定。(2)虚拟股股东达到约定的条件(如工作年限、业绩要求)后,享有虚拟股兑现的权利。由于虚拟股具有人身性质,因此不可以由虚拟股股东擅自抛售虚拟股票,并通过二级市场套现,因此,建议在达到约定的兑现条件时,由公司按照约定的计算方式向虚拟股股东支付虚拟股兑现收益,相应的虚拟股份额由公司收回,以保证虚拟股计划的稳定性、员工激励的有效性。

(三)无偿性虚拟股法律规制路径的整合

无偿性虚拟股因为不具有向公司投入"资本"的行为,因此是公司"赠与"虚拟股持有者的公司分红权限及股票增值权限。无偿性虚拟股持有者不适宜归入类别股的范围进行保护,其一,虚拟股持有者不具有"出资"的行为;其二,若入股保护会产生虚拟股持有者须对公司承担有限责任,与其权利义务不相匹配。

但是,由于无偿性虚拟股亦存在持有者谈判弱势地位及董事信义义务等违反的侵害风险,因此,本章认为应当理清无偿性虚拟股归属于合同之债的属性,并通过合同路径及相关辅路路径,重新梳理无偿性虚拟股的可行的法律保护路径,以期寻找员工权益保护与公司效率价值之间的平衡点。

其一,《民法典》格式条款的保护。对于谈判地位较低的雇员而言,公司一般会统一要求其签订格式合同参与虚拟股计划。因此雇员可以依据《民法典》对于格式条款的规定,[③]要求公司向全体虚拟股持有者就虚拟股相关问题予以统一说明和解释。若受到侵害时,也可以根据格式条款的解释规则等保护自身的权益。

其二,民事法律行为可撤销事由的保护。根据《民法典》第151条的规定,一方利用对方处于危困状态、缺乏判断能力等情形,致使民事法律行为成立时显失公平的,受损害方有权请求人民法院或者仲裁机构予以撤销。因此,若公司方在签订合同时,利用了员工信息不对称或者员工谈判地位的劣势,对员工施加了苛刻的义务或者设置了违约金等相关条款以至于虚拟股计划实施过程中员工的权益受到侵害的,员工可以通过民事法律行为可撤销事由进行抗辩,避免公司对员工的过度侵害。

---

① 参见李海燕:《建立我国类别股制度的构思》,吉林大学2014年博士学位论文,第56页。

② 参见上市公司股权激励计划的公告内容。

③ 《民法典》第496~498条对格式合同进行了规定。

其三，诚信信用、公平原则等合同之债基本原则作为“合同原则的最后边界”，[①]可以在一定程度下解决虚拟股股东面对不公平的公司侵害时的不利局面。

其四，提高合同谈判地位。就当下立法现状而言，虚拟股持有者可以援引《公司法》中关于职工监事、职工代表大会制度的规定，提高虚拟股持有者的谈判地位，要求公司与员工签署的虚拟股协议中，应当记载虚拟股持有者应当享有公司盈余情况等与自身权益密切相关部分的知情权、公司董事实施虚拟股计划时对员工必要的信息披露义务等内容，以期保护虚拟股持有者的权益。

四、小结

虚拟股作为企业寻求激励和效益的非标准化的员工激励模式，既具有一般员工股权激励模式的约束与激励并存的特点，又具有独特的控制权集中及灵活适用的优势，于众多企业中发挥着特殊的作用。然而，虚拟股法律性质的争议以及法律规制路径的不明确导致在目前虚拟股的实践中，产生了较多的争议和诉讼，虚拟股计划的推广和应用存在较大的障碍。

本章第一节通过对虚拟股的概念梳理、与其他股权激励计划的对比，总结了当前我国虚拟股计划的特征及优势，以及在实际运用中出现的主要问题，说明虚拟股计划进一步获得推广的必要性及现实困境。

第二节通过对虚拟股法律性质的分析，确认在当前的法律体系下，虚拟股不是实际股份，虚拟股持有者不具有股东地位。员工与公司实际上成立的是合同关系，其中，无偿性虚拟股是附义务的赠与法律关系，有偿性虚拟股是借贷法律关系。

第三节从虚拟股现有法律规制路径的弊端出发，明确了虚拟股规制路径需要修正的原因。并将有偿性虚拟股与类别股制度进行对比，确定虚拟股应当纳入类别股的规制，并重点论述了有偿性虚拟股应当纳入类别股保护的理论基础和现实意义、制度建议。将无偿性虚拟股的保护路径予以整合，提出对无偿性虚拟股持有者的保护建议。

综上所述，本章通过对虚拟股法律性质的界定和规制路径的修正建议，以期厘清虚拟股计划的本质与特征，为实践中虚拟股计划作为股权激励模式的运用提供法律分析的框架。同时，根据现有规则路径的缺点和弊端，明确了有偿性虚拟股纳入类别股制度的理由和意义，整合了无偿性虚拟股通过合同路径的保护其持有者利益的可行措施。中国公司法立法体系有待完善，以推动虚拟股计划的发展。

---

① 参见薛前强：《虚拟股的定性观察与规则探微——以虚拟股股东保护为中心》，载《证券法苑》2015 年第 1 期。

第十一章　股权转让和反避税措施

——国别差异路径和全球有限合作*

经济全球化背景下,税基侵蚀和利润转移(Base Erosion and Profit Shifting,BEPS)成为全球热议的税法议题之一。BEPS 的负面影响显而易见。首先,跨境经营企业可以通过 BEPS 获利,从而获得相较于国内经营的企业更具优势的竞争力,扭曲市场竞争;其次,BEPS 的收益可能扭曲投资决策,使资源流向税前回报率低而税后回报率高的经营活动,导致资源配置低效;最后,大型跨国企业的避税不仅会侵蚀国家税基,弱化国内监管效果,而且也影响国家之间的经济合作。

因事关国际税收规则的完善和各国之间的博弈,BEPS 成为全球经济危机之后最主要的国际经济治理议题,引起各国政府、媒体和社会公众的高度关注。2012 年 6 月,二十国集团(G20)财长和央行行长会议同意通过国际合作应对 BEPS 问题,并委托经济合作与发展组织(Organization for Economic Co-operation and Development,OECD)开展研究。2013 年 6 月,OECD 发布《BEPS 行动计划》,并于当年 9 月在 G20 圣彼得堡峰会上得到各国领导人背书。这对通过海外转移定价方式避税产生较大影响。近年来,中国在国际税收征管协作方面取得快速进展,2013 年 8 月 27 日,中国签署《多边税收征管互助公约》(以下简称《互助公约》),成为该公约的第 56 个签约方,G20 成员自此全部加入这一公约。

2008 年全球金融危机之后,各国税制改革着力于“堵”和“增”两个方面。“堵”即堵住税收流失,“增”是增加税收来源,促进国内经济增长,提升全球竞争力。但是,各国采取的具体税收政策和监管措施并不相同。本章主要讨论中国、美国和欧盟等国(地区)的反税基侵蚀和利润转移措施,探讨在全球化背景下全球税收监管领域的反规避措施的合理性和监管合作的困境。

---

* 本章撰稿人:沈伟。

一、增加税收和反避税成为全球税收改革的焦点

后金融危机时代，各国政府试图有效处理和规制逃税和避税行为，以增加税收。① 谷歌公司和苹果公司以及它们的避税计划备受瞩目，不仅聚焦了世人对国际税收体系的高度关注，而且增强了全球打击激进避税的紧迫性。OECD 制定了改革全球税收政策的计划，确定了大量需要改革的问题。若该计划获得通过，可能引起国际税收标准的巨变。OECD 很可能会建议改变利用不同国家税收法律制度之间规制结构和工具的差异而实现的"混合"或监管套利。更重要的是，推进制定一个多边条约，以修补避免双重征税协定。

根据 OECD 的数据，截至 2012 年年底，荷兰和卢森堡吸引的外商直接投资达 5.8 万亿美元，超过美国、英国和德国吸引的外商直接投资的总和。其中，仅荷兰就吸引外资 3.5 万亿美元，而这当中只有 5730 亿美元最终投向"真"的荷兰公司，大部分的外商直接投资为了避税流入特殊目的公司。同样地，卢森堡吸引外资达 2.28 万亿美元，但只有 1220 亿美元进入了实体经济。② 荷兰、卢森堡和爱尔兰都被视为允许跨国公司（如星巴克和苹果）削减它们全球税务的避税天堂。避税已经严重影响全球的资本流动，成为国际性的法律问题。

2010 年，在全球背景下，美国跨国公司（与实际经营状况相比）不成比例地报告其在低税收国家的利润为 7680 亿美元，而同时欧洲的公司在低税或无税国家的投资为 7680 亿美元。③ 反避税工作的重心近年集中在避税天堂和个人跨国公司上，全球舆论也重点转向了爱尔兰和荷兰——这些通过帮助企业规避在本国税收管辖范围内的高额税务，从而吸引大量外来投资的发达经济体。苹果公司有价值 1020 亿美元的外汇现金储备，但除非汇回美国市场，否则不会被美国征税。④ 换言之，苹果公司通过利用在爱

---

① 2013 年 11 个欧洲国家计划开征金融交易税：股票、债券交易税率 0.1%，金融衍生品交易税率 0.01%。该税被设计为在买方、卖方或发行人处于金融交易税征收国家的情况下适用。征收这种税的基本原理是，由于金融部门对增值税的豁免，金融交易的税收相对于经济的其余部分是很低的。加征金融交易税将每年增加 340 亿欧元的收入。See *Financial Transaction Tax: Don't Panic*, Financlal Times (May 23, 2013), http://www.ft.com/intl/cms/s/3/371999a2-c2f9-11e2-9bcb-00144feab7de.html. 然而，反对者声称，征收金融交易税将遏制金融市场发展，是掠夺退休人员，使金融机构变得贫困，摧毁涉及银行、银行家和交易所的交易模式，降低投资者回报，增加借贷成本，并加剧了欧债危机。See Avinash Persaud, *Europe Should Embrace a Financial Transaction Tax*, Financlal Times (May 28, 2013), http://www.ft.com/intl/cms/s/0/ba8e4232 - c79b - 11e2 - 9c52 - 00144feab7de.html.

② See Vanessa Houlder, *Figures Shed Light on Tax Avoidance Haul*, Financlal Times (April 28, 2013), http://www.ft.com/intl/cms/s/0/aad0297e-b020-11e2-8d07-00144feabdc0.html.

③ See Alex Barker, *EU Steps Up Brussels Broadens Probe into Tax Sweeteners for Multinationals*, Financlal Times (Mar. 24, 2014), http://www.ft.com/intl/cms/s/0/b93d4126 - b345 - 11e3 - b09d - 00144feabdc0.html.

④ 美国公司税改革的挑战在于向全球性公司征税。只有当他们遣返这些利润税时，美国企业才能抵免为其在国外的利润，支付给其他国家的政府的税费。目前的税收制度会对美国跨国公司带来额外的负担，因为他们把钱遣返回国是要承担一定的损失，而相应的税收回报却很低。

尔兰境内设立的子公司和爱尔兰的税收漏洞，尽管有数百亿美元的收益，但交纳很少的税，甚至根本没有纳税。[①] 同样，2012 年，苹果公司也没有在英国交纳公司所得税，即使它在英国有多家子公司，而且这些公司在 2012 年前三季度就创造了 6800 万英镑的税前利润。[②] 类似地，2006 年至 2011 年，谷歌公司在英国获得了高达 120 亿英镑的营业收入，却只支付了 1060 万英镑的税款。[③] 2013 年 5 月，美国参议院委员会强调苹果公司的海外税率低于 2%。美国税法漏洞导致美国的跨国公司在避税天堂放置了近 2 万亿美元的低税外汇收入。[④] 结果演变成了一种"双重不征税"的情形，使一些跨境商业交易和由这些交易产生的原本低税负的"无国籍"收入最终免于征税。

另外，全球税制监管合作和改革面临现实困难，因为国家的固有本能就是利用税收系统展开竞争。例如，英国对苹果和谷歌剥离英国的收入和潜在税收收入表示不满，但是它同时又致力于"以邻为壑"政策，试图吸引意大利的菲亚特工业（Fiat Industrial）将其纳税地搬迁到英国。一些国家有着采用低公司税率的长期历史，其他国家也正在加入这场降低税率的全球竞赛。葡萄牙最近宣布，计划降低其原先 24% 的公司税率，而美国政府建议取消营业税减免，以降低 35% 的公司税率，英国政府计划削减公司税率至 20%，是二十国集团（G20）中的最低值。[⑤] 支撑这种监管竞争的最主要理论依据是"搭便车"效应：每个国家都希望其他国家打击避税，而无须修改本国的税收法规和税收制度。

当前国际税收制度改革的关键问题之一是跨国公司的利润如何分配给各个国家，即跨国经济活动中的税基划分问题。[⑥] 分配通常是基于经济活动或各种资产的所在地，然而它们本质上具有流动性。因此，一些资产可能位于低税率地区。国际税收机制

---

① See James Fontanella-Khan & Jamie Smyth, *Ireland Pledges Cooperation on Global Tax Avoidance Plan*, Financlal Times (May 22, 2013), http://www.ft.com/intl/cms/s/0/1accd5b2 - c2d5 - 11e2 - 9bcb - 00144feab7de.html. 销售苹果产品的经济权利由在爱尔兰的公司享有。据 2011 年的报道，苹果公司海外经营收入的 84% 来自苹果销售国际，这家爱尔兰的子公司，不是任何国家或地区的居民纳税人，仅需缴负担 0.05% 的税率。Vanessa Houlder, *Apple Paid No UK Corporation Tax in* 2012, Financlal Times (Jun. 30, 2013), http://www.ft.com/intl/cms/s/0/13273fae - e1a3 - 11e2 - 95c1 - 00144feabdc0.html.

② 对员工股份奖励的税收扣除帮助抵销了 2012 年 9 月英国子公司的企业所得税负债。英国子公司报告了关于 2770 万欧元税收减免的股份计划。See Vanessa Houlder, *Figures Shed Light on Tax Avoidance Haul*, Financlal Times (Apr. 28, 2013), http://www.ft.com/intl/cms/s/0/aad0297e-b020 - 11e2 - 8d07 - 00144feabdc0.html.

③ See Ed Hammond, *Google Chairman Schmidt in Taxing Hunt for London Home*, Financlal Times (Jul. 5, 2013), http://www.ft.com/intl/cms/s/0/01677132 - e561 - 11e2 - ad1a - 00144feabdc0.html.

④ See Lawrence Summers, *Help American Businesses-Tax Their Profits Abroad*, Financlal Times (Jul. 7, 2013), http://www.ft.com/intl/cms/s/2/b9eaee46 - e4d5 - 11e2 - 875b - 00144feabdc0.html.

⑤ See Vanessa Houlder, *Figures Shed Light on Tax Avoidance Haul*, Financlal Times (Apr. 28, 2013), http://www.ft.com/intl/cms/s/0/aad0297e-b020 - 11e2 - 8d07 - 00144feabdc0.html. 经济体的政府都被迫紧缩政权的根本原因可能是因为预算赤字。

⑥ 参见张泽平：《全球治理背景下国际税收秩序的挑战与变革》，载《中国法学》2017 年第 3 期。

的改革——反避税规则，是为了阻止企业获得不正当的利益。由于在商业活动中流动性较差的是消费者，政府可以依照跨国公司向第三方居民的销售所得利润进行征税。征收这类税似乎不大可能导致该国纳税人移居到避税天堂。实施这一税收可以依靠“目的地原则”构建，该原则被增值税法采用。基本做法是向在特定国家的销售产生的收入征税，并给予发生在该特定国家的支出以税收救济。这可以通过进口征税来实现。着眼于客户的居住地可以避免一些增值税规则的复杂性。“目的地原则”的好处是多方面的。例如，公司内部交易的转移定价将不会影响税基；经济活动的地点也不会受到影响，因为此类税的征收不依赖于位置、生产或其他因素；通过降低国内企业税率来吸引经济活动的压力和动力也都会减弱。美国曾讨论过实施这样一种以销售为中心的公司税制——在销售地加征公司税。另一种选择是大幅增加全球公司税率，但实施此选项可能会导致创新乏力、发展前景堪忧和就业机会减少。①

当所有国家都在这场降税比赛中竞争时，基本上更不可能建构一个更加符合经济效益的中立和恰当的国际税收合作范式。因此，各国迄今所作的努力集中于提高信息透明度，将其作为反避税的有力武器，而不是批准目前的国际税收改革制度。由于美国威胁要对未根据其《2010 年外国账户税收遵从法案》(FATCA)的要求披露美国账户信息的外国银行征收 30% 的预提税，全球层面对逃税的打击力度明显加大。②

二、中国的反避税措施和国税函〔2009〕698 号文

我国《企业所得税法》第 3 条第 2、3 款分别规定：

“非居民企业在中国境内设立机构、场所的，应当就其所设机构、场所取得的来源于中国境内的所得，以及发生在中国境外但与其所设机构、场所有实际联系的所得，缴纳企业所得税。

非居民企业在中国境内未设立机构、场所的，或者虽设立机构、场所但取得的所得与其所设机构、场所没有实际联系的，应当就其来源于中国境内的所得缴纳企业所得税。”

以上两款规定确定的基本原则是，针对非居民企业，不论其在中国境内是否设立了机构、场所，都应就其源于中国境内的所得缴纳企业所得税。该规定兼具居住地国和来源地国双重身份这一税收原则。

《企业所得税法实施条例》第 7 条对“来源于中国境内的所得”的原则作出了规定。

---

① See Eric Schmidt, *Why We Need to Simplify Our Corporate Tax System*, Financlal Times (Jun. 16, 2013), http://www.ft.com/intl/cms/s/0/dfeeceae-d69e-11e2-9214-00144feab7de.html.

② See IRS, *FATCA: Foreign Financial Institution (FFI) List Search and Download Tool*, IRS (November 2015), https://www.irs.gov/pub/irs-pdf/p5147.pdf.

就股权转让交易而言,按照该条第 3 项,①若被转让的是中国公司的股权,则其所得视为"来源于中国境内的所得",股权转让人应当在中国缴纳企业所得税。

国家税务总局在 2009 年下发《关于加强非居民企业股权转让所得企业所得税管理的通知》(国税函〔2009〕698 号,下文简称 698 号文),将非居民企业间接转让居民企业股权纳入中国税务审查的范畴。

根据 698 号文,间接转让中国居民企业的非居民企业称为"境外投资方(实际控制方)",在境外投资方自己和居民企业之间插入的控股公司称为"境外控股公司"。在"被转让的境外控股公司所在国(地区)实际税负低于 12.5% 或者对其居民境外所得不征所得税"的情况下,境外投资方间接转让居民企业股权需要经中国税务机关审查。该条还规定了审查时作为转让方的境外投资方需要提交的文件种类。②

698 号文第 6 条规定:"境外投资方(实际控制方)通过滥用组织形式等安排间接转让中国居民企业股权,且不具有合理的商业目的,规避企业所得税纳税义务的……否定被用作税收安排的境外控股公司的存在。"

假设一种情况(交易结构见图 11 - 1),境外投资方(有可能是中国公司或个人)通过离岸控股公司(特殊目的公司)在中国设立独资企业,而后将其拥有的离岸控股公司的股份转让给境外的另一家公司。该股权转让交易和中国没有任何关系。但是,离岸控股公司是中国独资企业的控股公司,境外投资方通过转让离岸控股公司的股份间接达到了转让中国独资企业股权的目的。

由于中国投资者经常运用此种模式,将境内的居民企业改组为中国投资者通过境外特殊目的公司实际控制的境内居民企业,这一模式俗称"返程投资"模式。根据 698 号文,非居民企业通过转让境外控股公司的方式间接转让中国居民企业股权的所得属于"来源于中国境内的所得",需要在中国缴纳企业所得税。上例中的外国投资者即 698 号文中所指的"境外投资方(实际控制方)",离岸持股公司即"境外控股公司",而国内经营公司即"中国居民企业"。

---

① 《企业所得税法实施条例》第 7 条规定:"企业所得税法第三条所称来源于中国境内、境外的所得,按照以下原则确定:……(三)转让财产所得,不动产转让所得按照不动产所在地确定,动产转让所得按照转让动产的企业或者机构、场所所在地确定,权益性投资资产转让所得按照被投资企业所在地确定;……"

② 698 号文第 5 条规定:"境外投资方(实际控制方)间接转让中国居民企业股权,如果被转让的境外控股公司所在国(地区)实际税负低于 12.5% 或者对其居民境外所得不征所得税的,应自股权转让合同签订之日起 30 日内,向被转让股权的中国居民企业所在地主管税务机关提供以下资料:(1)股权转让合同或协议;(2)境外投资方与其所转让的境外控股公司在资金、经营、购销等方面的关系;(3)境外投资方所转让的境外控股公司的生产经营、人员、账务、财产等情况;(4)境外投资方所转让的境外控股公司与中国居民企业在资金、经营、购销等方面的关系;(5)境外投资方设立被转让的境外控股公司具有合理商业目的的说明;(6)税务机关要求的其他相关资料。"

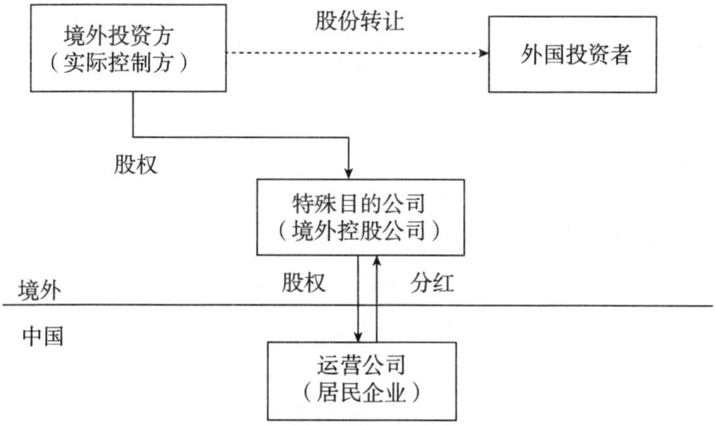

图 11－1　“返程投资”交易结构

根据上述规定，如果税务机关判定外国投资者通过“滥用组织形式等安排间接转让国内经营公司股份，且不具有合理的商业目的，仅为规避企业所得税纳税义务”，则根据第 6 条的规定，[①]“否定被用作税收安排的境外控股公司的存在”。换言之，中国税务机关将无视离岸控股公司的存在，将该交易视为外国投资者直接将国内经营公司的股权转让给境外的另一家公司，转让股权的所得也就属于“来源于中国境内的所得”，从而达到对外国投资者就该笔交易的所得征收企业所得税的目的（下文称 698 号文的目的，即让境外投资方为间接转让中国居民企业股权的所得缴纳中国企业所得税）。

然而，698 号文没有对何为“不具有合理的商业目的”和“规避企业所得税纳税义务”作出进一步的解释。国家税务总局于 2015 年 2 月 3 日发布《国家税务总局关于非居民企业间接转让财产企业所得税若干问题的公告》（7 号公告），扩充了判断合理商业目的相关因素，限制启动一般反避税规则的情形，使反避税措施特别针对不具有合理商业目的的避税安排。税务部门适用 698 号文的具体规则也可以在适用 698 号文的具体个案中略见一二。

中国江都市合资经营企业扬州诚德钢管有限公司（以下简称扬州诚德）的合资人为江苏诚德钢管股份有限公司（以下简称江苏诚德）和美国凯雷投资集团（以下简称凯雷集团）。凯雷集团通过香港的全资子公司（以下简称香港公司）占有扬州诚德 49% 股权。2009 年年初，江都国税局获悉凯雷集团可能通过香港公司间接转让扬州诚德股权。江都国税局马上向上级汇报，2009 年 12 月 10 日，国家税务总局发布 698 号文，对

① 698 号文第 6 条规定：“境外投资方（实际控制方）通过滥用组织形式等安排间接转让中国居民企业股权，且不具有合理的商业目的，规避企业所得税纳税义务的，主管税务机关层报税务总局审核后可以按照经济实质对该股权转让交易重新定性，否定被用作税收安排的境外控股公司的存在。”

外国公司通过境外控股公司间接转让中国公司股权的情况进行规制。2010 年 1 月，凯雷集团在我国境外向美国 PCC 公司的子公司司普斯亚洲有限公司（以下简称司普斯）转让香港公司的股权。江都国税局认定香港公司属于“无雇员、无其他资产和负债、无其他投资、无其他经营业务”的特殊目的公司，从而适用 698 号文的规定，对凯雷集团征收 1.73 亿元人民币的企业所得税。①

通过上述案件可以推断，中国税务部门对 698 号文第 6 条的适用标准是：只要境外控股公司“无雇员、无其他资产和负债、无其他投资、无其他经营业务”，并且实际控制人通过该公司达到了避税的效果，实际控制人设立境外控股公司的行为即被视为不具有合理的商业目的，而是为了规避企业所得税纳税义务，应揭开被用作税收安排的境外控股公司的面纱，否定其存在，从而对实际控制人征税。

但是，境外控股公司“无雇员、无其他资产和负债、无其他投资、无其他经营业务”是否就意味着设立该公司不具有合理的商业目的？笔者以为这样的认定标准有失妥当。如果税务机关要无视境外控股公司的存在，税务机关应当证明：(1)在境外投资方设立境外控股公司并由该控股公司持有中国居民企业股份时，境外投资方一定能够按照预定计划通过转让境外控股公司的股权间接转让中国居民企业的股权；(2)设立该境外控股公司并由该控股公司持有中国居民企业股份除了减轻税负没有其他目的。但是，若境外投资方设立境外控股公司的时间发生在转让双方已经达成股权转让意向之后，则境外投资方对其设立境外控股公司有合理商业目的承担举证责任。由于这两点对否认一个境外控股公司法人人格至关重要，有必要在立法层面对这两个标准加以明确。7 号公告以“实质重于形式”为原则，要求对交易整体安排和所有要素进行综合分析，以判定间接交易是否存在合理商业实质。为此，公告扩充了相关因素，如要求考察境外企业本身资产、人员、费用、活动情况，分析境外企业行使的功能和承担的风险，判断境外企业是否具有经济实质；将间接转让交易的境外税负考虑范围从境外企业所在地扩大到包括转让方居民国在内的所有境外税负；考虑境外安排的持续时间和替代性分析等因素。

国家税务总局于 2017 年 10 月 17 日发布《国家税务总局关于非居民所得税源泉扣缴有关问题的公告》（以下简称 37 号文），取代 698 号文，成为非居民企业所得税源泉扣缴的指导性文件。37 号文对非居民企业所得税源泉扣缴申报流程、管理规则及税务当事人遵从要求等作出多项重大调整，包括取消非居民企业源泉扣缴合同备案要求、放宽非居民自行申报期限、明确扣缴义务人补扣税款要求、简化计算操作等。虽然 37 号文一定程度上便利了扣缴义务人履行义务，减轻了纳税人和扣缴义务人的合规成本，但是就非居民企业而言，纳税负担没有实质性的改变。澳大利亚也将征收转移利润税，适

---

① 参见徐云翔、赵军、宋雁：《最大单笔间接转让股权非居民税款入库》，载《中国税务报》2010 年 6 月 9 日，第 1 版；陈少英：《论公司法人格否认制度在反避税中的适用》，载《法学家》2011 年第 3 期。

用于全球收入超过10亿澳元的跨国集团。从2017年7月1日起的纳税年度,跨国公司"人为刻意"地从澳大利亚转移出去的利润将被征收40%的税收性处罚,无论该避税计划是否在该日之前订立或开始实施。如果有证据证明主要是为了获得澳大利亚税收优惠和减少外国税收负债,40%的税收惩罚将适用于澳大利亚税收优惠的金额,除非纳税人满足2500万澳元营业收入测试、境外税负充足测试和经济实质充足测试中的一项。① 其中,"缺乏经济实质"的判断标准,是指有关业务交易的各方企业从中获取的收入能合理地反映该业务的经济实质。澳大利亚的转移利润税对税负错配提供了一个具体的量化标准,是从判断经济利益是否大于税收利益的角度分析的。

广泛使用的"返程投资"模式对中国的税基、国有资产、外汇管制和监管均有破坏性的影响。此外,"返程投资"的模式已被用于投机人民币计价资产的洗钱活动。② 从本质上讲,这种模式是中国和外国企业利用境内和境外两种监管模式的差异性达到规避法律限制的目的,投资者凭借税收和监管套利滥用监管制度,实现"创造性的遵守法律"的典型。这也导致了试图从法律或制度层面规范"返程投资"模式的各种努力和尝试。

反避税措施易引发争议,主要原因有二。首先,这些措施都倾向于增加税收规则的复杂性和数量,进而增加企业的合规成本。其次,由于对国家在创造和构建公共利益方面所起作用的政治争议,市场对这些规制措施自然会有反对的声音。相对于成本而言,监管制度产生的利益太少。尽管公共税收方案可能产生直接威慑作用,但是除了政府本身之外几乎没有受益者。这里的主要问题在于,政府作为公共税收方案的唯一受益人,可能基于税收旨在更加有效地保护公众利益这样的理由,避免对相关制度从成本效益的角度进行审查。

更深层次的顾虑是企业和政府之间的关系,以及这当中企业税法所起到的磨合作用。规范理论认为,企业税法的公法地位决定了其复杂性和优先性。同时,企业税中的公共或国家利益并不必然符合商业利益。所以,在某些情况下,企业税法无法满足符合商业和金融发展的社会需求也不足为奇。一个适当的监管工具应该可以同时调整这两方面的利益。其间的脱节需要通过分析企业或投资部门和政府之间关系的本质加以概念化。社会和立法者之间应该形成共识,即强劲的经济增长是公共(国家)利益的核心要素。

---

① 2500万澳元营业收入测试,是指有关纳税人在澳大利亚的营业收入以及同属于同一国际集团的其他澳大利亚企业在澳大利亚的营业收入之和不超过2500万澳元。境外税负充足测试,是指有关纳税人的交易导致企业在海外的税负增长,至少大于企业相应在澳大利亚减少税负的80%。参见 https://www.legislation.gov.au/Details/C2017B00008。

② See Unknown, *Round-trip Investments Key to Reversing FDI Decline*, China L. & Prac (May 2009), http://www.chinalawandpractice.com/article/2194941.

尽管从公司法的角度看,698号文的基本合理性在于反避税,但其合法性仍然存疑。① 698号文可能会进一步充实“揭开公司面纱”这一学说的理论内容和实践经验。虽然698号文是否符合公司法的合法性质疑仍然未解,但是在全球经济治理体系改革的语境下进行考察,698号文的合理性就更为明显。

为了在更大的税收监管背景下对698号文的合理性有一个“解释框架”,并且更好地理解全球税收监管合作的晚近趋势,以下部分将主要讨论其他法域的反避税措施,以及主要国家为严厉打击避税所作出的监管努力。

三、欧盟各国打击避税筹划的措施和实践

欧盟正加大力度限制富有投资者(如私募资本和对冲基金)的避税行为。欧盟最大的五个经济体,英国、法国、德国、意大利和西班牙已同意分享关于个人投资收益和资本收益的情报,更为重要的是将这些规定扩展到欧盟其他成员国。欧盟税务专员发出改革建议,要求税务机关对资本利得、股息和特许权使用费的银行账户信息进行自动交换。欧盟的税收分享协议适用于储蓄和存款,而不是更复杂的投资结构。②

八国集团(G8)试图推动落实逐国报告制度,以使地方税务机关获利,特别是那些依靠自身能力难以搜集税收情报的发展中国家的税务机关。G20也在税收情报自动交换方面投入巨大努力。③ 自2009年以来,全球范围内已经有800份税收情报交换协议。然而,这些协议的效力值得怀疑,因为不同于将资金遣返,逃税者现在都将存款转移到与其母国没有签订协议的避税天堂。因此,现在迫切需要一个能够将税基与真正实质的经济活动联系起来,并限制唯一目的在于将利润最高的业务放置在低税或无税法域的“信使”子公司的国际条约。这要求各国为了一个共同的、统一的公司税法基础而达到更高层次的监管协调,而不是仅仅依赖有些设计不完善的避免双重征税条约。

欧洲各国税务当局在过去几年里对避税和金融保密采取越来越强硬的立场,迫使国内和国际投资者改变其税收筹划策略。随着意大利金融警察加紧打击逃税,这方面的报道越来越多。欧盟主权债务危机之后,一些成员国力图通过找回在避税天堂的数十亿欧元以充实国库,被广泛利用的在卢森堡注册的控股公司就成为税务机关的特别对象。

在一个备受瞩目的案件中,意大利时装设计师多米尼克·多尔茨(Domenico Dolce)和斯蒂芬诺·嘉班纳(Stefano Gabbana)由于逃税数百万欧元在米兰被判缓刑1年零8个月,并被罚款5亿欧元。多尔茨和嘉班纳是一个跨国时尚集团的所有人,为规避超过1亿欧元特许费的纳税申报,他们在2004年将其品牌出售给一个注册在卢森堡

---

① 参见陈少英:《论公司法人格否认制度在反避税中的适用》,载《法学家》2011年第3期。

② See James Fontanella-Khan & Alex Barker, *Brussels Steps Up Efforts Over Tax Avoidance*, Financlal Times (May 5, 2013), http://www.ft.com/intl/cms/s/0/c0a8b634 - b571 - 11e2 - a51b - 00144feabdc0.html.

③ See Vanessa Houlder, *Finance Ministers Step Up War on Tax Evasion*, Financlal Times (Apr. 19, 2013), http://www.ft.com/intl/cms/s/0/095afdca-a90a - 11e2 - a096 - 00144feabdc0.html.

的控股公司 Gado。Gado 随后实际控制了二人注册在意大利的企业。多尔茨和嘉班纳被罚款近 5 亿欧元。这也开启了税收政策规定允许政府获取公司股权和公司资产的可能。检察官认为，这两个设计师操纵了"高级的税务欺诈，并专门为逃税成立了位于卢森堡的控股公司"。[①]

法院判决表明，意大利税务部门和司法部门在面对意大利各种形式的公司所实施的税收逃避或规则滥用方案时比以往任何时候都更具有攻击性。该案发生时，由于国内需求无法满足当地企业的成长，一些欧洲公司正在考虑设立满足合理、合法要求的国际性架构。这些结构设计也被用来作为获取税收优势的手段。然而，在金融危机的背景下，这些结构可能会被定性为滥用税收规则的避税计划。意大利税务警察还在最近针对避税的突击检查中查封了罗马珠宝商宝格丽（Bulgari）和纺织王朝卓玛托（Marzotto）持有的资产。

英国政府也在 2013 年宣布打击激进的税务筹划。这项旨在关闭税收漏洞的新行动，促使一些富有的个人和公司以更加透明和全面的方式重组业务。早在 2004 年，英国就通过了披露税务策略的立法，迫使纳税人申报具有特定意图的任何战略或计划。整个欧盟和世界其他国家政府都使用了类似的计划，以辨别和审查现有的税务筹划方案。这也导致更多投资者因害怕原计划被视为"未使用过的"方法而遭受处罚，进而选择采取更直接的税务筹划。不断变化的监管环境正迫使社会最富有的成员交纳他们应付的"合理份额"的税。

欧盟宣布处理有明显避税安排的计划，以确保"诚信"企业在单一市场中的公平竞争环境。由于不同国家税收制度之间的不匹配，企业可以通过使用混合工具最大限度地减少纳税义务，如可转换优先股或利润参与贷款。这些融资工具在一些国家可能被视为股权，但在另外一些国家则会被当作债务。根据欧盟的计划，各国都需要对来自位于其他成员的子公司的收入纳税，如果其他成员视这部分支出为可税收抵扣的费用。[②]除了这条规定，欧盟委员会推出了反滥用规则，以阻止公司通过设立虚假中介公司进行避税。一旦这些规则付诸实施，将带来数十亿欧元的收益。该计划需要得到所有成员国的一致同意，因此可能很难在不遇到任何阻力的情况下获得通过。虽然这些措施可能对解决税基侵蚀和利润转移的国际努力有所帮助，但是两个技术原因使它们难以免

---

① See Rachel Sanderson, *Dolce and Gabbana Get Suspended Sentence and €500m Tax Evasion Fine*, Financlal Times (June 20, 2013), http://www. ft. com/intl/cms/s/0/ab958622 - d8f4 - 11e2 - a6cf - 00144feab7de. html.

② See Rebecca Christie, *EU Seeks to Force Firms to Pay Tax on Hybrid-Loan Payments*, Bloomberg News (Nov. 25, 2013), http://www. bloomberg. com/news/2013 - 11 - 25/eu-seeks-to-force-companies-to-pay-tax-on-hybrid-loan-payments. html; Vanessa Houlder, *Europe Unveils Crackdown on Cross-border Tax "Hybrid" Schemes*, Financlal Times (Nov. 25, 2013), http://www. ft. com/intl/cms/s/0/e45b0dc2 - 37e7 - 11e3 - 8668 - 00144feab7de. html.

受争议:首先,混合方案是否滥用税收规则值得商榷;其次,这些措施的实施可能会给欧盟成员国之外的公司或私募股权基金带来竞争优势,因为它们不受这些措施影响。为加强对涉嫌非法避税的行为进行调查,欧盟委员会扩大了调查范围,涵盖了专利持有人的安排,通过发布针对卢森堡的信息禁令,命令其披露在2011年到2012年对每家公司税务裁决中所作出的具体承诺。①

列支敦士登努力摆脱"世界上最神秘的避税天堂之一"的名头,推动税务情报的自动交换,并承诺签署全球性的税收协定。② 该举动是加强全球打击逃税的积极信号,说明避税天堂被迫开放和处理遗留的未申报资产,并为原本隐秘的金融行业开发新的商业模式。③ 列支敦士登通过这一措施将"保证税收遵守和有效的税务合作和基于未来OECD标准的有效、高效的情报自动交换"相结合。列支敦士登与英国达成协议,该协议采取2009年宣布的部分大赦的形式,以激励投资者申报他们的秘密账户。英国已经从使用了列支敦士登披露机制的3000个个人账户那里搜集了约6亿英镑。这项安排对持有未申报海外资产的个人以较低的处罚,并承诺将关闭无法证明其已经在母国交纳过税款的客户账号。

四、美国的反避税措施

美国的公司税收制度存在诸多问题。第一,抵免和扣除项目的混同,刺激公司扭曲这些项目以减少税单。第二,税率过高。美国法定企业所得税率为35%,高居世界第二。35%的税率也适用于遣返现金。美国比其他主要经济体都高的公司税率、对海外产生的收入实行严格的税收征管严重影响了在美国境内注册成立的跨国公司的全球竞争力,阻碍了它们将境外获得的利润汇回美国。第三,美国公司的利润相对其国内生产总值非常高,但税收收入却较低。美国公司总利润最高的2012年超过2万亿美元。然而,公司税收收入却是在2007年达到峰值。事实上,2012年的公司税率从2000年的约29%下调至了约16%(合计税款/合计税前利润)。④ 美国公司税制改革最具挑战性的部分是对跨国公司的征税。目前,美国企业要为其在国外的利润纳税,只有当它们汇回这些收益时才能用已向其他国家(或地区)政府交纳的税费抵免。粗略估计,美国企业

---

① See Alex Barker, *EU Steps up Probe into Tax Sweeteners for Multinationals*, Financlal Times (Mar. 25, 2014), https://www.ft.com/content/b93d4126-b345-11e3-b09d-00144feabdc0.

② See Vanessa Houlder & James Shotter, *Liechtenstein Moves to Shed Reputation as Secretive Tax Haven*, Financlal Times (Nov. 15, 2013), https://www.ft.com/content/b88236c6-4d0e-11e3-bf32-00144feabdc0.

③ 在2008年的皇家银行(LGT)丑闻后,列支敦士登出于国际压力,同时签署国际透明度标准。See Lynnley Browning, *Banking Scandal Unfolds Like a Thriller*, N. Y. Times (August 14), 2008, http://www.nytimes.com/2008/08/15/business/worldbusiness/15kieber.html.

④ See United States Corporate tax rate, https://en.wikipedia.org/wiki/Corporate_tax_in_the_United_States., https://www.ft.com/content/a1ab98a4-5144-11e3-b499-00144feabdc0.

在国外持有近2万亿美元的现金。[①] 目前的税收体系对美国跨国公司而言是一个不小的负担,它们将资金汇回本国时要承担一定的损失,而税收方面仅得到很小的抵扣。从跨国公司的角度看,尽管把资金留在国外对公司利益和美国财政并没有好处,但它们仍然有充足的理由拖延将收益汇回美国的进度。然而,从股东的角度来看,跨国公司可能不得不将资金汇回国内并为它们的外国利润所得交税。美国参议院财政委员会公布的提案将彻底重写美国税法,美国很有可能对美国跨国公司在海外的资金一次性征收20%的税,约2万亿美元。[②]

在跨国场景中,美国的税法也有漏洞。例如,美国大型跨国公司可能利用一种符合多国税法制度但不同国家税制之间存在差异的混合方案,即"塔结构"的优势,实现双重税收减免。这成为公司间被广泛使用的通过在避税天堂设立一个特殊目的公司给在较高税率国家的子公司进行借贷的一种替代方案。该方案利用了1997年"美国勾选规则",使公司可以通过勾选税务表格上的一个"选项",选择忽视子公司。这些规则起初是被设计用来简化纳税程序、为在美国经营的外国公司以及美国跨国公司提供税收筹划机会以削减税款,就像外国子公司可以为了在美国境内的税收筹划目标而"消失"在母公司当中一样。

应用"勾选规则"的典型例子就是第一集团(First Group)收购莱德劳公司(Laidlaw)——美国黄色校车的运营商。第一集团是英国的运输集团,用一笔18亿美元的公司内部贷款对收购进行融资。然而,贷款的利息由第一集团美国控股公司支付,这是一个新的英国公司,被用作拥有目标公司的混合实体。对第一集团美国控股公司的勾选从美国税法的角度看意味着任何交易将被视为其母公司——第一集团美国公司——进行的。美国税务部门将支付的利息看作来自美国母公司,从而将产生税收扣除。另外,英国税务部门把贷款视为一家英国公司在集团内部贷款给另一家英国公司。贷款利息收入在英国是应税的,但所支付的利息在英国是可以抵扣的。最终的结果是在英国没有任何的应纳税所得。集团整体获得收益,因为利息收入纳税一次,但集团支付的利息可以抵扣两次,结果是减少了企业融资成本。[③] 对于这个结果的另一种理解

---

① See Lawrence Summers, *Help American Businesses-Tax Their Profits Abroad*, Financlal Times (July 7, 2013), http://www.ft.com/intl/cms/s/2/b9eaee46-e4d5-11e2-875b-00144feabdc0.html. 据悉,卡特彼勒公司、苹果公司、惠普公司和微软公司一直在使用有争议性的国际税收方法来将利润转移到海外。See Maxwell Murphy, *New Slant on Corporate Taxes*, Wall Street Journal, Apr. 9, 2014, at B8.

② See James Politi, *Democrats Eye Tax on Overseas Profits*, Financlal Times (Nov. 20, 2013), at 1, https://www.ft.com/content/a1ab98a4-5144-11e3-b499-00144feabdc0.(也表示,随着国际税收制度的变化,美国也将消除一些对国内公司税收的减免,以及将总的企业税率降低到25%~30%)。

③ 类似的结果可以在其他国家通过使用合作伙伴关系或使用混合工具如优先股来实现,优先股在一个国家可能被视为债务,但在一个国家却会被视为资产。

是在英国和美国的双重抵扣,一次抵销了对所得利息在英国的纳税。①

除了打击避税,美国政府还试图通过不利于纳税人的规定增加收入。经济实质原则(economic substance doctrine)在2010年被立法吸收,包含了两部分的联合验证(conjunctive test)——这是最不利于纳税人的方法。此外,美国对税法进行了修改,要求在海外的美国公民不论收入来源,一律须交纳美国所得税(包括在国外生活和工作的美国人)。② 这一规定导致美国公民的双重征税或双重避税行为。这也使美国成为OECD里唯一对其公民征税而不考虑公民居住地的国家。新的规则导致了定居国外、放弃公民身份的美国人数量在2011年创下新的纪录,其中许多是百万富翁。那一年,1788名美国人放弃了他们的公民身份,超过了前3年的总和。③ 美国政府有巨大的财政动力以获得收入信息,并打击避税。

美国国会于2010年3月通过的《外国账户税收合规法案》(FATCA),也许是迄今为止最大规模的全球反避税行动。④ 在FATCA出台之前,美国对本国居民海外资产和税收的管理主要是向美国国税局进行海外资产申报。奥巴马政府在2009年发布税制改革绿皮书,要求严查美国居民在境外金融机构所开账户是否被完整披露。这是FATCA的源头。FATCA的主要目的在于加强对美国企业或个人海外投资的税收征管,防止美国人通过海外账户逃税。⑤ 该法案规定,100万美元以上的个人账户、外资企业将成为美国政府重点关注对象。美国税务局对海外资产申报的定义是,美国人在国外金融机构拥有的任何金融账户,包括这个账户拥有的财务利益以及对此账户具有签名授权或其他权利,并且在每年1月1日至12月31日内任何一天全部账户总价值超过1万美元的,都要申报海外账户资料。FATCA适用于全球所有接收源于美国的支付的金融机构,要求金融机构披露哪些账户是由美国纳税个人或由美国人享有超过10%权益的公司持有的。和698号文一样,FATCA具有域外效力,主要目标在于保护国内税收收入。该法案采用了双管齐下的方法,⑥一方面要求美国公民和永久居民(绿卡持有者)报告他们所持有的外国账户,另一方面要求外国金融机构向美国国税局提供美

---

① See Vanessa Houlder, *Hybrid Tax Schemes Face Day of Reckoning*, Financlal Times (Nov. 26, 2013), https://www.ft.com/content/29f9bfd2-4638-11e3-b495-00144feabdc0.

② See U. S. Citizens and Resident Aliens Abroad, *Internal Revenue Service*, IRS (2017), http://www.irs.gov/Individuals/International-Taxpayers/U. S. -Citizens-and-Resident-Aliens-Abroad.

③ See Ali Weinberg, Record Number of Americans Renouncing Citizenship Because of Overseas Tax Burdens, ABC News (Oct. 29, 2014), https://abcnews.go.com/International/record-number-americans-renouncing-citizenship-overseas-tax-burdens/story?id=26496154.

④ FATCA是美国雇佣激励以恢复就业法案(the Hiring Incentives to Restore Employment Act, HIRE)的一部分,见26 USC §§ 1471-1474 and 26 USC § 6038D。

⑤ 美国人包括美国公民和绿卡持有者。《绿卡持有者纳税指南》规定,美国绿卡持有者不论是居住在美国,还是美国以外,只要绿卡持有人是合法的美国永久居民,便有义务申报在全世界范围内不论以何种方式获得的收入、股权或股票等投资收益等。

⑥ FATCA还关闭了允许纳税人通过利用掉期合约规避美国股息税的税收漏洞。

国客户的信息。①

若不遵守海外资产申报条款，在法律上将导致民事和刑事的双重后果。如果没有构成法律上的故意，那么每一次违反这个条款可以构成高达 1 万美元的罚金；如果构成法律上的故意，可被罚款 50 万美元或判罚 10 天监禁，或者两者并罚。正如其他具有域外效力的税收条款一样，FATCA 面临的根本难题是在外国司法管辖区内的执行。为此，FATCA 强迫金融公司向美国政府披露与美国纳税人有关的信息，并要求美国金融机构和它们的代理机构对不符合 FATCA 要求以及不向美国政府报告所需要信息的外国金融机构，扣缴 30% 的惩罚性预提所得税。② 这样一来，外国金融机构被迫要么遵守法令要么停止与美国的客户有生意往来。

为了便于遵守 FATCA 以便收集美国居民和企业持有账户的信息，美国政府与个别国家达成协议，并由美国财政部制定了 FATCA 协议。③ 换言之，FATCA 主要采用双边信息交换机制，即美国与其他国家(地区)根据双边政府间协定开展信息交换。此类协议不仅是对外合作需要的结果，而且是 FATCA 可能在外国司法管辖区有效域外执行的前提条件。目前，至少有 9 个国家已与美国达成 FATCA 协议。④ 除了墨西哥(该国是 20 国集团成员之一，而且在贸易中主要依赖于美国)，其他与美国达成 FATCA 协议的都是发达国家，其中许多国家具有较高的税率。因此，这些国家大多没有受益于美国投资者在其管辖权范围内使用所在地规则、税收法规、避税港而避税或藏匿资产。

① 除了厄立特里亚，美国是唯一一个要求非居民公民对境外收入纳税的国家。International Monetary Fund，Eritrea：*Selected Issues and Statistical Appendix*，*International Monetary Fund*(July，2003)，https://www.imf.org/external/pubs/ft/scr/2003/cr03166.pdf；PWC，*Foreign Account Tax Compliance Act-New U. S. Rules That Will Affect Non-U. S. Entities*，PWC（Oct. 2010），http://www.pwc.com/ca/en/banking-capital-markets/publications/foreign-account-tax-compliance-act – 2010 – 10 – en.pdf.

② IRS，*Foreign Account Tax Compliance Act*，IRS(2017)，http://www.irs.gov/ Businesses/Corporations/Foreign-Account-Tax-Compliance-Act-(FATCA).

③ See U. S. Department of the Treasury，*Resource Center*，U. S. Department of the Treasury(2017)，http://www.treasury.gov/resource-center/taxpolicy/treaties/Pages/FATCA.aspx；U. S. Department of the Treasury，*Reciprocal Model 1A Agreement*，*Preexisting TIEA or DTC*，U. S. Department of the Treasury(June 6，2014)，http://www.treasury.gov/resource-center/tax-policy/treaties/Documents/FATCA-Reciprocal-Model-1A-Agreement-Preexisting-TIEA-or-DTC – 6 – 6 – 14.pdf；U. S. Department of the Treasury，*Nonreciprocal Model 1B Agreement*，*No TIEA or DTC*，U. S. Department of the Treasury（Nov. 4，2013），http://www.treasury.gov/resource-center/tax-policy/treaties/Documents/ FATCA-Nonreciprocal-Model-1B-Agreement-No-TIEA-or-DTC-11 – 4 – 13.pdf. ATCA 示范协议提供了互惠版本，其中美国向合作国提供信息，同时示范协议也提供了非互惠版本。在第一种模式下，外国金融机构向其政府报告关于美国账户持有人的信息，缔约国进而再将信息提供给美国。在第二种模式下，外国金融机构直接将美国账户持有人的信息报告给美国政府，而合作国同意消除这一报告过程中的法律和制度障碍。

④ 这 9 个国家是丹麦、德国、爱尔兰、墨西哥、挪威、西班牙、英国、日本和瑞士。See U. S. Department of the Treasury，Resource Center：FATCA-Archive，U. S. Department of the Treasury，2013，http://www.treasury.gov/resource-center/tax-policy/treaties/Pages/FATCA-Archive.aspx.

"经济实质主义"可以说是美国的主要反避税原则。[①] 虽然该理论并不是特别针对打击避税税收规则的域外效果,但仍然适用于打击避税的域外努力,这表明政府在增加税收方面的制度投入。该学说背后的理论依据类似于商业目的说,这两个理论均认为经济实质原则旨在避免纯粹以减少税收为交易动机而产生的税收优惠。在确定经济利益的存在后,该法案采用了两部分的连接性测试(conjunctive test),要求"交易以有意义的方式(除了美国联邦所得税影响)改变纳税人的经济地位,且纳税人有进行此类交易的实质性目的(除了联邦所得税影响)而进行此类交易"。[②] 在法案制定前,许多法院使用了连接性测试,也有一些法院则使用非连接性测试(disjunctive test),要求纳税人满足这两个要素之一。[③] 相较而言,该法案的连接性测试显然比非连接性测试对纳税人更不友好。

五、G8、G20 和 OECD 与全球税制改革

国际税制改革并不仅限于欧洲和美国国内法的变化。英国前首相卡梅伦推出了"10 点计划",目的是在 2013 年 6 月 17 日英国主持 G8 峰会期间形成合力打击逃税。在一些大型跨国公司缴纳了很低的税费引起民愤之后,英国主导了这个计划。除了促进贸易,英国政府将保障税收合规和提升更大的透明度(是监测逃避税收企图的一个重要因素)列为峰会的目标。[④] 但是由于一系列原因未能达成实际协议。[⑤] 卡梅伦政府的建议包括将企业的受益所有权人[⑥]的公司登记信息公开,并与其他国家分享税务情报,特别是发展中国家应予以特别考虑。[⑦] 英国提案的动机还包括预防恐怖组织洗钱。

俄罗斯主办的 G20 圣彼得堡峰会本希望专注于发展的主题,但税收问题迅速主导了议事日程。[⑧] G20 成员国支持建立全球税收标准,在 2015 年年底能够提供税收情报

---

① See 26 USC §7701(o)(阐释了"经济实质主义")。

② See 26 U. S. C. § 7701(o)(1)(A) &(B) (2013).

③ See 26 U. S. C. § 7701(o)(1)(A) &(B) (2013).

④ See Gov. UK, *UK Presidency of G8*, GOV. UK (2013), https://www. gov. uk/government/topical-events/g8 – 2013; Larry Elliot, *G8 Summit: Tax Campaigners Condemn David Cameron's 10-Point "Wish List"*, Guardian (June 18, 2013), http://www. theguardian. com/world/2013/jun/18/g8summit-tax-evasion-david-cameron.

⑤ See Larry Elliot, *G8 Summit: Tax Campaigners Condemn David Cameron's 10 – Point "Wish List"*, Guardian (June 18, 2013), http://www. theguardian. com/world/2013/jun/18/g8summit-tax-evasion-david-cameron.

⑥ "受益所有人",是指对公司有主要控制权和所有权的一方。报告受益所有人对打击以"无关人员"作为所有权人或董事以逃避税务机关或警方和情报机构在调查恐怖活动时的相关检查具有非常重要的作用。

⑦ See Gov. UK, *G8 Factsheet: Tax*, GOV. UK (2017), https://www. gov. uk/government/publications/g8factsheet-tax/g8 – factsheet-tax#g8 – action.

⑧ Unknown, *Russia in G20: Priorities of Russia's G20 Presidency in* 2013, The Group of 20, http://www. g20. org/docs/g20_russia/priorities. html. 俄罗斯在二十国集团领导人峰会议程上设定了八项议题,其中两项涉及税收方面——国际金融体系改革和加强金融监管。其他问题集中在腐败,(经济)增长和可持续性。

的自动交换。[①] 这项计划最初由 OECD 提出，与 G20 成员国建立税收情报自动交换的标准。[②] 这是经过数年讨论取得的成果。2011 年，G20 峰会讨论的是出于税务原因的自愿情报交换。2012 年，OECD 提出关于税收情报交换的报告，并敦促各国共享信息，再到本次峰会讨论更全面的情报自动共享方案。其中，混合结构也是 G20 在 2013 年发起的打击避税努力中需要填补的税制漏洞。[③]

OECD 在 2013 年 7 月公布了应对跨国公司逃税问题的行动计划。该计划将一地的税收同当地的经济活动相结合，防止跨国公司的重要业务被人为转移到开曼群岛、百慕大群岛和英属维尔京群岛这样的低税或无税法域。根据 OECD 的计划，避税"天堂"需要以更透明的方式向征税的政府公开跨国公司的税收信息。其他措施则包括中和跨国公司采用的各种措施，诸如通过"转移定价"最大限度减少其纳税义务，在不同税收法域之间预定利润。OECD 已经达成《税务事项相互行政协助多边公约》，其中包括情报自动交换的新标准。G20 成员国预计将成为该计划的一部分。中国考虑到本国巨额资本通过避税天堂外流的事实，有意加入这一全球性框架，以增强税收治理权，包括通过设立在中国香港特别行政区的没有商业活动的特殊目的公司渠道。作为一个日益重要的资本输出国，中国有正当理由关注避税天堂的逃税问题。从这个角度来说，698 号文创造的商业秩序，本质上是国际社会正在努力实现的全球税制改革的一部分。

OECD 于 2013 年 10 月召开的 G20 财政部长会议，目标是在 2014 年之前完成该框架，之后于 2014 年 2 月提交 G20 财长部长和央行行长会议。[④] OECD 向 G20 提交了《解决税基侵蚀和利润转移的行动计划》。OECD《国际增值税（货劳税）指南（2014 年）》作为将增值税原则适用于跨境贸易的第一个国际一致性税收框架，得到了 86 个国家承诺采纳。[⑤] OECD 也正在处理包括数字经济税务管理和转让定价在内的一系列最具有争议的问题。[⑥]

---

① See Vanessa Houlder & James Shotter, *Liechtenstein Moves to Shed Reputation as Secretive Tax Haven*, Financlal Times(Nov. 15,2013), at 6; Unknown, *Tax Annex to the Saint Petersburg G20 Leaders Declaration*, The Group of 20, http://www. g20. org/docs/g20_russia/priorities. html, last visited on September 14,2017.

② See Unknown, *Russia in G20: Priorities of Russia's G20 Presidency in* 2013, The Group of 20, http://www. g20. org/docs/g20_russia/priorities. html, last visited on Sept. 14,2017. 俄罗斯在 20 国集团的峰会上设定了 8 项议程，有 2 项和税收有松散的联系——全球金融结构改革和加强金融监管。其他议程聚焦反腐败、发展和可持续性。

③ See Vanessa Houlder & James Shotter, *Liechtenstein Moves to Shed Reputation as Secretive Tax Haven*, Financlal Times(Nov. 15,2013), https://www. ft. com/content/b88236c6 – 4d0e – 11e3 – bf32 – 00144feabdc0.

④ See Vanessa Houlder & James Shotter, *Liechtenstein Moves to Shed Reputation as Secretive Tax Haven*, Financlal Times(Nov. 15,2013), https://www. ft. com/content/b88236c6 – 4d0e – 11e3 – bf32 – 00144feabdc0.

⑤ 参见张文春：《多国认同跨境贸易增值税 OECD 新指南》，载中国税务报网 2014 年 5 月 21 日，http://www. gdsswxh. com/product. asp? id = 3339。

⑥ See Vanessa Houlder, *G20 Sharpens Attack on International Corporate Tax Avoidance*, Financlal Times (July 14,2013), http://www. ft. com/intl/cms/s/0/a2752ec6 – eb23 – 11e2 – bfdb – 00144feabdc0. html.

OECD受G20委托于2014年7月发布AEOI标准,(金融账户涉税信息自动交换标准,Standard for Automatic Exchange of Financial Information in Tax Matters),其中重要部分之一为《统一报告准则》(Common Reporting Standard,CRS),签署国之间相互披露对方国家税务公民在本国的经济财产状况,以便提升税收透明度和打击跨境逃税。[①]该标准为各国加强国际税收合作、打击跨境逃税避税提供了强有力的信息工具,进而提高全球税收透明度,有利于反避税和反洗钱。CRS获得当年G20布里斯班峰会的核准。在G20的推动下,全球目前已经有100个国家(地区)承诺实施此标准。G20在后危机时代已经逐渐取代OECD,掌握了国际税收决策的主导权。[②]

按照国际税收管辖原则,评判某国对某个高净值人士是否有征税权取决于国籍标准、居住标准、收入来源地和财产来源地四个标准中的一项或几项。如果同一项收入有多个管辖地,则要视这些地区间是否有避免双重征税协议。掌握账户信息的国家是否将信息交换出去又取决于这个地区是否参与CRS、是否与对方签订双边或多边《税收情报交换协议》。只有在既参加CRS,又签订交换协议之时,账户信息才能够被交换出去。

根据CRS规则,作为金融账户涉税信息的搜集者,各参与国金融机构负责收集非居民企业和个人金融账户的涉税信息。能够开展金融账户信息搜集业务的金融机构包括:存款机构、托管机构、投资实体和特定保险机构。2017年1月1日后新开设的个人或者公司账户必须进行情报交换,而无论其金额大小。

CRS规则将非金融机构区分为积极非金融机构和消极非金融机构。对于积极非金融机构,一般不存在识别、搜集和申报金融账户信息的问题。对于消极非金融机构,则适用"穿透"规则,以识别其实际控制人,看其是否属于需要申报的情形。壳公司、特殊目的公司被视为消极非金融机构。CRS对境外金融资产带来合规性风险,以前无法被境内税务部门掌握的交易信息将趋于透明化。账户持有人有海外收入时,需要按照国内税法规定及时缴纳税款,否则将面临合规风险。

可以说,CRS标准是以FATCA政府间协定为蓝本设计的多边信息交换机制,是全球版的FATCA。CRS标准与FATCA在内容上大体相当,但是在细节上存在差异,包括送达对象、个人账户的尽职调查门槛、免于报送信息的金融机构类别、处罚措施等。CRS标准的实施从另一侧面表明美国在全球经济治理中的规则话语权。除国内法的域外执行之外,国内法还导致了国际规则的形成和制定,具有很强的示范作用。

---

① 截至2017年3月底签署AEOI协议的国家共有100个,其中57个国家或地区于2017年第一批参与统一信息交换;43个国家或地区将于2018年参与第二批信息交换,仍有一半的国家仍然没有签订这些协议。美国至今没有参加统一交换协议,也没有参加CRS,但是自成一体地以国内法《海外账户税收遵从法案》要求全球其他国家或地区按照其标准予以信息交换。

② 参见崔晓静:《后危机时代国际机制中的税收决策权分析》,载《国际税收》2012年第6期。

目前全球已经有超过 101 个国家和地区确认将实施 CRS，自动交换银行税收信息。瑞士、英属维尔京群岛、开曼群岛等避税天堂也已加入。其中，德国等 54 个国家和地区从 2017 年开始实施，中国等 47 个国家和地区从 2018 年起开始实施。

为了履行 CRS，德国还制定了相关的国内法。按照规定，德国银行有向德国税务部门申报的义务，德国税务部门再将这些信息转给另一缔约国的税务主管部门。德国税务部门也会从其他国家得到本国税收居民的信息。CRS 主要针对不诚实的报税者。如果认为申报者可疑，税务部门可以追溯该申报者的财产来源。这一准则对国家而言，意味着税收将大幅度提高，客观上促进各国居民自觉遵守法律履行纳税义务。在实施 CRS 之前，德国税务机关主要通过两种途径了解居民境外逃税、避税或者隐藏资产的情况：一是从国外银行内部购买银行数据光盘；二是与一些国家签订双边协定。①

加拿大联邦财政部于 2016 年 4 月 15 日发布了《关于实施与经合组织 OECD 接轨的、对非居民金融账户涉税信息调查管理办法 CRS 相关立法建议草稿》以及相关的解释性说明。联邦税务局随后发布指导说明，对 CRS 相关问题做了进一步解释。加拿大金融机构必须按照 CRS 规定格式程序申报加拿大内非加拿大居民（既非加拿大公民也非加拿大永久居民的外国人）的账户信息给外国税务机关。作为交换，同为 CRS 签约国的金融机构也会履行同等义务，将在该国开户的加拿大公民金融账户信息提交给加拿大税务机关。CRS 规定，自 2017 年 7 月 1 日之后开设的账户，以及此前开设、截至 2017 年 6 月 30 日余额超过 25 万加币存款的旧账户，都必须履行 CRS 义务。预计 2018 年 9 月 30 日，加拿大和其他 CRS 签约国将进行信息交换，同年底全民生效。② 加拿大还采取更加严厉的措施，要求账户持有人只要在美国和加拿大管辖区之外拥有个人金融账户，不论加拿大是否与该国签订了 CRS 金融信息交换协议，都需要向加拿大联邦税务局报告，而加拿大境内金融机构有义务向加拿大联邦税务局发送所有“必须报告的账户信息”，且无须过滤信息。联邦税务局将自行过滤，把联邦税务局签约国公民的相关账户信息发送给相关国家，而自行处理非联邦税务局签约国公民的账户信息。③

我国业已向 G20 承诺实施 CRS 标准。④ 2017 年 1 月 1 日起我国境内金融机构按照 CRS 标准对在中国新开立的个人和机构账户做尽职调查，2017 年 12 月 31 日前完成

---

① 参见青木：《查海外存款，曾靠买“瑞士光盘”》，载《环球时报》2017 年 2 月 18 日，第 5 版。

② 这样做可以避免每次需要调查海外公民账户信息时，都不得不和相关国家一一进行协商谈判。

③ 在 CRS 实施前，对于海外加拿大公民的金融账户，加拿大联邦政府主要依靠个人主动申报进行管理，同时多次公开悬赏鼓励相互举报，希望借机咬出更多在海外开设金融账户、瞒报海外收入、洗钱或逃税者，并给予严厉处罚。参见陶短房：《奖励“告密者”见成效》，载《环球时报》2017 年 2 月 18 日，第 5 版。

④ 全国人大于 2015 年 7 月批准《多边税收征管互助公约》，于 2016 年 2 月生效，奠定了我国实施该标准的多边法律基础。国家税务总局于 2015 年 7 月签署了《金融账户涉税信息自动交换多边主管当局间协议》，为我国与其他国家（地区）间相互交换金融账户涉税信息提供了操作层面的依据。

对高净值账户(总余额超过600万元)的尽职调查。① 我国首次对外交换信息的时间为2018年9月。我国香港特别行政区也于2017年起同步实施,两地将于2018年9月进行首次信息交换。截至2017年3月底,与中国内地签订有税收情报交换协议的国家和地区有巴哈马、维尔京群岛、马恩岛、根西岛、泽西岛、百慕大、阿根廷、开曼、圣马力诺、列支敦士登等。截至2017年3月底,与我国香港特别行政区签订有税收情报交换协议的有日本、韩国、英国、比利时、加拿大、根西岛、意大利、墨西哥、荷兰等。

如果中国企业或个人控制的境外金融账户有未分配利润未汇回境内的,按目前中国企业所得税法的规定,需要区别对待。如由中国居民企业控制的海外公司无合理原因不分配利润、不在中国缴税,可能启动中国的反规避条款。《企业所得税法》第45条规定,由居民企业,或者由居民企业和中国居民控制的设立在实际税负明显低于本法第四条第一款规定税率水平的国家(地区)的企业(25%),并非由于合理的经营需要而对利润不作分配或者减少分配的,上述利润中应归属于该居民企业的部分,应当计入该居民企业的当期收入。同时《国家税务总局关于简化判定中国居民股东控制外国企业所在国实际税负的通知》规定:"中国居民企业或居民个人能够提供资料证明其控制的外国企业设立在美国、英国、法国、德国、日本、意大利、加拿大、澳大利亚、印度、南非、新西兰和挪威的,可免于将该外国企业不作分配或者减少分配的利润视同股息分配额,计入中国居民企业的当期所得。"②

澳大利亚计划推行纳税人主动告知制度。通过这一制度,一方面,税务机关可以有效堵塞税收漏洞;另一方面,其还能够对跨国公司的业务架构和价值链分配情况进行及时的了解。此外,澳大利亚还推行税收筹划披露制度,该制度规定纳税人或者中介有义务向税务机关披露某项税务安排。与此同时,BEPS行动计划还包括税收筹划披露制度。

除了对逃税问题投以关注外,G20还致力于解决利用向低税法域转移利润进行避税的问题。这些利用"极低税率"(地区)或"双重免税"避税的实践"破坏了税收制度的公平和诚信"。③ G20领导人没有就如何防止跨国企业滥用税收筹划达成具体协议。然而,对税收规定的实施和对违法行为的惩罚都是发生在国家层面的。因此,税收情报的自动分享将为个别国家惩罚试图规避纳税义务的个人和企业提供机会,但是该制度无法保证税收在法域之间的公平执行。为防止公司利用不同披露要求之间的区别,需

---

① 中国国家税务总局在2016年年底发布《非居民金融账户涉税信息尽职调查管理办法(征求意见稿)》中规定了中国推进CRS的时间表。国家税务总局、财政部、中国人民银行、银监会、证监会和保监会于2017年5月9日发布了《非居民金融账户涉税信息尽职调查管理办法》,以履行金融账户涉税信息自动交换国际义务,并规范金融机构对非居民金融账户涉税信息的尽职调查行为。

② 参见国税函〔2009〕37号。

③ Unknown, *Tax Annex to the Saint Petersburg G20 Leaders Declaration*, The Group of 20, http://www.g20.org/docs/g20_russia/priorities.html, last visited on September 14, 2017.

要创建一个通用模板,要求公司汇报全球利润分配和税款交纳情况。

基于维护各国税基安全的目的,在 2013 年圣彼得堡峰会上 G20 领导人决定实施 BEPS 行动计划,并委托 OECD 联系和组织各方协同工作。在 OECD 的推进下,《互助公约》特别工作组于 2015 年 11 月成立,并开始开展《互助公约》文本的研究起草工作。《互助公约》旨在为一揽子修订全球 3000 多个彼此之间存在差异的税收协定提供法律工具,从而最终实现国际税收合作的多重目标——其既有利于解决税基侵蚀和利润转移问题、保障国家税基安全,又能提供多边税收合作法律框架,为跨境纳税人提高税收确定性、增强跨国投资者的信心。G20 在 2013 年宣言的税收附件中明确表述了利润应该在经济活动发生和价值创造的地方征税。本质上,这个原则支持了中国税务机关颁布 698 号文的理据。如果把通过出售外国公司实现的经济收益归因于中国企业的成功或资产升值,那么可以说中国正在"发生经济活动并创造着价值"。在这个不断演变的全球税制改革大背景下,中国的 698 号文也可以得到更好的理解。

在全球范围内,对境外间接处分征税仍然是一种新颖的税制改革措施,至今少有国家采用这种规定或税收方法。① 但是,这种远距离的创新监管办法很容易成为一个在含有中国元素的跨境并购中的热点问题,跨国公司的战略投资容易因此变得更为困难。目前尚不清楚 698 号文与中国税收协定的框架是如何相互作用的,可能导致中国税收协定和国内税法在税收抵免和税收救济方面规定的可适用条件变得更加复杂。

六、国际税收监管合作的困境:国内和国际的视角

在反避税方面,中国税收法律对居民企业在境外设立的特殊目的公司可采用否定中间体法律人格(揭开特殊目的公司的公司面纱)等多种方式对境外公司启动反避税调查,而对居民个人的境外利润方面则没有如此严格,采用的方法和手段也比较有限。

如前所述,698 号文"否认境外控股公司的法人人格"成为一个新的揭开公司面纱的监管工具。当境外股东通过转让境外控股公司股权从而间接转让中国内资企业股权时,中国税务机关可以根据 698 号文将境外控股公司视为非独立法人而忽略其存在,并将有关交易视为境外股东直接转让中国内资企业的股权,进而对(境外控股)公司资本收入征收企业所得税。必须指出的是,国家税务总局并没有相关立法权限,可以在《公司法》既有的揭开公司面纱制度之外再创造新的规则。因此,从这一点来看,中国税务机关的监管尝试似乎是越权的。

同时,698 号文又具有合理性,税务机关试图规范日益普遍的对中国的税基造成侵

---

① 印度是另一个在积极加强跨境交易监管的国家。印度曾威胁要征收费用,以使诺基亚的负债总额达到 11 亿美元。这可能会阻止诺基亚转让集团在印度价值 54 亿欧元的电话销售业务给微软公司。诺基亚还与印度税务部门就涉及其印度子公司向芬兰母公司转让的一笔 3.75 亿美元的费用有税务纠纷。See James Crabtree and Richard Milne, *Nokia Wins Reprieve in India Tax Battle*, Financial Times(Dec. 12, 2013), https://www.ft.com/content/57801ae4-6313-11e3-a87d-00144feabdc0.

蚀的“返程”投资。实际上,利用税制漏洞进行税收筹划的策略大多是合法的,但这些策略也构成对税收收入、税收主权和税收公平的重大威胁。多年来,跨国公司通过低税区和利用其他规避技术最大限度地减少税务负担以获取经济利益。在这种背景下,698号文构成了税务机关对返程投资模式进行监管的对应行动。在这个框架内,698号文可以被看作对传统“规避法律责任”的“揭开公司面纱”规则适用情况的再造。

中国税务机关在698号文中一般性和模糊性的术语规定使其拥有一定的自由裁量权。此外,中国税务机关以“无员工参与,无其他资产和负债,无其他投资,无其他的业务”为标准,将(满足条件的)境外控股公司定性为一个没有任何合理商业目的的空壳。在中国的法律环境中,698号文或许能够用来进一步阐释或适用公司法上的“揭开公司面纱”学说。如果中国税务机关仅在满足下列条件的情况下适用698号文,可能更具可操作性和建设性:(1)外国投资者(最终股东)在设立境外控股公司时就已计划间接转让中国居民企业的股权,并且该计划必然会实施;(2)离岸控股公司的设立除规避纳税义务外没有其他合理的商业目的。但是,如果境外控股公司是在收购交易的双方已经实现了转让股权的目的之后才成立[除非当事人能成功证明(公司的成立)具有合理商业目的],那么其成立也可以成为税务机关揭开公司面纱的正当依据,并向境外控股方相应地征税。

所有来源的各类收入要同等纳税的所得税标准原则,在2007开始的全球金融危机中一直受到攻击。在发达经济体中,税收收入已经落后于公共支出的需求,导致较高的公共债务水平。各国政府正处在改革的过渡期,不仅改革福利计划,而且改革税收制度以应对新的挑战。日益紧密的全球互联,使各国政府想要有效地治理跨境商业交易和活动变得更为困难。例如,“离岸”工具和避税天堂的广泛使用,①激励投资者滥用激进的税务方案,加大了(税收)治理的复杂性和难度。中国遭受的税收收入损失和因资本外逃而扭曲的金融体系,部分是离岸系统导致的后果。离岸系统的存在和使用,使中国和其他国家很难向本国居民被动投资征税。中国在继续提供税收优惠以吸引外商投资的同时,也处于日益增大的填补监管漏洞的压力之下,不仅要最大限度地减少通过离岸系统对资本分配造成的扭曲效果,还要保证整个监管制度的有效运行。

跨国公司税收筹划的影响受到越来越多的关注。改革国际税收制度,尤其是应对避税天堂和资本外流问题,已经成为金融危机之后全球经济治理新的驱动力。G8和G20已经直面这些问题,OECD、欧盟、G8和G20已经提出了一些处理全球系统性制度的多边倡议。然而,原先想在情报交换的多边条约框架内设立一个明确的透明度标准的计划失败了。因此,目前的状态回到了由希望税收情报交换的个别国家进行双边协定的谈判。在这样背景下,中国或其他国家,为自己的利益采取一些单独的举措理所应

---

① 参见青木:《“天堂文件”引爆欧美避税之争》,载《中国民航报》2017年11月10日,第7版。

当。698 号文可以被视为中国试图加强对中国投资者来自中国资产的收益进行征税的能力。但是,个别国家(与系统性的做法相反)的方法由于难以管理且缺乏明确的指导,很可能对投资决策产生负面影响。全球的确需要一个更加全面的合作系统,即使现有的国际税收制度将税收立法权保留给了每个国家,从而导致了国与国之间的竞争关系。从这个意义上说,698 号文是中国在这场全球税制改革运动中作出的单方面监管尝试。

国际税收法律机制的主要形式是双边条约,而非多边合作。① 以双边条约为基础的税收互惠减让有利于合作利益的分配。双边协定尽管不利于多边约束,但是有利于信息对称和行政执法成本的减少,增强了法律确定性。双边协定可以减少作弊激励的执行问题。由于不存在最惠国待遇,税收协定的执行不存在"搭便车"的情形。② 避免和消除双重征税传统上以双边协定为合作基础,③多边税收优惠协定事实上很少,尽管有一定数量的区域性多边税收协定,但是影响有限。④ 尽管双边税收优惠协定存在负外部性和共同损失的问题,双边税收优惠协定更有利于吸引外国投资者。

67 个国家和地区的政府代表于 2017 年 6 月 7 日在巴黎共同签署了《实施税收协定相关措施以防止税基侵蚀和利润转移(BEPS)的多边公约》。作为第一份在全球范围内协调跨境投资所得税收政策的多边法律文件,该公约是 G20 在国际税收协调方面取得的重要成果,有利于实现国际税收合作的多重目标。该公约从加强各国所得税协调、修订传统税收规则、提高税收信息透明度和完善税收争端解决机制⑤等方面着手重塑国际税收秩序。⑥ 签署国家将根据该公约的规定把一系列税收协定相关措施纳入本国的双重征税协定中。⑦ 中国选择了"主要目的"这一最低标准,询问纳税人设计和使用的商业或投资安排的"主要目的之一"是否为了获取税收协定优惠。如果税务机关确定某项安排是出于此目的,则可能会拒绝给予税收协定优惠。中国的立场文件对现行税收协定的相关条款作出识别,这些税收协定针对股息、利息、特许权使用费和其他收入条款的现行规定是对以获取税收协定优惠为"主要目的或主要目的之一"的安排拒绝给予税收协定豁免。

---

① 参见[美]鲁文·S. 阿维-约纳:《国际法视角下的跨国征税——国际税收体系分析》(中英文对照),熊伟译,法律出版社 2008 年版,第 3 页。

② See Thomas Rixen & Ingo Rohlfing, *The Institutional Choice of Bilateralism and Multilateralism in International Trade and Taxation*, 12 International Negotiation, p. 389, 389-414 (2007).

③ See Eric Schmidt, *Why We Need to Simplify Our Corporate Tax System*, Financlal Times (Jun. 16, 2013), http://www.ft.com/intl/cms/s/0/dfeeceae-d69e-11e2-9214-00144feab7de.html.

④ 参见刘永伟:《国际税收协定的几个重大发展及其展望》,载《中国法学》2005 年第 1 期。

⑤ 主要是指通过强约束力的仲裁方式减少双重征税并增加企业的税收确定性。

⑥ 参见张泽平:《全球治理背景下国际税收秩序的挑战与变革》,载《中国法学》2017 年第 3 期。

⑦ 例如,泰国将在有害税收竞争、税收条约滥用、国别报告和完善税收争端解决机制四个方面执行 BEPS 最低标准。

税收监管领域还必须考虑国际竞争因素。在全球经济缓慢复苏之际，美国联邦政府于2017年4月26日推出税收改革方案，①以提升美国的全球竞争力。税收改革的重要内容是降低企业所得税，从35%降低到15%，接近避税天堂的税收幅度，使美国企业税负低于OECD 25% 左右的平均水平，增加企业利润幅度。将个人所得税的税率等级从现在的7档降低到3档，税率分别调整为10%、25%和35%。遗产税和替代性最低限额税将会被废除。夫妻联合报税的标准扣除额调高一倍到24,000美元。税务改革将对美国企业留存海外的数万亿资金实行一次性征税。美国政府的减税方案有利于实体经济步入良性循环，增加美国的就业率，拉动经济增长。② 美国降低税率，也有利于拉动企业回流，③增加美国的国际竞争力。但是，这样的税收措施可能引发税收政策竞争，主要经济体可能或竞相减税，或者设立避税天堂。G20已经达成的国际经济政策协调框架下的《税基侵蚀和理论转移(BEPS)行动计划》等反国际税收恶性竞争的国际合作成果的实际效果可能缩水。④

中国目前面临各种结构性的挑战。其中，最根本的是要有一个功能良好的现代法律基础设施。除了司法机关，有效的监管制度，包括监管工具、手段、意识形态和方法论，才是中国经济和社会长期发展的关键。中国经济远比以前复杂得多，其中还涉及立法的简洁性和行政效率的问题，还有与之相关的复杂性、不稳定性和法治问题。问题的症结在于，任何公司税收制度的改革都应该代表一种价值模式，利用公法塑造公司部门和政府之间的关系，以促进公共利益的特定意识形态观念。作为公司税收监管计划的

---

① See Sam Fleming & Barry Jopson, *Trump's Tax Plan Favours Wealthiest Americans*, Financlal Times (April 29,2017), https://www.ft.com/content/0b427bf6-2c26-11e7-9ec8-168383da43b7; Unknown, *US Tax Reform: Scrap Yard*, Financlal Times(April 28,2017).

② 通过高税率惩罚和剥夺富人，重新分配财富的做法鲜有成功。供给学派的观点是，减税可以改变人们的行为，人们会加倍工作，创造更多产值，能够为政府提供更多税收。但是，税率变化对税额的影响，还取决于其他因素，如税收征管力度、法律执行情况、税负计算口径和时间，以及地下经济的规模等。税率高时，投资和创新热情会下降，政府收入会减少。影响税负的最重要因素是税收之外的因素，如工作热情、投资动力、和创新积极性。供给学派主张减税政策或轻税机制促进经济增长。亚当·斯密在《国富论》中提到，高税率会阻止人们购买课税商品，或鼓励走私，而政府税收反而不如税率较低的时候。凯尔斯也指出，减税要比增税更有利于实现预算平衡。拉弗曲线描绘了政府的税收收入与税率之间的关系，当税率在一定的限度以下时，提高税率能增加政府税收收入，但超过这一限度时，再提高税率反而导致政府税收收入减少。因为较高的税率将抑制经济的增长，使税基减小，税收收入下降，反之，减税可以刺激经济增长，扩大税基，税收收入增加。但问题是难以判断税率是否超过了限度。See Authur B Laffer, *Supply Side Economics: Financial Decision-Making for the 80s*, Scott Foresman & Co., 1983; Authur B Laffer, *The Ellipse: An Explication of the Laffer Curve in a Two-Factor Model*, *The Financial Analyst's Guide to Fiscal Policy*, Greenwood Press, 1986, p. 1-35.

③ 也有观点认为，企业减少税收缴付，利润增加，会增加流动性，间接增加金融市场的系统性风险。税收减让会增加美国政府债务。但是，美国的金融能力可以将债务风险释放到全球，让其他国家为美国债务埋单。

④ 但是，经济全球化、自由贸易和资本、利润的流动成为各国减税的压力。亚当·斯密指出，低税负国家的竞争力要远高于高税负的国家。